Fourth Edition

PLAZAS
Lugar de encuentros

Robert Hershberger
DePauw University

Susan Navey-Davis
North Carolina State University

Guiomar Borrás Álvarez
Glendale Community College, Arizona

HEINLE
CENGAGE Learning™

Australia · Brazil · Japan · Korea · Mexico · Singapore · Spain · United Kingdom · United States

HEINLE
CENGAGE Learning

Plazas: Lugar de encuentros
Robert Hershberger, Susan Navey-Davis,
Guiomar Borrás Álvarez

Editor-in-Chief: PJ Boardman

Publisher: Beth Kramer

Acquisitions Editor: Heather Bradley Cole

Development Editor: Marissa Vargas-Tokuda

Editorial Assistant: Sara Dyer

Senior Media Editor: Morgen Murphy

Senior Marketing Manager: Ben Rivera

Marketing Coordinator: Janine Enos

Marketing Communications Manager: Glenn
McGibbon

Senior Content Project Manager: Aileen Mason

Production Manager: Lauren MacLachlan

Senior Art Director: Linda Jurras

Senior Print Buyer: Betsy Donaghey

Rights Acquisition Specialist, Images: Jennifer
Meyer Dare

Rights Acquisition Specialist, Text: Katie Huha

Production Service: Bill Smith Group

Text Designer: Polo Barrera

Cover Designer: Polo Barrera

Cover Image: ©Jupiter Images

Compositor: Bill Smith Group

Library of Congress Control Number: 2010935822

Student Edition:

ISBN-13: 978-0-495-91379-5

ISBN-10: 0-495-91379-0

Instructor's Annotated Edition:

ISBN-13: 978-1-111-34331-6

ISBN-10: 1-111-34331-4

Loose-leaf Edition:

ISBN-13: 978-0-495-90716-9

ISBN-10: 0-495-90716-2

Heinle
20 Channel Center Street
Boston, MA 02210
USA

Cengage Learning is a leading provider of customized learning solutions
with office locations around the globe, including Singapore, the United
Kingdom, Australia, Mexico, Brazil, and Japan. Locate your local office at
international.cengage.com/region.

Cengage Learning products are represented in Canada by
Nelson Education, Ltd.

For your course and learning solutions, visit **www.cengage.com.**

Purchase any of our products at your local college store or at our preferred
online store **www.cengagebrain.com.**

Printed in United States of America
2 3 4 5 14 13 12 11

CHAPTER	**CAPÍTULO preliminar** **¡Mucho gusto!: El mundo hispano** **1**	**CAPÍTULO 1** **En una clase de español: Los Estados Unidos** . **19**
COMMUNICATIVE GOALS	• Greet others, introduce yourself, and say good-bye • Exchange personal information such as name, origin, and address • Identify quantities of objects	• Identify people, places, and things in an educational setting • Specify colors • Communicate about everyday activities • Tell time and indicate days of the week • **¡A comunicarnos!**
VOCABULARY	• Greeting and meeting people . . . . 2 • Numbers 0 to 30 12	• In the classroom . . . . 20 • The colors . . . . 21 • The university campus . . . . 30 • Academic courses and foreign languages . . . . 30 • The time and the days of the week 38
STRUCTURES	• Subject pronouns and the present tense of the verb **ser** . . . . 10 • The verb form **hay** . . . . 12 • Question words 14	• Definite and indefinite articles, the gender of nouns, and how to make nouns plural . . . . 26 • Present tense of regular -**ar** verbs . . . . 34 • **¡A repasar!** 46
CULTURAL INFORMATION	• Simón Bolívar . . . . 16 • Teotihuacán, México . . . . 16 • La Alhambra, España . . . . 17 • Cuban All Star Band, "Son de la loma" 17	• Sonia María Sotomayor . . . . 28 • La escuela más antigua de madera, San Agustín, Florida . . . . 28 • Diego Rivera, *Industria de Detroit o Hombre y Máquina* . . . . 29 • Alejandro Sanz y Alicia Keys, "Buscando el paraíso" . . . . 29 • **¡A leer!** Español en línea 42

Scope and Sequence

Scope and Sequence

Scope and Sequence

Scope and Sequence

CAPÍTULO 14
La vida pública: Chile 449

CAPÍTULO 15
Los avances tecnológicos: El mundo hispano . . 483

COMMUNICATIVE GOALS

- Share information about forms of government, politics, political issues and the media
- Communicate about future events
- Express conjecture and probability about present and past events, conditions, and situations
- **¡A comunicarnos!**

- Share information about computers and other electronic devices
- Communicate about emotions, influence, doubt, and denial in the past
- Express hypothetical situations
- **¡A comunicarnos!**

VOCABULARY

STRUCTURES

CULTURAL INFORMATION

Acknowledgments

A very special thanks goes to Heather Bradley Cole, Acquisitions Editor, who has helped us enormously through her encouragement, flexibility, and dedication to the excellence of this edition. We are also indebted to Marissa Vargas-Tokuda, whose careful eye and ear have made this edition a work we are all immensely proud of. Our gratitude and special thanks for her hard work, reflected throughout the book, go to Aileen Mason, Senior Content Project Manager. We would like to recognize Ben Rivera, Senior Marketing Manager, and express our appreciation for his hard work on campus nationwide and, in particular, for his outstanding contributions to the marketing and promotional materials. We appreciate the creative thinking and welcome improvements that Morgen Murphy, Media Editor, has brought to the *Plazas,* Fourth Edition, media package. Our thanks also go to Bill Smith Group, the compositor, and in particular to Carol Thompson, the Project Manager, for her dedication and hard work. And, finally, we would also like to thank Sara Dyer, Editorial Assistant, for her masterful coordination of the *Plazas,* Fourth Edition, Advisory Board as well as numerous other reviewing activities, and Jennifer Carlson for her focused work with the authors of the *Plazas,* Fourth Edition, components.

Student Activities Manual

Jill Pellettieri, *Santa Clara University*
Silvia Rolle-Risetto, *California State-San Marcos*
Verónica Añover, *California State-San Marcos*
We would like to acknowledge the helpful suggestions and useful ideas of our Advisory Board, whose input was invaluable to the fourth edition.

iLrn: Heinle Learning Center Diagnostics

Daniela Schuvaks Katz, *Indiana University-Purdue University Indianapolis*

PowerLecture Instructor's Resource CD-ROM

Florencia Henshaw, *University of Illinois at Urbana-Champaign* (Instructor's Resource Manual)
Rachel López, *Kutztown University* (Activity File)
Karen Rauch, *Kutztown University* (Activity File)
Alberto Ribas-Casasayas, *California State University San Marcos* (PowerPoint Presentations)
Carmen Scales, *Arizona State University* (Testing Program)

Premium Website

Margaret Eomurian, *Houston Community College* (Web quizzes)
Ed Stering, *City College of San Francisco* (Web search activities)

We would like to acknowledge the helpful suggestions and useful ideas of our Advisory Board, whose input was invaluable to the fourth edition.

Fourth Edition Advisory Board

Amy Adrian, *Ivy Tech Community College–Central Indiana*
Frances Alpren, *Vanderbilt University*
Carlota Babilon, *City College of San Francisco–Ocean*
Valeria Barragán, *Saddleback College*
Anne Becher, *University of Colorado*
Andrzej Dabrowski, *University of Hawaii–Leeward Community College*
Michelle Faust, *Arizona Western College*
Rodolfo García, *Metropolitan State College of Denver*
Valerie Job, *South Plains College–Reese Center*
Nuria Ibañez, *University of North Florida*
Rachel López, *Kutztown University*
Regina Roebuck, *University of Louisville*
Christine Sabin, *Sierra College*
Daniela Schuvaks Katz, *Indiana University-Purdue University Indianapolis*
Virginia Shen, *Chicago State University*
Carolyn Wright, *North Carolina State University*
Francisco Zermeño, *Chabot College*

Acknowledgments

We would also like to thank the many instructors at colleges and universities across the country who contributed comments and suggestions on how to improve the fourth edition.

Fourth Edition Reviewers

Pilar Alcalde, *The University of Memphis*
Gunnar Anderson, *State University of New York–Potsdam*
Ann Baker, *University of Evansville*
Lisa Barboun, *Coastal Carolina University*
Marie Blair, *The University of Nebraska*
Kristy Britt, *University of South Alabama*
Donna M. Brown, *Longwood University*
Julia Bussade, *The University of Mississippi*
Mónica Cantero, *Drew University*
Eduardo Castilla Ortiz, *Missouri Western State University*
Cal Chandler, *St. Charles Community College*
Silvia Choi, *Huntington University*
Robert Colvin, *Brigham Young University–Idaho*
Raquel Cortés, *Elon University*
Linda Crawford, *Salve Regina University*
Karen Díaz Reátegui, *Washburn University*
María DiFrancesco, *Ithaca College*
Patrick Duffey, *Austin College*
María Forcadell, *DePauw University*
Leslie Frates, *California State University–East Bay/ Hayward*
Elliot H. Gaffer, *North Carolina State University*
Carmen García, *Texas Southern University*
Scott Gibby, *Austin Community College*
Curtis Goss, *Southwest Baptist University*
Luis F. Guzmán, *Longwood University*
Hsing Ho, *Rio Hondo College*
Laurie Huffman, *Los Medanos College*

Todd Hughes, *Vanderbilt University*
Carolina Ibañez-Murphy, *Pima Community College*
Scott Infanger, *University of North Alabama*
William Jensen, *Snow College*
Michael A. Kistner, *The University of Toledo*
Julie Kleinhans-Urrutia, *Austin Community College*
Tim Lee Catawba, *Valley Community College*
Pamela H. Long, *Auburn University–Montgomery*
Guadalupe López-Cox, *Austin Community College*
Paula Luteran, *Hutchinson Community College*
Lunden MacDonald, *Metropolitan State College of Denver*
Maríadelaluz Matus-Mendoza, *Drexel University*
Karin Meyer, *Canisius College*
David Migaj, *Wilbur Wright College*
Deanna Mihaly, *Eastern Michigan University*
Elaine Miller, *Christopher Newport University*
Matthew O'Neill, *Oklahoma State University*
Danae Orlins, *Transylvania University*
Roberto Pérez Galluccio, *Rochester Institute of Technology*
Pablo Pintado-Casas, *Kean University*
Silvia T. Pulido, *Brevard Community College*
Graziella Rondon-Pari, *State University of New York–Brockport*
Angela Shaheen, *Antelope Valley College*
Roger Simpson, *Clemson University*
Jon Sirko, *Longwood University*
Karen Tharrington, *North Carolina State University*
Jonnie Wilhite, *Kalamazoo Valley Community College*
Bel Winemiller, *Glendale Community College*
Jason Youngkeit, *Missouri Western State University*

Finally, we would like to express our appreciation to Sara Dyer, Editorial Assistant, for her tireless coordination of the Fourth Edition review boards, in particular the Advisory Board.

To my two lovely daughters, Kate and Annie. To my family and to my colleagues and students at DePauw University.

Robert Hershberger

To my husband, Mike. To my parents, Bob and Sally. To my colleagues and students at NC State University.

Susan Navey-Davis

To my wonderful family. To my mother, Gisela, to my son, Santiago, to my brother Tommy and his family, Gloria and María Rebeca. To my extraordinary colleagues at the Communication and World Languages Department, Bel, JT, and Joyce and to my remarkable students at Glendale Community College in Arizona and around the world.

Guiomar Borrás Álvarez

Dear Student,

Spanish has become a major second language of the United States. Although southern and costal states have seen dramatic increases in Spanish-speaking populations for years, the presence of Latino communities in every large city throughout the nation is now a reality. Spanish radio and television stations are multiplying and playing to huge audiences, and Latino entertainers are soaring to the top of U.S. charts with smash hits. Spanish can be seen on road signs, menus, and product literature. Even in your local supermarket, chances are that some of the products you buy are marketed to Spanish-speaking customers. In the entertainment, leisure, and travel industries, Spanish is more prevalent than ever before. Business people, teachers, civil servants, store clerks, and especially emergency and hospital personnel are scrambling to keep up with an increasingly Spanish-speaking client base. Questions about our national immigration policy and our country's relationship to our neighbors to the south are in the headlines.

Just recently, peoples of Hispanic descent have become the largest minority group in the United States and are shaping social and political agendas in a profound way. By 2042, according to the U.S Census Bureau, current minority groups in the United States will constitute a majority, and the fastest growing minority group will be of Hispanic background. Real-world incentives to learn Spanish are all around you. *Plazas* welcomes you to join a community of Spanish speakers not only in your class, but also in your neighborhood, work environment, or travel destination. *Plazas* is based on the Five Cs of Communication, Communities, Connections, Comparisons, and Culture to ensure that your interaction with the Spanish-speaking world is dynamic and profound. In *Plazas*, we not only introduce you to a language, but also to the people—through their history, traditions, and culture—who speak the language.

Learning Spanish successfully requires determination, good study habits, and patience. You must commit yourself to learning the language every day. Mastery is the result of daily study and practice. Everything you learn relies, to a certain extent, on previous material. If you invest time from the beginning, what you learn over time will build naturally upon a solid foundation of understanding and competence.

We wish you the very best in your introduction to Spanish and welcome you to the communities of *Plazas*.

Bob Hershberger
Susan Navey-Davis
Guiomar Borrás Álvarez

MAR CARIBE

Barranquilla
Cartagena
Maracaibo
Puerto España
TRINIDAD Y TOBAGO
Caracas
R. Orinoco
Medellín
VENEZUELA
Georgetown
OCÉANO ATLÁNTICO
Manizales
Bogotá
GUYANA
Paramaribo
Cali
SURINAM
Cayenne
COLOMBIA
GUAYANA
FRANCESA
ECUADOR
Quito
Guayaquil
R. Amazonas
Belem
ECUADOR
PERÚ
Iquitos
Manaus
R. Madeira
Cajamarca
Recife
Machu Picchu
BRASIL
Lima
Ayacucho
Cusco
Salvador
Arequipa
L. Titicaca
BOLIVIA
Brasilia
Arica
La Paz
Sucre
Belo Horizonte
Iquique
Potosí
São Paulo
Río de Janeiro
OCÉANO PACÍFICO
Antofagasta
PARAGUAY
Santos
Salta
Asunción
CHILE
Tucumán
R. Paraná
Porto Alegre
Córdoba
R. Uruguay
Valparaíso
Mendoza
Rosario
URUGUAY
Santiago
Buenos Aires
Montevideo
Concepción
La Plata
Río de la Plata
ARGENTINA
Bahía Blanca
TRÓPICO DE CAPRICORNIO
Puerto Montt
CORDILLERA DE LOS ANDES
ISLAS MALVINAS
Punta Arenas
TIERRA DEL FUEGO
Cabo de Hornos
Estrecho de Magallanes

0	200	400	600	800 millas
0	200	400	600	800 kilómetros

Maps

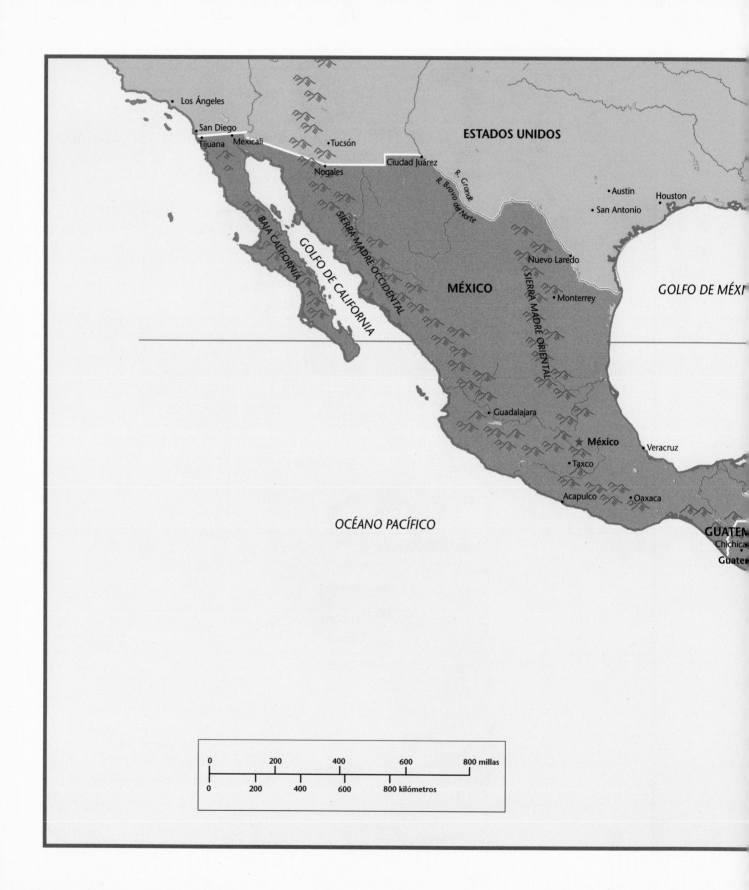

Los Ángeles
San Diego
Tijuana Mexicali
Tucsón
Nogales
Ciudad Juárez
ESTADOS UNIDOS
R. Grande
R. Bravo del Norte
Austin
Houston
San Antonio
BAJA CALIFORNIA
GOLFO DE CALIFORNIA
SIERRA MADRE OCCIDENTAL
MÉXICO
SIERRA MADRE ORIENTAL
Nuevo Laredo
Monterrey
GOLFO DE MÉXI
Guadalajara
México
Veracruz
Taxco
Acapulco
Oaxaca
GUATEN
Chichica
Guate
OCÉANO PACÍFICO

0	200	400	600	800 millas
0	200	400	600	800 kilómetros

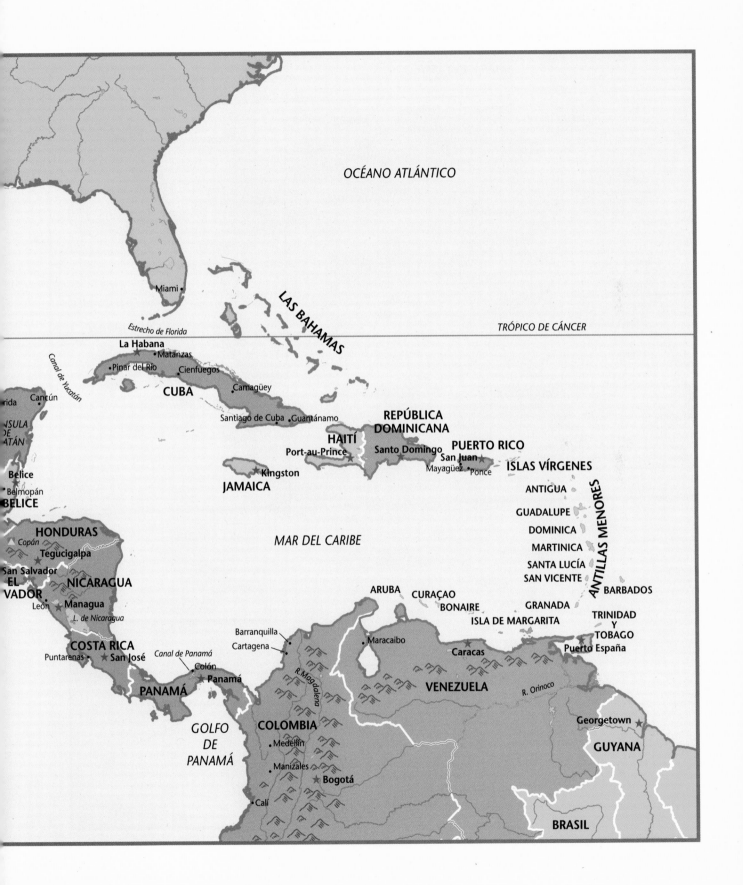

OCÉANO ATLÁNTICO

Miami

LAS BAHAMAS

Estrecho de Florida

TRÓPICO DE CÁNCER

La Habana

Matanzas

Pinar del Río · Cienfuegos

Canal de Yucatán

CUBA

Camagüey

rida · Cancún

Santiago de Cuba · Guantánamo

REPÚBLICA
DOMINICANA

NSULA
DE
ATÁN

HAITÍ

PUERTO RICO

Belice

Port-au-Prince

Santo Domingo

San Juan

ISLAS VÍRGENES

Belmopán

Kingston

Mayagüez · Ponce

BELICE

JAMAICA

ANTIGUA

GUADALUPE

HONDURAS

DOMINICA

Copán

MAR DEL CARIBE

MARTINICA

Tegucigalpa

ANTILLAS MENORES

SANTA LUCÍA

San Salvador

SAN VICENTE

EL
VADOR

NICARAGUA

ARUBA

CURAÇAO

BARBADOS

León · Managua

BONAIRE

GRANADA

L. de Nicaragua

ISLA DE MARGARITA

TRINIDAD
Y
TOBAGO

Barranquilla

Maracaibo

COSTA RICA

Cartagena

Puerto España

Puntarenas · San José

Canal de Panamá

Caracas

Colón

R. Magdalena

Panamá

VENEZUELA

R. Orinoco

PANAMÁ

Georgetown

GOLFO
DE
PANAMÁ

COLOMBIA

GUYANA

Medellín

Manizales

Bogotá

Calí

BRASIL

Maps

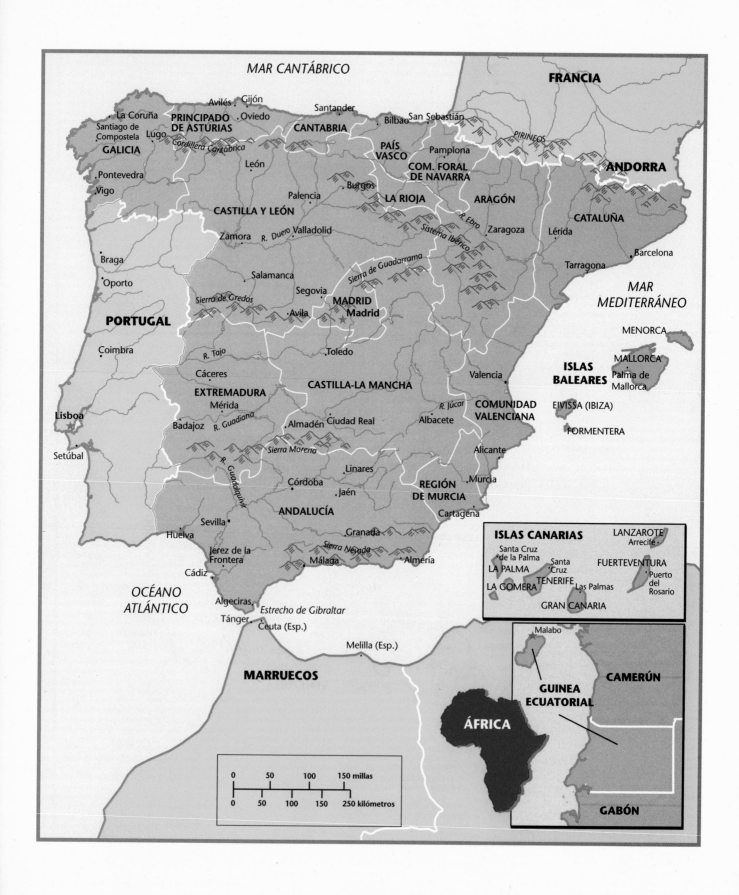

MAR CANTÁBRICO

FRANCIA

Avilés • Gijón
• La Coruña
Santiago de
Compostela
Lugo
Santander
Bilbao
San Sebastián

PRINCIPADO
DE ASTURIAS
• Oviedo

CANTABRIA

PIRINEOS

GALICIA
Cordillera Cantábrica
León

PAÍS
VASCO
Pamplona

COM. FORAL
DE NAVARRA

ANDORRA

• Pontevedra
• Vigo

• Burgos
Palencia

LA RIOJA

ARAGÓN
R. Ebro
Zaragoza

CATALUÑA
Lérida

CASTILLA Y LEÓN

Zamora   R. Duero Valladolid

Sistema Ibérico

Tarragona
• Barcelona

Braga

Sierra de Guadarrama

MAR
MEDITERRÁNEO

• Oporto

Salamanca
Sierra de Gredos
Segovia
• Ávila

MADRID
Madrid ★

MENORCA

PORTUGAL

MALLORCA
Palma de
Mallorca

R. Tajo
Toledo

ISLAS
BALEARES

Coimbra
Cáceres

Valencia

EIVISSA (IBIZA)

EXTREMADURA
Mérida

CASTILLA-LA MANCHA

R. Júcar

COMUNIDAD
VALENCIANA

FORMENTERA

Lisboa ★
Badajoz   R. Guadiana
Almadén   Ciudad Real
Albacete

Setúbal

Sierra Morena
R. Guadalquivir

Linares
• Córdoba
Jaén

Alicante

• Murcia

REGIÓN
DE MURCIA

ANDALUCÍA

Cartagena

ISLAS CANARIAS
LANZAROTE
Arrecife

Sevilla
Granada

Santa Cruz
de la Palma
Santa
Cruz

FUERTEVENTURA

Huelva

Sierra Nevada

LA PALMA

Jerez de la
Frontera
Málaga
• Almería

LA GOMERA
TENERIFE

Las Palmas

Puerto
del
Rosario

Cádiz

OCÉANO
ATLÁNTICO
Algeciras
Tánger
Estrecho de Gibraltar
Ceuta (Esp.)

GRAN CANARIA

Malabo

Melilla (Esp.)

CAMERÚN

MARRUECOS

GUINEA
ECUATORIAL

ÁFRICA

0	50	100	150 millas
0	50 100	150	250 kilómetros

GABÓN

¡Mucho gusto!

El mundo hispano

© Tim Graham/Getty Images

Plaza de Armas, Cusco, Perú

Chapter Objectives

Communicative Goals

In this chapter, you will learn how to . . .

- Greet others, introduce yourself, and say good-bye
- Exchange personal information such as name, origin, and address
- Identify quantities of objects

Structures

- Subject pronouns and the present tense of the verb **ser**
- The verb form **hay**
- Question words

▲ Have you visited any Spanish-speaking countries? If so, which one(s)?

▲ For your next visit to a Spanish-speaking area, would you like to visit a big city or a small town?

▲ Which Spanish-speaking country or city would you visit?

 Visit it live on **Google Earth!**

1

A saludar y a conocer a la gente *(Greeting and meeting people)*

In this section, you will learn how to greet and say good-bye to people in Spanish in both formal and informal situations. How do you greet your professor? How do you greet your friends?

Saludos *Greetings*
Buenos días. *Good morning.*
Buenas tardes. *Good afternoon.*
Buenas noches. *Good evening/night.*
¡Hola! *Hi! (informal)*

Presentaciones *Introductions*
Me llamo... *My name is . . .*
(Yo) Soy... *I am . . .*
Encantada. *Nice to meet you.*
　(women say this)
Encantado. *Nice to meet you.*
　(men say this)
Mucho gusto. *Nice to meet you.*
　(men and women say this)
El gusto es mío. *The pleasure is mine.*
　(men and women say this)

Despedidas *Farewells*
Adiós. *Good-bye.*
Buenas noches. *Good night.*
Chao. *Bye.*
Hasta luego. *See you later.*
Hasta mañana. *See you tomorrow.*
Hasta pronto. *See you soon.*
Nos vemos. *See you later.*

Títulos *Titles*
señor (Sr.) *Mr.*
señora (Sra.) *Mrs., Ms.*
señorita (Srta.) *Miss*

Heinle/Cengage Learning

Cultura
The form **usted** is abbreviated as **Ud.** and is used in formal situations with people whom you would address on a last-name basis. The abbreviation **Ud.** is pronounced just like **usted.**

Nota lingüística
When you ask questions in Spanish the voice rises on the last syllable of the last word in the question. It falls on the last syllable of the last word in a statement. For example:

¿Cómo está usted?   Soy de California.

Preguntas formales
Formal questions

¿Cómo está usted? *How are you?*

¿Cómo se llama usted? *What is your name?*

¿De dónde es usted? *Where are you from?*

¿Y usted? *And you?*

Preguntas informales
Informal questions

¿Cómo estás? *How are you?*

¿Cómo te llamas? *What is your name?*

¿De dónde eres? *Where are you from?*

¿Qué hay? *What's new?*

¿Qué tal? *What's up?*

¿Cómo te va? *How's it going?*

¿Y tú? *And you?*

Respuestas *Replies*
Bastante bien. *Pretty well.*

Bien, gracias. *Fine, thanks.*

Más o menos. *So-so.*

(Muy) Bien. *(Very) Well.*

Me llamo… *My name is…*

(Yo) Soy de… *I'm from…*

Palabras útiles
con permiso *pardon me, excuse me (to ask permission to pass through)*

disculpe *pardon me (to formally ask for someone's forgiveness or to get someone's attention)*

perdón *pardon me, excuse me (to ask for someone's forgiveness)*

por favor *please*

Palabras útiles are presented to help you enrich your personal vocabulary. The words here will help you interact in Spanish.

¡A practicar! *(Let's practice!)*

Nota lingüística

In some countries, such as Chile, Colombia, and Venezuela people say **chao** (**chau** in Argentina, Bolivia, Peru, and Uruguay) to express *good-bye*, due to the influence of Italian immigrants.

Nota lingüística

The expressions **nos vemos** and **chao** are used in informal situations with the expectation that you will see the other person(s) in the near future or the following day. On the other hand, **adiós** is used when you do not expect to see the person again right away.

P-1 ¿Qué dices? *(What do you say?)* Match the situations on the left with an appropriate expression from the list on the right. Remember to distinguish between formal and informal situations.

1. You're introduced to Sra. Fuertes. _____
2. You're asking a child where he/she is from. _____
3. You're greeting a stranger on the way to class at 8:00 a.m. _____
4. You're saying good-bye to a friend going on vacation. _____
5. You're asking your mother's friend how she's doing. _____
6. You're saying hello to a friend. _____
7. You're leaving a party at a friend's house at 2:00 a.m. _____
8. You're asking an an old man in the park what his name is. _____
9. You're walking to an afternoon class and you see your TA. _____

a. ¡Hola!
b. ¿De dónde eres?
c. Mucho gusto, señora.
d. ¿Cómo está usted?
e. ¡Buenos días!
f. ¡Adiós!
g. ¡Chao!
h. ¿Cómo se llama usted?
i. ¡Buenas tardes!
j. ¡Buenas noches!

P-2 ¡Mucho gusto! Complete the following brief dialogues with the appropriate expressions.

1. —¿_____ eres?
   —Soy de Orlando.

2. —¿_____ estás?
   —Bastante bien.

3. —¿_____ usted?
   —_____ Rosario Vargas. ¿Y _____?
   —Me llamo Manuel Ramos.

P-3 Los estudiantes internacionales Listen to the short messages from three new students who were asked to call to confirm that they will be moving into the international dormitory where you work. For each student, you must write the first name of the student and his or her home country and, when possible, indicate when the call was made. Circle **a.m.** to indicate morning, **p.m.** to indicate afternoon, or **¿?** to indicate that the time cannot be determined.

AUDIO CD
CD 1, TRACK 2

Nombre de pila *(First name)*	País *(Country)*	Hora de la llamada *(Time of the call)*		
		a.m.	p.m.	¿?
		a.m.	p.m.	¿?
		a.m.	p.m.	¿?

Workbook *P-1 – P-3*
Lab Manual *P-1 – P-3*

¡A conversar! *(Let's talk!)*

P-4 **Al revés *(The other way around)*** Working with a partner, change each informal dialogue in activity P-2 to a formal interaction and change the formal dialogue to an informal interaction. Role-play each new dialogue with a partner.

P-5 **Una fiesta** Pretend that you are attending a party given at the beginning of the semester for all students in your Spanish class. You want to speak to as many students in the class as possible.

Part I:
Work with one or two other students to practice the questions and answers that you will use to introduce yourself to all students and find out who they are. Practice asking students their names, how they are doing, and where they are from, and practice answering these questions. Also practice expressing pleasure in meeting each new student.

Part II:
All students move around the classroom, greeting classmates, and asking and answering questions about their names and other information. Speak to as many people as possible and ask as many different questions as you can. Your goal is to speak to each student. Speak only Spanish!

P-6 **Conversaciones** Work with a partner to act out the three conversations depicted in the drawings. Use the information below to help you decide if each interaction is formal or informal. Then include appropriate greetings, ask appropriate questions, and give appropriate answers. After practicing with your partner, be prepared to present at least one conversation to the class.

1. José Ramón and Ricardo, two old friends, happen to see one another on the street at 8 p.m. one evening.

2. Professor Sánchez greets a new colleague in the university medical center where they work, at 9 a.m. The new colleague is Dra. (**doctora**) Matos, but Professor Sánchez does not know her name.

3. At 2 p.m. Mrs. Calderón sees a young neighbor whose family has just moved to the area. She does not know his name, but wants to get to know him. Jaime, the young man, politely responds to Mrs. Calderón's questions.

Heinle/Cengage Learning

In this section you are presented with a dialogue that models (in bold) many of the grammatical structures you will learn later in the chapter. Listen for as many cognates as possible to help you establish meaning.

AUDIO CD
CD 1, TRACK 3

The dialogue describes the Ortega family's first meeting with Raquel, the new babysitter, at their home in Miami. Read the statements below before you listen to the dialogue. As you listen to the conversation, establish whether these statements are **cierto** *(true)* or **falso** *(false)*.

1. El señor Ortega es cubano. _____
2. Raquel es de Nueva York. _____
3. Raquel habla español muy bien. _____
4. El padre de Raquel es de Cuba. _____
5. Hay muchas personas hispanas en Florida. _____
6. María José tiene siete años. _____

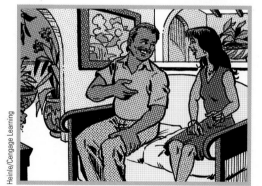

Raquel: ¡Buenas noches, señor!

Sr. Ortega: ¡Buenas noches! **¿Es usted** la señorita Gandía?

Comentario cultural In Florida, it is common to see Spanish colonial-style houses. These houses feature low roofs with red roof tiles, stucco siding, and numerous arches above doors and main windows. Thick walls provide relief from the hot summer temperatures.

Raquel: Sí, **soy yo.** Me llamo Raquel.

Sr. Ortega: Mucho gusto, Raquel. **Yo soy** Ricardo Ortega.

Raquel: Encantada, señor Ortega.

Sr. Ortega: ¿De dónde es usted?

Raquel: Yo soy de aquí… de Miami. ¿Y ustedes?

Comentario cultural According to the 2008 Census, Miami Dade County, Florida, is 62.4 percent (1,496,505 individuals) Hispanic or Latino, a result of large-scale immigration, especially from Cuba, Puerto Rico, and the Dominican Republic.

Heinle/Cengage Learning

Expresiones **en contexto**

aquí *here*	**¡Dios mío!** *My God! My goodness!*
barrio *neighborhood*	**habla tan bien** *speak so well*
de allí *from there*	**Llevamos un año aquí.** *We have been here for a year.*
mucha gente *a lot of people*	**Pareces mayor.** *You look older.*
nena/nene *boy/girl, used when an adult wants to get a young person's attention (Puerto Rico)*	**¿Sólo nueve años?** *Only nine years old?*
	¿Y cómo es que…? *And how is it that…?*
nuestro(a) *our*	**Yo tengo nueve años.** *I am nine years old.*
¿Cuántos años tienes tú? *How old are you?*	

Sr. Ortega: Nosotros somos de La Habana, Cuba. Llevamos un año aquí. **¿Y cómo es** que usted habla tan bien el español?

Raquel: Mi padre **es** de Puerto Rico y en mi barrio **hay** mucha gente de allí, de Cuba y de la República Dominicana.

Comentario cultural Cuba is truly a melting pot of several different African and European cultures. This original Creole culture has been further diversified by more recent migrations of French, Chinese, Jamaicans, Haitians, and Mexicans.

Sr. Ortega: Raquel, quiero presentarle a mi hija, María José.

María José: ¡Hola!

Raquel: ¡Hola, María José! **¿Cómo** estás?

María José: Bien, gracias, ¿y usted?

Comentario cultural Notice how Mr. Ortega and Raquel use the formal form of **usted** to address each other. However, when Raquel meets Mr. Ortega's daughter, María José, she talks to the child using the informal **tú** form, appropriate when addressing someone younger than the speaker.

Heinle/Cengage Learning

Raquel: Muy bien, gracias. ¿Y **cuántos** años tienes tú, nena?

María José: Yo tengo nueve años.

Raquel: ¡Dios mío! ¿Sólo nueve años? Pareces mayor.

Comentario cultural Certain exclamations carry less of a stigma in the Spanish language than they do in the English language. ¡Dios mío!, for example, literally translates to *My God!*, yet the strength of its meaning is closer to a phrase like *My goodness!*

 Una experiencia como niñera *(babysitter)* You will be meeting the parents of a child, for whom you will babysit, for the first time. With a partner, take turns role-playing the situation. The babysitter should greet the parents, greet the child, and introduce himself or herself. Each person may invent a background of Hispanic origin. Use the expressions from **En contexto** as a model for your dialogue.

El mundo hispano

En los Estados Unidos

• Do you have friends who speak Spanish? Where do they live? Where do they come from?

According to the U.S. Census Bureau, there are more than 46.9 million Hispanics in the United States (2009). Hispanics are now the largest minority group in the nation, making up around 15.1 percent of the total population of the United States. The projected Hispanic population of the United States for July 1, 2050 is 132.8 million people. According to this projection, Hispanics will then constitute 30 percent of the nation's population.

1. In which states do you find the largest concentrations of Hispanics? Why do you think this is?
2. After studying this map, discuss the importance of learning Spanish.

España

• What facts do you know about Spain?

Spain and Portugal make up the Iberian Peninsula. Spain shares a border with Portugal to the west, France and Andorra to the north, and Gibraltar (a British Colony) to the south, and through its cities in North Africa (Ceuta and Melilla), Morocco. Its population includes speakers of Castilian Spanish, as well as speakers of regional languages in certain autonomous communities, such as Catalan in Cataluña and the Baleares Islands, Euskera or the Basque language in the Basque country, and Navarra and Galician in Galicia.

1. What do you think about the fact that different languages are spoken in Spain?
2. Would you like to visit Spain? If so, which city or region would you be interested in visiting?

México

• What do you know about Mexico?

The population of Mexico is ethnically diverse: 60 percent of the population is mestizo (indigenous-Spanish), 30 percent is indigenous, 9 percent is white, and 1 percent is classified as "other." The capital, Mexico City, has more than eight million inhabitants, which makes it one of the most populated cities in the world. The Yucatan Peninsula in Mexico is popular for its warm beaches and amazing Mayan ruins. Outside of the Yucatán, one can find famous beaches in Acapulco, Puerto Vallarta, Mazatlan, and the trendy Los Cabos in Baja California.

1. Would you like to live in a big city like Mexico City? Explain why or why not.
2. Which part of Mexico would you prefer to visit, the sandy beaches or the Mayan ruins?

En América Central y el Caribe

• What facts do you know about Central America and the Caribbean islands?

With the exception of El Salvador and Belize, the countries of Central America have two coasts: one on the Pacific Ocean and one on the Caribbean Sea. This distinguishing characteristic makes beach tourism very popular in these countries. Additionally, Panama's control of the Panama Canal—a 77-kilometer (48-mile) shipping canal that connects the Caribbean Sea (Atlantic Ocean) to the Pacific Ocean—is of international importance. Of the over 7,000 islands in the Caribbean Sea, the three largest islands are Spanish-speaking. The Caribbean nations of Cuba, the Dominican Republic, and Puerto Rico use Spanish as their official language. Puerto Rico, a United States territory with Commonwealth status, has a second official language: English.

1. Why do you think the Panama Canal is important to the world?
2. Puerto Rico has two official languages: Spanish and English. Do you think this is a good idea? Explain why or why not.

En América del Sur

• Can you name any natural wonders in South America?

Similar to North and Central America, South America is named for Amerigo Vespucci, the first European to suggest that the Americas were not in fact the Indies—as Christopher Columbus had thought—but rather a new continent, unknown to the Europeans. Despite their similar names, their geographic situations make North America and South America opposites of sorts.

Since South America is situated in the southern hemisphere, its seasons are opposite to those of North America. For instance, in South America, in countries such as Argentina and Chile, people ski in June, July, and August, and are at the beaches in December, January, and February.

1. Are you aware of other differences between the southern and northern hemispheres in terms of climate, weather, and geography?
2. Which South American country would you most like to visit? When would you travel there, and what type of trip would you take?

*In most of the Spanish-speaking world, periods and commas in numbers are reversed from the way they are used in English.

Subject pronouns and the present tense of the verb *ser*

A *verb* is a word that expresses action (*run, jump,* etc.) or indicates a state of being (*is, seems,* etc.). The *subject* of the verb is either a *noun* or *pronoun* that identifies who does the action of the verb. Subjects that are nouns include names, such as *Mary, Fred, Jerome,* and so forth. Subjects that are pronouns include words, such as *you, we, they,* etc. Spanish, as a Romance language, exhibits both gender (masculine and feminine) and number. The subject pronouns **nosotros(as) vosotros(as)** and **ellos(as)** are plural forms and are shown with both masculine **-os** and feminine **-as** endings.

	Subject pronoun	*ser* (to be)	
Singular	yo	soy	*I am*
	tú	eres	*you (informal) are*
	él/ella, usted	es	*he/she is, you (formal) are*
Plural	nosotros(as)	somos	*we are*
	vosotros(as)	sois	*you (informal: Spain) are*
	ellos(as) , ustedes	son	*they are, you are*

Note that in most of Spain, the plural form of **tú** is **vosotros** (referring to males only or to a mixed group of males and females) and **vosotras** (referring to females only).

vosotros *you* ⎫
                    ⎬ **sois** *are*
vosotras *you* ⎭

David y María, **vosotros sois** mis amigos.
David and María, you are my friends.

Alicia y Regina, **vosotras sois** muy sinceras.
Alicia and Regina, you are very sincere.

In Latin America, **ustedes** is the plural form for both **tú** and **usted**.

The easiest way to negate a sentence in Spanish is to place **no** in front of the verb. If the sentence is already negated, remove the **no** before the verb.

Raquel es la madre de María José.   *Raquel is María José's mother.*

Raquel **no** es la madre de María José.   *Raquel is not María José's mother.*

¿Recuerdas?

Sr. Ortega: **Nosotros somos** de La Habana, Cuba. Llevamos un año aquí. ¿Y cómo es que usted habla tan bien el español?

Raquel: Mi padre **es** de Puerto Rico y en mi barrio hay mucha gente de allí, de Cuba y de la República Dominicana.

Heinle/Cengage Learning

¡A practicar!

P-7 **¿Sí o no?** Say whether you agree (**sí**) or disagree (**no**) with the following statements and repeat the sentence. To make a sentence negative, place **no** before the verb.

Modelos Penélope Cruz es actriz.
Sí. Penélope Cruz es actriz.

Penélope Cruz es profesora.
No. Penélope Cruz no es profesora.

1. Salma Hayek es elegante.
2. Alex Rodríguez no es atlético.
3. Mis profesores son cómicos.
4. Mis amigas son independientes.
5. Mi papá es profesor.
6. Mi mamá es bailarina.
7. Yo soy sentimental.

P-8 **¿Quiénes somos? ¿Quiénes son?** *(Who are we? Who are they?)* Complete the sentences below with the correct form of the verb **ser**.

Modelo George López *es* un cómico famoso.

1. Nosotros _____ estudiantes de español.
2. Tú _____ mi compañero(a) de clase.
3. América Ferrera y Cristián de la Fuente _____ dos actores famosos.
4. Carlos Santana _____ un músico famoso.
5. Ustedes _____ de Costa Rica.
6. Yo _____ estudiante de español.

P-9 **¿Ser o no ser?** Use the elements in each group to form a complete sentence. You must conjugate the verb **ser** to agree with the subject pronouns.

Modelo yo / ser / responsable
Yo soy responsable.

1. Buenos Aires / ser / la capital de Argentina
2. Javier Bardem y David Bisbal / ser / de España
3. mis amigos y yo / no / ser / profesores
4. el señor Ortega / ser / de Cuba y el padre de Raquel / ser / de Puerto Rico
5. Uds. / ser / generosos
6. tú / no / ser / introvertido

¡A conversar!

P-10 **¿Quién entre nosotros?** *(Who among us?)* Working with a partner, form questions using the adjectives listed below to ask your classmate. To ask a question in Spanish, place the verb before the adjective.

Modelo cómica *(a woman)*
E1: *¿Es cómica Katie?*
E2: *Sí, Katie es cómica.*
o *No, Katie no es cómica.*

1. responsable *(your professor)*
2. admirable *(you)*
3. extrovertidos *(two men)*
4. serios *(we)*
5. inteligentes *(a man and a woman)*
6. generosas *(two women)*
7. honesto *(a man)*
8. introvertida *(a woman)*

P-11 **¿Quién soy yo? ¿Quiénes son Uds.?** In groups of four or five students, make a list of ten well-known people who fit at least one of the criteria listed below. One group member introduces himself/herself as the first person on the list and gives one additional piece of information. The second person introduces himself/herself as the second person on the list and gives additional information, then repeats who the first person is and the information about him/her. Continue with the remaining names on the list. If time allows, create a new list of people and start again.

Modelo **E1:** *Soy Jeff García. Soy atleta.*
E2: *Soy Salma Hayek. Soy de México.*
Él es Jeff García. Es atleta.

Características	Profesiones	Nacionalidades
arrogante	actor	de España
responsable	atleta	de Cuba
inteligente	músico(a)	de México
extrovertido(a)	político(a)	de Venezuela
elegante	artista	de los Estados Unidos

Hay and numbers 0–30

A useful Spanish verb form is **hay,** which means *there is* and *there are* (or *Is there… ?* and *Are there… ?* in questions). Use **hay** to indicate the existence of people, places, and things; **hay** may be followed by a singular or plural noun. Be careful not to confuse this verb form with the verb **ser**, which also means *to be* but does not express the idea of *there is/there are*.

¿Cuántas personas **hay** en tu clase de español?
*How many people **are there** in your Spanish class?*

Hay una profesora y veintisiete estudiantes.
***There is** one teacher and twenty-seven students.*

Numbers 0–30			
0 cero	8 ocho	16 dieciséis	24 veinticuatro
1 uno	9 nueve	17 diecisiete	25 veinticinco
2 dos	10 diez	18 dieciocho	26 veintiséis
3 tres	11 once	19 diecinueve	27 veintisiete
4 cuatro	12 doce	20 veinte	28 veintiocho
5 cinco	13 trece	21 veintiuno	29 veintinueve
6 seis	14 catorce	22 veintidós	30 treinta
7 siete	15 quince	23 veintitrés	

- Note that **uno** has three different forms.

    1. When counting, the form **uno** is used.

        Uno, dos, tres…   *One, two, three . . .*

    2. When preceding a singular masculine noun, the **-o** is dropped to form **un** (**un señor, un profesor...**).

        Hay **un** profesor en la clase.
        *There is **one** professor in the class.*

    3. Before a singular feminine noun, **una** is used (**una señora, una profesora...**).

        Hay **una** cafetería buena en esta universidad.
        *There is **one** good cafeteria in this university.*

- The number **veintiuno** changes to **veintiún** before a plural masculine.

    Hay **veintiún** estudiantes.
    *There are **twenty-one** students.*

- The numbers 16 to 19 and 21 to 29 can be written either as one word (e.g., **dieciséis**) or as three words (e.g., **diez y seis**). In most Spanish-speaking countries, people prefer to use the single word.

- Note that some numbers when written as one word, will need a written accent to maintain stress on the proper syllable: **dieciséis, veintiún, veintiséis.**

¡A practicar!

P-12 **¿Cuántos hay?** *(How many are there?)* State how many units there are of the following items.

> **Modelo** 18 computadoras
> *Hay dieciocho computadoras.*

1. 1 auto
2. 5 libros *(books)*
3. 12 estudiantes
4. 6 profesores
5. 27 bicicletas
6. 30 clases
7. 15 personas

P-13 **Problemas de matemáticas** Do the following math problems with another student.

> **Modelo** $2 + 2 = ¿?$ **[+ más]**
> **E1:** *¿Cuántos son dos más dos?*
> **E2:** *Dos más dos son cuatro.*
>
> $3 - 1 = ¿?$ **[− menos]**
> **E1:** *¿Cuántos son tres menos uno?*
> **E2:** *Tres menos uno son dos.*

1. $11 + 4 = ¿?$
2. $16 + 10 = ¿?$
3. $7 + 3 = ¿?$
4. $25 - 11 = ¿?$
5. $7 - 4 = ¿?$
6. $30 - 9 = ¿?$
7. $18 - 1 = ¿?$
8. $22 + 7 = ¿?$

P-14 **La lotería** Your friend purchased lottery tickets and found some of the results on the Internet. He was not able to find all of them so he asked you to listen to the radio announcement and complete the information that he was unable to find. Write the numbers in the appropriate spaces to complete the information that he needs.

AUDIO CD
CD 1, TRACK 4

Argentina:	2	3	1	7	
Colombia:	___	___	___	___	
Chile:	7	9	12	14	
Ecuador:	___	___	___	___	___
Uruguay:	___	___	___		

¡A conversar!

P-15 **¿Hay o no hay?** In pairs, answer these questions about your class. Follow the model, then switch roles.

> **Modelo** hombres *(men)*
> —*¿Hay hombres en la clase?*
> —*Sí. Hay doce hombres.*

1. mujeres *(women)*
2. hombres y mujeres
3. profesores
4. sillas *(chairs)*
5. calendarios
6. . . .

¿Cuántos estudiantes hay en la foto?

P-16 **¡BINGO!** Work in groups of four to six students. One student writes a list of numbers between 0 and 30 in random order. Every other student draws a grid of 16 squares, 4 across and 4 down, and puts a different number between 0 and 30 in each square. The student who made the list of numbers calls out a number (in Spanish, of course!), and students who have the number in their grid cross it out. The caller continues until one student crosses out four numbers in a row—vertical, horizontal, or diagonal—and says ¡Bingo! Continue the game so several students can achieve Bingo.

Workbook *P-6 – P-8*
Lab Manual *P-7 – P-9*

© Andresr/Shutterstock.com

Question words

As an English speaker, there are a few basic linguistic points to keep in mind when using Spanish question words.

¿Cuál? *(Which?)* is used far more frequently in Spanish than in English. It has the same meaning as *What?* when someone's name, address, or telephone number is being asked. When it refers to a plural noun, it becomes **¿Cuáles?**

> **¿Cuál** es tu nombre?
> **What** is your name?

> **¿Cuál** es tu número de teléfono?
> **What** is your telephone number?

> **¿Cuál** es tu dirección?
> **What** is your address?

> **¿Cuáles** son tus amigos?
> **Which ones** are your friends?

¿Quién?, like **¿Cuál?,** must be made plural when referring to two or more people.

> **¿Quiénes** son tus padres?
> **Who** are your parents?

¿Cuánto(a)? and **¿Cuántos(as)?** must agree in number (singular or plural) and gender (masculine or feminine) with the nouns they describe.

> **¿Cuántos** hombres hay en la clase?
> **How many** men are in the class?

> **¿Cuántas** personas hay en tu familia?
> **How many** people are in your family?

Notice that all question words carry accents. The accent indicates that the word is being used as an interrogative. For example, **que** without an accent means *that* (e.g., *The one that got away.*) The word means *What?* only when it appears as **¿Qué?**

Commonly used question words	
¿Cómo? How?	**¿De dónde?** From where?
¿Cuál(es)? Which?	**¿Dónde?** Where?
¿Cuándo? When?	**¿Por qué?** Why?
¿Cuánto(a)? How much?	**¿Qué?** What?
¿Cuántos(as)? How many?	**¿Quién(es)?** Who?

¿Recuerdas?

Sr. Ortega: ¿De dónde es usted?
Raquel: Yo soy de aquí… de Miami. ¿Y ustedes?

Heinle/Cengage Learning

¡A practicar!

P-17 ¿Cuál es? Choose the correct interrogative word to complete each question.

1. ¿(Cómo / Quién) es la clase de literatura?
2. ¿(Dónde / De dónde) eres?
3. Marisela, ¿(cuánto / cuál) es tu clase favorita?
4. ¿(Quién / Dónde) es la profesora? ¿Es la doctora Martín?
5. ¿(Cuándo / Cuántos) estudiantes hay en la clase?
6. ¿(Por qué / Cuáles) hay computadoras en la clase?

P-18 Preguntas A friend of yours is doing a survey in a Spanish-speaking neighborhood. Help him fill in the missing question words. Are the survey questions addressed formally or informally?

Modelo _¿Cómo_ se llama usted?

1. ¿De _____ es usted?
2. ¿_____ es su (your) dirección (address)?
3. ¿_____ personas hay en su familia?
4. ¿_____ son sus padres?
5. ¿_____ es su número de teléfono?
6. ¿De _____ es su familia?
7. ¿_____ es su cumpleaños (birthday)?
8. ¿_____ le gusta este barrio (do you like this neighborhood)?

P-19 Información personal Read the answers that a student gave to the questions posed by classmates. Write the question that was used to elicit each answer.

Modelo —Soy de España.
—¿De dónde eres?

1. Me llamo Carolina.
2. Estoy bien.
3. Los profesores de español son el doctor Garza y la doctora Valenzuela.
4. Hay veinte estudiantes en la clase.
5. El número de teléfono de la profesora Valenzuela es el 725-2519.

Workbook *P-9 – P-11*
Lab Manual *P-10 – P-12*

¡A conversar!

P-20 Información personal Circulate around your classroom to obtain the phone numbers and addresses of at least three different classmates. Be sure to use the appropriate mode of address (informal or formal).

Modelo —¿Cuál es tu número de teléfono?
—Es el dos, veintinueve, quince, once (229-1511). ¿Y el tuyo? (And yours?)
—Es el cuatro, veinticinco, diez, trece (425-1013). ¿Cuál es tu dirección?
—Camino Linda Vista, número tres, cinco, cuatro, siete (3547); apartamento número once (11).

> **Cultura**
>
> In most Spanish-speaking countries, telephone numbers have 7 digits, but they have only 5 or 6 in some areas. When expressing a telephone number with an uneven number of digits, it is common to begin with a single digit but express the remaining numbers in groups of two. If your telephone number contains numbers that you are not yet able to express in pairs, you may present each number individually, such as dos, cuatro, uno, ocho, nueve, seis, cero for 241-8960.

P-21 ¿Qué? ¿Cuántos? ¿Cómo? Create questions in Spanish in order to find out personal information about two classmates. You want to get the following information:

- their names
- where they come from
- who their best friend (mejor amigo[a]) is
- how many people there are in their family (familia)
- how they are feeling

Take turns asking each other the questions you come up with.

ENCUENTRO CULTURAL

Let's continue to get acquainted with the Spanish-speaking world. Below you will find the information you need to answer the following questions:

1. Do you know how many people speak Spanish as a first language?
2. Do you know how many countries use Spanish as an official language? Can you name some of these countries?
3. Do you know what other languages have influenced the Spanish language?

Native speakers of Spanish

There are 329 million native speakers of Spanish. Spanish ranks second as the language most widely spoken by native speakers. It is slightly ahead of English (328 million) but far behind Chinese (1.2 billion).

Spanish as an official language

There are 21 countries where Spanish is used as an official language: 1 country in Europe, 1 country in Africa, 1 country in North America, 9 countries in Central America and the Caribbean, and 9 countries in South America.

Languages that have influenced the Spanish language

Spanish developed from Latin with influences from Greek, Basque, Arabic, and German, in addition to elements from Nahuatl in Mexico and Quechua in Bolivia, Ecuador, and Peru.

Personas notables Simon Bolivar, one of South America's greatest generals, was born in Caracas, Venezuela, in 1783 and died in Santa Marta, Colombia, in 1830. His victories over the Spaniards during the War of Independence won independence for Bolivia, Colombia, Ecuador, Peru, and Venezuela. He is known as **El Libertador** (The Liberator) throughout Latin America. In Venezuela, on the anniversaries of both his birth and his death, people come together in the Plaza Bolívar to honor his memory.

Who are the defenders of freedom in your community? Is there an important plaza, park, or street in your town or city dedicated to these individuals?

Historia Teotihuacan (300 B.C. – 450 A.C.) is the largest-known pre-Columbian city in the Americas. The city is located approximately 40 km (approx. 25 miles) northeast of present-day Mexico City. Archaeological evidence indicates that Teotihuacan was a multiethnic site. The presence of several different pre-Columbian communities, such as the Zapotecs, the Mixtecs, the Maya, the Nahua, the Totonacs, and finally the Aztecs, has been detected. The name Teotihuacan was coined by the Aztecs centuries after the fall of the city; it translates roughly to "the place where men became gods."

Are there historical monuments in your community that date back to ancient times? Can you describe them?

© Color Point Photo/Photolibrary

Lugares mágicos When traveling to Spain, one of the most famous Moorish palaces to visit there is **La Alhambra**, which is situated on the southeastern border of the city of Granada. This ancient palace, mosque, and fortress complex was the residence of the Muslim kings and their courts. The majority of the structures that visitors appreciate today were constructed between 1333 and 1391. When touring the complex, one can delight in the royal quarters and the salons. One can also visit numerous fountains, interior and exterior patios, and extensive gardens. La Alhambra is an amazing architectural representation of the Arab presence and influence in Spain.

Do you have a building or structure in your town, city, or state that exhibits the presence or influence of other cultures? Can you describe it?

 Visit it live on **Google Earth!**

Ritmos y música In Cuba, many former slaves were forced to join the Catholic Church, which led to the development of a new religion called **santería**. In **santería,** each deity is associated with colors, emotions, and a saint from the Catholic Church, plus specific drum patterns called **toques.** By the twentieth century, elements of Santería music—particularly the percussion patterns—began appearing in popular and folk music. Some of the resulting popular Cuban rhythms are **conga, son montuno,** and **rumba.**

Listen to the classic Cuban song "Son de la loma", performed by The Cuban All Star Band. *Access the iTunes playlist on the Plazas website.*

Do you like this type of Cuban music? What do you like about this rhythm?

© Lou Jones/Photolibrary

¡Busquen en Internet!
1. Personas notables: Simón Bolívar
2. Historia: Teotihuacán, México
3. Lugares mágicos: La Alhambra, Granada, España
4. Ritmos y música: el son cubano, The Cuban All Star Band

VOCABULARIO ESENCIAL

 AUDIO CD CD 1, TRACK 5   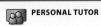 **PERSONAL TUTOR**

Cómo saludar — How to greet

Buenos días.	Good morning.
Buenas tardes.	Good afternoon.
Buenas noches.	Good evening/night.
¿Cómo estás?	How are you? (informal)
¿Cómo está usted?	How are you? (formal)
¡Hola!	Hi! (informal)
¿Qué tal?	What's up? (informal)
¿Qué hay?	What's new? (informal)

Cómo contestar — How to answer

Bastante bien.	Pretty well.
Bien, gracias. ¿Y usted?	Fine thanks. And you?
Más o menos.	So-so.
(Muy) Bien.	(Very) Well.

Cómo despedirse — How to say good-bye

Adiós.	Good-bye.
Buenas noches.	Good night.
Chao.	Bye. (informal)
Hasta luego.	See you later.
Hasta mañana.	See you tomorrow.
Hasta pronto.	See you soon.
Nos vemos.	See you later.

Cómo pedir información — How to ask for information

¿Cómo se llama usted?	What's your name? (formal)
¿Cómo te llamas?	What's your name? (informal)
¿Cómo te va?	How's it going?
¿Cuál es tu nombre?	What's your name? (informal)
¿Cuál es tu número de teléfono?	What's your telephone number? (informal)
¿Cuál es tu dirección?	What's your address? (informal)
¿De dónde es usted?	Where are you from? (formal)
¿De dónde eres tú?	Where are you from? (informal)

Presentaciones — Introductions

Encantado(a).	Nice to meet you.
El gusto es mío.	The pleasure is mine.
Me llamo...	My name is . . .
Mucho gusto.	Nice to meet you.
(Yo) Soy...	I am . . .
(Yo) Soy de...	I'm from . . .

Títulos — Titles

señor (Sr.)	Mr.
señora (Sra.)	Mrs., Ms.
señorita (Srta.)	Miss

Los números del 0 al 30 — Numbers from 0 to 30

cero	0
uno	1
dos	2
tres	3
cuatro	4
cinco	5
seis	6
siete	7
ocho	8
nueve	9
diez	10
once	11
doce	12
trece	13
catorce	14
quince	15
dieciséis	16
diecisiete	17
dieciocho	18
diecinueve	19
veinte	20
veintiuno	21
veintidós	22
veintitrés	23
veinticuatro	24
veinticinco	25
veintiséis	26
veintisiete	27
veintiocho	28
veintinueve	29
treinta	30

Pronombres personales

yo	I
tú	you (informal)
usted (Ud.)	you (formal)
él	he
ella	she
nosotros(as)	we
vosotros(as)	you (informal: Spain)
ustedes (Uds.)	you
ellos(as)	they

Palabras interrogativas

¿Cómo?	How?
¿Cuál(es)?	Which?
¿Cuándo?	When?
¿Cuánto(a)?	How much?
¿Cuántos(as)?	How many?
¿De dónde?	From where?
¿Dónde?	Where?
¿Por qué?	Why?
¿Qué?	What?
¿Quién(es)?	Who?

Verbos

hay	there is, there are
ser	to be

En una clase de español

Los Estados Unidos

©Gunnar Kullenberg/Photolibrary

Plaza México, Lynwood, California, EE. UU.

Chapter Objectives

Communicative Goals

In this chapter, you will learn how to . . .

- Identify people, places and things in an educational setting
- Specify colors
- Communicate about everyday activities
- Tell time and indicate days of the week

Structures

- Definite and indefinite articles, the gender of nouns, and how to make nouns plural
- Present tense of regular **-ar** verbs

▲ Do you remember which states have the largest concentration of Hispanics?

▲ Have you visited any of these states? If so, did you notice any influence of Hispanic culture in those places?

▲ Do you think it is important to know how to speak Spanish in the U.S.? Why or why not?

 Visit it live on **Google Earth!**

En la clase de la profesora Muñoz *(In Professor Muñoz's class)*

In this section, you will learn how to identify people and things in the classroom.
How does Professor Muñoz's class compare to your own?

la luz (las luces)

la pizarra

el calendario

la pantalla

la tiza

el borrador

el mapa

el chico / el muchacho

la chica / la muchacha

la estudiante

el estudiante

el papel

el libro (de texto)

el lápiz (los lápices)

la mochila

la pluma

el reloj

la profesora
(el profesor)

el marcador

el escritorio

la computadora

la silla

el diccionario

haber | hablar

el cuaderno

el pupitre

el bolígrafo

la calculadora

blanco   negro   rojo

anaranjado   amarillo   verde

azul   morado   marrón

Otras cosas *Other things*

el dinero *money*

el examen *exam*

la lección *lesson*

la palabra *word*

la tarea *homework*

Otras personas *Other people*

el (la) amigo(a) *friend*

el (la) compañero(a) de clase
  classmate

el (la) compañero(a) de cuarto
  roommate

el hombre *man*

la mujer *woman*

el (la) novio(a) *boyfriend/girlfriend*

Palabras útiles

el (la) consejero(a) *adviser*

el (la) decano(a) *dean*

el (la) maestro(a) *teacher*

**el (la) presidente/rector(a) de la
universidad** *president of the university*

la sala de clase *classroom*

Palabras útiles are presented to help you
enrich your personal vocabulary. The terms
provided here will help you talk about your
classes and the people you interact with on
campus.

Nota lingüística

In Spain, the most common word for
computer is **el ordenador** and for
marker is **el rotulador**.

Heinle/Cengage Learning

¡A practicar!

1-1 **¿De qué color es?** Match each of the following foods with the color or colors most often associated with it. **¡Ojo!** The foods are cognates so you should be able to identify them.

1. _____ la banana   a. rojo o verde
2. _____ el café   b. amarillo
3. _____ el tomate   c. marrón
4. _____ el chocolate   d. amarillo o verde
5. _____ el limón   e. negro

1-2 **¿Cierto o falso?** Study the drawing of Professor Muñoz's classroom and decide whether each of the following statements is true (**cierto**) or false (**falso**). If a statement is false, correct it.

> **Modelo** Hay tres mapas en la pared.
> *Falso. Hay un mapa en la pared.*

1. La tiza es azul.
2. La señorita Muñoz es profesora de biología.
3. Hay tres luces.
4. La silla de la profesora es marrón.
5. Hay una calculadora en una silla.
6. Es una clase de matemáticas.
7. Hay una pluma en un pupitre.
8. Hay cinco chicos y cinco chicas en la clase de la profesora Muñoz.

1-3 **¿Cuántos hay en la clase?** Say how many of each of the following items appear in Professor Muñoz's classroom. Remember that **uno** changes to **una** before a singular feminine noun and changes to **un** before a singular masculine noun.

> **Modelo** Hay _____*quince*_____ estudiante(s) en la clase.

1. Hay _____ tiza(s) en la clase.
2. Hay _____ calculadora(s) en la clase.
3. Hay _____ computadora(s) en la clase.
4. Hay _____ luz (luces) en la clase.
5. Hay _____ mapa(s) en la clase.
6. Hay _____ cosas (*things*) en la pared (*wall*): un reloj,
   _____, _____, _____ y _____.

¡A conversar!

1-4 Cosas y colores Ask a partner if the following items are in his/her backpack. If they are, he/she should state the color of the object. Your partner may also choose to identify another object.

Modelo un bolígrafo
E1: *¿Hay un bolígrafo?*
E2: *Sí, hay un bolígrafo y es azul.*
o E2: *No, no hay un bolígrafo. Hay un lápiz y es rojo.*

1. un libro
2. un diccionario
3. un lápiz
4. un cuaderno
5. un marcador
6. un mapa

1-5 La clase ideal Working with a partner, design the ideal classroom. One person describes the room to the other person who draws it. The one who draws the classroom should explain the design to the class.

Modelo *En la clase ideal hay muchos* (a lot of) *amigos, pero no hay profesor…*

1-6 Una clase With a partner, look at the photo of an English class at a Latin American university and identify as many items as possible. Note colors and numbers whenever possible. Compare the class to a typical classroom in your institution. Follow the model.

Modelo *En la clase hay tres mapas, un profesor y once estudiantes. En la clase de español hay una profesora y veinte estudiantes.*

© Davis Barber/PhotoEdit

1-7 Una encuesta (*A survey*) Form groups of four or five students. As a group, make a list of ten things a student might have in his/her dorm room or apartment. One person in the group asks every other group member if that item is in his/her room and records the number of yes and no responses.

Modelo E1: *¿Hay un mapa?*
E2: *Sí, hay un mapa.*
E3: *No, no hay mapa.*

Continue until all group members have answered and all questions have been asked. Conclude with a summary: *Hay cinco sillas y cinco relojes. Hay dos mapas.*

> **Nota lingüística**
>
> The indefinite article (**un/una**) is often omitted after **no hay**. **No hay mapa en la clase** means *There is no map in the class* or *There isn't a map in the class.*

AUDIO CD
CD 1, TRACK 6

Ana Guadalupe Camacho Ortega, a prospective student at the University of Chicago whose family plans to move to Illinois from Puerto Rico next year, is talking to Claudio Fuentes, a teaching assistant for Professor Muñoz. Ana is telling Claudio about her studies at the **Universidad de Puerto Rico**.

Listen to the conversation and establish whether the following statements are true (**cierto**) or false (**falso**). If a statement is false, correct it.

1. Ana es estudiante en la Universidad de Chicago.
2. Ana es de Yucatán.
3. Claudio estudia historia española.
4. Ana estudia ciencias.
5. Hay pocos (*few*) hispanohablantes en las clases de español.
6. Muchos estudiantes usan el español cuando (*when*) trabajan en otros países.

Claudio: ¡Hola! Soy Claudio Fuentes. ¿Cómo te llamas?

Ana: Ana Camacho. Mucho gusto.

Claudio: El gusto es mío. ¿De dónde eres, Ana?

Ana: Soy de Puerto Rico. Ahora **estudio** en **la** Universidad de Puerto Rico en Río Piedras. ¿Y tú?

Comentario cultural The University of Puerto Rico was established in 1903 and today has 11 campuses. Approximately 70,000 students attend the university under the instruction of over 5,000 professors.

Claudio: Este… Originalmente mi familia es de Mérida, Yucatán, pero yo soy de **los** Estados Unidos. **Estudio** en esta universidad hace dos años. ¿Qué **estudias** allí en Puerto Rico, Ana?

Comentario cultural The pyramid of Kukulkan is the most popular attraction of the Mayan ruins in Chichén Itzá, located near the city of Mérida.

Chichén Itzá Yucatán

El Morro, San J PUERTO RI

Ana: Estudio sicología, geografía, francés, alemán e inglés.

Claudio: Ah, eres estudiante de lenguas, ¿verdad?

Ana: Sí. **Deseo** ser intérprete. Y tú, ¿qué **estudias** aquí en Chicago?

Comentario cultural El Morro is a fortress located in Old San Juan, Puerto Rico. The fort has a labyrinth of tunnels, and features dungeons, ramps, barracks, and sentry boxes.

Heinle/Cengage Learning

Expresiones **en contexto**

a ellos les gusta estudiar *they like to study / lit. studying is pleasing to them*	**cuando trabajan** *when they work*
ahora *right now*	**deseo ser** *I want to be*
allí *there*	**la verdad es que** *the truth is that*
hace dos años *for two years*	**lo usan después** *they use it later*
muchos hispanohablantes *many Spanish-speakers*	**parece que** *it appears that*
intérprete *interpreter*	**por eso** *for this reason*
varios *several*	**que hablan** *that speak*
	que toman *that take*
	tienen *they have*

Claudio: Yo **estudio** literatura y cultura latinoamericana.

Ana: ¡Genial! ¿Hay muchos hispanohablantes en tus clases?

Comentario cultural The U.S. Census Bureau indicates that approximately 44.3 million Hispanics reside in the United States; this number equates to 15.1 percent of the U.S. population. 64 percent of Hispanics in the United States are of Mexican descent. 9 percent are of Puerto Rican background, 3.4 percent Cuban, 3.1 percent Salvadoran, and 2.8 percent Dominican.

Claudio: Sí, hay varios. Algunos de ellos tienen dos especialidades. Ahora hay estudiantes que combinan **el** español con **el** inglés, con **la** computación, con **la** administración de empresas o con **las** ciencias...

Ana: ¡Parece que **el** español es muy popular!

Comentario cultural Most academic institutions in the United States offer a broad liberal arts education as part of their undergraduate degrees, which allows students to take several elective courses outside of their majors. Conversely, many universities in Spanish-speaking countries offer a curriculum in which students focus on a single subject.

Heinle/Cengage Learning

Claudio: ¡Sí! Pues, **la** verdad es que ahora hay muchas personas en **los** Estados Unidos que **hablan** español. **Los** estudiantes que **toman** clases de español aquí frecuentemente lo **usan** después cuando **trabajan** en ciudades como aquí en Chicago, Miami, Nueva York, Phoenix o Los Ángeles. Por eso, a ellos les gusta estudiar español en **la** universidad.

Comentario cultural California had the largest Hispanic population (13.2 million) of any state as of July 1, 2007, followed by Texas (8.6 million) and Florida (3.8 million). In New Mexico, Hispanics comprised the highest proportion of the total population (44 percent), with California and Texas (36 percent each) next in line.

 ¡Buenos días, compañero(a)! Working with a partner, take turns role-playing the situation of a student from a Spanish-speaking country talking to a classmate that he/she is meeting for the first time. Be sure to vary the nationalities and interests of the two speakers. Use the expressions from **En contexto** as a model for your dialogue.

ESTRUCTURA 1

Definite and indefinite articles, gender, and how to make nouns plural

A noun names a person (**Ana, estudiante**), a place (**Mérida, ciudad**), a thing (**libro, computadora**), or a concept (**clase, español**). In Spanish, all nouns are classified as having a gender—either masculine or feminine. This gender is indicated by an article that precedes the noun. There are definite articles, **el, la, los, las** (*the*), and indefinite articles, **un, una** (*a, an*), **unos, unas** (*some*). The words **un** and **una** can also mean *one*, depending on the context. Both definite and indefinite articles agree in gender and number with the nouns they modify.

el libro	las mochilas
the book	*the backpacks*
un libro	unas mochilas
a book	*some backpacks*

How to determine gender of nouns

1. In Spanish, nouns referring to males and most nouns ending in -**o** are masculine. Nouns referring to females and most nouns ending in -**a** are feminine. Definite and indefinite articles must match the gender (masculine or feminine) of the nouns they refer to.

el/un amigo	**la/una** amiga
el/un escritorio	**la/una** biblioteca

2. Most nouns ending in -**l** or -**r** are masculine, and most nouns ending in -**d** or -**ión** are feminine

el/un papel	**la/una** universidad
el/un borrador	**la/una** lección

3. Many words that end in -**ma** and -**ta** are masculine:

el problema	*problem*
el tema	*theme*
el cometa	*comet*
el planeta	*planet*

4. Some nouns do not conform to the rules stated above. One way to remember the gender of these nouns is to learn the definite articles and the nouns together, for example: **la clase, el día** (*day*), **el mapa**, and **la mano** (*hand*).

How to make nouns plural

Like in English, all nouns in Spanish are either singular or plural. Definite and indefinite articles (**el, la, los, las; un, una, unos, unas**) must match the number (singular or plural) of the nouns they refer to. To make Spanish nouns plural, add -**s** to nouns ending in a vowel, and -**es** to nouns ending in a consonant.

Definite articles

Singular	Plural
el amigo	los amigos
la amiga	las amigas

Indefinite articles

Singular	Plural
una clase	unas clases
un profesor	unos profesores
una universidad	unas universidades

Here are two additional rules for making nouns plural:

1. For nouns ending in -**án**, -**és**, or -**ión**, drop the accent mark before adding -**es**.

el/un alemán	**los/unos** alemanes
el/un japonés	**los/unos** japoneses
la/una lección	**las/unas** lecciones

2. For nouns ending in -**z**, drop the -**z**, then add -**ces**.

el/un lápiz	**los/unos** lápices

Spanish speakers do not consider nouns as being male or female (except when referring to people or animals). Therefore, the terms "masculine" and "feminine" are simply labels for classifying nouns.

¿Recuerdas?

Ana: ¡Parece que **el** español es muy popular!

¡A practicar!

1-8 **¿El, la, los o las?** Supply the definite article for each noun below.

Modelo ___*las*___ mochilas

1. _____ mapa
2. _____ universidad
3. _____ exámenes
4. _____ tarea
5. _____ bolígrafo
6. _____ lecciones

1-9 **¿Qué es? ¿Qué son?** Identify the following objects using the indefinite articles **un, una, unos,** or **unas.**

Modelo calendario
Es un calendario.

1.

2.

3.

4.

Heinle/Cengage Learning

1-10 **¿Qué hay en la clase?** You are one of several teaching assistants assigned to a new classroom. Another assistant visits the room and leaves you a voice mail about what he finds. Listen to the voice mail and write down the items he says are in the classroom and the number of each one so you are prepared for your class. Write only the items that are present, not those that are not.

AUDIO CD
CD 1, TRACK 7

1. _____
2. _____
3. _____
4. _____
5. _____
6. _____

Workbook *1-5 – 1-7*
Lab Manual *1-4 – 1-6*

¡A conversar!

1-11 **Cuestionario: ¿Cuántos hay?** Form the plural of each of the nouns below and then ask two of your classmates how many of each there are.

Modelo libro
E1: *¿Cuántos libros hay?*
E2: *Hay dos libros de texto en la mochila.*

CUESTIONARIO

En esta clase
1. pizarra _____
2. luz _____
3. mapa _____

En la mochila
4. libro _____
5. bolígrafo _____
6. calculadora _____

En el cuarto
7. computadora _____
8. silla _____
9. televisor _____

1-12 **¿Qué necesitas?** *(What do you need?)* Working with a partner, indicate at least one item that you need in each of the following situations. Include more than one when possible.

Modelo en la clase de español
E1: *Necesito (I need) un lápiz y papel.*
E2: *Necesito un libro de texto, un cuaderno y un bolígrafo.*

1. en la clase de matemáticas
2. en la clase de geografía
3. en la clase de computación
4. en la oficina del profesor
5. en el centro estudiantil
6. en la residencia

Los Estados Unidos

▶ Watch the video about the United States and discuss the following questions:

1. Do you know why San Antonio, Texas, is such an interesting and cheerful city?
2. Mention some facts that you already know about Miami, Florida.
3. What Hispanic city would you like to visit in the United States? Why?

✎ See the *Workbook*, **Capítulo 1, 1-15–1-17** for additional activities.

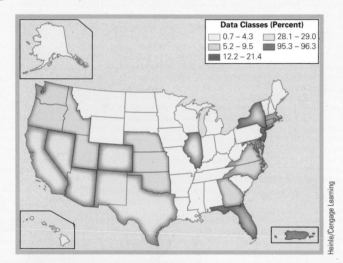

Data Classes (Percent)	
0.7 – 4.3	28.1 – 29.0
5.2 – 9.5	95.3 – 96.3
12.2 – 21.4	

Heinle/Cengage Learning

The estimated Hispanic population of the United States as of July 2008 constituted 15% of the nation's total population. This percentage makes people of Hispanic origin the nation's largest ethnic minority.

The size of the U.S. Hispanic population is the second largest worldwide, as of 2008. Only Mexico (111 million) had a larger Hispanic population than the United States (46.9 million).

There were 34 million of U.S. residents five years and older who spoke Spanish at home in 2006.

© 2009 Getty Images

Sonia Sotomayor

Personas notables Sonia María Sotomayor (1954) es la primera jueza (*first judge*) de origen hispano y la tercera (*third*) mujer en la Corte Suprema de Justicia de los Estados Unidos. Ella se gradúa con honores de la secundaria en el Bronx, recibe una beca (*scholarship*) para la Universidad de Princeton donde también (*also*) se gradúa con honores, y finalmente estudia Derecho (*Law*) en la Universidad de Yale. Antes de (*Prior to*) ser jueza de la Corte Suprema, ella trabaja exitosamente (*successfully works*) como abogada (*lawyer*) y fiscal (*district attorney*).

¿Hay personas de origen hispano en la administración de tu ciudad (*your city*) o estado? ¿Y en tu universidad?

Lugares mágicos La ciudad de San Agustín en Florida es la ciudad más antigua (*oldest*) de origen hispano en los Estados Unidos. La ciudad abre (*opens*) sus puertas en 1565, gracias al trabajo del español Pedro Menéndez de Avilés. La escuela más antigua de madera (*wood*) está en San Agustín también. Es la primera escuela en los Estados Unidos que recibe a chicos y chicas en una sala de clase.

¿Cómo es tu escuela secundaria? ¿Cómo es tu universidad o colegio universitario? ¿Es histórico(a)?

© Bob Pardue/Alamy

La escuela más antigua en los Estados Unidos, San Agustín, Florida

 Visit it live on **Google Earth!**

North wall of a mural depicting Detroit Industry, 1932-33 (fresco) (see also 139315-7 & 112945 & 47) by Diego Rivera (1886-1957) Detroit Institute of Arts, USA/ Gift of Edsel B. Ford/ The Bridgeman Art Library

Industria de Detroit o Hombre y Máquina de Diego Rivera
(Instituto de Artes de Detroit, Detroit, Michigan)

Artes plásticas La pintura mural es una de las formas más antiguas de expresión artística. El notable muralista mexicano Diego Rivera es famoso por sus murales realistas de contenido social. Un ejemplo de su arte se observa en el Instituto de Arte de Detroit. En este mural, Rivera representa la gloria de la industria mecánica de los Estados Unidos.

¿Qué colores hay en este mural? ¿Hay murales en tu ciudad?

Ritmos y música En la actualidad (*Nowadays*) es muy común la colaboración musical entre artistas. En algunos casos, esta colaboración supera (*surpasses*) fronteras y estilos musicales. Por ejemplo, el cantante de pop español Alejandro Sanz combina su talento con el de la cantante de R&B Alicia Keys para producir su éxito "Buscando el paraíso" (*Looking for paradise*).

 Access the iTunes playlist on the **Plazas** *website.*

¿Cuál es tu tipo de música preferido?

© MARIO ANZUONI/Reuters/Landov

Alejandro Sanz y Alicia Keys en los Grammy Latinos

🌐 **¡Busquen en Internet!**
1. Personas notables: Sonia Sotomayor
2. Lugares mágicos: San Agustín, Florida (*Oldest Wooden School*)
3. Artes plásticas: Diego Rivera
4. Ritmos y música: Alejandro Sanz y Alicia Keys

El campus y los cursos universitarios *(Campus and university classes)*

In this section, you will learn how to talk about university buildings and academic courses in Spanish. What classes are you taking this semester?

la facultad de lenguas extranjeras

la facultad de ciencias

la facultad de educación

la librería

el gimnasio

la facultad de derecho

LIBROS DE TEXTO

¡BIENVENIDOS ESTUDIANTES!

el centro estudiantil

la facultad de ingeniería

la residencia

la cafetería

Nota lingüística

The word **facultad** is a false cognate. It refs to school or department rather than faculty.

el apartmento

la facultad de ciencias sociales

la facultad de administración de empresas

la oficina

la facultad de periodismo

la facultad de medicina

la biblioteca

Más cursos y especializaciones

More courses and majors

el arte *art*

la computación *computer science*

la economía *economics*

la geografía *geography*

la historia *history*

la literatura *literature*

las matemáticas *mathematics*

la música *music*

la sicología *psychology*

la sociología *sociology*

el teatro *theater*

Las lenguas extranjeras

Foreign languages

el alemán *German*

el chino *Chinese*

el español *Spanish*

el francés *French*

el inglés *English*

el italiano *Italian*

el japonés *Japanese*

el portugués *Portuguese*

el ruso *Russian*

Palabras útiles

la arquitectura *architecture*

la biología *biology*

el colegio universitario *community college or two-year college*

la contabilidad *accounting*

la filosofía *philosophy*

la física *physics*

las humanidades *humanities*

las materias *subjects, courses*

la química *chemistry*

Palabras útiles are presented to help you enrich your personal vocabulary. The terms provided here will help you talk about your courses.

Heinle/Cengage Learning

¡A practicar!

1-13 ¿Dónde...? During a typical day, Pilar visits many parts of the campus. Identify the places where she does the following activities.

Modelo Aquí tomo *(I have)* un café después de clases.
En el centro estudiantil.

1. Aquí compro *(I buy)* mis libros de texto.
2. Aquí estudio *(I study)* para los exámenes.
3. Aquí hablo *(I speak)* con mis compañeros de clase y compro comida.
4. Aquí toco *(I play)* la trompeta para los partidos de baloncesto *(basketball games)*.

1-14 Profesiones What subjects did the people in the following professions study in school? More than one answer may be possible for a profession.

1. economista _____
2. actor _____
3. sicólogo(a) _____
4. médico(a)/doctor(a) _____
5. artista _____
6. periodista _____
7. educador(a) _____
8. sociólogo(a) _____

Nota lingüística

In many Spanish-speaking countries, the name for the language **el español** alternates with **el castellano,** or "Castillian Spanish." It is one of the four main languages that are spoken in Spain. The other languages are Basque, Catalan, and Galician.

1-15 ¿Qué lengua habla? *(What language does he/she speak?)* Note where each of the following people is from and identify the native language he/she speaks (**él habla, ella habla**). Do you speak any other languages besides English and Spanish?

1. El emperador Akihito es de Japón. Habla _____.
2. Nicolas Sarkozy es de Francia. Habla _____.
3. Yao Ming es de China. Habla _____.
4. Fernanda Montenegro es de Costa Rica. Habla _____.
5. Vladimir Vladimirovich Putin es de Rusia. Habla _____.
6. Yo soy de _____ y yo hablo _____, _____, …

1-16 Instituto de verano Listen to the podcast about a summer institute in international studies. Write down information to share with students you know who may be interested.

AUDIO CD
CD 1, TRACK 8

1. Clases de lenguas: _____, _____, _____, _____, _____, _____ y _____.
2. Otras clases: _____, _____, _____, _____, _____ y _____.
3. Número de teléfono para más información: _____ - _____ - _____

Workbook *1-8 – 1-10*
Lab Manual *1-7 – 1-9*

¡A conversar!

1-17 **¿Cierto o falso?** Alternating with a classmate, make each of the following statements. If the statement your classmate makes is false, correct it.

Modelo **E1:** Normalmente hay muchos libros en el gimnasio.
E2: *No, es falso. Normalmente hay muchos libros en la biblioteca.*

1. Hay libros de español en la sala de clase de ciencias.
2. Hay muchas copias de *Plazas* en la librería.
3. Hay comida japonesa en el centro estudiantil.
4. En nuestra (*our*) universidad hay clases de ruso.
5. Por la noche (*At night*), hay muchos estudiantes en la biblioteca.
6. En mi residencia, hay estudiantes de Francia.

1-18 **En la librería** You work in the campus bookstore and are helping Pilar and Felipe, two international students, find the textbooks they need for the courses they have jotted down. Of course, they've written their lists in Spanish! With a classmate in the role of either Pilar or Felipe, ask what general subject area each course is in just to make sure you read their lists correctly. Then, describe the book(s) they need including the title (in English), the color(s) of the book cover, and any other details you may wish to add.

Modelo Cálculo 3
E1: *La clase se llama Cálculo 3.*
E2: *Es una clase de matemáticas/computación, ¿verdad?*
E1: *Sí. / No, es una clase de matemáticas.*
E2: *El libro de texto se llama* Five Easy Steps to Calculus. *Es verde y azul.*

Felipe: Escritores británicos; Interacción social; Fonética francesa; Sicología anormal; Revolución mexicana

Pilar: Finanzas; Diez dramas; Guitarra clásica; Televisión ; Estadística

1-19 **Mis clases** Prepare a list of your classes, in Spanish. Include classes from the current semester as well as others you will take this academic year. Share your list with a partner saying **Este año estudio…** (*This year I'm studying . . .*) and have your partner tell you what he/she is studying. Use the following expressions to comment on your classes and those of your partner. Choose the plural form when appropriate. Follow the model.

Modelo *Este año estudio biología. Es interesante.*
Estudio matemáticas...

Es interesante / Son interesantes
Es fascinante / Son fascinantes
Es importante / Son importantes

Es necesario(a) / Son necesarios(as)
Es fácil (*It's easy*) / Son fáciles
Es difícil (*It's hard*) / Son difíciles

1-20 **Lenguas extranjeras** Think of all the people you know who speak languages other than English. Tell a classmate who the people are and what languages they speak.

Modelo *La profesora Li es profesora de sicología. Habla (She speaks) chino.*
Karl y Greta son estudiantes. Hablan (They speak) alemán.

Present tense of regular -*ar* verbs

How to form the present tense

An infinitive is an unconjugated verb form, such as **hablar** (to speak; to talk). In Spanish, infinitives end in -**ar, -er,** or -**ir.** All Spanish infinitives have two parts: a stem (**habl**-) and an ending (-**ar**).

To form the present tense of Spanish verbs ending in -**ar,** drop the infinitive ending and add a personal ending to the stem.

hablar		
yo	habl**o**	*I speak*
tú	habl**as**	*you* (informal) *speak*
usted, él/ella	habl**a**	*you* (formal) *speak, he/she speaks*
nosotros(as)	habl**amos**	*we speak*
vosotros(as)	habl**áis**	*you* (informal: Spain) *speak*
ustedes, ellos/ellas	habl**an**	*you speak, they speak*

How to use the present tense

Use the present tense to express

(1) what people do in a general sense: Anita studies languages.

(2) what they're doing in a particular instance: Anita is studying languages this semester.

(3) what they do habitually: She studies a lot in the evening.

(4) what they intend to do at a later time: Tomorrow she's studying with Laura.

In this sense the present tense in Spanish is more flexible than in English.

(1) Anita estudia lenguas.
Anita studies languages.

(2) Anita estudia lenguas este semestre.
Anita is studying languages this semester.

(3) Ella estudia mucho por la noche.
She studies a lot in the evening.

(4) Mañana estudia con Laura.
Tomorrow she's studying with Laura.

In this chapter, you have already seen some -**ar** verbs in the **En contexto** section on pages 24–25. Now study the following verbs with useful example phrases:

descansar por una hora	*to rest for an hour*	Yo descanso por una hora.
escuchar música	*to listen to music*	Tú escuchas música en tu cuarto *(room).*
estudiar en la biblioteca	*to study in the library*	Él estudia español en la biblioteca.
llegar a la clase	*to arrive at class*	Ella llega a la clase de historia.
mandar cartas/mensajes	*to send letters/messages*	Usted manda cartas a su mamá.
regresar a casa	*to return home*	Vosotros regresáis a casa.
tomar clases/exámenes	*to take classes/tests*	Nosotros tomamos un examen mañana.
trabajar por la noche	*to work at night*	Ellos trabajan por la noche.

Here are some more common **-ar** verbs:

ayudar	*to help*	**llamar**	*to call; to phone*
bailar	*to dance*	**mirar**	*to watch*
buscar	*to look for*	**necesitar**	*to need*
caminar	*to walk*	**pagar**	*to pay*
cantar	*to sing*	**pasar tiempo**	*to spend (time); to pass*
comprar	*to buy*	**practicar**	*to practice*
contestar	*to answer*	**preguntar**	*to ask (a question)*
desear	*to want; to wish*	**terminar**	*to finish*
dibujar	*to draw*	**tocar**	*to touch; to play an instrument*
enseñar	*to teach*	**usar**	*to use*
entrar	*to enter*	**viajar**	*to travel*
esperar	*to hope; to expect; to wait*	**visitar**	*to visit*

Much like the phrases in English *to want, to hope,* and *to need,* the Spanish verbs **desear, esperar,** and **necesitar** are often followed by the infinitive of another verb. **Deseo/Espero/Necesito estudiar** means *I want/hope/need to study.*

The following words and phrases are used in Spanish to express how well, how often, or how much you do something: **(muy) bien** *(very) well,* **(muy) mal** *(very) poorly,* **todos los días** *everyday,* **siempre** *always,* **a veces** *sometimes,* **nunca** *never,* **mucho** *a lot,* **(muy) poco** *(very) little.*

¿Recuerdas?

Ana: Estudio sicología, geografía, francés, alemán e inglés.

Claudio: Ah, eres estudiante de lenguas, ¿verdad?

Ana: Sí. **Deseo** ser intérprete. Y tú, ¿qué **estudias** aquí en Chicago?

¡A practicar!

1-21 ¡Juan tiene una vida loca! *(Juan has a crazy life!)* Juan's busy student life is described in the following paragraph. Conjugate the verbs in parentheses to agree with the subjects.

Yo soy Juan y tengo una vida loca. Mi compañero de cuarto, Miguel, y yo _____ (1. tomar) seis clases este semestre. Miguel también _____ (2. trabajar) quince horas a la semana (a week) en la biblioteca. Yo _____ (3. necesitar) más (more) dinero pero no _____ (4. trabajar) porque (because) yo _____ (5. tocar) el saxofón en una banda de jazz. Dos días a la semana yo _____ (6. enseñar) español a unos chicos (kids) de la escuela primaria (elementary school). ¡Ellos _____ (7. practicar) mucho! Por la noche, Miguel y yo _____ (8. estudiar), _____ (9. hablar) por teléfono con las novias o _____ (10. descansar). Yo _____ (11. bailar) en las fiestas (parties) con mi novia, Carmen. Mis padres y yo _____ (12. visitar) a la abuela (grandmother) y _____ (13. pasar) tiempo con la familia.

1-22 La vida en la universidad Describe what the following people do, using appropriate phrases from the right column and conjugating the verbs correctly.

Modelo   María y yo   bailar muy bien
             María y yo bailamos muy bien.

1. yo   desear tocar la guitarra
2. mi amiga   mirar la televisión
3. mis compañeros de clase   descansar por la noche
4. nosotros   pagar los libros de texto
5. el (la) profesor(a)   cantar con la música del radio
6. mi compañero de cuarto   escuchar música en español
7. ¿...?   estudiar español

1-23 El primer *(first)* día de clases Complete the paragraph by selecting the correct verb for each blank and conjugating it in the proper form. Each verb will be used only one time.

ayudar	comprar	mandar
buscar	contestar	necesitar
caminar	llegar	regresar

El primer día en la universidad, Liliana 1. _____ rápidamente a la clase de español y 2. _____ a clase temprano (early). Los estudiantes 3. _____ las preguntas de la profesora. Un estudiante 4. _____ ayuda, y Liliana 5. _____ al estudiante. Después (After) de clase, Liliana y otros estudiantes 6. _____ la librería en el mapa. En la librería ellos 7. _____ los libros. Más tarde, Liliana 8. _____ a la residencia y 9. _____ correos electrónicos (e-mails) a muchos amigos.

Workbook *1-11 – 1-12*
Lab Manual *1-10– 1-12*

¡A conversar!

1-24 Mi rutina diaria *(My daily routine)* In pairs, read each of the following statements and decide whether it is **cierto** *(true)* or **falso** *(false)* for you. Correct false statements to make them true for you.

> **Modelo** Yo hablo mucho español en la clase.
> **E1** *Sí, yo hablo mucho español en la clase.*
> **E2** *Sí, yo también* (also) *hablo mucho español en la clase.*
> *o No, no hablo mucho español en la clase.*

1. Yo descanso después de la clase.
2. Mis compañeros y yo hablamos español en la residencia.
3. El (La) profesor(a) llega tarde a la clase.
4. Después de la clase mis compañeros regresan a casa.
5. Yo trabajo por la noche.
6. Nosotros practicamos el vocabulario en la clase.
7. Yo tomo cinco clases este semestre.
8. Nosotros necesitamos estudiar mucho.

1-25 Nuevos amigos *(New friends)* The people in the photo have just arrived at the home they will be sharing in Puerto Rico. They are getting to know one another and sharing information about their favorite activities. Form sentences to learn something about each one and then tell your partner if you and your friends enjoy the same activities.

> **Modelo** Alejandra: bailar
> *Alejandra baila. Yo bailo mucho. Mi amiga Sally baila, pero mis amigos Tom y Linda no bailan.*

1. Sofía: estudiar mucho; viajar a Italia frecuentemente; buscar un apartamento en Puerto Rico
2. Antonio: escuchar música; pasar tiempo con amigos; estudiar administración de empresas
3. Javier: mirar fútbol en la tele *(TV)*; practicar fútbol con amigos; no desear ser médico
4. Alejandra: tomar clases de fotografía; desear tomar más clases; bailar mucho
5. Valeria: viajar mucho; comprar mucho; hablar con amigos por teléfono

1-26 Entrevista *(Interview)* Ask a classmate what he/she does around campus. Why is the **tú** form used in this activity?

1. ¿Estudias mucho en la biblioteca? ¿Qué estudias?
2. ¿Hablas por teléfono con estudiantes de otras residencias? ¿Con quién hablas?
3. ¿Qué compras en la librería?
4. ¿Llegas a la universidad en auto, en autobús, en bicicleta o a pie *(on foot)*?
5. Cuando regresas a casa, ¿estudias, trabajas o descansas?
6. ¿Tocas un instrumento?
7. ¿Qué programas de televisión miras?
8. ¿Caminas mucho en el campus?

Heinle/Cengage Learning

La hora y los días de la semana

¿Qué hora es? (*What time is it?*) can be answered in different ways, depending on the time and whether you are using the 12-hour or the 24-hour system.

- The 12-hour system is used in informal situations such as when you are speaking with friends and family.

- The 24-hour system is used for class schedules, airline and train schedules, medical and business appointments, and formal and official gatherings. In this system 1 a.m. is the first hour of the day and hours are numbered consecutively to 24.

1. On the hour

Informal: **Es la una de la tarde.**

Formal: **Son las trece (horas).**
It's one o'clock p.m.

Informal: **Son las siete de la mañana.**

Formal: **Son las siete (horas).**
It's seven o'clock a.m.

2. On the quarter or the half hour

Son las siete y cuarto de la mañana. Son las siete y quince.
It's a quarter past seven a.m.
It's seven fifteen.

Son las siete y media de la mañana. Son las siete y treinta.
It's seven thirty a.m.

Son las ocho menos cuarto de la mañana.
Son las siete y cuarenta y cinco.
It's a quarter to eight a.m.
It's seven forty-five.

3. Minutes before and after the hour

Es la una y diez de la mañana.
Es la una y diez.

It's ten after one a.m.
It's one ten.

Son las ocho menos diez de la noche.
Son las diecinueve y cincuenta.

It's ten till eight p.m.
It's seven fifty.

Heinle/Cengage Learning

Use **es** to tell time between 12:35 (**Es la una menos veinticinco**) and 1:30 (**Es la una y media**). Otherwise, use **son** because it refers to more than one hour (it is plural).

To ask or tell what time an event occurs, use the word **a**: **¿A qué hora es la clase de matemáticas? A las once de la mañana.**

Other time expressions include **a tiempo** *on time,* **en punto** *on the dot,* **ahora** *now,* **tarde** *late, tardy,* **temprano** *early,* **la medianoche** *midnight,* and **el mediodía** *noon.*

¿Qué día es hoy? (*What day is today?*)

Hoy es...

lunes *Monday*
martes *Tuesday*
miércoles *Wednesday*
jueves *Thursday*
viernes *Friday*
sábado *Saturday*
domingo *Sunday*

Notice that the days of the week are not capitalized in Spanish as they are in English.

Other important words and expressions when talking about the days of the week are:

el día *day*
la semana *week*
el fin de semana *weekend*
todos los días *every day*
hoy *today*
mañana *tomorrow*

¡A practicar!

1-27 ¿Qué hora es? Indicate the time shown on each of the clocks below. Use the 12-hour system.

1.

_____

2.

_____

3.

_____

4.

_____

5.

_____

1-28 ¿Qué día es mañana? Complete the following sentences.

1. Hoy es domingo. Mañana es _____.
2. Hoy es viernes. Mañana es _____.
3. Hoy es jueves. Mañana es _____.
4. Hoy es sábado. Mañana es _____.
5. Hoy es lunes. Mañana es _____.
6. Hoy es martes. Mañana es _____.

¡A conversar!

1-29 Mi horario *(My schedule)* You and a friend have just received your schedules for a study-abroad experience in Venezuela. Share information about the classes you will take as well as the days and times of the classes in order to determine if you have classes and free time in common. Note that the schedules use the 24-hour-clock system, but when you speak to your friend you will use the 12-hour-clock system.

Modelo **E1:** *Mi clase de sociología es a las nueve de la mañana los lunes y miércoles.*
E2: *Mi clase de sociología es a la una y media de la tarde los martes y jueves. Mi clase de historia es a las once y quince los miércoles y viernes.*

HORARIO DE CLASES

Universidad Central de Venezuela
Facultad de Ciencias Sociales

LUNES/MIÉRCOLES	9.00	Sociología
MIÉRCOLES/VIERNES	11.15	Historia
LUNES/MIÉRCOLES	13.30	Economía aplicada
MARTES/JUEVES	15.45	Sicología
LUNES/MIÉRCOLES	18.45	Economía internacional

HORARIO DE CLASES

Universidad Central de Venezuela
Facultad de Ciencias Sociales

LUNES/MIÉRCOLES	9.00	Derecho civil
MIÉRCOLES/VIERNES	11.15	Historia
MARTES/JUEVES	13.30	Sociología
MARTES/JUEVES	16.30	Antropología
LUNES/MIÉRCOLES	18.45	Economía internacional

1-30 Los días Ask your partner when he or she is doing the following things.

Modelo estudiar en la casa
—¿Cuándo estudias en la casa?
—Estudio en la casa el lunes.

1. mirar televisión
2. bailar en el cuarto
3. comprar libros
4. trabajar en el campus
5. mirar una película *(movie)* con amigos
6. comprar comida en la cafetería de la universidad

¡A VER!

Los nuevos compañeros de casa

You are about to meet five young people who will be sharing a house in Puerto Rico. Throughout the *Plazas* video episodes, you will observe the roommates interact, get to know each other, form friendships, and make plans for the future.

In this segment, the new roommates meet each other for the first time and explore their new home, **Hacienda Vista Alegre.** You will learn where they are from, what they are studying, and a little bit about their personalities.

Javier

Alejandra

Antonio

Sofía

Valeria

Antes de ver

Expresiones útiles The following are some new expressions you will hear in the video.

¡Bienvenida!	*Welcome!*
¿Cómo te va?	*How's it going?*
Qué aburrido, ¿no?	*How boring!*
¡Ay... es una broma!	*Oh, it's just a joke!*

Enfoque estructural The following are expressions in the video with regular **-ar** verbs:

*Javier:	Me **llamo** Javier, mucho gusto.
Javier	¿Te **llevo** las maletas?
Antonio:	Yo te **ayudo**.
Antonio:	¿Por qué **preguntas**?
*Sofía:	**Estudio** filología española en la universidad.
*Alejandra:	Además, **trabajo** como asistente de un fotógrafo.
*Valeria:	**Cantas** música norteña.

1. **Recordemos** *(Let's remember)* What expressions have you learned to use to introduce yourself and greet others? What are the typical responses when you meet someone?

2. **Practiquemos** *(Let's practice)* For each of the statements in **Enfoque estructural** marked by an asterisk, supply a question in Spanish that would produce the statement.

3. **Charlemos** *(Let's chat)* Generate a list of possible fields of study that these five students might pursue. Of these, which are the five most popular among your classmates?

Después de ver

1. Así soy yo Now that you have seen the video, can you write statements below that each person might make about himself or herself? Use the word bank to help you.

Argentina	Colombia	cómico	España	Italia
inteligente	medicina	Texas	tomar fotos	Venezuela

- Alejandra: *Me llamo Alejandra. Soy de Colombia y tomo fotos.*
- Valeria: _____
- Sofía: _____
- Antonio: _____
- Javier: _____

2. ¿Qué estudias? After you have watched the video a few times, see if you can match each roommate with his/her specialization.

Javier estudia   filología española.

Antonio estudia   medicina.

Sofía estudia   danza moderna.

Valeria estudia   administración de empresas.

Alejandra estudia   diseño.

> **Filología,** or philology in English, is the study of language use in literature.

 3. Entre nosotros Now that you have identified what each roommate of **Hacienda Vista Alegre** studies, do a similar inventory of your classmates. Talk to at least five different students and record the information on the chart below. Be sure to ask the appropriate question for each category of information.

Nombre	Lugar de origen	Especialización académica

 4. Presentaciones Choose one of your classmates that you interviewed for **Entre nosotros** and present this individual to the class. Have students guess what he or she studies.

See the *Lab Manual,* **Capítulo 1, 1-17 – 1-19** for additional activities.

¡A LEER!

Antes de leer

Strategy: Recognizing cognates

Cognates (**cognados**) are words from different languages that are identical or very similar in spelling and meaning. There are many cognates in Spanish and English; your ability to recognize them and guess their meaning will help you to read Spanish more efficiently. However, you should also be aware of "false cognates" in Spanish and English, such as **éxito,** which means *success,* **dirección,** which means *address,* **lectura,** which means *reading,* and **librería,** which means *bookstore.*

While reading the following advertisement, identify five cognates.

¡ESPAÑOL PARA TU FUTURO!

—Cursos intensivos, lecciones individuales para estudiantes de universidades o de colegios universitarios desde Santa Fe, Nuevo México
—Actividades diarias: vocabulario, estructuras gramaticales y práctica auditiva y oral
—La práctica oral es en Skype®: los instructores y los estudiantes hablan y practican español cara a cara en línea
—Horario: todos los días, dos horas diarias en persona en línea y cuatro horas de práctica con tarea en la computadora

---

Now, can you deduce the meaning of these cognates? List each of the cognates and its meaning.

_____ _____

_____ _____

_____ _____

_____ _____

_____ _____

Español en línea

Skim the following advertisement about Spanish language learning **(Español en línea con Skype®)** and identify as many cognates as you can. Then, indicate what you think each cognate means in English. Feel free to guess if you need to. Based on the cognates you have identified, what do you think is the purpose of the ad? Compare your answers with those of a classmate.

Español en línea con Skype®
Práctica ilimitada con lecciones interactivas

✓ Clases de conversación:
7 días a la semana, 24 horas diarias

✓ Clases privadas o grupos pequeños

✓ Clases en vivo con cámara y chat

✓ 100% en línea

Prepara tu plan de estudio:

✓ puntos de gramática, vocabulario, ejercicios, tareas

✓ La práctica oral es en Skype®: los instructores y los estudiantes hablan y practican español cara a cara en línea.

✓ Paga 73 dólares por crédito

© Andresr/Shutterstock

Heinle/Cengage Learning

Después de leer

A escoger. Read the advertisement once more and answer the following questions.

1. What is this advertisement about?
   a. getting a new computer
   b. getting a new program to study languages
   c. learning a new language, Spanish, through a computer course

2. This advertisement is directed toward…
   a. children
   b. professionals
   c. college students

3. According to the advertisement, your plan of study should be:
   a. 4 hours online with Skype® and 1 hour of online homework
   b. 2 hours online with Skype® and 4 hours of online homework
   c. 2 hours online with Skype®and 2 hours of online homework

4. According to the advertisement, the students will meet with their instructors:
   a. face to face online
   b. face to face in the classroom at the university
   c. face to face at the library

¿Cierto o falso? Indicate whether each statement is **cierto** *(true)* or **falso** *(false)*. Then correct the false statements.

1. _____ To take this Spanish course, you will have to have access to a computer.

2. _____ To take this class, you have to register with other students.

3. _____ The conversation classes are available every day, 24 hours a day.

4. _____ Students have to pay 53 dollars per credit.

 ¡A conversar! With two or three of your classmates, write and design an advertisement for your ideal Spanish course, using as many cognates as you can. Be sure to include the following details.

- Method of delivery (online, classroom, hybrid, video conference)
- Types of exercises (oral, written)
- Class size
- Cost of the course

When you have finished, present your ad to the class.

¡A ESCRIBIR!

Strategy: Organizing your ideas

A good way to improve your writing is to organize the ideas you want to express before you actually begin composing your document.

Task: Writing a short personal profile

Short personal profiles occur in many contexts, such as newspapers, newsletters, and websites of companies, campus groups, and civic organizations. They are often used to introduce a new member of a group or to highlight a recent accomplishment of an individual. In this activity you will write a profile of a student at your university for the International Club newsletter.

Paso 1 Look at the chart below and familiarize yourself with the information about María Sánchez Pérez.

Nombre	María Sánchez Pérez	Escuela	Universidad de Miami
Nación	Estados Unidos	Cursos	francés, contabilidad, periodismo, economía
Lenguas	español e inglés	Intereses	tocar el piano, escuchar música clásica, cantar

Paso 2 Now read the following description of María Sánchez Pérez. Note how the information in the chart is used in this paragraph.

> María Sánchez Pérez es de los Estados Unidos. Ella habla español e inglés.
> María es estudiante de la Universidad de Miami, en Florida. Estudia francés,
> contabilidad, periodismo y economía. Toca el piano, escucha música clásica y
> canta muy bien.

 Paso 3 Now interview a classmate to fill out the third column on the chart with information about him/her. Then write a similar descriptive paragraph about him/her.

Nombre	María Sánchez Pérez	Tu compañero(a) de clase:
Nación	Estados Unidos	
Lenguas	español e inglés	
Escuela	Universidad de Miami	
Cursos	francés, contabilidad, periodismo, economía	
Intereses	tocar el piano, escuchar música clásica, cantar	

 Paso 4 Exchange your paragraph with a classmate. Check over each other's work for mistakes and correct any mistakes that you find. Discuss the corrections and comments you made, and then return his/her paragraph. You may wish to share your paragraphs with other classmates, either by distributing them in class or by posting them on a class website.

Communicative Goals:

- Identify people, places and things in an educational setting
- Specify colors
- Communicate about common activities
- Tell time and indicate days of the week

Paso 1

Review the Communicative Goals for **Capítulo 1** and determine if you are able to accomplish the goals. If you are not certain that you have achieved all of the goals, review the pertinent portions of the chapter.

Paso 2

Look at the components of a conversation, which address the communicative goals for this chapter. The percentages will help you evaluate your ability to successfully participate in the conversation featured below. Your instructor may use the same rubric to assess your oral performance.

Components of the conversation	%
☐ Appropriate greeting	10
☐ Suitable introduction	10
☐ Information about city or country of origin	10
☐ Questions and answers about at least two pieces of information regarding academic life	20
☐ Indication of having a job or not having one	10
☐ Information about at least three activities that you do regularly	30
☐ Information about at least one activity that you do not do or do not do very much	10

 En acción Work with a partner to carry out the conversation outlined below. You meet one another on campus at 2:00 in the afternoon. Be sure to address each specified item. Look at the following list of steps that you and another person might use in an informal conversation and consider how information will be exchanged. Note how questions should be asked and how answers will be given.

1. Greet one another appropriately according to the formality or informality of the situation and the time of day or night.
2. Introduce yourselves and shake hands.
3. Ask and tell each other where you are from.
4. Exchange information about:
   a. your academic life (classes, instructors, activities, important places on campus)
   b. your work or job, if you have one (where you work, your work schedule)
   c. several thing you do regularly and at least one you do not do (school, work and leisure activities)

¡A REPASAR!

Definite and indefinite articles

A noun is often preceded by a definite article: **el, la, los, las** *(the)*, or by an indefinite article: **un, una** *(a, an)*, **unos, unas** *(some)*. Both definite and indefinite articles agree in number and gender with the nouns they modify.

el libro, un libro	las mochilas, unas mochilas

¡A recordar! 1 In Spanish, what endings typically denote masculine nouns? What about feminine nouns?

How to make nouns plural

To make Spanish nouns plural, add **-s** to nouns ending in a vowel, and **-es** to nouns ending in a consonant.

Singular	Plural	Singular	Plural
el amigo	los amigos	un profesor	unos profesores
la amiga	las amigas	una universidad	unas universidades

¡A recordar! 2 How is the plural formed for nouns ending in -**án**, -**és**, or -**ión**? What about for nouns ending in -**z**?

Present tense of regular -*ar* verbs

To form the present tense of Spanish verbs ending in -**ar,** drop the infinitive ending and add a personal ending to the stem.

hablar	
(yo)	hablo
(tú)	hablas
(usted, él/ella)	habla
(nosotros/nosotras)	hablamos
(vosotros/vosotras)	habláis
(ustedes, ellos/ellas)	hablan

¡A recordar! 3 In what four instances might someone use the present tense?

Common -*ar* verbs

ayudar, bailar, cantar, comprar, dibujar, enseñar, entrar, mirar, necesitar, practicar, preguntar, usar, viajar, visitar

¡A recordar! 4 What other common -**ar** verbs can you remember from Chapter 1?

Telling time

The 12-hour system is used in informal situations such as when you are speaking with friends and family: Son las tres de la tarde.
The 24-hour system is used for class schedules, airline and train schedules, medical and business appointments, and formal and official gatherings. In this system 1 a.m. is the first hour of the day and hours are numbered consecutively to 24: **Son las quince horas.**

¡A recordar! 5 How do you say *It is one o'clock in the afternoon?*

Actividad 1   Los artículos For each item, write the appropriate definite article **(el, la, los, las)** in the first blank and the appropriate indefinite article **(un, una, unos, unas)** in the second blank.

1. _El_ domingo es _una_ día.
2. _El_ medianoche es _una_ hora.
3. _La_ educación es _un_ curso.
4. _La_ ingeniería es _un_ profesión.
5. _Los_ lápices son _unos_ objetos útiles.
6. _La_ mapa es _una_ representación del mundo *(world)*.
7. _dos_ profesores son _unas_ personas importantes de la universidad.
8. _El_ Golfo de México es parte de _un_ océano.
9. _El_ gimnasio es _un_ edificio.
10. _La_ ciencias son _unas_ clases interesantes.

Actividad 2   ¿Qué hay en la clase? Write the appropriate plural form of the words in parentheses to tell what is in the classroom.

En la clase hay...

1. 20 _libros de texto_ (libro de texto)
2. 15 _borradores_ (borrador)
3. 18 _mochilas_ (mochila)
4. 28 _pupites_ (pupitre)
5. 2 _borradas_ (borrador)
6. 12 _lápicos_ (lápiz)
7. 15 _bolígrafos_ (bolígrafo)
8. 2 _relojes_ (reloj)
9. 20 _papels_ (papel)
10. 4 _luces_ (luz)

Actividad 3 Una noche en la residencia estudiantil

Complete the paragraph with the correct form of each verb in parentheses.

Yo ___llego___ (llegar) a la residencia y ___visito___ (visitar) a mis amigos. Mario ___estudia___ (estudiar) y ___toma___ (tomar) café. Él y yo ___hablamos___ (hablar) un poco. Luisa ___escucha___ (escuchar) música y ___prepara___ (preparar) una presentación para una clase. Diana ___ayuda___ (ayudar) con la presentación. Ramón y Tonia ___practican___ (practicar) español. Catalina y Javier ___usan___ (usar) la computadora. Paco ___necesita___ (necesitar) estudiar, pero ___desea___ (desear) dormir una siesta. Él ___descansa___ (descansar) por quince minutos. Pilar ___toca___ (tocar) la guitarra y ___canta___ (cantar). Los amigos ___bailan___ (bailar). Jorge y Carlos ___miran___ (mirar) la televisión. Federico ___trabaja___ (trabajar) en la cafetería y yo ___llamo___ (llamar) a la cafetería porque yo ___deseo___ (desear) hablar con él.

Actividad 4 Las actividades de los estudiantes

Choose the correct verb from the list to complete each sentence and write the appropriate form in the blank.

caminar	hablar	practicar
comprar	mandar	regresar
descansar	pagar	tomar
enseñar	pasar	usar

1. Los amigos de Marta ___hablan___ español porque son de España.

2. Mi madre ___paga___ los libros de texto que ___toma___ en mis clases.

3. Yo ___paso___ mucho tiempo en la biblioteca.

4. Los estudiantes ___usan___ libros en la librería.

5. Mi amigo y yo ___compramos___ café en la cafetería estudiantil.

6. Tú ___mandas___ mucho correo electrónico, ¿no?

7. Mis compañeros ___camináis___ a clase.

8. Muchos estudiantes ___descansan___ a la residencia tarde los sábados y ___regresan___ los domingos.

9. Mis amigos y yo ___practican___ fútbol y tenis.

10. La profesora ___enseña___ clases en dos universidades.

Actividad 5 ¿Qué hora es? Tell the time shown by the clocks.

Modelo *Son las cinco* de la tarde.

1. ___Son las once menos quince___ de la mañana.

2. ___Son las siete y treinta___ de la noche.

3. ___Es una___ de la tarde.

4. ___Es cuatro y quince___ de la tarde.

5. ___Es nueve___ de la mañana.

Refrán

El propósito de ___trabajar___ (to work) es llegar a ___descansar___ (to rest).

VOCABULARIO ESENCIAL

AUDIO CD
CD 1, TRACK 9   PERSONAL TUTOR

Objetos en la clase — Objects in the classroom

el bolígrafo	ballpoint pen
el borrador	eraser
la calculadora	calculator
el calendario	calendar
la computadora	computer
el cuaderno	notebook
el diccionario	dictionary
el dinero	money
el escritorio	desk
el examen	test
el lápiz (los lápices)	pencil(s)
la lección	lesson
el libro (de texto)	(text)book
la luz (las luces)	light(s)
el mapa	map
el marcador	marker
la mochila	backpack
la palabra	word
la pantalla	screen
el papel	paper
la pizarra	chalkboard
la pluma	fountain pen
el pupitre	student desk
el reloj	watch
la silla	chair
la tarea	homework
la tiza	chalk

Personas en la clase — People in the classroom

el (la) amigo(a)	friend
el (la) chico(a)	boy/girl
el (la) compañero(a) de clase	classmate
el (la) compañero(a) de cuarto	roommate
el (la) estudiante	student
el hombre	man
el (la) muchacho(a)	boy/girl
la mujer	woman
el (la) novio(a)	boyfriend/girlfriend
el (la) profesor(a)	professor

Colores — Colors

amarillo	yellow
anaranjado	orange
azul	blue
blanco	white
marrón	brown
morado	purple
negro	black
rojo	red
verde	green

El campus — Campus

el apartamento	apartment
la biblioteca	library
la cafetería	cafeteria
el centro estudiantil	student center
la facultad	school, department
el gimnasio	gymnasium
la librería	bookstore
la oficina	office
la residencia	dormitory

Cursos y especializaciones — Courses and majors

la administración de empresas	business administration
el arte	art
las ciencias	science
las ciencias sociales	social science
la computación	computer science
el derecho	law
la economía	economics
la educación	education
la geografía	geography
la historia	history
la ingeniería	engineering
las lenguas extranjeras	foreign languages
la literatura	literature
las matemáticas	math
la medicina	medicine
la música	music
el periodismo	journalism
la sicología	psychology
la sociología	sociology
el teatro	theater

Las lenguas extranjeras — Foreign languages

el alemán	German
el chino	Chinese
el español	Spanish
el francés	French
el inglés	English
el italiano	Italian
el japonés	Japanese
el portugués	Portuguese
el ruso	Russian

Los días de la semana — Days of the week

el lunes	Monday
el martes	Tuesday
el miércoles	Wednesday
el jueves	Thursday
el viernes	Friday
el sábado	Saturday
el domingo	Sunday

La hora — Time

ahora	now
a tiempo	on time
de (por) la mañana (tarde/noche)	in the morning (afternoon/evening)
en punto	on time
el fin de semana	weekend
hoy	today
mañana	tomorrow
la medianoche	midnight
el mediodía	noon
el reloj	clock
tarde	late
temprano	early
todos los días	every day
¿A qué hora…?	At what time…?
¿Qué hora es?	What time is it?

Artículos

el	the (masc.)
la	the (fem.)
los	the (masc. pl.)
las	the (fem. pl.)
un	a (masc.)
unos	some (masc.)
una	a (fem.)
unas	some (fem.)

Verbos

ayudar	to help
bailar	to dance
buscar	to look for
caminar	to walk
cantar	to sing
comprar	to buy
contestar	to answer
descansar	to rest
desear	to want; to wish
dibujar	to draw
enseñar	to teach
entrar	to enter
escuchar	to listen
esperar	to hope; to expect
estudiar	to study
llamar	to call; to phone
llegar	to arrive
mandar	to send
mirar	to watch
necesitar	to need
pagar	to pay
pasar tiempo	to spend (time); to pass
practicar	to practice
preguntar	to ask (a question)
regresar	to return
terminar	to finish
tocar	to touch; to play an instrument
tomar	to take
trabajar	to work
usar	to use
viajar	to travel
visitar	to visit

En una reunión familiar

© Christine Esperson/Cape Cod Community College

Plaza de los Laureles, Guadalajara, México

Chapter Objectives

Communicative Goals

In this chapter, you will learn how to . . .

- Identify and discuss family relationships
- Indicate ownership and possession
- Describe people and things and indicate nationality
- Communicate about daily activities at home or at school
- Express obligation or desire to do something

Structures

- Possession with **de(l)** and possessive adjectives
- Common uses of the verb **ser**
- Agreement with descriptive adjectives
- Present tense of **-er** and **-ir** verbs
- Common uses of the verb **tener**

▲ Do you go to the park with your family and friends?

▲ When do you get together with your family?

▲ Whom do you include when you mention family?

▲ Do you have family reunions? How often? Where? What do you do at family gatherings?

 Visit it live on **Google Earth**!

La familia de Juan Carlos García Martínez

In this section, you will practice talking about family relationships by learning about the family of Juan Carlos. Do you know of any families like Juan Carlos's that have relatives living in two or more countries?

Pedro: el abuelo

Elena: la abuela

Paco: el tío

Esperanza: la tía

Tomás: el tío

Gabriela: la prima

Felipe: el primo

Tigre: el gato

¡Hola! Me llamo Juan Carlos. Mi **padre** se llama Jorge y mi **madre** se llama Ana María. **Papá** es del D.F. y **mamá**, de Los Ángeles. Mi **hermana** se llama Juana y mi **hermano** se llama Rafael. Nuestro **perro** se llama Hércules. Mis **abuelos**, Pedro y Elena, son de Guadalajara. Papá tiene dos hermanos: mi **tío** Tomás y mi **tía** Esperanza. Mi tía Esperanza y su **esposo** Paco tienen dos **hijos**: mis **primos** Gabriela y Felipe. Ellos tienen un **gato** que se llama Tigre.

Jorge: el padre (papá)

Ana María: la madre (mamá)

Rafael: el hermano

Juana: la hermana

Juan Carlos

Hércules: el perro

Más parientes *More relatives*

el (la) cuñado(a) *brother-in-law/ sister-in-law*

el (la) esposo(a) *husband/wife*

el (la) hijo(a) *son/daughter*

el (la) nieto(a) *grandson/ granddaughter*

la nuera *daughter-in-law*

los padres *parents*

el (la) sobrino(a) *nephew/niece*

el (la) suegro(a) *father-in-law/ mother-in-law*

el yerno *son-in-law*

Más mascotas *More pets*

el pájaro *bird*

el pez *fish*

Nombres *Names*

el apellido *last name*

el nombre *first name*

Palabras útiles

el (la) hermanastro(a) *stepbrother / stepsister*

la madrastra *stepmother*

el (la) medio(a) hermano(a) *half brother (sister)*

el (la) niño(a) *child*

el padrastro *stepfather*

casado(a) *married*

divorciado(a) *divorced*

separado(a) *separated*

soltero(a) *single*

Palabras útiles are presented to help you enrich your personal vocabulary. The words here will help you talk about family relationships.

¡A practicar!

2-1 **¿Cierto o falso?** Indicate if each of the statements about Juan Carlos' family is **cierto** or **falso**.

_____ 1. Juan Carlos tiene (*has*) dos primas.

_____ 2. Pedro y Elena tienen tres nietos en total.

_____ 3. Tomás tiene dos hijas.

_____ 4. Ana María y Tomás son cuñados.

_____ 5. Hay dos mascotas en la familia.

_____ 6. Pedro es el suegro de Jorge.

_____ 7. Ana María es la nuera de Elena.

_____ 8. Hay un pez en la familia.

_____ 9. Gabriela es la sobrina de Tomás.

_____ 10. El yerno de Pedro es Jorge.

2-2 **La familia de Juan Carlos** Complete the following sentences with the correct relationship based on the drawing.

Modelo Ana María es _____*la esposa*_____ de Jorge.

1. Juan Carlos es _____ de Juana.

2. Felipe es _____ de Esperanza.

3. Gabriela y Felipe son _____.

4. El esposo de Esperanza es _____ de Tomás.

5. Elena es _____ de la hija de Jorge y Ana María.

6. La hija de Jorge y Ana María es _____ de Esperanza.

7. Tomás es _____ de los hijos de Jorge y Ana María.

8. Pedro es _____ de Elena.

2-3 **En otras palabras** Indicate the relationships between the family members listed below.

Modelo yo / mi tía
Yo soy el (la) sobrino(a) de mi tía.
mi abuelo / mi padre
Mi abuelo es el padre de mi padre.

1. mi hermano(a) / mi abuelo

2. mi hijo(a) / mi hermano(a)

3. mi madre / mi hijo(a)

4. mi primo / mi mamá

5. mi padre / mi abuela

6. mi tío / mi primo(a)

7. mi padre / mi madre

8. mi abuela / mi padre

Workbook *2-1 – 2-4*
Lab Manual *2-1 – 2-3*

¡A conversar!

2-4 **Adivinanzas (Riddles)** Ask a classmate the following questions, keeping in mind that some of them may be purely hypothetical. Then, add three questions of your own.

Modelo **E1**: *¿Quién es el padre de tu madre?*
E2: *Mi abuelo.*

¿Quién es... ?

1. la madre de tu padre
2. el (la) hermano(a) de tu madre
3. la hija de tu tío
4. el (la) hijo(a) de tu padre
5. el hijo de tu hija

2-5 **Un árbol genealógico (A family tree)**

Primera parte Create your own family tree, real or imagined, based on the categories below. Be artistic if you'd like!

Mis abuelos

_____ _____ _____ _____

Mis padres

Mis tíos	(papá)	(mamá)	Mis tíos
_____	_____	_____	_____
_____			_____
Mis primos	**Mis hermanos**	**Yo**	**Mis primos**
_____	_____	_____	_____
_____	_____		_____

Segunda parte Now describe your family relationships in Spanish to a partner. You should also mention your family pet(s). Your partner will then review your family tree with you before presenting it to the class.

2-6 **¿Quién en tu familia... ?** Identify people in your family who fit the characteristics listed below. Tell your partner the name of the person and his/her relationship to you. Continue by identifying people who do not fit the characteristics.

Modelo *Mi primo Jamal es cómico. Mi tía Elizabeth no es...*

artístico(a)	extrovertido(a)	paciente
atlético(a)	generoso(a)	responsable
dramático(a)	inteligente	sincero(a)

AUDIO CD
CD 1, TRACK 10

Juan Carlos and his sister, Juana, live in Los Angeles and are always eager to share their experiences in the United States with their grandparents, who continue to live in Mexico.

Listen to the conversation and establish whether the following statements are true (**cierto**) or false (**falso**). If a statement is false, correct it.

1. Los abuelos no tienen información sobre la vida de Juan Carlos en los Estados Unidos.
2. Juan Carlos no tiene muchos amigos en el nuevo barrio.
3. Todos los amigos de Juan Carlos hablan español.
4. Juana tiene una amiga que habla español y es de México.

Juana: ¡Hola, abuelos! ¿Cómo están? ¡Qué lindo el departamento! ¡Qué chido!

Juan Carlos: ¡Hola, abuelito! ¡Hola, abuelita! ¿Cómo están? ¡**Tengo** muchas noticias sobre **mi vida** en los Estados Unidos!

Comentario cultural Spanish-speakers use the diminutive forms of certain nouns to express affection. Juan Carlos addresses his grandparents as **abuelito** and **abuelita** (literally "*little grandfather*" and "*little grandmother*"). Another term of affection commonly used in Mexico is the contraction **m'hijo** or **m'hija** (from **mi hijo, mi hija**) to mean *my son, my daughter*.

Elena: ¡Ay, qué bueno, Juan Carlos! **Tenemos tus cartas y tus postales**, pero deseamos tener más información. Y Juana, las fotos que **tenemos** de **tu escuela** son **preciosas**.

Comentario cultural The Aztec calendar you see on the wall, also known as the Sun Stone, has two distinct functions. As a religious calendar, called the **tonalpohualli**, the sun stone marks a 260-day ritual cycle. As a day calendar, called the **xiuhpohualli**, it marks 365 days. These two cycles together form a 52-year-long "century."

Pedro: Y ahora **viven** en un **barrio nuevo. Debe ser** muy **diferente**. ¿**Tienen** muchos amigos allí?

Comentario cultural According to legend, in 1531, Juan Diego, an Aztec descendant, had a vision of the Virgin Mary, who instructed him to build a church on the site of his vision. After the visit, Mary left her impression on Juan's tilma, a cloak made of cactus cloth. The cloth is displayed in a basilica in Mexico City where it is visited by over 10 million people a year.

Heinle/Cengage Learning

Expresiones **en contexto**

el barrio *neighborhood*	**las noticias** *news*
las cartas *letters*	**¡Qué lindo…!** *How cute…!*
en la próxima manzana *on the next block*	**nunca crecen** *never grow up*
entonces *so*	**por supuesto** *of course*
mis cuates *my friends (Mexico)*	**las postales** *postcards*
la misma edad *the same age*	**¡Qué chido!** *Cool! (Mexico)*

Juan Carlos: Sí, abuelito. **Tengo** muchos compañeros, ¡y dos de **mis cuates** hablan español! Los padres de **mis amigos son mexicanos,** del D.F., y sus abuelos viven aquí. Los abuelos de mi amigo Enrique, don Ramón y doña Lucía, son muy simpáticos.

Comentario cultural The forms **don** and **doña** may be used before first names to show respect or affection (while maintaining formality); they are generally used for addressing one's elders or superiors. Juan Carlos's grandparents, for example, might be addressed as **don Pedro** and **doña Elena**. At one time, **don** stood for **de origen noble**.

Elena: ¡Entonces, muchas personas **tienen** nietos en los Estados Unidos!

Juan Carlos: Sí, por supuesto. Hay una **familia cubana** que **vive** en la calle Cuarenta y Dos, en la próxima manzana, y ellos **tienen** una hija de catorce años, de la misma edad que Juana.

Juana: Sí, ella se llama Lupe, y es **mi mejor amiga**. También **tengo** algunos amigos.

Comentario cultural Another indication of the importance of religion in Mexico is the Tree of Life, **Árbol de la vida**, a ceramic product of Metepec, Mexico. These creations consist of clay pieces in the shape of a tree, featuring biblical figures, flowers and leaves. The design is a blend of Aztec influences and the teachings of Franciscan monks.

Pedro: ¿Mi Juanita tiene catorce años y tiene amigos? ¡Imposible!

Elena: ¿Ves cómo **tu abuelo vive** en el pasado, m'hija? Él **cree** que los niños nunca crecen.

 Diálogo entre abuelo(a) y nieto(a) Working with a partner, take turns role playing the situation of grandparents being reunited with their grandchildren. The grandchildren should indicate where they live and who they like to play with, etc.

Possession with *de(l)* and possessive adjectives

Possession with *de(l)*

One way English speakers express possession is to attach an apostrophe and an "s" to a noun. Spanish speakers show the same relationship by using **de** before the noun. Note that when using **de** + **el**, Spanish speakers form the contraction **del**.

> Ariana es la hermana **de** Juan.
> *Ariana is Juan's sister.*

> El libro es **de la** tía Julia.
> *The book is Aunt Julia's.*

> Aquí está el perro **del** señor Roque.
> *Here is Mr. Roque's dog.*

Possessive adjectives

Another way to indicate relationships or ownership is to use possessive adjectives. In Spanish, possessive adjectives must match the number (singular or plural) and, in the cases of **nosotros(as)** and **vosotros(as)**, the gender (masculine or feminine) of the nouns they describe.

	Singular	Plural
my	mi abuelo	mis abuelos
your (informal, singular)	tu gato	tus gatos
his, her, its, your (formal, singular)	su familia	sus familias
our	nuestro hijo	nuestros hijos
	nuestra hija	nuestras hijas
your (informal, plural: Spain)	vuestro primo	vuestros primos
	vuestra prima	vuestras primas
their, your (plural)	su madre	sus madres

¿Recuerdas?

Juan Carlos: ¡Hola, abuelito! ¡Hola, abuelita! ¿Cómo están? ¡Tengo muchas noticias sobre **mi vida** en los Estados Unidos!

Indicating ownership and possession

¡A practicar!

2-7 **Cada uno con lo suyo** *(To each his own)*
Members of Juan Carlos's family have strong preferences for certain colors. Use **del, de la, de las**, or **de los** to indicate to whom the following objects belong.

> **Modelo** La pluma _____ es _____ esposo de Ana María.
> *La pluma azul es del esposo de Ana María.*

1.

2.

3.

4.

Heinle/Cengage Learning

1. La bicicleta _____ es _____ abuela.
2. Las mochilas _____ son _____ nieta.
3. El coche _____ es _____ tíos de Juan Carlos.
4. Las computadoras _____ son _____ esposo de Ana María.

2-8 **Las memorias de Maximiliano** Imagine you are listening to Maximiliano, emperor of Mexico, describe his family and residence in Mexico. Complete the following paragraph with the indicated possessive adjective.

1. _____ *(My)* padres y abuelos viven en Austria, pero 2. _____ *(our)* familia vive en México. 3. _____ *(My)* hermano Francisco José es emperador de Austria. 4. _____ *(His)* palacio es enorme. 5. _____ *(My)* palacio, en el parque de Chapultepec, también es grande y majestuoso. Es aquí donde mi esposa y yo pasamos la mayoría de 6. _____ *(our)* tiempo. El nombre de mi esposa es Marie-Charlotte-Amélie-Augustine-Victoire-Clémentine-Léopoldine, pero para 7. _____ *(her)* amigas es Carlota.

Cultura

Maximilian was born in Austria in 1832. He was a member of the Hapsburg dynasty. He went to Mexico in 1864 with his wife Carlota to rule over a new empire in Mexico, after the current President Benito Juárez decided not to pay interest on foreign loans.

Workbook *2-5 – 2-6*
Lab Manual *2-4 – 2-6*

¡A conversar!

2-9 **¿Es tu libro o mi libro?** Working in groups of three or four, take turns role-playing a forgetful student. When the student asks the others to whom an item in the classroom belongs, they respond in either the affirmative or negative. Use as many items as you can.

> **Modelo** libro
> **E1** *¿Es mi libro?*
> **E2** *No, no es tu libro. Es el libro de David.*
>
> tizas
> **E1** *¿Son mis tizas?*
> **E2** *Sí, son tus tizas.*

1. la mochila
2. el reloj
3. los lápices
4. el escritorio
5. el cuaderno
6. las calculadoras
7. el libro de español
8. los diccionarios
9. los papeles
10. la silla

2-10 **Entrevista** Ask a classmate the following questions to learn more about his/her family and friends.

1. ¿Es grande tu familia? ¿Cuántas personas hay en tu familia? ¿Hay una mascota? ¿De dónde son tus padres? ¿Trabajan mucho tus padres? ¿Mira la tele mucho tu hermano(a)? ¿Cómo se llaman tus tíos y tías? ¿Cómo se llaman sus esposos y sus hijos? ¿Estudian o trabajan tus primos?

2. ¿Son tus mejores *(best)* amigos(as) de aquí? ¿Qué estudian tus amigos? ¿Cuáles son sus clases favoritas? ¿Caminan Uds. mucho en la universidad? ¿Bailan Uds. mucho? ¿Baila bien tu mejor amigo(a)?

Common uses of the verb *ser*

As you learned in **Capítulo preliminar**, the present tense of **ser** is formed as follows:

	subject pronoun	*ser* (to be)	
singular	yo	soy	*I am*
	tú	eres	*you (informal) are*
	él/ella, usted	es	*he/she is, you (formal) are*
plural	nosotros(as)	somos	*we are*
	vosotros(as)	sois	*you (informal: Spain) are*
	ellos(as), ustedes	son	*they are, you are*

The verb **ser** *(to be)* is used:

1. to identify essential characteristics of people and things.

   Carlos Fuentes **es** inteligente y creativo.
   Carlos Fuentes is intelligent and creative.

   Sus libros **son** interesantes.
   His books are interesting.

2. to indicate profession or vocation.

   Carlos Fuentes **es** escritor. *Carlos Fuentes is a writer.*
   Yo **soy** músico. *I am a musician.*
   Tú **eres** doctora. *You are a doctor.*

3. to express nationality . . .

   Carlos Fuentes **es** mexicano. *Carlos Fuentes is Mexican.*

   . . . and origin with the preposition **de.**

   El Sr. Fuentes **es de** México. *Mr. Fuentes is from Mexico.*

4. to talk about time.

   Son las cinco. *It's five o'clock.*
   Es la una. *It's one o'clock.*

5. to talk about days of the week, months, and dates.

   Hoy **es** lunes. *Today is Monday.*
   Mañana **es** el 4 de mayo. *Tomorrow is May 4.*

> **Nota lingüística**
>
> In Spanish, adjectives of nationality are not capitalized. Example: Hans es alemán. *Hans is German.*

¿Recuerdas?

Juana: Sí, ella se llama Lupe, y **es** mi mejor amiga. También tengo algunos amigos.

¡A practicar!

2-11 ¡A emparejar! Choose the item(s) on the right that best complete(s) each statement on the left.

1. Yo soy ___c___ .
2. Son las ___e___ .
3. Susana es ___f___ .
4. Carlos es ___d___ .
5. Hoy es ___b___ .
6. Los problemas son ___a___ .

a. difíciles.
b. el cuatro de octubre.
c. estudiante.
d. maestro de español.
e. dos de la tarde.
f. simpática y sincera.

2-12 Imágenes de una civilización Fill in the blanks with the appropriate form of **ser** to learn some interesting facts about Mexico.

Modelo *Juan es de Aguascalientes, México.*

1. El Popocatépetl ___es___ un volcán activo cerca de la ciudad de México.
2. El emperador Maximiliano y su esposa ___son___ de Austria.
3. El Día de los Muertos ___es___ un día festivo muy importante para los mexicanos.
4. Felipe Calderón ___es___ el presidente de México.
5. Vosotros ___sois___ españoles, pero en México, en vez de usar *vosotros*, la forma correcta ___es___ *ustedes*.
6. Rocío y Memo ___son___ estudiantes en la Universidad Nacional Autónoma de México.
7. El Zócalo ___es___ la plaza más grande y más conocida de México.
8. Las playas de México ___son___ muy hermosas.

2-13 Diego Diego Mejía writes an email to his host sister in Spain to introduce himself. Complete the email with the appropriate forms of **ser**.

¡Hola, María! Yo ___soy___ Diego Mejía. ___Soy___ estudiante de ingeniería en la Universidad de las Américas, en Puebla, México. ¡Puebla ___es___ un lugar precioso! ¿Cómo ___es___ Madrid? Yo ___soy___ muy estudioso y tranquilo. Mis padres y yo ___somos___ muy unidos *(close)*. ¿Y cómo ___eres___ tú? ¿Cómo ___son___ tus padres y tus hermanos?

¡Hasta pronto!

Diego

¡A conversar!

2-14 ¿Es cierto o no es cierto? Working with a partner, form sentences from the elements below, using the verb **ser** as needed and conjugating it correctly. Then read each sentence aloud and indicate if it is true (**Es cierto**) or not (**No es cierto**). Change elements in statements that are not true so that they are true.

1. Hoy / sábado y mañana / domingo.
2. Hoy / el dos de enero.
3. Yo / estudiante y estudio mucho.
4. Mis amigos / creativos.
5. Mis amigos y yo / inteligentes.
6. Mi madre / de Guadalajara, México.

2-15 Una presentación Prepare a short presentation for a partner or small group based on answers to the questions below. After each student has presented, combine information from the different presentations to create a new presentation.

1. ¿Qué día es hoy?
2. ¿Cuál es la fecha?
3. ¿Quién eres tú?
4. ¿De dónde eres?
5. ¿Cómo eres?
6. ¿Quién es una persona de tu familia?
7. ¿Cómo es él (ella)?

2-16 ¿Quiénes son las personas de la clase?

Paso 1:
Work in groups of three or four to identify all the students in your class by name. Speaking first with your group, use the verb **ser** to identify as many students as possible. (**Él es Bill. Ella es Ramona...**). If you do not know the names of some students, get out of your seats and ask your classmates their names—in Spanish, of course!

Paso 2:
Your instructor will call up to ten students at a time to the front of the class and will ask one of them to identify himself or herself and as many others as possible. If the student cannot identify someone, he or she can ask the student. After everyone in one group has been identified, another group is called forward.

Modelo *Soy Anna. Ella es Kari, él es Dre y ellos son Marcus y Zhou. Y tú, ¿eres Samuel? Sí, eres Samuel.*

Agreement with descriptive adjectives

Nota lingüística

It is common for Mexicans to use the word **güero(a)** to describe someone who is blond. **Pelirrojo** means red-haired.

The words modeled in the drawings are *adjectives* and are used to describe *nouns* or *pronouns*. In Spanish, descriptive adjectives must match the *gender* (masculine or feminine) and the *number* (singular or plural) of the noun or pronoun they describe.

How to match adjectives with their nouns

1. Spanish adjectives agree in number and gender with the nouns they modify. Adjectives ending in -**o** change to -**a** to indicate feminine gender and add an -**s** to indicate plural.

	Singular	Plural
Masculine	abuelo generos**o**	abuelos generos**os**
Feminine	abuela generos**a**	abuelas generos**as**

2. Adjectives ending in -**e** or in most consonants are invariable for gender. That is, they use the same form for the masculine and the feminine. For the plural of adjectives ending in -**e**, add -**s**. For the plural of adjectives ending in a consonant, add -**es**.

	Singular	Plural
Masculine	tío interesante hermano intelectual	tíos interesant**es** hermanos intelectual**es**
Feminine	tía interesante hermana intelectual	tías interesant**es** hermanas intelectual**es**

3. Most adjectives of nationality ending in a consonant add -**a** for the feminine form. To form the plural, add -**es** to masculine adjectives and -**s** to feminine adjectives. Most adjectives that end in -**dor, -án, -ón**, and -**ín** also follow this pattern.

	Singular	Plural
Masculine	primo español	primos español**es**
	primo trabaja**dor**	primos trabajador**es**
	tío alem**án**	tíos aleman**es**
Feminine	prima español**a**	primas español**as**
	prima trabajador**a**	primas trabajador**as**
	tía aleman**a**	tías aleman**as**

Where to place adjectives

1. Most Spanish adjectives follow the nouns they describe.

   un escritorio viejo

   las estudiantes altas

2. Spanish adjectives of quantity precede the nouns they describe, as in English. Remember that in Spanish, when the number one is used to quantify a singular masculine noun, speakers drop the -o: **un libro, un papel.**

   Necesito cuatro plumas y un lápiz.

3. The adjectives **bueno** (*good*) and **malo** (*bad*) can be placed before or after the noun they describe. When they come before a singular masculine noun, the -o is dropped: **buen** and **mal**.

   Nuestro primo es un **buen** actor.   Nuestro primo es un actor **bueno**.

   Su abuelo no es un **mal** hombre.   Su abuelo no es un hombre **malo**.

The adjective **grande** can also be used before or after the noun it describes. When it precedes a singular noun (either masculine or feminine), it drops the -de to become **gran**. When **gran** precedes a noun, it takes on the figurative meaning of *great* or *impressive*. When **grande** follows a noun, it assumes its more literal meaning of *large* or *big*. For example,

   Es una gran familia.   *It's a great family.*

   Es una familia grande.   *It's a big family.*

Commonly used adjectives

aburrido(a) boring	**perezoso(a)** lazy
antipático(a) unpleasant	**pobre** poor
buen(o)(a) good	**rico(a)** rich
divertido(a) fun	**simpático(a)** nice, pleasant
listo(a) smart, ready	**tacaño(a)** stingy
mal(o)(a) bad	**tonto(a)** silly, foolish
nuevo(a) new	**trabajador(a)** hardworking

Cognates

Cognates are words of similar or identical spelling that share the same meaning between two languages. Many adjectives are cognates in Spanish and English.

arrogante arrogant	**generoso(a)** generous	**moderno(a)** modern
artístico(a) artistic	**honesto(a)** honest	**paciente** patient
atlético(a) athletic	**indeciso(a)** indecisive	**reservado(a)** reserved
bilingüe bilingual	**intelectual** intellectual	**responsable** responsible
cómico(a) humorous, comical	**inteligente** intelligent	**sincero(a)** sincere
dramático(a) dramatic	**introvertido(a)** introverted	**tímido(a)** timid
extrovertido(a) outgoing, extroverted	**irresponsable** irresponsible	**tolerante** tolerant

¡A practicar!

2-17 Descripciones de familiares y amigos Choose from the adjectives you've learned in this section to describe what the following people are and are not like. Be sure the adjectives agree in gender and number with the nouns they describe. Compare your answers with those of a classmate.

Modelo *Mi madre es trabajadora pero no es atlética.*

1. Mi mejor amigo(a) es...   pero no es...
2. Mis abuelos son...   pero no son...
3. Mis compañeros de clase son...   pero no son...
4. Mi padre es...   pero no es...
5. Los estudiantes de esta universidad son...   pero no son...
6. El (La) profesor(a) es...   pero no es...
7. Mi perro/gato es...   pero no es...

2-18 ¿Cómo es/son? Describe the following people, using descriptive adjectives and the appropriate form of the verb **ser**. Use adjectives that precede a noun in at least three of your sentences.

Modelo Gael García Bernal
Gael García Bernal es delgado, moreno y reservado.

1. Salma Hayek   5. mi familia y yo
2. Carlos Santana   6. mis hermanos(as)
3. mi compañero de cuarto   7. mis primos(as)
4. mi mejor amigo(a)   8. yo

2-19 Mi familia In groups of four or five, prepare two lists, one list consisting of ten family members and another consisting of ten personal characteristics. One person in the group presents a family member and a characteristic and the others form sentences about that member of their families with the characteristic, saying if it is accurate or not. Take turns presenting the words from the lists. Follow the model and pay attention to agreement of nouns and adjectives.

Modelo padre, perezoso   *Mi padre no es perezoso.*
           abuela, simpático   *Mi abuela es muy simpática.*

2-20 Entrevista (*Interview*) en la radio *Radio Guadalajara* is speaking with students around the city and airing the short interviews. You and your friends very much want to be interviewed. Listen to the first installment of the series and note the topics of information included in the interview, so you and your friends will be prepared to meet the roving interviewer. Check each topic that is discussed. If a topic is not included, leave it blank.

AUDIO CD
CD 1, TRACK 11

_____ los estudios   _____ las características de unas personas
_____ otras actividades   _____ las mascotas
_____ la fecha, el día y la hora   _____ las lenguas extranjeras
_____ la familia   _____ los lugares de la universidad

Workbook *2-9 – 2-10*
Lab Manual *2-10 – 2-12*

¡A conversar!

2-21 **¿Quién puede ser?** *(Who could it be?)* Describe someone in the class for your classmates to identify.

> **Modelo** **E1:** *Es alta, delgada y atlética. Es morena.*
> **E2:** *¿Es Michelle?*
> **E1:** *¡Sí!*

2-22 **Personas ideales** Working with a partner, develop an ideal profile for the following people.

> **Modelo** el profesor
> **E1:** *Para mí (For me), el profesor ideal es inteligente, tolerante y paciente.*
> **E2:** *Para mí, el profesor ideal es liberal, intelectual y un poco rebelde.*

1. el (la) compañero(a) de cuarto
2. los amigos
3. la abuela
4. los padres
5. el presidente
6. el (la) hermano(a)

2-23 **Nuestras familias** Working with a partner, assume the roles of two students who have lived with host families in Mexico during a study abroad experience. Below are photos of the two families that have hosted you and your partner. Each of you will identify and describe at least five members of your host family. Identify each person by his (her) relationship to others in the family and describe each member, including at least two physical and/or personality characteristics.

Los Ramírez

Los Trelles

México

▶ Watch the video about Mexico and discuss the following questions.

1. Where was Mexico City built?
2. What is the *Zócalo?* Why is this place so important in the city?
3. Why is the Anthropology Museum so relevant to Mexican culture?
4. Have you ever visited Mexico? Where did you go and why? If you've never been, what part of Mexico would you choose to visit and why?

✏ See the *Workbook*, **Capítulo 2, 2-25–2-27** for additional activities.

Heinle/Cengage Learning

Población: 112.468.855 habs.

Área: 1.952.201 km², representa un quinto del territorio de los Estados Unidos. México es casi tres veces el tamaño *(size)* de Texas.

Capital: Distrito Federal (8.841.916 habs.)

Ciudades principales: Guadalajara (1.500.000 habs.); Monterrey (1.100.000 habs.); Puebla (1.100.000 habs.); Tijuana (1.500.000 habs.)

Moneda: el peso

Lenguas: el español, lenguas indígenas (el maya, el náhuatl y otras)

© Alfredo Guerrero/EFE/Corbis

Felipe Calderón y su familia

Personas notables El Sr. Felipe Calderón es el presidente de México hasta el año 2012. El presidente y su familia viven en la ciudad de México o Distrito Federal (D.F.). Su esposa se llama Margarita Zavala y sus hijos se llaman María, Luis Felipe y Juan Pablo. Hasta las elecciones del año 2000, en México dominó un partido político, el Partido Revolucionario Institucional (PRI). Ahora en México hay tres partidos importantes: el Partido Acción Nacional (PAN) (Vicente Fox y Felipe Calderón son de este partido), el Partido de la Revolución Democrática (PRD) y el Partido Revolucionario Institucional (PRI).

Describe a la familia presidencial de México. Describe a la familia presidencial de los Estados Unidos. ¿Son similares?

Historia Algunos de los grupos indígenas que viven en la región de México y Centroamérica, desde hace más de 4.000 años, son los olmecas, toltecas, zapotecas, aztecas y mayas. En la cultura maya, las mujeres son muy importantes para la economía familiar porque preparan la comida para la familia y para las celebraciones religiosas, trabajan en la elaboración de cerámica y cuidan a *(take care of)* los animales. En la cultura maya, los padres deciden el matrimonio de los hijos para tener más poder económico y político dentro de la sociedad. El esposo vive bajo *(under)* las órdenes del suegro por un período de hasta cinco años.

¿Hay responsabilidades específicas para los hombres y las mujeres de tu comunidad?

 Visit it live on **Google Earth!**

© Qing Ding/Shutterstock

Ruinas mayas en Uxmal

Artes plásticas Frida Kahlo (1907-1954) y Diego Rivera (1886-1957) son artistas importantes y esposos famosos dentro del arte mexicano. El tema de la obra *(work)* de Kahlo es personal y autobiográfico con elementos de fantasía, mientras *(while)* que el tema de Rivera es político y presenta la lucha *(struggle)* de los trabajadores *(workers)*. Hoy en día la casa de Frida y Diego en la ciudad de México es un museo que se llama "La Casa Azul". Es importante visitar también el Museo Mural Diego Rivera y el Museo de Bellas Artes.

¿Visitas museos? ¿Cuál es tu museo favorito y por qué?

Frida (Frieda) Kahlo. *Frieda and Diego Rivera*, 1931. Oil on canvas. 39 3/8 in. x 31 in. (100.01 cm x 78.74 cm). Collection San Francisco Museum of Modern Art. Albert M. Bender Collection, Gift of Albert M. Bender. © Banco de México Diego Rivera & Frida Kahlo Museums Trust, Mexico, D.F. / Artists Rights Society (ARS), New York.

Frieda y Diego Rivera de Frida (Frieda) Kahlo

Ritmos y música El «son» mexicano es un tipo de música con influencias indígenas, españolas y africanas. Los instrumentos varían de región a región. Un grupo de «sones» se conoce como *(is known as)* el «jarabe». Existen jarabes como el Tapatío, el Mixteco, el del Valle, etcétera. La música mexicana moderna incluye, entre otros tipos de música, el rock en español. Como el son, el rock es también una mezcla de estilos musicales.

Desde 2002 uno de los grupos musicales más importantes dentro de la música pop en español es el grupo mexicano Reik. De su último álbum, que se llama *Un día más*, la canción «Inolvidable» es una de las más populares. *Access the iTunes playlist on the **Plazas** website.*

¿Qué tipo de música escuchas? ¿Cuál es tu grupo de música favorito?

© PAUL BUCK/epa/Corbis

Grupo Reik

🌐 **¡Busquen en Internet!**

1. Personas notables: El presidente de México, Felipe Calderón y su familia
2. Historia: La cultura maya
3. Artes plásticas: Frida Kahlo y Diego Rivera
4. Ritmos y música: El son mexicano, el pop en español, Reik

¿De dónde eres?

In this section, you will learn to talk about nationalities of individuals who live in many different parts of the world. Do you know someone who is from another country?

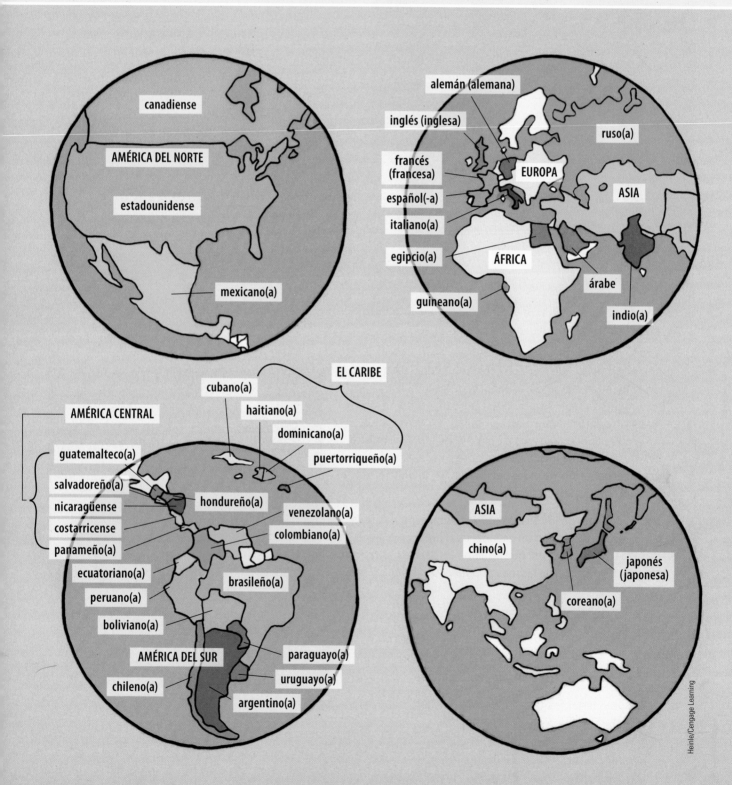

canadiense

AMÉRICA DEL NORTE

estadounidense

mexicano(a)

alemán (alemana)

inglés (inglesa)

ruso(a)

francés (francesa)

EUROPA

español(-a)

ASIA

italiano(a)

egipcio(a)

ÁFRICA

guineano(a)

árabe

indio(a)

EL CARIBE

cubano(a)

AMÉRICA CENTRAL

haitiano(a)

dominicano(a)

guatemalteco(a)

puertorriqueño(a)

salvadoreño(a)

nicaragüense

hondureño(a)

venezolano(a)

costarricense

colombiano(a)

panameño(a)

ecuatoriano(a)

brasileño(a)

peruano(a)

boliviano(a)

AMÉRICA DEL SUR

paraguayo(a)

chileno(a)

uruguayo(a)

argentino(a)

ASIA

chino(a)

japonés (japonesa)

coreano(a)

Heinle/Cengage Learning

¡A practicar!

2-24 Lenguas y nacionalidades Identify the nationalities of the following people. In some cases there may be various possibilities.

1. Jorge es de América del Sur y habla portugués. Él es _____.

2. Masako es de Asia y habla japonés. Ella es _____.

3. Paquita y Mar son de Europa y hablan español. Ellas son _____.

4. Teresita es de San Juan y habla español. Ella es _____.

5. Tito y Florentina viven en Roma. Ellos son _____.

6. Hans es de Bonn y habla alemán. Él es _____.

7. Pierre es de América del Norte y habla francés e inglés. Él es _____.

8. María es de América del Sur y habla español. Ella es _____ _____.

9. Yo soy _____.

10. Mi profesor(a) es _____.

2-25 Orígenes Use adjectives of nationality to indicate the origins of the following items.

1. El sushi es una comida _____.

2. El BMW es un automóvil _____.

3. El tango es un baile _____.

4. Las enchiladas son _____.

5. Los espaguetis son _____.

6. El mejor *(The best)* café del mundo es _____.

7. Las pirámides de Giza son _____.

> **Nota lingüística**
> Another way to say **costarricense** is **tico(a)**. **Puertorriqueños** are also known as **boricuas**.

¡A conversar!

2-26 ¿De dónde son? Take turns naming as many people as possible of a given nationality and have your partner state the nationality. Start with the examples below and continue with lists that you create.

Modelo E1: Gloria Estefan, Andy García y Fidel Castro
E2: *Ellos son cubanos.*

1. Shakira, Juanes y Sofía Vergara (de la serie *Modern Family*)

2. Hugo Chávez, Andrés Galarraga y Carolina Herrera

3. Gael García Bernal, Salma Hayek y Carlos Santana

4. Penélope Cruz, Sergio García y Plácido Domingo

5. Yao Ming, Jackie Chan y Ang Lee

6. Los príncipes William y Harry, David Beckham y su esposa Victoria Beckham

2-27 Categorías Working in groups of four, begin by dividing into pairs and setting a timer for five minutes. Each pair makes a list of well-known people from many different countries in the professions listed below and writes the nationality of each person (in Spanish!).

músico(a) *musician* **escritor(a)** *writer*
político(a) *politician* **artista** *artist*
atleta *athlete* **actor/actriz** *actor/actress*

One pair then presents a profession to the group, and other members identify a person in the profession and state his/her nationality. If the presenters of the list have someone of that nationality (the same person or a different one), they score a point. If the other group members identify a nationality not represented on the original list, they score a point.

After one pair presents a list and others identify individuals of as many nationalities as possible, the other pair presents its list to the group, and the competition continues.

Workbook *2-11 – 2-12*
Lab Manual *2-13 – 2-15*

Present tense of -er and -ir verbs

In Spanish, in order to form the present tense of infinitives ending in -er and -ir, you need to add the appropriate personal ending to the stem.

comer (to eat)			vivir (to live)	
yo	com**o**	I eat	viv**o**	I live
tú	com**es**	you (informal) eat	viv**es**	you (informal) live
Ud., él/ella	com**e**	you (formal) eat, he/she eats	viv**e**	you (formal) live, he/she lives
nosotros(as)	com**emos**	we eat	viv**imos**	we live
vosotros(as)	com**éis**	you (informal: Spain) eat	viv**ís**	you (informal: Spain) live
Uds., ellos(as)	com**en**	you eat, they eat	viv**en**	you live, they live

The following are several useful -er and -ir verbs presented in sentences.

abrir	to open	Abr**o** la puerta cuando entro a la sala de clase. *I open the door when I enter the classroom.*
aprender	to learn	Tú aprend**es** español. *You learn (are learning) Spanish.*
asistir a	to attend	Ella asist**e** a clase. *She attends class.*
beber	to drink	Ud. beb**e** mucho café. *You drink a lot of coffee.*
comprender	to understand	Él comprend**e** la tarea. *He understands the homework.*
creer	to believe	Nosotros cre**emos** en la importancia de nuestra familia. *We believe in our family's importance.*
deber	ought to, must	Vosotros deb**éis** hablar con mi primo. *You must talk to my cousin.*
escribir	to write	Ustedes escrib**en** cartas. *You write (are writing) letters.*
leer	to read	Ellos le**en** un libro. *They read (are reading) a book.*
recibir	to receive	Yo recib**o** una tarjeta de mi sobrino. *I receive a card from my nephew.*
vender	to sell	¿Vend**es** tú mis libros? *Are you selling my books?*
vivir	to live	Viv**imos** con nuestros amigos. *We live with our friends.*

Nota lingüística

Deber is used before other verbs to communicate the idea of obligation. In Spanish, as in English, when two verbs are used together the first is conjugated and the second appears in the infinitive form: **Yo debo ir a la fiesta.** *I should (must, ought to) go to the party.*

¿Recuerdas?

Heinle/Cengage Learning

Elena: ¿Ves cómo tu abuelo **vive** en el pasado, m'hija? Él **cree** que los niños nunca crecen.

¡A practicar!

2-28 Mi compañero y yo Complete the following sentences with the appropriate form of the **-er** and **-ir** verbs in parentheses to learn about Tomás's roommate at UNAM.

1. José, mi compañero de cuarto, y yo _____ (vivir) en un apartamento.
2. Nosotros _____ (asistir a) la UNAM.
3. Todos los días él _____ (recibir) noticias (*news*) de su familia.
4. Su hermana _____ (escribir) mucho por correo electrónico (*e-mail*).
5. A veces yo _____ (leer) los mensajes (*messages*) de ella.
6. Mis abuelos _____ (creer) que las computadoras son importantes, pero todavía no tienen computadora en casa.

Biblioteca Central de la Universidad Nacional Autónoma de México (UNAM)

2-29 Dos compañeros Complete the following paragraph with the correct form of the most appropriate verb from the previous page.

¡Hola! Soy estudiante de la UNAM, donde estudio para ser intérprete. 1. _____ mucho de la cultura y la lengua de los estadounidenses en mis clases. Yo 2. _____ clases con mi amigo Juan. Él es mi compañero en la clase de inglés. Juan y yo estudiamos en la cafetería donde también 3. _____ café y 4. _____ sándwiches.

Workbook *2-13 – 2-16*
Lab Manual *2-16 – 2-17*

¡A conversar!

2-30 Actividades diarias Working with a partner, take turns sharing information, selecting items from each of the three columns to form logical sentences.

Modelo **E1**: *¿Beben café tus padres en casa?*
E2: *No, mis padres no beben café en casa. Beben café en la cafetería.*

¿Quién?	¿Qué?	¿Dónde?
tú y tus amigos	leer el periódico	en la residencia
tu compañero(a)	comer	en casa
tú	beber café	en la cafetería
el (la) profesor(a)	vivir	en clase
tus padres	aprender el vocabulario	en la biblioteca

2-31 Entrevista Find out more about your classmate by asking him/her the following questions. Then report your findings to the rest of the class.

1. ¿Dónde vives ahora? ¿Con quién vives? ¿Cuál es tu dirección (*address*)?
2. ¿Aprendes mucho en tus clases? ¿Debes estudiar mucho?
3. En general, ¿eres un(a) estudiante bueno(a) o malo(a)?
4. ¿Lees mucho o poco? ¿Lees novelas, el periódico o páginas de Internet?
5. ¿Dónde comes? ¿Qué tipo de comida comes? ¿Bebes mucho café?

2-32 Mi compañero(a) Using the information gathered in your interview, write a short composition about your classmate. Write 5 to 7 sentences and include at least 5 of the verbs listed below.

aprender	escribir
beber	estudiar
comer	leer
comprender	ser
deber	vivir

Common uses of the verb *tener*

The verb **tener** is irregular and conjugated as follows:

yo	tengo	*I have*
tú	tienes	*you* (informal) *have*
usted, él/ella	tiene	*you* (formal) *have, he/she has*
nosotros(as)	tenemos	*we have*
vosotros(as)	tenéis	*you* (informal: Spain) *have*
ustedes, ellos(as)	tienen	*you have, they have*

To indicate possession

—¿Cuántas hermanas **tienes**? *How many sisters do you have?*
—Yo **tengo** dos hermanas. *I have two sisters.*

—¿**Tienen** hijos tus hermanas? *Do your sisters have any children?*
—No, no **tienen** hijos. *No, they don't have any children.*

To express age

Mirta **tiene** solamente **dieciocho** años   *Mirta is only eighteen years old and Margarita*
   y Margarita **tiene veinte** años.   *is twenty years old.*

To express certain states or conditions

tener calor *to be hot*	**tener paciencia** *to be patient*
tener celos *to be jealous*	**tener prisa** *to be in a hurry*
tener éxito *to be successful*	**tener razón** *to be right*
tener frío *to be cold*	**tener sed** *to be thirsty*
tener hambre *to be hungry*	**tener sueño** *to be tired/sleepy*
tener miedo (de) *to be afraid (of)*	

Note that although Spanish speakers use **hacer** to say it *is cold* or *it is hot* (**hace frío, hace calor**), the verb **tener** is used with these two nouns when a person says *I am cold* (**Yo tengo frío**) or *She is hot* (**Ella tiene calor**).

To indicate desire to do something

When you want to say that you feel like doing something, use the expression **tener ganas de** + *infinitive*. Simply conjugate *tener* and use the infinitive form of the verb that expresses what you feel like doing.

¿**Tienes ganas de pintar** la casa? *Do you feel like painting the house?*
Tenemos ganas de ver una película. *We feel like watching a movie.*

To indicate obligation to do something

The verb **tener** is also used in the construction **tener que** + *infinitive*, which means *to have to do something*. It is used in the same way as the verb **deber**, but it carries a stronger sense of obligation. **Deber** normally carries the meaning of *should*, whereas **tener que** often means *must*. Note that both of these verb forms must be followed by an infinitive.

Deseo mirar la televisión, pero   *I want to watch TV, but I have to (must)*
   tengo que estudiar.   *study.*
Tenemos que regresar a casa. ¡Es tarde!   *We have to (must) return home. It's late!*

¡A practicar!

2-33 ¿Qué tienen? Provide the correct form of **tener** to complete each sentence.

> **Modelo** Yo _tengo_ una mochila nueva.

1. Nosotros _____ calor en julio (July).
2. Ellos _____ el nuevo CD de Reik.
3. Roberto estudia mucho y _____ éxito en su clase de español.
4. Después de hacer ejercicio yo _____ sed.
5. Mi hermanita, Paqui, _____ nueve años.
6. ¡Tú siempre _____ sueño! Debes descansar más.
7. Mi compañero de cuarto y yo _____ un perro.
8. ¿Por qué ustedes no _____ paciencia con José?

2-34 ¿Qué tienen que hacer? Complete the following sentences with **tener que** + *infinitive* in order to tell what some students have to do.

> **Modelo** mis amigos / estudiar la lección
> *Mis amigos tienen que estudiar la lección.*

1. nosotros / tomar cuatro clases este semestre
2. Juan y Antonio / trabajar por la noche
3. Marta / regresar a la biblioteca
4. Guadalupe / visitar a su familia este fin de semana
5. tú / asistir a una conferencia
6. ¿yo?

2-35 Una reunión familiar Marcos is planning a family reunion. Listen to descriptions of family members from an audio file that he has prepared. Write each person's first name, his or her relationship to Marcos, and at least two pieces of additional information. Follow the model.

AUDIO CD
CD 1, TRACK 12

> **Modelo** Nombre: Catalina
> Relación con Marcos: madre
> Otra información: bonita, inteligente, generosa, su esposo es Mario Luis, tiene cuatro hijos

¡A conversar!

2-36 Conversemos Ask the following questions of a partner and compare answers.

1. ¿Cuándo tienes sueño? ¿En clase o por la noche?
2. ¿Cuándo tienes prisa? ¿Siempre llegas a tiempo a la clase?
3. ¿Tienes mucho éxito en la vida? ¿De qué tienes miedo?
4. ¿Tenemos mucha tarea en esta clase? ¿De qué tienes miedo?
5. ¿Tienes celos de un(a) amigo(a)? ¿Por qué?
6. ¿Siempre tiene razón el (la) profesor(a)?
7. ¿Tienes mucha paciencia cuando estudias español? ¿Tienes que estudiar mucho?
8. ¿Tienes hambre ahora? ¿Tienes sed?
9. ¿Tienes ganas de estudiar después (after) de clase?
10. ¿Cuándo tienes miedo?

2-37 ¿Cuántos primos tienes? Working with a partner, find out more about each other's family by asking questions with **tener**.

> **Modelo** E1: *¿Cuántos primos: tienes?*
> E2: *Yo tengo tres primos: una prima y dos primos. Y tú, ¿tienes primos?*
> E1: *Sí, yo tengo una prima. Mi prima se llama Carolina.*
> E2: *¿Y cuántos años tiene Carolina?*
> E1: *Ella tiene dieciocho años...*

2-38 Preferencias y obligaciones Working with a partner, form five sentences that express something that you feel like doing in combination with something that you have to do.

> **Modelo** esta noche:
> *Yo tengo ganas de descansar, pero tengo que estudiar.*

1. hoy por la tarde:
2. esta noche:
3. mañana por la mañana:
4. este fin de semana:
5. en el verano (summer):

Workbook *2-17 – 2-21*
Lab Manual *2-18 – 2-19*

Numbers 30 to 100

30 treinta	35 treinta y cinco
31 treinta y uno	36 treinta y seis
32 treinta y dos	37 treinta y siete
33 treinta y tres	38 treinta y ocho
34 treinta y cuatro	39 treinta y nueve

40 cuarenta
50 cincuenta
60 sesenta
70 setenta
80 ochenta
90 noventa
100 cien/ciento

The numbers **treinta y uno, cuarenta y uno, cincuenta y uno,** etc. are used in counting. When followed by a noun, they change to agree with the noun in gender. When preceding a masculine noun, the **–o** is dropped to form **un.**

> **treinta y un** libros
> **cincuenta y una** sillas

Note that the short form of **cien** is used before nouns and in counting. You will practice **ciento** later when you learn to count above one hundred.

> **cien** libros
> ... noventa y ocho, noventa y nueve, **cien**...

Numbers 30–90 always end in **-a,** such as **setenta** and **noventa.** Numbers 31–99 must be written as three words. Remember, however, that the numbers 16–29 are often written as one word: **dieciocho, veintitrés.**

¿Recuerdas?

Heinle/Cengage Learning

Juan Carlos: Sí, por supuesto. Hay una familia cubana que vive en la calle **Cuarenta y Dos**, en la próxima manzana, y ellos tienen una hija de catorce años, de la misma edad que Juana.

¡A practicar!

2-39 Problemas de matemáticas Working with a partner, quiz each other using the following equations. Take turns reading the questions to one another.

+ y/más   – menos   = son

Modelos 30 + 41=

E1: *¿Cuántos son treinta **y (más)** cuarenta y uno?*

E2: *Treinta **y (más)** cuarenta y uno **son** setenta y uno.*

50 – 25 =

E1: *¿Cuántos **son** cincuenta **menos** veinticinco?*

E2: *Cincuenta **menos** veinticinco **son** veinticinco.*

1. 15 + 15 = _____
2. 80 + 17 = _____
3. 77 – 22 = _____
4. 60 – 19 = _____
5. 59 + 7 = _____
6. 100 – 25 = _____
7. 22 + 24 = _____
8. 16 + 36 = _____
9. 99 – 10 = _____
10. 73 + 27 = _____

2-40 ¿Cuántos...? Answer each question with the correct number between 0 and 100. Spell out each number. Use your knowledge of cognates to help you understand any unfamiliar words. Use the Internet to find any information you do not know.

1. ¿Cuántas horas hay en dos días? ¿en tres días? ¿en cuatro días?
2. ¿Cuántos estados hay en los Estados Unidos? ¿en México?
3. ¿Cuántos puntos son necesarios para aprobar *(pass)* un examen de cien puntos en tu universidad? ¿para sacar *(get)* una "A"?, ¿una "B"?, ¿una "C"?
4. ¿Cuántas semanas hay en un año?
5. ¿Cuántos años debe tener una persona para votar en las elecciones en los Estados Unidos?, ¿para ser presidente de los Estados Unidos?, ¿para ser presidente de México?

¡A conversar!

2-41 ¿Qué número es? Working in groups of three or four, have one student think of a number between 30 and 100. The other students try to guess the number with hints from the first student, who will guide them with **más** *(more)* or **menos** *(less)*. The first group to guess four numbers wins.

Modelo E1: *¿Es cincuenta?*
E2: *No, no es cincuenta. Es menos.*
E3: *¿Es cuarenta?*
E2: *No, no es cuarenta. Es más.*
E1: *¿Es cuarenta y nueve?*
E2: *¡Sí! Tienes razón.*

2-42 Más números Work in groups of four to five students. Each student should make ten flashcards and write one number on each card, beginning with 0 and ending with 9. The group leader will designate two people to each hold up one card. The leader calls on another group member to state the two-digit number that those two people are holding up. For example, one student holds up a 3 and the other holds up a 6. The number to be stated is 36, **treinta y seis**. After completing several numbers, designate a new group leader. Be sure that everyone participates!

2-43 ¿Qué hacen Uds? Work with a partner to form sentences about what you and other people do in a week, a month, a semester, and so on.

Modelo *En una semana yo asisto a catorce clases.*

Período	Personas	Actividades	Cosas
En un día	yo	asistir a	clases
En una semana	mi amigo(a)	aprender	palabras en español
		comprar	
En un mes	mis amigos	escribir	composiciones
		leer	libros
En un semestre	mis amigos y yo	recibir	mensajes de correo electrónico
En un año	mis padres	leer	exámenes
	¿...?	recibir	
		tener	
		vender	

¿Cómo es tu familia? In this segment, the five housemates begin to settle in and get to know each other. After they share a little information about their families, they begin to reveal opinions they are forming about their new housemates. You will also begin to form your own opinions about each character as you watch them interact on a typical morning.

Heinle/Cengage Learning

Antes de ver

Expresiones útiles The following are some new expressions you will hear in the video.

hace un rato	*a little while ago*
se trae un rollo	*has a big problem*

Enfoque estructural The following are expressions in the video with the verb **tener** and common uses of the verb **ser**:

*Javier:	Yo **tengo** un hermano mayor. **Tiene** 29 años y es médico.
*Valeria:	¡Por supuesto que **tengo** familia! Mi papá **es** un famoso arquitecto en Venezuela y mi mamá **es** una modelo jubilada.
Sofía:	Tu padre **es** moreno y tu madre **es** blanca de pelo negro, y bajita como tú.
Alejandra:	¡**Somos** una familia de contrastes!
Alejandra:	Y éstos **son** mis perros, Gitano y Lady.

1. **Recordemos** What expressions have you learned to ask about someone's family? How would you describe your own family?
2. **Practiquemos** For each of the statements above marked by an asterisk, supply a question in Spanish that would produce the statement. You might have to ask several different questions using **tener** and **ser**.
 3. **Charlemos** Interview one of your classmates about his/her family. Be sure to ask about how many family members he or she has, their ages, their physical features, and their professions.

Después de ver

¿Cierto o falso? Now that you have watched the video segment, recall what each housemate said about his/her family, then decide if each of the following statements is **cierto** or **falso**, and correct those that are false.

1. Alejandra tiene dos gatos, Gitano y Lady. _____.
2. Javier solamente (*only*) tiene una hermana. _____.
   _____.
3. La madre de Valeria es arquitecta. _____.
   _____.
4. Valeria tiene dos hermanas que practican el modelaje. _____.
5. La madre de Alejandra es alta y rubia. _____.

Resumen de la acción Use the correct form of the verbs below to complete the paragraph summarizing the events of the video.

abrir	entrar	contestar	tener éxito
tener prisa	necesitar	ser	llamar

1. _____ las ocho y treinta y cinco de la mañana. Sofía 2. _____ porque ya es muy tarde, pero Valeria está en el baño. Todos 3. _____ usar el baño y se ponen muy impacientes con Valeria. Por fin, Antonio 4. _____ a Valeria. Ella no 5. _____, entonces Antonio 6. _____ la puerta, 7. _____ al baño y sorprende a Valeria. Su plan 8. _____ porque Valeria grita y sale del baño muy rápidamente.

Heinle/Cengage Learning

Entre nosotros Write a detailed description of either Alejandra, Javier or Valeria. Be sure to include physical characteristics, nationality, personality and details about family members. Share your descriptions with a classmate and see if he/she can guess who you are describing.

Nombre	Características físicas	Personalidad	Familia

Presentaciones With a partner, choose one of the characters you described in **Entre nosotros** and present this individual to the class. Who is the character that was described the most?

 See the *Lab Manual,* **Capítulo 2, 2-25– 2-26** for additional activities.

Antes de leer

Strategy: Recognizing cognates

As we have seen on page 61, cognates (**cognados**) are words of similar or identical spelling that share the same meaning between two languages, in this case, Spanish and English. Your ability to recognize them and guess their meaning will help you to read Spanish more efficiently. However, you should also be aware of "false cognates" such as **éxito**, which means *success*, **dirección**, which means *address*, **lectura**, which means *reading*, and **librería**, which means *bookstore*.

Strategy: Skimming and scanning

In addition to using cognates to make reading material more comprehensible, you will find the following strategies useful: skimming and scanning.
- Skimming is useful for quickly getting the gist or the general idea.
- Scanning allows you to find specific information.

Scan the document and write down any cognates and their meanings.

GLORIA & TOMÁS
Desean invitar a su querida
familia a su boda
el sábado 18 de febrero a
las 8 de la noche
en el Hotel Presidente Monterrey
José Vasconcelos 300,
San Pedro Garza García
Nuevo León, México

After identifying the cognates, skim the document to gain a general understanding of what it is about. Use this information to answer the following questions.

1. What type of document is this?
2. What is its purpose?

La fiesta de quince años

Underline the cognates and then skim the following document to get the gist of it, and answer the following questions.

1. What type of document is this?
2. What is its purpose?
3. Where would you get this document? In what country or from what country?

¡Es una celebración de quince años
para María Rebeca !

Los padres de María Rebeca,
los señores Alejandro Martínez Escribano y
Rebeca Hernández de Martínez,
desean invitar a Ud. y a su distinguida familia
a la fiesta de cumpleaños
de su hija María Rebeca
con motivo de sus Quince Años
el sábado 7 de agosto a las nueve de la noche.

Hotel Fiesta Americana
Aurelio Aceves 225,
Guadalajara, Jalisco 44110 • México

Heinle/Cengage Learning

Después de leer

Detalles Scan the document in order to answer the following questions.

1. What occasion is being celebrated?

2. Who are the hosts? What are their names?

3. When and where is the celebration taking place?

4. What type of gifts do you think Alexandra would like to receive?

¿Cierto o falso? Indicate whether each statement is **cierto** or **falso**. Then correct the false statements.

1. _____ María Rebeca is celebrating her sweet sixteen birthday.

2. _____ María Rebeca's whole family is hosting the party.

3. _____ The party will be in a hotel.

4. _____ In the invitation, the guests are asked to reply if they are coming to the party.

5. _____ The party will be in April.

 ¡A conversar! With two or three of your classmates, discuss the differences and similarities between the celebrations in Spanish-speaking countries and those in the United States, in particular the celebration of the **quince años** and sweet sixteen.

- who hosts the party
- replies to the invitations (RSVP vs. no RSVP)
- time to arrive at the party
- time to leave the party
- appropriate gifts

 ¡A escribir! With a classmate write an invitation:

- Decide what type of invitation you will write (**fiesta de cumpleaños, graduación, boda** [wedding]...)
- Who the hosts are
- Time and place of the invitation
- Accepting or not accepting gifts
- Decide if you need to know the number of people attending this event.

After you write the invitation, share it with the rest of the class and explain why or why not you need to know the number of guests for the event.

¡A ESCRIBIR!

Strategy: Learning Spanish word order

Word order refers to the meaningful sequence of words in a sentence. The order of words in Spanish sentences differs somewhat from English word order. Some common rules of Spanish word order are:

- Definite and indefinite articles precede nouns.
  Los gatos y los perros son animales.
  Tengo **un gato** y **un perro**.
- Subjects usually precede their verbs in statements.
  Mi gato es negro.
- Subjects usually follow their verbs in questions.
  ¿**Tiene usted** animales en casa?

- Adjectives of quantity usually precede nouns.
  Tengo **dos animales** en casa.
- Adjectives of description usually follow nouns.
  El **perro pardo** *(brown)* se llama Bandido.
- Possession is often expressed by using **de** with a noun.
  Tigre es **el gato de Sara**.

Task: Writing a family profile

Family profiles may occur in many contexts. Some common contexts are informal letters of introduction such as ones written to a key pal or a host family for a study-abroad student; newsletters of organizations, civic groups, or religious groups; and websites of such organizations and groups or individuals. In this activity you will write a short family profile to include in a letter to a key pal.

Paso 1 Unscramble the words in the following sentences. Then rewrite them in their correct sequence. Be sure to capitalize the first word of every sentence and to end each one with a period. Begin and end questions with appropriate question marks.

> **Modelo** *es Anita Camacho de México*
> *Anita Camacho es de México.*

1. es Anita una universitaria estudiante
2. Carlos Suárez su clase compañero se llama de
3. años tienen cuántos ellos ¿?
4. tiene Anita hermanos cuántos ¿?
5. gato tiene un Anita
6. Pecas llama Anita se gato de el

. . . .

Paso 2 Now work with a classmate. Compare your sentences and check for errors in word order, spelling, capitalization, and punctuation.

. . . .

Paso 3 Imagine that you are Anita´s new key pal and that you are writing her a letter introducing yourself and your family. Describe your family as accurately as possible, including information such as names, ages, physical descriptions, personality traits, and favorite activities.

. . . .

 Paso 4 Share your letter with one or more classmates. Encourage your partner(s) to respond to what you have written and to ask questions about any information that is not clear.

¡A COMUNICARNOS!

Communicative Goals:

- Identify and discuss family relationships
- Describe people and things and indicate nationality
- Indicate ownership and possession
- Communicate about daily activities
- Express obligation or desire to do something

Paso 1
Review the Communicative Goals for **Capítulo 2** and determine if you are able to accomplish the goals. If you are not certain that you have achieved all of the goals, review the pertinent portions of the chapter.

Paso 2
Look at the components of a conversation which addresses the communicative goals for this chapter. The percentages will help you evaluate your ability to successfully participate in the conversation that is featured below. Your instructor may use the same rubric to assess your oral performance.

Components of the conversation	%
☐ Greeting, presentation of names, where each person is from and where each one lives	20
☐ Identification of at least three people or pets by name and by relationship to the speaker	20
☐ Information about at least one characteristic of each family member, friend or pet	10
☐ Questions and answers about at least two pieces of information regarding academic life	20
☐ Information about at least two other common activities and about one activity that the speaker must do or desires to do	20
☐ Appropriate closure of the conversation	10

 En acción Think about a conversation that might take place between two students who are getting to know one another. Consider the sort of information that might be exchanged and how the speakers will communicate it. Make sure you and your partner include the following steps in the development of the conversation.

1. The individuals greet one another and then ask and answer questions about names, home town or city and current residence.
2. They exchange information about family members, good friends, and pets, identifying at least three people or pets by name and relationship to the speaker and providing at least one description of a physical characteristic or personality trait about each one.
3. The speakers ask and answer questions about activities and items related to academic life.
4. They converse about other activities, each speaker naming at least two activities that he or she does or does not do and at least one he or she wants to do or has to do.
5. The speakers conclude the conversation and say goodbye to one another.

¡A REPASAR!

Possession with de(l) and possessive adjectives

Spanish speakers show possession in one of two ways: using **de** before the noun, and using a possessive adjective.

Singular	Plural	Singular	Plural
mi	mis	nuestro(a)	nuestros(as)
tu	tus	vuestro(a)	vuestros(as)
su	sus		

¡A recordar! 1 In Spanish, how is the combination **de + el** simplified? Which possessive adjectives must agree in gender and number with the object?

Present tense of the verb *ser*

yo	soy	nosotros(as)	somos
tú	eres	vosotros(as)	sois
él, ella, Ud.	es	ellos, ellas, Uds.	son

¡A recordar! 2 For what purposes is the verb **ser** used?

Agreement with descriptive adjectives

In Spanish, descriptive adjectives must agree in *gender* and *number* with the noun or pronoun they modify.
una mujer **alta**   dos hombres **tímidos**

¡A recordar! 3 Do adjectives ending in **-e** or in a consonant change to match gender? How are plural forms generated for adjectives ending in a consonant or in **-e?** How is the feminine form for adjectives of nationalities formed? What about plural forms of these same adjectives? What are the agreement rules for adjectives that end in **-dor, -án, -ón,** and **-ín?**

Present tense of *-er* and *-ir* verbs

To form the present tense of Spanish infinitives ending in **-er** and **-ir**, add the appropriate personal ending to the stem of each.

	com**er**	viv**ir**
yo	com**o**	viv**o**
tú	com**es**	viv**es**
él, ella, Ud.	com**e**	viv**e**
nosotros(as)	com**emos**	viv**imos**
vosotros(as)	com**éis**	viv**ís**
ellos, ellas, Uds.	com**en**	viv**en**

¡A recordar! 4 How many **-er** or **-ir** verbs can you recall from the chapter?

Common uses of the verb *tener*

The verb **tener** (*to have*) can be used to indicate possession or to express age. **Tener** is also part of a number of idiomatic expressions and special constructions.

¡A recordar! 5 How many **tener** idioms can you remember from the chapter?

Actividad 1   Un correo electrónico *(An e-mail)*

Complete the following e-mail with the correct possessive adjectives.

Querida Verónica:

¿Cómo es _____ (*your*) familia? _____ (*My*) padres se llaman Alfredo y Pilar y _____ (*my*) hermano mayor es Pepe. _____ (*His*) esposa se llama Miranda. _____ (*Their*) hijo se llama Juan Carlos y _____ (*their*) perros son Paco y Fifí. Visitamos mucho a _____ (*our*) abuelos y _____ (*our*) familia tiene una reunión todos los años en julio.

Actividad 2   Personas y lugares *(People and places)*

Choose the correct form of the verb **ser** to complete each sentence.

1. Yo _____ alto.

   a. soy   b. eres   c. es

2. Carolina y yo _____ estudiantes.

   a. somos   b. sois   c. son

3. El D. F. _____ la capital de México.

   a. soy   b. son   c. es

4. Tú _____ inteligente.

   a. eres   b. es   c. sois

5. Perú y Bolivia _____ países de Sudamérica.

   a. soy   b. eres   c. son

6. Mis amigos y yo _____ jóvenes.

   a. soy   b. somos   c. son

7. Mis primos _____ simpáticos.

   a. es   b. son   c. somos

8. El abuelo _____ de Guadalajara, México.

   a. es   b. eres   c. sois

9. Ud. y su esposa _____ muy generosos.

   a. son   b. sois   c. soy

10. Nosotras _____ inteligentes y extrovertidas.

    a. eres   b. son   c. somos

Actividad 3 ¿De dónde son? *(Where are they from?)*
Complete each sentence with the correct adjective of
nationality in the correct form.

1. Los tacos son _____.

2. El tango es un baile _____.

3. Rafael Nadal y Penélope Cruz son _____.

4. Hugo Chávez, el presidente de Venezuela, es
   _____.

5. Nicolas Sarkozy es de París. Es _____.

6. El mejor café del mundo es _____.

7. Sammy Sosa y Manny Ramírez son _____.

8. El Toyota y el Honda son automóviles _____.

9. LeBron James y Kobe Bryant son _____.

10. El Hyundai es un automóvil _____.

Actividad 4 Los estudiantes Complete the following
paragraphs about the activities of some university
students. Choose the correct verb from the list to
complete each sentence in a logical manner and write the
correct form of each verb.

abrir	aprender	asistir
beber	comer	comprender
creer	deber	escribir
leer	recibir	tener que
vender	vivir	

Yo _____ a mi clase de español los martes y jueves. Yo
_____ mucho y generalmente _____ las lecciones.
Mis compañeros y yo _____ el libro y _____ con
lápiz o bolígrafo en la clase. Mi amigo José _____ buenas
notas en la clase. Todos nosotros _____
estudiar mucho todo el semestre.

Después de *(After)* clase unos estudiantes _____ café
y _____ sándwiches en la cafetería de la residencia. Yo
_____ en un apartamento y yo voy allí *(go there)* después
de clase. Yo _____ mis libros inmediatamente porque yo
_____ estudiar. Al fin del semestre tú _____
tu libro, ¿no? ¡Yo no! ¡Yo _____ que el libro es muy
importante!

Actividad 5 ¡A emparejar! Match the elements below
with the logical **tener** expression.

_____ 1. Preparo tacos y burritos.

_____ 2. Mi nota en la clase
         de español es A⁺.

_____ 3. Necesito agua.

_____ 4. Estoy *(I am)* en el sur
         de Chile en agosto.

_____ 5. Estoy en Cancún.

_____ 6. Deseo descansar.

_____ 7. Escribo en mi cuaderno
         «El D.F. es la capital
         de México».

_____ 8. Son las dos menos uno
         y mi clase es a las dos.

_____ 9. ¡Veo un perro muy grande!

_____ 10. Mi amiga va a México
          y yo deseo ir.

a. Tengo prisa.

b. Tengo sueño.

c. Tengo éxito.

d. Tengo hambre.

e. Tengo miedo.

f. Tengo frío.

g. Tengo calor.

h. Tengo razón.

i. Tengo sed.

j. Tengo celos.

Refrán

A casa de _____ *(your)* _____ *(sister)*, una vez a la semana.

A casa de _____ *(your brother)*, una vez al año.

A casa de _____ *(your aunt)*, más pero no cada día.

VOCABULARIO ESENCIAL

 AUDIO CD
CD 1, TRACK 13   **PERSONAL TUTOR**

Miembros de la familia y otros parientes	Members of the family and other relatives
el (la) abuelo(a)	grandfather/grandmother
el (la) cuñado(a)	brother-in-law/ sister-in-law
el (la) esposo(a)	husband/wife
el (la) hermano(a)	brother/sister
el (la) hijo(a)	son/daughter
la madre (mamá)	mother
el (la) nieto(a)	grandson/ granddaughter
la nuera	daughter-in-law
el padre (papá)	father
los padres	parents
el (la) primo(a)	cousin
el (la) sobrino(a)	nephew/niece
el (la) suegro(a)	father-in-law/ mother-in-law
el (la) tío(a)	uncle/aunt
el yerno	son-in-law

Los nombres	Names
el apellido	last name
el nombre	first name

Verbos	Verbs
abrir	to open
aprender	to learn
asistir a	to attend
beber	to drink
comer	to eat
comprender	to understand
creer	to believe
deber	ought to, must
escribir	to write
leer	to read
recibir	to receive
vender	to sell
vivir	to live

Expresiones con tener	
tener... años	to be . . . years old
tener calor	to be hot
tener celos	to be jealous
tener éxito	to be successful
tener frío	to be cold
tener ganas de...	to feel like . . . (doing something)
tener hambre	to be hungry
tener miedo (de)	to be afraid (de)
tener paciencia	to be patient
tener prisa	to be in a hurry
tener razón	to be right
tener sed	to be thirsty
tener sueño	to be tired/sleepy

Las mascotas	House pets
el (la) gato(a)	cat
el pájaro	bird
el (la) perro(a)	dog
el pez	fish

Los números	Numbers
treinta	30
treinta y uno	31
treinta y dos	32
treinta y tres	33
treinta y cuatro	34
treinta y cinco	35
treinta y seis	36
treinta y siete	37
treinta y ocho	38
treinta y nueve	39
cuarenta	40
cincuenta	50
sesenta	60
setenta	70
ochenta	80
noventa	90
cien/ciento	100

Las nacionalidades	Nationalities
alemán(-ana)	German
árabe	Arab
argentino(a)	Argentinian
boliviano(a)	Bolivian
brasileño(a)	Brazilian
canadiense	Canadian
chileno(a)	Chilean
chino(a)	Chinese
colombiano(a)	Colombian
coreano(a)	Korean
costarricense	Costa Rican
cubano(a)	Cuban
dominicano(a)	Dominican
ecuatoriano(a)	Ecuadorian
egipcio(a)	Egyptian
español(-a)	Spanish
estadounidense	from the United States
francés (-esa)	French
guatemalteco(a)	Guatemalan
guineano(a)	Guinean
haitiano(a)	Haitian
hondureño(a)	Honduran
indio(a)	Indian
inglés (-esa)	English
italiano(a)	Italian
japonés (-esa)	Japanese
mexicano(a)	Mexican
nicaragüense	Nicaraguan
panameño(a)	Panamanian
paraguayo(a)	Paraguayan
peruano(a)	Peruvian
puertorriqueño(a)	Puerto Rican
ruso(a)	Russian
salvadoreño(a)	Salvadorean
uruguayo(a)	Uruguayan
venezolano(a)	Venezuelan

Adjetivos	Adjectives
aburrido(a)	boring
alto(a)	tall
antipático(a)	unpleasant
arrogante	arrogant
artístico(a)	artistic
atlético(a)	athletic
bajo(a)	short
bilingüe	bilingual
bonito(a)	pretty
buen(o)(a)	good
cómico(a)	humorous
corto(a)	short
delgado(a)	thin
divertido(a)	fun
dramático(a)	dramatic
extrovertido(a)	outgoing
feo(a)	ugly
generoso(a)	generous
gordo(a)	fat
grande	big
guapo(a)	handsome
honesto(a)	honest
indeciso(a)	indecisive
intelectual	intellectual
inteligente	intelligent
interesante	interesting
introvertido(a)	introverted
irresponsable	irresponsible
joven	young
largo(a)	long
listo(a)	smart, ready
mal(o)(a)	bad
moderno(a)	modern
moreno(a)	brunette
nuevo(a)	new
paciente	patient
pequeño(a)	small
perezoso(a)	lazy
pobre	poor
reservado(a)	reserved
responsable	responsible
rico(a)	rich
rubio(a)	blonde
simpático(a)	nice, pleasant
sincero(a)	sincere
tacaño(a)	stingy
tímido(a)	timid
tolerante	tolerant
tonto(a)	silly, foolish
trabajador(a)	hardworking
viejo(a)	old

El tiempo libre

Colombia

© Alex Segre/Alamy

Plaza de Santo Domingo, Cartagena de Indias, Colombia

Chapter Objectives

Communicative Goals

In this chapter, you will learn how to . . .

- Communicate about leisure activities
- Express likes and dislikes
- Indicate plans and intentions
- Share information about when and where common activities are done

Structures

- **Gustar** + *infinitive* and **gustar** + *nouns*
- **Ir** and **Ir a**
- Verbs with irregular **yo** forms
- **Saber, conocer,** and the personal **a**
- Expressing weather with **hacer** and **estar**

▲ What do you like to do during your free time? What are your pastimes?

▲ What sports do you like to play?

▲ What place would you like to visit in Colombia and what activity would you like to do there?

 Visit it live on **Google Earth!**

VOCABULARIO 1

El tiempo libre *(Spare time/Free time)*

In this section, you will learn how to talk about leisure-time activities and sports. What do you like to do in your spare time?

caminar por las montañas

sacar fotos

andar en bicicleta (el ciclismo)

montar a caballo

hacer un picnic

patinar en línea

correr

jugar al voleibol

esquiar en el agua

tomar el sol

nadar (la natación)

esquiar

pescar (la pesca)

levantar pesas

jugar al baloncesto

hacer ejercicio

Heinle/Cengage Learning

Más pasatiempos y deportes *More pastimes and sports*

bailar *to dance*

dar un paseo / pasear *to go for a walk*

jugar... *to play . . .*

   al béisbol *baseball*

   al fútbol *soccer*

   al fútbol americano *football*

   al golf *golf*

   al tenis *tennis*

ir... *to go . . .*

   a tomar un café *to drink coffee*

   a un bar *to a bar*

   a un club *to a club*

   a un concierto *to a concert*

   a una discoteca *to a dance club*

   a una fiesta *to a party*

   al cine *to the movies*

   de compras *shopping*

mirar la tele *to watch TV*

practicar deportes *to play sports*

tocar la guitarra *to play the guitar*

ver una película *to watch a movie*

visitar un museo *to visit a museum*

Otros sustantivos *Other nouns*

el campo de... *. . . field/course*

la cancha de... *. . . court*

el partido *game*

Otros verbos *Other verbs*

ganar *to win*

hacer planes *to make plans*

Palabras útiles

la bicicleta *bicycle*   **el juego** *game*

el estadio *stadium*   **la pelota** *ball*

Palabras útiles are presented to help you enrich your personal vocabulary. The terms provided here will help you talk about leisure-time activities.

VOCABULARIO 1

¡A practicar!

3-1   Asociaciones What activities do you associate with the following people?

Modelo   Shakira, Juanes, Beyoncé
cantar

1. Roberto Alomar, Manny Ramírez, Alex Rodríguez
2. Manu Ginóbili, Pau Gasol, LeBron James
3. Mia Hamm, Diego Maradona, David Beckham
4. Carlos Santana, Eric Clapton, Paco de Lucía
5. Ángel Cabrera, Lorena Ochoa, Tiger Woods
6. Miguel Indurain, Lance Armstrong, Alberto Contador
7. Pancho González, Rafael Nadal, Mary Joe Fernández
8. John Leguizamo, Penélope Cruz, Gael García Bernal

3-2   ¿Qué podemos hacer? *(What can we do?)* List as many activities as possible that you and your friends can do in the following places.

Modelo   en las montañas
esquiar y caminar

1. en la casa
2. en el parque
3. en el centro comercial *(shopping mall)*
4. en el gimnasio
5. en la playa *(beach)*
6. en el campo *(country)*

3-3   El Centro Deportivo Atlas You hear a radio advertisement for a new sports complex that is offering a discount when five or more people join together. Listen carefully to the advertisement and write down information that you can share with your friends to convince them to join with you.

AUDIO CD
CD 1, TRACK 14

Write five sports activities that can be enjoyed in Centro Deportivo Atlas.

1. _____
2. _____
3. _____
4. _____
5. _____

Write two other activities that are mentioned in the advertisement.

1. _____
2. _____

Workbook *3-1 – 3-3*
Lab Manual *3-1 – 3-3*

Cultura

Alberto Contador is a professional road bicycle racer from Spain and winner of the 2007, 2009, and 2010 Tour de France. Manny Ramírez, from the Dominican Republic, is a baseball player who plays left field. Manú Ginóbili is a basketball player from Argentina who plays for the San Antonio Spurs. Paco de Lucía is a Spanish composer and famous flamenco guitarist. Lorena Ochoa is a Mexican golfer who retired in 2010. Rafael Nadal, a Spanish tennis player, ranked number 1 in 2010.

Nota lingüística

El baloncesto is also called **el básquetbol** and **la pelota** is also called **el balón** or **la bola.**

¡A conversar!

3-4 **Un fin de semana típico** Incorporate the items below in questions to ask a classmate about his/her weekend activities. Upon answering the questions, change the information in the questions so that it is true for you.

Modelo tú / pasear en el parque / los sábados
E1: *¿Paseas en el parque los sábados?*
E2: *Sí, paseo en el parque con mi amiga Jill.*
o E2: *No, mis amigas y yo nadamos los sábados.*

1. tú / bailar en las fiestas / los viernes por la noche
2. tú y tu compañero(a) de cuarto / mirar la tele / los sábados por la tarde
3. tú y tu(s) amigo(a)(s) / tomar café / los sábados por la noche
4. tú / visitar un museo / los domingos por la mañana
5. tú / andar en bicicleta / los domingos por la tarde
6. tú y tus padres / tocar el piano y cantar / los domingos por la noche
7. tú / montar a caballo / los sábados por la mañana
8. tus amigos / sacar fotos / los sábados por la noche

> **Nota lingüística**
>
> To form **sí/no** questions, make your voice rise at the end of the questions. Another way is to invert the order of the subject and verb, in addition to making your voice rise at the end of the question:
>
> ¿Miguel regresa a las seis?
>
> ¿Regresa Miguel a las seis?

3-5 **Actividades en el parque** Work with a partner to ask and answer questions about what the people in the picture do in the park. Also indicate if you do those activities or not. If you do, tell on which day or days you most often do them.

Modelo El señor Martínez camina.
Yo camino a clase los lunes, miércoles y viernes.

Heinle/Cengage Learning

3-6 **¿Cuándo y con quién?** Discuss with your partner when you do the activities on the list and with whom.

Modelo bailar en una discoteca: *Bailo en una discoteca los sábados por la noche. Bailo con mis amigos Paul, Gabe y Caroline.*

1. tomar un café
2. mirar una película
3. practicar deportes
4. tocar la guitarra
5. correr
6. visitar un museo
7. mirar la tele
8. pescar
9. nadar
10. sacar fotos

Three Colombian students, Catalina, Isabel, and Gerardo, are discussing plans for an upcoming party at Catalina's apartment in Bogotá, Colombia. As you listen to their conversation, pay attention to the form of address used among the three friends.

AUDIO CD
CD 1, TRACK 15

Listen to the conversation and establish whether the following statements are true (**cierto**) or false (**falso**). If a statement is false, correct it.

1. Isabel va a hacer una fiesta.
2. Gerardo practica la guitarra todos los días.
3. La fiesta es el sábado por la noche en la casa de Catalina.
4. La amiga de Gerardo es muy tímida.
5. Gerardo no va a ir a la fiesta.

Gerardo: ¡Hola, Catalina! Isabel dice que usted **va a hacer** una fiesta este fin de semana.

Catalina: ¡Sí! Los invito a usted y a su hermano Pepe. Ustedes tienen que venir.

Comentario cultural It is common for Colombians to use the **usted** form even when addressing friends.

Gerardo: Mmm... ¿Cuándo es?

Catalina: El sábado a las nueve en mi casa. Cuento con usted para la música y con su hermano para sacar fotos.

Comentario cultural Young people in Colombia can often be seen wearing indigenous products, such as backpacks, handbags, and hats. These products are typically made from **cabuya,** a locally harvested plant. Yellow, blue, and red—often the colors of choice—are the colors of the Colombian flag.

Gerardo: Bueno, **no sé.** No toco la guitarra mucho en estos días y...

Isabel: ¡Venga, Gerardo! **Va a ser** una fiesta chévere y usted nunca practica. ¡Es un maestro de la guitarra!

Comentario cultural Colombian-born Juanes (Juan Esteban Aristizábal Vásquez) is a very popular artist in the Latin music scene. Juanes won five Latin Grammys in 2008 and one in 2009.

Heinle/Cengage Learning

Expresiones **en contexto**

chévere *fantastic, cool (Colombia, Venezuela, and the Caribbean)*
Cuento con usted *I'm counting on you*
en estos días *these days*
puede venir *can come*

sensible *sensitive*
un buen rato *a good time*
un poquitico *a little bit (Colombia)*
¡Venga! *Come on!*

Gerardo: Es un poquitico complicado. Tengo planes con una amiga para **ir a un club** el sábado. No sé si...

Catalina: ¡Pues! ¡Ella también puede venir a pasar un buen rato con nosotros!

....

Comentario cultural Colombia is renowned in the world marketplace for its exquisite coffee, beautiful orchids and other flowers, as well as for its emeralds.

Isabel: Vamos a bailar mucho y **yo sé** cómo **le gusta bailar a su hermano.**

Gerardo: Bueno, acepto, pero mi compañera es muy sensible y...

....

Comentario cultural Cumbia is the national music of Colombia and is derived from Spanish and African influences. Salsa, of Cuban origin and then popularized by Puerto Ricans in New York City, is also highly popular in Colombia. Both types of music are associated with dances of the same names.

Heinle/Cengage Learning

Catalina: ¡Ay! La mujer misteriosa de Gerardo debe ser muy especial.

Isabel: ¡Claro que sí! **Tú sabes,** Catalina, que todas las amigas de Gerardo son especiales.

....

Comentario cultural Fernando Botero is Colombia's most famous painter. Botero, influenced by the works of Spanish painters Velázquez and Goya, is known for his corpulent subjects and playful themes.

 Diálogo entre compañeros Working with a partner, take turns role-playing the situation you have just studied in **En contexto,** using only two speakers. Be sure to vary the interests of the speakers. Use the expressions from **En contexto** as a model for your dialogue.

Gustar + infinitive and gustar + nouns

To express likes and dislikes, Spanish speakers often use the verb **gustar** *(to be pleasing [to someone])*. The verb **gustar** can be used in two constructions: **gustar** + *infinitive* and **gustar** + *nouns*.

— ¿Qué **te gusta hacer?**
What do you like to do?

— **Me gusta correr.**
I like to run (go running).

— A mi papá **le gusta correr** también.
My dad likes to run (go running), too.

— Pero a mi madre y a mí **nos gusta el ciclismo.**
But my mom and I like cycling.

— Y a mi hermano **le gusta el baloncesto.**
And my brother likes basketball.

Gustar + infinitive

The verb **gustar** can be used with infinitives to express that an activity or action is pleasing to someone. To express to whom an action or activity—talking, running, shopping— is pleasing, use one of the following pronouns with the verb form **gusta** plus an infinitive. Note that these indirect object pronouns below indicate *to whom* or *for whom* an action is pleasing.

me	*to me*	
te	*to you* (informal)	
le	*to you* (formal), *to him/her*	
nos	*to us*	**+ gusta** + infinitive
os	*to you* (informal, plural: Spain)	
les	*to you* (plural), *to them*	

Gustar + nouns

When you use **gustar** with nouns, its form changes depending on whether you are talking about one thing or more than one thing.

— A Carlos le **gusta** el tenis.
Carlos likes tennis.

— A Carlos le **gustan** los deportes.
Carlos likes sports.

El tenis, in the first example, is singular, so you use the singular form of **gustar: gusta. Los deportes,** in the second example, is plural, so you use the plural form of the verb **gustar: gustan.** Note that with the **gustar** + *noun* construction, the noun is usually preceded by the definite article (**el** tenis, **los** deportes).

In order to clarify or emphasize to whom something is pleasing, you can use the preposition **a** plus the person(s)'s name(s) or a pronoun. For instance, **a Catalina** and **a tus amigos** in the examples below are used to clarify to whom something is pleasing. However, **a mí, a ti,** and **a nosotros** are used for emphasis.

— ¿A **Catalina le** gusta tomar el sol?
Does Catalina like to sunbathe?

— Sí. También **le** gusta nadar.
Yes. She also likes to swim.

— ¿A **ti te** gusta nadar?
Do you like to swim?

— Sí, a **mí me** gusta nadar mucho.
I very much like to swim.

— ¿A **tus amigos les** gusta tomar café?
Do your friends like to drink coffee?

— Sí, **les** gusta tomar café colombiano.
Yes, they like to drink Colombian coffee.

— ¿A **ustedes les** gusta esquiar en el agua?
Do you like to water ski?

— Sí, **a nosotros nos** gusta.
Yes, we do.

¿Recuerdas?

Isabel: Vamos a bailar mucho y yo sé cómo **le gusta bailar a su hermano.**

Heinle/Cengage Learning

¡A practicar!

3-7 **Los fines de semana** Use **me, te, le, nos,** or **les** to complete the following statements describing what Gerardo, Pepe, and their friends like.

1. A ti _____ gusta sacar fotos.

2. A mí _____ gusta tocar la guitarra.

3. A Catalina y a Isabel _____ gusta escuchar música.

4. A la familia de Isabel _____ gustan los partidos de fútbol.

5. A un compañero de Pepe _____ gusta sacar fotos.

6. A nosotros _____ gusta hacer fiestas los fines de semana.

3-8 **Un niño difícil** Use the correct form of the verb **gustar** and the appropriate indirect object pronoun to complete the following dialogue between a babysitter and a difficult child.

Niñera: Pepito, ¿te gusta mirar la tele?

Pepito: No. A mí no 1. _____ los programas de esta noche.

Niñera: Pues, yo creo que a tu hermana 2. _____ los dibujos animados *(cartoons)*.

Pepito: No es cierto. A mi hermana y a mí solamente 3. _____ mirar las películas de horror.

Niñera: ¿A ustedes 4. _____ las canciones de Shakira? Yo tengo el nuevo CD de ella.

Pepito: No. No 5. _____ escuchar música porque a mí no 6. _____ cantar y a mi hermana no 7. _____ bailar. Por eso no 8. _____ la música.

Cultura

Shakira Isabel Mebarak Ripoll is a Colombian singer of Latin alternative folk-rock. In 2010, Shakira was honored by the United Nations for her humanitarian efforts in helping needy children around the world.

Workbook *3-4 – 3-6*
Lab Manual *3-4 – 3-6*

¡A conversar!

3-9 **Preferencias personales** Ask a classmate about his/her family members' preferences regarding the following objects and activities. When necessary, use **a** + the family member to specify the person.

Modelo el fútbol
E1: *¿A tu papá le gusta el fútbol?*
E2: *Sí, le gusta el fútbol.*
o E2: *No, no le gusta el fútbol. A mi papá le gusta el tenis.*

1. la música de Shakira   4. el café colombiano
2. caminar por las montañas 5. el fútbol americano
3. las películas románticas   6. bailar

3-10 **¿Qué te gusta hacer?** Write at least five leisure activities that you like to do. Working in pairs, tell your partner about one of the activities you like to do and then ask if he or she likes to do the activity. Continue the conversation with information about when and where you do it and ask your partner questions about that activity or others. Discuss all of the activities on the lists and provide as much information as possible.

Modelo E1: *Me gusta levantar pesas en el gimnasio. ¿Te gusta levantar pesas?*
E2: *No, no me gusta levantar pesas. Me gusta correr.*
E1: *¿Dónde corres?*
E2: *En el parque. Corro todos los días.*

3-11 **Más gustos** Compose sentences using items from the three columns in order to discuss with a partner what you and other people like to do, where, and with whom.

Modelo E1: *Me gusta nadar en la piscina con mis amigos. ¿Te gusta nadar?*
E2: *Sí, me gusta nadar.*
E1: *¿Dónde y con quién?*
E2: *Me gusta nadar en la piscina con mi familia.*

¿Qué?	¿Dónde?	¿Con quién?
sacar fotos	el parque	mis amigos(as)
mirar la tele	la residencia	mi amigo(a)
bailar	el gimnasio	mi familia
escuchar música	las fiestas	mis padres
hacer ejercicio	el centro estudiantil	mi hermano(a)

Colombia

▶ Watch the video about Colombia and discuss the following questions.

1. Describe the historic places you will be able to visit when in Bogotá, Colombia's capital.

2. What products does Colombia export?

3. What places would you like to visit and what activities would you like to do when visiting Colombia?

🖋 See the *Workbook*, **Capítulo 3, 3-20–3-22** for additional activities.

Población: 44.205.293 de habitantes

Área: 1.138.910 km², casi dos veces el tamaño de Texas

Capital: Santa Fe de Bogotá (7.259.597 habs.)

Ciudades principales: Medellín (5.988.984 habs.); Cali (4.337.909 habs.); Barranquilla (2.284.840 habs.); Cartagena (1.959.597 habs.)

Moneda: el peso colombiano

Lenguas: el español

Lugares mágicos El Parque Nacional Natural Tayrona es uno de los parques más importantes del país. Situado al norte de Colombia, en Santa Marta, este parque fascinante tiene bahías, playas, manglares *(mangroves),* bosques, más de 100 especies de mamíferos, 200 especies de aves *(birds),* 50 especies de reptiles y algunas ruinas arqueológicas de los indígenas tayronas, uno de los pueblos prehispánicos más interesantes de Colombia. La gente puede visitar el parque y hacer muchos deportes, como caminar por las montañas, nadar, esquiar en el agua, pescar, bucear *(scuba dive)* y caretear (hacer esnórquel), además de jugar al fútbol, al voleibol y al baloncesto.

Visit it live on **Google Earth!**

¿Te gusta visitar los parques nacionales en los Estados Unidos? ¿Te gusta caminar por las montañas o los bosques?

Carlos Vives, Miguel Bosé, Ricardo Montaner, Juan Luis Guerra, Juanes y J. Fernando Velasco en el concierto *Paz sin fronteras*

Oficios y ocupaciones Los cantantes y músicos colombianos tienen mucho éxito en los Estados Unidos. En el mundo de los cantantes están: Carlos Vives, famoso por su música de vallenatos (una música popular con influencia de la cumbia), y Juanes, con diecisiete premios Grammy desde el año 2002. Juanes canta canciones políticas y trabaja para la organización colombiana que tiene como misión eliminar las minas terrestres *(land mines).* En marzo de 2008, Juanes organiza un concierto por la paz *(peace)* de Colombia, Ecuador y Venezuela en la frontera *(border)* entre Colombia y Venezuela. Al concierto asisten más de 50.000 personas. Shakira es conocida internacionalmente por sus canciones y sus bailes "Whenever, Wherever", "La Tortura", "Hips Don't Lie" y "She Wolf". Ella también trabaja por la paz en Colombia con su Fundación Pies Descalzos para ayudar a los niños afectados por la guerra en Colombia, el terremoto *(earthquake)* en Haití (2010) y los niños de Sudáfrica.

¿Te gustan las canciones de Carlos Vives, de Juanes o de Shakira? ¿Tus cantantes favoritos participan en organizaciones humanitarias? ¿Cuáles?

Artes plásticas

Fernando Botero es el artista colombiano más reconocido del mundo por sus figuras grandes y redondas. Botero es de Medellín y su familia es muy pobre porque su papá muere *(dies)* joven. Botero expresa: "La vida es una gran aventura cuando la persona es pobre". Muchas de sus obras representan los pasatiempos colombianos como la música, el baile, las corridas de toros *(bullfights)*, pasear por las calles *(streets)* y plazas, hacer un picnic, tomar el sol y montar a caballo.

Describe a las personas de la calle de Botero. ¿Qué pasatiempos identificas?

¿Qué significa: "La vida es una gran aventura cuando la persona es pobre"?

La calle de Fernando Botero

Ritmos y música En Colombia, el ritmo nacional es la cumbia. La cumbia es una mezcla de música española y africana. En el siglo XIX, aparece la influencia de la música indígena, con el vallenato y el porro. Ahora, la música colombiana moderna tiene influencias de la música electrónica, del rock, del punk, del mariachi, del son cubano, del bolero y del flamenco.

La música de Juanes es un ejemplo perfecto de la música moderna colombiana. Su música es una fusión de rock con ritmos colombianos como el vallenato y la cumbia. Los temas de sus canciones son políticos, sociales y románticos. La canción "Me enamora" es de su álbum *La vida es un ratico* que vende más de 6 millones de canciones electrónicas. *Access the iTunes playlist on the **Plazas** website.*

¿Te gusta ir a conciertos? ¿Qué tipo de música te gusta escuchar: música clásica, rock, hip-hop, reggae, ska?

Juanes

🌐 ¡Busquen en Internet!
1. Lugares mágicos: Parque Nacional Natural Tayrona
2. Oficios y ocupaciones: Músicos en Colombia
3. Artes plásticas: Fernando Botero
4. Ritmos y música: Cumbia, Juanes

Siempre Verde, un pueblo colombiano

In this section, you will learn the names of places in a town. How does the imaginary town of **Siempre Verde** compare with your own?

El centro *Downtown*

la iglesia
el banco
el centro comercial
la oficina de correos
el cine
el café
la plaza
el mercado al aire libre
la tienda
el restaurante
el museo
el supermercado
la calle
el parque
la piscina

Palabras útiles

la carnicería *butcher shop*
la ferretería *hardware store*
la frutería *fruit store*
la gasolinera *gas station*
la joyería *jewelry store*
la papelería *stationery store*
la peluquería *hair salon*
**la tienda de antigüedades
(de música/de discos, de ropa)**
antiques (music, clothing) store

Palabras útiles are presented to help you enrich your personal vocabulary. The terms provided here will help you talk about the places in your city/town.

Nota lingüística

El almacén is another word for **la tienda;** it can sometimes mean *department store, warehouse,* or even *grocery store,* depending on the region

Heinle/Cengage Learning

¡A practicar!

3-12 Lugares y actividades Match each place with the activity or activities most commonly done in that location.

_____ 1. El museo
_____ 2. La iglesia
_____ 3. El parque
_____ 4. El super-mercado
_____ 5. La calle

a. Compramos vegetales, frutas y otras cosas que comemos.

b. Miramos obras (works) de arte.

c. Paseamos en auto o motocicleta.

d. Participamos en una misa (mass) u otro servicio religioso.

e. Caminamos, practicamos deportes y hablamos con amigos.

3-13 Asociaciones What places do you associate with the following activities?

Modelo   caminar
   el parque

1. ir de compras
2. ir a tomar un café
3. comer
4. mandar cartas
5. ver una película
6. nadar
7. depositar dinero
8. jugar deportes

3-14 En mi pueblo hay... / no hay... Form sentences to describe the town where you live or study.

Modelo   _En mi pueblo hay seis restaurante(s). Mi restaurante favorito se llama Marvin's._

1. En mi pueblo hay _____ parques. Mi parque favorito es _____.
2. En mi pueblo hay _____ supermercados. Generalmente compro cosas en _____.
3. En mi pueblo hay _____ cafés. El café más popular es _____.
4. En mi pueblo hay _____ cine(s). Generalmente voy al cine _____.
5. Vivo en la calle _____.
6. En mi pueblo hay _____ piscina(s) pública(s).

Workbook _3-7 – 3-8_
Lab Manual _3-7 – 3-8_

¡A conversar!

3-15 ¿Te gusta el cine? Ask a classmate whether he/she likes the following places in your town or city. If your classmate does like a particular place, ask what he/she does there.

Modelo   **E1:** _¿Te gusta el café Maggie's?_
   E2: _Sí, me gusta el café Maggie's._
   E1: _¿Estudias mucho allí?_
   E2: _No, hablo y tomo café con mis amigos._

1. la plaza
2. el mercado
3. la tienda
4. el centro comercial
5. el parque
6. la oficina de correos
7. el restaurante
8. el banco
9. la discoteca
10. el museo

3-16 Un estudio de mi pueblo Ask a partner to identify the number of places in his/her town and then to indicate what places or buildings he/she feels are needed. Your partner should also express what kinds of buildings or places are not needed.

Modelo   _En mi pueblo hay seis bancos, tres cines, ocho restaurantes, dos parques y tres tiendas de video. Nosotros necesitamos un museo y una discoteca. No necesitamos más restaurantes de comida china._

3-17 Un turista en Siempre Verde Work with a partner. One person plays the role of a resident of Siempre Verde, Colombia, the town shown on page 94; the other plays the role of a visitor to the town. Ask and answer at least five original questions about places in the town, things to do, and likes and dislikes. Follow the model.

Modelo   **E1:** ¿Hay un cine en el pueblo?
   E2: Sí, hay un cine. ¿A Ud. le gusta mirar películas?
   E1: Sí, me gusta mucho.

Ir and *ir a*

In this section, you will learn how to talk about future plans with the verb **ir** *(to go)*. First you will learn how to conjugate the verb **ir** and then you will learn about two structures that you can use with this verb, **ir a** + *destination*, and **ir a** + *infinitive*, in order to express plans.

Present tense of the verb *ir (to go)*

The verb **ir** has the following irregular conjugation in the present tense:

yo	**voy**	*I go*
tú	**vas**	*you (informal) go*
Ud., él, ella	**va**	*you (formal) go, he/she goes*
nosotros(as)	**vamos**	*we go*
vosotros(as)	**vais**	*you (informal: Spain) go*
Uds., ellos(as)	**van**	*you go, they go*

Ir a + destination

To tell where people are going, use a form of the verb **ir** plus the preposition **a,** followed by a destination.

—¿Adónde van Uds.?	*Where are you going?*
—Yo voy a la piscina.	*I'm going to the pool.*
—Y yo voy al parque.	*And I'm going to the park.*
—Nosotros vamos a la plaza.	*We're going to the plaza.*
—José va al museo.	*José is going to the museum.*

In Capítulo 2, you learned how to form the contraction **del** in talking about possessive constructions. Another common contraction in Spanish is **a** + **el** = **al,** as shown in the example **Yo voy al parque.** The preposition **a** *(to)* combines with the definite article **el** *(the)* to form the word **al** *(to the).*

Ir a + infinitive

To express future plans, use a form of the verb **ir** plus the preposition **a,** followed by an infinitive.

—¿Qué vas a hacer ahora?	*What are you going to do now?*
—Voy a jugar al tenis.	*I'm going to play tennis.*
—Ellos van a ir de compras al centro comercial.	*They're going shopping at the mall.*
—Tú vas a comer al restaurante italiano.	*You're going to eat at the Italian restaurant.*

¿Recuerdas?

Heinle/Cengage Learning

Gerardo: ¡Hola, Catalina! Isabel dice que usted **va a hacer** una fiesta este fin de semana.

¡A practicar!

3-18 Una invitación Complete this conversation between two friends who are planning to go to a party. Use **ir, voy, vas, va, vamos,** and **van.** After completing the dialogue, practice the conversation with a classmate.

Ana: ¡Hola, Paco! ¿Adónde 1. _____ ahora?

Paco: (Yo) 2. _____ al cine. 3. ¿_____ conmigo?

Ana: No, tengo que estudiar y después mi hermana y yo 4. _____ al parque.

Paco: ¿Qué 5. _____ a hacer el fin de semana?

Ana: ¡(Yo) 6. _____ a la fiesta! Y tú, 7. ¿_____ a la fiesta también?

Paco: No, no 8. _____ a la fiesta. Tengo que 9. _____ a la casa de mis abuelos. Mis padres 10. _____ también. Es el aniversario de mis abuelos y nosotros 11. _____ a comer en un restaurante muy bueno.

Ana: ¡Qué chévere!

3-19 ¡Vamos a conocer Bogotá! Imagine that you are with a group of students who are visiting Bogotá and are explaining to one student what the other students are going to do. Use the contraction **al** as necessary.

Modelo Megan / el Banco Nacional
Megan va al Banco Nacional.

1. Roger y Erika / el parque Simón Bolívar _____
2. tú y Claire / el estadio El Campín _____
3. Mark / la plaza de toros Santamaría _____
4. Amber y Darius / el Museo del Oro _____
5. nosotros / el Centro Histórico _____
6. yo / la Zona Rosa _____

3-20 Los favores Listen to the voicemail that your host mother for your study abroad experience has left for you in response to your request to borrow her car to go to the shopping center. After listening, write down the 4 things that you must do for her in exchange for using the car.

AUDIO CD
CD 1, TRACK 16

1. _____
2. _____
3. _____
4. _____

¡A conversar!

3-21 Planes para un fin de semana Using the subjects listed below, ask a classmate questions about his/her activities for the next weekend. Choose a day for each subject listed.

Modelo tú / el viernes por la noche
E1: *¿Qué vas a hacer (to do) el viernes por la noche?*
E2: *Yo voy a ir al cine y luego mis amigas y yo vamos a una fiesta.*

1. tú — el viernes por la noche
2. tu compañero(a) de cuarto — el sábado por la mañana
3. tus padres — el sábado por la tarde
4. tú y tus amigos(as) — el sábado por la noche
5. tus abuelos — el domingo por la tarde
6. tu hermano(a) — el domingo por la noche

3-22 ¡Vamos al festival de música! Look at the schedule for the **Festival de Música Vivelatino** and decide what performances you wish to attend. Working with a partner, discuss where you are going and try to figure out if you can go to some of the performances together.

Modelo E1: *Voy al escenario verde a las cinco y cuarto para escuchar a Ritmo caribeño.*
E2: *¡Yo también! Y después voy al escenario rojo a las seis y media para ver a Decadencia. ¡Tengo prisa!*

VIVELATINO 09
¡Viva la música!
Festival de música
13 y 14 de mayo
Parque Metropolitano
Simón Bolívar

Escenario rojo: Música rock
15:00 – 16:15 Los brujos
16:45 – 18:00 Alicia y los tigres
18:30 – 19:45 Decadencia
20:15 – 21:30 Terror en las calles
22:15 – 23:15 Atracción fatal

Escenario verde: Música latina
15:30 – 16:45 Los del sol
17:15 – 18:30 Ritmo caribeño
19:00 – 20:15 El cuarteto
20:45 – 22:00 Escuela latina
22:30 – 23:45 Humberto Loíza

Escenario azul: Música pop
16:00 – 17:15 El secreto
17:45 – 19:00 Paco Mendoza y su trío
19:30 – 20:45 Los perdidos
21:15 – 22:30 No manches
23:00 – 24:15 Julieta Vergara

Heinle/Cengage Learning

Verbs with irregular *yo* forms

The verb **hacer** *(to do; to make)* is a regular **-er** verb except for the **yo** form **(yo hago)**. You have already seen the verb **hacer** used in this chapter to pose questions.

¿Qué **haces** en tu tiempo libre? *What do you do in your free time?*

¿Qué **hacen** tus amigos los domingos? *What do your friends do on Friday?*

Hacer is conjugated as follows:

yo	**hago**	*I do*
tú	**haces**	*you* (informal) *do*
Ud., él, ella	**hace**	*you* (formal) *do, he/she does*
nosotros(as)	**hacemos**	*we do*
vosotros(as)	**hacéis**	*you* (informal: Spain) *do*
Uds., ellos(as)	**hacen**	*you do, they do*

There are other Spanish verbs that, like **hacer,** have irregular **yo** forms in the present tense.

conocer *to know; to meet*
Conozco a Carlos Suárez.

dar *to give*
Doy una fiesta el viernes.

estar *to be (location and health)*
Estoy en el cine. **Estoy** bien, gracias.

poner *to put (on)*
Pongo música rock en casa.

saber *to know (how)*
Sé jugar bien al béisbol.

salir *to leave; to go out*
Salgo todos los sábados.

traer *to bring*
Traigo la tarea mañana.

ver *to see*
Veo a mi profesora en la tienda.

The other present-tense forms of these verbs are regular with the small exception of **dar** and **ver,** which do not carry an accent on the **a** or **e** of the **vosotros(as)** form as other **-ar** and **-er** verbs do.

	conocer	dar	estar	poner	saber	salir	traer	ver
yo	conozco	doy	estoy	pongo	sé	salgo	traigo	veo
tú	conoces	das	estás	pones	sabes	sales	traes	ves
Ud., él/ella	conoce	da	está	pone	sabe	sale	trae	ve
nosotros(as)	conocemos	damos	estamos	ponemos	sabemos	salimos	traemos	vemos
vosotros(as)	conocéis	dais	estáis	ponéis	sabéis	salís	traéis	veis
Uds., ellos(as)	conocen	dan	están	ponen	saben	salen	traen	ven

¿Recuerdas?

Heinle/Cengage Learning

Gerardo: Bueno, **no sé.** No toco la guitarra mucho en estos días y...

¡A practicar!

3-23 Un mensaje electrónico de Bogotá Claire is writing an e-mail in Spanish to her friend Ramón in the United States. Help her conjugate the verbs in parentheses.

> Enviar   Guardar   Archivos
>
> ¡Hola, Ramón!
>
> ¿Cómo estás? ¡Bogotá es increíble! 1. Yo _____ (salir) mucho con mis compañeros de clase por la ciudad, especialmente durante los fines de semana. Normalmente los sábados nosotros 2. _____ (hacer) muchas actividades juntos. A veces (Sometimes) 3. _____ (ver) películas en el cine o en casa. Anne, mi compañera de casa, casi nunca (almost never) 4. _____ (estar) en casa los sábados por la tarde porque 5. _____ (salir) con su novio, Juanjo. Pero por la noche todos 6. _____ (estar) juntos para ir a fiestas. Por ejemplo, una amiga colombiana, Luisa Gómez, 7. _____ (dar) una fiesta en su casa mañana. Yo 8. _____ (saber) que tú no 9. _____ (conocer) a Luisa, pero es una chica muy simpática. Nosotros 10. _____ (salir) con frecuencia, pero generalmente 11. _____ (estar) en la casa de un amigo o una amiga y 12. _____ (poner) música en la radio. Anne siempre 13. _____ (poner) música rock y yo siempre cambio de música y 14. _____ (poner) jazz. Durante la semana, en casa yo 15. _____ (hacer) mucho ejercicio. Ahora yo 16. _____ (estar) en casa y voy a descansar un poco.
>
> Un abrazo muy fuerte,
> Claire

3-24 Diferencias Complete the sentences with the correct forms of the verbs in parentheses to see how these friends and family members are different from one another.

1. (hacer) Yo _____ la tarea por la tarde pero mi amiga Sarita _____ la tarea por la noche.

2. (estar) Yo _____ bien pero mi hermano _____ enfermo hoy.

3. (ver) Mis amigos y yo _____ muchas películas pero yo no _____ películas de horror.

4. (conocer) Yo _____ Bogotá pero mi amigo Luis no _____ la ciudad.

5. (traer) Nosotros _____ los libros a clase. Yo _____ mi libro todos los días.

¡A conversar!

3-25 Correspondencia Using the e-mail from Julieta as a guide, tell your partner about your life at the university. Include information about going to class, doing homework, playing sports, listening to or playing music, going out with friends, and weekend activities. Listen as your partner tells you about his/her activities. Ask questions and share as much information as possible.

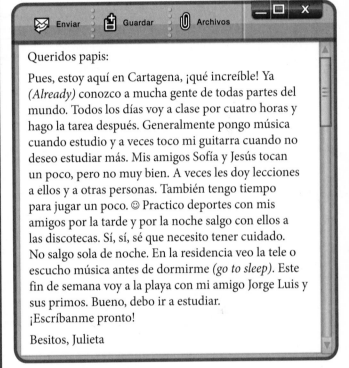

> Enviar   Guardar   Archivos
>
> Queridos papis:
>
> Pues, estoy aquí en Cartagena, ¡qué increíble! Ya (Already) conozco a mucha gente de todas partes del mundo. Todos los días voy a clase por cuatro horas y hago la tarea después. Generalmente pongo música cuando estudio y a veces toco mi guitarra cuando no deseo estudiar más. Mis amigos Sofía y Jesús tocan un poco, pero no muy bien. A veces les doy lecciones a ellos y a otras personas. También tengo tiempo para jugar un poco. ☺ Practico deportes con mis amigos por la tarde y por la noche salgo con ellos a las discotecas. Sí, sí, sé que necesito tener cuidado. No salgo sola de noche. En la residencia veo la tele o escucho música antes de dormirme (go to sleep). Este fin de semana voy a la playa con mi amigo Jorge Luis y sus primos. Bueno, debo ir a estudiar.
> ¡Escríbanme pronto!
>
> Besitos, Julieta

3-26 Entrevista In order to know what your classmate does during the weekend and to compare that with your activities, ask a classmate the following questions with the verbs **hacer, estar, saber, conocer, dar, traer, salir, poner,** and **ver.**

1. ¿Cuándo haces planes para el fin de semana? ¿Qué vas a hacer este fin de semana? ¿Vas a estar en casa o vas a salir? ¿Sales mucho durante la semana?

2. Cuando tienes una fiesta, ¿qué tipo de música pones? ¿Llevan tus amigos comida (food) a la fiesta? ¿Saben tus padres que vas a tener una fiesta? ¿Sabe tu compañero(a) de cuarto? ¿Siempre conoces a todas las personas de la fiesta?

3. Cuando haces ejercicio, ¿sales de tu cuarto? ¿Ves videos cuando haces ejercicio? ¿Pones la tele o el estéreo cuando haces ejercicio?

Saber, conocer, and the personal *a*

As you have seen earlier, the verbs **saber** and **conocer** both mean *to know,* and they have irregular **yo** forms (**sé/conozco**). These verbs represent two different kinds of knowledge, however.

Saber

Use the verb **saber** to express knowing something (information) or knowing how to do something.

—¿**Saben ustedes que** Juanes es de Medellín, Colombia?	*Do you know that Juanes is from Medellín, Colombia?*
—¿**Sabes que** Carlos Vives canta vallenatos?	*Do you know that Carlos Vives sings vallenatos?*
—¿**Sabes jugar** al tenis?	*Do you know how to play tennis?*
—No, pero **sé jugar** al golf.	*No, but I know how to play golf.*
—¿**Sabes qué?** ¡Me gusta el golf!	*Do you know what? I like golf!*

Conocer and the personal *a*

Use the verb **conocer** to express being acquainted with a person, place, or thing. Note that Spanish speakers use the preposition **a** immediately before a direct object that refers to a specific person or persons.

—¿Quieres **conocer a** mi amiga?	*Do you want to meet my friend?*
—Ya **conozco a** tu amiga, Luisa.	*I already know your friend, Luisa.*
—¿**Conoces** Bogotá?	*Do you know Bogota?*
—No, pero **conozco** Cali.	*No, but I know Cali.*
—¿**Conocen** la música de vallenato?	*Do you know vallenato music?*
—¿**Conoces** la música de Juanes?	*Do you know Juanes's music?*

Note in the first example the use of the personal **a** with a direct object that is a person. The direct object of a verb is the person or thing that receives the action of the verb. For example, in the sentence *I know Carlos,* the direct object is **Carlos.** The personal **a,** which has no English equivalent, is usually used before each noun or pronoun; however, it is usually not used with the verb **tener** even when the direct object is a person.

Conozco **a** Carlos.	*I know Carlos.*
Conozco **a** Carlos y **a** Juan.	*I know Carlos and Juan.*
Carlos y Juan tienen muchos amigos.	*Carlos and Juan have many friends.*

Cultura

Vallenato is a type of Colombian folk music—usually played on the accordion—that celebrates everyday events, passions, and village folklore.

¿Recuerdas?

Isabel: ¡Claro que sí! **Tú sabes,** Catalina, que todas las amigas de Gerardo son especiales.

Heinle/Cengage Learning

¡A practicar!

3-27 **¿Saber o conocer?** Decide whether to use **saber** or **conocer** to talk about the following people, places, and activities.

1. jugar al tenis _____
2. mi amigo José Alfredo _____
3. el arte de Botero _____
4. Barranquilla, Colombia _____
5. Cartagena, Colombia _____
6. bailar vallenato _____
7. hablar español _____
8. Gabriel García Márquez _____

> **Cultura**
> Gabriel García Márquez is the most famous Colombian writer. He received the Nobel Prize for literature in 1982.

3-28 **La *a* personal** When should you use the personal ***a***? Decide whether or not you need to use the construction in the following sentences. Don't forget that **a + el = al**!

1. Yo no conozco _____ Bogotá.
2. Mis amigos conocen _____ mi hermano Pablo.
3. Joaquín conoce _____ (el) novio de Anne.
4. Julieta y Penélope conocen bien _____ la música de Carlos Vives.
5. ¿Conoces tú _____ (el) profesor de francés?
6. ¿Tienes _____ amigos en tu clase de español?
7. Conocemos _____ varias ciudades de Colombia.
8. Tengo _____ tres amigos en Cali.
9. ¿Conocen Uds _____ mi amiga Luisa?
10. Muchas personas conocen _____ el arte de Botero.

¡A conversar!

3-29 **¡Yo sé... ! ¡Yo conozco... !** Now, with a classmate, talk about your familiarity with the items of activity **3-27**.

> **Modelo** jugar al tenis
> **E1:** *Yo no sé jugar al tenis. ¿Sabes tú jugar al tenis?*
> **E2:** *Sí, sé jugar al tenis.*
> **E2:** *No, no sé jugar al tenis.*

3-30 **Entrevista** You are going to interview a classmate. You need to know who he/she knows, the places he/she is familiar with, and what things he/she knows how to do. Write four questions; then take turns answering.

> **Modelo** *¿Conoces Bogotá?*
> *¿Sabes esquiar?*
> *¿Conoces el arte de Fernando Botero?*
> *¿Conoces al (a la) presidente de la universidad?*

3-31 **¿Quién soy yo?** Form groups of 3–4 students. Each person will choose a well-known person but not reveal the name to the other members of the group. Group members will try to identify the well-known person chosen by each member by asking questions about what and whom his or her secret person knows and is familiar with. When one person identifies the secret person of another group member, the activity continues with the other group members asking him or her questions to identify his or her secret person. Consider the following categories for forming questions.

- Personas (actores/actrices, políticos/as, etc.)
- Ciudades (en los Estados Unidos o en otros países)
- Lugares (un restaurante, un campo de golf, etc.)
- Deportes (el tenis, el fútbol, etc.)
- Habilidades especiales (cantar, cocinar, etc.)

Workbook *3-14 – 3-16*
Lab Manual *3-15 – 3-17*

¡ASÍ SE DICE!

Expressing time and weather with *hacer* and *estar*

In this section, you will learn how to talk about the months, seasons, and weather conditions.

Los meses

ENERO	FEBRERO	MARZO
L M M J V S D	L M M J V S D	L M M J V S D
1 2 3 4 5 6 7	1 2 3 4	1 2 3 4
8 9 10 11 12 13 14	5 6 7 8 9 10 11	5 6 7 8 9 10 11
15 16 17 18 19 20 21	12 13 14 15 16 17 18	12 13 14 15 16 17 18
22 23 24 25 26 27 28	19 20 21 22 23 24 25	19 20 21 22 23 24 25
29 30 31	26 27 28	26 27 28 29 30 31

ABRIL	MAYO	JUNIO
L M M J V S D	L M M J V S D	L M M J V S D
1	1 2 3 4 5 6	1 2 3
2 3 4 5 6 7 8	7 8 9 10 11 12 13	4 5 6 7 8 9 10
9 10 11 12 13 14 15	14 15 16 17 18 19 20	11 12 13 14 15 16 17
16 17 18 19 20 21 22	21 22 23 24 25 26 27	18 19 20 21 22 23 24
23/30 24 25 26 27 28 29	28 29 30 31	25 26 27 28 29 30

JULIO	AGOSTO	SEPTIEMBRE
L M M J V S D	L M M J V S D	L M M J V S D
1	1 2 3 4 5	1 2
2 3 4 5 6 7 8	6 7 8 9 10 11 12	3 4 5 6 7 8 9
9 10 11 12 13 14 15	13 14 15 16 17 18 19	10 11 12 13 14 15 16
16 17 18 19 20 21 22	20 21 22 23 24 25 26	17 18 19 20 21 22 23
23/30 24 25 26 27 28 29	27 28 29 30 31	24 25 26 27 28 29 30

OCTUBRE	NOVIEMBRE	DICIEMBRE
L M M J V S D	L M M J V S D	L M M J V S D
1 2 3 4 5 6 7	1 2 3 4	1 2
8 9 10 11 12 13 14	5 6 7 8 9 10 11	3 4 5 6 7 8 9
15 16 17 18 19 20 21	12 13 14 15 16 17 18	10 11 12 13 14 15 16
22 23 24 25 26 27 28	19 20 21 22 23 24 25	17 18 19 20 21 22 23
29 30 31	26 27 28 29 30	24/31 25 26 27 28 29 30

Heinle/Cengage Learning

In Spanish, the names of the months do not begin with a capital letter as in English, although calendars may print the months in all uppercase letters.

Hoy es martes, 20 de **julio**.
Today is Tuesday, July 20th.

Mi cumpleaños es el 19 de **diciembre**.
My birthday is December 19.

Nota lingüística

In Latin America and Spain, the date is typically written differently than in the United States. The day is presented first and the month is presented second. Thus, when written in Spanish, December 19 is written as 19/12.

Las estaciones

el invierno

la primavera

el verano

el otoño

Heinle/Cengage Learning

El tiempo

The verb **hacer** is used to talk about the weather in the following phrases.

hace buen tiempo
the weather is nice

hace fresco *it's chilly*

hace calor *it's hot*

hace sol *it's sunny*

hace frío *it's cold*

hace viento *it's windy*

The verbs **llover** *(to rain)* and **nevar** *(to snow)* are used in the third person singular.

llueve *it's raining*

nieva *it's snowing*

The nouns derived from these verbs are:

la lluvia *rain*

la nieve *snow*

The verb **estar** is used to indicate whether the sky is overcast or clear.

está despejado
it's clear

está nublado
it's cloudy

¡A practicar!

3-32 Los días festivos (Holidays) Complete the following sentences with the appropriate months.

> **Los días festivos de Colombia**
> 20/7   Día de la Independencia
> 1/11   Día de Todos los Santos
> 12/10   Día de la Raza
> 8/12   Fiesta de la Inmaculada Concepción

1. El Día de la Raza es el 12 de _____.

2. El primer (first) día del año es el primero de _____.

3. La Navidad (Christmas) es el 25 de _____.

4. El Día de la Independencia de Colombia es el 20 de _____.

5. La fiesta de la Inmaculada Concepción es el 8 de _____.

6. Mi cumpleaños (birthday) es el _____ de _____.

3-33 ¿Qué tiempo hace? Look at the drawings and complete the statements.

En el _____ hace mucho _____ y a veces _____. El cielo (sky) está _____.

En la _____ hace _____ y a veces _____.

En el _____ hace _____ y _____. El cielo está _____.

En el _____ hace _____.

Heinle/Cengage Learning

¡A conversar!

3-34 Un día típico Working with a partner, state each of the following dates in Spanish, identify the season and describe typical weather conditions. Continue the conversation by sharing information about what you typically do on each date or what you like to do on the date.

Modelo   13/5
E1: Es el trece de mayo. Es la primavera y aquí hace buen tiempo en mayo. Voy al parque y camino o corro. Si (If) es el fin de semana, voy a la playa.
E2: Me gusta ir al café y tomar té con mis amigos pero estudio mucho en mayo porque tengo exámenes.

1. 22/12
2. 25/7
3. 3/9
4. 1/4
5. 29/8
6. 7/10
7. 27/4
8. hoy

3-35 La realidad y la fantasía Working with a partner, discuss what you generally like to do during the following periods and then tell what you have to do.

Modelo   los sábados (Saturdays in general)
Me gusta descansar los sábados pero tengo que estudiar.

1. los veranos
2. los fines de semana
3. por la tarde
4. los días festivos
5. por la mañana
6. los inviernos
7. los domingos
8. por la noche
9. los viernes
10. los lunes

Heinle/Cengage Learning

¿Qué haces en tu tiempo libre? In this segment, the housemates are about to go on an excursion to Old San Juan. As they get ready, they talk about some of the things they like to do in their free time. When they arrive in the heart of Old San Juan, each person shares his or her plan for the day. Watch and see if the day turns out the way they expect it to!

Antes de ver

Expresiones útiles The following are some new expressions you will hear in the video.

Pensándolo bien...	*Now that I think about it . . .*
Estoy de acuerdo...	*I agree . . .*
No vale la pena...	*It's not worth the trouble . . .*
Es hora de vernos con los demás...	*It's time to meet up with the others . . .*

Enfoque estructural The following are expressions in the video with the verb **gustar** and uses of **ir a** + infinitive.

Sofía: Así que **a ti** Javier **te gusta** jugar al fútbol... Y a ti Antonio, al fútbol americano. ¿Qué otros deportes **les gustan**?

Antonio: Y **a mí me gusta** el baloncesto, el... ¡ah! y mucho, el hockey sobre hielo.

Alejandra: Yo **voy a tomar** muchas fotos.

Antonio: Tú ten cuidado. Si te pierdes, yo no quiero **ir a buscarte.**

1. **Recordemos** What pastimes/hobbies have you learned in this chapter? How would you express likes and dislikes? How would you communicate three things that you are going to do this weekend?

2. **Practiquemos** Using the statements above as a model, develop a short survey that 1. asks people what they like to do in their free time and 2. asks people about their plans/intentions for the weekend.

3. **Charlemos** Conduct the survey you developed above in order to determine who is unique in the classroom in terms of his/her pastimes and/or his/her plans for the weekend.

Después de ver

1. ¿A quién le gusta? Based on the activities listed, decide which of the five housemates is being described.

1. ¿A quién le gusta el alpinismo, el buceo, el esnórkel y todas las actividades al aire libre?

2. ¿A quién le gusta ver el ver el hockey sobre hielo por televisión y le gusta también el fútbol americano y el baloncesto?

3. ¿Quién practica el piano?

4. ¿A quién no le gustan los deportes?

5. ¿A quién le gusta ir de compras?

6. ¿Quién practica el yoga y el tenis?

2. ¿Qué quieren hacer y qué hacen al final? What did the housemates originally plan to do and what did they actually end up doing?

1. Alejandra quiere _____.

2. Sofía quiere _____. Al final Javier y Sofia _____, pero _____.

3. Valeria quiere _____.

4. Antonio quiere _____. Al final Antonio y Alejandra _____ y Alejandra _____ pero _____.

Heinle/Cengage Learning

Entre nosotros Write a detailed description of your ideal itinerary for the day based on activities mentioned in the video. Choose at least two things to do and explain why. Share your plans with a classmate and see if your ideas are compatible.

Presentaciones With a partner, develop a new character for the story. Present this individual to the class. Be sure to include details about where this person is from and what he/she likes to do in his/her free time. Decide with whom the character would most likely have gone during the day in Old San Juan.

See the *Lab Manual,* **Capítulo 3, 3-22– 3-23** for additional activities.

Antes de leer

Strategy: Using context to predict content

In addition to the reading strategies previously presented—identifying cognates and skimming and scanning—efficient readers like you may use other strategies to determine the meaning of unfamiliar words and phrases in a reading selection. One of these strategies is the use of context to predict content. You may identify the context of a reading selection in the following ways:

- by looking at the photos or images that accompany the reading
- by reading the title and subtitles of the selection

Use this chapter's reading strategy to answer the following questions with a classmate.

Context

1. What types of photos do you see in the selection?
2. What do the titles and subtitles say? What are the titles of the various sections?

Predictions

1. What type of reading selection is this? What is the subject?
2. Who wrote this selection?
3. Who are its probable readers?

¡Vamos a Colombia!

1. Scan the reading selection and write down any cognates you encounter and their meanings.
2. Now, skim the selection, trying to understand the gist of the content. Then, scan the selection to find the following information. Discuss this information with a partner.
   a. What can tourists do in the Caribbean Region in Colombia?
   b. What can tourists do in the Andean Region in Colombia?
   c. What is the weather like in the Caribbean Region?
   d. What is the best region to scuba dive, to snorkel or to sail?
   e. What is the best region to bike or to glide?
3. Read the article again and try to guess the meaning of some words. Discuss your predictions with a partner.
   a. ¡Si desean tomar el sol, nadar, navegar y esquiar en **el mar,** las **Islas** del Rosario en Cartagena, **las playas** del Parque Tayrona y las playas de Rodadero en Santa Marta son maravillosas!
   b. En la región andina de Colombia, existen muchas montañas con nieve, bosques, **lagos y valles.**
   c. Hay muchas **riquezas** naturales y por eso existen muchos parques nacionales **para proteger** la naturaleza y donde hacer paseos ecológicos.

Después de leer

¿Cierto o falso? Indicate whether each statement is **cierto** (true) or **falso** (false). Then correct the false statements.

1. _____ The people in the Caribbean Region are open and happy. They like **cumbia** which is influenced by African rhythms.
2. _____ The National Park of Tayrona cannot be visited by tourists.
3. _____ The people from the Andean Region do not want to show off the beauty of their region.
4. _____ The Andean mountains are exciting for mountain biking.

¿Qué saben ustedes de los pasatiempos de los colombianos?
¿Qué saben ustedes de los deportes de aventuras?

Región Caribe

- **Bailar**
- **Bucear** (to scuba dive)
- **Navegar**
- **Nadar**
- **Caretear** (to snorkel)
- **Esquiar**

En la región caribe de Colombia hace mucho calor y mucho sol.

Las personas de la región son alegres, espontáneas y muy simpáticas. A ellos les gusta el mar y también les gusta la música y el baile. La música tiene influencia africana y los ritmos son la cumbia, el vallenato y el porro.

¡Si desean tomar el sol, nadar, navegar y esquiar en el **mar**, las **Islas del Rosario** en Cartagena, **las playas** del Parque Tayrona y las playas de Rodadero en Santa Marta son maravillosas!

¡Si desean aprender a bucear, a caretear o a esquiar, las playas son el paraíso!

¡Si desean caminar por las montañas y hacer paseos ecológicos, el Parque Nacional Tayrona es el parque perfecto!

¡Si desean aprender a bailar cumbia o vallenato, los carnavales de Barranquilla, de Cartagena o de Santa Marta son ideales!

Región Andina

- **Parapente** (paragliding)
- **Canotaje** (canoeing/kayaking)
- **Ciclomontañismo** (mountain biking)

En la región andina de Colombia, existen muchas montañas con nieve, bosques, **lagos y valles.** En la región hace fresco y a veces hace mucho frío también.

Las personas son muy amables y desean mostrar la belleza de su país.

Hay muchas **riquezas** naturales y por eso existen muchos parques nacionales **para proteger** la naturaleza y donde hacer caminatas ecológicas.

¡Si practican el parapente o el ciclomontañismo, las montañas de la región andina son fabulosas!

¡Si practican el canotaje, los ríos y lagos son ideales para este deporte!

¡A conversar! With three or four of your classmates, discuss the following topics.

1. After reading this brochure about sports and adventures in Colombia, discuss your impressions of Colombia and its people before reading this guide and your ideas of Colombia after reading it. Mention at least four of each. Have your ideas changed about Colombia? How?

2. Did you find this short brochure to be useful? Mention three other topics that you would like to read about.

    a. _____

    b. _____

    c. _____

3. Would you like to do Xtreme sports in Colombia or any other country? Explain which country and what sports.

¡A ESCRIBIR!

Strategy: Combining sentences

Learning to combine simple sentences into more complex ones can help you improve your writing style immensely. In Spanish, there are several words you can use as connectors to combine sentences and phrases:

y	*and* (**y** becomes **e** before **i**, or **hi**)
o	*or* (**o** becomes **u** before **o** or **ho**)
que	*that; which; who*
pero	*but*
porque	*because*

Paso 1 Read the following blog posting that Kelly wrote about what she is doing during her summer vacation. Circle all of the connectors used in the following sentences.

> *¡Saludos a todos!*
>
> *Estoy de vacaciones en Santa Marta, Colombia. Ustedes saben que me gusta practicar muchos deportes, como el tenis, la natación, el ciclismo y el baloncesto. Hago todas las actividades aquí en Santa Marta. Me gusta nadar todos los días, pero cuando llueve, voy de compras o miro la tele en casa. También paso mucho tiempo con mi amigo Carlos. Carlos tiene veintitrés años y es un chico muy simpático. Nos gusta salir por la noche los fines de semana e ir a las discotecas que están en el centro. Carlos conoce Santa Marta muy bien y, gracias a él, ahora conozco la ciudad también. Bueno, en pocos minutos vamos al cine porque deseamos ver una película.*
>
> *¡Hasta pronto!*

Paso 2 Now that you have seen how connectors were used in the blog posting, combine the following sets of sentences, using **y, pero, que,** and **porque** appropriately.

Modelo Estudio en la Universidad de Bogotá. Me gustan mis clases.
Estudio en la Universidad de Bogotá y me gustan mis clases.

Tengo muchos amigos. Son muy simpáticos.
Tengo muchos amigos que son muy simpáticos.

1. Me gusta practicar deportes. No tengo mucho tiempo libre.
2. Mi amiga corre todos los días. Le gusta correr.
3. Deseo mirar un partido de fútbol en la tele. Necesito estudiar.
4. Tengo muchos amigos. Esquían en el invierno.

Task: Writing an informal blog posting

Paso 1 Using Kelly's blog posting as a model, write a similar one telling friends what you do in your free time. Be sure to include a description of several activities, and mention who (if anyone) you like to do these activities with as well as when and where you do them. Use connectors appropriately.

 Paso 2 Work with one or more classmates, exchanging and reading one another's postings. Ask questions about the activities, the people who do them, and the places where they are done.

Communicative Goals:

- Communicate about leisure activities
- Express likes and dislikes
- Indicate plans and intentions
- Share information about when and where common activities are done

Paso 1

Review the Communicative Goals for **Capítulo 3** and determine if you are able to accomplish the goals. If you are not certain that you have achieved all of the goals, review the pertinent portions of the chapter.

Paso 2

Look at the components of a conversation which addresses the communicative goals for this chapter. The percentages will help you evaluate your ability to successfully participate in the conversation that is featured below. Your instructor may use the same rubric to assess your oral performance.

Components of the conversation	%
☐ Asking a general question about leisure activities	10
☐ Communicating about at least two activities and when, where and/or with whom they are done.	30
☐ Communicating about at least two additional activities and when, where and/or with whom they are done.	30
☐ Stating something that must be done or has to be done, including information about when or where.	20
☐ Concluding the conversation and saying good-bye.	10

 En acción Think about how a conversation between two friends who are discussing leisure activities might develop. Determine the sort of information that could be shared and how the friends would exchange the information. You may find it helpful to write down some ideas about what might be included. Consider the following steps:

1. One friend asks the other what he or she likes to do during free time.
2. The second person responds, mentioning at least two activities and providing details about when, where, and/or with whom they are done.
3. That person asks the first person what activities he or she likes.
4. The first person responds with appropriate information.
5. The conversation continues with each person mentioning a total of at least four activities and, for each one, additional information about when, where, and with whom they are done.
6. One person states that he or she must or has to do something, including when and/or where, and the other person replies with similar information.
7. The conversation concludes as the friends say good-bye to one another.

¡A REPASAR!

Gustar + infinitive

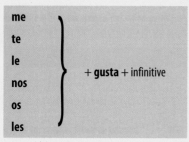

me te le nos os les	+ **gusta** + infinitive

Spanish-speakers use indirect object pronouns to indicate *to whom* or *for whom* an action is pleasing.

¡A recordar! 1 In Spanish, how does one clarify to whom something is pleasing?

Gustar + nouns

When you use gustar with nouns, its form changes to reflect whether you are talking about one thing or more than one thing.

—A Carlos le **gusta** la piscina.   —A Carlos le **gustan** los deportes.

¡A recordar! 2 Which type of article (definite or indefinite) usually precedes the noun in the **gustar** + *noun* construction?

Verbs with irregular *yo* forms

conocer	**Conozco** a Carlos Suárez.
dar	**Doy** una fiesta el viernes.
estar	**Estoy** en la discoteca.
hacer	**Hago** mucho ejercicio.
poner	**Pongo** música rock en casa.
saber	**Sé** jugar bien al béisbol.
salir	**Salgo** todos los sábados.
traer	**Traigo** mis discos compactos a la fiesta.
ver	**Veo** a mi profesora en la tienda.

¡A recordar! 3 How are the conjugations of **dar** and **ver** different from the conjugations of the other verbs listed above?

Ir and *ir a...*

To tell where people are going, use a form of the verb **ir** plus the preposition **a**, followed by a destination. To express future plans, use a form of the verb **ir** plus the preposition **a**, followed by an infinitive.

¡A recordar! 4 What does the combination **a** + **el** yield in Spanish?

Saber, conocer, and the personal *a*

Use the verb **saber** to express knowledge of something (information) or of how to do something.
—¿**Sabes jugar** al tenis?

Use the verb **conocer** to express an acquaintance with a person, place, or thing.
—¿**Conoces** Bogotá?
—¿Quieres **conocer a** mi amiga?

¡A recordar! 5 In what instances do you use the personal **a**?

Expressing time and weather with *hacer* and *estar*

The verb **hacer** is used to talk about the weather. The verb **estar** is used to indicate whether the sky is overcast or clear.

hace sol *it's sunny*   **hace frío** *it's cold*

está despejado *it's clear*   **está nublado** *it's cloudy*

¡A recordar! 6 What's the weather like in July in the Southern hemisphere?

Actividad 1   Los gustos Complete each sentence to express what various people like. Write the correct indirect object pronoun in the first blank and the correct form of **gustar** in the second blank.

1. A mis hermanos _____ _____ practicar el tenis.

2. A mí _____ _____ el baloncesto. También _____ _____ los deportes acuáticos.

3. A nuestro padre _____ _____ los conciertos.

4. A mi primo _____ _____ montar a caballo.

5. A todos nosotros _____ _____ la natación.

6. A ti _____ _____ el béisbol y el fútbol, ¿no?

Actividad 2   ¿Qué hacen estas personas? Complete each sentence with the appropriate verb forms to express things these people do. Use the verb that is in the first sentence and write the correct forms according to the new subjects.

1. Luisa hace la tarea por la mañana. Yo _____ la tarea por la noche. ¿Cuándo _____ la tarea tú?

2. Muchas personas ponen la tele cuando estudian. Mi hermano _____ la tele frecuentemente. Tú _____ la tele cuando descansas, ¿no?

3. Jorge y yo damos una fiesta el sábado. Jorge _____ muchas fiestas pero yo no _____ muchas fiestas.

4. Todos los estudiantes traen sus libros a clase. Yo _____ mi libro y la profesora _____ su libro todos los días.

5. Mis amigos y yo salimos los viernes y los sábados. Unos amigos _____ los jueves también pero yo _____ solamente el fin de semana.

6. Yo no veo mucha tele, pero mis amigos _____ mucho fútbol en la tele. Y tú, ¿_____ mucha tele?

7. Estoy en la residencia. Gerardo y David _____ en la residencia también. ¿Dónde _____ Mariana?

8. Alejandra sabe montar a caballo. Yo no _____ montar a caballo, pero mis primos tienen muchos caballos y _____ montar.

Actividad 3   El fin de semana Form sentences with the given elements and the correct form of the verb **ir** to express where people are going and what they are going to do.

1. Sofía / el parque

2. Mis amigos y yo / mirar un partido de fútbol.

3. Tú / el concierto

4. Celia / la piscina

5. Celia y sus amigos / nadar

6. Antonio / las montañas

7. Tú / el café después del concierto

8. Yo / la discoteca

Actividad 4   Cosas familiares Choose the correct verb to complete each sentence in order to tell what various people know. Pay careful attention to context and to form.

1. ¿ Uds. _____ a mi hermano?

   a. saben   c. conoces
   b. sabe   d. conocen

2. Yo _____ Bogotá, la capital de Colombia.

   a. sé   c. sabe
   b. conozco   d. conocen

3. Manolo y yo _____ esquiar en el agua.

   a. sabes   c. sabemos
   b. conocemos   d. conocen

4. Mi amiga _____ muchos verbos en español.

   a. sabe   c. conoces
   b. conoce   d. sabes

5. Los jóvenes _____ jugar al fútbol.

   a. sabes   c. conocen
   b. saben   d. conocemos

6. ¿Tú _____ a Fernando Botero? ¡Imposible!

   a. conoces   c. sabes
   b. conozco   d. saben

7. Mi profesor _____ cuántas personas viven en Cartagena, Colombia.

   a. sabes   c. conoces
   b. sabe   d. conoce

Actividad 5   ¿Qué tiempo hace? Match each phrase in the first column with the most closely associated weather expression in the second column.

_____ 1. en julio en Tampa, Florida

_____ 2. en Chile en los Andes en agosto

_____ 3. en Puerto Rico durante un huracán (*hurricane*)

_____ 4. en Nueva York en octubre

_____ 5. en Seattle muchos días del año

_____ 6. en el desierto del Sahara

a. Hace viento.
b. Hace calor.
c. Llueve.
d. Hace fresco.
e. Hace frío.
f. Casi (*almost*) no llueve.

Refrán

Treinta días _____ (*bring*) _____ (?), con _____ (?), _____ (?) y _____ (?). Veintiocho sólo _____ (*bring*) uno y los demás treinta y uno.

VOCABULARIO ESENCIAL

AUDIO CD
CD 1, TRACK 17

PERSONAL TUTOR

Los pasatiempos y deportes	Pastimes and Sports
andar en bicicleta	to ride a bike
bailar	to dance
caminar por las montañas	to hike/walk in the mountains
correr	to run
dar un paseo	to go for a walk
esquiar	to ski
esquiar en el agua	to water-ski
hacer ejercicio	to exercise
hacer un picnic	to go on a picnic
jugar...	to play...
al baloncesto	basketball
al béisbol	baseball
al fútbol	soccer
al fútbol americano	football
al golf	golf
al tenis	tennis
al voleibol	volleyball
ir...	to go...
a tomar un café	to drink coffee
a un bar	to a bar
a un club	to a club
a un concierto	to a concert
a una discoteca	to a dance club
a una fiesta	to a party
al cine	to the movies
de compras	shopping
levantar pesas	to lift weights
mirar la tele	to watch TV
montar a caballo	to go horseback riding
nadar	to swim
pasear	to go for a walk
patinar en línea	to in-line skate
practicar deportes	to play sports
pescar	to fish
sacar fotos	to take pictures
tocar la guitarra	to play the guitar
tomar el sol	to sunbathe
ver una película	to watch a movie
visitar un museo	to visit a museum

Otras palabras relacionadas con el tiempo libre	Other words related to spare time
Sustantivos	
el campo de...	...field/course
la cancha de...	...court
el ciclismo	cycling
la natación	swimming
el partido	game
la pesca	fishing
Verbos	
ganar	to win
hacer planes	to make plans

Los lugares en el pueblo	Places in town
el banco	bank
el café	café
la calle	street
el centro	downtown
el centro comercial	mall
el cine	movie theater
la iglesia	church
el mercado (al aire libre)	(outdoor) market
el museo	museum
la oficina de correos	post office
el parque	park
la piscina	pool
la plaza	plaza
el restaurante	restaurant
el supermercado	supermarket
la tienda	store

Los meses del año	Months of the year
enero	January
febrero	February
marzo	March
abril	April
mayo	May
junio	June
julio	July
agosto	August
septiembre	September
octubre	October
noviembre	November
diciembre	December

Las estaciones	Seasons
el invierno	winter
la primavera	spring
el verano	summer
el otoño	fall

El tiempo	Weather
está despejado	it's clear
está nublado	it's cloudy
hace buen tiempo	the weather is nice
hace calor	it's hot
hace fresco	it's chilly
hace frío	it's cold
hace sol	it's sunny
hace viento	it's windy
llueve	it's raining
la lluvia	rain
nieva	it's snowing
la nieve	snow

Otros verbos	Other Verbs
conocer	to know; to meet
dar	to give
estar	to be (location and health)
hacer	to do; to make
poner	to put (on)
saber	to know (how)
salir	to leave; to go out
traer	to bring
ver	to see

En la casa

© Carlos Nieto/Photolibrary

Plaza de España, Vejer de la Frontera, España

Chapter Objectives

Communicative Goals

In this chapter, you will learn how to . . .

- Describe features and contents of homes and other residences
- Give instructions to friends and family members
- State locations
- Indicate feelings
- Communicate about actions in progress

Structures

- Present tense of stem-changing verbs (**e → ie, o → ue, u → ue, e → i**)
- Affirmative **tú** commands
- The verb **estar** and the present progressive

▲ ¿Deseas visitar España con tu familia o con tus amigos? Explica con quién y por qué.

▲ ¿En qué estación del año deseas visitar España?

▲ ¿Qué actividades te gusta hacer en tu casa? ¿Es similar tu casa a las casas de la foto?

 Visit it live on **Google Earth!**

VOCABULARIO 1

En la Casa de la Troya de doña Rosa

In this section, you will practice talking about household rooms and furniture.
Are there any student houses on your campus? How do they compare
with doña Rosa's?

el estante
la cómoda
el despertador
la tabla de planchar
el armario
la plancha
la cama
EL DORMITORIO / LA HABITACIÓN

el refrigerador / la nevera
LA COCINA
la secadora
el horno de microondas
la estufa
la tostadora
el lavaplatos
la lavadora

la lámpara
LA SALA / EL SALÓN
el cuadro
el sofá
la mesita
el sillón
la alfombra
la aspiradora

EL SÓTANO

Más palabras relacionadas con la casa

el cuarto *room*

la decoración *decoration*

el (aparato) electrodoméstico *electrical appliance*

el mueble *piece of furniture*

Palabras útiles

el aire acondicionado *air conditioning*

el balcón *balcony*

la calefacción *heat*

la chimenea *fireplace, chimney*

el condominio *condominium*

el garaje *garage*

el hogar *home*

el techo *roof*

la terraza *terrace/patio*

el tocador *dresser*

la vivienda *housing*

Palabras útiles are presented to help you enrich your personal vocabulary. The terms provided here will help you talk about housing and household areas.

Cultura

Santiago de Compostela, in northwest Spain, is home to one of the major universities in Spain. **La Casa de la Troya** is Santiago de Compostela's most famous student residence. This building is typical of the architecture from the XVII century in this part of Spain. It served as a student hostel during the end of the XIX century.

EL CUARTO DE BAÑO
el espejo
la ducha
el lavabo
la bañera
el inodoro
la ventana
EL COMEDOR
la mesa
la pared
la escalera
la puerta
el piso / el suelo
el jardín

Heinle/Cengage Learning

¡A practicar!

4-1 **¿Dónde pongo los muebles nuevos?** Doña Rosa necesita poner los muebles nuevos en la Casa de la Troya. Indica el cuarto apropiado para cada (each) mueble.

Modelo   Usted debe poner el estante ___en el dormitorio___ .

1. Es lógico poner el lavaplatos en _____.

2. Usted debe poner la cama y la cómoda en _____, ¿no?

3. El sofá debe estar en _____.

4. La nevera debe estar en _____.

5. ¿La ducha, la bañera, el inodoro y el lavabo? En _____, ¡por supuesto!

6. Es necesario poner la mesa y las sillas en _____.

> **Nota lingüística**
> La habitación, el cuarto, la alcoba, la recámara, and la pieza are all synonyms for el dormitorio (which does not mean *dormitory*). La habitación is more commonly used in Spain.

4-2 **¿Qué hay en la casa de doña Rosa?** Describe los muebles y las otras cosas de cada cuarto de la casa con la expresión verbal **hay...**

Modelo   el dormitorio / la habitación
En el dormitorio / la habitación hay un estante,
un armario, una cómoda, una cama,
un despertador, una tabla de planchar y una plancha.

1. la sala: _____
_____
_____

2. el comedor: _____

3. la cocina: _____
_____
_____

4. el cuarto de baño: _____
_____

4-3 **¿Y qué hay en tu casa?** Completa las siguientes oraciones con los muebles y electrodomésticos de tu casa o residencia.

Modelo   En el cuarto de baño hay ___un lavabo, un___
___inodoro y una bañera.___

1. En mi casa hay _____ (#) dormitorio(s)/habitación (habitaciones) y _____ (#) cuarto(s) de baño.

2. Hay _____ (#) puerta(s) y _____ (#) ventana(s).

3. En la cocina hay _____.

4. En el dormitorio / la habitación hay _____.

5. En la sala hay _____.

6. En el comedor hay _____.

7. En el garaje hay _____.

8. ¿Tienes un jardín o un sótano?

Workbook *4-1 – 4-5*
Lab Manual *4-1 – 4-4*

¡A conversar!

4-4 Lugares preferidos Habla con un(a) compañero(a) sobre las siguientes actividades. Dile en qué parte de la casa te gusta hacer estas actividades.

Modelo leer libros
Me gusta leer libros en el dormitorio.

1. estudiar
2. comer con la familia
3. mirar la tele
4. comer solo(a)

5. hablar por teléfono
6. escuchar música
7. descansar
8. hacer la tarea

4-5 Se alquila piso (*Apartment for rent*) Tú y un(a) amigo(a) van a pasar dos semanas de vacaciones en España y desean alquilar un piso o una casa pequeña. Uds. leen en Internet información sobre una casa y un apartamento. Tienen que decidir cuál de los dos prefieren y explicar por qué.

Modelo Me gusta la casa porque tiene Internet.

Estudiante A: Encuentras un anuncio para un apartamento en Costa del Sol.

- 2 habitaciones: 1 habitación con una cama matrimonial y armario; 1 habitación con 2 camas sencillas y 1 escritorio
- salón con sofá cama, mesa y televisor
- cocina con horno de microondas, mesa de comedor y tostadora
- baño moderno con ducha, lavabo e inodoro
- electricidad incluida en el precio
- 5 minutos del centro de la ciudad, donde hay muchos bares de tapas, tiendas, iglesias y plazas; en una zona muy segura
- Precio: 60 euros/noche; 360 euros/semana; 1.200 euros/mes

© Atlaspix/Shutterstock.com

Estudiante B: Encuentras un anuncio para una casa pequeña en Costa del Sol.

- 2 habitaciones: 1 habitación con cama matrimonial y un armario; 1 habitación con 2 camas sencillas y 1 escritorio
- cocina: nevera, microondas, plancha y mesa de planchar; comestibles básicos (aceite, vinagre, sal, azúcar, café, té)
- comedor: mesa de centro, mesa de comedor extensible con 4 sillas, TV a color por cable, ordenador con conexión permanente de Internet
- baño: lavabo, WC, ducha, espejo
- con terraza para sentarse al aire libre, comer, hacer barbacoas, etc.
- ubicación: está a sólo 1 minuto de la parada de autobuses más cercana y a 15 minutos del centro de la ciudad
- cerca: tiendas, bares, restaurantes, bancos, farmacias y supermercado
- Precio: 150 euros/día; 856 euros/semana; 3.424 euros/mes

Heinle/Cengage Learning

EN CONTEXTO

Alberto, un estudiante de medicina de la Universidad de Santiago de Compostela, expresa sus opiniones sobre un apartamento desastroso que él visita con su amigo Francisco.

Escucha la conversación entre Alberto y Francisco e indica cuatro cosas que no le gustan a Alberto del apartamento.

Modelo   *Todo está sucio y desordenado.*

AUDIO CD
CD 2, TRACK 2

En la calle...

Alberto: Vaya... las plantas en el balcón **están muertas.** ¡No puedo entrar!

Francisco: ¿Tienes miedo? ¡Hombre! **Espera** un momento para ver el interior. Seguro que **está mejor.**

....

Comentario cultural Large lawn areas are uncommon in Spain; however, apartment-dwellers often take great pride in their flowerboxes and it is not uncommon to hear caged songbirds singing from balconies.

En el salón...

Alberto: ¡Dios mío! ¡Qué desastre de apartamento! Hay ropa por todas partes y en el sillón hay un montón de libros.

Francisco: Seguro que las personas que viven aquí son estudiantes. **¿Quieres** ver la cocina?

....

Comentario cultural In Spain, it is more common for students to have cell phones in lieu of a traditional land line due to the expense of having a permanent phone installed.

En la cocina...

Alberto: ¡Qué barbaridad! Todos los platos **están sucios.** Y todavía no han quitado la mesa. Parece que nadie limpia aquí. Y para colmo, ¡una bolsa de basura en la terraza!... No **puedo** imaginar cómo viven aquí.

....

Comentario cultural In Spain, washing machines are typically located in the kitchen. Dryers are rarely used; instead, clothes are hung on clothes lines or on indoor drying racks. To fuel hot water heaters and gas stoves or ovens, Spaniards often use orange, refillable propane containers.

Expresiones **en contexto**

el alquiler *rent*	**¡No puedo más!** *I can't take anymore!*
antes de *before*	**para colmo** *and on top of that*
apenas puedo verla *I can barely see it*	**vivir al aire libre** *to live outdoors*
qué mal huele *it smells awful*	**¡Qué barbaridad!** *How atrocious!*
inquilinos *tenants*	**¡Qué desastre de apartamento!** *What a disastrous apartment!*
un montón *a lot (informal, Spain)*	**salón** *living room (Spain)*
ni siquiera *not even*	**seguro** *surely*
...no han quitado la mesa *...haven't cleared the table*	**súper** *really (adverb, Spain)*

Heinle/Cengage Learning

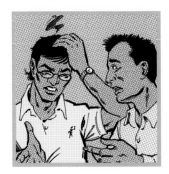

Francisco: Ten paciencia, Alberto. ¿Vamos a ver la habitación?

En la habitación...

Alberto: No veo la cama... Ah, allí está. Apenas **puedo** verla debajo de la ropa. Y ni siquiera hay un libro en el estante.

Francisco: Creo que todos **están en el sillón** del salón. Bueno, Alberto,... tienes razón. El piso **está un poco desordenado.** Pero **ven** conmigo para ver el cuarto de baño antes de decidir.

....

Comentario cultural Fernando Alonso, the world-champion formula 1 race-car driver, and Raúl, the team captain who plays for Real Madrid, are popular figures among Spanish youth.

En el cuarto de baño...

Alberto: Mira cómo está la bañera... y qué mal huele aquí. No **puedo** vivir con esta gente... Los inquilinos de este piso son un desastre. Y el alquiler es súper alto. **Prefiero** vivir al aire libre. En fin, ya me voy... ¡No puedo más!

....

Comentario cultural In Spain, not all apartments have a bathtub because of space. It is also common in parts of Europe for bathrooms to have a **bidet**, which is used for personal hygiene.

 Donde yo vivo Haz un dibujo *(drawing)* de tu casa, piso o cuarto en la residencia, e incluye por lo menos 3 detalles *(details)* desagradables *(unpleasant/disagreeable)*. Luego, explica tu dibujo a un(a) compañero(a) de clase y comenta el dibujo de él/ella.

En contexto ciento diecinueve **119**

Present tense of stem-changing verbs (e → ie; o → ue; u → ue; e → i)

In this section, you will learn how to conjugate verbs that change—either **e** to **ie**, **o** to **ue**, **u** to **ue**, or **e** to **i**—in the stem of the verb. The stem is the part of an infinitive to which one adds personal endings. For example, the stem of **hablar** is **habl-**. The above-mentioned types of vowel changes occur in all stressed syllables. Since the stress does not fall on the stem in the **nosotros(as)** and **vosotros(as)** forms, there is no stem change.

The present tense of e → ie stem-changing verbs

Infinitive	comenzar (ie)	pensar (ie)	preferir (ie)	querer (ie)	venir (ie)
	(to begin)	(to think)	(to prefer)	(to want; to love)	(to come)
Stem	comienz-	piens-	prefier-	quier-	vien-
	comienzo	pienso	prefiero	quiero	vengo
	comienzas	piensas	prefieres	quieres	vienes
	comienza	piensa	prefiere	quiere	viene
	comenzamos	pensamos	preferimos	queremos	venimos
	comenzáis	pensáis	preferís	queréis	venís
	comienzan	piensan	prefieren	quieren	vienen

Other frequently used *e* to *ie* stem-changing verbs are:

cerrar (ie)	to close	**perder (ie)**	to lose; to miss (an event)
empezar (ie)	to begin	**regar (ie)**	to water
entender (ie)	to understand		

The present tense of o → ue/u → ue stem-changing verbs

Infinitive	almorzar (ue)	dormir (ue)	jugar (ue)	volver (ue)	poder (ue)
	(to have lunch)	(to sleep)	(to play)	(to return)	(to be able)
Stem	almuerz-	duerm-	jueg-	vuelv-	pued-
	almuerzo	duermo	juego	vuelvo	puedo
	almuerzas	duermes	juegas	vuelves	puedes
	almuerza	duerme	juega	vuelve	puede
	almorzamos	dormimos	jugamos	volvemos	podemos
	almorzáis	dormís	jugáis	volvéis	podéis
	almuerzan	duermen	juegan	vuelven	pueden

The present tense of e → i stem-changing verbs

Infinitive	decir (i)	pedir (i)	servir (i)
	(to say; to tell)	(to ask for)	(to serve)
Stem	dic-	pid-	sirv-
	digo (irregular **yo** form)	pido	sirvo
	dices	pides	sirves
	dice	pide	sirve
	decimos	pedimos	servimos
	decís	pedís	servís
	dicen	piden	sirven

¡A practicar!

4-6 **Entrevista a doña Rosa** Raquel Navarro es reportera. Ella quiere escribir un artículo sobre la gente de edad *(the elderly)*. En este momento ella habla con doña Rosa. Completa su conversación con la forma correcta de los siguientes verbos:

comenzar   pensar   preferir   querer   tener   venir

Raquel: Yo 1. _____ hablar con usted, doña Rosa. ¿Está bien?

Doña Rosa: Sí. 2. ¿ _____ (nosotras) con mi vida *(life)* personal?

Raquel: Muy bien. 3. ¿ _____ usted hijos?

Doña Rosa: Sí, 4. _____ cuatro. Dos de ellos viven aquí.

Raquel: Y los demás... 5. ¿ _____ mucho por aquí?

Doña Rosa: Bueno, no 6. _____ mucho porque viven en Madrid.

Raquel: Sé que Ud. tiene que trabajar mucho pero, ¿qué hace cuando no trabaja?

Doña Rosa: Me gusta mirar la tele. (Yo) 7. _____ ver telenovelas. Mi telenovela favorita se llama «El amor en tiempos inciertos». El programa 8. _____ en una hora. 9. ¿ _____ Ud. verlo conmigo esta tarde?

Raquel: Sí, gracias. Me gusta mucho el programa. ¡Qué guay! *(Cool!)*

4-7 **Planes para el sábado** Beti y su compañero Tomás, dos estudiantes de medicina en Santiago de Compostela, hablan de sus planes. Completa su conversación con la forma correcta de los siguientes verbos:

almorzar   dormir   jugar   poder   volver

Beti: ¿Por qué no 1. _____ (nosotros) al tenis esta tarde?

Tomás: Yo no 2. _____ bien al tenis, Beti. Y después de *(after)* mi accidente, no 3. _____ hacer mucho ejercicio por una semana.

Beti: Pues, vamos al cine. ¿Quieres? (Nosotros) 4. _____ ver la nueva película de Amenábar.

Tomás: Bien. Antes *(before)* del cine, 5. ¿ _____ (nosotros) en la calle Franco?

Beti: ¡Perfecto! Y después de almorzar, (nosotros) 6. _____ a casa. Yo siempre 7. _____ la siesta.

Tomás: ¿Cómo? Tú 8. _____ dormir la siesta, si quieres, pero yo no.

4-8 **Un anuncio** Tú y dos amigos van a vivir en un apartamento nuevo y tienen una lista de cosas que necesitan comprar. Escucha el anuncio de la tienda *Muebles Jiménez* y marca las cosas que venden.

AUDIO CD
CD 2, TRACK 3

_____ Un sofá

_____ Dos sillones

_____ Dos mesitas

_____ Una alfombra

_____ Una mesa de comedor y sillas

_____ Tres camas

_____ Tres armarios

_____ Un espejo

_____ Tres escritorios

_____ Cuatro lámparas

_____ Una aspiradora

_____ Un horno de microondas

Workbook *4-6 – 4-8*
Lab Manual *4-5 – 4-7*

ESTRUCTURA 1

¡A conversar!

Cultura

Las tapas are a Spanish tradition that started in the 12th century when King Alfonso X outlawed drinking in bars without eating food. The word **tapa** *(lid)* was used to describe what was placed above the wine glass to cover it, such as a piece of bread. Nowadays in Spain, people go to tapas bars before lunch from 11:00 to 2:00 and before dinner from 7:00 to 11:00.

4-9 **¿Es verdad?** Con un(a) compañero(a) de clase, respondan a las siguientes observaciones. En este ejercicio los verbos **pedir, servir** y **decir** son importantes.

Modelos Tú pides mucha comida en la cafetería.
No es verdad. Yo no pido mucha comida en la cafetería.

Tú y tus amigos siempre *(always)* dicen la verdad.
Sí, es verdad. Nosotros siempre decimos la verdad.

1. Tú y tus amigos(as) siempre dicen cosas buenas sobre los profesores.
2. Tus amigos sirven tapas en las fiestas.
3. Tú siempre dices cosas interesantes de tus compañeros de clase.
4. Tú siempre pides ayuda cuando no entiendes una cosa.
5. Vosotros pedís tarea adicional a los profesores.
6. Los restaurantes de la universidad sirven buena comida.

4-10 **¿Quién...?** ¿Quién en tu clase hace las siguientes cosas *(following things)*? Con las siguientes frases, formula preguntas para tus compañeros(as) para saber si *(if)* ellos(as) hacen o no hacen esas cosas.

Modelo querer una casa con sótano
E1: *¿Quieres una casa con sótano?*
E2: *Sí, yo quiero una casa con sótano.*

1. almorzar en la sala
2. preferir una casa a un apartamento
3. pensar tener una fiesta en la casa de tus padres
4. poder ir a tomar un café después *(after)* de la clase
5. jugar al fútbol americano
6. pedir postres *(desserts)* en los restaurantes
7. decir cosas atrevidas *(bold)*
8. servir comida deliciosa en las fiestas

4-11 **Entrevista** Trabaja con un compañero de clase y hazle preguntas sobre cómo vive.

1. ¿Prefieres vivir en un apartamento, una casa o una residencia? ¿Almuerzas en casa o en una cafetería? ¿Van de visita mucho tus padres a tu casa o apartamento?
2. ¿Cierras las ventanas de tu dormitorio por la noche? ¿Duermes bien cuando estás solo(a) *(alone)* en casa?
3. ¿Haces muchas fiestas en tu casa? ¿En qué lugar de la casa prefieres recibir a tus amigos? ¿A qué hora vuelves de una fiesta, generalmente?
4. ¿Pierdes muchas cosas en tu dormitorio? ¿Puedes estudiar bien en tu dormitorio? ¿Duermes bien en tu dormitorio? ¿Qué muebles y decoraciones tienes en tu dormitorio?

4-12 Acorazado (Battleship) Clasifica las palabras de la siguiente lista de verbos en categorías según el tipo de cambio: **e → i, e → ie, o → ue, u → ue,** y escríbelas en los lugares apropiados de la cuadrícula (grid).

almorzar	empezar	perder	servir
cerrar	entender	poder	tener
comenzar	jugar	preferir	venir
decir	pedir	querer	volver
dormir	pensar	regar	

e → i	e → ie	o → ue / u → ue

Ahora vas a jugar el juego **Acorazado.** Usa la cuadrícula que aparece a continuación (below). Dibuja cinco submarinos en diferentes partes de la cuadrícula, pero, ¡nadie debe verlos! Quieres destruir los submarinos de tu compañero(a) y vas a hacer preguntas con los verbos de la cuadrícula.

Modelo   la profesora / preferir
¿La profesora prefiere café?

Si tu compañero(a) tiene un submarino en ese lugar, él/ella contesta: *Sí, prefiere café,* y ¡tú ganas el punto!

Si tu compañero no tiene un submarino en ese lugar, él/ella contesta: *No, no prefiere café.*

Túrnense *(Take turns)* para hacerse preguntas hasta que una persona destruya *(destroys)* todos los submarinos de la otra persona.

	poder hablar francés	jugar al tenis	dormir ocho horas	preferir café
tú				
la profesora				
Rosa y Luis				
nosotros				

España

▶ Veamos (*Let's see*) el video de España para luego comentarlo.
1. ¿Qué lugares pueden visitar en Madrid, la capital de España?
2. ¿Qué es y qué hay en la Gran Vía?
3. ¿Qué actividades pueden hacer en el Parque del Retiro?

See the *Workbook*, **Capítulo 4, 4-22 – 4-25** for additional activities.

Población: 40.548.753 habs.

Área: 504.782 km², más o menos dos veces el tamaño de Oregón

Capital: Madrid (3.213.271 habs.)

Ciudades principales: Barcelona (1.605.602 habs.); Bilbao (354.860 habs.); Málaga (568.305 habs.); Sevilla (703.206 habs.); Valencia (814.208 habs.); Santiago de Compostela (95.092 habs.)

Moneda: el euro

Lenguas: el español, el catalán, el euskera (vasco), el gallego

Personas notables Antonio Gaudí y Cornet (1852–1926) es uno de los arquitectos más creativos y prestigiosos de España. Su estilo personal, inspirado en la naturaleza, combina perfectamente la tradición e innovación. Originario de Barcelona, muchas de sus obras más importantes están en esa ciudad: Templo de la Sagrada Familia (*Church of the Holy Family*), Parque Güell, Casa Batlló y Casa Milà. La Casa Milà, también llamada La Pedrera, es un edificio (*building*) de apartamentos con dos escaleras, siete chimeneas, dos patios y acceso al techo (*flat roof*), donde la gente va a ver la magnífica vista de la ciudad de Barcelona, a tomar una soda y a escuchar música por la noche.

¿Cuál es la casa más fascinante o innovadora que conoces? ¿Dónde está? Describe sus habitaciones, decoración y muebles.

Casa Milà o La Pedrera en Barcelona

Lugares mágicos El Palacio de la Zarzuela es la residencia del Rey de España, don Juan Carlos I, y su esposa, la Reina doña Sofía. El palacio está cerca de Madrid y tiene una colección muy interesante de porcelanas, muebles y relojes. El hijo de los Reyes de España, el Príncipe Felipe de Asturias, su esposa, la Princesa Letizia, y sus hijas, la Infanta Leonor y la Infanta Sofía, viven en un nuevo palacio dentro del área del Palacio de la Zarzuela.

¿Deseas vivir en un palacio? ¿Por qué? ¿Te gusta vivir en la residencia estudiantil, en un apartamento, en una casa? ¿Por qué?

La Familia Real Española

© Miquel Gonzalez/laif/Redux

Museo Guggenheim Bilbao

Artes plásticas El Museo Guggenheim Bilbao (1997) está en el País Vasco y es una obra del arquitecto estadounidense Frank O. Gehry. Es un magnífico edificio y un gran ejemplo de la arquitectura vanguardista del siglo XX. El objetivo del museo es investigar y exponer el arte moderno y el arte contemporáneo dentro de la historia del arte. El museo tiene exposiciones permanentes de la segunda mitad del siglo XX, con obras de Willem de Kooning, Robert Motherwell, Clyfford Still, Louise Bourgeois y Andy Warhol. También tiene una extensa colección de obras de artistas españoles como Abigail Lazkoz, Maider López, Manu Arregui, Sergio Prego y Cristina Iglesias.

¿Te gusta visitar museos? ¿Qué piensas de la arquitectura del Museo Guggenheim Bilbao? ¿Prefieres la arquitectura moderna o la clásica? ¿Qué otros musèos conoces?

Ritmos y música En España, cada *(each)* región tiene su música y sus bailes. Por ejemplo, en el siglo XVIII, en Andalucía, al sur *(south)* de España, se origina el flamenco. Las personas que cantan, tocan la guitarra y bailan flamenco expresan sentimientos muy profundos y con mucha emoción. El flamenco es una manera de vivir.

 Uno de los cantantes españoles más importantes hoy en día es David Bisbal. Originario de Almería, en Andalucía, Bisbal comienza a cantar en el 2002 y en el 2009 aparece el CD *Sin mirar atrás,* con su canción más famosa «Esclavo de sus besos», que es un éxito. *Access the iTunes playlist on the* **Plazas** *website.*

¿Te gusta bailar o escuchar música? ¿Qué tipo de música te gusta?

© Javier Alonso / ALFAQUI / Newscom

David Bisbal

⊕ **¡Busquen en Internet!**
1. Personas notables: Antonio Gaudí y Cornet (1852–1926)
2. Lugares mágicos: Palacio de la Zarzuela
3. Artes plásticas: Museo Guggenheim Bilbao
4. Ritmos y música: el flamenco, David Bisbal

Los quehaceres domésticos en la Casa de la Troya

In this section, you will talk about the chores that are done in and outside the house. What household chores do you do?

¡A practicar!

4-13 **¿Quién hace qué?** *(Who is doing what?)* Doña Rosa siempre ayuda a los estudiantes con los quehaceres domésticos. Completa las siguientes oraciones para identificar lo que cada uno hace en la casa.

1. Manuel y David: Nosotros _____ la mesa antes de comer.

2. Carlos _____ la mesa después de comer.

3. Doña Rosa y Marcos _____ los platos en la cocina.

4. Doña Rosa: Pepe, tú _____ la basura.

5. Manuel y David _____ la casa los fines de semana.

6. Ramón: Yo _____ el césped y _____ las plantas en junio, julio y agosto.

7. Los estudiantes _____ la cama todas las mañanas.

8. La hija de doña Rosa _____ la ropa y _____ el piso.

> **Cultura**
> Unlike in the U.S., in Spanish homes it is rare to find carpeted floors. Most floors are either hardwood or tiled.

4-14 **¿Te ayudo?** Manuel siempre ayuda a su madre con los quehaceres en la casa, especialmente cuando hay mucho que hacer. ¿Qué tiene que hacer Manuel?

Modelo La cama está sin hacer *(unmade)*.
Manuel tiene que hacer la cama.

1. Los platos están sucios *(dirty)*.

2. Hay mucha basura en la casa.

3. La ropa está arrugada *(wrinkled)*.

4. La casa está sucia.

5. El piso está sucio.

6. Las plantas necesitan agua.

¡A conversar!

4-15 **¿Qué haces para limpiar la casa?** Pregúntale a un(a) compañero(a) de clase si hace los siguientes quehaceres. Si tu compañero(a) no hace el quehacer, debe indicar quién lo hace.

Modelo sacar la basura
E1: *¿Sacas la basura?*
E2: *No, no saco la basura. Mi padre saca la basura.*

1. poner la mesa

2. lavar los platos

3. planchar la ropa

4. lavar la ropa

5. pasar la aspiradora

6. hacer la cama

7. cortar el césped

8. barrer el piso

9. regar las plantas

4-16 **Entrevista** Trabaja con un(a) compañero(a) de clase y pregúntale sobre los quehaceres domésticos que él/ella hace en casa.

1. ¿Qué quehaceres domésticos haces todos los días?

2. ¿Te gusta cocinar? ¿Poner la mesa? ¿Quitar la mesa? ¿Lavar los platos?

3. ¿Qué hace(n) tu(s) hermano(a)(s) o tu(s) compañero(s) de cuarto?

4. ¿Quién plancha la ropa en la familia? ¿Usas la lavadora y la secadora?

5. ¿Cuántas veces *(times)* al mes limpias la casa? ¿Y la nevera?

6. ¿Tienes que cortar el césped?

7. ¿Quién riega las plantas en tu casa?

8. ¿Quién saca la basura en tu casa o apartamento?

9. ¿Prefieres pasar la aspiradora o barrer el piso?

10. De todos los quehaceres domésticos, ¿cuál es el que prefieres no hacer?

Workbook *4-9 – 4-11*
Lab Manual *4-8 – 4-10*

Affirmative *tú* commands

Spanish speakers use affirmative informal commands mainly to tell children, close friends, relatives, and pets to do something. You have already seen these commands in the direction lines of each exercise telling you (**tú**) what to do.

For most Spanish verbs, use the third-person singular (the **él/ella** verb forms) of the present indicative for the **tú** command form.

Espera un momento.
Wait a minute.

Pide un postre, si quieres.
Order dessert, if you want to.

> In Spain, to form the informal vosotros command, replace the final **-r** in the infinitive with **-d**:
> **hablar → hablad,**
> **comer → comed,**
> **escribir → escribid.**

Infinitive	3rd person present indicative	*tú* command
hablar	habla	**habla (tú)**
comer	come	**come (tú)**
escribir	escribe	**escribe (tú)**
cerrar	cierra	**cierra (tú)**
dormir	duerme	**duerme (tú)**

Eight verbs have irregular affirmative **tú** commands.

decir	**di**	salir	**sal**
hacer	**haz**	ser	**sé**
ir	**ve**	tener	**ten**
poner	**pon**	venir	**ven**

—**Ven** conmigo para ver el piso.
Come with me to see the apartment.

—Sí, pero **ten** paciencia, Alberto.
Yes, but be patient, Alberto.

—**Pon** la dirección en el bolsillo, Francisco.
Put the address in your pocket, Francisco.

—**Dime** tu opinión del piso.
Tell me your opinion of the apartment.

¿Recuerdas?

Francisco: ¿Tienes miedo? ¡Hombre! **Espera** un momento para ver el interior. Seguro que está mejor.

¡A practicar!

4-17 A sus órdenes, doña Rosa Completa la siguiente conversación entre doña Rosa y los chicos de la casa, usando los mandatos informales *(informal commands)* de la lista. Puedes usar los verbos más de una vez *(more than once)*.

espera	llama	quita	ten
haz	pon	riega	ven

Doña Rosa: ¡Chicos! Ya es tarde. Ayudadme con los quehaceres. Hay mucho por hacer.

Manuel: Ahora mismo *(Right now)*, señora. Alberto, 1. _____ conmigo para lavar los platos.

Alberto: 2. _____ un minuto. Tengo que terminar la tarea.

Manuel: Alberto, 3. _____ la tarea después. La señora necesita nuestra ayuda ahora.

Alberto: ¿No me oyes, Manuel? 4. _____ paciencia. ¿No puedes esperar dos minutos?

Manuel: En dos minutos entonces. Te espero en el comedor.

Alberto: Muy bien. 5. _____ la mesa y te ayudo en la cocina con los platos.

Francisco: Manuel, ¿necesitas ayuda?

Manuel: ¡Sí! Gracias. 6. _____ los platos en el lavaplatos y luego 7. _____ las plantas del patio. Antes de empezar, 8. _____ a Alberto. Él no tiene ganas de ayudar hoy.

4-18 Nuevo apartamento Te mudas *(You are moving)* a un nuevo piso en Madrid. ¿Qué le dices a tu compañero(a) de casa? Sigue el modelo y usa los siguientes verbos para dar seis mandatos.

Modelo ir a la cocina
¡Ve a la cocina!

1. poner la mesa
2. hacer la cama
3. limpiar el baño
4. barrer el piso
5. lavar los platos
6. quitar la mesa

¡A conversar!

4-19 Consejos *(Advice)* para un nuevo estudiante   La supervisora hace recomendaciones a un nuevo estudiante de la casa. ¿Qué le dice? Trabaja con un(a) compañero(a) para dar consejos. Usa mandatos informales afirmativos.

Modelo ayudar / con los quehaceres domésticos
Ayuda con los quehaceres domésticos.

1. barrer / el piso de tu habitación todas las semanas
2. lavar / tu ropa los fines de semana
3. comer / a las horas establecidas
4. hacer / la cama todos los días
5. salir / para hacer ejercicio con los otros chicos
6. ir / al mercado los domingos por la mañana
7. llamar / a tus padres todas las semanas
8. dormir / la siesta

> **Nota lingüística**
> Many Spaniards will say **echar una siesta** instead of **dormir la siesta**. It is still common for Spaniards to return home for lunch and then take a short nap, before returning to work or school.

4-20 ¿Qué recomiendas? Ahora un estudiante universitario de España te escribe una carta. Dale consejos para tener éxito en tu universidad. Trabaja con un(a) compañero(a) de clase para hacer una lista de mandatos afirmativos. Luego practica con el (la) otro(a) estudiante.

Modelo *Come en la cafetería grande. ¡La comida en la otra es horrible!*

4-21 Para conocer la ciudad Ahora el estudiante español está en tu ciudad. Con un(a) compañero(a), túrnense para decirle al nuevo estudiante qué hacer y adónde ir. Utilicen mandatos informales.

Modelo *¿Quieres pasear? Camina por el parque. Luego visita el museo.*

Workbook *4-12 – 4-14*
Lab Manual *4-11 – 4-13*

The verb *estar*

The verb *to be* in English is translated in Spanish by either the verb **ser** or **estar**. As you learned in **Capítulo 2**, **ser** is used to identify essential or inherent characteristics, profession, nationality or origin, time, and dates. You learned the conjugation of **estar** in **Capítulo 3.** In this section, you will learn three functions of the verb **estar**.

Location

To state the location of people and things, use **estar** + preposition of location + location.

Papá **está en** el comedor.	*Dad is in the dining room.*
La aspiradora **está detrás del** sofá, **en** la sala.	*The vacuum cleaner is behind the sofa in the living room.*
La tarea **está encima de** la mesa, **debajo del** libro de texto.	*The homework is on top of the table, under the textbook.*

Prepositions of location often used with the verb **estar**:

al lado de	*next to, beside*	**detrás de**	*behind*
cerca de	*near*	**en**	*in; on*
con	*with*	**encima de**	*on top of*
debajo de	*under, below*	**entre**	*between, among*
delante de	*in front of*	**lejos de**	*far from*
dentro de	*inside of*	**sobre**	*on; over*

Emotional and physical states

To describe how people are feeling or the physical state of something, use **estar** + *adjective*.

¿Cómo **estás**, Elena?	*How are you, Elena?*
Estoy muy cansada, pero contenta.	*I'm very tired, but happy.*

Here are some adjectives commonly used with **estar** to describe emotional and physical states:

aburrido(a)	*bored*	**furioso(a)**	*furious*
cansado(a)	*tired*	**limpio(a)**	*clean*
contento(a)	*happy*	**ocupado(a)**	*busy*
desordenado(a)	*messy*	**ordenado(a)**	*neat*
emocionado(a)	*excited*	**preocupado(a)**	*worried*
enfermo(a)	*sick*	**sucio(a)**	*dirty*
enojado(a)	*angry*	**triste**	*sad*

Note that **estar** can also be used with the adverbs **bien** and **mal**.

¿Cómo **estás**?	*How are you?*
Yo **estoy bien (mal).**	*I'm well (sick).*

Actions in progress

The **present progressive** tense is used to describe actions in progress. To form the present progressive, use a present tense form of **estar** plus a present participle, which is formed by adding **-ando** to the stem of **-ar** verbs, and **-iendo** to the stem of **-er** and **-ir** verbs.

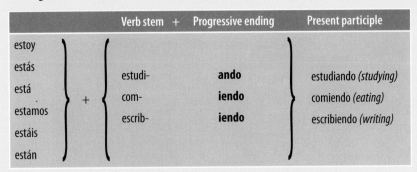

	Verb stem +	Progressive ending	Present participle
estoy			
estás			
está	estudi-	**ando**	estudiando *(studying)*
+ com-	**iendo**	comiendo *(eating)*
estamos	escrib-	**iendo**	escribiendo *(writing)*
estáis			
están			

Two irregular present participles are **leyendo** *(reading)* and **trayendo** *(bringing)*. Verbs that end in **-ir** and have a stem change, such as the verbs **dormir, pedir,** and **servir,** change in the stem from **o** to **u** or **e** to **i** (forming **durmiendo, pidiendo,** and **sirviendo,** respectively).

While Spanish speakers often use the simple present tense to describe routine or habitual actions, they use the present progressive tense to describe what is happening right now—at this very moment. Compare the two examples.

Happens habitually

Generalmente, Lorena **come** con su familia en casa.

Usually, Lorena eats with her family at home.

Happening right now

Pero en este momento Lorena **está comiendo** en una cafetería.

But right now Lorena is eating in a cafeteria.

¿Recuerdas?

Heinle/Cengage Learning

Francisco: Creo que **todos están en el sillón** del salón. Bueno, Alberto,... tienes razón. El piso **está un poco desordenado**. Pero ven conmigo para ver el cuarto de baño antes de decidir.

¡A practicar!

4-22 ¿Dónde está...? Ayuda a doña Rosa a encontrar las siguientes cosas en la casa. Usa **estar** + *preposition* para indicarle dónde están.

Modelo la lámpara *La lámpara está cerca de la ventana.*

1. la aspiradora
2. los libros
3. el espejo
4. la ropa
5. el sofá
6. el gato

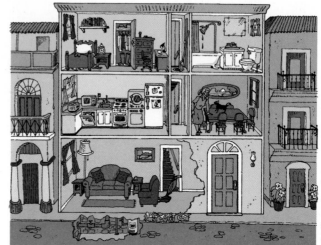

Heinle/Cengage Learning

4-23 ¿Cómo está(n)? Mira los siguientes dibujos y decide cómo están las personas. Usa la forma apropiada de los adjetivos de la lista de la página 130 y el verbo **estar.**

1. _____ 2. _____ 3. _____ 4. _____

5. _____ 6. _____ 7. _____ 8. _____

4-24 La casa nueva Tus padres, tus abuelos y dos de tus hermanos están en su casa nueva. Tú y tu hermano viven en la universidad, así que tu madre te llama para darte información sobre cada miembro de la familia. Escucha el mensaje telefónico y escribe la información necesaria para dársela *(give it)* a tu hermano.

AUDIO CD
CD 2, TRACK 4

Persona	Dónde está	Otra información (cómo está, qué está haciendo, etc.)
1._____	_____	_____
2._____	_____	_____
3._____	_____	_____
4._____	_____	_____
5._____	_____	_____
6._____	_____	_____

Workbook *4-15 – 4-18*
Lab Manual *4-14 – 4-16*

¡A conversar!

4-25 **¿Dónde está Joaquín?** En parejas, usando la siguiente información, indiquen dónde están Joaquín y su esposa Silvia. Varias respuestas son posibles.

Modelo Silvia y Joaquín almuerzan juntos.
Están en el comedor.

1. Joaquín duerme profundamente *(deeply)*.
2. Silvia comienza a leer una novela.
3. Joaquín piensa sacar la basura.
4. Joaquín empieza a cantar una canción.
5. Silvia y Joaquín vuelven de su trabajo y cierran la puerta.
6. Joaquín piensa en los ingredientes de la tortilla española.
7. Joaquín corre y juega con su perro.

> **Cultura**
>
> **Tortilla española** is a popular dish that is served either hot or cold. It is made with eggs, potatoes, and onions.

4-26 **Situaciones y emociones** Trabajando con un(a) compañero(a) de clase, túrnense *(take turns)* para identificar sus emociones en las siguientes situaciones, y expliquen por qué.

Modelo Cuando hace sol, estoy...
Cuando hace sol, estoy muy contento(a); me gusta mucho el sol.

1. Cuando saco una mala nota *(bad grade)*, estoy...
2. Cuando tengo que hablar en español, estoy...
3. Cuando mi hermano tiene que limpiar el cuarto de baño, está...
4. Cuando estoy con mis amigos, nosotros estamos...
5. Cuando mi compañero(a) pierde un documento en la computadora, está...
6. Cuando los estudiantes no tienen clase, están...

4-27 **¿Qué están haciendo?** Con un(a) compañero(a), túrnense para saber qué están haciendo otras personas de la clase o alguien que ustedes conocen. Un compañero elige a la persona y hace la pregunta. El otro responde usando el presente progresivo.

Modelo E1: *¿Qué está haciendo el profesor/tu hermano ahora?*
E2: *Está escribiendo en la pizarra./Está trabajando.*

4-28 **¡Actuemos!** En grupos de tres personas, túrnense para actuar *(act out)* y adivinar *(guess)* varios quehaceres domésticos. Una persona hace la pantomima y el resto del grupo hace preguntas sobre lo que está haciendo, usando el presente progresivo.

Modelo E1: *¿Estás lavando la ropa?*
E2: *No, estoy en la cocina.*
E3: *¿Estás lavando los platos?*
E2: *¡Sí! Estoy lavando los platos porque están muy sucios.*

Numbers 100 to 1,000,000

100 cien (ciento + *número*)		**700** setecientos(as)	
200 doscientos(as)		**800** ochocientos(as)	
300 trescientos(as)		**900** novecientos(as)	
400 cuatrocientos(as)		**1.000** mil	
500 quinientos(as)		**1.000.000** un millón	
600 seiscientos(as)			

1. The **y** never occurs directly after the number **ciento: ciento uno(a)**.

2. Numbers ending in **un-** and **cien-** agree in gender with the nouns they modify: **doscientos libros,** but **doscientas sillas.**

3. The word **mil,** which can mean *a thousand* or *one thousand,* is not usually used in the plural form when counting but can be in other contexts. **Un millón** *(a million or one million),* however, has the plural form **millones,** in which the accent is dropped.

4. When expressing numbers greater than 1,000, use **mil.** For expressing hundreds of thousands, numbers ending in **un-** and **cien-** must agree in gender with the nouns they modify.

2.000	dos mil
300.055	trescien**tos** mil cincuenta y cinco **estudiantes**
200.000	doscien**tas** mil **personas**

5. For expressing dates, the numbers 200–900 will be plural masculine to agree with the implied or stated masculine plural noun **años.**

1835	mil ochocientos treinta y cinco
1998	mil novecientos noventa y ocho
2012	dos mil doce

   Use the preposition **de** to connect the day, month, and year.

   Nací *(I was born)* el 24 **de** junio **de** 1986.

6. Note that when writing numbers, Spanish uses a period where English uses a comma, and vice versa.

English:	$1,500.75
Spanish:	$1.500,75

   As in English, years are never written with a period nor a comma.

1999	1969	1492

   Unlike in English, years must be spelled out (**mil, novecientos, noventa y nueve**) rather than broken into two-digit groupings (*nineteen, ninety-nine*).

¡A practicar!

4-29 Eventos históricos de España Para cada fecha histórica, escribe la fecha y luego dile la frase completa a un compañero(a) de clase.

> **Modelo** Barcelona celebra los Juegos Olímpicos en 1992.
> *Barcelona celebra los Juegos Olímpicos en mil novecientos noventa y dos.*

1. Los romanos llegan a España en el año 218 a.C. (antes de Cristo).
2. Los árabes invaden desde África en el año 711 d.C. (después de Cristo).
3. Los Reyes Católicos, Fernando e Isabel, conquistan Granada en 1492.
4. El príncipe Juan Carlos de Borbón es nombrado sucesor al trono de España en 1969.

4-30 ¿Cuánto cuesta? *(How much does it cost?)* Escribe los precios en español.

1. un pequeño condominio en Madrid, España: 227.834,00 euros
2. un año de estudios en una universidad privada en los Estados Unidos: 42.000,00 dólares
3. una lavadora: 515,00 euros
4. un televisor de plasma: 1.300,00 dólares
5. un sofá: 2.199,00 euros
6. una casa con 2 habitaciones y un baño en Bilbao, España: 379.500,00 euros

4-31 ¿Cuántos hay? Utilizando números mayores de 100, completa las siguientes oraciones. Debajo de la oración escribe ese número en español.

1. En mi ciudad hay _____ casas. [Usa un número aproximado.]
   _____

2. En la universidad hay _____ estudiantes. [Usa un número aproximado.]
   _____

3. El libro de español tiene _____ páginas.
   _____

4. Sevilla tiene _____ habitantes *(inhabitants)* y Valencia tiene _____ . [La respuesta está en la página 124.]
   _____

¡A conversar!

4-32 ¿Cómo se dice... en español? Escribe los siguientes números y luego exprésalos a un(a) compañero(a) de clase. Indica si el número es o no es importante para ti.

> **Modelo** la fundación de esta universidad
> *1825: mil ochocientos veinticinco*
> *Para mí no es muy importante.*

1. el año de tu nacimiento *(birth)*
2. el año de tu graduación de la escuela secundaria
3. la cantidad de dinero que esperas tener en el banco en el año 2020
4. el número de días en el año
5. el número de horas que duermes en un mes
6. el número de personas en tu ciudad o pueblo

La Universidad de Alcalá de Henares es uno de los 890 lugares declarados por la UNESCO como Patrimonios de la Humanidad. ¿Conoces otros?

4-33 ¿Cuántos de cada? Haz preguntas a tu compañero sobre cantidades de cosas, personas o lugares, basándote en los números dados *(given)*. Tu compañero responde eligiendo un número de la lista. Luego, tu compañero pregunta y tú respondes.

> **Modelo** E1: *¿Cuántos salones de clase hay en la universidad?*
> E2: *Hay mil quinientos sesenta y dos.*

1. 768
2. 12.889
3. 55.015
4. 1.000.000
5. 1.562
6. 203.245

En la Hacienda Vista Alegre En este segmento del video, los cinco compañeros de casa ya se conocen bien y están muy contentos en su nueva casa, la Hacienda Vista Alegre. Vas a ver varias escenas en la casa, incluso escenas del primer día en la Hacienda. Los jóvenes recuerdan *(remember)* las diferentes partes de la casa y cómo dividieron *(how they divided)* las habitaciones.

Antes de ver

Expresiones útiles The following are some new expressions you will hear in the video.

si no les molesta	*if it doesn't bother you all*
vale	*okay*
¿No te da miedo?	*Doesn't it frighten you?*

Enfoque estructural The following are expressions in the video with present tense stem-changing verbs and the verb **estar**.

Javier: Hay tres habitaciones. **Antonio y yo podemos** ocupar la doble.

Valeria: Si no les molesta, yo **prefiero** dormir sola. Porque... es que me encanta la privacidad. Y además tengo muchas cosas.

Antonio: Entonces Valeria, **tu cuarto está al lado** del mío. Oye ¿tú sabes que yo camino cuando **estoy dormido**? ¿No te da miedo?

1. **Recordemos** ¿Cómo describes tu propio cuarto, incluyendo los muebles y electrodomésticos que tienes? Imagina que necesitas la ayuda de tu compañero(a) de cuarto para hacer 3 quehaceres domésticos, ¿qué le dices a él o ella?

 2. **Practiquemos** Con un compañero, imagina que llegan a un hotel y que uno de ustedes prefiere dormir solo. La persona que prefiere dormir sola tiene que convencer al otro de su preferencia. (Pueden usar las oraciones de **Enfoque estructural** como modelo).

 3. **Charlemos** Ahora comparte tus argumentos de **Practiquemos** con otros miembros de la clase. ¿Quién de la clase tiene las mejores razones para querer dormir solo?

Después de ver

1. Inventario de la Hacienda Vista Alegre Ahora completa el siguiente inventario de la casa.

Número total de:

A. Habitaciones

　———————

B. Baños

　———————

C. Muebles en el cuarto de Alejandra

　————————————————

Ocupantes de las habitaciones:

1. ——————— y ———————
2. ——————— y ———————
3. ——————— y ———————

2. Reacciones emocionales ¿Cómo se sienten los compañeros de la Hacienda Vista Alegre? Completa las siguientes oraciones con la emoción apropiada y la forma correcta del verbo **estar.**

Heinle/Cengage Learning

contento　　emocionado　　enojado　　triste

Sofía ———————— porque la habitación no tiene escritorio.

Antonio ———————— porque le gusta molestar *(to bother)* a Valeria.

Valeria ———————— con Antonio porque él siempre hace bromas *(jokes around).*

Alejandra ———————— porque va a compartir el cuarto con Sofía.

 Entre nosotros Imagina que eres uno de los personajes *(characters)* de Vista Alegre. Escoge tres estados emocionales y explícalos a otro miembro de la casa.

 Presentaciones Con un compañero(a) de clase, escribe una escena corta en la que los dos expresan mucha emoción sobre una situación en la casa. ¡Utiliza tu imaginación y tu sensibilidad melodramática! Luego, presenta la escena a la clase.

 See the *Lab Manual,* **Capítulo 4, 4-19– 4-20** for additional activities.

Antes de leer

Strategy: Clustering words

Reading one word at a time slows down your reading speed and is inefficient. Reading one word at a time may also lead to a great deal of frustration, as in many instances you will not know the meaning of every word in a given passage. It is more efficient to read meaningful groups or clusters of words. For instance, when reading the following biographical information for a twentieth century Spanish writer, it will be easier if you process groups of two, three or four words in order to get the gist of the content. You'll notice that these clusters are already identified for you. Use the clustering strategy to determine the main ideas of this biographical information. What are the main points?

> Alejandro Rodríguez Álvarez (1903-1965), conocido con el nombre de Alejandro Casona, es un escritor español muy importante dentro de la literatura española y latinoamericana del siglo XX. Cuando comienza la Guerra Civil Española (1936–1939), viaja a Francia y luego visita Puerto Rico, Cuba, Venezuela y México como director de sus obras de teatro (plays). Decide vivir en Buenos Aires, Argentina, hasta 1962, donde escribe y dirige más obras de teatro. Casona es famoso por combinar temas diarios y ordinarios con elementos mágicos que crean ilusiones en sus personajes (characters). En su obra, Los árboles mueren de pie, Casona usa la ilusión y la fantasía para remediar lo negativo de la vida.

If you and your classmates determined that this is a short biography of a Spanish playwright, Alejandro Casona, whose play deals with the difficulties of life and the role of fantasy in overcoming them, you used the clustering strategy correctly.

Los árboles mueren de pie

Estrategia: Con un(a) compañero(a) de clase, dividan las descripciones de los actos del drama en grupos de palabras *(clusters of words)* para hacer más fácil la lectura.

Lectura activa: Después de identificar los grupos de palabras, lean las tres descripciones. Con un(a) compañero(a) de clase, discutan los siguientes temas.

1. Acto Primero: ¿Qué hay en esta oficina moderna? ¿Qué objetos hay que representan la imaginación y la fantasía? ¿Qué representan los objetos? ¿Cómo son las oficinas modernas hoy?
2. Acto Segundo: Describan la casa de la Abuela. ¿Quién es la "Abuela"? ¿Qué representa la "amplia escalera con barandal"? ¿Por qué la casa es cómoda?
3. Acto Tercero: ¿Quién llama por teléfono? ¿Para qué llama?
4. ¿Cuál o cuáles creen ustedes que son las estaciones del año en los actos? ¿Qué hora del día es en los actos?

Acto primero

A primera vista *(at first sight)* estamos en una gran oficina moderna, del más aséptico (limpio) capitalismo funcional. Archivos metálicos… teléfonos, audífono y toda la comodidad mecánica… La mitad derecha del foro *(backstage)* está ocupada por una librería *(bookshelves)*…

En contraste con el aspecto burocrático hay acá y allá un rastro sospechoso *(a suspicious trail)* de fantasía: redes de pescadores *(fisherman's nets)*,… un globo terráqueo *(a globe)*, armas inútiles, mapas de países que no han existido nunca *(have never existed)*…

Acto segundo

En casa de la Abuela. Salón con terraza al foro sobre el jardín. Primera derecha *(Front right)*, puerta a la cocina. Primera izquierda, a las habitaciones. A la izquierda, segundo término, una amplia escalera con barandal *(banister)*. Todo aquí tiene el encanto esfumado *(hazy charm)* de los viejos álbumes y la cómoda cordialidad de las casas largamente vividas *(long lived in)*.

Acto tercero

En el mismo lugar unos días después. Tarde. La escena sola. Llama el teléfono….

Alejandro Casona, Los árboles mueren de pie, ed. Juan Rodríguez-Castellano. Copyright ©1953 by Holt, Rinehart and Winston, Incorporated, New York.

Después de leer

A escoger Después de leer las descripciones para los tres actos, contesta las siguientes preguntas:

1. En el acto primero, la oficina es moderna porque tiene:
   a. Un teléfono y una librería
   b. Un teléfono y un audífono
   c. Un teléfono y unos archivos metálicos
   d. Todas las opciones

2. ¿Cómo es la decoración en el acto primero?
   a. Es una decoración simple.
   b. Es una decoración moderna.
   c. Es una decoración moderna y fantástica.
   d. Es una decoración simple y moderna.

3. En el acto segundo, la casa de la Abuela es muy cómoda porque:
   a. Tiene jardín y habitaciones.
   b. Tiene habitaciones y cocina.
   c. Tiene cocina, jardín y habitaciones.
   d. Tiene habitaciones, cocina, jardín y un ambiente cordial.

4. En el acto tercero, ¿qué interrumpe la escena sola?
   a. Alguien llama a la puerta.
   b. Alguien llama por teléfono.
   c. Alguien visita a la Abuela.
   d. La Abuela entra en escena.

¿Cierto o falso? Indica si las siguientes oraciones son **ciertas** o **falsas**. Corrige las oraciones falsas.

1. _____ En el acto primero hay un contraste entre los muebles y la decoración fantástica.
2. _____ En el acto primero hay un globo terráqueo y mapas de países reales.
3. _____ En el acto segundo, la casa de la Abuela tiene un ambiente antiguo pero muy cómodo.
4. _____ En el acto segundo, la escalera no tiene barandal.
5. _____ En el acto tercero, en la escena es muy temprano por la mañana.

¡A conversar! Con tres de sus compañeros de clase comenten los siguientes temas:

1. **La casa de sus sueños** *(dreams)*. Describan la casa en la que ustedes quieren vivir, considerando lo siguiente *(considering the following)*:
   - el tamaño de la casa y el número de habitaciones
   - el tamaño de la cocina
   - los electrodomésticos

2. **En venta.** Después de describir la casa o el apartamento de sus sueños, diseñen *(design)* un anuncio para alquilar o vender un piso o una casa en Internet. ¿Qué tipo de información van a incluir? Para ver ejemplos, pueden buscar "Anuncios de casas" en Internet. Presenten su anuncio a la clase.

Strategy: Writing topic sentences

The first step in writing a well-structured paragraph is to formulate a clear, concise topic sentence. A good topic sentence has the following characteristics:

- It comes at the beginning of a paragraph.
- It states the main idea of the paragraph.
- It focuses on only one topic of interest.
- It makes a factual or personal statement.
- It is neither too general nor too specific.
- It attracts the attention of the reader.

Paso 1 Below you will find four possible topic sentences for a paragraph a student has written about the house in which he lives in the north of Spain. Discuss the sentences with a classmate, focusing on the characteristics listed above.

1. Hay cuatro habitaciones y dos baños en la casa.

2. La cocina no es muy grande, pero tiene los electrodomésticos más importantes.

3. La casa, situada en una parte histórica de la ciudad, es el lugar ideal para un estudiante universitario.

4. El jardín es muy bonito porque los residentes de la casa riegan las plantas frecuentemente.

Paso 2 In your opinion, which is the best sentence to begin the paragraph? Why?

Task: Writing a property description

Property descriptions often appear in several different contexts. For example, individuals who wish to sell or rent property provide them for prospective tenants and buyers. In this activity, you will prepare a property description. You may choose a real property or an imaginary one to describe.

Paso 1 Choose a property to describe. It may be your current house or apartment, one you know from the past, or one you hope to live in one day. Write a topic sentence for a paragraph describing the property, keeping in mind the characteristics listed above.

Paso 2 Write five or six sentences about the property, developing the idea stated in your topic sentence. If you have a photograph of the property or wish to prepare a sketch of it, you may want to submit it with your written description.

 Paso 3 Share your paragraph with a classmate and discuss how you might improve the topic sentence, focusing on the characteristics of a good topic sentence and its relationship to the rest of the paragraph. You may use the following checklist questions as a guide: Does the topic sentence . . .

1. come at the beginning of the paragraph?   _____ yes   _____ no

2. state the main idea of the paragraph?   _____ yes   _____ no

3. focus on only one topic of interest?   _____ yes   _____ no

4. make a factual or personal statement?   _____ yes   _____ no

5. seem neither too general nor too specific?   _____ yes   _____ no

6. attract the attention of the reader?   _____ yes   _____ no

 Paso 4 Share your paragraph with several other class members. After you have read several descriptions, identify one or two properties that you find particularly interesting.

Communicative Goals:

- Describe features and contents of homes and other residences
- Give instructions to friends and family members
- State locations
- Indicate feelings
- Communicate about actions in progress

Paso 1
Review the Communicative Goals for **Capítulo 4** and determine if you are able to accomplish the goals. If you are not certain that you have achieved all of the goals, review the pertinent portions of the chapter.

Paso 2
Look at the components of a conversation which addresses the communicative goals for this chapter. The percentages will help you evaluate your ability to successfully participate in the conversation that is featured below. Your instructor may use the same rubric to assess your oral performance.

Components of the conversation	%
☐ Greetings, each person asks how the other person is feeling, each responds and explains why he (she) is feeling a particular way	20
☐ Response, followed by indication that apartment is messy, must be cleaned and why	20
☐ Agreement, statement that another roommate cannot help and explanation	20
☐ Statement by each person of at least two household chores that the person is going to do	15
☐ Commanding that roommate do at least two household chores	15
☐ Polite conclusion of conversation	10

 En acción Think about a conversation that might take place between apartment mates on a Saturday morning. Their apartment needs to be cleaned because visitors are expected. Three apartment mates share the apartment but only two are available and those two participate in the conversation. Consider the sort of information that might be exchanged and how the speakers will communicate the information. You and your partner must include the following steps in the development of the conversation.

1. The individuals greet one another, ask how they are feeling, provide information about their current conditions and explain why they are feeling as they are.

2. One person indicates that the apartment is messy and says that they need to clean it because friends are coming to visit soon.

3. The second person says that their other apartment mate should also help but says that he (she) cannot and explains where that person is and what he (she) is doing at that moment.

4. One person states at least two chores that he (she) is going to do and then tells (commands) the other person to do two chores.

5. The other person responds, stating at least two chores that he (she) will do and then tells (commands) the other person to do two other chores.

6. The individuals politely end the conversation so they can begin their work.

Present tense of e > ie verbs

Infinitive	pensar (ie)	querer (ie)	preferir (ie)
Stem	piens-	quier-	prefier-
	pienso	quiero	prefiero
	piensas	quieres	prefieres
	piensa	quiere	prefiere
	pensamos	queremos	preferimos
	pensáis	queréis	preferís
	piensan	quieren	prefieren

¡A recordar! 1 What other common **e > ie** verbs did you learn in this chapter? Which common **e > ie** verbs have irregular **yo** forms?

Present tense of o > ue, u > ue verbs

Infinitive	jugar (ue)	poder (ue)	dormir (ue)
Stem	jueg-	pued-	duerm-
	juego	puedo	duermo
	juegas	puedes	duermes
	juega	puede	duerme
	jugamos	podemos	dormimos
	jugáis	podéis	dormís
	juegan	pueden	duermen

¡A recordar! 2 What other common **o > ue** verbs did you learn in this chapter?

Present tense of e > i verbs

Infinitive	pedir (i)	decir (i)
Stem	pid-	dic-
	pido	digo
	pides	dices
	pide	dice
	pedimos	decimos
	pedís	decís
	piden	dicen

¡A recordar! 3 What other common **e > i** verbs did you learn in this chapter? Why is **digo** the **yo** form of **decir**?

Affirmative tú commands for regular verbs

Infinitive	3rd person present indicative	tú command
hablar	habla	**habla (tú)**
comer	come	**come (tú)**
escribir	escribe	**escribe (tú)**

¡A recordar! 4 What are the **tú** commands for the verbs **dormir** and **cerrar**? What are the eight verbs that have irregular affirmative **tú** commands?

Estar and the present progressive

Infinitive	Present participle
estar +	estudiando
	comiendo
	escribiendo

¡A recordar! 5 What are the present participle endings for **leer** and **traer**? What are the participles for stem-changing verbs such as **dormir, pedir,** and **servir**? What other uses of **estar** do you remember from the chapter?

Actividad 1 Los planes de esta noche Completa el diálogo entre unos amigos sobre los planes de esta noche, usando la forma apropiada de los verbos que están entre paréntesis.

— ¿Uds. 1. _____ (poder) salir a las nueve esta noche? Nosotros 2. _____ (pensar) ver una película.

— Mi hermano tiene que limpiar su dormitorio y se 3. _____ (dormir) temprano, pero yo 4. _____ (poder) salir a las nueve. Yo 5. _____ (preferir) ir a un restaurante a cenar, porque no 6. _____ (querer) ver una película.

— Sí, yo 7. _____ (entender). Entonces, nosotros 8. _____ (querer) pasar por tu casa a las ocho. Hay un restaurante muy bueno en la calle Segovia. Ellos 9. _____ (servir) una paella muy rica.

— Sí. Mi madre también 10. _____ (decir) que es excelente. Ella 11. _____ (almorzar) allí con mi tía y ellas siempre 12. _____ (pedir) paella.

Actividad 2 La rutina de dos chicos Usa los verbos de la lista para completar el párrafo sobre los hijos de los señores Saavedra.

almorzar	jugar	preferir	venir
dormir	pensar	tener	volver

Los señores Saavedra 1. _____ dos hijos. Jorge, el mayor, 2. _____ al tenis pero Ramón, el menor, 3. _____ jugar al fútbol. Él 4. _____ que el tenis es aburrido. Los sábados los niños practican deportes por la mañana. Ellos 5. _____ a casa y 6. _____ a las dos de la tarde. A veces ellos 7. _____ la siesta después de comer, pero generalmente unos amigos 8. _____ a su casa y no hay tiempo para la siesta.

Actividad 3 ¿Qué dice? Forma el mandato afirmativo de los verbos que están entre paréntesis para saber qué tienes que hacer.

1. ¡_____ (Venir) aquí!
2. ¡_____ (Limpiar) la cocina!
3. ¡_____ (Poner) la mesa!
4. ¡_____ (Hacer) la cama!
5. ¡_____ (Regar) las plantas!
6. ¡_____ (Barrer) el piso!
7. ¡_____ (Ir) a la tienda con tu madre!
8. ¡_____ (Escribir) un correo electrónico a tu tía!
9. ¡_____ (Tener) paciencia con tu hermana!
10. ¡_____ (Ser) simpático!

Actividad 4 ¿Dónde está? Completa los espacios en blanco con la(s) palabra(s) que completa(n) las oraciones lógicamente.

1. El banco está _____ (encima / al lado) de la iglesia.
2. Boston está _____ (cerca / lejos) de Atlanta; a 935 millas.
3. Los libros están _____ (encima / entre) de la cama.
4. Las camisas están _____ (con / en) la secadora.
5. Voy a cortar el césped que está _____ (cerca del / sobre el) condominio.
6. El número 526 está _____ (entre / sobre) el 525 y el 527.
7. En el mapa, México está _____ (debajo / detrás) de los Estados Unidos.
8. Yo estoy viviendo _____ (en / con) un amigo.
9. Los lápices están _____ (dentro / lejos) de la mochila. Abre la mochila y toma un lápiz.
10. No puedo ver el despertador. Está _____ (delante / detrás) de la lámpara.

Actividad 5 ¿Cómo están? Escribe oraciones con las palabras dadas, usando el verbo **estar** y el adjetivo. Presta atención a la concordancia del verbo y el adjetivo.

cansado   contento   furioso   sucio   desordenado

1. Mi hermano _____ . ¡No tiene dinero!
2. Amalia y Sandra _____ porque estudian y trabajan.
3. La profesora _____ porque sacamos una "A".
4. Luisito, _____ . ¡Ve a la ducha!
5. ¡Enrique! Tu dormitorio _____ . Tienes que hacer tu cama.

Actividad 6 ¿Qué están haciendo? Completa cada frase con la forma apropiada del verbo en el presente progresivo para saber qué están haciendo los residentes de la Casa de la Troya según doña Rosa.

1. Nosotros _____ (preparar) la cena.
2. Yo _____ (poner) la mesa.
3. Dos estudiantes _____ (trabajar) en la cocina.
4. Una estudiante _____ (abrir) el refrigerador.
5. Tú _____ (hacer) la tortilla, ¿no?

Refrán

_____ (Hacer) bien; pero _____ (mirar) cómo y a quién.

VOCABULARIO ESENCIAL

En la casa — In the house

la bañera	bathtub
la cocina	kitchen
el comedor	dining room
el cuarto	(bed)room
el cuarto de baño	bathroom
el dormitorio	bedroom
la ducha	shower
la escalera	stairs
la habitación	(bed)room
el inodoro	toilet
el jardín	garden
el lavabo	bathroom sink
la pared	wall
el piso	floor; apartment (Spain)
la puerta	door
la sala	living room
el salón	living room
el sótano	basement
el suelo	floor
la ventana	window

Los muebles y las decoraciones — Furniture and decorations

la alfombra	carpet
el armario	wardrobe, armoire, closet
la cama	bed
la cómoda	dresser
el cuadro	painting
el espejo	mirror
el estante	bookshelf
la lámpara	lamp
la mesa	table
la mesita	coffee (side) table
el sillón	easy chair, armchair
el sofá	sofa, couch

Los electrodomésticos y otros artículos del hogar — Appliances and other household goods

la aspiradora	vacuum cleaner
el despertador	alarm clock
la estufa	stove
el horno (de microondas)	(microwave) oven
la lavadora	washing machine
el lavaplatos	dishwasher
la nevera	refrigerator
la plancha	iron
el refrigerador	refrigerator
la secadora	clothes dryer
la tabla de planchar	ironing board
la tostadora	toaster

Los quehaceres domésticos — Household chores

barrer el piso	to sweep the floor
cortar el césped	to mow the lawn
hacer la cama	to make one's bed
lavar (los platos, la ropa, las ventanas)	to wash (dishes, clothes, windows)
limpiar (la casa)	to clean (the house)
pasar la aspiradora	to vacuum
planchar (la ropa)	to iron (clothes)
poner la mesa	to set the table
quitar la mesa	to clear the table
regar (ie) las plantas	to water the plants
sacar la basura	to take out the garbage

Estados emocionales y físicos — Emotional and physical states

aburrido(a)	bored
cansado(a)	tired
contento(a)	happy
desordenado(a)	messy
emocionado(a)	excited
enfermo(a)	sick
enojado(a)	angry
furioso(a)	furious
limpio(a)	clean
ocupado(a)	busy
ordenado(a)	neat, orderly
preocupado(a)	worried
sucio(a)	dirty
triste	sad
bien	good
mal	bad

Expresiones de lugar

al lado de	next to, beside
cerca de	near
con	with
debajo de	under, below
delante de	in front of
dentro de	inside of
detrás de	behind
en	in; on
encima de	on top of
entre	between; among
lejos de	far from
sobre	on; over

Otros verbos

almorzar (ue)	to have lunch
cerrar (ie)	to close
comenzar (ie)	to begin
decir (i)	to say, to tell
dormir (ue)	to sleep
empezar (ie)	to begin
entender (ie)	to understand
jugar (ue)	to play
pedir (i)	to ask for
pensar (ie)	to think
perder (ie)	to lose; to miss (an event)
poder (ue)	to be able to
preferir (ie)	to prefer
querer (ie)	to want; to love
servir (i)	to serve
venir (ie)	to come
volver (ue)	to return

Los números de 100 a 1.000.000

100	cien
200	doscientos(as)
300	trescientos(as)
400	cuatrocientos(as)
500	quinientos(as)
600	seiscientos(as)
700	setecientos(as)
800	ochocientos(as)
900	novecientos(as)
1.000	mil
1.000.000	un millón

La salud

Bolivia y Paraguay

© Anders Ryman/CORBIS

Plaza Murillo, La Paz, Bolivia

Chapter Objectives

Communicative Goals

In this chapter, you will learn how to . . .

- Identify parts of the body and communicate about health conditions
- Describe daily activities
- Express what you and others have just finished doing
- Communicate about characteristics and conditions of people and things

Structures

- Reflexive pronouns and present tense of reflexive verbs
- **Acabar de** + *infinitive*
- **Ser** vs. **estar**
- Demonstrative adjectives and pronouns

▲ ¿Cómo estás? ¿Estás enfermo(a) o estás preocupado(a) o estás triste?

▲ ¿Cuándo visitas al (a la) doctor(a) o al (a la) dentista?

▲ ¿Qué tomas cuando estás enfermo(a)?

 Visit it live on **Google Earth!**

En el consultorio de la doctora Aguilar

In this section, you will learn how to talk about parts of the body by viewing a scene in the office of Dr. Aguilar, a medical doctor in Bolivia who is examining a patient. Does this office resemble medical offices that you have visited?

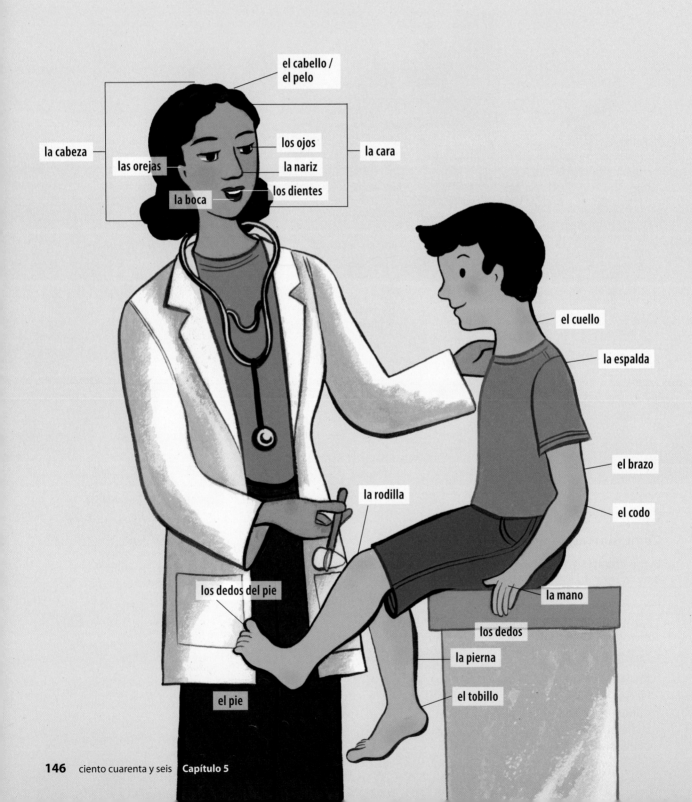

el cabello / el pelo

la cabeza

las orejas

los ojos

la nariz

los dientes

la boca

la cara

el cuello

la espalda

el brazo

el codo

la rodilla

los dedos del pie

la mano

los dedos

la pierna

el pie

el tobillo

Palabras útiles

la cadera *hip*
las cejas *eyebrows*
los labios *lips*
la lengua *tongue*
el oído *(inner) ear*
el pecho *chest*
las pestañas *eyelashes*
la piel *skin*
las uñas *fingernails*

Palabras útiles are presented to help you enrich your personal vocabulary. The terms provided here will help you talk about parts of the body.

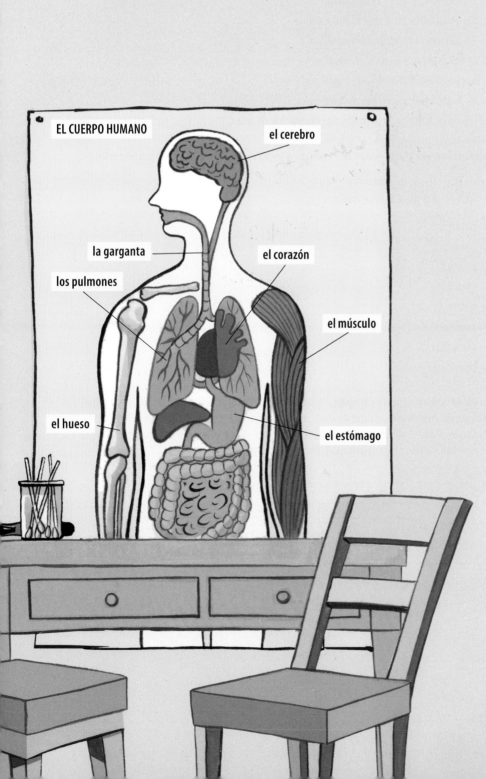

EL CUERPO HUMANO

el cerebro

la garganta

los pulmones

el corazón

el músculo

el hueso

el estómago

Nota lingüística

El cabello and **el pelo** are words that refer to hair. It is usually more polite to refer to **el cabello** when describing a person's hair.

Heinle/Cengage Learning

¡A practicar!

5-1 **¡No es lógico!** Identifica la palabra que no va con el grupo y explica por qué.

Modelo los dedos, las manos, los dientes
Los dientes son partes de la cabeza;
los dedos y las manos son partes del brazo.

1. la boca, la cara, el brazo
2. el corazón, el pelo, el estómago
3. los pulmones, la nariz, el músculo
4. los dedos, las rodillas, los tobillos
5. la garganta, las orejas, el estómago
6. los pies, los codos, los dedos de los pies
7. el codo, los dientes, las manos
8. los ojos, la boca, la espalda, las orejas, los dientes

5-2 **Asociaciones** ¿Qué parte del cuerpo asocias con las siguientes actividades?

Modelo tocar la guitarra
los dedos, las manos

1. hablar
2. comer
3. pensar
4. escribir
5. beber
6. caminar
7. escuchar
8. leer

5-3 **AUDIO CD** CD 2, TRACK 6 **¿Eres artista?** Quieres trabajar como artista para la policía de tu ciudad. En el trabajo, es necesario escuchar descripciones de personas y dibujar *(draw)* a las personas. Para practicar, escucha esta descripción y dibuja a la persona. Luego, escribe las siete características más importantes de la persona.

1. _____
2. _____
3. _____
4. _____
5. _____
6. _____
7. _____

Workbook *5-1 – 5-3*
Lab Manual *5-1 – 5-3*

¡A conversar!

5-4 **Entrevista** Hazle a tu compañero(a) las siguientes preguntas.

Modelo   E1: *¿Tienes la nariz grande o pequeña?*
E2: *Tengo la nariz grande.*

1. ¿De qué color tienes el pelo?
2. ¿De qué color tienes los ojos?
3. ¿Tienes las orejas grandes o pequeñas?
4. ¿Tienes los pies grandes o pequeños?
5. ¿Usas las manos para hablar?
6. De tus amigos o tu familia, ¿quién usa las manos para hablar?
7. Cuando haces ejercicio, ¿qué parte del cuerpo usas más?
8. ¿Por qué es malo el tabaco?

5-5 **Retratos** *(Portraits)* **de un extraterrestre** Descríbele a un(a) compañero(a) las características físicas de un extraterrestre *(alien)* mientras *(while)* tu compañero(a) lo dibuja. Después de dibujar, tu compañero(a) tiene que explicarte los atributos.

Modelo   *El extraterrestre tiene piernas cortas, pero dos brazos muy largos. Tiene pelo azul y largo. Tiene ojos anaranjados. La cara es pequeña pero la boca es grande. Tiene dos orejas enormes.*

5-6 **¡Manos a la obra!** Muchas partes del cuerpo son importantes para varios trabajos académicos, trabajos profesionales y quehaceres domésticos. Trabajando en grupos de dos o tres personas, miren la lista de actividades asociadas con varios tipos de trabajo y digan las partes del cuerpo necesarias para hacer los trabajos. Identifiquen más actividades en cada categoría y continúen la discusión identificando las partes del cuerpo necesarias para hacer esas actividades también. Sigan el modelo.

Modelo   *Para escribir la tarea, necesito los brazos, las manos y los dedos para escribir con bolígrafo o lápiz, o para usar la computadora. Necesito los ojos para ver el papel o la computadora.*

Los trabajos académicos	Los trabajos profesionales	Los quehaceres domésticos
escribir la tarea	trabajar en un banco	cortar el césped
leer un libro	vender ropa en una tienda	hacer la cama
escuchar el disco compacto (CD) de español	ayudar a los clientes en la oficina de correos	poner la mesa
dibujar algo para la clase de arte	trabajar en una piscina	limpiar el baño
cantar una canción y tocar el piano para la clase de música	recibir dinero de los clientes en un restaurante	sacar la basura
tomar un examen de matemáticas	dar información a los visitantes en el museo	cocinar la cena

La señora Mendoza y su hija Carolina están en una clínica médica. Acaban de llenar su historial clínico y ahora están hablando con el doctor Chávez. Carolina piensa que está muy enferma.

AUDIO CD
CD 2, TRACK 7

Escucha el diálogo y contesta las siguientes preguntas basándote en el diálogo.

1. ¿Está realmente enferma Carolina?
2. ¿Qué síntomas tiene?
3. ¿Por qué recomienda una operación el doctor Chávez? ¿Quiere asustarla *(to scare her)*?
4. ¿Por qué se siente mejor Carolina al final?

Dr. Chávez: ¿Cómo **se siente** su hija hoy, señora Mendoza?

Sra. Mendoza: Dice que **está muy mal** y que no puede asistir a la escuela. Hoy por la mañana empiezan las clases y es la primera vez que Carolina va solita a la escuela. Lleva tres días en cama mirando la tele. Generalmente **es** una niña muy **sana**.

Comentario cultural Two highland Indian groups, the Quechua and Aymara, account for roughly 55 percent of the population in Bolivia. **Mestizos** or **cholos** (those of mixed ancestry) constitute about 30 percent. European descendants of Spaniards constitute less than 15 percent of the population.

Dr. Chávez: Mmm... Carolina, ¿te duele el estómago?

Carolina: ¡Ayyy! Sí, me duele mucho el estómago.

Comentario cultural Numerous diseases, including hepatitis A and typhoid fever, are transmitted in Bolivia by contaminated water. Rural wastewater treatment rates are at approximately 60 percent in Bolivia. With more and more people migrating to the large cities of La Paz and Santa Cruz from the countryside, supplying safe drinking water is becoming increasingly challenging. Rural populations are most at risk for becoming ill from untreated water.

Dr. Chávez: ¿Tienes fiebre?

Sra. Mendoza: Dice que sí, pero **acabo de tomarle la temperatura** y tiene 37 grados, o sea, normal.

Comentario cultural Bolivia, similar to most other countries worldwide, uses the metric system. To convert Celsius temperatures into Fahrenheit, begin by multiplying the Celsius number by 9. Next, divide the answer by 5 and then add 32. To convert Fahrenheit temperatures into Celsius, begin by subtracting 32 from the Fahrenheit number. Next, divide the answer by 9 and then multiply that answer by 5.

Heinle/Cengage Learning

Expresiones **en contexto**

historial clínico *medical history*
hoy por la mañana *this morning*
la primera vez *the first time*
llenar *to fill out*
llevar + *time* + *present participle*
 to have been experiencing a condition
 for a period of time

me encuentro *I'm feeling*
o sea *I mean, in other words*
solito(a) *all by him/herself*

Dr. Chávez: Vamos a ver... ¿Tienes dolor de cabeza?

Carolina: ¡Sí! Y tengo tos y estoy mareada y... y **este** lado del cuerpo me duele mucho.

Comentario cultural Often known as the "Tibet" of South America, Bolivia is traversed by three very high and long Andean ranges. For those unaccustomed to the altitude of the **Altiplano** (roughly 3,658 meters or 12,000 feet high) headaches, dizziness, and difficulty sleeping are common. High-altitude sickness in Bolivia is called **el soroche** and is often treated with **mate de coca**, a local herbal tea derived from the coca plant.

Dr. Chávez: Parece que estás muy grave, Carolina. **Tenemos que operarte** inmediatamente. Creo que tienes la «escuelacitis». Es una condición del cerebro.

Comentario cultural Bolivia has a population of 9 million people with an under-five mortality rate of 65 per 1,000 births, down from a previous estimate of 125 per 1,000 births. As vaccinations for measles, mumps, rubella, diphtheria, and tuberculosis are sometimes financially unavailable to Bolivia's poor, world health organizations, such as UNICEF, support free vaccination programs that target children.

Carolina: ¿Una operación? ¿El cerebro? Pues... la verdad es que ahora **me encuentro** un poco mejor.

Comentario cultural Bolivia often hosts brigades of international medical volunteers, including plastic surgeons, anesthesiologists, nurses, pediatricians, dentists, and speech pathologists, who provide free medical evaluations and reconstructive surgery to children suffering with facial deformities, such as cleft lip and cleft palate.

 Diálogo entre doctor y paciente Trabajando con un(a) compañero(a) de clase, túrnense *(take turns)* para practicar el diálogo que acaban de estudiar en **En contexto**. Deben cambiar *(change)* las nacionalidades y condiciones de los hablantes. Usen expresiones de **En contexto** como modelo para su diálogo.

Reflexive pronouns and present tense of reflexive verbs

A reflexive construction consists of a **reflexive pronoun** and a verb. In English, reflexive pronouns end in *-self* or *-selves;* for example: *myself, yourself, ourselves.* In Spanish, reflexive pronouns are used with some verbs (called **reflexive verbs**) that reflect the action back to the subject of a sentence, meaning that the subject of the verb also receives the action of the verb. In the following example, notice how Juan Carlos is both the subject and recipient of the action of getting himself up.

Subject	Reflexive Pronoun	Verb	
↓	↓	↓	
Juan Carlos	**se**	levanta	a las ocho.
Juan Carlos	*gets (himself) up*		*at eight.*

Conjugating reflexive constructions

Reflexive verbs are identified by the pronoun **-se** attached to the end of the infinitive form of the verb. To conjugate these verbs, use a reflexive pronoun (e.g., **me**) with its corresponding verb form (e.g., **levanto**), according to the subject of the sentence (e.g., **yo**).

Reflexive infinitive: levantarse *(to get up)*

Subject	Reflexive Pronoun + Verb Form	
yo	**me** levant**o**	*I get up*
tú	**te** levant**as**	*you (informal) get up*
Ud., él/ella	**se** levant**a**	*you (formal) get up, he / she gets up*
nosotros(as)	**nos** levant**amos**	*we get up*
vosotros(as)	**os** levant**áis**	*you (informal: Spain) get up*
Uds., ellos(as)	**se** levant**an**	*you get up, they get up*

Note that when reflexive verbs are used with parts of the body or with clothing items, the definite article (**el, la, los, las**) precedes the noun.

Juan Carlos se cepilla **los** dientes.
Juan Carlos brushes his teeth.

Tomás va a lavarse **el** cabello.
Tomás is going to wash his hair.

Placing reflexive pronouns

- Place the pronoun in front of the conjugated verb.

  Juan Carlos **se levanta** a las ocho.
  Juan Carlos gets up at eight.

- When a reflexive verb is used as an infinitive or as a present participle, place the pronoun either before the conjugated verb (if there are two or more verbs used together) or attach it to the infinitive or to the present participle.

  Sara **se va a levantar** pronto.

  or

  Sara **va a levantarse** pronto.
  Sara is going to get up soon.

  Sara **se está levantando** ahora.

  or

  Sara **está levantándose** ahora.
  Sara is getting up now.

- When a reflexive pronoun is attached to a present participle (e.g., **levantándose**), an accent mark is added to maintain the correct stress.

Reflexive vs. nonreflexive verbs

When the action is performed on another person (as indicated by the addition of the personal **a** before **mi mamá**) a reflexive pronoun is not used. Compare these two examples:

Me despierto a las ocho.
I wake up at eight o'clock.

Despierto a mi mamá a las ocho.
I wake up my mom at eight.

Verbos reflexivos de la rutina diaria y personal

acostarse (ue) to go to bed	**levantarse** to get up
afeitarse to shave	**maquillarse** to put on makeup
bañarse to take a bath	**peinarse** to comb one's hair
cepillarse los dientes to brush one's teeth	**pintarse** to put on makeup
cuidarse to take care (of oneself)	**ponerse (la ropa)** to put on (one's clothes)
despertarse (ie) to wake up	**quitarse (la ropa)** to take off (one's clothes)
dormirse (ue) to fall asleep	**secarse (el cuerpo)** to dry off (one's body)
ducharse to take a shower	**vestirse (i)** to get dressed
lavarse to wash up	

¡A practicar!

5-7 **Los domingos por la mañana** Completa las siguientes oraciones, usando las formas correctas de los verbos entre paréntesis y tu información personal.

Modelo (afeitarse) *Todos los días Juan Carlos se afeita, pero yo nunca me afeito.*

1. (levantarse)
   Los domingos Juan Carlos y Sara _____ a las ocho, y Tomás, su hijo, _____ a las nueve. Yo _____ a las diez.

2. (cepillarse)
   Después, el esposo y la esposa siempre _____ los dientes.

3. (ducharse)
   Juan Carlos y Tomás se bañan en la bañera, pero Sara prefiere _____ .
   Yo también prefiero _____ .

4. (vestirse)
   Juan Carlos y Sara _____ con ropa elegante y Tomás _____ de jeans.
   Yo _____ de jeans también.

5-8 **¡Qué mujer más ocupada!** Para comprender la vida diaria que tiene Sara durante la semana, completa las siguientes descripciones conjugando los verbos entre paréntesis.

Sara:
Los días de trabajo yo _____ (1. despertarse) a las siete. Primero, voy al baño, donde _____ (2. ducharse) por diez minutos. Después, _____ (3. secarse) bien todo el cuerpo y _____ (4. peinarse).

Juan:
Entonces Sara _____ (5. vestirse) con ropa elegante, _____ (6. maquillarse) la cara y _____ (7. ponerse) un poco de perfume. Luego ella _____ (8. cepillarse) los dientes y sale de la casa. Sara trabaja por cinco horas hasta *(until)* la una de la tarde. Luego vuelve a casa. Ella _____ (9. lavarse) las manos y almuerza con nosotros.

5-9 **Las actividades diarias de Tomás** Basándote en los dibujos, escribe lo que hace Tomás en cada dibujo.

Modelo *Tomás se despierta a las seis. Me despierto a las ocho.*

1. Primero   2. Luego   3. Después

4. Más tarde   5. Finalmente

Workbook *5-4 – 5-6*
Lab Manual *5-4 – 5-6*

¡A conversar!

5-10 Preferencias personales Con un(a) compañero(a), compara lo que hacen las siguientes personas durante la semana con lo que hacen durante los fines de semana. Túrnense para escoger *(choose)* el sujeto que va con los verbos. Usen el pronombre reflexivo correcto. Sigan el modelo.

> **Modelo** levantarse: *yo*
> *Entre semana me levanto a las seis, pero los fines de semana,*
> *me levanto a las nueve.*

yo

tú

mi mejor amigo(a) y yo

nuestro(a) profesor(a)

nuestros(as) compañeros(as) de clase

1. peinarse
2. vestirse
3. ducharse
4. acostarse
5. dormirse

5-11 Tus actividades diarias Con un(a) compañero(a) de clase, contesten las siguientes preguntas.

1. ¿A qué hora te levantas normalmente? ¿Te levantas inmediatamente después de despertarte?
2. ¿Te bañas en la bañera o te duchas? ¿Prefieres bañarte por la mañana o por la noche?
3. ¿Desayunas *(do you have breakfast)* con tu compañero(a) de cuarto/casa? O, si vives con tu familia, ¿desayunas con tu familia? ¿Siempre te cepillas los dientes después del desayuno?
4. Si eres mujer, ¿te maquillas todos los días? Si eres hombre, ¿te afeitas los fines de semana?
5. ¿Te peinas durante el día o solamente antes de salir?
6. ¿A qué hora almuerzas normalmente? ¿Duermes la siesta a veces después del almuerzo?
7. De noche, ¿comes algo para la cena? ¿Ayudas a lavar los platos después?
8. ¿A qué hora te gusta acostarte? Normalmente, ¿te duermes fácilmente? En general, ¿miras la tele o lees algún libro antes de dormir?

5-12 Mi rutina Explica tu rutina diaria a un(a) compañero(a) de clase. Tu compañero(a) debe dibujar tus actividades y usar el dibujo para explicarle las actividades a la clase.

Acabar de + infinitive

Acabar de + *infinitive* is a way speakers of Spanish talk about things that have just taken place without using the past tense. Literally, **acabar de** + *infinitive* means *to have just finished doing something.* The verb **acabar** is regular and is used in all forms of the present tense to communicate what has just been done.

yo	**acabo**
tú	**acabas**
Ud., él/ella	**acaba**
nosotros(as)	**acabamos**
vosotros(as)	**acabáis**
Uds., ellos(as)	**acaban**

Acabamos de abrir una clínica en Bolivia.
We have just opened a clinic in Bolivia.

El doctor Chávez **acaba de ver** a tres pacientes.
Dr. Chávez has just seen three patients.

Cuatro pacientes **acaban de llegar** a la clínica.
Four patients have just arrived at the clinic.

Acabo de hablar con dos pacientes.
I have just spoken to two patients.

Remember that when the infinitive is a reflexive verb, the reflexive pronoun may be placed either before the conjugated verb, in this case **acabar,** or attached to the infinitive verb.

Son las siete. **Me acabo de levantar.**

Son las siete. **Acabo de levantarme.**

It´s seven o´clock. I have just woken up.

¿Recuerdas?

Dr. Chávez: ¿Tienes fiebre?

Sra. Mendoza: Dice que sí, pero **acabo de tomarle la temperatura** y tiene 37 grados, o sea, normal.

Heinle/Cengage Learning

¡A practicar!

5-13 Mamá, ¡acabo de hacerlo! Tu mamá sugiere varias actividades para algunas personas de la familia. Dile que ya están hechas *(are done)*, usando **acabar de**.

> **Modelo**   ¿Por qué no te bañas?
> *(Yo) me acabo de bañar.*
> *o (Yo) acabo de bañarme.*

1. ¿Por qué no se cepillan los dientes tú y tu hermana después del almuerzo?
2. ¿Por qué no se visten ellos para la fiesta de sus amigos?
3. ¿Por qué no se afeita tu padre?
4. ¿Por qué no tomas una siesta?
5. ¿Por qué no se peina tu mejor amiga?

5-14 ¡Adivina lo que acaba de hacer esa gente! Las siguientes personas acaban de hacer algo. Tú y un(a) compañero(a) de clase tienen que adivinar *(guess)* lo que acaban de hacer, basándose en la información que tienen.

> **Modelo**   Sara sale del baño. Tiene el cabello mojado *(wet).*
> *Sara acaba de bañarse.*

1. Tomás se levanta de la cama.
2. Sarita y Tomás se levantan de la mesa. Son las ocho de la mañana.
3. Juan Carlos sale de su cuarto. Tiene puesta *(He's wearing)* ropa elegante para una fiesta.
4. El doctor Chávez entra por la puerta de la clínica. Son las nueve de la mañana.
5. La señora Martínez sale del consultorio *(doctor's office)* del doctor Chávez.
6. Juan Carlos está en la cama y apaga *(turn off)* la luz.
7. Sara va a una fiesta en 15 minutos. Su pelo está diferente.

¡A conversar!

5-15 Antes y después Mira los dibujos y di qué acaban de hacer estas *(these)* personas y qué van a hacer. Luego, indica si tú acabas de hacer la actividad o no, y/o cuándo vas a hacerla. Después pregúntale a tu compañero(a) de clase si él/ella acaba de hacer la actividad o no, y/o cuándo va a hacerla.

> **Modelo**   **E1:** *Acaba de ducharse y va a vestirse. Acabo de ducharme y vestirme. ¿Y tú?*
>
> **E2:** *No, no acabo de ducharme y vestirme. Me ducho a las siete de la mañana y ahora son las diez.*

1.

2.

3.

Heinle/Cengage Learning

Bolivia y Paraguay

 Veamos los videos de Bolivia y Paraguay para comentarlos.

1. Describan la población boliviana.
2. ¿Qué ciudades o lugares interesantes pueden visitar en Bolivia?
3. ¿Qué significa la palabra "Paraguay" en guaraní, la lengua indígena oficial?

See also the *Workbook*, **Capítulo 5, 5-20 – 5-23** for additional activities.

Heinle/Cengage Learning

Bolivia

Población: 9.947.418 habs.

Área: 1.098.580 km², aproximadamente tres veces el tamaño de Montana

Capital: La Paz (sede de gobierno [2.757.000 habs.]); Sucre (sede jurídica [631.100 habs.])

Ciudades principales: Santa Cruz (2.626.700 habs.); Cochabamba (1.786.000 habs.); Potosí (780.400 habs.)

Moneda: el peso boliviano

Lenguas: el español y 36 lenguas indígenas, incluyendo el quechua y el aimara (lenguas oficiales)

Paraguay

Población: 6.375.830 habs.

Área: 406.752 km², el tamaño de California.

Capital: Asunción (2.870.000 habs.)

Ciudades principales: Ciudad del Este (558.672 habs.); Encarnación (70.000 habs.); Villarrica (83.000 habs.)

Moneda: el guaraní

Lenguas: el español y el guaraní (lenguas oficiales), el fronterizo (lengua no oficial)

Lugares mágicos La Eco-reserva Mbatoví es el parque de eco-aventura más popular de Paraguay y está situado en la Cordillera de los Altos a 72 km (*44 miles*) de Asunción, la capital. El parque ofrece distintas actividades y algunas de ellas requieren tener una buena condición física. Por ejemplo, es posible caminar sobre puentes colgantes (*suspended bridges*) instalados en el bosque (*forest*) y terminar la excursión en un tramo de tirolesa (*canopy*) de 105 metros (*344 feet*) de largo y 40 metros (*141 feet*) de alto. Los visitantes también pueden caminar por el parque para ver cataratas (*waterfalls*), arroyos (*creeks*), flores como las orquídeas y una gran variedad de animales.

¿Conoces parques como este en los Estados Unidos? Si (*If*) es así, ¿qué actividades puedes hacer en esos lugares?

Courtesy Reserva Mbatoví-ED, Paraguay www.mbatovi.com.py

Un tramo de tirolesa en la eco-reserva Mbatoví

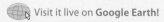 Visit it live on **Google Earth!**

© Adriana Villagra www.adrianavillagra.com

Pintura realista de Adriana Villagra

Artes plásticas Adriana Villagra (1978) es una pintora de Ciudad del Este, en Paraguay. Es una artista autodidacta *(self-taught)*, aprende a dibujar y a pintar por su propia cuenta y con la ayuda de su madre, que también es autodidacta. Estudia la carrera de Diseño Gráfico en la Universidad Católica de Asunción y se gradúa con honores. Tiene exposiciones en Argentina, México, Paraguay y los Estados Unidos y obtiene premios *(awards)* importantes como el 1er. Premio en el V Concurso Juvenil de Pintura organizado por el Centro Cultural Paraguayo Americano en 2006.

¿Conoces a artistas autodidactas? ¿Crees que es necesario estudiar arte para ser un buen pintor? ¿Qué título puedes darle a la pintura de Villagra?

Oficios y ocupaciones El pueblo aimara de la civilización Tiwanaku existe desde hace 2000 años en la región del lago Titicaca, entre Bolivia y Perú. Desde entonces, sus médicos, llamados «kallawayas», caminan por las montañas y los valles para curar a las personas, física y espiritualmente. Los kallawayas curan usando hierbas como las hojas de coca, el clavel *(carnation)*, el romero *(rosemary)*, la manzanilla *(chamomile)* y el algodón *(cotton)*; además conocen los beneficios de más de 300 plantas medicinales.

¿Crees en la medicina natural? ¿Qué piensas de los médicos como los kallawayas? ¿Tomas té de plantas medicinales?

© Mel Longhurst / Impact / HIP / The Image Works South

Kallawaya da una ofrenda a la Madre Tierra (*Pachamama*) en la Isla del Sol, Bolivia

© Melvyn Longhurst/Alamy

Instrumentos musicales de los Andes

Ritmos y música En relación a la música, Bolivia es el país de los Andes que está más unido a la música indígena. La zampoña y la quena son dos tipos de flautas tradicionales de los Andes y están hechas de bambú. A diferencia de la música boliviana, la música paraguaya es totalmente europea, aunque en la letra *(lyrics)* de las canciones se usa la lengua indígena, el guaraní. En Paraguay, el 90% de la población habla español y guaraní. El guaraní se usa para la comunicación diaria y el español se usa solamente en situaciones formales. El instrumento musical más importante en Paraguay es el arpa *(harp)*.

Escucha lo mejor del arpa paraguaya interpretada por Oscar Benito (*Best of the Paraguayan Harp,* 2004) y la canción «Mombyryete Che Retägui» donde podemos escuchar el arpa paraguaya y el idioma guaraní.

¿Conoces a cantantes o grupos de música folclórica en inglés? ¿Existen instrumentos musicales asociados con ese tipo de música?

🌐 **¡Busquen en Internet!**
1. Lugares mágicos: Eco-reserva Mbatoví
2. Artes plásticas: Adriana Villagra
3. Oficios y profesiones: los kallawayas
4. Ritmos y música: los instrumentos andinos y el arpa paraguaya

En una clínica de Potosí

In this section, you will learn how to talk about common illnesses and discuss treatments and remedies. In the drawing below, Dr. Carlos Chávez is busy treating patients. How often do you go to the doctor?

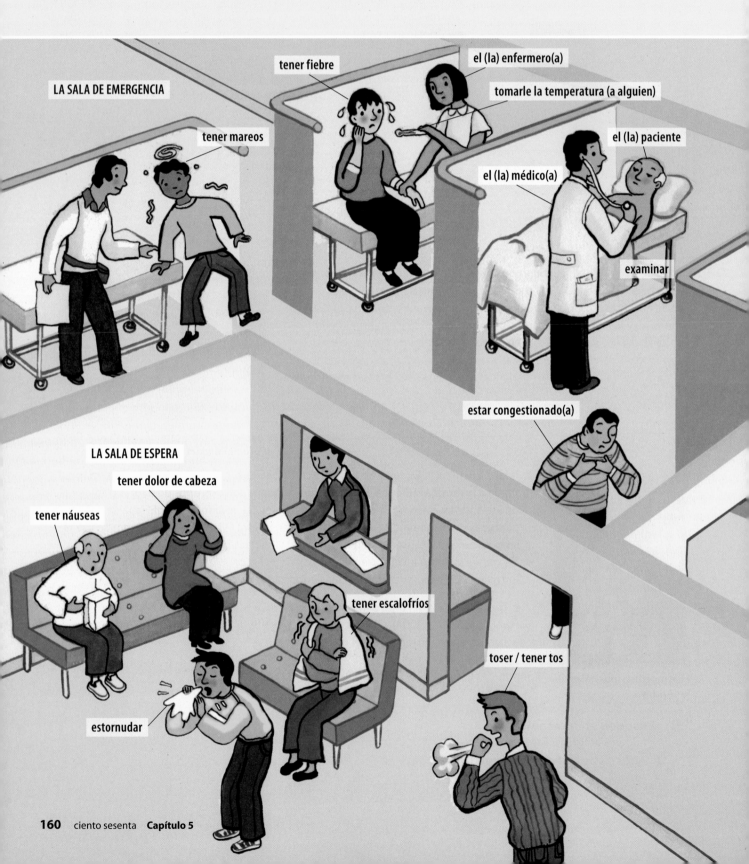

la aspirina

el jarabe

el antibiótico

la medicina

la receta

la pastilla

LA FARMACIA

Más problemas médicos *More medical problems*

la alergia *allergy*

el catarro *cold*

la enfermedad *illness*

el resfrío *cold*

Más expresiones y verbos

doler (ue) (a alguien) *to be painful (to someone); to hurt*

enfermarse *to get sick*

estar enfermo(a) *to be sick*

estar resfriado(a) *to have a cold*

guardar cama *to stay in bed*

resfriarse *to catch a cold*

sentirse (bien/mal) *to feel (good/ill)*

tener gripe *to have a cold or flu*

Palabras útiles

la ambulancia *ambulance*

el antiácido *antacid*

el diagnóstico *diagnosis*

la inyección *shot*

la radiografía *X-ray*

el tratamiento *treatment*

Palabras útiles are presented to help you enrich your personal vocabulary. The terms provided here will help you talk about health and health care.

Nota lingüística

The verb **doler** *(to hurt, to be painful)* is used like the verb **gustar: Me duele la cabeza. / Le duelen los pies.**

Heinle/Cengage Learning

¡A practicar!

5-16 Asociaciones ¿Qué partes del cuerpo afecta cada enfermedad?

> **Modelo** estar resfriado(a)
> *la nariz y los pulmones*

1. el catarro
2. las alergias
3. el mareo
4. la tos
5. estar congestionado
6. tener náuseas

5-17 ¿Qué recomiendas? Empareja cada enfermedad con el tratamiento *(treatment)* apropiado.

> **Modelo** Una persona que tiene *catarro* debe *tomar jarabe.*

Una persona que tiene...	debe...
1. fiebre	tomar jarabe
2. gripe	descansar un poco
3. dolor de cabeza	tomar Pepto-Bismol
4. tos	tomar antibióticos
5. un problema grave	tomar aspirina
6. dolor de estómago	hablar con un(a) médico(a)
7. náuseas	ir a una clínica
8. escalofríos	guardar cama

5-18 Recomendaciones para la salud Escucha el podcast del sitio Internet *Para tu salud.* Tu amigo quiere entender el podcast, pero no comprende el español muy bien y necesita tu ayuda. Completa la información.

AUDIO CD
CD 2, TRACK 8

Si te duele(n)...	debes…
la cabeza	_____
	_____
las piernas y los pies	_____
	_____
la espalda	_____
	_____
el estómago	_____
	_____

> **Nota lingüística**
>
> As with reflexive verbs, when one is using **doler** to talk about a body part, the definite articles (**el, la, los, las**) are used.

Workbook *5-10 – 5-13*
Lab Manual *5-9 – 5-10*

¡A conversar!

5-19 **Los dolores** En parejas, miren los dibujos y para cada uno completen la oración *(sentence)* para indicar qué le(s) duele y expliquen por qué.

Modelo A Esteban... *le duele la mano porque tuvo un accidente.*

1. A mí...

2. A ellos...

3. A ti...

4. A nosotros...

5-20 **Conversación sobre la salud** Con un(a) compañero(a) de clase, contesta las siguientes preguntas sobre la salud.

1. ¿Qué haces cuando tienes catarro? ¿Tomas alguna medicina? ¿Tienes escalofríos cuando tienes catarro?

2. ¿Tienes dolor de cabeza mucho o poco? ¿Qué haces cuando tienes dolor de cabeza? ¿Tomas aspirina?

3. ¿Qué haces cuando tienes náuseas? ¿Tomas Pepto-Bismol? ¿Te sientes mareado(a) frecuentemente *(frequently)*? Si tienes náuseas, ¿guardas cama?

4. ¿Estás resfriado(a) más frecuentemente en el verano o en el invierno? ¿Tienes fiebre? ¿Qué otros síntomas tienes cuando estás resfriado(a)? ¿Estornudas a veces? ¿Tienes tos?

¿Tienes alergias en la primavera?

Never Use De w/ estar, always follows ser.

Ser vs. estar

en follows estar unless it follows an event

As you have learned, the verbs **ser** and **estar** both mean *to be*, but they are used to express different kinds of information. In this section you will review the uses of **ser** and **estar** and learn to better distinguish between the contexts for both verbs.

The verb **ser** often implies a fundamental quality or characteristic that describes or defines the essence of a person, thing, place, or idea. Use **ser** to express the following information:

ser → bueno	
Identity	—**Soy** el doctor Carlos Dardo Chávez. —¡Mucho gusto!
Origin and nationality	**Soy** de Bolivia. **Soy** boliviano.
Profession	El Dr. Chávez **es** médico.
Characteristics of people and places	El doctor **es** alto e inteligente. La Paz **es** una ciudad muy bonita.
Possession	La clínica **es** de la comunidad.
Time of day and dates	**Son** las dos de la tarde. **Es** sábado. **Es** el 22 de julio.
Intentions	**Es** para ti, Sara. **Es** para tu cumpleaños.
Impersonal statements	**Es** importante comer frutas y vegetales.
Mathematical equations	Cinco más treinta **son** treinta y cinco.
Location of events	La fiesta **es** en mi casa.

things that change over time if ever ←

ubicacións de eventos
fiestas
conciertos
partidos (ser)
ceremonias
reuniones (meeting)
bobas (wedding)
bailes (dance)
clases

The verb **estar** often indicates a state or condition of a person, place, thing, or action at a given moment, which may be the result of a change or a deviation from the norm. Use **estar** to express the following information:

estar → bien	
Location of people	**Estoy** en casa.
Location of things	La clínica **está** en Asunción.
Location of places (not events)	Asunción **está** en Paraguay.
Physical condition	**Estoy** cansado.
Emotional condition	**Estoy** preocupada.
Action in progress	**Estoy** trabajando.
Weather expressions	**Está** despejado. **Está** lloviendo.

Min. to min. OR day to day

Ser and **estar** can be used with the same adjectives to communicate different ideas. In some cases, the choice of **ser** or **estar** can radically change the meaning of the sentence. Consider the following examples:

ser	estar
Carlos **es guapo**. *Carlos is handsome.*	Carlos **está** muy **guapo** hoy. *Carlos looks very handsome today.*
Los voluntarios **son listos**. *The volunteers are smart.*	Los voluntarios **están listos**. *The volunteers are ready.*
Sara **es aburrida**. *Sara is boring.*	Sara **está aburrida**. *Sara is bored.*
La fruta **es verde**. *The fruit is green (color).*	La fruta **está verde**. *The fruit is unripe.*

¡A practicar!

5-21 **Una visita a Bolivia: ¿Ser o estar?** Las personas que visitan Bolivia deben aprender un poco sobre el país antes de viajar allí. Indica si debes usar **ser** o **estar** para completar las siguientes oraciones de una guía turística sobre este país.

Modelo Bolivia es / está un país de América del Sur.
Bolivia es un país de América del Sur.

1. La Paz <u>es</u> / está la capital de Bolivia.

2. La ciudad de La Paz es / <u>está</u> en la cordillera de los Andes.

3. La Paz <u>es</u> / está la ciudad más alta de América del Sur.

4. La ciudad de Cochabamba es / <u>está</u> al sureste *(southeast)* de La Paz.

5. El presidente de Bolivia <u>es</u> / está presidente durante cinco años.

6. El lago Titicaca, un lago muy importante entre Bolivia y Perú, <u>es</u> / está el lago navegable más alto del mundo.

7. Los turistas dicen que los bolivianos <u>son</u> / están muy simpáticos.

8. Hay muchos conciertos de música andina, la música típica de la región. Esta noche el concierto es / <u>está</u> en la ciudad de Santa Cruz.

9. Muchas personas no saben dónde son / <u>están</u> las ruinas de Tihuanaco, un sitio arqueológico cerca del lago Titicaca.

10. Esta guía turística <u>es</u> / está para las personas que van a visitar el país.

5-22 **La fiesta de los voluntarios** Completa la siguiente descripción y conversación con las formas correctas de los verbos **ser** y **estar**.

Hoy 1. _____ sábado, 22 de julio. 2. _____ las dos de la tarde. Hace calor y 3. _____ lloviendo un poco. La temperatura 4. _____ a 26 grados centígrados. Juan Carlos, su familia y unos amigos de la clínica 5. _____ comiendo un pastel con Roberto, un voluntario de los Estados Unidos. La fiesta 6. _____ en su apartamento. Roberto 7. _____ hablando con su amiga Rachel.

Roberto: Mmm. ¡Qué pastel más rico, Rachel!

Rachel: ¿Te gusta? 8. _____ mi pastel favorito.

Roberto: Pero 9. _____ muy grande, Rachel.

Rachel: Sí, claro. El pastel 10. _____ para todas las personas que 11. _____ aquí hoy.

Roberto: Perdón, ¿dónde 12. _____ el Dr. Chávez?

Rachel: Él 13. _____ durmiendo ahora, Roberto.

Roberto: ¿14. _____ enfermo?

Rachel: No, 15. _____ un poco cansado.

Roberto: Él 16. _____ trabajando mucho estos días.

Rachel: Sí. Él 17. _____ muy dedicado.

Workbook *5-14 – 5-16*
Lab Manual *5-11 – 5-12*

¡A conversar!

5-23 Datos personales Con un(a) compañero(a) de clase, haz y contesta preguntas con los verbos **ser** y **estar** sobre los siguientes temas.

1. **La personalidad:** Ask about his/her personality in general.
2. **La salud:** Ask about his/her emotional and physical state today.
3. **El pueblo:** Ask about his/her hometown, where it is, what it looks like, and whether it's big or small.
4. **La familia:** Ask about his/her family (size, ages, physical features, personalities).

5-24 Busca a alguien que... Tienes dos minutos para buscar a una persona de tu clase para cada una de las siguientes categorías. Después de identificar a una persona para una categoría, la persona debe escribir su nombre en tu papel. Al final del juego, habla con tus compañeros(as) sobre lo que acabas de averiguar *(find out)*. Ten cuidado con el uso de **ser** y **estar** en esta actividad.

Modelo ser de Indiana
Tú: *Brian, ¿eres de Indiana?*
Brian: *Sí, soy de Indianápolis.* (Brian firma tu lista.)
o **Brian:** *No, no soy de Indiana. Yo soy de Colorado.*
Al final: *Brian (no) es de Indiana... Cecilia está contenta... Bob es estudiante de medicina...*

1. estar enfermo(a) _____
2. ser una persona muy sana _____
3. estar contento(a) _____
4. ser estudiante de ciencias _____
5. estar congestionado(a) _____
6. ser trabajador(a) _____

5-25 ¿Quién soy yo? Juega con un(a) compañero(a) este juego. Sigue los siguientes pasos:

1. Completa estas preguntas con la forma correcta de **ser** o **estar**:
¿De dónde _____ tú?
¿Dónde _____ (tú) ahora?
¿Cómo _____ (tú) físicamente *(physically)*? ¿y tu personalidad?
¿Cuál _____ tu profesión?
¿Qué _____ (tú) haciendo ahora?
¿Cómo _____ (tú) ahora? ¿Por qué?
2. Cada estudiante tiene una nueva identidad. Puede ser una persona famosa o una persona de la clase.
3. Un(a) estudiante hace las preguntas para determinar la nueva identidad de su compañero(a). (Si no sabes la respuesta, debes responder de una manera lógica.)
4. Después de determinar la identidad de la primera persona, cambien de papeles para identificar a la otra persona.

5-26 Un cuento (A story) Trabaja con un(a) compañero(a) para escribir un cuento original. Sigue estos pasos *(steps)*:

A. Cada persona escribe en su papel la siguiente información:

    1. El nombre de una persona (persona famosa, estudiante de la clase, etcétera)

    2. Una profesión

    3. Una característica física

    4. Una característica de personalidad

    5. Una ciudad, un país

    6. Un número entre 1 y 28

    7. Un mes

    8. Un número entre 1 y 12

    9. Un número entre 1 y 29

    10. Una característica del tiempo

    11. Una ciudad, un país

    12. Una emoción

    13. Un verbo de acción en la forma progresiva (**-ando, -iendo**)

B. Intercambien los papeles. Cada persona escribe los elementos de su lista en los blancos con los números correspondientes. Luego, debe escribir las formas de **ser** y **estar** apropiadamente según *(according to)* el contexto. Es importante prestar *(pay)* mucha atención al contexto para escoger el verbo apropiado en cada caso.

_____ _____ (ser o estar) _____ .
   1   *2*

_____ (ser o estar) _____ y _____ .
                  3   *4*

_____ (ser o estar) de _____ , _____ .
                     5   *5*

Hoy _____ (ser o estar) *el* _____ *de* _____
                            6   *7*

y ahora _____ (ser o estar) *las* _____ *y*
                              8

_____ , *según el reloj. El cielo* _____ (ser o estar)
  9

_____ . *Ahora* _____ (ser o estar) *en* _____ ,
 10   *11*

_____ . _____ (ser o estar) _____
 11   *12*

porque _____ (ser o estar) _____ .
                        13

C. Después de terminar los cuentos, intercambien los papeles otra vez. Cada persona le lee su cuento a su compañero(a). Algunas personas pueden leerle su cuento a la clase.

Demonstrative adjectives and pronouns

In this section, you will learn how to specify people, places, things, and ideas.

Demonstrative adjectives

You can use demonstrative adjectives to point out a specific noun. Note that these adjectives must agree in gender (masculine or feminine) and number (singular or plural) with the noun to which they refer.

Singular	Plural
este(a) *this*	**estos(as)** *these*
ese(a) *that*	**esos(as)** *those*
aquel (aquella) *that (over there)*	**aquellos(as)** *those (over there)*

out of sight

Note that in order to point out people, things, and places that are far from the speaker and from the person addressed, and to indicate something from a long time ago, Spanish speakers use forms of the demonstrative adjective **aquel**. For example:

Este paciente tiene dolor de estómago, **ese paciente** en la otra cama tiene fiebre y **aquel paciente** en la otra sala tiene náusea. **Estos pacientes** que tenemos hoy no están tan enfermos como *(as sick as)* **aquellos pacientes** del mes pasado.

Demonstrative pronouns

Demonstrative pronouns are used in place of nouns and must agree with them in gender (masculine or feminine) and number (singular or plural). The forms below once carried accents to distinguish them from the demonstrative adjectives, but in 2005, the Real Academia ruled that accents are not necessary unless there is room for confusion.

The Real Academia Española was founded as an institution in 1713. Its purpose was to study and maintain beauty, elegance, and purity in the Spanish language. Today, its purpose is to explain and keep track of the changes in the language.

Singular	Plural
este(a)	**estos(as)**
ese(a)	**esos(as)**
aquel (aquella)	**aquellos(as)**

out of sight

—¿Quieres ir a esa farmacia? — *Do you want to go to that pharmacy?*
—Sí, a **esa**. — *Yes, to **that one**.*
—¿Son tuyos aquellos libros? — *Are those books (over there) yours?*
—Sí, **aquellos** son míos. — *Yes, **those** are mine.*

Neuter demonstrative pronouns

The words **esto** *(this)*, **eso** *(that)*, and **aquello** *(that over there)* can refer either to nonspecific things that are not yet identified or to ideas that were already mentioned. Note that neuter demonstrative pronouns never carry accents.

—¿Qué es **esto**, mamá? — *What's **this**, Mom?*
—Es un termómetro. — *It's a thermometer.*
La clínica no tiene muchas ambulancias, y **eso** es grave. — *The clinic doesn't have many ambulances, and **that** is serious.*

¡A practicar!

5-27 **La nueva clínica de la Cruz Roja** Al doctor Chávez le gusta mucho la nueva clínica de la Cruz Roja. Habla con unos visitantes en la clínica, Roberto y Rachel. Completa sus comentarios usando **este, esta, estos** o **estas**.

Dr. Chávez: Amigos, entramos aquí, por esta puerta.

Roberto: ¡Qué bonita! 1. _____ clínica tiene de todo.

Dr. Chávez: Sí, por fin la gente de 2. _____ barrio tiene un buen lugar para recibir tratamiento médico.

Rachel: ¿Y 3. _____ personas? ¿Todas vienen para consultas *(consultations)* hoy?

Dr. Chávez: Sí, en 4. _____ días tenemos muchos pacientes.

Roberto: ¿Cuánto tienen que pagar 5. _____ personas por las consultas?

Dr. Chávez: 6. _____ consultas no son totalmente gratis *(free)*, pero solamente cobramos *(we charge)* según la capacidad *(according to the means)* de cada persona.

5-28 **Para aclarar** Imagínate que estás en la librería de tu universidad comprando cosas para tus clases. Responde a las preguntas de modo positivo o negativo usando los adjetivos demostrativos **ese**, **esa, esos** o **esas**. Luego repite tus respuestas a las preguntas usando los pronombres demostrativos.

Modelo ¿Quieres este libro?
Sí, quiero ese libro. o *No, no quiero ese libro.*
Quiero este / ese / aquel.

1. ¿Quieres estos bolígrafos?
2. ¿Necesitas estas mochilas?
3. ¿Quieres ver este cuaderno?
4. ¿Compras este libro de texto?
5. ¿Buscas esta alfombra para tu cuarto?
6. ¿Estás aquí con estas personas?

¡A conversar!

5-29 **Una venta *(sale)* en la clase** Con tres o cuatro compañeros(as) de clase, arregla *(arrange)* las siguientes cosas en una mesa: dos libros, dos mochilas y dos bolígrafos. Una persona es el (la) vendedor(a) *(the seller)* y los otros son los clientes *(customers)*. El (La) vendedor(a) y los clientes deben usar las formas correctas de los adjetivos o pronombres demostrativos en la conversación.

Modelo **E1:** *¿Quieres comprar este libro?*
E2: *No, no quiero ese libro. Prefiero aquel libro.*

E1: *¿Ese?*
E2: *No, aquel.*

Me gusta este bolígrafo blanco. ¿Cuál te gusta a ti?

5-30 **¿Conoces a aquel chico?** Trabajando con un(a) compañero(a) de clase, haz preguntas sobre los miembros de tu clase, usando adjetivos o pronombres demostrativos. Cada persona debe hacer cinco preguntas y dos de ellas deben ser en la forma plural.

Modelo **E1:** *¿Conoces a aquellos chicos?*
E2: *¿Los chicos altos y morenos?*
E1: *Sí, aquellos.*
E2: *Sí, son Darius y Renault.*

Workbook *5-17 – 5-19*
Lab Manual *5-13*

¡A VER!

La clase de baile En este segmento del video, los compañeros de casa van a aprender un baile folclórico llamado bomba puertorriqueña. Desafortunadamente, uno de ellos también sufre de un problema de salud.

Heinle/Cengage Learning

Antes de ver

Expresiones útiles The following are some new expressions you will hear in the video.

¿Qué les parece?	*How does that sound to you?*
Me lastimé el tobillo.	*I hurt my ankle.*
De acuerdo.	*Okay.*
No me quedó otra opción.	*I didn't have any other choice.*

Enfoque estructural The following are expressions in the video with reflexive verbs and their corresponding reflexive pronouns.

Valeria: No **se preocupen,** que yo no voy a bailar.

Instructor: Bueno, si no vas a bailar, **siéntate** por allá.

Alejandra: Sí. Es que me lastimé el tobillo y no puedo apoyar la pierna al suelo. Es que yo **me rompí** la pierna hace un año.

 1. **Recordemos** ¿Cómo describes tu rutina diaria? Describe a un(a) compañero(a) de clase 3 cosas que haces antes de comer el desayuno.

 2. **Practiquemos** Con dos compañeros de clase, comparen cuándo y con qué frecuencia hacen las siguientes actividades.

ACTIVIDAD	ESTUDIANTE A	ESTUDIANTE B	ESTUDIANTE C
ducharse			
cepillarse los dientes			
lavarse las manos			
peinarse			

3. **Charlemos** Ahora comparen los resultados de la actividad anterior. ¿Quién es la persona más higiénica? ¿Quién debe prestar más atención a la higiene personal?

Después de ver

1. El accidente de Alejandra Piensa en el accidente de Alejandra. Lee las siguientes oraciones y ponlas *(put them)* en orden cronológico según el video.

_____ Alejandra se lastima el tobillo y no puede bailar.

_____ Alejandra decide descansar, ¡pero solamente si puede salir con el instructor esa noche!

_____ Los jóvenes llegan al salón de baile.

_____ Valeria no quiere bailar y se sienta.

_____ El instructor dice que Alejandra no puede bailar más y que necesita descansar.

_____ Alejandra dice que es la mejor *(best)* bailarina de todo el grupo.

_____ Valeria tiene que bailar con Antonio.

_____ Alejandra se sienta y habla con el instructor sobre el dolor.

_____ El instructor explica los pasos del baile y los cuatro empiezan a bailar un poco.

_____ Alejandra dice que no le duele la rodilla, pero que el pie le duele mucho. También dice que se rompió *(she broke)* la pierna hace un año *(a year ago)*.

Heinle/Cengage Learning

2. ¿Que acaban de hacer? Indica lo que acaba de hacer cada persona, escogiendo de la siguiente lista de acciones.

aprender a bailar   bailar con Antonio
invitar a Alejandra a salir   lastimarse

Alejandra: _____

Valeria: _____

Javier: _____

Sofía: _____

Víctor: _____

 Entre nosotros En este segmento, Alejandra no se siente bien porque le duele el pie. Ahora imagina que tú estas enfermo(a), y tu compañero(a) es el (la) médico(a). Describe tus síntomas a él/ella. ¿Tienes tos? ¿Estás mareado? ¿Te duele algo? Luego cambien de papel. ¡Sean creativos! *(Be creative!)*

Presentaciones Con un compañero(a) de clase, escoge *(choose)* uno de los personajes de Vista Alegre y escribe una lista de actividades que normalmente él o ella hace durante el día. Por ejemplo, ¿se levanta tarde o temprano? ¿Se ducha o se baña? Comparte tus ideas con la clase para ver si ellos están de acuerdo.

See the *Lab Manual,* **Capítulo 5, 5-15 – 5-16** for additional activities.

¡A LEER!

Antes de leer

Strategy: Recognizing Spanish affixes

An affix is added to the beginning (prefix), or to the end (suffix) of a word stem to create a new word. Knowing the meaning of Spanish affixes can significantly increase your ability to read Spanish effectively.

Study the list of affixes (**afijos**) to learn the basic meaning of each prefix (**prefijo**) or suffix (**sufijo**) in English and in Spanish.

Español	Inglés	Ejemplos
Prefijos		
auto-	*self-*	**auto**estima
des-	*negation*	**des**afortunado
mono-	*mono-* (one)	**mono**lingüe
mal-	*bad, ill*	**mal**estar
bi-	*bi-* (two)	**bi**lingüe
tri-	*tri-* (three)	**tri**lingüe
im-	*negation*	**im**posible
in-	*negation*	**in**creíble
infra-	*inferior*	**infra**humano
Sufijos		
-mente	*-ly*	rápida**mente**
-ado,	*-ed*	ocup**ado**
-ada	*-ed*	present**ada**
-oso,	*-ous*	maravill**oso**
-osa	*-ous*	fabul**osa**
-dad,	*-ty*	oportuni**dad**
-tad	*-ty*	liber**tad**
-ción,	*-sion,-tion*	ac**ción**
-sión	*-sion,-tion*	televi**sión**

Curaméricas Global

Now you can apply the strategies that you have learned thus far—recognizing cognates and affixes, reading titles and subtitles, and looking at photos and maps to predict the topic of an article and thereby make the reading easier.

1. Escriban cinco cognados y sus significados.
2. **Afijos.** Escriban seis palabras con prefijos o con sufijos y sus significados.
3. ¿Qué significa el título de la lectura?
4. ¿Qué subtítulos tiene el artículo? ¿Qué pueden predecir con estos subtítulos?
5. ¿De qué país son la foto y el mapa?

Después de leer

A escoger Después de leer el artículo, contesten las siguientes preguntas.

1. ¿Qué tipo de artículo es?
   a. un anuncio para mejorar la salud de comunidades
   b. un anuncio para educar a la comunidad con respecto a la salud
   c. un anuncio para ayudar a los gobiernos a mejorar la salud
2. ¿A quién está dirigido este anuncio?
   a. a la comunidad en general
   b. a los gobiernos
   c. a los estudiantes de medicina
3. ¿Cuáles son los problemas que Curaméricas Global, Inc. ayuda a combatir en las comunidades?
   a. los problemas respiratorios y digestivos
   b. los problemas emocionales y físicos
   c. los problemas educativos y económicos

Curaméricas Global, Inc.
ESPERANZA POR MEDIO DE LA SALUD

Curando comunidades
una persona a la vez

Matthew Totten/Alamy

Used with permission by Curaméricas Global, Inc.

HISTORIA DE CURAMÉRICAS GLOBAL, INC.

Henry Perry III y Alice Weldon, dos médicos de Carolina del Norte, fundan Curaméricas Global, Inc. en 1983. El objetivo principal de esta organización es prevenir *(prevent)* enfermedades y muertes *(deaths)* innecesarias en poblaciones pobres, con pocos recursos económicos, en países como Bolivia, Guatemala, Haití y Liberia. Los médicos, enfermeros, enfermeras y voluntarios visitan las casas en una comunidad específica y estudian la manera de ayudar a las familias que tienen más riesgos *(risks)* de contraer enfermedades.

CURAMÉRICAS GLOBAL, INC. EN BOLIVIA

En Bolivia, esta organización ayuda a muchas familias en el Altiplano y en la región de Montero en los últimos años. Estas familias reciben ayuda y educación médica porque la combinación de la poca infraestructura y las condiciones infrahumanas de la población hacen de Bolivia uno de los países más pobres *(one of the poorest countries)* de América del Sur. Muchas comunidades no tienen agua potable y si la gente se enferma tiene que caminar más de un día para llegar a una clínica. Debido a la altitud y a una dieta desequilibrada, las mujeres y los niños mueren de pulmonía, diarrea y problemas del estómago. El programa de Curaméricas Global, Inc. trabaja en más de 200 comunidades para enseñar a estas personas a cuidarse de estas enfermedades.

RESULTADOS

Gracias a los servicios de Curaméricas Global, Inc. en las comunidades bolivianas, la tasa de mortalidad *(death rate)* de los niños bolivianos se reduce un 62% en comparación con otras comunidades donde Curaméricas Global, Inc. no trabaja todavía.

¿Cómo pueden ustedes ayudar a Curaméricas Global, Inc.?

- Pueden donar dinero a la organización Curaméricas Global, Inc. y su donativo es deducible de impuestos *(taxes)*.
- Pueden ser voluntarios en la oficina de la organización o pueden mandar medicinas a los proyectos en los diferentes países.
- Pueden trabajar como voluntarios o pueden hacer sus prácticas *(internships)* de medicina, enfermería, mercadeo y publicidad *(marketing)* y recursos humanos *(human resources)* en uno de estos países: Bolivia, Guatemala, Haití y Liberia.

---

4. Curaméricas Global, Inc. necesita ayudar a las familias en Bolivia porque...

   a el país no tiene agua potable.

   b. el país es uno de los más pobres de Sudamérica.

   c. el país no tiene muchos doctores en lugares remotos.

¿Cierto o falso? Indica si las oraciones son **ciertas** o **falsas**. Luego, corrige las falsas.

1. _____ Dos médicos de Carolina del Norte, Henry Perry III y Alice Weldon fundan Curaméricas Global, Inc. en 1983 para prevenir enfermedades y muertes *(deaths)* innecesarias en poblaciones pobres.

2. _____ Los voluntarios visitan todas las casas de un país y estudian la manera de ayudar a las familias que tienen más riesgos *(risks)* de contraer enfermedades.

3. _____ La combinación de la poca infraestructura y las condiciones infrahumanas de la población hacen de Bolivia uno de los países más pobres de Sudamérica.

4. _____ Debido al frío, las mujeres y los niños mueren de pulmonía, diarrea y problemas del estómago.

5. _____ La gente puede ayudar a Curaméricas Global, Inc. donando dinero, mandando medicinas o trabajando como voluntaria.

¡A conversar! Con sus compañeros de clase comenten:

- El trabajo que hace Curaméricas Global, Inc. en Latinoamérica.
- La manera en que ustedes pueden ayudar a estas comunidades necesitadas.
- Si ustedes conocen otras organizaciones como Curaméricas Global, Inc., expliquen lo que hacen estas organizaciones y los lugares donde trabajan.
- Si ustedes hacen trabajo comunitario en sus comunidades, expliquen lo que ustedes hacen, para quién y con quién.

¡A ESCRIBIR!

Strategy: Using a bilingual dictionary

A bilingual dictionary is a useful tool that, when used properly, can enhance the quality, complexity, and accuracy of your writing in Spanish. It is very important, however, that you learn to use it correctly. Here are some suggestions to help you use your bilingual dictionary properly.

1. When you look up the Spanish equivalent of an English word, you will often find several meanings for the same word, often appearing like this:

   > cold: *n.* **frío, catarro, resfriado**
   > *adj.* **frío**

2. In larger dictionaries, additional information may be given that will clarify meanings and uses.

   > cold: *n.* **frío** *(low temperature);* **catarro** *(illness);* **resfriado** *(illness)*
   > *adj.* **frío**

3. Pay attention to certain abbreviations in your dictionary that will tell you what type of word you have found. Notice the abbreviations *n.* and *adj.* in the examples above, indicating that the word is a noun or an adjective. Some of the more common abbreviations you will find are listed below. Their Spanish equivalents are in parentheses.

n.	noun	(**sustantivo**)	*conj.*	conjunction	(**conjunción**)
adj.	adjective	(**adjetivo**)	*prep.*	preposition	(**preposición**)
adv.	adverb	(**adverbio**)	*v.*	verb	(**verbo**)

4. Looking up a lot of different words in a bilingual dictionary when you are writing is inefficient. It is wiser and faster to use the phrases you already know in Spanish as much as possible, rather than trying to translate too many new words you don't know from English to Spanish.

Task: Writing a health report

Health reports may be written in a variety of situations and they may be official or unofficial, formal or quite informal. Individuals may prepare health reports before they undertake new or strenuous activity, such as participation in a sport. You will now write a report of your own health that might be given to a health care provider, coach, or other person who needs information about your current condition.

Paso 1 Prepara una lista de seis aspectos importantes de tu condición física actual *(current)*. Puedes incluir aspectos positivos como: **Tengo mucha energía porque hago ejercicio regularmente,** y problemas como: **Me duele la cabeza cuando estudio mucho.**

Paso 2 Decide si tu estado físico es, en general, bueno o malo basándote en el **Paso 1.**

Paso 3 Escribe un informe de diez oraciones, explicando tu condición física e incluyendo la siguiente información.

- cuántos años tienes
- si tu condición es, en general, buena o mala
- un mínimo de cinco aspectos

 Paso 4 Intercambia tu informe con un(a) compañero(a) de clase y lee el suyo *(his/hers).* Después, comenta con él/ella los aspectos positivos y negativos presentados en los informes y decide si uno(a) o los (las) dos necesita(n) hacer una cita con el (la) médico(a).

Communicative Goals:

- Identify parts of the body and communicate about health conditions
- Describe daily activities
- Express what you and others have just finished doing
- Communicate about characteristics and conditions of people and things

Paso 1

Review the Communicative Goals for **Capítulo 5** and determine if you are able to accomplish the goals. If you are not certain that you have achieved all of the goals, review the pertinent portions of the chapter.

Paso 2

Look at the components of a conversation which addresses the communicative goals for this chapter. The percentages will help you evaluate your ability to successfully participate in the conversation that is featured below. Your instructor may use the same rubric to assess your oral performance.

Components of the conversation	%
☐ Greetings, questions and answers about how the patient is feeling, information about what the patient has just done	10
☐ Questions and answers about at least two body parts that may hurt or cause pain	20
☐ Questions and answers about medications	20
☐ Information about at least four daily activities and when they take place	20
☐ Information regarding physical characteristics and/or personality traits and health conditions of two family members	20
☐ Polite conclusion of conversation	10

 En acción Role-play a conversation between a doctor and patient, following the steps given. Then switch roles and repeat.

1. The individuals greet one another in a professional manner, the doctor asks the patient how he (she) is feeling; the patient responds and indicates what he (she) has just done.

2. The doctor asks if two specific parts of the body ache or cause pain, the patient responds and explains why or why not.

3. The doctor asks if the patient takes any medications, the patient responds and explains why or why not.

4. The doctor inquires about typical daily activities and the patient replies with information about at least four activities and when they are done.

5. The doctor asks about two family members, requesting information about their physical characteristics and/or personality traits (what they are like) and their health conditions.

6. The patient provides information about two family members, specifying at least two physical or personality traits for each and giving information about health conditions.

7. The patient and the doctor conclude the conversation in a professional manner.

¡A REPASAR!

Reflexive pronouns and the present tense of reflexive verbs

Reflexive verbs are identified by the pronoun **-se** attached to the end of the infinitive form of the verb. To conjugate these verbs, use a reflexive pronoun (e.g., **me**) with its corresponding verb form (e.g., **levanto**), according to the subject of the sentence (e.g., **yo**).

Subject	Reflexive pronoun + Verb form
yo	me levanto
tú	te levantas
Ud., él/ella	se levanta
nosotros(as)	nos levantamos
vosotros(as)	os levantáis
Uds., ellos(as)	se levantan

¡A recordar! 1 When are definite articles used with reflexive verbs? Where are reflexive pronouns placed in relation to the verb?

Acabar de + infinitive

Acabar de + infinitive means *to have just finished doing something*.

¡A recordar! 2 How is **acabar** conjugated in the present tense?

Ser versus estar

Ser implies a fundamental quality or characteristic that describes or defines the essence of a person, thing, place, or idea. **Estar** indicates the location or the state or condition of a person, thing, place, or action at a given moment, which may be the result of a change or a deviation from the norm.

¡A recordar! 3 Which qualities or conditions require the use of the verb **ser**? Which states or conditions are expressed by the verb **estar**? Which adjectives can change meaning depending on their use with either **ser** or **estar**?

Demonstrative adjectives and pronouns

Demonstrative adjectives must agree in gender (masculine or feminine) and number (singular or plural) with the noun to which they refer. Demonstrative pronouns must agree in gender and number with the nouns they replace. Both adjectives and pronouns have the same form.

Singular	Plural
este(a)	estos(as)
ese(a)	esos(as)
aquel (aquella)	aquellos(as)

¡A recordar! 4 When are the neuter demonstrative pronouns used?

Actividad 1   Las actividades de un día típico

Completa cada frase con las formas correctas del verbo indicado. Escoge las formas reflexivas y no reflexivas apropiadamente según el contexto.

1. **levantar(se):** Sara y su esposo Mario _se levantan_ a las seis. A las seis y media Sara _levanta_ a sus hijos.

2. **bañar(se):** Sara _____ por la mañana, pero ella _____ a su hijo menor (*youngest*) por la noche.

3. **afeitar(se):** ¡Sara y Mario no _____ a los niños! Mario _____ por la mañana.

4. **peinar(se):** Generalmente, los niños _____ solos, pero si es un día especial, como el día de fotografías en la escuela, Sara _____ a su hijo menor.

5. **poner(se):** Yo _____ mis libros en la mochila y después _____ la chaqueta (*jacket*) y salgo para la escuela.

6. **dormir(se):** Yo _____ siete u ocho horas cada noche. ¡Yo no _____ en la clase!

7. **maquillar(se), pintar(se):** ¿_____ tú todos los días? ¡Yo no! Yo _____ a veces (*at times*) cuando tengo tiempo.

8. **lavar(se):** Nosotros _____ las manos antes de comer y _____ los platos después.

9. **cuidar(se):** Estás resfriado otra vez. Tú no _____ . Yo nunca me enfermo. _____ muy bien.

10. **vestir(se):** Lola tiene cuatro años. No puede _____ sola (*by herself*), pero sí puede _____ a su muñeca (*doll*) Dora.

Actividad 2 ¿Qué acaban de hacer? Forma oraciones con la expresión **acabar de** para expresar las actividades que las personas acaban de hacer.

1. Mis amigos / jugar al tenis

   _____

2. Nuestro tío / levantar pesas

   _____

3. Yo / correr en el parque

   _____

4. Tú / bailar con amigos

   _____

5. Mi amigo y yo / hablar por teléfono

   _____

6. El enfermero / despertarse

   _____

Actividad 3 Preguntas Escoge el verbo correcto para completar cada pregunta.

1. ¿Dónde es / está la sala de emergencia?

2. ¿Quién es / está la médica?

3. ¿Es / Está necesario completar un historial clínico?

4. ¿Están / Son Uds. enfermos?

5. ¿Son / Están simpáticos los enfermeros?

6. ¿Qué está / es leyendo Ud.?

Actividad 4 Un día en la vida de Cristina
Completa cada oración con la forma correcta de **ser** o **estar**, según el contexto.

Cristina Vargas Ramos 1. _____ médica en un hospital de La Paz. El hospital 2. _____ cerca de su casa y ella camina al trabajo. Ahora ella 3. _____ caminando al hospital y 4. _____ un poco preocupada porque hay muchos pacientes que 5. _____ muy enfermos esta semana. Todos los médicos 6. _____ inteligentes y dedicados, pero hay mucho trabajo y 7. _____ difícil ayudar a todos. Hace buen tiempo y el cielo 8. _____ despejado. Por eso las personas en la calle 9. _____ contentas. Cristina sabe que su trabajo 10. _____ importante y que ella ayuda a muchas personas.

Actividad 5 Unas cosas importantes Identifica la palabra apropiada para completar cada oración.

1. _____ libro de anatomía que está aquí es interesante.

2. _____ papeles que están allí son de David.

3. El médico escribe _____ recetas que están aquí para Felipe.

4. Los enfermeros recomiendan _____ medicina que está aquí.

5. —Debes tomar las pastillas que están allí, para la infección.
   —¿Cuáles? ¿ _____ ?

6. Necesito hablar con _____ medica que está allí.

7. Necesito _____ documentos que están aquí.

8. —¿Trabaja tu amiga en el hospital que está allí, cerca de la plaza?
   —Sí, trabaja en _____ .

a. este
b. esta
c. estos
d. estas
e. ese
f. esa
g. esos
h. esas

Refrán

Heinle/Cengage Learning

_____ (*Eyes*) que no _____ (*see*),
_____ (*heart*) que no _____ (*feel*).

VOCABULARIO ESENCIAL

 AUDIO CD
CD 2, TRACK 9

 PERSONAL TUTOR

Las partes del cuerpo — *Body parts*

la boca	mouth
el brazo	arm
el cabello	hair
la cabeza	head
la cara	face
el cerebro	brain
el codo	elbow
el corazón	heart
el cuello	neck
los dedos	fingers
los dedos del pie/de los pies	toes
los dientes	teeth
la espalda	back
el estómago	stomach
la garganta	throat
el hueso	bone
la mano	hand
el músculo	muscle
la nariz	nose
los ojos	eyes
las orejas	(outer) ears
el pelo	hair
el pie	foot
la pierna	leg
los pulmones	lungs
la rodilla	knee
el tobillo	ankle

La salud — *Health*

Sustantivos

la alergia	allergy
el antibiótico	antibiotic
la aspirina	aspirin
el catarro	cold
el consultorio	doctor's office
el dolor de cabeza	headache
la enfermedad	illness
el (la) enfermero(a)	nurse
la farmacia	pharmacy
la fiebre	fever
el jarabe	cough syrup
el mareo	dizziness
la medicina	medicine
el (la) médico(a)	physician, doctor
el (la) paciente	patient
la pastilla	pill
la receta	prescription
el resfrío	cold
la sala de emergencia	emergency room
la sala de espera	waiting room

Verbos y expresiones

dolerle (ue) (a alguien)	to be painful (to someone); to hurt
enfermarse	to get sick
estar congestionado(a)	to be congested
estar enfermo(a)	to be sick
estar resfriado(a)	to have a cold
estornudar	to sneeze
examinar	to examine
guardar cama	to stay in bed
resfriarse	to catch a cold
sentirse (ie) (bien/mal)	to feel (good/bad)
tener dolor de cabeza	to have a headache
tener escalofríos	to have chills
tener fiebre	to have a fever
tener gripe	to have a cold/the flu
tener náuseas	to be nauseous
tener tos	to have a cough
tomarle la temperatura (a alguien)	to take (someone's) temperature
toser	to cough

Verbos de la rutina diaria y personal — *Daily and personal routine verbs*

acostarse (ue)	to go to bed
afeitarse	to shave
bañarse	to take a bath
cepillarse los dientes	to brush one's teeth
cuidarse	to take care (of oneself)
despertarse (ie)	to wake up
dormirse (ue)	to fall asleep
ducharse	to take a shower
lavarse	to wash up
levantarse	to get up
maquillarse	to put on makeup
peinarse	to comb one's hair
pintarse	to put on makeup
ponerse (la ropa)	to put on (one's clothes)
quitarse (la ropa)	to take off (one's clothes)
secarse (el cuerpo)	to dry off (one's body)
vestirse (i)	to get dressed

Adjetivos y pronombres demostrativos

este(a)	this
estos(as)	these
ese(a)	that
esos(as)	those
aquel (aquella)	that (over there)
aquellos(as)	those (over there)

¿Quieres comer conmigo esta noche?

Venezuela

© Karl-Heinz Raach/laif/Redux

Plaza Bolívar, Mérida, Venezuela

Chapter Objectives

Communicative Goals

In this chapter, you will learn how to . . .

- Communicate about foods, beverages, and dining
- Make comparisons and express superlatives
- Order food and beverages in a restaurant
- Communicate about past events and actions

Structures

- Comparatives and superlatives
- Regular verbs and verbs with spelling changes in the preterite
- Verbs with stem changes in the preterite

▲ ¿Tienes hambre ahora? ¿Tienes sed?

▲ ¿Dónde tienes ganas de comer?

▲ ¿Qué tipo de comida te gusta?

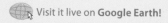 Visit it live on **Google Earth!**

179

En el restaurante de doña Margarita

In this section, you will practice talking about foods and table utensils by learning about doña Margarita's restaurant, **El Criollito,** on the east side of Caracas. What do you like to order when you go to a restaurant?

el vino blanco

la sal

la pimienta

el vino tinto

la sopa

la mantequilla

el pan

la ensalada de lechuga, tomate y huevo duro

la leche

la hamburguesa con papas fritas

la cerveza

el sándwich de jamón y queso

el agua mineral con gas

el refresco

el pollo asado

la langosta

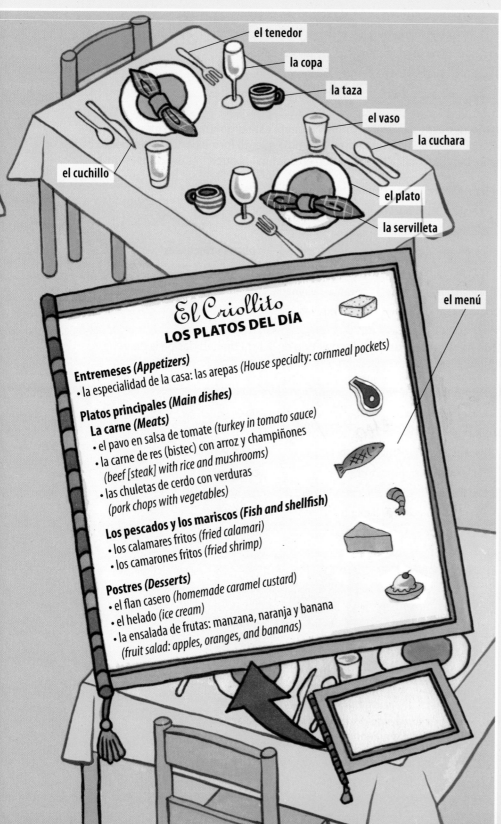

el tenedor

la copa

la taza

el vaso

la cuchara

el cuchillo

el plato

la servilleta

el menú

El Criollito
LOS PLATOS DEL DÍA

Entremeses (Appetizers)
• la especialidad de la casa: las arepas *(House specialty: cornmeal pockets)*

Platos principales (Main dishes)
La carne (Meats)
• el pavo en salsa de tomate *(turkey in tomato sauce)*
• la carne de res (bistec) con arroz y champiñones
(beef [steak] with rice and mushrooms)
• las chuletas de cerdo con verduras
(pork chops with vegetables)

Los pescados y los mariscos (Fish and shellfish)
• los calamares fritos *(fried calamari)*
• los camarones fritos *(fried shrimp)*

Postres (Desserts)
• el flan casero *(homemade caramel custard)*
• el helado *(ice cream)*
• la ensalada de frutas: manzana, naranja y banana
(fruit salad: apples, oranges, and bananas)

Otras bebidas *Other beverages*

el agua mineral sin gas
noncarbonated mineral water

el café *coffee*

el jugo de fruta *fruit juice*

el té (helado) *(iced) tea*

Otros condimentos *Other condiments*

el aceite *oil*

el azúcar *sugar*

el vinagre *vinegar*

Modos de preparación
Cooking methods

asado(a) *roasted*

frito(a) *fried*

tostado(a) *toasted*

Las comidas *Meals*

el almuerzo *lunch*

la cena *dinner, supper*

el desayuno *breakfast*

Verbos

almorzar (ue) *to have (eat) lunch*

cenar *to have (eat) dinner (supper)*

desayunar *to have (eat) breakfast*

Cultura
Arepas, fried or baked corn pancakes, either plain or with a filling, such as shredded meat, beans, cheese or avocado, are a staple for most Venezuelans and can be found in restaurants and in small food stands called **areperas.**

Heinle/Cengage Learning

¡A practicar!

6-1 Combinaciones Combina cada elemento de la primera columna con el elemento apropiado de la segunda columna.

Nota lingüística

In Spain, **las papas** are referred to as **las patatas** and **el jugo de naranja** is referred to as **el zumo de naranja**. In Puerto Rico, however, **el jugo de naranja** is referred to as **el jugo de china**.

1. _____ Las carnes   a. el café y el jugo
2. _____ Las verduras   b. el jamón y el pollo
3. _____ Los mariscos   c. la sal y la pimienta
4. _____ Los condimentos d. el flan y el helado
5. _____ Las bebidas   e. la langosta y los camarones
6. _____ Los postres   f. la lechuga y la papa

6-2 Un menú desorganizado Doña Margarita está organizando el menú para su restaurante. Ayúdala a encontrar la comida que no forma parte del grupo. En cada grupo, también indica lo que tienen en común los otros tres artículos *(items)*.

Nota lingüística

There are several ways to say "banana" in Spanish. **La banana** and **el plátano** are often used. **El banano** is common in Central America, **el guineo** is used in the Caribbean, and **el cambur** is preferred in Venezuela.

1. las chuletas, los camarones, el helado, el pescado
2. el café, el té, el huevo, el agua mineral
3. el bistec, los calamares, la langosta, el pescado
4. los postres, los tenedores, los entremeses, los platos principales
5. los champiñones, las papas, las manzanas, la lechuga
6. la leche, la manzana, la naranja, la banana
7. la sal, el azúcar, el aceite, el sándwich

6-3 ¿Qué bebidas te gustan? Escogiendo de la lista de bebidas de la derecha, completa las siguientes oraciones para expresar tus preferencias.

1. Para el desayuno, prefiero tomar...   leche
2. Cuando estudio en casa, tomo...   café
3. Cuando tengo mucha sed, bebo...   té
4. Para el almuerzo, me gusta beber...   vino tinto/blanco
5. En las fiestas siempre tomo...   agua mineral
6. Los fines de semana me gusta tomar...   jugo de naranja
7. Para la cena prefiero beber...   un refresco
8. Cuando estoy en el cine, tomo...   una cerveza

Alicia toma jugo de naranja todas las mañanas. Y tú, ¿qué tomas normalmente?

Workbook *6-1 – 6-3*
Lab Manual *6-1 – 6-3*

¡A conversar!

6-4 Una invitación Conversa con un(a) compañero(a) de clase para hacer planes para una comida para el fin de semana. ¡Sé creativo(a)!

Estudiante A	**Estudiante B**
1. Saluda a tu amigo(a).	2. Contéstale a tu amigo(a) y pregúntale cómo está él/ella. Después invita a tu amigo(a) a un almuerzo en casa el sábado.
3. Dile que no puedes aceptar su invitación. Habla de los planes que ya tienes.	4. Reacciona a lo que dice tu amigo(a). Invítalo(la) a almorzar otro día.
5. Acepta la invitación. Dale las gracias a tu amigo(a). Pregúntale sobre la invitación (día, hora, etc.).	6. Respóndele sus preguntas.
7. Pregúntale si su familia va a estar en el almuerzo o no.	8. Contesta si tu familia va a estar en el el almuerzo o no.
9. Dile adiós a tu amigo(a).	10. Responde.

6-5 Entrevista Pregúntale a otro(a) compañero(a) de clase sobre su rutina a la hora de comer. Después comparte esta información con la clase. ¿Tienen mucho en común tus compañeros de clase?

1. **el desayuno:** ¿A qué hora desayunas? ¿Desayunas solo(a) o con otras personas? ¿Qué prefieres tomar por la mañana, café, té, leche o jugo? ¿Qué te gusta comer para el desayuno?

2. **el almuerzo:** Normalmente, ¿dónde almuerzas? ¿Con quién te gusta almorzar? ¿A qué hora almuerzas? ¿Qué comes para el almuerzo?

3. **la cena:** Normalmente, ¿a qué hora cenas? ¿Cenas con tu familia, con otras personas o solo(a)? ¿Comes mucho o poco en la cena? Por ejemplo, ¿qué comes?

6-6 Dietas especiales Uds. trabajan en un restaurante y tienen clientes con necesidades especiales. Planeen un menú para cada cliente de la lista, considerando sus preferencias y necesidades. Para cada persona, escriban un mínimo de tres platos y una bebida. Después de planear los menús deben presentarlos y explicar sus decisiones a la clase.

1. Gustavo es un hombre de 45 años, bastante gordo. Trabaja en una oficina y no hace mucho ejercicio. Siempre tiene mucha hambre pero quiere adelgazar *(lose weight)*.

2. Amalia es una estudiante universitaria de 21 años. Come poca carne, pero come pescado y mariscos. Le gustan mucho las frutas y las verduras.

3. Felipe es un hombre muy deportista de 25 años. Consume muchas proteínas y mucho calcio en su dieta.

4. Marisol tiene 12 años. Le gustan mucho los postres, pero su madre le recomienda carne y verduras.

5. Doña Soledad es una mujer de 70 años. No es muy activa y tiene algunos problemas de salud. Necesita comida saludable para cuidar su corazón y su salud en general.

AUDIO CD
CD 2, TRACK 10

El siguiente diálogo tiene lugar en el nuevo restaurante **El Criollito** de doña Margarita. Doña Margarita está hablando con sus primeros clientes, Rosa y Simón, y quiere servirles una cena perfecta.

Escucha el diálogo e identifica la oración del diálogo que explica las siguientes decisiones.

Modelo A Rosa le gusta sentarse en la terraza.
Rosa dice: «En la terraza. ¡Las flores que tienen allí son muy bonitas!».

1. Simón va a tomar una cerveza.
2. Rosa y Simón van a comer arepas.
3. Rosa va a pedir los calamares fritos.
4. Simón pide un plato del menú.
5. Rosa quiere comer postre.

Doña Margarita: ¡Bienvenidos al Criollito! ¿Quieren sentarse adentro o en la terraza?

Rosa: En la terraza. ¡Las flores que tienen allí son muy bonitas!

Doña Margarita: Gracias. Pasen por aquí, entonces.

Doña Margarita: ¿Está bien? El mesero les trae el menú enseguida.

Simón: ¡Perfecto!

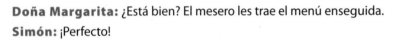

Comentario cultural Mercal, Venezuela's leading food distributor, is dedicated to giving foods produced in the country priority over imported foods. It is estimated that Venezuela still imports nearly 75 percent of its food. The three major imports are rice, chicken, and beans.

El mesero: ¡Buenas noches! Aquí tienen el menú. ¿Desean tomar algo?

Rosa: Para mí, un jugo de naranja con hielo.

Simón: Y para mí, una cerveza. Me gusta **más** la cerveza **que** el jugo cuando hace un poquito de calor.

El mesero: Muy bien. Seguro que quieren unas arepas para empezar, ¿no? ¡Son **las mejores de toda la ciudad!** Es la especialidad de la casa.

Simón: ¡Cómo no!

Heinle/Cengage Learning

Expresiones **en contexto**

bien cocido *well done*
¡Cómo no! *Of course!*
de vez en cuando *occasionally*
enseguida *right way*
¿Desean tomar algo? *Would you like something to drink?*

¡Están para chuparse los dedos! *They're finger-licking good!*
¡Están riquísimas! *They're delicious!*
mesero(a) *waiter or waitress*
no nos mataría *it wouldn't kill us*
tiene lugar *takes place*
vamos a ver *let's see*
Yo quisiera... *I would like*

El mesero: Aquí están las arepas que **pidieron.**

Simón: ¡Están riquísimas!

Rosa: ¡Están para chuparse los dedos!

El mesero: Están muy frescas. La cocinera **preparó** muchas esta mañana. ¿Quieren pedir algo del menú? Les recomiendo el pabellón criollo.

Comentario cultural Venezuela has a long Caribbean coastline and, therefore, has been strongly influenced in its history, culture, and gastronomy by the Caribbean islands. Some culinary favorites include **arepas** *(meat or cheese-filled cornmeal pockets),* **caraotas negras** *(black beans),* **guasacaca** *(avocado salsa),* **pabellón criollo** *(shredded beef with beans, rice, and plantains),* and **tajadas de plátano maduro** *(fried ripe plantains).*

Rosa: Sí. Vamos a ver. Yo quisiera los calamares fritos. ¿Están frescos?

El mesero: Sí, señora. **Recibimos** los mariscos esta mañana. Y los calamares son **los mejores del día.** Seguro que le van a gustar. ¿Y para el señor? ¿El pabellón criollo?

Simón: No, gracias. Hoy quisiera el bistec bien cocido con champiñones.

El mesero: ¿Algo más? ¿Postre? ¿Café?

Simón: Un cafecito y la cuenta, por favor.

Rosa: ¿Por qué **pediste** la cuenta, mi amor? No nos mataría un postre de vez en cuando.

Heinle/Cengage Learning

 Diálogo entre mesero(a) y cliente Trabaja con un(a) compañero(a) de clase. Túrnense para practicar el diálogo que acaban de estudiar en **En contexto.** Deben cambiar las selecciones del menú. Pueden consultar Internet para obtener más ideas. Usen expresiones de **En contexto** como modelo para su diálogo.

Comparatives and superlatives

In this section, you will learn how to make comparative and superlative statements.

I. Comparative statements

English speakers make comparisons by adding the ending *-er* to an adjective (e.g., *warmer*) or by using the words *more* or *less* with an adjective (e.g., *more interesting, less expensive*). Spanish speakers make comparisons in the following manner.

Comparisons of inequality

- Use **más** *(more)* or **menos** *(less)* before an adjective, an adverb, or a noun, and use **que** *(than)* after it.

Making comparisons

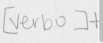

más		adjective **(tímido)**		
	+	adverb **(pronto)**	+	que
menos		noun **(hambre)**		

Ana quiere comer **más pronto que** Elena.

*Ana wants to eat **sooner than** Elena.*

Elena tiene **menos hambre que** Matilde.

*Elena is **less hungry than** Matilde.*

- Use **más que** or **menos que** after a verb form.
  Lorena come **más que** Roberto.

*Lorena eats **more than** Roberto.*

- Use the preposition **de** to express *than* before a number.
  Elena tiene **más de** diez amigos.

*Elena has **more than** ten friends.*

Irregular comparatives

mejor(es)	better	peor(es)	worse
menor(es)	younger	mayor(es)	older

—El tiempo en Caracas es **mejor que** en Maracaibo.

*The weather in Caracas is **better than** in Maracaibo.*

—Sí, y la humedad en Maracaibo es **peor que** en Caracas.

*Yes, and the humidity in Maracaibo is **worse than** in Caracas.*

Elena es **menor que** Roberto, y Lorena es **mayor que** su hermana Matilde.

*Elena is **younger than** Roberto, and Lorena is **older than** her sister Matilde.*

Comparisons of equality

- Use **tan** *(as)* before an adjective or an adverb and **como** *(as)* after it.

		adjective **(nublado)**		
tan	+		+	como
		adverb **(frecuentemente)**		

A veces está **tan** nublado en Caracas **como** en Maracaibo.

*Sometimes it is **as** cloudy in Caracas **as** in Maracaibo.*

Además no llueve **tan** frecuentemente en Maracaibo **como** en Mérida.

*Also, it doesn't rain **as** frequently in Maracaibo **as** in Merida.*

Note that **tan** can also be used by itself to show a great degree of a given quality; for example, ¡Qué día **tan** perfecto! *What a perfect day!*

- Use **tanto(a)** *(as much)* or **tantos(as)** *(as many)* before a noun, and **como** *(as)* after it.

tanto (dinero)	
tanta (gente)	} **+ como**
tantos (días)	
tantas (fiestas)	

Vary in gender & size

—¿Hace **tanto** calor en Puerto Ayacucho **como** en Ciudad Guayana?

*Is it **as** hot in Puerto Ayacucho **as** in Ciudad Guayana?*

—Sí, y hay **tantas** tormentas en Puerto Ayacucho **como** en Ciudad Guayana.

*Yes, and there are **as many** storms in Puerto Ayacucho **as** in Ciudad Guayana.*

> **Tanto(s)/Tanta(s)** can also be used without **como** to show a great amount of something; for example, ¡Hace **tanto** calor! *It's so hot!*

- To make comparisons of equality with verbs, use **tanto como** after the verb, followed by the person (or pronoun) that is being compared to the subject.

Tú estudias **tanto como** yo.

*You study **as much as** I.*

II. Superlative statements

English speakers single out someone or something from a group by adding the ending *-est* to an adjective (e.g., *warmest*) or by using the phrases *the most* or *the least* with an adjective (e.g., *the most elegant, the least expensive*).

Spanish speakers form superlatives by using a definite article before the person or thing being compared + **más** *(most)* or **menos** *(least)* + adjective. To introduce the group to which the person or thing is being compared (*the most/least . . . in the class/world/city*, etc.), the preposition **de** + noun is used.

most important

el (sobrino)		
la (familia)	**más**	
	+	*+ adjective (+ **de** + noun)*
los (amigos)	**menos**	
las (compañeras)		

when identifying the group

Tengo...
la familia más inteligente...
el esposo más guapo...
los amigos más generosos...
de Caracas.

I have . . .
the most intelligent family . . .
the most handsome husband . . .
the most generous friends . . .
in Caracas.

Irregular superlatives

el (la, los, las)	**mejor(es)**	*best*
el (la, los, las)	**mayor(es)**	*oldest*
el (la, los, las)	**peor(es)**	*worst*
el (la, los, las)	**menor(es)**	*youngest*

—¡El Criollito es **el mejor** restaurante **de** Caracas!

El Criollito is the best restaurant in Caracas!

—Sí. Y El Mesón es **el peor** restaurante.

Yes. And El Mesón is the worst restaurant.

Elena es **la menor de** las niñas.

Elena is the youngest of the girls.

Matilde es **la mayor.**

Matilde is the oldest.

¡A practicar!

6-7 **¡La mejor comida de la ciudad!** Pensando en los restaurantes de tu ciudad, forma expresiones superlativas para describir los siguientes componentes con los adjetivos dados.

> **Modelo** comida / sana (healthy)
> *El restaurante con la comida más sana es El Gourmet Vegetariano.*

1. los meseros / simpático
2. los precios / bajo
3. el ambiente / popular
4. el menú / variado
5. los platos / delicioso
6. En tu opinión, ¿cuál es el mejor restaurante de tu ciudad? ¿Cuál es el peor restaurante?

6-8 **Los intereses de Matilde y Elena** Matilde y Elena tienen muchos intereses en común. Completa las siguientes oraciones apropiadamente, usando **tan, tanto, tanta, tantos** o **tantas.**

> **Modelo** Matilde es *tan* inteligente como Elena.

1. Matilde tiene _tanta_ energía como Elena.
2. Matilde juega _tanto_ como su hermana.
3. Y a Elena le gusta hacer _tanto_ ejercicio como a Matilde.
4. Matilde juega al tenis _tan_ bien como Elena.
5. También Matilde es _tan_ activa como Elena.
6. Elena tiene _tantos_ amigos como Matilde.
7. A Elena le gusta ir al cine _tanto_ como a Matilde.

6-9 **El restaurante Las Palmas** Escuchas un anuncio en la radio para el restaurante Las Palmas y decides que es el lugar perfecto para celebrar tu cumpleaños *(birthday)* con tu familia. Escribe cinco cosas que oyes en el anuncio para decirles a tus padres y convencerlos *(convince them)* de que deben hacer la celebración en Las Palmas.

AUDIO CD
CD 2, TRACK 11

1. _____
2. _____
3. _____
4. _____
5. _____

Workbook *6-4 – 6-8*
Lab Manual *6-4 – 6-6*

¡A conversar!

6-10 Dos cocineros (cooks) y tú Imagínate que quieres trabajar en el restaurante de doña Margarita. ¿Cómo te comparas con dos cocineros que ya trabajan allí? Vas a compararte con los dos cocineros, Pablo y Memo, para averiguar (find out) qué tienen Uds. en común. Vas a usar construcciones comparativas y construcciones superlativas.

Completa el siguiente cuadro (table) y después usa la información para comparar a Pablo con su amigo Memo. Luego compárate con los dos. Hazle las preguntas a un(a) compañero(a) de clase.

Modelo — ¿Quién es más joven?
—Pablo es más joven que Memo.
—¿Eres tú menor o mayor que Memo?
—Soy menor que Memo; tengo veinte años.

Persona	Edad	Horas	Experiencia	Intereses
Pablo	23	8 al día	5 años	libros, arte, conciertos
Memo	26	9 al día	5 años	fútbol, tenis, rap, fiestas
Tú	¿?	¿?	¿?	¿?

1. ¿Quién es mayor? ¿Eres tú menor o mayor que Pablo? ¿Cuántos años tienes?
2. ¿Quién tiene más años de experiencia? ¿Tienes tú más o menos años de experiencia que Memo?
3. ¿Quién es más trabajador(a)? ¿Eres tú más o menos trabajador(a) que Memo?
4. ¿A quién le gusta más practicar deportes? ¿Qué deportes practicas tú? ¿Qué otros intereses tienes?

6-11 Lo que me gusta hacer... Usa las siguientes frases para describirle tus gustos y situaciones personales a un(a) compañero(a) de clase. Usa **más... que** o **menos... que** en cada oración. Después, dile a la clase si tú y tu compañero(a) tienen mucho en común.

Modelo Me gusta nadar más (en el invierno/en el verano)

Me gusta nadar más en el invierno que en el verano. ¿Y a ti?
o *Me gusta nadar menos en el invierno que en el verano. ¿Y a ti?*
o *Me gusta nadar más en el verano que en el invierno. ¿Y a ti?*

1. Me gusta caminar más (en el invierno/en el verano)
2. Me gusta dormir más (cuando hace frío/cuando hace calor)
3. Me gusta ducharme más (por las mañanas/por las noches)
4. Me enfermo más (en la primavera/en el otoño)
5. Tengo más dolores de cabeza (durante el semestre/durante las vacaciones)
6. Tomo menos bebidas (cuando hace calor/cuando hace fresco)

6-12 ¿Cuál es el mejor/peor? Trabaja con dos o tres compañeros(as) de clase para elegir tres figuras públicas: un(a) deportista, un(a) actor/actriz, un(a) criminal. Describan a la persona usando el superlativo de tres adjetivos diferentes. Luego, presenten sus figuras a la clase y voten sobre cuál es la mejor o peor persona en cada categoría.

ENCUENTRO CULTURAL

Venezuela

▶ Veamos el video de Venezuela para luego comentarlo.

1. ¿Cómo es la ciudad de Caracas, la capital de Venezuela?

2. Describan la zona colonial.

3. ¿Qué edificios quieres visitar en Caracas: el Nuevo Circo, el Observatorio Cagigal o la Plaza Bolívar?

✎ See the *Workbook,* **Capítulo 6, 6-21 – 6-24** for additional activities.

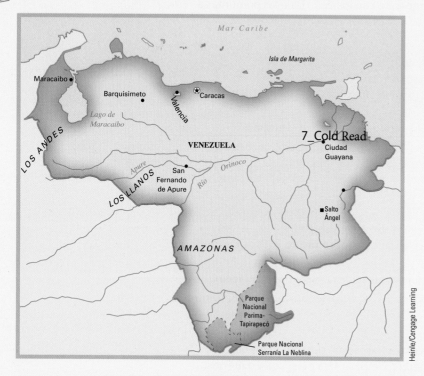

Población: 27.223.228 de habitantes

Área: 912.051 km², más de dos veces el tamaño de California

Capital: Caracas (5.254.700 habs.)

Ciudades principales: Maracaibo (2.200.000 habs.); Valencia (1.700.000 habs.); Barquisimeto (1.200.000 habs.)

Moneda: el bolívar

Lenguas: el español y 35 lenguas indígenas

Lugares mágicos En el parque Nacional Canaima está el salto de agua *(waterfall)* más alto del mundo, el Salto Ángel, con 979 metros (3.212 pies) de altura. Los turistas pueden ver el salto desde una avioneta *(small plane)* o pueden hacer una excursión de tres horas por los ríos Carrao y Churún. El Salto Ángel tiene ese nombre en honor al aviador aventurero norteamericano Jimmy Angel, quien reporta ver el salto a las autoridades en 1937. Los indígenas de la zona, los pemones, lo llaman **Churún Merú,** que significa «Salto del lugar más profundo». Para visitar el Parque Nacional Canaima hay que quedarse *(to stay)* en cabañas *(cabins)* rústicas, donde se puede comer pescado originario de la zona, pollo asado y fruta fresca del lugar, así como mangos, bananas, piñas *(pineapples)* y papayas.

¿Conoces otros saltos de agua? ¿Crees que es más interesante ver los saltos de agua desde una avioneta o en una canoa?

El Salto Ángel (Churún Merú)

🌐 Visit it live on **Google Earth!**

Penetrable de Jesús Rafael Soto

Artes plásticas Jesús Rafael Soto (1923–2005), artista venezolano, es el creador del arte cinético en 1950. En el arte cinético, las partes de la obra *(work)* tienen movimiento o dan una impresión de movimiento. Soto estudia en la Escuela de Artes en Caracas y sus obras se encuentran en el Museo de Arte Moderno y el Museo Guggenheim en Nueva York y el Centro Georges Pompidou en París, Francia. Soto es famoso por sus esculturas «penetrables» donde las personas pueden caminar y experimentar el movimiento dentro de las esculturas.

¿Te gusta la idea de caminar dentro de una escultura? ¿Qué tipo de arte te gusta más: el cinético o el tradicional?

La hallaca

Creencias y costumbres La hallaca es un plato típico venezolano en el que se puede notar las presencia de las tres culturas que forman las tradiciones y la historia de Venezuela: la española, la indígena y la africana. La hallaca es una mezcla de carnes de res, de cerdo y de pollo, aceitunas *(olives)* y pasas *(raisins)*, que son los ingredientes que traen los españoles a América. Estas carnes se ponen dentro de una masa de maíz, que es el principal ingrediente indígena. Todo esto va envuelto *(wrapped)* en hojas de plátano *(plantain leaves)*, que es uno de los ingredientes que usan los africanos y los indígenas para envolver sus comidas. La tradición es que todos los miembros de la familia ayudan a hacer las hallacas en diciembre. Las hallacas se comen durante el mes de diciembre hasta el 6 de enero, el Día de los Reyes Magos *(Three Kings Day)*.

¿Existe alguna tradición en tu familia de preparar una comida particular durante una fecha especial? ¿Qué platos preparan?

Ritmos y música La música venezolana tiene una variedad de ritmos, dependiendo de las regiones geográficas. En el oeste del país, en la ciudad de Maracaibo, la gaita es la música tradicional navideña *(Christmas)*. Los instrumentos principales son los tambores *(drums)*, la flauta *(flute)*, el cuatro —una guitarra pequeña con cuatro cuerdas *(strings)*— y las maracas, de influencia africana.

 Uno de los mejores grupos de gaitas es Betulio y Maracaibo 15. Vas a escuchar su canción «Aguinaldos venezolanos» del CD *De vuelta a casa* (2005). *Access the iTunes playlist on the* **Plazas** *website.*

¿Conoces el instrumento venezolano llamado el cuatro? ¿Tocas algún instrumento?

El cuatro

🌐 **¡Busquen en Internet!**
1. Lugares mágicos: el Salto Ángel
2. Artes plásticas: Jesús Rafael Soto
3. Creencias y costumbres: las hallacas
4. Ritmos y música: la gaita venezolana, Betulio y Maracaibo 15

El Sr. y la Sra. Tovar cenan en El Mesón de Caracas

In this section, you will learn vocabulary and expressions associated with eating in a restaurant.
When you eat in a restaurant, what questions do you ask your server?

Nota lingüística

It is customary in Spanish-speaking countries to say **¡Buen provecho!** when others begin to eat. Another word for **el (la) mesero(a)** es **el (la) camarero(a)**.

Las personas

el (la) cliente(a) *client*
el (la) mesero(a) *waiter (waitress)*

Características de la comida

caliente *hot (temperature)*
fresco(a) *fresh*
ligero(a) *light (meal, food)*
pesado(a) *heavy (meal, food)*
rico(a) *delicious*

Verbos

cocinar *to cook*
dejar una (buena) propina *to leave a (good) tip*
pedir (i) *to order (food)*
picar *to eat appetizers; to nibble*
preparar *to prepare*
recomendar (ie) *to recommend*

Expresiones idiomáticas

¡Buen provecho! *Enjoy your meal!*
¡Cómo no! *Of course*
Estoy a dieta. *I'm on a diet.*
Estoy satisfecho(a). *I'm satisfied.*
La cuenta, por favor. *The check, please.*
No puedo más. *I can't (eat) any more.*
¿Qué desean/quieren comer (beber)? *What would you like to eat (to drink)?*
¡Salud! *Cheers!*
Te invito. *It's on me (my treat).*
Yo quisiera... *I would like . . .*

Nota lingüística

Estoy lleno(a) is a less formal way to say **Estoy satisfecho(a).**

Heinle/Cengage Learning

¡A practicar!

6-13 **¿Lógico o no?** Lee las conversaciones breves entre los meseros y los clientes y decide si cada una es lógica o no. Si no es lógica, cambia la respuesta para completar la conversación de una manera lógica.

> **Modelo:** **Cliente:** *¿Está fresca la langosta?*
> **Mesero:** *Te invito.*
> No es lógico. El mesero debe decir *«¡Cómo no! Está muy fresca.»*

1. **Cliente:** ¿Podemos ver el menú?
   Mesero: ¡Salud!

2. **Mesero:** ¿Y para beber?
   Cliente: Las arepas, por favor.

3. **Mesero:** ¿Algo para picar?
   Cliente: Quisiera agua mineral sin gas.

4. **Mesero:** ¿Desean ver la lista de postres?
   Cliente: Ay, no puedo. Estoy a dieta.

5. **Mesero:** ¿Desean algo más?
   Cliente: No, gracias. La cuenta, por favor.

6-14 **Un mesero algo *(a bit)* confundido** Pepe, el mesero, está un poco confundido. Ayúdalo a poner en orden lógico las frases que les dice a los clientes.

_____ Traigo la cuenta ahora mismo.   _____ ¡Buenas noches!

_____ ¿Qué quieren comer?   _____ ¡Buen provecho!

_____ De postre hay helado.   _____ ¿Desean algo más?

_____ ¿Y para beber?   _____ Gracias, señores, y buenas noches.

_____ ¿Dos para cenar?   _____ Aquí tienen el menú.

_____ Les recomiendo los mariscos.

6-15 **Impresiones de Pepe** Pepe, el mesero, siempre les sirve a don Fernando y a doña Olga cuando ellos vienen a comer al restaurante El Mesón. Completa el párrafo siguiente sobre sus impresiones de la pareja. Usa las siguientes frases, palabras y expresiones.

| yo te invito | ensalada | agua mineral | ¿qué desean? | propina |
| algo ligero | picar | menú | piden | está a dieta |

Hola. Yo llevo muchos años trabajando (I have been working many years) aquí en El Mesón. Conozco bien a don Fernando y a doña Olga: son clientes muy buenos. Siempre les pregunto a ellos: 1. «_____». Don Fernando siempre pide ver el 2. _____. Él siempre pide una cerveza Polar muy fría y 3. _____ para 4. _____. Les gustan mucho los mariscos: casi siempre 5. _____ langosta o pescado. Claro, ¡nuestro restaurante tiene el mejor pescado de Caracas! Como doña Olga es un poco gorda, siempre 6. _____. Por eso, normalmente ella pide 7. _____ para beber y una 8. _____ para comer con su plato principal. Realmente son unas personas especiales y muy románticas. Después de comer, don Fernando siempre le dice de broma (jokingly) a su esposa: 9. «_____, cariño». Ellos siempre dejan una buena 10. _____.

Workbook *6-9 – 6-11*
Lab Manual *6-7 – 6-9*

¡A conversar!

6-16 Una noche en el restaurante Esmeralda Trabajen en grupos para presentar las siguientes escenas en el restaurante:

1. Unos amigos van al restaurante Esmeralda para celebrar el fin del semestre. Quieren empezar con algo para picar y después quieren varios platos, postres y bebidas. Una mujer es un poco quisquillosa *(finicky),* pero en general les gusta mucho la comida y se divierten en el restaurante.

2. *Los señores Villafranca cenan en el restaurante Esmeralda todos los viernes. Conocen al mesero Luis muy bien y casi siempre (almost always) piden la especialidad de la casa. Esta noche el señor Villafranca quiere pedir algo diferente, pero no puede decidir qué quiere. Por fin él toma una decisión y le gusta mucho el nuevo plato.*

3. *La familia Martín va a cenar en el restaurante Esmeralda. La señora y sus hijos esperan al señor Martín, que no llega a tiempo. Los niños se ponen impacientes pero cuando comen algo, están más contentos y la familia lo pasa bien (has a good time).*

Nota lingüística

Here are some other expressions to talk about food: **¡Qué delicioso!** *(How delicious!)* and **¡Qué sabroso!** *(How tasty!)* While **caliente** means *hot,* it refers to the temperature of something. **Picante** means *hot,* as in *spicy:* **¡Qué picante!** *(How spicy!)*

Heinle/Cengage Learning

6-17 Entrevista Trabaja con un(a) compañero(a). Háganse *(Ask one another)* las siguientes preguntas. Después, compartan la información con la clase.

1. Si vas a celebrar un día especial, ¿a qué restaurante prefieres ir? ¿Por qué?

2. Si sales a comer con un grupo de amigos y no tienes mucho dinero, ¿adónde vas? ¿Por qué?

3. ¿Cuál es el restaurante más elegante que conoces? Describe el restaurante, la comida y el servicio.

4. ¿Qué restaurante recomiendas para el desayuno? ¿el almuerzo? ¿la cena? ¿Cuáles son los mejores platos que sirve cada restaurante?

5. ¿Qué restaurante sirve comida muy fresca? ¿comida rica? ¿comida ligera? ¿comida pesada?

6. ¿Trabajas en un restaurante? ¿Tus amigos trabajan en restaurantes? ¿Te gusta el trabajo en un restaurante? ¿Por qué?

Making statements about quantity

In this section, you will learn how to express quantities of foods that you would ask for when shopping or cooking.

I. En el supermercado

Dependiente:	¿En qué puedo servirle?	*How may I help you?*
Cliente:	Quiero 5 **rodajas** de queso blanco.	*I want 5 slices of white cheese*
Dependiente:	¿Le corto el queso en **rodajas finas o gruesas**?	*Shall I cut the cheese for you in thin or thick slices?*
Cliente:	En **rodajas finas,** por favor.	*In thin slices, please.*
Dependiente:	¿Quiere algo más?	*Would you like anything else?*
Cliente:	Sí, necesito medio **kilo** de jamón, también en **rodajas finas.**	*Yes, I also need a half a kilo of ham, also in thin slices.*
Dependiente:	Por supuesto, aquí tiene el queso y el jamón.	*Of course, here is the cheese and the ham.*
Cliente:	Gracias.	*Thanks.*
Dependiente:	A sus órdenes.	*At your service.*

II. En la cocina

Para la receta de flan casero necesitamos los siguientes ingredientes:

1 **lata** de leche condensada	*1 can of condensed milk*
1 **lata** de leche	*1 can of milk*
6 huevos	*6 eggs*
1 **cucharadita** de vainilla	*1 teaspoon of vanilla*
1 **taza** de azúcar hecha caramelo	*1 cup of sugar made into caramel*

Flan casero

III. Más cantidades

una botella *bottle*	**una libra** *pound*
una caja *box*	**un litro** *liter*
una cucharada *tablespoon*	**una onza** *ounce*
un galón *one gallon*	**un frasco** *jar, pot, jug*
un gramo *gram*	**un vaso** *glass*

¡A practicar!

6-18 ¿Cuánto compro? Estás en el supermercado y tienes una lista de compras. Usa palabras del vocabulario relacionadas con cantidades lógicas para saber qué cantidad vas a comprar de cada cosa. No repitas información.

1. Una _____ de cereal
2. Dos _____ de refresco (aproximadamente medio *(half a)* galón)
3. Un _____ de azúcar
4. Una _____ de queso
5. Un _____ de comida para bebé *(baby)*
6. Una _____ de sopa
7. Una _____ de vinagre
8. Tres _____ de agua

6-19 Una cena especial Vas a preparar una cena especial para tres amigos. Piensas preparar un entremés, un plato principal y un postre. Decide qué platos vas a hacer y luego haz una lista de los ingredientes que necesitas para preparar cada uno de estos platos. ¡No te olvides *(Don't forget)* de incluir las cantidades de los ingredientes!

Entremés: _____
1. _____
2. _____
3. _____
4. _____

Plato principal: _____
1. _____
2. _____
3. _____
4. _____

Postre: _____
1. _____
2. _____
3. _____
4. _____

¡A conversar!

6-20 Lista de compras Con un(a) compañero(a), preparen una lista con cosas que compran cada semana en el supermercado para el desayuno, el almuerzo y la cena. Incluyan al menos cuatro artículos para cada comida y las cantidades que compran.

Modelo *Para el desayuno compramos dos litros de leche, un kilo de azúcar, seis huevos y 500 gramos de queso.*
Para el almuerzo...

6-21 Recetas y cantidades Con un(a) compañero(a), inventen dos recetas: una para un plato principal y una para un postre. Digan qué ingredientes necesitan y qué cantidades.

Modelo *Mi comida se llama "pollo con mantequilla". Necesitamos dos kilos de pollo, cien gramos de mantequilla, una cucharada de aceite...*
Mi postre se llama...

6-22 Platos del día Con un(a) compañero(a), hablen sobre lo que comen en su casa todos los días.

Modelo *Generalmente en el desayuno tomo café con leche y como cereal.*

- ¿Qué desayunan?
- ¿Qué almuerzan?
- ¿Qué comen?
- ¿Comen o beben algo entre comidas?

Javier bebe 6 vasos de agua al día. ¿Cuántos bebes tú?

Workbook *6-12*
Lab Manual *6-10*

Regular verbs and verbs with spelling changes in the preterite

Spanish speakers use the preterite tense to describe what occurred in the past.

Regular verbs in the preterite

- To form the preterite for most Spanish verbs, add the following endings to the verb stem.

	hablar	comer	vivir
yo	habl**é**	com**í**	viv**í**
tú	habl**aste**	com**iste**	viv**iste**
Ud., él/ella	habl**ó**	com**ió**	viv**ió**
nosotros(as)	habl**amos**	com**imos**	viv**imos**
vosotros(as)	habl**asteis**	com**isteis**	viv**isteis**
Uds., ellos(as)	habl**aron**	com**ieron**	viv**ieron**

Note the identical endings for -**er** and -**ir** verbs.

Mis padres **hablaron** en español con el mesero.
*My parents **spoke** in Spanish with the waiter.*

Ella **comió** mucho ayer.
*She **ate** a lot yesterday.*

- -**ar** and -**er** stem-changing verbs in the present tense have no stem change in the preterite; use the same verb stem as you would for the **nosotros(as)** form.

	pensar	volver
yo	pens**é**	volv**í**
tú	pens**aste**	volv**iste**
Ud., él/ella	pens**ó**	volv**ió**
nosotros(as)	pens**amos**	volv**imos**
vosotros(as)	pens**asteis**	volv**isteis**
Uds., ellos(as)	pens**aron**	volv**ieron**

Yo **pensé** mucho en doña Margarita.
*I **thought** a lot about doña Margarita.*

Volvió a casa a la 1:00.
*She **returned** home at 1:00.*

Verbs with spelling changes in the preterite

- Verbs ending in -**car**, -**gar**, and -**zar** have a spelling change in the **yo** form of the preterite tense. This change is necessary to maintain the sound of the original consonant.

c changes to **qu**	g changes to **gu**	z changes to **c**
tocar > to**qué**	llegar > lle**gué**	comenzar > comen**cé**

Yo **llegué** a las 2:00 y **almorcé** con su familia.
*I **arrived** at 2:00 and **had lunch** with his family.*

Toqué la guitarra y **saqué** unas fotos.
*I **played** the guitar and **took** some photos.*

Jugué a las cartas con toda la familia.
*I **played** cards with the whole family.*

[handwritten margin notes: Sacer: to take out / Corgar: to load / danzar: to dance]

- Verbs ending in **-er** and **-ir** that have a vowel before the infinitive ending require the following change in the **Ud./él/ella** and **Uds./ellos/ellas** forms of the preterite tense: the **e** or **i** between the two vowels changes to **y**.

	creer	leer	oír
Ud., él/ella	creyó	leyó	oyó
Uds., ellos(as)	creyeron	leyeron	oyeron

Margarita y su esposo Jorge **leyeron** un poco.
*Margarita and her husband Jorge **read** a bit.*

Jorge **oyó** algo raro en la calle.
*Jorge **heard** something strange in the street.*

Nadie le **creyó** el cuento.
*Nobody **believed** his story.*

Uses of the preterite

Spanish speakers use the preterite tense to express the beginning and completion of past actions, conditions, and events. Basically, the preterite is used to tell what did or did not happen or to tell what someone did or did not do. Observe the use of the preterite in the following examples.

Ayer Jorge **se despertó** un poco tarde porque no **oyó** el despertador.
*Yesterday, Jorge **woke up** a little late because he **didn't hear** the alarm clock.*

Margarita **llamó** a su esposo dos veces y finalmente él **se levantó**.
*Margarita **called** her husband two times and finally he **got up**.*

Luego Jorge **se duchó** y **desayunó** con sus tres hijos.
*Then, Jorge **showered** and **ate breakfast** with his three children.*

Here are some common expressions used to refer to the past:

esta noche: tonight

anoche	*last night*
anteayer	*the day before yesterday*
ayer	*yesterday*
la semana pasada	*last week*
el mes pasado	*last month*
el año pasado	*last year*

¿Recuerdas?

El mesero: Aquí están las arepas que **pidieron.**
Simón: ¡Están riquísimas!
Rosa: ¡Están para chuparse los dedos!
El mesero: Están muy frescas. La cocinera **preparó** muchas esta mañana.

¡A practicar!

6-23 Cómo preparamos las arepas Doña Olga explica cómo ella, su esposo Fernando y sus tres hijos, Alberto, Pedro y Óscar, prepararon las arepas ayer. Escribe su historia con la siguiente información.

Modelo nosotros / entrar / a la cocina / para preparar arepas
Nosotros entramos a la cocina para preparar arepas.

1. mi esposo Fernando / leer / la receta
2. yo / comenzar / a buscar los ingredientes
3. mis hijos Pedro y Alberto / formar / las arepas
4. nosotros / cocinar / las arepas / en el horno
5. mi hijo Óscar / beber / un refresco y no / ayudar
6. yo / sacar / todas las arepas / del horno
7. Óscar, Pedro y Alberto / comer / las arepas / en seguida
8. Óscar / limpiar / la cocina

6-24 Preparaciones para una fiesta Escucha el mensaje telefónico de tu mejor amigo. Acaba de volver del supermercado, donde compró parte de la comida que Uds. necesitan para una fiesta que van a dar el sábado. Mira la lista de comida que Uds. escribieron ayer y marca con X las cosas que tu amigo compró.

AUDIO CD
CD 2, TRACK 12

_____ la carne de res   _____ los champiñones

_____ las papas   _____ el tomate

_____ el queso   _____ los refrescos

_____ la lechuga   _____ el helado

_____ el pan   _____ los camarones

6-25 Un secreto Alberto, el hijo mayor de doña Olga y don Fernando, está secretamente enamorado *(in love)* de Matilde, la hija de doña Margarita. Una noche, él va con sus hermanos a la casa de Matilde y le dan una serenata. Usando los verbos de la lista, completa el siguiente párrafo en el que Matilde describe lo que pasó.

acostarse	descubrir	invitar	llegar
cantar	despertarse	leer	recibir
cerrar	escuchar	llamar	volver

Anoche, yo 1. _____ un poco antes de dormir. A las 11:00, yo 2. _____. ¡Siempre estoy cansada después de trabajar en el restaurante con mamá! Una hora después, a las 12:00, 3. _____. Mi hermana Elena y yo 4. _____ algo fuera de la casa. Cuando yo 5. _____ a la ventana, 6. _____ a Óscar, Alberto y Pedro. ¡Qué sorpresa! Bueno. La semana pasada, yo 7. _____ un mensaje electrónico de Alberto en que él me hablaba de su amor por mí. Y ayer, él me 8. _____ por teléfono y me 9. _____ a cenar con él. ¡Ay, ay, ay! ¡Yo no quiero ser la novia de Alberto! Pero anoche, él y sus dos hermanos me 10. _____ una canción de amor. Elena y yo 11. _____ la ventana y 12. _____ a acostarnos. ¡Esos muchachos!

Workbook *6-13 – 6-16*
Lab Manual *6-11 – 6-13*

¡A conversar!

6-26 Lo que yo hice Dile a otro(a) compañero(a) de clase lo que tú hiciste *(you did)* la semana pasada. A continuación hay varias posibilidades que puedes usar si las necesitas. Luego comparte con la clase la información que tienes de tu compañero(a).

Modelo   levantarse tarde
Yo me levanté tarde.

1. **En el trabajo...**
   a. no trabajar mucho
   b. recibir un cheque
   c. hablar con mi jefe(a)
   d. conocer a otro(a) empleado(a)
   e. ¿?

2. **En la universidad...**
   a. jugar a un deporte
   b. comer en la cafetería
   c. aprender mucho español
   d. tomar un examen difícil
   e. ¿?

3. **En el restaurante...**
   a. pedir algo para picar
   b. beber agua mineral
   c. comer pescado frito
   d. pagar la cuenta
   e. ¿?

6-27 Ayer yo... ¿Qué comió tu compañero(a) ayer? Pregúntale qué comió y después cuéntale *(tell him/her)* lo que tú comiste. Pide muchos detalles sobre lo que comió, con quién, cuánto, a qué hora, dónde, si lo preparó él/ella, etcétera.

Modelo   el desayuno
—*¿Qué comiste para el desayuno?*
—*Comí cereal con leche.*

1. el desayuno
2. el almuerzo
3. la cena

6-28 ¿Quién...? Tienes dos minutos para buscar a alguien de tu clase que haya hecho *(has done)* las siguientes cosas. Después de encontrar a alguien para una categoría, pídele que firme *(sign)* la actividad en tu papel. Al final, cuéntales a tus compañeros(as) de clase lo que acabas de descubrir.

Modelo   comer camarones ayer
Tú: *Bonnie, ¿comiste camarones ayer?*
Bonnie: *Sí, comí camarones ayer.* (Bonnie signs next to the activity.)
o *No, no comí camarones ayer.* (Bonnie doesn't sign and you look for someone else.)
Al final: *Bonnie (no) comió camarones ayer...*

1. comer una hamburguesa anteayer: _____
2. oír música venezolana alguna vez: _____
3. leer una receta en Internet la semana pasada: _____
4. tocar la guitarra anoche: _____
5. llegar tarde a clase el mes pasado: _____
6. pagar la cuenta en un restaurante ayer: _____

Verbs with stem changes in the preterite

Spanish -**ir** verbs that have a stem change in the present tense also have a stem change in the third-person singular and plural forms (**Ud./él/ella** and **Uds./ellos/ellas**) of the preterite. In these cases, **e** becomes **i**, and **o** becomes **u**. Remember, stem-changing -**ar** and -**er** verbs do not show stem changes in the preterite.

servir *(to serve)*

Present (i)		Preterite (i)	
sirvo	servimos	serví	servimos
sirves	servís	serviste	servisteis
sirve	sirven	sirvió	sirvieron

e→i *e→i*

divertirse *(to have fun)*

Present (ie)		Preterite (i)	
me divierto	nos divertimos	me divertí	nos divertimos
te diviertes	os divertís	te divertiste	os divertisteis
se divierte	se divierten	se divirtió	se divirtieron

*first stem change is present
2nd is past*

dormir *(to sleep)*

Present (ue)		Preterite (u)	
duermo	dormimos	dormí	dormimos
duermes	dormís	dormiste	dormisteis
duerme	duermen	durmió	durmieron

Here are other -**ir** stem-changing verbs that exhibit the same changes as the three verbs shown above. Many of these you have already learned. Note below that the first vowel(s) in the parentheses indicate(s) the stem change in the present tense, and the second vowel indicates the stem change in the preterite.

conseguir (i, i) to get, obtain
despedir(se) (i, i) (de) to say good-bye (to)
dormirse (ue, u) to fall asleep
morir(se) (ue, u) to die
pedir (i, i) to request, order; to ask for
preferir (ie, i) to prefer
reírse (i, i) to laugh
sentirse (ie, i) to feel
sonreír (i, i) to smile
sugerir (ie, i) to suggest
vestirse (i, i) to get dressed

memorize this list

extra credit; conjugate this list!

To form the third-person forms of **sonreír**, drop the **i** in the stem before adding the ending (**sonrió, sonrieron**). Similarly, the third-person forms of **reírse** are **se rio** and **se rieron**. Note, however, that **se rio** does not carry a written accent on the **o**. (In 1999, the **Real Academia Española** introduced a spelling convention in which one-syllable words should not carry written accents.)

¡A practicar!

6-29 Unas vacaciones para Julio Julio es el gerente *(manager)* del Restaurante del Lago, en Maracaibo, y normalmente va de vacaciones a Caracas, la capital. Él nos cuenta qué pasa en su viaje. Cambia las oraciones del presente al pasado para indicar lo que pasó en su último viaje

Modelo Consigo un boleto *(ticket)* de avión para Caracas.
Conseguí un boleto de avión para Caracas.

1. Cuando llego al aeropuerto, los agentes me piden el boleto.
2. Al llegar a Caracas, prefiero ir a la Casa de Bolívar y al Capitolio Nacional primero.
3. Varias personas me sugieren unas discotecas en el distrito Las Mercedes.
4. Me visto con chaqueta, pero sin corbata para ir a las discotecas.
5. Me siento cansado cuando vuelvo a mi hotel y me duermo muy rápido.

6-30 Una pequeña fiesta de doña Margarita y don Jorge El sábado pasado doña Margarita y don Jorge hicieron una fiesta en su apartamento de Altamira, en Caracas, para celebrar su aniversario con unos amigos. Doña Margarita describe los preparativos y lo que pasó en la fiesta.

El sábado durante el día, nosotros empezamos
(1. empezar) a prepararnos para la fiesta. Yo fui (I went) a hacer las compras para la comida.

A las 7:00, Jorge y yo nos duchamos y luego nos vestimos *(2. vestirse).
Yo* me vestí *(3. vestirse) con un vestido largo y Jorge también* se vistió *(4. vestirse) elegantemente. A las 9:30 de la noche llegaron los primeros invitados. Yo* serví *(5. servir) unas empanadas de carne y unas arepas de queso. Todos* se divirtieron *(6. divertirse) mucho en la fiesta.*

Cultura
Apartments in Altamira are very nice because of their proximity to El Ávila. This hill protects the city of Caracas from the winds.

Workbook *6-17 – 6-20*
Lab Manual *6-14 – 6-16*

¡A conversar!

6-31 Una cena memorable en un restaurante inolvidable Pregúntale a un(a) compañero(a) de clase sobre una cena especial. Luego descríbele a la clase las experiencias de tu compañero(a).

1. ¿Dónde comiste? ¿Quiénes comieron contigo? ¿Por qué decidieron ir a ese restaurante? ¿Qué platos recomendó el mesero? ¿Comieron entremeses? ¿Qué plato principal pediste tú y qué platos principales pidieron las otras personas? ¿Qué bebieron?

2. ¿Comiste en un restaurante grande o en un restaurante pequeño? ¿A qué hora llegaste (llegaron Uds.) al restaurante? ¿Se divirtieron tú y tus amigos? ¿Se rieron mucho durante la comida? ¿Pediste algo especial de postre?

3. ¿Después de cuánto tiempo volviste a casa? ¿A qué hora te acostaste cuando llegaste a casa? ¿Te sentiste contento(a) después de la cena? ¿Por qué? ¿Te dormiste inmediatamente o no?

6-32 Un restaurante nuevo Trabajen en grupos de tres o cuatro estudiantes para crear y presentar una escena sobre la primera noche con clientes en un restaurante nuevo. Escojan a diferentes personas del grupo para hacer las siguientes actividades. Dramaticen *(Act out)* la escena mientras varias personas del grupo se turnan para describir lo que pasó. ¡Claro que la narración tiene que ser en el pretérito!

Los clientes: llegar, sentarse, pedir el menú

El mesero: sonreír, sugerir bebidas

Los clientes: pedir bebidas y comidas

Un(a) cliente: sentirse mal, salir

El mesero: servir bebidas y comidas

Los clientes: comer, divertirse

Un(a) cliente: pedir la cuenta

Los clientes: despedirse, volver a casa

¡A VER!

Heinle/Cengage Learning

¿Qué vas a cocinar? En este segmento del video, Valeria decide sorprender a los muchachos con una cena especial. Desafortunadamente, no obtiene los resultados deseados.

Antes de ver

Expresiones útiles The following are some new expressions you will hear in the video.

A ver	*Let's see*
¿Yo qué sé?	*What do I know?*
Se hace lo que se puede	*One does what one can*
quemarse	*to burn*
encontrar	*to find*

Enfoque estructural The following is Valeria's testimonial at the end of the video segment, featuring several preterite-tense verbs.

La cena **resultó** todo un desastre. Los chiles **se** me **quemaron** y el queso que **usé** estaba muy salado. Le **eché** mucho picante a la salsa. Estaba todo horrible. Pero a pesar de todo, Antonio **fue** *(was)* muy cortés y **se comió** todo un chile relleno...

1. **Recordemos** ¿Cómo describes algo que pasó en el pasado? Imagina que quieres contar un incidente cómico/desastroso *(disastrous)* que te pasó en un restaurante elegante. Describe por lo menos tres cosas que ocurrieron durante la comida. ¿Dejaste una buena propina? ¿Saliste del restaurante sin pagar la cuenta?

2. **Practiquemos** Trabaja con un(a) compañero(a) de clase e identifica el sujeto *(the subject)* para cada verbo **en letra negrita** en la anécdota de Valeria. Luego, identifica tres errores que cometió Valeria en la cocina y explícaselos a tu compañero(a).

3. **Charlemos** ¿Recuerdas la última vez *(last time)* que cocinaste algo y no salió bien? Explica ese incidente a un(a) compañero(a) de clase, indicando los errores que cometiste. Luego, eschucha lo que dice tu compañero y explícaselo a otros compañeros de la clase. ¿Quién es el(la) peor cocinero(a) de la clase?

Después de ver

1. Una cena típica mexicana Completa el siguiente párrafo con el pretérito de los verbos apropiados de la lista para describir lo que pasó cuando Valeria intentó *(tried)* preparar algo típico mexicano para sorprender *(to surprise)* a Antonio.

comer	comprar	decidir	empezar	encontrar
leer	volver	quemarse	salir	

Un día, Valeria 1. _____ sorprender a los chicos con una cena típica mexicana. Alejandra y Valeria 2. _____ libros de recetas y Alejandra 3. _____ una receta de chiles rellenos al horno. Las chicas 4. _____ los ingredientes en el mercado, 5. _____ a la Hacienda Vista Alegre y Valeria 6. _____ a cocinar. Desafortunadamente, ¡Valeria no es muy buena cocinera! Los chiles 7. _____ y la cena fue *(was)* un desastre. Antonio 8. _____ un poco, pero al final todos 9. _____ a un restaurante.

2. La lista de ingredientes ¿Cuáles son los ingredientes que usó Valeria? Mira la siguiente lista y pon una «X» para indicar los ingredientes que mencionó. Compara tus respuestas con las de un(a) compañero(a). ¿Se acordaron de todo?

Ingredientes para los chiles rellenos al horno

_____ chiles poblanos

_____ camarones

_____ aceite

_____ arroz blanco guisado

_____ crema

_____ vinagre

_____ cebollitas de cambray

_____ champiñones

_____ sal

_____ jamón

_____ caldillo de jitomate

_____ queso añejo

Heinle/Cengage Learning

 Entre nosotros ¿Cuál es tu cena ideal? Imagina que puedes pedir cualquier cosa *(anything)* sin preocuparte por el precio o la preparación. ¿Tienes un restaurante favorito adonde quieres ir, o prefieres que alguien cocine algo en casa? ¿Pides algo para empezar? ¿Tienes un postre favorito? ¿Qué quieres beber? Comparte tu menú ideal con un(a) compañero(a) de clase.

Presentaciones Con dos compañero(a)s de clase, escribe una escena corta en la que una pareja va a cenar a un restaurante elegante. Si eres el/la mesero/a, usa los menus de Entre nosotros. ¿Qué vas a pedir? ¿Vas a pedir algo para picar? ¿Vas a probar la especialidad de la casa? ¿Quieres ver la lista de postres? Luego, presenta la escena a la clase.

 See the *Lab Manual,* **Capítulo 6, 6-18– 6-19** for additional activities.

Antes de leer

Strategy: Improving your reading efficiency: Organizational features of a passage, cognates, background knowledge and skimming

Reading efficiently involves a bit of guessing. By considering the organizational features of a passage, you can often make intelligent guesses as to the content of a passage before reading it. You should use all of the information available to you—cognates, titles, subtitles (if present), pictures, photos, and personal knowledge. You should also skim through the passage before closely reading it in order to ascertain the gist of the reading.

Identify the organizational features of the reading selection to answer the following questions.

1. What is the title of this selection?
2. What do you see in the photo? Describe the person.
3. What would you guess this selection to be about?
4. What do you know about food from Venezuela?

Now, skim the passage to answer these questions.

5. Can you find four cognates and their meanings?
6. Who is the selection about?
7. What is the purpose of the selection?

Doña Bárbara en el cine

Doña Bárbara

Primera parte: Capítulo VI: El recuerdo de Asdrúbal

... doña Bárbara acaba de sentarse a la mesa...

... Doña Bárbara come acompañada de Balbino Paiba, persona con quien [Melquíades] no simpatiza. Trata [Melquíades] de revolverse *(tries to turn around)*, a tiempo que ella le dice:

—Entra, Melquíades.

—Yo vuelvo más tarde. Siga comiendo tranquila.

Y Balbino, con sorna *(irony, sarcasm)* y a la vez que se enjuaga *(wipes away)* a manotadas los gruesos bigotes *(mustache)* impregnados del caldo grasiento *(greasy broth)* de las sopas, dice:

—Entre, Melquíades. No tenga miedo, que aquí no hay perros. [...]

[Melquíades] saca varias monedas de oro *(gold coins)*, que luego pone apiladas en la mesa diciendo:

—Cuente a ver si está completo.

Balbino las mira de soslayo *(sideways)*, y aludiendo a la costumbre de doña Bárbara de enterrar *(to bury)* todo el oro que le caía *(would fall into)* en las manos, exclama:

—¿Morocotas? *(gold coins)* ¡Ojos que te vieron!

Y sigue masticando *(chewing)* el trozo de carne que le llena la boca pero sin apartar de las monedas la codiciosa *(greedy)* mirada.

Después de leer

A escoger Lee el fragmento de la novela nuevamente para responder las siguientes preguntas.

1. Doña Bárbara acaba de...
   a. pensar en Melquíades
   b. conversar con Balbino
   c. sentarse a la mesa

2. La comida principal en este fragmento está compuesta de...
   a. sopa y pollo
   b. sopa y carne
   c. sopa y pescado

3. Melquíades tiene...
   a. tanto miedo como Balbino de doña Bárbara
   b. más miedo que Balbino de doña Bárbara
   c. menos miedo que Balbino de doña Bárbara

4. Doña Bárbara esconde *(hides)* sus morocotas o monedas de oro en...
   a. la tierra
   b. el banco
   c. la cama

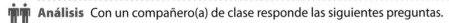

¿Cierto o falso? Indica si las siguientes oraciones son **ciertas** *(true)* o **falsas** *(false)*. Corrige las oraciones falsas.

1. _____ Melquíades respeta y no quiere molestar a doña Bárbara en el momento de la comida.

2. _____ Balbino se limpió la grasa de la sopa de los bigotes.

3. _____ Melquíades saca varias monedas de oro y luego cuenta las monedas enfrente de doña Bárbara.

4. _____ Balbino no ve las morocotas y sigue comiendo la carne tranquilamente.

Análisis Con un compañero(a) de clase responde las siguientes preguntas.

1. ¿Cuándo se usa el título **doña**? Si no lo recuerdan, miren el **Comentario cultural** de la página 55.

2. ¿Por qué Melquíades no quiere molestar a doña Bárbara?

3. ¿Por qué Melquíades quiere que doña Bárbara cuente *(counts)* las morocotas de oro?

4. ¿Qué actitud muestra doña Bárbara al enterrar sus morocotas de oro?

5. Después de leer este fragmento, ¿qué idea tienen de doña Bárbara?

¡A escribir! Con dos compañeros de clase, imaginen que tienen que escribir una reseña *(review)* corta de 4 ó 5 líneas para el periódico de la universidad y describir la película Doña Bárbara basándose en la foto y en la descripción de la comida. ¿Cómo es doña Bárbara? ¿Por qué la llaman "doña" si no es muy mayor? ¿Es rica o pobre?

Strategy: Adding details to a paragraph

In **Capítulo 4,** you learned how to write a topic sentence for a paragraph. The other sentences in the paragraph should contain details that develop the main idea stated in the topic sentence. The following procedure will help you develop a well-written paragraph in Spanish.

1. Write a topic sentence about a specific subject.

2. List some details that develop your topic sentence.

3. Cross out any details that are unrelated to the topic.

4. Number the remaining details in a clear, logical order.

5. Write the first draft of a paragraph based on your work.

6. Cross out any ideas that do not contribute to the topic.

7. Write the second draft of your paragraph as clearly as possible.

Read the topic sentence below and then read the sentences that follow it. Indicate if each sentence on the list adds appropriate details based on the topic sentence or not.

Oración principal: Mi restaurante favorito es Chez Claude.

Detalles:	**¿Oración relacionada?**	
El restaurante Chez Claude sirve comida francesa.	Sí	No
Mis amigos y yo comemos en casa a veces.	Sí	No
Chez Claude tiene muchos tipos de refrescos.	Sí	No
Los precios son altos, pero la comida es deliciosa.	Sí	No

Task: Writing a restaurant review

You will now write a brief review of your favorite restaurant, being careful to include only pertinent details. Use the strategies you have practiced and follow the directions below.

Paso 1 ¿Cuál es tu restaurante favorito? Escribe un párrafo sobre tu restaurante favorito siguiendo el procedimiento descrito anteriormente.

 Paso 2 Ahora trabaja con un(a) compañero(a) de clase. Uds. deben...

- eliminar los detalles que no estén relacionados con la oración principal.
- añadir *(add)* unos detalles, si es necesario.
- corregir los errores de vocabulario, de gramática o de ortografía *(spelling)*.

 Paso 3 Intercambia tu reseña con otros compañeros de clase. Lee los párrafos de varios estudiantes e identifica algunos restaurantes que quieras visitar.

Communicative Goals:

- Communicate about foods, beverages and dining
- Make comparisons and express superlatives
- Order food and beverages in a restaurant
- Communicate about past events and actions

Paso 1
Review the Communicative Goals for **Capítulo 6** and determine if you are able to accomplish the goals. If you are not certain that you have achieved all of the goals, review the pertinent portions of the chapter.

Paso 2
Look at the components of a conversation which addresses the communicative goals for this chapter. The percentages will help you evaluate your ability to successfully participate in the conversation that is featured below. Your instructor may use the same rubric to assess your oral performance.

Components of the conversation	%
☐ Greetings, questions and answers about a beverage order	10
☐ Information about a daily special and question about ordering a meal	10
☐ Statement of food and/or beverages consumed yesterday and desire to order something different today	20
☐ Comparison of two items on the menu	20
☐ Placing of order and proper response	10
☐ Question about desire to order additional items and proper response	10
☐ Request of check and positive comment	10
☐ Appropriate conclusion of the conversation	10

 En acción Role-play a conversation that might take place between a diner and a server in a restaurant. Follow the steps below to carry out the conversation with a partner. After you have executed the conversation, switch roles and change as many details as possible.

1. The server greets the diner and asks what he (she) would like to drink; the diner responds.

2. The server describes a daily special and asks what the diner would like to order.

3. The diner states what he (she) ate or drank yesterday and indicates that he (she) prefers something different today.

4. The server suggests two items on the menu, the diner asks a question about how the two items compare to one another, and the server responds.

5. The diner orders at least three items, the server responds and departs to place the order.

6. Later the server returns to ask if the diner would like to order more food or drink.

7. The diner declines to order more but makes a positive comment about the food or the dining experience and then requests the check.

8. The server presents the check, thanks the diner and ends the conversation appropriately.

¡A REPASAR!

Comparisons of inequality

- Use **más** or **menos** before an adjective, an adverb, or a noun, and **que** after it.
- Use **más que** or **menos que** after a verb form.
- Irregular comparatives
  mejor(es)   peor(es)
  mayor(es)   menor(es)

¡A recordar! 1 What preposition is used before a number in a comparison of inequality?

Comparisons of equality

- Use **tan** before an adjective or an adverb and **como** after it.
- Use **tanto(o)** or **tantos(as)** before a noun, and **como** after it.

¡A recordar! 2 How can one change a comparison of equality to one of inequality? When would one use **tanto(s)/tanta(s)** without **como**?

Superlative statements

Superlatives are formed by using a definite article before the person or thing being compared + **más** or **menos** + an adjective. To introduce the group to which the person or thing is being compared, the preposition **de** + noun is used.

¡A recordar! 3 What are the four irregular superlative forms?

Verbs regular in the preterite

To form the preterite for most Spanish verbs, add the following endings to the verb stem.

	hablar	comer	vivir
yo	habl**é**	com**í**	viv**í**
tú	habl**aste**	com**iste**	viv**iste**
Ud., él, ella	habl**ó**	com**ió**	viv**ió**
nosotros(as)	habl**amos**	com**imos**	viv**imos**
vosotros(as)	habl**asteis**	com**isteis**	viv**isteis**
Uds., ellos(as)	habl**aron**	com**ieron**	viv**ieron**

¡A recordar! 4 Do **-ar** and **-er** stem-changing verbs in the present tense have stem changes in the preterite? What spelling change in the **yo** form do preterite tense verbs ending in **-car**, **-gar**, and **-zar** have? For verbs ending in **-ir** and **-er** that have a vowel before the infinitive ending, what changes are required in the **usted/él/ella** and **ustedes/ellos/ellas** forms of the preterite tense?

Verbs with stem changes in the preterite

Spanish **-ir** verbs that have a stem change in the present tense also have a stem change in the third-person singular and plural forms **usted/él/ella** and **ustedes/ellos/ellas** of the preterite. In these cases **e** becomes **i**, and **o** becomes **u**.

¡A recordar! 5 How many Spanish **-ir** verbs can you think of that have stem changes in the third-person singular and plural forms of the preterite?

Actividad 1   ¡A emparejar! Escoge la frase más apropiada de la segunda columna para cada comparación de la primera columna.

1. El mesero Raúl tiene 23 años y el mesero Gabriel tiene 21 años. Raúl es _____.

2. Este restaurante es malo pero el otro es terrible. El otro es _____.

3. El Criollito tiene 5 estrellas, Tarzilandia tiene 4 y Las palmas tiene 3. El Criollito es _____.

4. Gabriel tiene 21 años y su hermano tiene 25. Gabriel es _____.

5. Las arepas de El Criollito son riquísimas. Son _____.

a. el mejor
b. mayor
c. menor
d. las mejores de la ciudad
e. peor que este

Actividad 2   Comparaciones Completa las frases para comparar las siguientes comidas y bebidas.

1. las bananas + las manzanas: Matilde cree que las bananas son _más_ deliciosas _que_ las manzanas.

2. el jugo = la leche: Pablo dice que el jugo es _tan_ importante _como_ la leche.

3. las papas fritas – la lechuga: El médico insiste en que las papas fritas son _menos_ nutritivas _que_ la lechuga.

4. el bistec = la langosta: En este restaurante, el bistec es _tan_ caro _como_ la langosta.

5. ensaladas = postres: En el menú, hay _tanto_ ensaladas _como_ postres.

Actividad 3   Más comparaciones Ahora compara a las siguientes personas.

1. María trabaja mucho. Pablo trabaja mucho.
   _____

2. Tú cocinas mal. Alicia cocina bien. _____
   _____

3. Felipe bebe 3 litros de agua al día. Sandra bebe 1 litro de agua al día. _____
   _____

4. Mi hermano estudia todos los días. Yo estudio todos los días. _____
   _____

5. Los niños duermen 8 horas. Sus padres duermen 6 horas. _____
   _____

Actividad 4   ¿Qué pasó? Escoge la respuesta correcta para cada oración para saber qué pasó en la fiesta. Presta atención al contexto para escoger el verbo lógico y la forma apropiada.

1. Yo _____ unas decoraciones muy bonitas para la fiesta.

   a. conseguí   c. sonreí
   b. consiguió   d. sonreíste

2. Mi amiga Verónica preparó y _____ comida muy rica.

   a. serví   c. se sintió
   b. sirvió   d. se sintieron

3. Pablo contó chistes (*jokes*) pero tú no _____. ¿Por qué?

   a. sugerí   c. se rio
   b. sugirió   d. te reíste

4. Muchas personas comieron su plato de comida y _____ más.

   a. pidieron   c. se despidieron
   b. pedí   d. se despidió

5. Una persona _____ en el sofá, pero se despertó un poco después.

   a. se vistió   c. se durmió
   b. me vestí   d. te dormiste

Actividad 5   Una noche en el restaurante Cambia cada verbo al pretérito para narrar la historia de una cena memorable.

Mi familia (1. come) comió en Tarzilandia. Mi madre (2. empieza) empizó con unas arepas y vino tinto, mi padre (3. bebe) bebió una cerveza y mis hermanos menores (4. toman) tomaron jugo. (5. Decido) decidé probar un mojito. El cocinero (6. prepara) preparó un plato especial para nuestra familia y a todos nos (7. gusta) gustó mucho. (8. Hablamos) Hablamos mucho y (9. comemos) comimos toda la comida. Sólo mi padre (10. come) comió un postre. (11. Camino) Caminé al apartamento de mi amigo después, pero los otros (12. vuelven) volvieron a casa en coche. Mi amigo y yo (13. bailamos) bailamos en la discoteca por varias horas. (14. Llego) llegué a casa muy tarde y (15. entro) entré sin hacer ruido (*without making noise*) para no despertar a mis padres y mis hermanos.

Actividad 6   Un día en Caracas Completa el siguiente párrafo con la forma correcta del pretérito de cada verbo.

| ✉ Enviar   📋 Guardar   📎 Archivos   _ □ ✕ |

Mis amigos y yo _____ (1. pasar) un día estupendo ayer. Yo _____ (2. despertar) a mi compañera de cuarto a las ocho y ella _____ (3. vestirse) rápidamente. Ella _____ (4. pasar) la aspiradora y nosotras _____ (5. limpiar) toda la casa. A las diez mi primo Arturo _____ (6. llegar) de Valencia. Él _____ (7. conocer) a los otros residentes de la casa y todos nosotros _____ (8. hablar) de muchas cosas diferentes. Más tarde nosotros _____ (9. salir) para el centro de Caracas. En un café, algunas personas _____ (10. pedir) arepas. Varias personas _____ (11. beber) café, pero yo _____ (12. pedir) un refresco. Arturo _____ (13. divertirse) mucho hasta que él _____ (14. despedirse) de nosotros a la medianoche. ¿ _____ (15. divertirse) tú ayer? Espero que sí. Hasta pronto.

Refrán

_____ (*Stomach*) lleno, _____ (*heart*) contento.

VOCABULARIO ESENCIAL

 AUDIO CD CD 2, TRACK 13   **PERSONAL TUTOR**

Las comidas — *Meals*

el almuerzo	lunch
la cena	dinner
el desayuno	breakfast

Los entremeses y otras comidas — *Appetizers and other foods*

las arepas	cornmeal pockets
el arroz	rice
la ensalada	salad
el huevo duro	hard-boiled egg
el jamón	ham
el pan (tostado)	(toasted) bread
el queso	cheese
la sopa	soup

Los platos principales — *Main dishes*

el bistec	steak
los calamares (fritos)	(fried) calamari
los camarones	shrimp
la carne (de res)	meat (beef)
la chuleta (de cerdo)	(pork) chop
la hamburguesa	hamburger
la langosta	lobster
los mariscos	shellfish, seafood
el pavo	turkey
el pescado	fish
el pollo (asado)	(roasted) chicken
el sándwich	sandwich

Los postres — *Desserts*

el flan (casero)	(homemade) caramel custard
el helado	ice cream

Las bebidas — *Beverages*

el agua (f.) mineral sin/ con gas	(non)carbonated mineral water
el café	coffee
la cerveza	beer
el jugo de fruta	fruit juice
la leche	milk
el refresco	soft drink
el té (helado)	(iced) tea
el vino (blanco, tinto)	(white, red) wine

Las frutas y verduras — *Fruits and vegetables*

la banana	banana
los champiñones	mushrooms
la lechuga	lettuce
la manzana	apple
la naranja	orange
las papas (fritas)	(French fried) potatoes
el tomate	tomato

Los condimentos — *Condiments*

el aceite	oil
el azúcar	sugar
la mantequilla	butter
la pimienta	pepper
la sal	salt
la salsa	sauce
el vinagre	vinegar

El restaurante — *The restaurant*

Sustantivos

el (la) cliente(a)	client
la cuenta	check, bill
la especialidad de la casa	house specialty
el menú	menu
el (la) mesero(a)	waiter (waitress)

Adjetivos

caliente	hot (temperature)
fresco(a)	fresh
ligero(a)	light (meal, food)
pesado(a)	heavy (meal, food)
rico(a)	delicious

Verbos

almorzar (ue)	to have (eat) lunch
cenar	to have (eat) dinner
cocinar	to cook
dejar (una) propina	to leave a tip
desayunar	to have (eat) breakfast
pedir (i, i)	to order (food)
picar	to eat appetizers; to nibble
preparar	to prepare
recomendar (ie)	to recommend

Expresiones idiomáticas

¡Buen provecho!	Enjoy your meal!
¡Cómo no!	Of course!
Estoy a dieta.	I'm on a diet.
Estoy satisfecho(a).	I'm satisfied. I'm full.
La cuenta, por favor.	The check, please.
No puedo (comer) más.	I can't (eat) any more.
¿Qué desean/quieren comer(beber)?	What would you like to eat (to drink)?
¡Salud!	Cheers!
Te invito.	It's on me (my treat).
Yo quisiera...	I would like . . .

La mesa — *The table*

la copa	goblet, wine glass
la cuchara	spoon
el cuchillo	knife
el plato	plate
la servilleta	napkin
la taza	cup
el tenedor	fork
el vaso	glass

Las medidas — *Measurements*

una botella	bottle
una caja	box
una cucharada	tablespoon
una cucharadita	teaspoon
un frasco	jar, pot, jug
un galón	gallon
un gramo	gram
un kilogramo (kilo)	kilogram
una lata	can, tin
una libra	pound
un litro	liter
una onza	ounce
una rodaja	slice

Otros verbos

conseguir (i, i)	to get, obtain
despedir(se) (i, i) (de)	to say good-bye (to)
divertirse (ie, i)	to have fun
dormirse (ue, u)	to fall asleep
morir(se) (ue, u)	to die
pedir (i, i)	to order; to ask for
preferir (ie, i)	to prefer
reírse (i, i)	to laugh
sentirse (ie, i)	to feel
servir (i, i)	to serve
sonreír (i, i)	to smile
sugerir (ie, i)	to suggest
vestirse (i, i)	to get dressed

Expresiones de tiempo

anoche	last night
anteayer	the day before yesterday
el año pasado	last year
ayer	yesterday
el mes pasado	last month
la semana pasada	last week

Comparativos y superlativos

más/menos *[noun, adj., adv.]* que	more/less *[noun, adj., adv.]* than
[verb] más/menos que	*[verb]* more/less than
tan *[adj., adv.]* como	as *[adj., adv.]* as
[verb] tan como	*[verb]* as much as
tanto(a) *[noun]* como	as much *[noun]* as
tantos(as) *[noun]* como	as many *[noun]* as

mayor(es)	older
mejor(es)	better
menor(es)	younger
peor(es)	worse

el (la, los, las) mayor(es)	oldest
el (la, los, las) mejor(es)	best
el (la, los, las) menor(es)	youngest
el (la, los, las) peor(es)	worst

De compras

Argentina y Uruguay

© Peter Horree / Alamy

Plaza de Mayo, Buenos Aires, Argentina

Chapter Objectives

Communicative Goals

In this chapter, you will learn how to . . .

- Identify articles of clothing and accessories
- Communicate about shopping experiences
- Describe ongoing and habitual actions and feelings in the past

Structures

- Stressed possessive adjectives and pronouns
- Irregular verbs in the preterite
- Direct object pronouns
- The imperfect tense

▲ ¿Cuándo y con quién vas de compras?

▲ ¿Qué te gusta comprar?

▲ ¿Conoces un mercado al aire libre? ¿Qué venden?

 Visit it live on **Google Earth!**

La ropa de última moda en Buenos Aires

In this section, you will learn how to talk about clothing and related accessories. What kinds of clothing are fashionable for people today? Do you think fashions in Spanish-speaking countries are ahead of or behind styles currently popular in the United States?

la chaqueta

el dependiente

la corbata

el chaleco

la camiseta

los vaqueros

el traje

el paraguas

la pulsera

el anillo   la cartera

el sombrero

los pantalones

los pantalones cortos

la camisa

los aretes

la bufanda

el collar

el abrigo

el cinturón

los guantes

la bolsa

el vestido

el impermeable

todo el año ¡all year

la chompa ;sweat shirt

las sandalias

los zapatos

los zapatos de tenis

las botas

los zapatos de taco/tacón (alto)

los calcetines

el gorro (winter hat)

la gorra (de béisbol)

las gafas de sol

la dependienta

la blusa

el reloj

la tabla (hawaiana)

el traje de baño

la falda

el suéter

las medias

Estilos y telas *Styles and fabrics*

a/de cuadros *plaid*

a/de lunares *polka-dotted*

a/de rayas *stripped*

el algodón *cotton*

el cuero *leather*

la lana *wool*

la seda *silk*

Verbos

llevar *to wear; to take, to carry*

usar *to wear; to use*

ponerse *to put on*

Palabras útiles

el bolsillo *pocket*	**los gemelos** *cufflinks*
el botón *button*	**la prenda** *article of clothing*
el cierre / la cremallera *zipper*	**el smoking** *tuxedo*

Palabras útiles are presented to help you enrich your personal vocabulary. The words here will help you talk about clothing and accessories.

Nota lingüística

In Argentina and Uruguay, a skirt is called **la pollera** instead of **la falda**; a jacket is called **la campera** instead of **la chaqueta**; and in Argentina **las camisetas** are called **las remeras**.

Heinle/Cengage Learning

¡A practicar!

7-1 **Asociaciones** La dependienta de La última moda necesita organizar la ropa de la tienda. Encuentra la palabra que no forma parte de cada grupo y explica por qué.

1. la cartera, la bolsa, el abrigo, el anillo
2. la chaqueta, los pantalones cortos, la camiseta, el suéter
3. el sombrero, las medias, los zapatos, las sandalias
4. el traje, el vestido, el cinturón, la corbata
5. los guantes, el traje de baño, el impermeable, el abrigo

7-2 **Definiciones** Escoge la definición apropiada para cada elemento.

_____ 1. Es la ropa que llevamos para nadar.

_____ 2. Son zapatos informales que muchas personas llevan en el verano.

_____ 3. Son pantalones informales.

_____ 4. Incluye una chaqueta y unos pantalones o una falda.

_____ 5. Es una camisa informal.

_____ 6. Son para las manos, especialmente cuando hace frío.

_____ 7. Es un abrigo que ofrece protección de la lluvia.

_____ 8. Es donde ponemos el dinero.

a. el traje
b. los vaqueros
c. la cartera
d. el traje de baño
e. el impermeable
f. la camiseta
g. las sandalias
h. los guantes

7-3 **¿Para hombres o mujeres?** Decide si los siguientes artículos se asocian más con los hombres, las mujeres o con ambos *(both)*. Luego, trata de encontrar a una persona en la clase que lleve los mismos artículos de ropa.

Modelo la bufanda
Es para hombres y mujeres. Soledad lleva una bufanda.

1. la blusa
2. la camisa
3. las botas
4. los pantalones de lana
5. la minifalda
6. los guantes
7. los calcetines
8. las medias
9. los aretes
10. la corbata

Marcelo lleva una camisa de cuadros, una camiseta blanca y unos vaqueros. ¿Qué llevas tú hoy?

Workbook *7-1 – 7-3*
Lab Manual *7-1 – 7-3*

¡A conversar!

7-4 **Tus preferencias** Habla con un(a) compañero(a) acerca de *(with regard to)* sus preferencias. Después de contestar tus preguntas, él/ella va a preguntarte sobre tus preferencias.

Modelo botas negras de cuero / zapatos de tenis
E1: *¿Qué prefieres tú, unas botas negras de cuero o unos zapatos de tenis?*
E2: *Mmm, yo prefiero unas botas negras. No me gustan mucho los zapatos de tenis. ¿Y tú?...*

1. bufanda de cuadros / bufanda de lana
2. sombrero de vaquero *(cowboy)* / gorra de béisbol
3. minifalda / falda larga
4. guantes de seda / guantes de algodón
5. abrigo de lana / chaqueta de esquiar

6. pantalones de cuero / los vaqueros
7. traje o vestido formal / ropa cómoda *(comfortable)*
8. pantalones cortos / pantalones largos

> **Nota lingüística**
>
> **Las zapatillas** and **los tenis** are other common ways to say tennis shoes in many Spanish-speaking countries.

7-5 **La ropa y el clima** Pregúntale a otro(a) compañero(a) qué ropa se necesita para las siguientes situaciones. ¿Están de acuerdo?

1. Es octubre, hace sol y no hace viento. Tú y dos amigos quieren caminar por la ciudad de Buenos Aires. ¿Qué ropa van a ponerse?
2. Tú y tu mejor amigo(a) piensan ir de vacaciones a Punta del Este en Uruguay por dos semanas en enero, cuando hace buen tiempo allí. ¿Qué ropa van a llevar?
3. Una amiga te invita a visitar San Carlos de Bariloche, por cinco días en agosto, durante el invierno. Tú aceptas la invitación y ahora tienes que decidir qué ropa vas a llevar.

> **Cultura**
>
> Punta del Este, Uruguay, is one of South America's most glamorous beach resorts. It has beautiful beaches, elegant seaside homes, yacht clubs, and expensive hotels and restaurants.

7-6 **¿Qué llevan?** Trabaja con un(a) compañero(a) para hablar de la ropa, el tiempo y las situaciones en las ilustraciones. Para cada ilustración, conversen sobre lo siguiente:

1. Describe la ropa que lleva(n) la(s) persona(s).
2. Describe el tiempo o la situación.

Modelo *El hombre lleva un traje, una camisa, una corbata y zapatos. Está nublado y posiblemente va a llover (rain). Por eso tiene el paraguas y el impermeable.*

1.

2.

3.

4.

Heinle/Cengage Learning

EN CONTEXTO

Hoy es sábado 18 de diciembre. Julio y Silvia Sepúlveda y su hijo están en una tienda de la calle Florida, en Buenos Aires. Silvia está probándose *(is trying on)* un vestido que quiere llevar para una fiesta que ella y su esposo van a dar la semana que viene. Julio está esperándola con su hijo Juan Carlos.

AUDIO CD
CD 2, TRACK 14

Escucha el diálogo y contesta las siguientes preguntas basándote en el diálogo.

1. ¿Qué están haciendo los Sepúlveda en este momento?
2. ¿Qué van a hacer después?
3. ¿Dónde va a ser la fiesta?
4. ¿Los zapatos de Juan Carlos son viejos o nuevos?

Silvia: ¿Qué te parece este vestido, Julio? ¿Cómo me queda?

Julio: ¡Me gusta mucho! Te queda muy bien. Vos estás muy elegante.

Comentario cultural La calle Florida is a pedestrian-only street that features many boutiques and shops. It is the most frequented shopping zone in the city of Buenos Aires, and features high-end boutiques.

Silvia: Gracias. Me gusta este color porque va bien con las joyas.

Julio: Pero, ¿qué joyas?

Silvia: Las mías. Las que me **diste** para mi cumpleaños. Creo que el vestido va a ser perfecto para nuestra fiesta, ¿verdad?

Comentario cultural Unlike other countries that are known for jewels or precious metals, Argentina does not enjoy international recognition in this area. Nevertheless, silver is mined in Argentina, as are most kinds of gemstones.

Julio: ¡Claro que sí! ¿Te acordás de la fiesta tan estupenda que **dieron** Jorge y Hortensia el año pasado cuando **hacía** tanto frío y **llovía?**

Silvia: Nunca **voy a olvidarla.** ¡Cómo nos divertimos! ¿No? Comimos tantas cosas ricas y conocimos a tanta gente, y vos bailando con todo el mundo.

Comentario cultural In Argentina, Paraguay, and Uruguay and on a limited basis in southern Mexico, Central America, and northwestern South America, **vos** is used in lieu of **tú.**

Expresiones **en contexto**

aguantar *to put up with*
cambiar *to exchange*
cariño *my dear*
ir bien con *to go well with*

las joyas *jewelry/jewels*
las que *the ones that*
olvidar *to forget*
quedar *to fit*

Julio: Sí, sí. La fiesta **fue** fabulosa. Bueno, ahora voy a pagar el vestido con mi tarjeta de crédito. ¿Cuánto cuesta, Silvia?

Silvia: Menos de 100 pesos. Es un buen precio, ¿no te parece, Julio?

Comentario cultural In June 2010, the Argentine peso was worth 25 U.S. cents. Argentina's economy is still recovering from a crisis in 2002, caused by a national debt default. The situation was made worse when panicked citizens rushed to the banks to withdraw their money. The acclaimed film *Nueve reinas* derives its context from this crisis. Today, Argentina appears to be stabilizing economically.

Julio: Creo que sí... Che, Silvia, tenemos que volver a la zapatería para cambiar estos zapatos que le compramos a Juan Carlos la semana pasada. Le quedan un poco grandes.

Juan Carlos: ¡No quiero ir a otra tienda! ¡Tengo hambre!

Comentario cultural Although Argentina is world-renowned for its beef, its high-quality leather goods are still undervalued. Especially attractive to foreign shoppers are articles made of soft, spotted, velvety suede. This leather comes from **carpincho** *(capibarra)*, which is the largest rodent in the world.

Heinle/Cengage Learning

Silvia: Bueno. Y después vamos a casa porque Juan Carlos tiene hambre y estoy cansada de tanta actividad.

Julio: Cómo no, cariño. Juan Carlos, tenés que aguantar un poco más.

Comentario cultural In Argentina, the siesta is observed typically between 1:00 p.m. and 4:00 p.m. In some regions of Argentina, the siesta affects business hours; stores and businesses are usually open from 8:00 to 12:00 and from 4:00 to 8:00. In bigger cities, such as Buenos Aires, businesses have adopted the standard schedule of 9:00 to 5:00.

 Diálogo entre dos clientes
Trabaja con un(a) compañero(a) de clase y practica el diálogo que acabas de escuchar y leer. Cambien el lugar de las compras y la ropa que quieren comprar. Usen expresiones de **En contexto** como modelo para el diálogo.

Stressed possessive adjectives and pronouns

Possessives are used to express ownership. In **Capítulo 2,** you learned how to indicate possession by using **de** (**El vestido es** *de* **Silvia**) and by using unstressed possessive adjectives: **mi(s), tu(s), su(s), nuestro(a)(s), vuestro(a)(s), su(s).** In English, we place emphasis on the possessive by using intonation *(This is **my** dress),* or by using the forms *of mine, of his, of hers,* etc. In Spanish, emphasis is placed on the possessive by using the stressed forms identified below:

- **mío(a)(s)**   *my, (of) mine*
- **tuyo(a)(s)**   *your* (informal), *(of) yours*
- **suyo(a)(s)**   *your* (sing. formal), *(of) yours; his, (of) his; her, (of) hers; its, (of) its*
- **nuestro(a)(s)**   *our, (of) ours*
- **vuestro(a)(s)**   *your* (plural informal: Spain), *(of) yours*
- **suyo(a)(s)**   *your* (plural), *(of) yours; their, (of) theirs*

Stressed possessive adjectives

The stressed possessive adjective must come after the noun and, like most other adjectives, agree in number and gender.

Unstressed:	Estos son mis guantes.	*These are my gloves.*
Stressed:	Estos guantes son **míos.** /	*These gloves are mine.* /
	Son **míos.**	*They are mine.*
Unstressed:	Es su blusa.	*It's her blouse.*
Stressed:	Es una blusa **suya.** /	*It's a blouse of hers.* /
	Es **suya.**	*It's hers.*

Stressed possessive pronouns

Stressed possessives often function as pronouns, substituting the omitted noun. When used as a pronoun, stressed possessives are preceded by a definite or indefinite article.

Silvia no tiene chaqueta.	*Silvia doesn't have a jacket.*
Le doy **la mía.**	*I'll give her mine.*
Mi camiseta está sucia.	*My shirt is dirty.*
Préstame **una tuya.**	*Lend me one of yours.*

Note that with **ser** the article is omitted unless there is a choice between items.

Este sombrero **es mío.**

but

Este sombrero **es el mío** y ese **es el tuyo.**

¿Recuerdas?

Julio: Pero, ¿qué joyas?
Silvia: Las mías. Las que me diste para mi cumpleaños.

Heinle/Cengage Learning

¡A practicar!

7-7 **¿A quién le pertenece (belong)?** Llena los espacios con la forma correcta del pronombre posesivo enfático.

Modelo Es mi falda. *Es mía.*

1. Son los zapatos de Tamara. Son _____
2. Es la corbata de Sebastián. Es _____
3. Son tus pantalones. Son _____
4. Es mi chaqueta. Es _____
5. Son las sandalias de Mauricio. Son _____
6. Estos trajes son de Marcos y míos. Son _____
7. Las camisetas son de vosotros. Son _____
8. Estos son mis zapatos de tenis. Son _____
9. Es tu gorra de béisbol. Es _____
10. Estos aretes, collares y pulseras son de mi mamá y mi abuela. Son _____

7-8 **Confusión en la lavandería** Dos chicos acaban de lavar la ropa y tienen que separar las prendas *(articles)*. Utiliza la forma correcta del adjetivo o del pronombre posesivo entre paréntesis.

Daniel: Esos pantalones no son _____ *(mine)*; son _____ *(yours)*.

Tomás: ¡Imposible! Son muy grandes. Son de Óscar. Son _____ *(his)*.

Daniel: Y esa camiseta, ¿también es _____ *(his)*?

Tomás: No, esa camiseta es _____ *(mine)*.

Daniel: ¡Ay! Me olvidé de separar estos vaqueros de la blusa blanca de mi hermana. ¡Mira la blusa _____ *(hers)*!

Tomás: No importa. Mi hermana le puede prestar _____ *(hers)* para la fiesta esta noche.

Daniel: Perfecto. Mi hermana tiene la misma talla que _____ *(yours)*.

Tomás: Y tú, ¿a quién vas a ver esta noche, a los amigos de tu hermana o a _____ *(ours)*?

Daniel: ¡Qué pregunta! Ya sabes que mi hermana y yo somos independientes. Ella con sus cosas y yo con _____ *(mine)*.

Workbook *7-4 – 7-5*
Lab Manual *7-4 – 7-6*

¡A conversar!

7-9 **¿De quién son... ?** Con un(a) compañero(a) de clase, contesten las siguientes preguntas sobre de quién son estas cosas que encontramos en nuestro salón de clase en un día de invierno. En sus respuestas, usen el pronombre posesivo correcto.

Modelo E1: *¿Son estos mis guantes?*
E2: *Sí, son los tuyos.*
o E2: *No, no son los tuyos. Son los míos.*

1. ¿Es este mi libro?
2. ¿Son estos nuestros lápices?
3. ¿Son estos nuestros cuadernos?
4. ¿Son estos sus abrigos (de ellos)?
5. ¿Son estas sus gafas de sol (de Uds.)?
6. ¿Es esta mi bufanda?
7. ¿Es este tu impermeable?
8. ¿Es este su sombrero (de él)?

7-10 **¿Es tuya?** Basándote en el vocabulario que ya sabes de este capítulo, hazles ocho preguntas a dos compañeros(as) de clase sobre las prendas de ropa que encuentres *(you may find)* en la clase.

Modelo E1: *Jason, ese abrigo, ¿es tuyo?*
E2: *No, no es mío. Es de mi compañero de cuarto. Es un abrigo suyo.*

7-11 **Lotería de posesivos** Con un(a) compañero(a), preparen seis trozos *(pieces)* de papel y en cada uno escriban lo siguiente:

Papel 1: tu nombre y el de tu compañero(a)

Papel 2: tu nombre

Papel 3: el nombre de tu compañero(a)

Papel 4: el nombre de otro(a) compañero(a)

Papel 5: los nombres de dos compañeros(as)

Papel 6: la palabra <<vosotros>>

Tú escoges una prenda de vestir y preguntas de quién es. Tu compañero saca un papel y contesta con el pronombre posesivo apropiado.

Modelo E1: *¿De quiénes son los calcetines?*
E2: (saca el papel con el nombre de una compañera) *Son suyos.*

Irregular verbs in the preterite

As you know, Spanish speakers use the preterite tense to express the beginning and ending/completion of past actions, conditions, and events. Some Spanish verbs have irregular verb stems in the preterite and their endings have no accent marks.

dar	di, diste, dio, dimos, disteis, dieron
hacer	hice, hiciste, hizo, hicimos, hicisteis, hicieron
ir	fui, fuiste, fue, fuimos, fuisteis, fueron
poder	pude, pudiste, pudo, pudimos, pudisteis, pudieron
poner	puse, pusiste, puso, pusimos, pusisteis, pusieron
saber	supe, supiste, supo, supimos, supisteis, supieron
querer	quise, quisiste, quiso, quisimos, quisisteis, quisieron
venir	vine, viniste, vino, vinimos, vinisteis, vinieron
estar	estuve, estuviste, estuvo, estuvimos, estuvisteis, estuvieron
tener	tuve, tuviste, tuvo, tuvimos, tuvisteis, tuvieron
decir	dije, dijiste, dijo, dijimos, dijisteis, dijeron
traer	traje, trajiste, trajo, trajimos, trajisteis, trajeron
ser	fui, fuiste, fue, fuimos, fuisteis, fueron
ver	vi, viste, vio, vimos, visteis, vieron

memorize

Note the spelling change from **c** to **z** in the **Ud./él/ella** form of the verb **hacer.**

Note that the preterite stems of **decir** and **traer** end in **-j**. With these two verbs, the **-i** is dropped in the **Uds./ellos/ellas** form to become **dijeron** and **trajeron,** respectively.

- Note that the preterite forms for **ir** and **ser** are identical; context clarifies their meaning in a sentence.

  Fui dependiente por un día. *I was a salesclerk for a day.*

  Fui a la tienda de ropa ayer. *I went to the clothing store yesterday.*

- Also note that **poder, poner, saber, querer, venir, estar,** and **tener** share the same endings:

poder	pud-	
poner	pus-	-e
saber	sup-	-iste
querer	quis-	-o
venir	vin-	-imos
estar	estuv-	-isteis
tener	tuv-	-ieron

Andar also follows this pattern: **anduve, anduviste, anduvo, anduvimos, anduvisteis, anduvieron.**

- The preterite of **hay** is **hubo.**

  Ayer **hubo** una gran oferta en la calle Florida pero no **hubo** muchos clientes.

  Yesterday, there was a big sale on Florida street but there weren't many customers.

¿Recuerdas?

Heinle/Cengage Learning

Julio: Sí, sí. La fiesta **fue** fabulosa.

¡A practicar!

7-12 Un mensaje telefónico Recibes un mensaje de tu hermana que está de vacaciones en Montevideo. Como tu madre no pudo hablar con ella ayer, tienes que llamarla para contarle sobre las actividades que hizo ayer tu hermana. Escribe cinco actividades que tu hermana menciona en el mensaje.

AUDIO CD
CD 2, TRACK 15

> **Modelo**   *Fue a la tienda de ropa.*

1. _____
2. _____
3. _____
4. _____
5. _____

7-13 De compras Silvia fue de compras un sábado con su amiga Andrea. Conjuga los verbos entre paréntesis para saber adónde fue de compras Silvia.

Silvia se levantó temprano...

1. Ella _tuvo_ (tener) que ir de compras para buscar ropa para su esposo y su hijo.
2. Ella le _____ (decir) «adiós» a su esposo a las 9 de la mañana.
3. Silvia y su amiga Andrea _____ (ir) a la calle Florida.
4. Cuando llegaron a la calle Florida, Andrea preguntó: <<¿Silvia, _____ (traer) tu paraguas? Hoy va a llover?>>
5. Las dos amigas _____ (ir) a la tienda más grande de Buenos Aires.
6. Ellas _____ (poder) comprar muchas cosas.
7. Las dependientas _____ (ser) muy simpáticas con ellas.
8. Silvia _____ (querer) pagar con su tarjeta de crédito.
9. Silvia _____ (tener) que mostrar un documento para confirmar su identidad.
10. Silvia y Andrea _____ sus compras en el auto y regresaron a sus casas.

> **Cultura**
> Argentina is especially famous for its leather goods: jackets, handbags, gloves, wallets, and shoes. Stores specializing in leather can be found in all of Argentina's major cities.

7-14 ¡Qué generoso es Julio! Julio, el esposo de Silvia, se enteró de *(found out about)* que su esposa fue de compras esa misma noche. Él nos cuenta cómo lo supo y qué le regaló Silvia a él. Completa el siguiente párrafo con la forma correcta del pretérito de los infinitivos entre paréntesis.

Ayer por la noche yo _____ (1. saber) que mi esposa Silvia fue de compras con su amiga Andrea. Por la mañana, ella no me _____ (2. decir) lo de las compras. Ella salió a las 9:00 de la mañana. Primero, ella y Andrea _____ (3. ir) a la calle Florida, donde las dos compraron zapatos. Después, tomaron un café en la Recoleta. En la Recoleta, ellas entraron a una tienda muy grande y compraron muchas cosas. ¡Menos mal que Silvia usó su tarjeta de crédito! Cuando ella _____ (4. venir) a casa anoche, me habló de su día: «Lo siento, Julio, pero ¡_____ (5. haber) unas rebajas (sales) fantásticas en la Recoleta, y Andrea y yo no _____ (6. poder) resistir la tentación de comprar!» Ella me _____ (7. hacer) un regalo (gift) muy bonito: ¡una billetera de cuero! Yo le _____ (8. dar) un beso (kiss) a mi esposa. Nosotros _____ (9. tener) una cena deliciosa con nuestro hijo Juan Carlos. La noche _____ (10. ser) muy buena. Todos nos acostamos contentos.

> **Cultura**
> **La Recoleta** is an upscale section of Buenos Aires, known for elegant shops, galleries, parks, and cafés in a pedestrian-friendly setting. French style architecture is seen in many fine homes and other buildings in the area.

Workbook *7-6 – 7-9*
Lab Manual *7-7 – 7-9*

¡A conversar!

7-15 **Entrevista: Una cena en un restaurante** Quieres saber más sobre tu compañero(a) de clase. Forma preguntas con los elementos indicados y hazle las preguntas a tu compañero(a) para hablar de una cena que él (ella) tuvo en un restaurante. Después, tu compañero(a) debe hacerte las preguntas a ti.

Modelo cuándo / ir / tú / a cenar en un restaurante
E1: *¿Cuándo fuiste a cenar en un restaurante?*
E2: *Fui a cenar en un restaurante el fin de semana pasado.*

1. otras personas / ir / también
2. poder comer / tú / tu comida favorita
3. querer tomar / tú / café
4. qué / beber y comer / otras personas
5. cuánto tiempo / estar / tú / en el restaurante
6. qué / decir / tú / al final de la cena
7. tener que pagar la cuenta / tú
8. ser / una buena experiencia
9. que / hacer / tú / después

7-16 **De compras...** Descríbele a un(a) compañero(a) de clase una experiencia que ocurrió cuando fuiste al centro comercial Alto Palermo, en la avenida Santa Fe de Buenos Aires. Considera las siguientes preguntas en tu descripción. ¡Sé creativo(a)!

- ¿Adónde y con quién fuiste?
- ¿Llevaste las tarjetas de crédito?
- ¿Qué compraste? ¿Por qué compraste eso?
- ¿Cuánto costó (costaron)?
- ¿Tuviste que pedirle ayuda a un(a) dependiente(a)?
- ¿Pudiste encontrar alguna oferta o ganga *(bargain)?*
- ¿Compraste ropa para otras personas?
- ¿Qué más hiciste?
- ¿Estuviste contento(a) con tus compras?
- ¿Hablaste de tus compras con tus padres / tu novio(a) / tu esposo(a)?

Centro comercial Alto Palermo

© Stefano Paterna / Alamy

7-17 **El primer día de clases** Piensa en el primer día de clases en la universidad. Usando las categorías y algunos *(some)* de los verbos a continuación, forma diez frases sobre lo que tú y tus compañeros hicieron ese día. Comparte *(Share)* las frases con un(a) compañero(a) para comparar y contrastar sus experiencias.

La rutina diaria: despertarse, levantarse, bañarse, vestirse, peinarse, acostarse

La comida: comer, beber, cocinar, preparar, comprar, pedir

Las clases: ir, sentarse, poner, escribir, contestar, aprender

Los profesores: llegar, empezar, dar, decir, traer, terminar

Los amigos: ver, hablar, preguntar, caminar, llamar, conocer

Las actividades: jugar, tocar, mirar, escuchar, visitar, leer

7-18 **Una gran fiesta** En una gran fiesta, cada persona de la clase hizo algo diferente. Lo que hicieron todos está en la lista y el (la) profesor(a) va a determinar quién hizo cada actividad, ¡pero sólo él (ella) sabe la información! Tú y tus compañeros tienen que hacerles preguntas a todas las personas de la clase para determinar quién hizo cada actividad. Al determinar quién hizo una actividad, escribe su nombre al lado de la actividad y sigue haciendo preguntas hasta completar la lista con todos los nombres.

Modelo   **E1:** Nick, ¿limpiaste la casa?
   E2: No, *no limpié la casa.*
   E1: ¿Invitaste *a la profesora?*
   E2: *Sí, invité a la profesora.* (E1 writes the name of E2 next to the activity.)

1. escribir las invitaciones ⎯⎯⎯⎯⎯⎯⎯

2. hacer las decoraciones ⎯⎯⎯⎯⎯⎯⎯

3. limpiar la casa ⎯⎯⎯⎯⎯⎯⎯

4. poner la mesa ⎯⎯⎯⎯⎯⎯⎯

5. comprar las bebidas ⎯⎯⎯⎯⎯⎯⎯

6. invitar al (a la) profesor(a) ⎯⎯⎯⎯⎯⎯⎯

7. llegar (muy) temprano ⎯⎯⎯⎯⎯⎯⎯

8. sacar muchas fotos ⎯⎯⎯⎯⎯⎯⎯

9. traer muchos discos compactos ⎯⎯⎯⎯⎯⎯⎯

10. tocar la guitarra ⎯⎯⎯⎯⎯⎯⎯

11. no querer bailar ⎯⎯⎯⎯⎯⎯⎯

12. comer mucha pizza ⎯⎯⎯⎯⎯⎯⎯

13. llevar zapatos rojos ⎯⎯⎯⎯⎯⎯⎯

14. servir la comida ⎯⎯⎯⎯⎯⎯⎯

15. dormirse en el sofá ⎯⎯⎯⎯⎯⎯⎯

16. perder las llaves del coche ⎯⎯⎯⎯⎯⎯⎯

17. dar lecciones de tango y salsa ⎯⎯⎯⎯⎯⎯⎯

18. lavar los platos ⎯⎯⎯⎯⎯⎯⎯

19. tener que salir de la fiesta temprano ⎯⎯⎯⎯⎯⎯⎯

20. no poder participar ⎯⎯⎯⎯⎯⎯⎯

ENCUENTRO CULTURAL

Argentina y Uruguay

▶ Veamos los videos de Argentina y Uruguay para luego comentarlos.

1. ¿Por qué se conoce Buenos Aires, Argentina?

2. ¿Cuál es la plaza más importante en Buenos Aires? ¿Qué representa esta plaza?

3. ¿Qué pueden ver en la Ciudad Vieja en Montevideo, Uruguay?

See the *Workbook*, **Capítulo 7, 7-21–7-24** for additional activities.

Heinle/Cengage Learning

Argentina

Población: 41.343.201 de habitantes

Área: 2.779.221 km², cuatro veces el tamaño de Texas

Capital: La Ciudad de Buenos Aires, (3.050.728 habs.); Gran Buenos Aires (12.925.000 habs.)

Ciudades principales: Córdoba (1.400.000 habs.); Rosario (1.200.000 habs.); Mendoza (110.993 habs.); Mar del Plata (683.700 habs.)

Moneda: el peso

Lenguas: el español

Uruguay

Población: 3.510.386 de habitantes

Área: 176.220 km², un poco más pequeño que el estado de Washington

Capital: Montevideo, (1.300.000 habs.)

Ciudades principales: Salto (123.120 habs.); Rivera (104.921 habs.); Punta del Este (8.252 habs.); Minas (37.925 habs.)

Moneda: el peso

Lenguas: el español

Historia Visitar el centro histórico de Colonia del Sacramento en Uruguay es como volver al pasado, cuando el portugués Manuel de Lobo fundó la ciudad en 1680. Esta ciudad se conoce por sus calles de piedras y sus casas pintadas de diferentes colores, que recuerdan el centro histórico de Lisboa, capital de Portugal. Colonia fue el centro de luchas *(fights)* entre los portugueses y los españoles por más de un siglo *(century)* y por esto el gobierno de la ciudad cambió trece veces *(times)* de manos, de portuguesas a españolas y viceversa. Hoy en día sigue siendo un puerto para una región rica en agricultura y ganadería *(livestock)*, además de ser una ciudad turística para divertirse y descansar. La ciudad mantiene su sabor colonial y en 1995, la ciudad fue declarada "Patrimonio de la Humanidad" por la UNESCO (Organización de las Naciones Unidas para la Educación, la Ciencia y la Cultura).

¿Conoces ciudades históricas en los Estados Unidos? Descríbelas. ¿Crees que las ciudades coloniales deben mantener sus tradiciones?

© Kirt Shineman

Colonia del Sacramento, Uruguay

 Visit it live on **Google Earth!**

Alejandro Xul Solar (Schulz Solar). Oscar Agustín Alejandro). San Fernando, Buenos Aires, Argentina, 1887 - Tigre, Buenos Aires, 1963. *Pareja*, 1923. [Couple] Acuarela sobre papel montado sobre cartón. [Watercolor on paper, mounted on cardboard] 27.7 x 33.9 cm. Malba - Fundación Constantini, Buenos Aires.

Pareja de Alejandro Xul Solar

Artes plásticas El MALBA (Museo de Arte Latinoamericano de Buenos Aires) es un museo dedicado al arte latinoamericano del siglo XX. Expone pinturas, esculturas, dibujos, *collages* y fotografías de artistas de países latinoamericanos, desde México y el Caribe hasta Argentina. Uno de los artistas presentes en la colección permanente del museo es Alejandro Xul Solar (Argentina, 1887–1963). Xul Solar usó su conocimiento sobre religiones, mitologías e idiomas para realizar sus pinturas y buscar conexiones entre las personas, los pueblos y sus pensamientos *(thoughts)*.

Describe los colores, las formas y el significado de la obra *Pareja* de Xul Solar. ¿Cuál es tu estilo de pintura favorito: el contemporáneo, el vanguardista o el clásico?

Oficios y ocupaciones Uno de los oficios más difíciles, pero uno de los más nobles, es el trabajo de los gauchos. El gaucho, que tiene su equivalente en los Estados Unidos en el *cowboy*, es un símbolo importante en Argentina y en Uruguay; es la persona honesta, fuerte, valiente y defensora de su tierra *(piece of land)* y de sus animales. La ropa del gaucho es muy característica y consiste en un **poncho** y unos pantalones muy anchos *(wide)* llamados **bombachas.** El estilo de estas prendas de vestir influye en la moda en los Estados Unidos. Por ejemplo, los pantalones Capri o gauchos de pierna ancha, que son similares a las bombachas del gaucho, así como *(as well as)* los ponchos y las botas que se usan en el invierno y en la primavera.

Gauchos argentinos

¿Hay una relación entre el gaucho argentino o el gaucho uruguayo y el vaquero norteamericano? ¿Te gusta la moda al estilo gaucho? ¿Por qué?

Bailarines *(Dancers)* de tango

Ritmos y música Es difícil hablar de Argentina y de Uruguay sin mencionar el tango. Al comienzo, el tango se cantó en los bares de los barrios *(neighborhoods)* bajos del puerto de Buenos Aires, Argentina, y de Montevideo, Uruguay, pero desde 1924 todos los círculos sociales cantan y bailan al ritmo del tango.

Uno de los grupos famosos de música electrónica, Gotan Project, reinventa la música del tango para los jóvenes, y por eso combina los elementos tradicionales de este ritmo con los elementos electrónicos. El nombre del grupo es Gotan, que significa *Tango,* pero usando las dos sílabas invertidas *(backwards).* La canción «Santa María (del buen ayre)» del CD *La Revancha del Tango* aparece en la película *Shall We Dance?* (2004) con Jennifer López y Richard Gere y es un buen ejemplo del tango electrónico. *Access the iTunes playlist on the* **Plazas** *website.*

¿Qué piensas del tango electrónico? ¿Te gusta el sonido y el ritmo? ¿Qué piensas de la modernización de la música tradicional?

• •

¡Busquen en Internet!
1. Historia: Colonia del Sacramento
2. Artes plásticas: MALBA, Alejandro Xul Solar
3. Oficios y ocupaciones: los gauchos
4. Ritmos y música: el tango, Gotan Project

En las tiendas de la Recoleta

In this section, you will practice vocabulary and expressions for shopping by learning more about one of the most famous shopping areas in Buenos Aires. Where do you like to shop?

Sustantivos

el cheque check
el descuento discount
el efectivo cash
la liquidación sale (Lat. Am.), reduction (in price)
el número shoe size
la oferta sale (Lat. Am.)
el... por ciento ...percent
el precio price
la rebaja sale (Spain), reduction (in price)
la talla size (clothing)
la tarjeta de crédito credit card

Adjetivos

barato(a) inexpensive, cheap
caro(a) expensive

Verbos

cambiar to change, exchange
costar (ue) to cost
gastar to spend (money)
hacer juego con to match
ir (bien) con to go (well) with
mostrar (ue) to show
probarse (ue) to try on
quedarle (a uno) to fit (someone)
rebajar to reduce (in price)

Expresiones idiomáticas

¿Cómo me queda? How does it look/fit me?
¿Cuánto le debo? How much do I owe you?
¿En qué puedo servirle? How can I help you?
¡Es una ganga! It's a bargain!
¡Está de (última) moda! It's the (latest) style!
¡Me quedan muy pequeños! They're too small!

Heinle/Cengage Learning

Vocabulario 2 doscientos veintinueve **229**

¡A practicar!

7-19 ¡Es una ganga! A Silvia le fue muy bien en las tiendas de la Recoleta. Termina los siguientes párrafos con las palabras de cada lista.

cara	hace juego	por ciento
de última moda	ofertas	queda
descuentos	probarse	talla

Cuando Silvia vio unas 1. _____ en su tienda favorita, no pudo resistir y entró.
¡Había (There were) 2. _____ de hasta el 20 3. _____! Silvia decidió
4. _____ una blusa 5. _____ .
La dependienta le dijo «Es su 6. _____ , señora. La blusa le 7. _____
divinamente. Además, la blusa 8. _____ con los pantalones que lleva.»
«Me gusta mucho,» dijo Silvia. «¿Es muy 9. _____ ?»

cuánto le debo	gastar	tarjeta de crédito
cuesta	rebajamos	estilos
efectivo		

La dependienta le respondió, «No. Hoy nosotros 10. _____ todas las prendas
que ve en esta sección. La blusa le 11. _____ 30 pesos. Tenemos otros
12. _____ , pero son más caros.»
Entonces Silvia le dijo: «No puedo 13. _____ más de 30 pesos. Voy a llevarme
esta blusa.»
«¿Algo más?», le preguntó la dependienta.
«No», dijo Silvia. «¿14. _____ por la blusa?»
La dependienta pensó un segundo y luego añadió, «Si usted paga en 15. _____ ,
le puedo bajar el precio un poquito más.»
«Lo siento», dijo Silvia. «Creo que tengo que pagar con 16. _____ . No tengo
suficiente en efectivo.»

7-20 En la tienda Estás en Zara, tu tienda favorita, cuando oyes este anuncio sobre la gran liquidación que tiene la tienda. Mira la lista de artículos que buscas y marca con X las cosas mencionadas en el anuncio que puedes comprar en liquidación.

AUDIO CD
CD 2, TRACK 16

_____ camisa a rayas

_____ pantalones cortos

_____ cartera

_____ traje de baño

_____ guantes

_____ paraguas

_____ chaleco

_____ suéter

_____ collar

_____ reloj

© FRANCIS DEAN / Alamy

¿Conoces las tiendas de ropa Zara?

Workbook *7-10 – 7-12*
Lab Manual *7-10 – 7-12*

¡A conversar!

7-21 En una tienda de ropa Habla con otro(a) compañero(a): una persona es el (la) dependiente(a) y la otra persona es el (la) cliente(a).

El/la dependiente(a)

1. Greet your customer.
3. Ask how you can help.
5. Inquire about size(s) using the chart below.
7. Find the correct size(s).
9. Ask about form of payment.
11. End the conversation.

El/la cliente(a)

2. Answer appropriately.
4. Say what you want to try on.
6. Respond to the question(s).

8. Decide whether or not to buy.
10. State method of payment.
12. Respond appropriately.

7-22 Comprando ropa Estás de vacaciones en Argentina y quieres comprar ropa para unos amigos y miembros de tu familia. Las tallas son diferentes de las tallas en los Estados Unidos, pero puedes usar la información de las tallas para damas *(women)* y caballeros *(men)* para determinar las tallas que necesitas. Prepara una lista de 4 personas para quienes quieres comprar un artículo de ropa. Para cada persona incluye la siguiente información:

- Su nombre
- Un artículo que quieres comprar para él (ella) y su talla en el sistema norteamericano
- La talla que necesitas buscar *(to look for)* en la tienda argentina
- Otro artículo que puedes comprar si no encuentras el primero
- La talla de ese artículo que necesitas buscar

LAS TALLAS DE ROPA

DAMAS

Vestidos / Trajes

Sistema norteamericano	6	8	10	12	14	16	18	20
Sistema europeo	34	36	38	40	42	44	46	48

Calcetines / Pantimedias

Sistema norteamericano	8	8½	9	9½	10	10½
Sistema europeo	0	1	2	3	4	5

Zapatos

Sistema norteamericano	6	6½	7	8	8½	9
Sistema europeo	36	37	38	38½	39	40

CABALLEROS

Trajes / Abrigos

Sistema norteamericano	36	38	40	42	44	46
Sistema europeo	46	48	50	52	54	56

Camisas

Sistema norteamericano	14	14½	15	15½	16	16½	17	17½	18
Sistema europeo	36	37	38	39	41	42	43	44	45

Zapatos

Sistema norteamericano	5	6	7	8	8½	9	9½	10½	11
Sistema europeo	37½	38	39½	40	41	42	43	44	46

> **Cultura**
>
> Sizes in European and in some Latin American countries run on an entirely different scale. In this case, a 36 would be equivalent to a woman's size 8.

Después de preparar la lista, conversa con un(a) compañero(a) sobre los artículos que Uds. van a buscar y las tallas que necesitan. Debes comentar sobre las ideas de tu compañero y él (ella) debe reaccionar a tus ideas.

Modelo **E1:** Para mi hermano Brian quiero comprar una camisa, talla 41 o un abrigo, talla 52.

E2: Ahora tienen rebajas en las tiendas de Recoleta. Debes comprar un abrigo. ¡Puede ser una ganga!

Direct object pronouns

In this section, you will learn how to simplify expressions by substituting direct objects with direct object pronouns.

The concept of direct objects

All sentences have a subject and a verb. Many sentences also have an object that receives the action of the verb. For example, in the sentence below, the direct object (**la blusa**) receives the action of the verb (**compró**) performed by the subject (**Silvia**).

Subject	Verb	Direct Object
↓	↓	↓
Silvia	compró	la blusa

The direct object of a sentence is usually a person or a thing and it answers the questions *whom?* or *what?* in relation to the sentence's subject and verb.

Julio llamó a **su mamá.**	*Whom did he call?* (his mom)
Silvia compró **la blusa.**	*What did she buy?* (the blouse)

In Spanish, as in English, a direct object pronoun may be used in place of a direct object noun. The direct object pronoun will reflect the number and the gender of the direct object noun that it replaces.

Singular	Plural
me *me*	**nos** *us*
te *you* (informal)	**os** *you* (informal: Spain)
lo *you* (formal); *him; it* (masculine)	**los** *you; them* (masculine)
la *you* (formal); *her; it* (feminine)	**las** *you; them* (feminine)

Julio llamó a **su mamá.**	Él **la** llamó.
Silvia compró **las blusas.**	Ella **las** compró.

In the preceding sentences, the direct object pronouns **la** and **las** replace the direct object nouns **mamá** and **las blusas,** respectively.

Placement of the direct object pronouns

- Place the pronoun in front of the conjugated verb.

—¿Cambiaste los pantalones, Julio?	*Did you exchange the pants, Julio?*
—Sí, **los cambié** anoche.	*Yes, I exchanged them last night.*

- In negative sentences, place the **no** in front of the pronoun.

—¿Me llamaste, Silvia?	*Did you call me, Silvia?*
—No, Julio. No **te** llamé.	*No, Julio. I did not call you.*

- When the direct object pronoun is used with an infinitive or a present participle, place it either before the conjugated verb or attach it to the infinitive or the present participle. (A written accent is needed to retain the stressed vowel of a present participle when a direct object pronoun is attached to it.)

Lo voy a llamar mañana.
Voy a llamarlo mañana. } *I'm going to call him tomorrow.*

Lo estoy llamando ahora.
Estoy llamándolo ahora. } *I'm calling him now.*

> Affirmative commands also require that the direct object pronoun be attached to the verb. You will learn more about commands and placement of pronouns in **Capítulo 9.**

- With reflexive verbs in the infinitive form, the direct object pronoun is placed after the reflexive pronoun at the end of the verb.

Voy a probarme el suéter. *I'm going to try on the sweater.*

Voy a probármelo. *I'm going to try it on.*

In the example above, a written accent must be added because the object pronoun was attached to the end of **probar,** resulting in a change of the natural stress. As a rule, words that end in a vowel, **-n** or **-s** have a natural stress (without written accent) on the next-to-last syllable. Words ending in consonants other than **n** or **s** have natural stress on the last syllable. The syllable that is stressed before a pronoun is attached retains the stress and it is necessary to add a written accent on that syllable, since the stress no longer falls there naturally.

Note that the direct object pronoun **lo** can be used to stand for actions or ideas in general.

—Julio, compré tres blusas nuevas. *Julio, I bought three new blouses.*

—¡No puedo creer**lo**! *I can't believe it! (it = the fact that the speaker bought three new blouses)*

¿Recuerdas?

Julio: ¿Te acordás de la fiesta tan estupenda que dieron Jorge y Hortensia el año pasado cuando hacía tanto frío y llovía?

Silvia: Nunca **voy a olvidarla.** ¡Cómo nos divertimos! ¿No? Comimos tantas cosas ricas y conocimos a tanta gente, y vos, bailando con todo el mundo.

ESTRUCTURA 2

¡A practicar!

7-23 El asistente de Julio Julio está trabajando en la tienda con su nuevo asistente Rogelio. Están discutiendo dónde poner la nueva ropa que acaba de llegar. Completa las conversaciones con los pronombres **lo, la, los** o **las.**

1. —Julio, ¿usted vendió la última blusa de seda?
   —Sí, _____ vendí ayer.

2. —Rogelio, ¿terminó con las cuentas de ayer?
   —Yo _____ estoy haciendo ahora.

3. —Julio, ¿encontró los nuevos suéteres de algodón?
   —No, todavía _____ estoy buscando.

4. —Julio, mañana tengo que llevar a mi hermano al hospital. No puedo venir a trabajar hasta mediodía.
   —¡Yo no _____ creo! ¡Ud. no tiene hermanos!

7-24 Los Sepúlveda Completa los siguientes diálogos con el pronombre correcto.

En casa

Silvia: ¿Conoces a Ramón Sarmiento, Julio?

Julio: Pues... sí, _____ conozco un poco. ¿Por qué?

Silvia: Porque Ramón y su esposa _____ (a nosotros) invitaron a una fiesta.

Julio: Mmm... _____ conocimos el año pasado, ¿no?

Silvia: Sí, en una fiesta, pero nunca _____ visitamos. ¿Vamos a la fiesta?

Julio: Sí, cómo no. Vamos.

En la fiesta

Silvia: Gracias por tu invitación, Ramón. _____ recibimos la semana pasada.

Ramón: De nada, Silvia. ¿Conocen ustedes a mi hija Berta?

Berta: Mucho gusto.

Silvia: Berta, ¿no _____ recuerdas *(remember)*? Soy la señora Sepúlveda.

Berta: Ah, sí, señora Sepúlveda. Ahora _____ recuerdo. ¿Cómo está?

7-25 En la tienda La dependienta le hace muchas preguntas a una clienta en la tienda de ropa. Contesta las preguntas apropiadamente usando pronombres de objeto directo *(direct object pronouns)*.

Modelo —¿Busca Ud. los aretes?
—Sí, ___*los busco.*___

1. —¿Ve las camisas?
   —Sí, _____.

2. —¿Va a comprar el traje de baño?
   —No, _____.

3. —¿Busca los vestidos?
   —Sí, _____.

4. —¿Tiene la tarjeta de crédito?
   —Sí, _____.

¡A conversar!

7-26 **¿Qué quieres?** Tu compañero(a) va a ofrecerte (*offer you*) las siguientes cosas. Responde indicando si quieres comprar el objeto o no, sustituyendo el sustantivo (*noun*) por el pronombre (*pronoun*) correcto.

> **Modelo** las camisetas
> **E1** *¿Quieres comprar las camisetas?*
> **E2:** *Sí, las quiero comprar.* (o: *Sí, quiero comprarlas.*)
> **E2:** *No, no las quiero comprar.* (o: *No, no quiero comprarlas.*)

1. el abrigo
2. las corbatas de seda
3. la chaqueta de cuero
4. el suéter de algodón
5. las medias de seda
6. las gafas de sol negras
7. los zapatos de tenis Adidas
8. la blusa Versace

Nota lingüística

In some Spanish-speaking countries, **las gafas (de sol)** are called **los lentes (de sol)** or **los anteojos (de sol).**

7-27 **¿Qué vas a comprar?** Julio y Silvia están en su tienda favorita, pero no pueden decidir qué quieren comprar. En parejas, hagan y contesten las preguntas que ellos hacen, usando los elementos de la lista. Empieza con un verbo y selecciona un artículo de ropa para formar la pregunta. La otra persona contesta, empleando el pronombre apropiado.

> **Modelo** **E1:** *¿Compras la blusa?*
> **E2:** *No, no la compro.*
> **E1:** *¿Compras los pantalones?*
> **E2:** *Sí, los compro.*

Verbos: comprar, desear, necesitar, querer

Artículos

abrigo(s)	camiseta(s)	guantes	traje(s)
blusa(s)	chaleco(s)	impermeable(s)	suéter(es)
bota(s)	chaqueta(s)	pantalones	traje(s) de baño
calcetines	corbata(s)	sandalias	vestido(s)
camisa(s)	falda(s)	sombrero(s)	zapatos (de tenis)

7-28 **Nuestras preferencias** Habla con un(a) compañero(a) sobre los artículos que Uds. quieren comprar en la tienda Marisol. Emplea pronombres en las respuestas y comenta las características de los artículos.

> **Modelo** **E1:** *¿Quieres comprar los pantalones? Son muy bonitos.*
> **E2:** *No, no quiero comprarlos. Y tú, ¿quieres comprarlos?*
> (o: *No, no los quiero comprar. Y tú, ¿los quieres comprar?*)
> **E2:** *Sí, los quiero comprar.* (o: *Sí, quiero comprarlos.*) *Me gustan mucho.*

Heinle/Cengage Learning

The imperfect tense

Spanish speakers use the imperfect tense to describe past actions, conditions, and events that were in progress or that occurred habitually or repeatedly.

To form the imperfect, add the following endings to the verb stem. Note the identical endings for -**er** and -**ir** verbs.

	jugar	hacer	divertirse
yo	jug**aba**	hac**ía**	me divert**ía**
tú	jug**abas**	hac**ías**	te divert**ías**
Ud., él/ella	jug**aba**	hac**ía**	se divert**ía**
nosotros(as)	jug**ábamos**	hac**íamos**	nos divert**íamos**
vosotros(as)	jug**abais**	hac**íais**	os divert**íais**
Uds., ellos(as)	jug**aban**	hac**ían**	se divert**ían**

Note that only three Spanish verbs are irregular in the imperfect: *only 3*

	ir	ser	ver
yo	iba	era	veía
tú	ibas	eras	veías
Ud., él/ella	iba	era	veía
nosotros(as)	íbamos	éramos	veíamos
vosotros(as)	ibais	erais	veíais
Uds., ellos(as)	iban	eran	veían

—¿**Ibas** de compras a menudo cuando **eras** niña?
Did you use to go shopping often when you were a little girl?

—Sí, y mi familia y yo **comprábamos** mucha ropa.
Yes, and my family and I used to buy lots of clothes.

The imperfect tense of **hay** is **había**.

—¿**Había** muchas personas enfrente del Palacio del Congreso?
Were there a lot of people in front of the Palacio del Congreso?

—Sí, Silvia. **Había** mucha gente
Yes, Silvia. There were many people.

¿Recuerdas?

Julio: ¡Claro que sí! ¿Te acordás de la fiesta tan estupenda que dieron Jorge y Hortensia el año pasado cuando **hacía** tanto frío y **llovía?**
Silvia: Nunca voy a olvidarla. ¡Cómo nos divertimos!

Heinle/Cengage Learning

Talking about the past: the preterite and the imperfect

The preterite

You have learned that Spanish speakers use the preterite tense to describe the beginning or completion of past actions, conditions, and events. For example, notice how Silvia uses the preterite to tell what happened at her home this morning.

"ayer"
Yesterday

Esta mañana mi despertador **sonó** a las 7:00, como siempre. Me **levanté**, **fui** al baño, me **duché** y me **vestí**. Luego **desperté** a Juan Carlos y **preparé** el desayuno. Después de desayunar, nos **cepillamos** los dientes y **salimos** de casa. **Fuimos** en colectivo al centro.	*This morning my alarm went off at 7:00 as always. I got up, went to the bathroom, showered, and got dressed. Then, I awoke Juan Carlos and prepared breakfast. After we ate breakfast, we brushed our teeth and left the house. We went downtown by bus.*

> **Cultura**
> • • • • • • • • •
> The easiest and most common way of getting around Buenos Aires is by buses called **colectivos**, or by subway, called **el subte.**

The imperfect

- Spanish speakers use the imperfect tense to express actions, conditions, and events that were in progress at some focused point in the past. For example, notice how Silvia uses the imperfect tense to tell what was going on when she got off the bus with her son.

"de niño"
As a kid
not a specific time,
long ago.

Cuando nos bajamos del colectivo, **hacía** un poco de frío y **llovía.** Juan Carlos no **quería** ir de compras conmigo porque todavía **estaba** cansado.	*When we got off the bus, it was a little cold and it was raining. Juan Carlos didn't want to go shopping with me because he was still tired.*

- Spanish speakers also use the imperfect to describe actions, conditions, and events that occurred habitually or repeatedly in the past. Notice how Silvia uses the imperfect to describe how her life was when she was a girl.

Cuando **era** niña, todo **era** diferente de lo que es ahora. Yo **tenía** menos responsabilidades. Todos los sábados me **levantaba** tarde porque no **había** mucho que hacer en casa. Luego **iba** a la cocina, me **servía** un vaso de leche y **miraba** la tele. Por la tarde mis amigas y yo **jugábamos** juntas.	*When I was a child, everything was different from what it is now. I had fewer responsibilities. Every Saturday I would get up late because there wasn't much to do at home. Then, I would go to the kitchen, I would serve myself a glass of milk, and I would watch TV. In the afternoon my friends and I would play together.*

- Note that the imperfect tense can be translated in different ways, depending on the context. For example, read the following paragraph and notice the English meaning of the forms in parentheses.

  De niña yo **vivía** (*I lived*) en un pueblo cerca de Buenos Aires. Los sábados mi mamá y yo **íbamos** (*used to go*) de compras a la calle Florida donde **mirábamos** (*we would look at*) muchas cosas en las tiendas. Todos los domingos, cuando **caminábamos** (*we were walking*) por el barrio de San Telmo, **veíamos** (*we used to see*) la feria de antigüedades de la Plaza Dorrego.

¡A practicar!

7-29 Querido abuelo Cambia los verbos de la siguiente lista al imperfecto para completar el primer párrafo de una carta que Silvia le escribió a su abuelo.

escribir   ir   querer   trabajar
estar   llamar   tener

¿Cómo estás, abuelito? Yo 1. _____ escribirte antes pero no lo pude hacer porque 2. _____ tantos quehaceres aquí en casa para prepararnos para la fiesta. Julio, Juan Carlos y mi trabajo me ocupan casi todo el tiempo. Ayer Julio 3. _____ preguntándome sobre ti y le dije que 4. _____ a escribirte muy pronto. Recuerdo que te 5. _____ cartas (letters) y que te 6. _____ por teléfono más frecuentemente cuando no 7. _____ tanto como ahora.

7-30 Silvia de niña Silvia está contándole a Juan Carlos algunas cosas que ella hacía de niña. ¿Qué le dice a su hijo?

Modelo   yo / jugar con mis amigos
          Yo jugaba con mis amigos.

1. mi familia y yo / vivir en una estancia veinte kilómetros al norte de Buenos Aires
2. (nosotros) no / tener auto, pero / tener muchos caballos
3. tu abuelo / ser agricultor (*farmer*); también / comprar y / vender caballos
4. mis dos hermanos y yo / divertirse mucho / andar en bicicleta / montar a caballo
5. antes de acostarnos, mi mamá nos leer o / nos hablar de cuando ella / ser niña
6. a veces, mi papá / tocar el acordeón y / cantar viejas canciones (*songs*) italianas
7. yo / querer mucho a mis padres

7-31 ¿Pretérito o imperfecto? Julio está en la sala conversando con Juan Carlos sobre cómo llegaron a vivir en Buenos Aires. Completa su conversación, indicando los verbos correctos entre paréntesis.

Juan Carlos: Papá, ¿dónde (vivieron / vivían) tú y mamá después de casarse?

Julio: (Vivimos / Vivíamos) por un año y medio con mis padres cerca de Buenos Aires porque no (tuvimos / teníamos) mucho dinero.

Juan Carlos: ¿Qué tipo de trabajo (hiciste / hacías), papi?

Julio: (Trabajé / Trabajaba) como dependiente en una tienda. (Vendí / Vendía) zapatos allí. Nosotros (ganamos / ganábamos) poco dinero, pero (fue / era) suficiente para vivir.

Juan Carlos: ¿Cuándo (vinieron / venían) ustedes a vivir aquí en Buenos Aires?

Julio: Dos meses después de que (naciste / nacías), hijo.

Juan Carlos: ¿En diciembre?

Julio: Sí. Luego, tú, mamá y yo (pasamos / pasábamos) la Navidad (*Christmas*) juntos en esta casa. ¿Recuerdas eso?

Juan Carlos: ¿Cómo voy a recordar si solamente (tuve / tenía) dos meses?

Workbook *7-17 – 7-20*
Lab Manual *7-16 – 7-18*

¡A conversar!

7-32 **¿Qué hacías?** Dile a un(a) compañero(a) las actividades que tú hacías cuando eras más joven. ¿Hacían Uds. las mismas cosas?

Modelo   Cuando vivía en... yo...
Cuando vivía en Vermont, yo compraba ropa para esquiar.

1. Cuando estudiaba en..., yo...

2. Vivía en... cuando mis hermanos(as)...

3. Compraba ropa... cuando nosotros(as)...

4. Me gustaba... cuando tenía...

7-33 **Cuando era niño...** Lee la carta que Emilio escribió sobre su niñez *(childhood)* en Argentina. Después, trabaja con un(a) compañero(a) de clase para comparar sus experiencias con las de Emilio.

Modelo
E1: Emilio vivía en una estancia pero yo vivía en la ciudad cuando tenía seis años.
E2: Yo vivía en el campo como Emilio y yo también tenía una familia grande.

> Cuando tenía seis años, mi familia y yo vivíamos en una estancia en Argentina. Éramos seis, mis padres, mis dos hermanas mayores, mi hermano menor y yo. Nuestra casa era vieja, pero era grande y cómoda. Mi papá trabajaba en el campo y mi mamá cuidaba la casa. En general la vida era muy buena. Me divertía mucho con mis hermanos y mis amigos y me gustaba ir a la escuela porque allí veía a mis amigos. Mi mejor amigo se llamaba Julio, pero tenía muchos otros amigos también. Jugábamos al fútbol muchísimo y me gustaba mucho montar a caballo. Ahora me gusta recordar esos días felices.

Heinle/Cengage Learning

7-34 **Entrevista** Hazle estas preguntas a un(a) compañero(a) de clase.

1. **La familia:** ¿Dónde y con quién vivías cuando tenías seis años? ¿Cuántos hermanos tenías? ¿Quién era el menor? ¿y el mayor? ¿Qué tipo de trabajo hacía tu papá? ¿y tu mamá? ¿Dónde? ¿Cuándo visitabas a tus tíos y a tus abuelos? ¿Qué otras cosas hacías con tu familia?

2. **Las posesiones:** De niño(a), ¿tenías una bicicleta? (¿Sí? ¿De qué color era?) ¿Tenías un perro o un gato? (¿Sí? ¿Cómo se llamaba?) ¿Qué otras cosas tenías? ¿Cuál era la cosa más importante que tenías?

3. **Los amigos:** ¿Tenías muchos o pocos amigos en la escuela primaria? ¿Cómo te divertías con ellos? ¿Cómo se llamaba tu mejor amigo(a) de la escuela secundaria? ¿Dónde vivía? ¿Qué hacían ustedes juntos(as)? ¿Tenías novio(a)? (¿Sí? ¿Cómo se llamaba? ¿Cómo era él/ella?)

4. **Los pasatiempos:** De adolescente, ¿cómo pasabas el tiempo cuando no estudiabas o trabajabas? ¿Practicabas algún deporte? ¿Cuál? ¿Con qué frecuencia ibas al cine? ¿Qué tipo de películas veías? ¿Qué programas de televisión mirabas? ¿Qué otras cosas hacías para divertirte?

Heinle/Cengage Learning

¿Está de moda eso? En este segmento del video, Sofía y Alejandra hablan de la moda mientras se preparan para un día en la playa, y Antonio y Javier se visten con ropa especial. También, vas a ver escenas de todos los compañeros de casa vestidos de varias maneras.

Antes de ver

Expresiones útiles The following are some new expressions you will hear in the video.

Desde que salí del colegio…	*Since I graduated from high school . . .*
Ya pasó de moda.	*It's out of style.*
Playeras de algodón	*Cotton T-shirts*
Como digas.	*Whatever you say.*

Enfoque estructural The following are expressions in the video with direct object pronouns.

Alejandra: Parece que tenemos una crisis aquí … ¡<u>Te</u> voy a llevar de compras!

Alejandra: Así se usa. Ese vestido <u>lo</u> compré hace poco. Es nuevo y siempre está de moda.

Sofía: Bueno, si tú lo dices … me lo voy a probar.

Antonio: Oye, Sofía, ¡te ves muy bonita con esa ropa! Casi no <u>te</u> reconozo.

1. **Recordemos** ¿Qué compraste la última vez que fuiste de compras? ¿Te probaste mucha ropa? ¿Encontraste algo que te quedó bien? Con un compañero(a) de clase, hagan una lista de todas las prendas de ropa que compraron la última vez que fueron de compras. ¿Tienen algunas prendas en común?

2. **Practiquemos** Con un compañero de clase, identifica el objeto directo *(the direct object)* que cada pronombre subrayado identifica en las expresiones de **Enfoque estructural.** Luego, usa la lista que tu compañero hizo en **Recordemos** y hazle preguntas usando pronombres de objeto directo sobre dónde, cuándo y por qué él/ella compró esos artículos.

3. **Charlemos** Haz una encuesta a varios miembros de la clase sobre la ropa que está de moda para hombres y mujeres, a base de lo que ellos compraron la última vez que fueron de compras. ¿Qué prendas son las más populares para hombres y mujeres?

Después de ver

1. ¿Qué llevan puesto? Mira las fotos y describe con mucho detalle la ropa que lleva cada uno de los compañeros de casa.

Valeria lleva

_____

_____

Sofía y Javier llevan

_____

_____

Alejandra lleva

_____

_____

Antonio lleva

_____

_____

2. Un estilo personal Ahora, según lo que viste en el video, describe el estilo personal de las tres compañeras de la Hacienda Vista Alegre: Alejandra, Sofía y Valeria. Luego compara tus descripciones con las de un(a) compañero(a). ¿Están de acuerdo?

Sofía: _____

Alejandra: _____

Valeria: _____

 Entre nosotros En el video, Alejandra dijo que Sofía tenía que ir de compras. Escribe un párrafo en que identificas varios artículos de ropa o accesorios que Sofía debe comprar para lucir *(show off)* un estilo nuevo. Luego compara tus ideas con un(a) compañero(a). Según ustedes, ¿necesita Sofía las mismas cosas?

 Presentaciones Con dos compañeros(as) de clase, selecciona a un miembro de la Hacienda de Vista Alegre que, en su opinión, necesita mejorar su estilo personal de moda. Hagan un dibujo de las prendas que recomiendan para el personaje. Luego, presenten el dibujo a la clase, justificando sus recomendaciones.

 See the *Lab Manual,* **Capítulo 7, 7-22– 7-23** for additional activities.

Antes de leer

Strategy: Using background knowledge to anticipate content

The better you can anticipate what the topic of a reading selection will be, the more easily you will understand the main ideas of the passage. In addition to looking at the visuals, the title, and the subtitles of a selection, you should also think about what you already know about the topic.

Before reading the selection, consider the following:

1. the visuals
   a. Who is in the photos?
   b. What is the individual wearing?
   c. For which season is this collection appropriate?

2. the title
   a. What do you associate with the title?
   b. What type of clothing and which colors are typical for this season?

3. previous knowledge
   a. What do you know about today's fashion in terms of the popular styles and fabrics?
   b. What are the trendy colors?
   c. In your opinion, what clothing stores are the most popular?

Colección de otoño-invierno

Cognados Identifica cuatro cognados y su significado.

A completar Mientras lees las descripciones de la ropa, completa el siguiente cuadro con la moda para cada estación.

OTOÑO		
él/ella (día de semana)	él (fin de semana)	ella (fin de semana)

INVIERNO	
él/ella (día)	ella (noche)

Después de leer

A escoger Después de leer el texto, contesta las siguientes preguntas.

1. ¿Qué materiales se usan para las prendas de vestir en el invierno?
   a. algodón y seda
   b. lana y cuero
   c. cuero y algodón

2. ¿Qué colores son los preferidos para el otoño?
   a. colores vibrantes
   b. verde, azul y morado
   c. colores neutros

¡Descubre la nueva colección de otoño-invierno!

El Buenos Aires Fashion Week (BAFWEEK) nos trae las últimas tendencias de la moda para la próxima temporada *(season)*, otoño-invierno. El otoño está marcado por prendas simples y cómodas en colores neutros como el negro, blanco y beige. En contraste, el invierno nos trae una diversidad de colores para alegrar los fríos meses de julio y agosto.

Durante el otoño, para tener un *look* casual durante el día, puedes ponerte unos vaqueros clásicos, de color no muy oscuro, con una camiseta blanca y un cinturón de cuero.

Para esa cita tan especial durante el fin de semana, puedes usar una camisa de un solo color y vaqueros de moda (de preferencia de color oscuro). Evita *(Avoid)* combinar muchos colores y opta por llevar colores neutros y poco intensos.

Un *look* muy práctico para usar de día durante el fin de semana consiste en una camiseta de algodón con diseños monocromáticos, una chaqueta de seda y vaqueros. ¡No olvides añadir accesorios: las pulseras de plata, las gafas de sol extra grandes y los cinturones metálicos complementan este *look* súper bien!

El invierno nos trae colores vibrantes como el verde, el azul y el morado. ¡Los suéteres a rayas están *in*! ¡No olvides llevar bufandas de lana que hagan juego con los suéteres!

Para la noche, el color negro nunca pasa de moda, pues va muy bien con cualquier color. Un abrigo de lana negro y unas botas de cuero negras de tacón alto son básicos en tu guardarropa *(wardrobe)* para este invierno, ¡y cualquier invierno!

3. ¿Con qué prenda deben hacer juego las bufandas?
   a. con los suéteres
   b. con los vaqueros
   c. con las faldas

4. ¿Cuáles son los accesorios para la colección de otoño-invierno?
   a. aretes, pulseras, cinturones, bufandas
   b. pulseras, gafas de sol, anillos y collares
   c. gafas de sol, bufandas, pulseras y cinturones

 ¡A conversar! Comenta con tus compañeros de clase los siguientes temas.

1. Las semejanzas y diferencias entre la moda argentina y la moda estadounidense en relación con los colores, los materiales, las prendas de vestir y los accesorios.

2. ¿Es importante o no para ustedes estar a la moda?

3. Después de conversar sobre la moda, preparen un plan para un desfile de modas *(fashion show)*. ¿Qué prendas de vestir son importantes en la región donde ustedes viven? ¿Qué prendas no son tan importantes? ¿Qué accesorios están de moda?

Strategy: Editing your writing

Editing your written work is an important skill to master when learning a foreign language. You should plan on editing what you write several times. When checking your compositions, consider the following areas.

1. **Content**

   a. Is the title of your composition captivating?
   b. Is the information you wrote pertinent to the established topic?
   c. Is your composition interesting?

2. **Organization**

   a. Does each paragraph in the composition have a clearly identifiable main idea?
   b. Do the details in each paragraph relate to a single idea?
   c. Are the sentences in the paragraph ordered in a logical sequence?
   d. Is the order of the paragraphs correct in your composition?

3. **Cohesion and style**

   a. Does your composition as a whole communicate what you are trying to convey?
   b. Does your composition "flow" easily and smoothly from beginning to end?
   c. Are there transitions between the paragraphs?

4. **Style and accuracy**

   a. Have you chosen the precise vocabulary words you need to express your ideas?
   b. Are there grammatical errors in your composition?
   c. Are there spelling errors in your composition?

If you consider these factors as you edit your written work, the overall quality of your compositions can increase dramatically!

Task: Simple reporting in the past

Simple reporting in the past occurs in a variety of contexts and focuses on the narration of a series of events. You will now prepare a short report about a recent shopping trip following the steps below and focusing on completed actions, such as where you went and what you did during your outing.

Paso 1 Antes de escribir, piensa en la última vez que fuiste de compras para buscar ropa. Contesta las siguientes preguntas.

¿Adónde fuiste de compras? (¿Cómo se llama el centro comercial o cómo se llaman las tiendas?)

¿Fuiste solo(a) o con otra persona?

¿A qué hora llegaste a la primera tienda?

¿Fuiste a otras tiendas?

¿Qué artículo(s) de ropa compraste? ¿Dónde compraste el artículo o los artículos?

¿Cuánto dinero gastaste en las compras que hiciste?

¿Cuánto tiempo pasaste en las compras?

¿Qué hiciste después?

Paso 2 Ahora escribe una composición de dos o tres párrafos sobre esta excursión. En tu composición, incluye la información que usaste para contestar las preguntas en **Paso 1.**

Paso 3 Ahora tienes que corregir tu composición. Usa las preguntas de la sección anterior (partes 1, 2, 3 y 4 de *Editing your writing*) como guía de corrección.

 Paso 4 Intercambia tu composición con un(a) compañero(a) de clase. Cada persona debe usar la sección anterior para evaluar la composición de su compañero(a). Si hay partes de las composiciones que necesiten corrección, cada persona debe hacer los cambios necesarios.

Communicative Goals:

- Identify articles of clothing and accessories
- Communicate about shopping experiences
- Describe ongoing and habitual actions and feelings in the past

Paso 1

Review the Communicative Goals for **Capítulo 7** and determine if you are able to accomplish the goals. If you are not certain that you have achieved all of the goals, review the pertinent portions of the chapter.

Paso 2

Look at the components of a conversation which addresses the communicative goals for this chapter. The percentages will help you evaluate your ability to successfully participate in the conversation that is featured below. Your instructor may use the same rubric to assess your oral performance.

Components of the conversation	%
☐ Greetings, questions and answers about how the individuals are doing	10
☐ Statement of liking an article of clothing or accessory and questions about buying or receiving it	10
☐ Response with information about buying or receiving the item	10
☐ At least three questions about a recent shopping experience	20
☐ Answers to at least three questions about a recent shopping experience	20
☐ Question about feelings at the conclusion of the shopping experience and appropriate answer, followed by return of the question and offering of appropriate answer	20
☐ Appropriate conclusion of the conversation	10

 En acción Think about a conversation in which two friends talk about clothing and a recent shopping experience. Consider the sort of information that might be exchanged and how the speakers might communicate the information. Work with a partner to carry out the conversation, being sure to include the following steps.

1. The friends greet one another and ask and answer questions about how they are doing.
2. One person states that he (she) likes an article of clothing or an accessory that the other person is wearing or has with him (her).
3. The second person responds appropriately and explains how and when he (she) bought it or received it.
4. One friend asks the other about a recent shopping experience, including questions about where the person went, what he (she) bought, and at least one additional detail.
5. The friend provides the information and, in return, asks similar questions.
6. One person asks the other how he (she) felt at the end of the shopping trip, the friend responds, and asks how the other felt.
7. The friend responds appropriately.
8. One friend states that he (she) must do something and both individuals conclude the conversation appropriately.

Stressed possessive adjectives

In Spanish, emphasis is placed on the possessive by using the following stressed forms:

Singular	Plural
mío(a)(s)	nuestro(a)(s)
tuyo(a)(s)	vuestro(a)(s)
suyo(a)(s)	suyo(a)(s)

The stressed possessive adjective must come after the noun and, like most other adjectives, agree in number and gender. The stressed possessives often function as pronouns, substituting the omitted noun.

¡A recordar! 1 When stressed possessive adjectives are used as pronouns, how are they modified?

Verbs irregular in the preterite

As you know, some Spanish verbs have irregular verb stems in the preterite. Furthermore, their endings have no accent marks.

dar	hacer	poner	ser	venir
decir	ir	querer	tener	
estar	poder	saber	traer	

¡A recordar! 2 When conjugating **andar** in the preterite, which verb listed above has the same pattern of endings? How are the preterite stems of **decir** and **traer** similar? Are there any verbs that have identical forms in the preterite? What is the preterite of **hay**?

Direct object pronouns

A direct object pronoun may be used in place of a direct object noun.

Singular	Plural
me	nos
te	os
lo/la	los/las

The direct object pronoun **lo** can be used to stand for actions or ideas in general.

¡A recordar! 3 How is the stressed vowel of a present participle marked when a direct object pronoun is attached to it?

The imperfect tense

Spanish speakers use the imperfect tense to describe past actions, conditions, and events that were in progress or that occurred habitually or repeatedly. To form the imperfect, add the following endings to the verb stem.

	jugar	hacer	divertirse
yo	jug**aba**	hac**ía**	me divert**ía**
tú	jug**abas**	hac**ías**	te divert**ías**
Ud., él, ella	jug**aba**	hac**ía**	se divert**ía**
nosotros(as)	jug**ábamos**	hac**íamos**	nos divert**íamos**
vosotros(as)	jug**abais**	hac**íais**	os divert**íais**
Uds., ellos(as)	jug**aban**	hac**ían**	se divert**ían**

¡A recordar! 4 Which three verbs are irregular in the imperfect? How are they conjugated?

Actividad 1 ¡A emparejar! Escoge la oración más apropiada de la segunda columna para cada oración de la primera columna. En la primera columna, el sujeto de cada oración es el (la) dueño(a) *(owner)* de cada artículo.

1. _____ Tengo las botas.
2. _____ Juan José tiene las camisas.
3. _____ Mis padres tienen la tarjeta de crédito.
4. _____ Isabel tiene el anillo.
5. _____ Los abuelos tienen los calcetines.
6. _____ Tienes el suéter.
7. _____ Alicia y yo tenemos los cinturones.
8. _____ Tienes la bolsa.
9. _____ Raúl y yo tenemos el paraguas.
10. _____ Tengo los vaqueros.

a. Son suyos.
b. Es tuya.
c. Son mías.
d. Son míos.
e. Son nuestros.
f. Es suya.
g. Es nuestro.
h. Son suyas.
i. Es suyo.
j. Es tuyo.

Actividad 2 Una fiesta Escoge la respuesta correcta para cada frase.

_____ 1. Manolo y yo _____ una fiesta.
     a. dijimos   c. dimos
     b. dijeron   d. dieron

_____ 2. Remi no _____ asistir.
     a. puso   c. pude
     b. puse   d. pudo

_____ 3. Julieta _____ a dos fiestas esa noche.
     a. fui   c. hice
     b. fue   d. hizo

_____ 4. Todos _____ comida riquísima.
     a. trajo   c. estuvo
     b. trajeron   d. estuvieron

_____ 5. _____ una noche memorable para todos.
     a. Fue   c. Tuvo
     b. Fuimos   d. Tuvimos

Actividad 3 Un día de compras
Escribe la forma correcta de cada verbo en el pretérito para narrar la historia de unas compras en Buenos Aires.

El sábado pasado mi amiga Eva _____ (1. venir) a mi casa a las diez de la mañana y nosotras _____ (2. ir) de compras. Yo _____ (3. querer) ir a la calle Florida para comprar unos regalos. Eva _____ (4. tener) que pasar por el banco primero porque no _____ (5. llevar) su tarjeta de crédito. Al llegar a la calle Florida nosotras _____ (6. ver) a muchas personas e inmediatamente _____ (7. saber) que ese día había una venta especial de sólo dos horas. Yo _____ (8. poder) comprar tres regalos a precios excelentes y me _____ (9. poner) contenta. Después de varias horas de compras, yo le _____ (10. decir) adiós a Eva y _____ (11. volver) a casa.

Actividad 4 Preguntas
Contesta cada pregunta, cambiando los objetos directos a pronombres. Incluye el verbo y el pronombre en la respuesta.

1. —¿Tienes el reloj?
   —Sí, yo _____.

2. —¿Tiene Sara las sandalias?
   —Sí, ella _____.

3. —¿Estás comprando las gafas de sol?
   —Sí, yo _____.

4. —¿Quiere los guantes tu papá?
   —No, él _____.

5. —¿Lleva las sandalias la abuela?
   —No, ella _____.

6. —¿Paquito va a usar el impermeable?
   —No, él _____.

Actividad 5 Cuando era dependiente
Combina cada frase de la primera columna con el verbo apropiado de la segunda columna.

1. Yo _____ en una tienda.
2. Nosotros _____ ropa para niños.
3. La ropa de la tienda _____ mucho.
4. Todos los dependientes _____ muy simpáticos.
5. Nosotros _____ con muchos clientes todos los días.
6. Unos clientes _____ con tarjeta de crédito, otros en efectivo.
7. Un cliente _____ pagar en efectivo.
8. Tú _____ a esa tienda mucho, ¿no?

a. prefería
b. ibas
c. trabajaba
d. hablábamos
e. vendíamos
f. costaba
g. eran
h. pagaban

Actividad 6 La vida en Mendoza, Argentina
Completa el párrafo en el imperfecto para saber de la vida de un joven en Mendoza. Escoge el verbo apropiado y escribe la forma correcta.

divertirse	tener
esquiar	trabajar
estar	venir
ir	ver
ser	vivir

Cuando yo 1. _____ joven, mi familia y yo 2. _____ en Mendoza, en el oeste de Argentina. Nosotros 3. _____ una estancia pequeña, pero mi padre 4. _____ en un banco también. Yo 5. _____ a mis abuelos mucho porque ellos 6. _____ a Mendoza a visitarnos con frecuencia y yo siempre 7. _____ a su casa durante las vacaciones de la escuela. Mis amigos y yo 8. _____ en las montañas y siempre 9. _____. Todos nosotros 10. _____ contentos.

Refrán

_____ (Shoemaker) remendón,
ya en el oficio lleva el don.

VOCABULARIO ESENCIAL

  AUDIO CD
CD 2, TRACK 17   PERSONAL TUTOR

La ropa — Clothing

el abrigo	overcoat
la blusa	blouse
los calcetines	socks
la camisa	shirt
la camiseta	T-shirt
el chaleco	vest
la chaqueta	jacket
la corbata	necktie
la falda	skirt
el impermeable	raincoat
las medias	stockings
los pantalones	pants
los pantalones cortos	shorts
el suéter	sweater
el traje	suit
los vaqueros	jeans
el vestido	dress

Los zapatos — Shoes

las botas	boots
las sandalias	sandals
los zapatos	shoes
los zapatos de tenis	tennis shoes
los zapatos de taco/ tacón (alto)	(high) heels

Los accesorios — Accessories

el anillo	ring
los aretes	earrings
la bolsa	purse, bag
la bufanda	scarf
la cartera	wallet, purse
el cinturón	belt
el collar	necklace
las gafas de sol	sunglasses
la gorra (de béisbol)	(baseball) cap
los guantes	gloves
el paraguas	umbrella
la pulsera	bracelet
el reloj	watch
el sombrero	hat
el traje de baño	swimsuit

Estilos y telas — Styles and fabrics

a/de cuadros	plaid
a/de lunares	polka-dotted
a/de rayas	stripped
el algodón	cotton
el cuero	leather
la lana	wool
la seda	silk

Las compras — Shopping, purchases

Sustantivos

el cheque	check
el (la) dependiente(a)	salesclerk
el descuento	discount
el efectivo	cash
la liquidación	sale (Lat. Am.), reduction (in price)
el número	shoe size
la oferta	sale (Lat. Am.)
el precio	price
el ... por ciento	... percent
la rebaja	sale (Spain), reduction (in price)
la talla	size (clothing)
la tarjeta de crédito	credit card

Adjetivos

barato(a)	inexpensive, cheap
caro(a)	expensive

Verbos

cambiar	to change, exchange
costar (ue)	to cost
gastar	to spend (money)
hacer juego con	to match
ir (bien) con	to go (well) with
llevar	to wear; to carry
mostrar (ue)	to show
ponerse	to put on
probarse (ue)	to try on
quedarle (a uno)	to fit (someone)
rebajar	to reduce (in price)
usar	to wear; use

Expresiones idiomáticas

¿Cómo me queda?	How does it look/fit me?
¿Cuánto le debo?	How much do I owe you?
¿En qué puedo servirle?	How can I help you?
¡Es una ganga!	It's a bargain!
¡Está de (última) moda!	It's in style! (It's the latest style!)
¡Me quedan muy pequeños!	They're too small!

Adjetivos y pronombres posesivos enfáticos

mío(a)(s)	my, (of) mine
tuyo(a)(s)	your [sing. informal], (of) yours
suyo(a)(s)	your [sing. formal], (of) yours; his, (of) his; her, (of) hers; its, (of) its
nuestro(a)(s)	our, (of) ours
vuestro(a)(s)	your [plural informal], (of) yours
suyo(a)(s)	your [plural], (of) yours; their, (of) theirs

Pronombres de complemento directo

me	me
te	you [sing. informal]
lo	you [sing. formal, masc.]; him: it [masc.]
la	you [sing. formal, fem.]; her: it [fem.]
nos	us
os	you [plural informal: Spain]
los	you [plural, masc.]; them [masc.]
las	you [plural, fem.]; them [fem.]

Fiestas y vacaciones

Guatemala y El Salvador

©Bloomberg via Getty Images

Plaza Mayor de la Constitución, Ciudad de Guatemala, Guatemala

Chapter Objectives

Communicative Goals

In this chapter, you will learn how to . . .

- Communicate about holidays, special events, and vacations
- Inquire and provide information about people and events
- Express affirmative and negative ideas
- Communicate about past events and activities

Structures

- Interrogative words
- The preterite vs. the imperfect
- Affirmative and negative expressions
- **Hace** + *period of time* + **que**

▲ ¿Cuál es el lugar más interesante que conoces? Descríbelo.

▲ ¿Qué lugares visitas y por qué te gusta visitarlos? ¿Visitas lugares históricos, parques nacionales, playas, montañas, etc.?

▲ ¿Te gusta estudiar o visitar las civilizaciones antiguas o modernas? ¿Por qué?

🌐 Visit it live on **Google Earth!**

249

Celebración del Día de Santo Tomás en Chichicastenango, Guatemala

In this section, you will learn how to talk about parties and celebrations while learning about the festivities surrounding a Mayan holiday in a small, mountain town. How do you celebrate special occasions?

Sustantivos

la celebración *celebration*

el cumpleaños *birthday*

el día feriado *official holiday*

la fiesta (sorpresa) *(surprise) party*

Verbos

celebrar *to celebrate*

cumplir años *to have a birthday*

dar (hacer) una fiesta *to give a party*

disfrazarse *to wear a costume*

olvidar *to forget*

pasarlo bien (mal) *to have a good (bad) time*

ponerse + *adjective* *to become, (to get) + adjective*

portarse bien (mal) *to behave well (poorly)*

reaccionar *to react*

recordar (ue) *to remember*

reunirse con *to get together with*

Expresiones idiomáticas

¡Felicitaciones! *Congratulations!*

Me pongo contento(a)/triste
I become happy/sad

los cohetes

los invitados

hacer un brindis

la anfitriona

el anfitrión

los regalos

llorar

los entremeses

las velas

el pastel

Cultura

The people of Santo Tomás de Chichicastenango combine ancient Mayan beliefs with a Christian ideology in their celebration of the December solstice. In this small Guatemalan village, the inhabitants celebrate the day of their patron saint and the Sun god who is honored so that that he continues to bless the town with light and warmth.

el disfraz

la procesión

el traje típico

gritar

la máscara

asustarse

Algunas fiestas

el Año Nuevo *New Year*

el Día del Padre *Father's Day*

el Día de la Independencia *Independence Day*

el Día de las Madres *Mother's Day*

el Jánuca *Hanukkah*

la Navidad *Christmas*

el Ramadán *Ramadan*

la Semana Santa *Holy Week* *Spain*

Palabras útiles

el Día de la Raza *Columbus Day*

el Día de los Muertos *Day of the Dead*

el Día de los Reyes Magos *Epiphany, Three Kings Day*

el Día de Todos los Santos *All Saints' Day (November 2)*

el Día del Santo *Saint's Day (the saint after whom one is named)*

la Nochebuena *Christmas Eve*

la Nochevieja *New Year's Eve*

la Pascua *Easter, Passover*

Palabras útiles are presented to help you enrich your personal vocabulary. The words here will help you talk about holidays.

cinco de Mayo

el día de la bruja
31 octubre

el día de la acción de Gracias
(Thanksgiving)

Heinle/Cengage Learning

¡A practicar!

8-1 Definiciones Escoge la definición apropiada para cada palabra.

1. _____ La persona que da una fiesta.
2. _____ Algo que cubre *(covers)* la cara.
3. _____ Cuando muchas personas no trabajan.
4. _____ Día celebrado con regalos y un pastel con velas.
5. _____ Comidas populares para fiestas.

a. el día feriado
b. el (la) anfitrión(a)
c. los entremeses
d. el cumpleaños
e. la máscara

8-2 Un cumpleaños Escoge la palabra adecuada/lógica para completar las siguientes oraciones.

1. Ayer fue el (disfraz / cumpleaños) de Tomás.
2. Hubo una (fiesta sorpresa / anfitriona) con todos sus amigos y parientes.
3. Vinieron muchos (brindis / invitados) a la fiesta.
4. Sus parientes le dieron (regalos / velas).
5. Su esposa le preparó un (día feriado / pastel de cumpleaños) muy grande con muchas (velas / celebraciones).
6. Su esposa Marta fue (la anfitriona / la procesión) de la fiesta.
7. La hermana de Tomás, Claudia, les ofreció (cohetes / entremeses) a los invitados que tenían hambre.
8. Los niños pequeños (se portaron / recordaron) bien durante la fiesta.
9. Todos los invitados (lo pasaron bien / lo pasaron mal) en esa (máscara / celebración).

Nota lingüística

Note that the word **desfile** is most used for a political or social parade, while the word **procesión** is used for a religious parade or celebration.

8-3 ¡Una fiesta sorpresa para Tomás! Este año Tomás cumplió treinta años. Describe los preparativos *(preparations)* que hizo su esposa para la fiesta sorpresa. No olvides usar los verbos en el pretérito donde sea necesario *(where it may be necessary)*.

asustarse	dar una fiesta	gritar	reaccionar
celebrar	disfrazarse	hacer un brindis	recordar
cumplir años	divertirse	llorar	reunirse

*Este año mi esposa 1. _____ para mi cumpleaños. Todos mis amigos
2. _____ afuera de mi casa y me 3. _____, «¡Feliz cumpleaños!».
Después, encendieron unos cohetes, una tradición de Guatemala. Una niña
4. _____ por el ruido y 5. _____. Más tarde, mi mejor amigo,
Rodrigo, 6. _____ y luego nos contó la «Leyenda de la niña flor». Mi esposa
7. _____ de una manera muy sentimental: ella 8. _____ su fiesta
de quince años. A las 12:00 de la noche, mi amigo Rodrigo y su esposa Claudia
9. _____ de un matrimonio muy viejo para hacernos imaginar nuestra vida
del futuro. Después, mi esposa sirvió un pastel con velas. Mis amigos me obligaron a
comer un poquito antes de servirlo. Normalmente, no me gusta mucho
10. _____, pero este año nosotros lo 11. _____ con mucho
entusiasmo y todos 12. _____ muchísimo.*

Cultura

The **fiesta de quince años**— a girl's 15th birthday— marks a girl's passage into womanhood. Though this tradition is more commonly associated with Mexico, it is also an important ritual in Guatemala and other Latin American countries.

Workbook *8-1 – 8-4*
Lab Manual *8-1 – 8-3*

¡A conversar!

8-4 **Mi día feriado favorito** Habla con un(a) compañero(a) de clase sobre su día feriado favorito. Luego, compartan esta información con la clase. ¿Cuál es el día feriado favorito de la clase?

1. ¿Cuál es tu día feriado favorito? ¿Por qué?
2. ¿Cómo celebras esta ocasión especial? ¿Das una fiesta en tu casa? ¿Vas a un restaurante por la noche?
3. ¿Preparas una comida o bebida especial?
4. ¿Te pones muy contento(a) porque es un día especial?
5. ¿Qué hiciste el año pasado para celebrar ese día? ¿Recibiste regalos ese día? ¿Diste regalos?

8-5 **¿Cómo te pones?** Dile a un(a) compañero(a) de clase cómo reaccionas en las siguientes situaciones. Usa estos adjetivos u otros en la forma apropiada: asustado, contento, feliz, nervioso, preocupado, triste.

Modelo Estás en una fiesta y tu novio(a) está bailando con otra persona.
Me pongo furioso(a) con él (ella).

1. Das una fiesta y los invitados se comen toda la comida en media hora.
2. Es tu cumpleaños y tus amigos te hacen una fiesta sorpresa.
3. Estás en una fiesta y los invitados no se ríen, no sonríen y hablan muy poco.
4. Estás en una fiesta y pierdes un anillo muy caro.
5. No recuerdas que hoy es el cumpleaños de tu mejor amigo(a).
6. Estás en una fiesta hablando y conversando y alguien apaga *(turns off)* las luces.

8-6 **¡Vamos a hacer una fiesta!** Trabajen en grupos de tres o cuatro personas para planear una fiesta. Consideren los siguientes aspectos:

- El motivo *(reason)* de la fiesta
- Cuándo y dónde va a ser
- A quiénes van a invitar
- Quién(es) tiene(n) la responsabilidad de cada cosa y qué tiene(n) que hacer:
  - las invitaciones
  - las decoraciones
  - la comida
  - las bebidas
  - la música

Después de hacer los planes, compartan la información con la clase.

EN CONTEXTO

Tomás y Marta viven en Chichicastenango. Pilar, la madre de Tomás, decidió visitar a su hijo y a su esposa sin avisar. Ella vino para verlos a ellos y para asistir al festival de la Cofradía de Santo Tomás, que tiene lugar en diciembre en Chichicastenango.

🔊 **AUDIO CD**
CD 3, TRACK 2

Escucha el diálogo e indica si las siguientes oraciones son **ciertas** o **falsas**. Si la oración es falsa, ¡corrígela!

1. Hacía mal tiempo el día en que llegó Pilar.
2. Pilar causó el accidente entre el taxi y el autobús.
3. Pilar llegó rápidamente a la casa de su hijo.
4. Ella llegó en verano.
5. La madre de Tomás no tenía miedo de nada.
6. Tomás se puso triste cuando su mamá lo llamó.

Ayer fue domingo, 20 de diciembre. **Eran** las 11:40 de la mañana; la temperatura en Chichicastenango **estaba** a 14 grados centígrados y **llovía**. Marta **estaba duchándose** y Tomás **se estaba vistiendo** porque muy pronto **iban a ir** a la iglesia. De repente, **sonó el teléfono** y Tomás **fue a contestarlo.**

Comentario cultural Chichicastenango is a small town with a long history as a major center of commerce. With red tile roofs and cobblestone streets, it offers a colorful spectacle for tourists, especially on market days, which occur twice weekly. The **K'iche' Maya** of the surrounding region, as well as other indigenous groups from all over Guatemala, such as **Mam, Ixil,** and **Kaqchikel,** bring the marketplace to life by selling their wares and shopping.

Tomás: ¿Bueno?

Pilar: ¡Hola, hijo! Habla tu mamá.

Tomás: Mamá, ¿cómo estás?

Pilar: Bien, bien. Acabo de llegar de Quezaltenango. Estoy aquí en la parada de autobuses.

Tomás: ¡Mamá! ¿Estás aquí en Chichicastenango?

Pilar: Sí, hijo. **Decidí** venir a última hora. **Hace seis meses que no los veo** y, además, me encanta la Cofradía de Santo Tomás.

Comentario cultural Quezaltenango is the second-largest city of Guatemala and is located west of Guatemala City in the mountainous region of the country. It serves as an excellent base for tourists wishing to travel to nearby villages, which are noted for their handicrafts and hot springs.

Heinle/Cengage Learning

Expresiones **en contexto**

a última hora *at the last minute*	**pararon** *stopped*
casi *almost*	**¡Qué susto me dio el taxista!** *What a scare the cab driver gave me!*
chocó con *crashed into*	
Cofradía *Brotherhood*	**se subió** *she got in (a vehicle)*
de repente *suddenly*	**sin avisar** *without prior notice*
hace tres meses que... *it has been three months since . . .*	**te lo pago** *I'll pay for it (the cab) for you*
insisto en que vengas en taxi *I insist that you come in a cab*	**tengo mucho equipaje** *I have a lot of luggage*
	voy a recogerte *I am going to pick you up*

Tomás: ¡Qué bueno, mamá! Voy a recogerte...

Pilar: No, mi hijo. Puedo ir a tu casa en taxi o en autobús porque vives muy lejos y tengo mucho equipaje.

Tomás: Bueno, pero insisto en que vengas en taxi. Yo te lo pago. Entonces te esperamos aquí en casa, ¿eh?

Pilar: Sí, sí. Nos vemos pronto. Hasta luego, hijo.

Tomás: Hasta luego, mamá.

Comentario cultural A popular means of travel in Guatemala are the so-called "chicken buses." These retired U.S. school buses are privately owned and offer inexpensive transportation to many of the smaller towns and villages. The colorfully decorated buses are modified for use in Guatemala with powerful engines, special transmissions, air brakes, longer seats, and a roof rack.

Pilar **encontró** un taxi en la plaza central y **se subió.** Luego ella le **dio** al taxista la dirección de la casa de Marta y Tomás. **Mientras** Pilar y el taxista **iban** a la casa, **conversaban** sobre el mal tiempo, pero el taxista **estaba** tan cansado que casi **se durmió** dos veces.

De repente, ¡pum! El taxi **chocó** con un autobús de turistas que **venían** de ver una procesión de la Cofradía de Santo Tomás en otra calle y los dos vehículos **pararon** inmediatamente. El taxista **estaba** tan cansado que **no vio** el autobús. Afortunadamente, **nadie se lastimó,** pero Pilar **se puso** nerviosa.

Comentario cultural The most important festival of Chichicastenango is the **Fiesta de Santo Tomás,** which honors the patron saint of the town. On December 21, the saint's image is carried in procession through the streets by the **Cofradía de Santo Tomás** (Brotherhood of Saint Thomas).

Heinle/Cengage Learning

Dos horas más tarde, el taxi **llegó** finalmente a la casa de Marta y Tomás, quienes **esperaban** a Pilar en la puerta. Ella **salió** del taxi y todos **se saludaron** con abrazos y besos. Pilar **estaba** muy asustada y nerviosa, pero cuando **vio** a Marta y a Tomás **se puso** muy contenta.

Pilar: ¡Qué susto me **dio** el taxista!

Comentario cultural The specialty of Chichicastenango's market are the Chichicastenango **huipiles**—traditional, square-shaped shirts made from brightly colored fabric. Also of note are the sashes and the masks that often depict animals and are typically used in the festivals.

 Recuerdos de una visita inesperada Trabaja con un(a) compañero(a) de clase. Túrnense para narrar una visita sorpresa, usando verbos en el pretérito y en el imperfecto. Usen expresiones de **En contexto** como modelo para su diálogo.

¡ASÍ SE DICE!

Interrogative words

Throughout *Plazas* you have been using interrogative words to ask for information about people and events. Below is a summary of interrogative words and examples of their uses.

1. To ask *where* someone is going, use **¿Adónde?** If you are asking about the location of something, a person, or a place, use **¿Dónde?** If you are asking where someone is from, use **¿De dónde?**

¿Adónde?	Where (to)?
¿Adónde vas?	Where are you going?
¿Dónde?	Where?
¿Dónde está el centro del pueblo?	Where is the center of town?
¿De dónde?	From where?
¿De dónde eres tú?	Where are you from?

2. To ask *what* a person or thing is like, or *how* something is done, use **¿Cómo?**

¿Cómo es Miguel?	What is Miguel like?
¿Cómo lo hiciste?	How did you do it?

3. To ask *when* something is taking place, use **¿Cuándo?** To ask specifically *at what time* an event takes place, use **¿A qué hora?**

¿Cuándo es la fiesta?	When is the party?
¿A qué hora es la fiesta?	What time is the party?

4. To ask *How much?* or *How many?*, use a form of **¿Cuánto?** When a form of **¿Cuánto?** precedes a noun, it must agree in number and in gender.

Tengo 20 años

¿Cuántos entremeses sirvieron?	How many hors d'oeuvres did they serve?
¿Cuántas personas vienen a la fiesta?	How many people are coming to the party?

5. To ask *who* does something, use **¿Quién?** if you are asking about one person, or **¿Quiénes?** if you are asking about more than one person. To ask *Whose?* use **¿De quién?**, or **¿De quiénes?** if you are asking about more than one person.

¿Quién es ella?	Who is she?
¿De quién es la fiesta?	Whose party is it?

6. To ask *Why?*, use **¿Por qué?** To ask *What for?*, use **¿Para qué?**

¿Por qué quieres ir a las montañas?	Why do you want to go to the mountains?
¿Para qué tienes los cohetes?	What do you have the rockets/fireworks for?

7. To ask *What?* or *Which?*, use **¿Qué?** or **¿Cuál?**

¿Qué quieres comer?	What do you want to eat?
¿Cuál es tu plato favorito?	What is your favorite dish?

As you can see, the choice of whether to use **¿Qué?** or **¿Cuál?** depends on the syntax of the question. Use **¿Qué?** before a verb to ask for a definition or explanation.

¿Qué quieres?	What do you want?
¿Qué es el *Popol Vuh*?	What is the Popol Vuh?

Note that **¿Cuál(es)?** is used much more frequently than the English *Which?* and can mean both *What?* and *Which?* **¿Cuál(es)?** cannot be used when the next word in the question is a noun. In such cases, **¿Qué?** must be used.

¿Qué libro quieres?	Which book do you want?
¿Cuál de los dos libros quieres?	Which of the two books would you like?
¿Cuál es la fecha?	What is the date?

Cultura

The *Popol Vuh* is the holy book of the **K'iche'**, a kingdom in the post-classic Maya civilization of Guatemala. The scripture tells of the creation of humans from corn.

¡A practicar!

8-7 **Un anuncio** Estás en Guatemala con un amigo que tiene ganas de participar en las actividades de Semana Santa. Escuchas este anuncio sobre la procesión y la gran fiesta. Después de escuchar el anuncio, escribe la información que tu amigo quiere saber.

AUDIO CD
CD 3, TRACK 3

¿Dónde? _____

¿Qué día? _____

¿A qué hora? _____

¿Cuánto cuesta? _____

_____

¿Qué comidas/bebidas? _____

_____

¿Quiénes participan? _____

_____

8-8 **Preguntas de un turista** Dos turistas están hablando sobre lugares en o cerca del centro histórico de la Ciudad de Guatemala. Un turista le hace muchas preguntas al otro. Indica la palabra interrogativa correcta para completar cada pregunta.

1. —¿De dónde / ¿Dónde está el mejor hotel de la Ciudad de Guatemala?

   —Está en el centro histórico y es el Hotel Pan American.

2. —¿Cómo / ¿Cuándo son los cuartos en ese hotel?
   —Son grandes. También hay unas suites.

3. —¿Cuánto / ¿Cuántas cuesta el alojamiento (lodging) en el hotel?

   —Un cuarto cuesta alrededor (around) de 100 dólares por noche.

4. —¿Qué / ¿Quiénes van con nosotros a la discoteca esta noche?

   —Mis nuevos amigos que conocí en el Parque Central van con nosotros.

5. —¿Dónde / ¿Quién es tu amiga que sabe tanto sobre marimba?

   —Mi amiga Luisa es experta en marimba.

6. —¿Cuál / ¿Qué es tu monumento favorito en la Ciudad de Guatemala?

   —El monumento que más me gusta es la Catedral Metropolitana.

¡A conversar!

8-9 **¿Qué o cuál(es)?** Escoge la palabra correcta y luego hazle la pregunta a un(a) compañero(a) de clase.

1. ¿ _____ es el amor?

2. ¿ _____ es tu grupo de música favorito?

3. ¿ _____ clase tienes después de esta clase?

4. ¿ _____ son los videos más recientes que viste en las últimas tres semanas?

5. ¿ _____ es Internet?

6. ¿ _____ es tu número de teléfono?

7. ¿ _____ es la capital de El Salvador?

8. ¿ _____ ciudad es la capital de Guatemala?

8-10 **Quieres información** Con un(a) compañero(a), túrnense para hacerse preguntas sobre los siguientes temas. El (La) compañero(a) debe contestar apropiadamente.

- cantidad de regalos
- precio de un CD
- hora de un programa de TV
- lugares para ir a comer
- preferencias y gustos
- cumpleaños

Modelo: E1: *¿Cuándo es el cumpleaños de Sandra?*
E2: *Es el sábado.*

8-11 **¿Cuándo es la fiesta?** Habla con un(a) compañero(a) de clase. Una persona va a inventar detalles sobre una fiesta y la otra persona va a hacerle todas las preguntas posibles sobre esa fiesta.

> **Cultura**
> The **marimba** is the national instrument of Guatemala and has African and indigenous origins. It resembles a large xylophone with pipes of varying lengths under the keys.

Workbook *8-5*
Lab Manual *8-4 – 8-6*

The preterite vs. the imperfect

The choice of using the preterite tense or imperfect tense is not arbitrary. The choice depends on how a speaker or writer views the past actions, conditions, and events that he/she describes.

The following parameters may be used to distinguish between the use of the preterite and imperfect tenses:

Preterite	Imperfect
• single, completed action (what someone did or didn't do) Marta **dio** una fiesta sorpresa para su marido. *Marta gave a surprise party for her husband.*	• habitual action or event (expresses the idea in English of something you *used to do* or *would always do* in the past) Tomás y Marta siempre **celebraban** los cumpleaños. *Tomás and Marta always celebrated (used to celebrate) birthdays.*
• highlighted, main action Tomás **llegó** a casa y **entró**. *Tomás arrived home and went in.*	• background action or description that sets the stage for main action (including time, location, age, weather, and physical and emotional states) La noche de la fiesta **hacía** buen tiempo y Marta **estaba** muy contenta. *The night of the party the weather was nice and Marta was very happy.*
• beginning or conclusion of an event A las 11:00 de la noche **empezó** a llover. *At 11:00 at night, it began to rain.*	• middle of an event or emphasis on indefinite continuation of event En la fiesta, algunos de los invitados **hablaban** mientras otros **comían**. *At the party, some of the guests were talking while others were eating.*
• action that interrupts another action Cuando Tomás **entró** en la sala... *When Tomás entered the room . . .*	• ongoing event or action in the past or event that is interrupted ...los invitados **cantaban**. . . . *the guests were singing.* • past actions, conditions, and events that were anticipated or planned **Quería** tomar un café, pero no **tenía** dinero. *I wanted to have a coffee, but I didn't have money.*
• with verbs associated with time expressions, such as *ayer, anteayer, anoche, una vez, dos veces, el mes pasado, and de repente* (suddenly). El mes pasado, **fuimos** a Guatemala. *Last month we went to Guatemala.*	• with verbs associated with time expressions such as *todos los días, cada semana, siempre, frecuentemente, de niño(a),* and *de joven.* Todos los veranos mi esposa y yo **íbamos** de vacaciones a un país extranjero. *Every summer my wife and I would go on vacation to a foreign country.*

(handwritten annotations: "Interrupting", "Interrupted", "empezar a" / "terminar de" + inf.)

To describe two simultaneous actions that were occurring in the past, Spanish speakers often use **mientras** (*while*) to join the two clauses in the imperfect tense.

> Antonio y Mariana **hablaban mientras miraban** los fuegos artificiales.
> *Antonio and Mariana **talked while they watched** the fireworks.*

To describe an ongoing action in the imperfect that is interrupted by an event in the preterite, Spanish speakers often use the word **cuando** to introduce the preterite action.

> Claribel **servía** los entremeses **cuando** su mejor amigo **llegó** a la fiesta.
> *Claribel **was serving** the hors d'oeuvres **when** her best friend **arrived** at the party.*

When the verb **ir a** + infinitive is used in the imperfect, it translates as *was/were going to do something*. The implication is usually that something happened that prevented the intended action from taking place.

> Yo **iba** a mirar la procesión, pero un amigo me **llamó** pidiéndome ayuda.
> *I **was going** to watch the parade, but a friend **called** asking me for help.*

Verbs that refer to states or conditions

Verbs that normally refer to states or conditions (**saber, querer, tener, poder**) take on a special meaning in the preterite. When used in the preterite, they focus on completion of an action. In the imperfect, they emphasize the ongoing nature of an action or cognitive process.

Preterite		Imperfect	
supe	*I found out*	**sabía**	*I knew*
quise	*I wanted to* (and did)	**quería**	*I wanted to* (outcome undetermined)
pude	*I was able to* (and did)	**podía**	*I was able to* (outcome undetermined)
tuve que	*I had to* (and did)	**tenía que**	*I had to* (outcome undetermined)
tuve	*I got, received*	**tenía**	*I had* (in my possession)

The preterite and imperfect together

Spanish speakers often use the preterite and imperfect together to describe past experiences within the framework of the time they occurred. The following paragraph exemplifies many of the uses of the two tenses in the context of a single paragraph.

El segundo día de las vacaciones en El Salvador, **eran** las 2:15 de la tarde y Antonio e Isabela **tenían** mucha hambre. Por eso, **fueron** al restaurante Torremolinos. Isabela le **preguntó** a su marido si ellos **podían** sentarse en la terraza como lo **hacían** siempre que **almorzaban** allí. Antonio le **dijo** al camarero que su esposa **quería** sentarse en la terraza porque a ella le **gustaba** el papagayo que **tenían** allí. Antonio e Isabela **hablaban** sobre los acontecimientos de aquel día cuando **vino** el camarero con los entremeses.	On the second day of the trip to El Salvador, ***it was*** 2:15 in the afternoon, and Antonio and Isabela ***were*** very hungry. So, they ***went*** to the restaurant Torremolinos. Isabela ***asked*** her husband if they ***could sit*** on the terrace as they always ***used to*** when they ate lunch there. Antonio ***told*** the waiter that his wife ***wanted*** to sit on the terrace because she ***liked*** the parrot they ***had*** out there. Antonio and Isabela ***were talking*** about the events of that day when the waiter ***came*** with the appetizers.

¿Recuerdas?

Heinle/Cengage Learning

Pilar **encontró** un taxi en la plaza central y **se subió.** Luego ella le **dio** al taxista la dirección de la casa de Marta y Tomás.

Mientras Pilar y el taxista **iban** a la casa, **conversaban** sobre el mal tiempo, pero el taxista **estaba** tan cansado que casi **se durmió** dos veces.

¡A practicar!

8-12 **La fiesta de mamá** Decide si las partes subrayadas de las oraciones en inglés requieren *(require)* el pretérito o el imperfecto para describir las fiestas de cumpleaños en casa. Explica por qué es necesario usar cada forma que selecciones. Usa la frases subrayadas *(underlined)* para ayudarte.

imperfect 1. Our family <u>used to celebrate</u> our birthdays together, and my mother <u>would always</u> make a cake.
  imperfect   *pret.*
2. When I <u>was ten</u>, my Aunt Jeanie <u>hosted</u> a big party for my mother.

3. It <u>was</u> a nice day, and we <u>were</u> all very excited.
      imp.   *pret.*
4. We <u>were all having</u> a good time when my aunt <u>brought</u> in a large birthday cake.

5. My mom <u>began to cry</u>.
   pret.
6. It <u>was</u> a wonderful party.

8-13 **La primera cita de Antonio e Isabela** Lee el siguiente párrafo una vez y luego selecciona el pretérito o el imperfecto, según el contexto.

Isabela 1. estaba / estuvo leyendo un libro en su apartamento cuando Antonio la 2. llamaba / llamó por teléfono. Antonio le 3. preguntaba / preguntó si 4. quería / quiso ir al parque cerca de la Plaza San Salvador con él. Isabela le 5. decía / dijo que sí, aunque 6. tenía / tuvo mucho que leer para la semana próxima.

Ahora contesta las siguientes preguntas sobre la primera cita de Antonio e Isabela.

1. ¿Qué hacía Isabela cuando Antonio la llamó?

2. ¿Qué le preguntó Antonio?

3. ¿Qué tenía que hacer Isabela para la semana próxima?

8-14 **Preparativos para una fiesta de cumpleaños** Decide qué tiempo verbal, pretérito o imperfecto, es necesario para completar las siguientes oraciones. Después, pon el verbo en la forma correcta. Recuerda que los verbos **tener, saber, querer** y **poder** tienen significados diferentes en el pretérito y el imperfecto.

Modelo Ayer, cuando Tomás llegó a casa, él ___supo___ (saber) que había una fiesta sorpresa para su cumpleaños.

1. Ayer, antes de la fiesta, yo _____ (tener) que limpiar la casa. Lo hice. Yo _____ (saber) que _____ (ir) a tener muchos invitados.

2. Ayer por la tarde nosotros _____ (saber) que los primos de Tomás _____ (querer) venir a la fiesta.

3. El año pasado, nosotros _____ (tener) que hacer planes con más tiempo porque _____ (querer) tener mucha gente para la celebración.

4. Cuando era niño, siempre _____ (tener) que limpiar mi habitación. Ahora vivo solo, por eso ayer _____ (tener) que limpiar la cocina antes de la fiesta.

5. Mi hermana no _____ (saber) que Andrea tiene un hermano. En la fiesta, mi hermana _____ (saber) que se llama Valentín.

Workbook *8-6 – 8-8*
Lab Manual *8-7 – 8-9*

¡A conversar!

8-15 Ocasiones memorables Hazle las siguientes preguntas a un(a) compañero(a) de clase y luego comparen sus respuestas. ¿Tienen mucho en común?

1. ¿Cuándo fue la primera vez que le enviaste una tarjeta *(sent a card)* a una persona para el Día de San Valentín? ¿Cómo reaccionó la persona? ¿Cómo te sentiste en aquel momento? ¿Recibiste alguna vez flores *(flowers)* de otra persona?

2. Cuando eras joven, ¿qué hacías para celebrar el Día de Acción de Gracias *(Thanksgiving)*? ¿Comías mucho pavo?

3. ¿Cuál fue el cumpleaños más memorable para ti? ¿Con quién lo celebraste? ¿Recibiste algunos regalos especiales? ¿Lo pasaste muy bien?

4. El año pasado, ¿qué hiciste para celebrar el Año Nuevo? ¿Qué hacías cuando el reloj dio las 12:00?

8-16 Entrevista: La niñez y la juventud Hazle a otro(a) compañero(a) las siguientes preguntas sobre experiencias y relaciones de la juventud.

1. **Su niñez:** ¿De dónde eres originalmente? ¿Por cuánto tiempo viviste allí? ¿Te gustaba vivir allí? ¿Qué cosas no te gustaban allí? ¿Vivías en una casa o en un apartamento? ¿Cómo era? ¿Tenías pocos o muchos amigos? ¿Cómo eran? ¿Cuántos años tenías cuando asististe a la escuela por primera vez? ¿Tenías miedo? ¿Cómo se llamaba la escuela? Durante tu niñez, ¿qué actividades hacías?

2. **Su adolescencia:** ¿Cuántos años tenías cuando comenzaste la escuela secundaria? ¿Cómo se llamaba la escuela y dónde estaba? ¿Dónde vivías? ¿Tenías novio(a) cuando eras adolescente? (¿Sí? Háblame de él/ella, por favor.) ¿Te llevabas bien con tus hermanos en esta época? Cuando eras adolescente, ¿qué hacías los fines de semana? ¿Adónde iban de vacaciones tú y tu familia? ¿Veías mucho a tus abuelos?

8-17 Las Fiestas Agostinas en El Salvador Trabaja con un(a) compañero(a) para contar *(tell)* qué pasó en las Fiestas Agostinas el año pasado. Incluye información sobre qué tiempo hacía, cómo se sentía la gente, qué tipo de ropa llevaban algunas personas y las actividades que varias personas hicieron.

Heinle/Cengage Learning

Guatemala y El Salvador

▶ Veamos los videos de Guatemala y El Salvador para luego comentarlos.

1. ¿Cómo son las ciudades de Antigua y Chichicastenango?
2. ¿Qué podemos comprar en los mercados guatemaltecos?
3. ¿Cómo es la ciudad de San Salvador, la capital de El Salvador?
4. ¿Por qué es importante visitar la Catedral Metropolitana?

✎ See also the *Workbook,* **Capítulo 8, 8-16–8-19** for additional activities.

Guatemala

Población: 13.550.440 de habitantes

Área: 108.890 km², un poco más pequeña que Tennessee

Capital: Ciudad de Guatemala (3.700.000 habs.)

Moneda: el quetzal

Lenguas: el español y más de veinte lenguas indígenas

El Salvador

Población: 6.052.064 de habitantes

Área: 21.040 km², casi el tamaño de Massachusetts

Capital: San Salvador (2.200.000 habs.)

Moneda: el colón y el dólar estadounidense

Lenguas: el español y el náhuatl

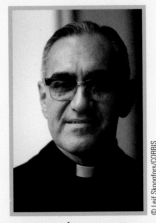

Arzobispo Óscar Arnulfo Romero (1917 – 1980)

Personas notables El Arzobispo (*Archbishop*) Óscar Arnulfo Romero luchó (*fought*) por los derechos humanos (*human rights*) de los campesinos (*farmers*) y de los pobres en El Salvador. El Arzobispo Romero fue asesinado el 24 de marzo de 1980 en San Salvador, en una capilla (*chapel*) mientras daba la misa. La muerte del Arzobispo Romero dio comienzo al conflicto social en El Salvador que duró (*lasted*) del año 1980 al 1992 y que se transformó en una guerra civil (*civil war*) entre los ciudadanos oprimidos (*oppressed*) por el gobierno y las fuerzas militares del gobierno.

Nombra una persona ilustre que luchó por los derechos humanos en el pasado. ¿Puedes nombrar a otras personas que luchan por estos derechos hoy en día?

© Arte Maya Tz'utuhil. www.artemaya.com

Día de ceremonias en Chichicastenango de Pedro Rafael González Chavajay

Artes plásticas Pedro Rafael González Chavajay (1956) es considerado uno de los artistas mayas más importantes de la actualidad. Pertenece al grupo étnico Tz'utuhil, que es uno de los veintiún grupos indígenas mayas que habitan Guatemala. Comenzó a pintar desde muy niño por influencia de su abuelo, que era pintor. González Chavajay representa en su obra *(work)* la vida diaria, las costumbres y las tradiciones de los pueblos mayas de Santiago Atitlán y San Pedro la Laguna.

¿Qué hacen las personas de la pintura? ¿Dónde están?

Lugares mágicos Tikal es la ciudad antigua más grande de la cultura maya. Está situada en el departamento de El Petén, en Guatemala. La civilización maya se desarrolló entre los años 200 y 850 d.C. y tenía una población de 100.000 a 200.000 habitantes. Después de Tikal no se construyeron monumentos tan importantes. Todavía los visitantes pueden observar seis grandes templos en forma de pirámides, el palacio real, pirámides y palacios más pequeños, residencias y piedras talladas *(carved)*. Tikal significa «lugar de las voces» o «lugar de las lenguas» en maya.

¿Te gusta estudiar las civilizaciones antiguas?

© iStockphoto.com/V0v

Ruinas de Tikal

🌐 Visit it live on **Google Earth!**

© iStockphoto.com/lubilub

La marimba

Ritmos y música En Guatemala, en El Salvador y en otros países centroamericanos, la marimba *(xylophone)* es el instrumento principal de la música folclórica. La música centroamericana es una mezcla *(mix)* de la música maya, española y africana.

🎵 En Guatemala, el cantante y autor (cantautor) más famoso hoy en día es Ricardo Arjona, quien combina temas románticos con temas sociales y políticos. En esta oportunidad, vamos a escuchar la canción «Mojado», en la que el cantautor describe los sentimientos y los problemas que los inmigrantes sufren al cruzar la frontera de los Estados Unidos. *Access the iTunes playlist on the* **Plazas** *website.*

¿Te gustan las canciones con temas políticos o románticos? ¿Qué piensas de esta canción?

🌐 **¡Busquen en Internet!**
1. Personas notables: Arzobispo Óscar Arnulfo Romero
2. Artes plásticas: Pedro Rafael González Chavajay
3. Lugares mágicos: Tikal, Guatemala
4. Ritmos y música: la marimba, Ricardo Arjona

De vacaciones...

In this section, you will learn vocabulary and expressions to talk about outdoor activities at the beach and in the countryside. What do you like to do on vacation?

el balneario

broncearse

el bloqueador solar

la playa

hacer esnórquel

la costa

la crema bronceadora

el océano / el mar

correr las olas

bucear

la tienda de campaña

hacer camping

escalar

el lago

pasear en canoa

remar

el río

hacer una parrillada

to grill

pasear en velero

Palabras útiles

las aletas	**la sombrilla (de**
fins	**playa / playera)**
la arena	*sun umbrella*
sand	**la tabla de surf**
el campo	*surf board*
countryside	**el tanque**
la caña de	*scuba tank*
pescar	**la toalla (de playa)**
fishing rod	*(beach) towel*
las palmas	
palm trees	**ahogarse**
el (la) salvavidas	*to drown*
life guard	**armar una tienda**
la sombra	**de campaña**
shade	*to pitch a tent*

Palabras útiles are presented to help you enrich your personal vocabulary. The words here will help you talk about activities at the beach and in the countryside.

Nota lingüística

Hacer esnórquel is also known as **el buceo de superficie** in some Spanish-speaking countries or **caretear (Colombia)**. In some countries, **hacer surf** is used instead of **correr (las) olas**.

VOCABULARIO 2

¡A practicar!

8-18 ¿Qué hace esta gente? Mira los siguientes dibujos y describe lo que estas personas hacen en la playa o en el campo. Usa el vocabulario que acabas de aprender.

1. Tomás

2. nosotros

3. José Carlos y Eva

4. tú

8-19 Unas vacaciones Completa el párrafo con la palabra apropiada.

| bloqueador | lago | parrillada |
| camping | montañas | pescar |

A la familia Gómez le gusta estar cerca del agua, pero no pueden ir a la playa. Deciden visitar un _____ en las _____. No necesitan hacer reservaciones en un hotel porque van a hacer _____. No quieren comer en un restaurante, van a hacer una _____. Van a _____ y, si tienen suerte, pueden cocinar y comer el pescado. Hace calor y sol y por eso necesitan el _____ solar.

8-20 Asociaciones y preferencias Para saber un poco más de la variada geografía de Guatemala y para apreciar los lugares más famosos, haz la siguiente actividad. Puedes consultar un mapa del país si quieres.

Paso 1 Escoge la palabra que no va con el resto del grupo y explica por qué.

1. el océano Pacífico, las montañas, el Río Dulce, el Lago de Izabal
2. hacer camping en Tikal, hacer una parrillada, caminar por las montañas, bucear en la costa del Caribe
3. el balneario, la playa del Puerto de San José, caminar por las montañas, la costa
4. pasear en canoa, broncearse, tomar el sol en la playa, la crema bronceadora

Paso 2 Selecciona, de entre cada grupo de palabras de arriba, la palabra o expresión que te interesa más y explica por qué.

Workbook 8-9 – 8-10
Lab Manual 8-10 – 8-12

¡A conversar!

8-21 Problemas y soluciones Conversa con un(a) compañero(a). El estudiante 1 es un(a) cliente(a) en el balneario Hotel Playa del Tesoro en El Salvador y el estudiante 2 es el (la) director(a) de actividades del balneario. El (La) director(a) debe ofrecer una solución lógica a los problemas del (de la) cliente(a). Luego, cambien de papel y hagan otra conversación.

Modelo E1: No me gusta nadar en el mar.
E2: *Usted puede nadar en nuestra piscina.*

1. Quiero ir a la playa, pero no tengo traje de baño.
2. Tengo hambre y quiero comer comida salvadoreña, como pupusas.
3. No sé bucear, pero quiero ver los peces y otras cosas en el mar.
4. Quiero aprender a bucear, pero no sé adónde ir.
5. Siempre tengo miedo de broncearme mucho cuando voy a la playa.
6. Me gusta pasear en canoa, pero no quiero ir solo(a).
7. Quiero jugar al voleibol en la playa, pero no tengo una pelota *(ball)* y no tengo amigos aquí.

> **Cultura**
> **Pupusa** is a typical food from El Salvador. **Pupusas** are thick corn tortillas stuffed with cheese, beans, and any type of meat, fish or vegetable. **Chicharrón** *(fried pork rind)* is particularly popular as a filling.

8-22 ¡A pasarlo bien! Trabaja con otro(a) compañero(a). Ustedes van a pasar un fin de semana en un balneario o en el campo. Primero, hagan una lista de las actividades que ustedes van a hacer en ese lugar el sábado y el domingo. Luego hagan una lista de todo lo que ustedes van a llevar. Usen el vocabulario de este capítulo y del **Capítulo 3**. Al terminar, explíquenle el itinerario a la clase.

Modelo

Actividades	Cosas para llevar
sacar fotos	*una cámara*
tomar el sol	*un traje de baño*
comer mariscos	*200 dólares*

8-23 Definiciones Trabaja con un(a) compañero(a) de clase para describir las siguientes palabras e indicar qué te gusta y qué no te gusta. Un(a) estudiante mira el libro y escoge una palabra para definir o describir mientras el (la) otro(a), con su libro cerrado *(closed)*, escucha la información e identifica la palabra. Luego, los dos presentan sus opiniones y preferencias.

Modelo E1: Es un hotel en la playa con muchas cosas y actividades para turistas.
E2: Es un balneario. Me gusta pasar mis vacaciones en un balneario.
E1: No me gusta mucho. Prefiero hacer camping en las montañas.

1. el océano
2. la parrillada
3. bucear
4. broncearse
5. pescar
6. correr las olas

Affirmative and negative expressions

Below are some useful affirmative and negative expressions.

algo *something, anything*	**nada** *nothing, not anything at all*
alguien *somebody, anybody*	**nadie** *nobody, no one*
algún, alguno(a) *some, any*	**ningún, ninguno(a)** *none, not any*
o... o *either . . . or*	**ni... ni** *neither . . . nor*
siempre *always*	**nunca** *never*
también *also, too*	**tampoco** *neither, not either*

In Spanish, a negative sentence always has at least one negative word before the conjugated verb. Sometimes there are several negative words in one sentence.

—¿Quieres beber **algo** antes de ir a las ruinas de Tazumal?

Do you want to drink something before going to the ruins of Tazumal?

—**No, no** quiero **nada,** gracias.

No, thanks. I don't want anything.

—¿Hay **alguien** en la oficina de turismo ahora?

Is there someone in the tourist office now?

—**No,** ahora **no** hay **nadie, ni** en la oficina **ni** en el autobús.

No, there's no one in the office nor on the bus now.

- If a negative word precedes the conjugated verb, the negative word **no** is omitted.

no + *verb* + *negative word*	*negative word* + *verb*
No viene nadie conmigo a nadar.	**Nadie viene** conmigo a nadar.
Nobody is coming to swim with me.	*Nobody is coming to swim with me.*

no + *verb* + *negative word*	*negative word* + *verb*
No voy nunca al gimnasio.	**Nunca voy** al gimnasio.
I never go to the gym.	*I never go to the gym.*

- Express *neither / not either* with a subject pronoun (**yo, tú, usted, él, ella,** etc.) + **tampoco.**

—Nunca voy al gimnasio.

I never go to the gym.

—Yo **tampoco.**

Me neither. / Neither do I.

- Place **ni** before a noun or a verb to express the idea of *neither . . . nor.*

—¿Quieres ir a correr o a levantar pesas?

Do you want to go running or lift weights?

—No quiero **ni** ir a correr **ni** a levantar pesas.

I want neither to go running nor to lift weights.

The words **algún, alguno, alguna, algunos,** and **algunas** are adjectives; use **algún** before a masculine singular noun.

—¿Hay **alguna** excursión al volcán de Izalco hoy?

Is there any excursion to Izalco Volcano today?

—No, pero hay **algunas** excursiones al lago del Ilopango.

No, but there are some excursions to Ilopango Lake.

—¿Hay **algún** restaurante cerca del lago?

Is there any restaurant near the lake?

—Hay **algunos** restaurantes en el área, pero no muy cerca del lago.

There are some restaurants in the area but not very near the lake.

—¿Hay **algún** café pequeño?

Is there a small café?

Cultura

El volcán de Izalco has erupted at least 51 times, was active from 1945 to 1965, and still smolders today. **El lago de Ilopango** is a large scenic volcanic lake in central El Salvador. It is the largest lake in the country.

Note that the plural forms **ningunos** and **ningunas** are not used often; instead, use the singular form, and use **ningún** before a masculine singular noun.

—¿Cuántos campos de fútbol hay aquí?
—No hay **ningún** campo de fútbol aquí.

How many soccer fields are there here?
There aren't any soccer fields here.

—¿A qué hora viene mi entrenador?
—No tengo **ninguna** idea sobre esto, Tomás.

What time is my trainer coming?
I have no idea about this matter, Tomás.

—¿Cuántas piscinas tiene el balneario?

How many swimming pools does the resort have?

—No tiene **ninguna**.

It doesn't have any.

Ningunos and **ningunas** are used only with nouns that always come in pairs or plural. For example:

—¿Hay **algunos** zapatos de tenis para mí?
—No, no hay **ningunos**.

Are there any tennis shoes for me?
No, there aren't any.

Nota lingüística

Spanish speakers will often say **No tengo la menor idea. / Ni idea.** *(I don't have the slightest idea.)* to emphatically express that they don't know the answer.

Other nouns that always come in pairs or are always plural are **los guantes, los calcetines, las medias, los pantalones,** and **las vacaciones.**

¿Recuerdas?

De repente, ¡pum! El taxi chocó con un autobús de turistas que venían de ver una procesión de la Cofradía de Santo Tomás en otra calle y los dos vehículos pararon inmediatamente. El taxista estaba tan cansado que no vio el autobús. Afortunadamente, **nadie** se lastimó, pero Pilar se puso nerviosa.

¡A practicar!

8-24 Ideas opuestas Forma una oración con el significado opuesto sustituyendo las palabras afirmativas por palabras negativas.

Modelo Yo siempre voy con mi familia de vacaciones.
Yo nunca voy con mi familia de vacaciones.

1. Hay algunos libros sobre el turismo en El Salvador en la tienda del hotel.
2. Marta quiere comer algo en la playa.
3. Alguien en el balneario sabe correr las olas.
4. Rita quiere bucear o hacer esnórquel.
5. Tomás quiere bucear también.
6. Siempre es divertido pasear en velero.

8-25 Unas vacaciones memorables Recibes un mensaje telefónico de una amiga que está en la playa Sunzal, El Salvador, la playa que tú y tu familia van a visitar en dos semanas. Ustedes quieren saber cómo es la playa y qué pueden hacer allá. Escribe cinco datos *(pieces of information)* sobre la playa y las actividades que pueden hacer para luego decírselos a tu familia.

AUDIO CD
CD 3, TRACK 4

1. _____
2. _____
3. _____
4. _____
5. _____

8-26 En el balneario Completa las dos conversaciones siguientes, usando **algo, nada, alguien, nadie, o... o, ni... ni, también, tampoco, siempre** y **nunca**.

—Tomás, voy al supermercado porque no hay casi 1. _____ en el refrigerador en nuestra habitación. ¿Quieres comer 2. _____ especial esta noche?

—No, gracias, Marta. No quiero comer 3. _____ porque comí mucho en el almuerzo.

—Pero, ¿qué te pasa, Tomás?

—4. _____. Es que no tengo hambre, Marta. 5. Tú sabes que _____ como tanta comida en el almuerzo.

(Más tarde...)

—¡Hola, Tomás! Conocí a 6. _____ en el supermercado cerca del balneario. Y 7. _____ es una persona que te conoce a ti.

—Ah, ¿sí? Debe ser 8. _____ un amigo 9. _____ un compañero de trabajo. ¿Quién es?

—Bueno, no es 10. _____ un amigo 11. _____ un compañero tuyo. Se llama Lucía.

—¿Cómo? ¿Lucía? No conozco a 12. _____ con ese nombre, ni tengo muchas amigas 13. _____.

—¿No? Pues, ella me dijo que fue tu novia.

—¿Mi novia? ¡Marta, 14. _____ estás inventando cosas!

—Yo 15. _____ invento historias sobre tu vida. ¿No recuerdas a Lucía? Era tu novia cuando ella tenía catorce años.

—Ah sí, ahora recuerdo, era muy amable conmigo y con mi mamá.

Workbook *8-11 – 8-13*
Lab Manual *8-13 – 8-15*

¡A conversar!

8-27 De mal humor (*In a bad mood*) Tú estás de mal humor hoy y, por eso, le contestas negativamente a tu compañero(a), que te hace preguntas con los siguientes elementos. **¡Ojo!** Tu compañero(a) necesita añadir (*add*) palabras para formar una pregunta completa.

> **Modelo**   ¿ir con alguien al cine esta noche?
> **E1:** *¿Quieres ir con alguien al cine esta noche?*
> **E2:** *No, no quiero ir con nadie al cine esta noche.*

1. ¿hacer la tarea?
2. ¿estudiar con otra persona de la clase?
3. ¿correr las olas o esquiar en el agua?
4. ¿hacer ejercicio?
5. ¿hacer algo hoy?
6. ¿nadar en alguna piscina?

8-28 De vacaciones Con un(a) compañero(a), comenta las siguientes fotografías del lago Atitlán, en Guatemala, y la playa Sunzal, en El Salvador. Contesta las preguntas sobre las fotos y conversa sobre tus propias (*own*) experiencias y preferencias.

Lago Atitlán, Guatemala   © ImageSource/Getty

Playa Sunzal, El Salvador   © Joe Lasky/Gallo Images/Getty

1. ¿Hay alguna persona en la foto del lago Atitlán? ¿Y en la foto de la playa Sunzal?
2. ¿Hay alguna montaña en la primera foto? ¿Y en la segunda? ¿Te gusta ir a las montañas en tus vacaciones? ¿Prefieres ir a la playa o a las montañas? ¿Qué actividades haces en esos lugares?
3. ¿Puedes ver algún animal en la foto? ¿Prefieres ver animales en un parque zoológico o en su hábitat natural?
4. ¿Crees que hay algunas familias en la foto del Lago Atitlán? ¿Vas de vacaciones con tu familia o con tus amigos? ¿Siempre te diviertes en las vacaciones? ¿Qué no haces nunca en las vacaciones?
5. ¿Piensas ir a Guatemala o El Salvador algún día? Si puedes ir, ¿quieres ver el lago Atitlán o la playa Sunzal? ¿Conoces lugares semejantes (*similar*) en los Estados Unidos?

Hace + period of time + *que*

The verb construction **hace** + period of time + **que** is used to talk about how long an event or condition has been taking place or how long it has been since an event or condition took place.

- **Hace** + period of time + **que** + present tense

  To indicate how long something has been happening, Spanish speakers use the construction **hace** + period of time + **que** + present tense.

  Hace seis años que vivo en San Salvador.   *I've been living in San Salvador*
  (Vivo en San Salvador **hace seis años**).   *for six years.*

- **Hace** + period of time + **que** + preterite tense

  To express how long ago something occurred, Spanish speakers use the verb form **hace** + period of time + **que** + preterite tense.

  Hace un año que se mudaron.   *They moved a year ago.*
  (Se mudaron **hace un año**).

¿Cuánto tiempo hace que...?

Note that in order to ask about either (1) a period of time that continues into the present or (2) the amount of time since an event took place, you need to use the following model: **¿Cuánto tiempo hace que...?** The only feature that distinguishes the first scenario from the second is the choice of the present tense versus the past tense. Note the different implications for the following questions:

—**¿Cuánto tiempo hace que estudias** medicina?	*How long have you been studying medicine?* (You continue to study or be a student.)
—**Hace tres años que estudio** medicina.	*I have been studying medicine for three years.*
—**¿Cuánto tiempo hace que estudiaste** medicina?	*How long has it been since you studied medicine?* (You are no longer studying medicine.)
—**Hace dos años que estudié** medicina.	*It has been two years since I studied medicine.*
—**¿Cuánto tiempo hace que no visitas** a tu familia en San Salvador?	*How long has it been since you visited your family in San Salvador?*
—**Hace dos años que no visito** a mi familia en San Salvador.	*I haven't visited my family in San Salvador for two years.*

¿Recuerdas?

Tomás: ¡Mamá! ¿Estás aquí en Chichicastenango?
Pilar: Sí, hijo. **Decidí** venir a última hora. **Hace seis meses que no los veo** y, además, me encanta la Cofradía de Santo Tomás.

¡A practicar!

8-29 ¿Cuánto tiempo hace que...? Completa las siguientes oraciones con el período de tiempo adecuado y la conjugación correcta del verbo en el presente.

Modelo Hace _un año_ que yo _estudio_ (estudiar) español.

1. Hace _____ que mi compañero(a) de cuarto y yo _____ (vivir) juntos.

2. Hace _____ que yo no _____ (vivir) con mis padres.

3. Hace _____ que el (la) profesor(a) _____ (enseñar) en esta universidad.

4. Hace _____ que nosotros _____ (practicar) español en esta sala.

5. Hace _____ que esta universidad _____ (ofrecer) clases.

6. Hace _____ que yo _____ (leer) novelas.

7. Hace _____ que mi mejor amigo(a) _____ (pasear) en velero.

8. Hace _____ que yo no _____ (ir) a la playa.

8-30 Hechos memorables ¿Cuánto tiempo hace que los siguientes acontecimientos *(events)* ocurrieron en el pasado?

Modelo yo / ir a la universidad por primera vez
Hace tres años que yo fui a la universidad por primera vez.

1. yo / conocer a mi mejor amigo(a)
2. mis amigos(as) / invitarme a una fiesta
3. el nuevo milenio / empezar
4. mis amigos(as) y yo / disfrazarse para una celebración
5. mi novio(a) / comprarme un regalo de cumpleaños
6. yo / venir a la universidad para estudiar
7. mis amigos(as) y yo / ponernos ropa elegante para una fiesta
8. mis padres / ir de vacaciones

¡A conversar!

8-31 ¿Hace cuánto tiempo que...? Pregúntale a un(a) compañero(a) de clase desde hace cuánto tiempo que hace o que hizo las siguientes cosas. Luego comparen sus respuestas. ¿Tienen mucho en común?

Modelo Conoces a tu novio(a)
E1: *¿Hace cuánto tiempo que conoces a tu novio(a)?*
E2: *Hace seis meses que conozco a mi novio(a).*
o **E1:** *¿Hace cuánto tiempo que conociste a tu novio(a)?*
E2: *Hace un año que conocí a mi novio(a).*

1. vivir en esta ciudad
2. conocer a tu mejor amigo(a)
3. visitar otro país
4. ir a un balneario
5. estudiar español
6. ir a la biblioteca

8-32 Entrevista Hazle preguntas a otro(a) compañero(a), usando **¿Cuánto tiempo hace que...?** para pedir información sobre las siguientes actividades. Debes hacer dos preguntas adicionales sobre cada actividad. Luego comparen sus respuestas. ¿Tienen mucho en común?

Modelo hacer esnórquel
—*¿Cuánto tiempo hace que hiciste esnórquel? ¿Dónde lo hiciste? ¿Te divertiste?*
—*Hace tres años que yo hice esnórquel. Lo hice en Florida y me gustó mucho.*

1. dar una fiesta
2. asustarse
3. llorar
4. caminar por las montañas
5. pasarlo bien
6. hacer una parrillada

Workbook *8-14 – 8-15*
Lab Manual *8-16 – 8-18*

Heinle/Cengage Learning

El cumpleaños de Valeria En este segmento del video, vas a ver un flashback y aprender más del día de la lección de baile. ¿Recuerdas aquel día? Fue un día muy especial para Valeria, que estaba muy triste al principio porque todos sus amigos se olvidaron de su cumpleaños.

Antes de ver

Expresiones útiles The following are some new expressions you will hear in the video.

No lo tomes tan a pecho. *Don't take it so hard.*

Un bizcocho *A cake*

Ni tan siquiera *Not even*

Enfoque estructural The following are expressions in the video with affirmative and negative expressions, the preterit tense, and the imperfect tense.

Valeria: **No, no** es eso. Es que **ninguno** de mis amigos en Venezuela **se acordó** de escribirme. **¡Nadie** me **felicitó!**

Alejandra: Cuando **era** pequeña, mi mamá me **celebraba** una fiesta de cumpleaños con mis compañeros de escuela. Ella **llegaba** como dos horas antes de que terminaran las clases, con un bizcocho de cumpleaños, refrescos y helados... y lo **celebrábamos** con mis compañeritos y con mi maestra.

1. **Recordemos** Algunas veces, hay ciertas circunstancias y los cumpleaños no resultan en días felices. ¿Conoces a alguien que se puso triste el día de su cumpleaños? ¿Qué pasó? ¿Cambió su estado de ánimo *(state of mind)* a lo largo del día? ¿Por qué? Cuéntale este acontecimiento a un(a) compañero(a).

2. **Practiquemos** Trabajando con un compañero de clase, identifica los usos del pretérito y del imperfecto en las expresiones del video. ¿Cómo se justifica la selección del pretérito o del imperfecto en cada caso?

3. **Charlemos** Describe la fiesta de cumpleaños más feliz que tuviste en tu vida a un compañero(a) de clase. ¿Qué pasó aquel día? ¿Hacía buen tiempo? ¿Estabas muy emocionado(a)? ¿A que hora empezó la fiesta? ¿Quiénes fueron tus invitados? ¿Recibiste algún regalo especial?

Después de ver

1. ¿Un cambio en el estado de ánimo de Valeria? Lee las siguientes oraciones sobre el cumpleaños de Valeria e indica si son **ciertas** o **falsas.** Corrige las oraciones falsas.

a. Muchos amigos la llamaron.

b. No recibió ningún correo electrónico.

c. No tenía pastel de cumpleaños.

d. Cumplió 26 años.

e. Habló con Sofía sobre las fiestas de cumpleaños que tenía cuando era niña.

f. Se puso feliz mientras bailaba con Antonio, Javier y Sofía.

g. Los compañeros de casa la sorprendieron con un regalo de cumpleaños después del baile.

h. Alejandra le entregó un disco compacto de música cubana.

i. Javier le regaló un ramo de flores.

j. Sofía le invitó a cenar.

k. Al final Valeria se divirtió mucho el día de su cumpleaños.

Heinle/Cengage Learning

2. Las experiencias de Valeria y Alejandra En el video, Valeria y Alejandra hablaron de cómo celebraban el cumpleaños cuando eran niñas, y parece que tenían experiencias diferentes. Lee los siguientes recuerdos y conjuga el verbo en el imperfecto. Luego indica si el comentario corresponde a Valeria o a Alejandra.

Valeria   **Alejandra**

_____   _____   Mis padres siempre me _____ (**hacer**) una fiesta muy grande.

_____   _____   Mi mamá me _____ (**celebrar**) una fiesta de cumpleaños con mis compañeros de escuela.

_____   _____   Mi mamá me _____ (**traer**) un bizcocho de cumpleaños, refrescos y helados a la escuela.

_____   _____   Mi papá siempre me _____ (**llevar**) un ramo de flores a mi cuarto.

_____   _____   Mi mamá me _____ (**preparar**) mi comida favorita.

Entre nosotros En el video, Alejandra y Valeria describieron cumpleaños muy especiales. Con un compañero, piensen en una fiesta ideal, imaginaria o real, y luego hagan preguntas para adivinar los detalles de la fiesta. Por ejemplo: ¿Cuánto tiempo hace que ocurrió la fiesta? ¿Dónde la celebraron? ¿Vinieron algunas personas famosas? ¿Había algunos globos u otro decorado especial? ¿Había algún tipo de postre especial? Hicieron algunas actividades divertidas?

Presentaciones Con dos compañeros(as) de clase, seleccionen a un miembro de la Hacienda Vista Alegre que va a recibir una fiesta de sorpresa. Expliquen todos los preparativos que hicieron los otros miembros de la casa para este evento. Luego, escriban un párrafo corto explicando lo que pasó. ¿Salió bien la fiesta u ocurrió algo que interrumpió la celebración?

See the *Lab Manual,* **Capítulo 8, 8-21– 8-22**

Antes de leer

Strategy: Guessing meaning from word roots (*raíces*)

Thus far, you have learned a large number of new Spanish words and are able to recognize a large number of cognates, even if they are new to you. You can guess the meaning of even more new Spanish words if you know the meaning of their roots. For example, in this chapter you learned the word **sorpresa**; based on your knowledge of this word, what would you guess that the verb **sorprender** means?

If you answered *to surprise,* then you are correct!

Words like **sorpresa, sorprender,** and **sorprendido(a)** that have the same root (e.g., **sorpr-**) are called "word families;" such words are closely related to one another.

Before reading the selection, respond to the following questions using your background information and prior knowledge:

1. What do you see in the photos?

2. What is the title of the piece?

3. What type of literary composition is the piece?

4. What do you know about El Salvador up to this point? (Think back to the chapter activities and the **Encuentro cultural.**)

Now, skim the selection and underline two words that have roots that you recognize.

If you underline words like: **memoria (memorizar), invento (inventar, inventor(a),** you are on the right track!

Flores del volcán

Cognados Escribe cinco cognados y sus significados.

1. _____
2. _____
3. _____
4. _____
5. _____

Word roots Completa el siguiente cuadro para aumentar tu vocabulario. Puedes buscar palabras en este texto y también en los capítulos anteriores. ¿Qué significan estas palabras?

Verbo	Sustantivo *(Noun)*	Persona que hace la acción de...
memorizar		X
inventar		el/la inventor(a)
	el rugido	X
	la baba	X
morir		
traicionar		
	el cuento	

Después de leer

¿Cierto o falso? Indica si las siguientes oraciones son **ciertas** o **falsas.** Corrige las oraciones falsas.

1. _____ En el país de la escritora hay 15 volcanes.

2. _____ La escritora describe El Salvador como un lugar muy verde y pacífico.

3. _____ La escritora describe el volcán como una montaña violenta, que pide vidas humanas como el chacmol.

4. _____ La escritora describe a los niños como huérfanos y tristes.

5. _____ En este país mueren muchas personas.

Catorce volcanes se levantan
en mi país memoria
en mi país mito
que día a día invento.
Catorce volcanes de follaje *(foliage)* y piedra *(stone)*
donde nubes *(clouds)* extrañas se detienen
y a veces el chillido *(screech)*
de un pájaro extraviado *(lost bird)*.
¿Quién dijo que era verde mi país?
es más rojo
es más gris *(gray)*
es más violento:
el Izalco que ruge *(roars)*
exigiendo *(demanding)* más vidas.
Los eternos chacmol
que recogen la sangre *(blood)*
y los que beben sangre
del chacmol
y los huérfanos *(orphans)* grises
y el volcán babeando *(slobbering)*
toda esa lava incandescente
y el guerrillero muerto
y los mil rostros *(faces)* traicionados
y los niños que miran para contar la historia.

"Flores del volcán" is from the book *Flowers from the Volcano,* by Claribel Alegría, translated by Corolyn Forché, © 1982. All rights controlled by the University of Pittsburgh Press, Pittsburgh, PA 15260. Used by permission of University of Pittsburgh Press.

Claribel Alegría

Volcán de Izalco

 ¡A conversar! Con cuatro de sus compañeros de clase respondan las siguientes preguntas:

1. ¿Por qué compara Alegría el volcán con la guerra?
2. ¿Cómo utiliza los colores Alegría? ¿Qué significan los colores?
3. ¿Cómo describe Alegría a los niños, a los guerrilleros y a las demás personas?
4. ¿Por qué creen ustedes que el volcán tiene flores todavía?

¡A escribir! En grupos, escriban un *cinquain*, que es un poema de cinco líneas. En este poema ustedes hagan una descripción de algún aspecto de la geografía de su estado o región importante para ustedes. Sigan el siguiente ejemplo y reemplacen las palabras y frases con las suyas.

Montañas
[Sustantivo *(noun)*]

rojas, _hermosas_
[2 adjetivos *(adjectives)*, palabras descriptivas]

celebran, _gritan_, _recuerdan_
[3 verbos *(verbs)*, acciones]

y dan energía positiva a las personas que las visitan
(Frase para describir el sustantivo)

Sedona
[Sustantivo propio *(proper name)*]

Después de terminar, compartan su poema con la clase. ¿Qué opinan de los poemas de los otros grupos?

¡A ESCRIBIR!

Strategy: Writing a summary

A good summary tells the reader the most important information about an event. The following is a list of important data that one should include in a summary.

- An interesting title or topic sentence
- Description of the setting: when and where the action took place, who was involved, any special conditions that were in existence
- What made the situation interesting or unique
- What actions took place, expected or unexpected
- How the event or situation ended or was resolved

Task: Writing a summary of an important event

Summaries of past events occur in a variety of contexts such as in newspapers or magazines or in letters to friends and family. The writer must present sufficient detail to capture and keep the interest of the reader but must not overwhelm the reader with unnecessary information. Follow the steps outlined below to prepare a summary of an important event in which you took part.

Paso 1 Piensa en una celebración que quieres describir en forma escrita. Trata de recordar detalles importantes, como el día o la fecha de la celebración, los preparativos *(preparations)*, las personas, las actividades, los problemas.

el día y la fecha	las actividades
los preparativos	los problemas (si hubo algunos)
las personas	la conclusión

Paso 2 Escribe un resumen de la celebración, contestando las siguientes preguntas.

1. ¿Qué día era o cuál era la fecha? ¿Qué hora era?

2. ¿Qué tiempo hacía?

3. ¿Dónde estabas tú? ¿Dónde estaban las otras personas? ¿Qué hacían todos?

4. ¿Cómo estaban las personas? ¿Por qué?

5. ¿Qué pasó en la celebración? ¿Qué hizo una persona o qué hicieron varias personas? ¿Qué hiciste tú? Menciona varias actividades y, si puedes, incluye información sobre cuándo ocurrieron.

6. ¿Ocurrió algo especialmente interesante?

7. ¿Cómo y cuándo terminó la celebración?

8. ¿Lo pasaste bien? Explica.

Paso 3 Lee la información que acabas de escribir y prepara un título o una oración de introducción para el resumen. Después, lee el resumen otra vez y haz las correcciones necesarias en el contenido, la organización, la gramática y la ortografía *(spelling)*.

 Paso 4 Intercambia papeles con un(a) compañero(a) de clase. Lee el resumen de él/ella y después hazle preguntas sobre su resumen y contesta las preguntas que tenga *(may have)* sobre el tuyo.

Communicative Goals

- Communicate about holidays, special events and vacations
- Inquire and provide information about people and events
- Express affirmative and negative ideas
- Communicate about past events and activities

Paso 1

Review the Communicative Goals for **Capítulo 8** and determine if you are able to accomplish the goals. If you are not certain that you have achieved all of the goals, review the pertinent portions of the chapter.

Paso 2

Look at the components of a conversation which addresses the communicative goals for this chapter. The percentages will help you evaluate your ability to successfully participate in the conversation that is featured below. Your instructor may use the same rubric to assess your oral performance.

Components of the conversation	%
☐ Questions and answers about where you were when the memorable event took place	10
☐ Inclusion of information about at least one aspect of the setting (time of day, weather, other people present, reason for the celebration, etc.)	10
☐ Questions and answers about how you felt and why	20
☐ Statement of something that you or another person did and why	20
☐ Questions and answers about at least three additional things that some people did, about something that no one did, and about how the event came to an end	20
☐ Information about how you felt at the end of the event and why	20

 En acción Think about a conversation in which two friends ask and answer questions about a memorable celebration from the past. Work with a partner to carry out the conversation, being sure to include the steps below. When you have concluded your conversation, change roles.

1. The first person asks the second person where he/she was when the memorable event took place and the second one responds.

2. The second person provides at least one piece of additional information, such as the time of day, the weather conditions, the reason for the event, who else was present, and the like.

3. The first person asks how the second person was feeling and the second person replies telling how he/she was feeling and explaining why.

4. The first person asks what happened next and the second person tells what he/she or another person did and explains why and also provides information about something that no one did and why.

5. The second person provides additional information by telling at least three additional things that he/she or other people did and explains how the event ended.

6. The first person asks how the second person felt at the end of the event and the second person replies with information about how he/she felt and why.

¡A REPASAR!

Interrogative words

To ask...

about the location of person or place → **¿dónde?**
where someone is going → **¿adónde?**
where someone is from → **¿de dónde?**
what a person or thing is like or *how* something is done → **¿cómo?**
when something is taking place → **¿cuándo?**
at what time an event is taking place → **¿a qué hora?**
how much or *how many* → a form of **¿cuánto?**
who does something → **¿quién?** or **¿quiénes?**
whose → **¿de quién?** or **¿de quiénes?**
what or *which* → **¿qué?** or **¿cuál?**

¡A recordar! 1 When should **¿qué?** be used instead of **¿cuál?**

Preterite vs. Imperfect

Preterite	Imperfect
single, completed action	habitual action or event
highlighted, main action	background action
beginning or end of an event	middle of an event
action that interrupts another	ongoing event or action

¡A recordar! 2 Which time expressions indicate the use of the preterite tense? Which indicate the use of the imperfect tense?

Affirmative and negative expressions

algo	**nada**
alguien	**nadie**
algún, alguno(a)(s)	**ningún, ninguno(a)(s)**
o... o	**ni... ni**
siempre	**nunca**
también	**tampoco**

¡A recordar! 3 When a negative word precedes the conjugated verb, is **no** omitted? When are the plural forms **ningunos** and **ningunas** used?

Hace + period of time + que

• **Hace** + period of time + **que** + present tense
• **Hace** + period of time + **que** + preterite tense

¡A recordar! 4 When do you use the present tense and when do you use the preterite tense in these types of constructions?

Actividad 1   Información sobre un festival Indica la palabra o la expresión interrogativa apropiada para cada pregunta.

1. —¿ _____ es el festival? —Es mañana.

2. —¿ _____ es? —Es en el centro de la ciudad.

3. —¿ _____ hora empieza? —Empieza a las dos de la tarde.

4. —¿ _____ es el nombre del festival? —Es La fiesta del pueblo.

5. —¿ _____ se llama la directora del festival? —Se llama Adela Gómez León.

6. —¿ _____ es ella? —Es de Antigua, pero ahora vive en Ciudad de Guatemala.

7. —¿ _____ es el supervisor de la música? —Es Alejandro Samoza.

8. —¿ _____ son los músicos? —Son Rafael Moreno y sus tres primos.

Actividad 2   ¿Qué pasó? Escoge la respuesta correcta para cada oración para saber qué pasó con unos amigos anoche. Presta atención al contexto para escoger las formas correctas de los verbos.

_____ 1. Yo _____ un libro cuando Roberto me _____ anoche.

    a. leí / llamó   c. leía / llamaba
    b. leía / llamó   d. leí / llamaba

_____ 2. Él me _____ que muchas personas _____ en la casa de Victoria, bailando y divirtiéndose.

    a. dije / estuvieron   c. decía / estaban
    b. decía / estuvieron   d. dijo / estaban

_____ 3. Roberto me _____ a la casa de Victoria, pero yo _____ cansada.

    a. invité / estuve   c. invitaba / estaba
    b. invitaba / estuve   d. invitó / estaba

_____ 4. Mi compañera de cuarto _____ ir porque ella no _____ ocupada.

    a. decidió / estaba   c. decidía / estuvo
    b. decidía / estaba   d. decidió / estuvo

_____ 5. Muchas personas _____ cuando ella _____ .

    a. bailaron / llegó   c. bailaban / llegaba
    b. bailaban / llegó   d. bailaron / llegaba

Actividad 3   Un correo electrónico de Guatemala Completa el correo electrónico que David le manda a su madre el segundo día de sus vacaciones en Ciudad de Guatemala. Escoge el pretérito o el imperfecto según el contexto.

Enviar   Guardar   Archivos   — □ X

¡Hola, Mamá!

Yo _____ (1. llegar) a la capital ayer. _____
(2. Hacer) buen tiempo pero yo _____ (3. ir)
directamente al hotel y _____ (4. descansar) por dos
horas porque _____ (5. estar) cansado.

A las tres, mi amigo Manny me _____ (6. llamar)
por teléfono y me _____ (7. decir) que él _____
(8. estar) en el centro, en un festival. Yo _____
(9. caminar) al centro e inmediatamente _____
(10. ver) a Manny, ¡bailando en la calle! Muchas personas
_____ (11. estar) bailando, comiendo y divirtiéndose.
Las mujeres _____ (12. llevar) vestidos tradicionales
y los músicos _____ (13. tocar) música folclórica.
Manny y su amiga Daniela me _____ (14. enseñar)
unos bailes y nosotros _____ (15. bailar) dos horas.
Después, nosotros _____ (16. comer) y _____
(17. beber) mucho porque _____ (18. tener) hambre
y sed, y la comida _____ (19. estar) deliciosa. Yo
_____ (20. volver) al hotel muy tarde, cansado pero
alegre después de una experiencia memorable.

¡Escríbeme pronto!

Actividad 4   Un día en el balneario Dos amigos están hablando durante sus vacaciones. Completa las frases con la expresión afirmativa o negativa correcta y lógica.

1. —¿Quieres comer _____

   —No, no quiero comer _____ , gracias.

2. —¿Conoces _____ playa muy buena para correr las olas?

   —No, no conozco _____ playa buena cerca de aquí.

3. —¿_____ tomas el sol en la playa?

   —No, ¡_____ tomo el sol! ¡El sol es malo para la piel!

4. —¿Quieres esquiar _____ hacer esnórquel?

   —No, no quiero _____ esquiar _____ hacer esnórquel. Prefiero pescar o pasear en velero.

5. —Me gusta mucho la playa. Me gustan las montañas _____ pero no quiero ir a las montañas ahora porque estoy contento aquí.

   —No quiero ir a las montañas _____. Estoy bien aquí.

Actividad 5   ¿Cuánto hace? Completa las oraciones con la expresión **hace** + el tiempo correspondiente (minutos, horas, días, semanas, meses, años).

1. Hoy es 5 de julio. Viajé a El Salvador el 5 de julio del año pasado. Exactamente _____.

2. Marisa estudió el lunes y el martes. Hoy es viernes por la noche. _____ que Marisa no estudia.

3. Son las diez de la noche y la fiesta empezó a las seis de la tarde, _____.

4. Hoy es 10 de septiembre y empiezan las clases. Volví de vacaciones el 10 de agosto. _____ que volví de vacaciones.

5. ¡José! ¡Llegaste diez minutos tarde! _____ que empezó la película.

6. _____ que no como hamburguesas. ¡Exactamente catorce días!

Refrán

"_____ (Not any) persona ganó fama quedándose hasta (remaining until) las doce en la cama".

VOCABULARIO ESENCIAL

 AUDIO CD
CD 3, TRACK 5

 **PERSONAL TUTOR**

Fiestas y celebraciones — *Holidays and celebrations*

Sustantivos

el anfitrión	host
la anfitriona	hostess
el brindis	toast
la celebración	celebration
los cohetes	rockets, fireworks
el cumpleaños	birthday
el día feriado	holiday
el disfraz	costume
los entremeses	hors d'oeuvres
la fiesta (sorpresa)	(surprise) party
el (la) invitado(a)	guest
la máscara	mask
el pastel	cake
la procesión	religious parade
el regalo	gift
el traje típico	traditional /regional outfit
las velas	candles

Verbos

asustarse	to get frightened
celebrar	to celebrate
cumplir años	to have a birthday
dar (hacer) una fiesta	to give a party
disfrazarse	to wear a costume
gritar	to shout
hacer un brindis	to make a toast
llorar	to cry
olvidar	to forget
pasarlo bien (mal)	to have a good (bad) time
ponerse [adj.]	to become (get) [adj.]
portarse bien (mal)	to behave well (poorly)
reaccionar	to react
recordar (ue)	to remember
reunirse con	to get together with

Expresiones idiomáticas

¡Felicitaciones!	Congratulations!
Me pongo contento/ triste	I get happy/sad

Algunas fiestas

el Año Nuevo	New Year
el Día del Padre	Father's Day
el Día de la Independencia	Independence Day
el Día de las Madres	Mother's Day
el Jánuca	Hanukkah
la Navidad	Christmas
el Ramadán	Ramadan
la Semana Santa	Holy Week

De vacaciones — *On vacation*

Sustantivos

el balneario	beach resort
el bloqueador solar	sunblock
la costa	coast
la crema bronceadora	suntan lotion
el lago	lake
el mar	sea
el océano	ocean
la playa	beach
el río	river
la tienda de campaña	tent

Verbos

broncearse	to get a suntan
bucear	to scuba dive
correr las olas	to surf
escalar	to climb
hacer camping	to go camping
hacer esnórquel	to snorkel
hacer una parrillada	to have a cookout
pasear en canoa	to go canoeing
pasear en velero	to go sailing
remar	to row

Expresiones afirmativas

algo	something, anything
alguien	somebody, anybody
algún, alguno(a)(s)	some, any
o... o	either . . . or
siempre	always
también	also, too

Expresiones negativas

nada	nothing, not anything at all
nadie	nobody, no one
ningún, ninguno(a)(s)	none, not any
ni... ni	neither . . . nor
nunca	never
tampoco	neither, not either

Palabras interrogativas

¿A qué hora?	What time?
¿Adónde?	Where (to)?
¿Cómo?	What?
¿Cuál?	Which?, What?
¿Cuándo?	When?
¿Cuánto(a)?	How much?
¿Cuántos(as)?	How many?
¿De dónde?	From where?
¿De quién?	Whose?
¿Dónde?	Where?
¿Quién?	Who?
¿Por qué?	Why?
¿Para qué?	What for?
¿Qué?	What?

De viaje por el Caribe

Cuba, Puerto Rico y la República Dominicana

© Mark Hannaford/Corbis

Plaza de San Francisco, La Habana, Cuba

Chapter Objectives

Communicative Goals

In this chapter, you will learn how to . . .

- Communicate about transportation, lodging, and other aspects of travel
- Request and provide information about getting around a city or town
- Give instructions

Structures

- Indirect object pronouns
- Double object pronouns
- Prepositions and adverbs of location
- Formal commands and negative **tú** commands

▲ Cuando vas de vacaciones, ¿qué te gusta hacer?

▲ ¿Te gusta viajar a otros países durante tus vacaciones?

▲ ¿Qué actividad o deporte nuevo quieres aprender en tus próximas vacaciones?

 Visit it live on **Google Earth!**

En el aeropuerto Las Américas

In this section, you will learn vocabulary and expressions used for traveling by airplane. The drawing below represents a typical scene in main airports like the one in the Dominican Republic. Do you think flying is a convenient way to travel?

Cultura
Santo Domingo is the capital city of the Dominican Republic. The international airport is called **Las Américas,** and it is located about 20 minutes east of Santo Domingo.

el (la) asistente de vuelo

la ventanilla

el avión

el (la) pasajero(a)

abordar

recoger el equipaje

Otros sustantivos

la aerolínea *airline*
el asiento *seat*
el boleto (billete) de ida *one-way ticket*
el boleto (billete) de ida y vuelta *round-trip ticket*
la llegada *arrival*
el pasillo *aisle*
la salida *departure*
el viaje *trip*
el vuelo (sin escala) *(nonstop) flight*

Otros verbos

bajar(se) (de) *to get off*
hacer escala (en) *to make a stop (on a flight) (in)*
ir en avión *to go by plane*
pasar por *to go through*
viajar *to travel*

Expresiones idiomáticas

¡Bienvenido(a)! *Welcome!*
¡Buen viaje! *Have a nice trip!*
Perdón. *Excuse me.*

Palabras útiles

abrocharse el cinturón de seguridad *to buckle the seatbelt*
aterrizar *to land*
con destino a *departing for*
la demora *delay*
despegar *to take off*
procedente de *arriving from*
la salida de emergencia *emergency exit*

Palabras útiles are presented to help you enrich your personal vocabulary. The words here will help you talk about air travel.

Heinle/Cengage Learning

¡A practicar!

9-1 Un viaje en avión a Santo Domingo Teresita, una mujer puertorriqueña, hizo un viaje a Santo Domingo para visitar a unos familiares el verano pasado. Pon sus acciones en un orden lógico.

_____ Facturó el equipaje.

_____ Abordó el avión con destino a Santo Domingo.

_____ Fue a la agencia de viajes.

_____ Compró un boleto de ida y vuelta.

_____ Hizo las maletas.

_____ Recibió una invitación de sus parientes de Santo Domingo.

_____ Pasó por el control de seguridad.

9-2 Nuestra luna de miel (honeymoon) Teresita y su esposo Manny fueron a La Habana, la capital de Cuba, para pasar su luna de miel. Completa el párrafo usando las siguientes palabras.

agente de la aerolínea	boleto	llegada
agente de viajes	equipaje de mano	salida
asiento de pasillo	hacer escala	viaje
Bienvenidos	inmigración	vuelo sin escalas

El mes pasado, Manny y yo fuimos a La Habana, Cuba, para nuestra luna de miel. Nuestro 1. _____ nos reservó un 2. _____ en la aerolínea Cubana de Aviación. Yo estaba contenta porque a mí no me gusta 3. _____. Tampoco me gusta mirar afuera del avión cuando vuelo, así que yo pedí un 4. _____. Antes de la 5. _____ del vuelo, le enseñamos el pasaporte y el 6. _____ a un 7. _____. No teníamos muchas maletas, pero Manny llevó 8. _____ con las cosas más necesarias. Durante el vuelo, esperamos con mucha emoción la 9. _____ a Cuba. Al llegar a La Habana, el piloto nos dijo: "¡10. _____ a Cuba!" Tuvimos que pasar por la oficina de 11. _____, pero fue fácil. Total, nuestra luna de miel en La Habana fue el mejor 12. _____ de mi vida.

9-3 En el aeropuerto Estás en el aeropuerto cuando escuchas información sobre el vuelo que tú y tu amigo van a tomar a Puerto Rico. Tu amigo no está en el aeropuerto y por eso necesitas mandarle un mensaje de texto *(text message)* con la información necesaria. Escucha la información y escribe cinco datos *(pieces of information)* importantes.

AUDIO CD
CD 3, TRACK 6

1. _____

2. _____

3. _____

4. _____

5. _____

Workbook *9-1 – 9-3*
Lab Manual *9-1 – 9-3*

¡A conversar!

9-4 **En el aeropuerto** Haz esta actividad con dos compañeros(as). Dos personas son pasajeros en el aeropuerto y la otra persona es el (la) agente de la aerolínea.

Agente

1. Greet your passengers.
3. Find out where they are going.
5. Ask for their tickets and passport.
7. Ask their seating preference (window/aisle).
9. Answer the question, then check in their luggage.
11. Respond, then say where they should board the airplane.
13. Explain, then return their travel documents.
15. Respond, then wish them a good trip.
17. Say good-bye.

Pasajeros

2. Respond appropriately.
4. Answer the question.
6. Do what the agent asks and say something appropriate.
8. Answer, then ask if your plane will leave on time.
10. Ask how the weather is at your destination.
12. Ask for directions to your departure gate.
14. Ask what time it is. Express appreciation.
16. Express your appreciation.
18. Answer appropriately.

9-5 **¡Vamos a Santo Domingo!** Tienes la oportunidad de viajar de Nueva York a Santo Domingo, República Dominicana. El (La) agente de viajes recomienda un itinerario, pero no estás contento(a) con los detalles. Trabaja con un(a) compañero(a) para comentar el itinerario y pedir cambios. Decidan ustedes las fechas, las horas, el precio, el número de pasajeros y cualquier otra (any other) información. El (La) viajero(a) debe pedir todos los cambios que quiere y el (la) agente puede aceptarlos o no.

Modelo E1: Agente de viajes: *El vuelo es el miércoles, 15 de noviembre.*
E2: Viajero(a): *Prefiero el jueves, 16 de noviembre. ¿Es posible cambiarlo?*
E1: Agente de viajes: *Sí, es posible, pero el precio es mejor el miércoles.*

Por favor, revisa y confirma tu selección

Itinerario

IDA

Salida	07:40 LUN, 15-Nov	Nueva York - JFK (John F Kennedy Intl Airport)	Estados Unidos	@	Sin escala
Llegada	12:20 LUN, 15-Nov	Santo Domingo - SDQ (Las Américas)	República Dominicana		Clase: Turista

VUELTA

Salida	13:30 MAR, 30-Nov	Santo Domingo - SDQ (Las Américas)	República Dominicana	@	Sin escala
Llegada	16:15 MAR, 30-Nov	Nueva York - JFK (John F Kennedy Intl Airport)	Estados Unidos		Clase: Turista

Presupuesto

Precio total*: $374,44
Tasas y gastos incluidos

Número de pasajeros: 1
* El precio total incluye los gastos de servicio de $12,00 por pasajero y trayecto.

Heinle/Cengage Learning

EN CONTEXTO

Sharon y su amiga Kate son estudiantes de la Universidad Internacional de la Florida en Miami, donde hace tres años que estudian español. Ahora ellas están de vacaciones en Santo Domingo, visitando la Ciudad Colonial. Lo que sigue es una parte del diario que grabó Sharon en su iPod.

AUDIO CD
CD 3, TRACK 7

Escucha el diálogo y contesta las siguientes preguntas.

1. ¿Cuáles son algunos sitios de interés turístico que ofrece Santo Domingo?
2. ¿Cuáles son los lugares que Sharon y Kate visitaron durante su viaje a Santo Domingo y las actividades que ellas hicieron allí? Haz una lista.
3. ¿Por qué Sharon se enojó un poco con Kate?
4. Imagínate que tú estás en Santo Domingo ahora. De las cosas que Sharon y Kate vieron e hicieron, ¿cuáles quieres ver y hacer?

27 de junio. Kate y yo estamos en el Hotel Montesinos. Cuando llegamos aquí anoche, estábamos tan cansadas que nos acostamos inmediatamente. Esta mañana caminamos por la Ciudad Colonial y vimos algunas plazas e iglesias coloniales.

Comentario cultural The old section of Santo Domingo, in the seaport district, served as the first capital of the new territories discovered by Christopher Columbus. Santo Domingo was also the first city in the New World to establish a university, a cathedral, a fort, a monastery, a hospital, and a palace.

En una librería **cerca de** La Plaza de la Cultura compramos tarjetas postales para **mandarles a nuestros padres y amigos.** Luego tomamos un autobús a la Fortaleza de Ozama, desde donde vimos el Río Ozama.

Comentario cultural Fort Ozama is the oldest military fortress in the New World. It was built on the banks of the Ozama River in 1502 to protect the city of Santo Domingo from pirate attacks. "Ozama" means "navegable waters" to the Taíno people, the first inhabitants of the island.

Heinle/Cengage Learning

Yo saqué una foto de Kate **enfrente de** la fortaleza y **se la mandé** por correo electrónico a un amigo que tenemos, llamado Rodrigo Enrique. Después, Kate me dijo otra vez: «**No te olvides** de **enviarles la foto a los miembros de mi familia** también». Yo le respondí: «**¡No me pidas** más este favor si no puedes recordar las direcciones de correo electrónico!»

Comentario cultural Fort Ozama has the distinction of having never been taken by force of arms, despite all the military intervention it has suffered over the centuries.

Expresiones **en contexto**

antes de irse *before leaving*	**mercado de artesanías** *arts and*
charlamos *we chatted*	*crafts market*
desde donde *from where*	**no deberíamos haber llevado** *we*
hacer algunas compras *to purchase*	*shouldn't have worn*
a few things	

En la Plaza de la Hispanidad conocí a Eduardo Pérez, a su esposa Gabriela y a sus dos hijas. Ellos son amigos íntimos de nuestro profesor en la Universidad Internacional de la Florida. **Se los presenté a Kate** cuando ella volvió de la Plaza España de hacer algunas compras. Ellos nos invitaron a su casa para cenar.

Comentario cultural The Plaza de la Hispanidad in Santo Domingo features a statue commemorating Columbus's arrival on the island of Hispaniola on his first voyage to the Americas in December of 1492. Hispaniola, which includes the Dominican Republic and Haiti, is the second-largest island in the Antilles.

28 de junio. Esta mañana visitamos muchas iglesias, como la Capilla de Nuestra Señora de los Remedios. ¡No deberíamos haber llevado ropa tan informal a las iglesias!

Por la tarde, fuimos al mercado de artesanías, en el Parque Colón, para comprar algunos recuerdos. Yo compré un anillo y unos aretes, y **se los di a Kate.** Luego, ella **me compró** un sombrero y una camiseta muy bonita.

Comentario cultural Most churches and other holy monuments in Latin America and Spain have strict dress codes. Their policies often prohibit shorts, sandals, bare shoulders, and hats.

Heinle/Cengage Learning

Allí en el parque conocimos a Juan Ochoa Valderrama y a José Hernández Lillo, que son empleados del Museo Casas Reales. Juan tiene veintitrés años y José tiene veinte. Ellos nos invitaron a tomar café en un pequeño restaurante, donde charlamos por dos horas. Antes de irse, Juan nos invitó a una fiesta en su casa.

Hemos estado en Santo Domingo solamente dos días y ya tenemos seis amigos. ¡Qué simpáticos son los dominicanos!

Comentario cultural The Museo Casas Reales provides a unique understanding of Santo Domingo's colonial heritage through exhibitions of artifacts dating from 1492 through 1821.

 Narración de un viaje inolvidable Con un(a) compañero(a) de clase, túrnense para hablar de experiencias sobre un viaje imaginario, parecidas a las descripciones que acaban de escuchar en **En contexto.** Deben cambiar las nacionalidades y los destinos. Usen expresiones de **En contexto** como modelo.

Indirect object pronouns

The concept of indirect objects

Most sentences have a subject and a verb. As you learned in **Capítulo 7,** many sentences also have a direct object or a pronoun that replaces the direct object (the direct object pronoun).

Subject	Verb	Direct Object	Subject	D.O.P.	Verb
Manny	compró	un boleto.	Manny	lo	compró.
Manny	*bought*	*a ticket.*	*Manny*		*bought it.*

Note below that some sentences also have an indirect object.

Subject	Indirect Object Pronoun	Verb	Direct Object	Indirect Object
Manny	le	compró	un boleto	a su esposa.
Manny		*bought*	*a ticket*	*for his wife.*

Indirect object pronouns refer to people already mentioned as indirect objects; that is, the pronoun tells *to whom* or *for whom* the action of the verb is performed.

To whom did he give the tickets?

Manny **le** dio los boletos **a su esposa.** *Manny gave the tickets **to his wife.***

Él **le** dio los boletos. *He gave the tickets **to her.***

For whom did he buy the souvenirs?

Manny **les** compró recuerdos **a sus hermanos.** *Manny bought souvenirs **for his brothers.***

Él **les** compró los recuerdos. *He bought the souvenirs **for them.***

Indirect object pronouns

In the preceding examples, the indirect object pronouns **le** and **les** replace the indirect object nouns **esposa** and **hermanos,** respectively.

Singular		Plural	
me	*to/for me*	**nos**	*to/for us*
te	*to/for you* (informal)	**os**	*to/for you* (informal: Spain)
le	*to/for you* (formal), *him, her*	**les**	*to/for you, them*

Note that indirect object pronouns are placed in the same positions as direct object pronouns.

1. Place the pronoun in front of the conjugated verb.

   —¿Marta **te dio** esa maleta? *Did Marta **give you** that suitcase?*

   —Sí. También **me compró** estos sombreros. *Yes. She also **bought me** these hats.*

2. In negative sentences, place the **no** in front of the pronoun.

   —Le di el boleto a mi esposo. *I gave my husband the ticket.*

   —¿Por qué **no nos** diste uno? *Why didn't you give us one?*

3. When the pronoun is used with an infinitive, a present participle, or an affirmative command, either place it before the conjugated verb or attach it to the infinitive, the present participle, or the command.

Le voy a escribir. Voy a escribir**le**.	*I'm going to write **to him**.*
Le estoy escribiendo ahora. Estoy escribiéndo**le** ahora.	*I'm writing **to him** now.*
¡Escríbe**le** ahora!	*Write **to him** now!*

Also note that since **le** and **les** can have different meanings, you may add the expressions **a él, a ella, a usted, a ellos, a ellas,** or **a ustedes** to the sentence for clarification or emphasis.

For clarification

—¿**Le** prometiste el viaje **a él o a ella?**   *Did you promise the trip **to him or her?***

—**Le** prometí el viaje **a ella.**   *I promised the trip **to her.***

For emphasis

—¿A quién **le** está comprando este recuerdo?   *For whom are you buying this souvenir?*

—Estoy comprándo**le** este recuerdo **a usted.**   *I'm buying this souvenir **for you.***

Indirect object pronouns are often used with the verbs **dar** *(to give)* and **decir** *(to say; to tell)*. Other verbs that frequently employ indirect object pronouns are:

escribir	*to write*
explicar	*to explain*
mandar	*to send*
ofrecer (zc)	*to offer*
pedir (i, i)	*to request; to ask for*
preguntar	*to ask a question*
prestar	*to lend*
prometer	*to promise*
recomendar (ie)	*to recommend*
regalar	*to give (as a gift)*
servir (i, i)	*to serve*

> A written accent is needed to mark the stressed vowel of a present participle or an affirmative command when an indirect object pronoun is attached to it.

> **Ofrecer,** like **conocer,** undergoes the change of **c** to **zc** in the **yo** form: **yo ofrezco. Pertenecer** *(to belong)* follows this pattern as well.

¿Recuerdas?

En una librería cerca de La Plaza de la Cultura compramos tarjetas postales para **mandarles a nuestros padres y amigos.** Luego tomamos un autobús a la Fortaleza de Ozama, desde donde vimos el Río Ozama.

¡A practicar!

9-6 **De viaje por el Caribe** Imagínate que vas de viaje por las islas del Caribe y quieres describir lo que haces allá. Completa las frases, usando el pronombre de objeto indirecto correcto.

> **Modelo**   Yo ___les___ escribo postales del Caribe. (a mis padres)

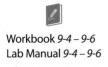

Cultura

A **guayabera** is a typical dress shirt worn by men, and lately by women in form of a dress, in the Caribbean. They are usually made of light-weight material and have four pockets embroidered on the front. Today, they come in different colors as well.

1. Yo _____ hago muchas preguntas al agente de viajes sobre Santo Domingo. (a él)

2. Él _____ recomienda visitar la Fortaleza Ozama, que fue la primera construcción militar de América. (a mí)

3. Yo _____ prometo comprar cosas típicas, como guayaberas dominicanas, cubanas y puertorriqueñas. (a ti)

4. Los padres de mis compañeros de viaje _____ piden fotos de La Habana. (a sus hijos)

5. En Cuba, el botones *(bellhop)* del hotel _____ recomienda tomar un helado en el Café Coppelia de La Habana. (a nosotros)

9-7 **En una tienda del aeropuerto** Teresita y Manny deciden a última hora comprarle un recuerdo de Cuba al hermano de Teresita. Llena los espacios en blanco, conjugando los verbos entre paréntesis (si es necesario) y colocando *(placing)* el pronombre de objeto indirecto en el lugar correcto.

> **Modelo**   **Dependiente:** ¿Puedo __recomendarles__ (recomendar/les) algo?

Dependiente: Hola, ¿en qué puedo _____ (1. servir/les)?

Teresita: Queremos _____ (2. comprar/le) un regalo a mi hermano.

Dependiente: Bien. ¿Qué tipo de regalo _____ (3. dar/le) Uds.?

Teresita: Pues, a mi hermano y a mí _____ (4. gustar/nos) mucho la ropa.

Dependiente: ¿Qué tipo de ropa _____ (5. gustar/les) a Uds., por ejemplo?

Teresita: Bueno, el año pasado él _____ (6. regalar/me) un sombrero de Perú y ahora quiero _____ (7. dar/le) a él un sombrero cubano.

Dependiente: Bueno, ¿a Ud. _____ (8. gustar/le) éste?

Teresita: ¡Sí! Y pienso que a él también _____ (9. ir a gustar/le). ¿Puedo _____ (10. probar/me) el sombrero? Mi esposo quiere _____ (11. regalar/me) uno a mí también.

Manny: Y tú _____ (12. poder/me) regalar una guayabera, ¿no?

9-8 **¡Ayúdanos!** Teresita y Manny están muy cansados después de su luna de miel y te piden ayuda. Explica lo que tú haces por ellos, y lo que ellos hacen por ti, usando el pronombre de objeto indirecto correcto.

> **Modelo**   (a ellos) hacer las reservas para el vuelo *Les hago las reservaciones para el vuelo.*

1. (a Teresita) bajar las maletas
2. (a ellos) llamar un taxi
3. (al agente) preguntar el horario
4. (a Teresita y Manny) prometer escribir una carta
5. (a nosotros) Teresita dar un beso
6. (a mí) Manny y Teresita regalar una guayabera cubana por ayudarlos

Workbook *9-4 – 9-6*
Lab Manual *9-4 – 9-6*

¡A conversar!

9-9 **Un esposo preocupado** Es el día del regreso, y Manny está preocupado. Responde a sus preocupaciones desde la perspectiva de Teresita, diciéndole a Manny que todo está bien. Sigue el modelo.

Modelo —¿Les compramos los regalos a nuestros amigos?
—*Sí, les compramos los regalos ayer. Les compramos las carteras.*
¿No te acuerdas?

1. ¡Ay! Me olvidé de decirles el número del vuelo a nuestros amigos.
2. ¡Caramba! Yo quería comprarme una camiseta de Cuba.
3. También quería comprarme una caja de puros *(cigars)* de aquí.
4. No le di una propina al camarero en el restaurante esta mañana.
5. Tenemos que mandarle una tarjeta postal a mi abuelo.
6. Tenemos que explicarle al agente de vuelos que llevamos mucho equipaje.

9-10 **¿Me puede ayudar?** Un turista en San Juan, Puerto Rico, habla con un policía y le pide ayuda. Trabajando en parejas, narren lo que dicen este turista (y otros) y cómo responde el policía. También deben ofrecer comentarios personales sobre la información.

Modelo El turista / preguntarle al policía: dónde está el Capitolio Viejo // El policía / decirle: en la Avenida Muñoz Rivera
El turista le pregunta al policía dónde está el Capitolio Viejo y el policía le dice que está en la Avenida Muñoz Rivera. Si voy a Puerto Rico, quiero ver el Capitolio Viejo.

1. el turista / preguntarle al policía: cuál es la moneda nacional de Puerto Rico // El policía / decirle: el dólar estadounidense
2. otro turista / preguntarle al policía: qué es El Morro // El policía / informarle: la fortaleza más famosa de Puerto Rico
3. varios turistas / preguntarle al policía: dónde está la Iglesia de San Francisco // El policía / decirles: en la Calle San Francisco
4. yo / preguntarle al policía: cuántas personas viven en San Juan // El policía / informarme: unas 500.000 personas
5. el policía / explicarnos: es fácil caminar por el Viejo San Juan // Nosotros / decirle: gracias
6. el policía / ofrecerles a muchos turistas: recomendaciones de restaurantes y cafés // Los turistas / pedirle: recomendaciones de hoteles también

Cultura

Because Puerto Rico is a commonwealth (**estado libre asociado** in Spanish) of the United States, no passport is needed when U.S. citizens travel to Puerto Rico. For the same reason, residents of Puerto Rico do not need a passport to enter any part of the United States.

9-11 **Preguntas personales** Hazle las siguientes preguntas sobre su vida personal a uno(a) de tus compañeros. Túrnense para contestarse las preguntas.

Tus amigos ¿Les hablas a tus amigos sobre tu vida personal? ¿Te ayudan tus amigos con algunos problemas? ¿Les ayudas a ellos con sus problemas? ¿Cuándo fue la última vez que un amigo te hizo un favor? ¿Les prestas dinero a tus amigos? ¿Por qué sí o por qué no?

Tus padres ¿Les haces muchos favores a tus padres? ¿Ellos te hacen favores a ti? ¿Qué tipo de favores? ¿Te escriben cartas o correos electrónicos de vez en cuando? ¿Les escribes a ellos? ¿Te hicieron una visita sorpresa alguna vez? ¿Qué pasó?

Double object pronouns

Sometimes you may want to use both direct and indirect object pronouns together in the same sentence. In this case, note that indirect object pronouns always precede direct object pronouns.

Indirect		Direct
me		
te		lo
le (se)	+	la
nos		los
os		las
les (se)		

In the examples below, notice that the indirect object pronouns **le** and **les** always change to **se** when they are used together with the direct object pronouns **lo, la, los,** and **las.**

Teresita **le** compró **un regalo a su hermano.**

Teresita bought a gift for her brother.

Se lo compró ayer en el aeropuerto.

She bought it for him yesterday in the airport.

También **le** compró **una camiseta a su madre.**

She also bought a shirt for her mother.

Teresita **se la** compró en una tienda en el centro.

Teresita bought it for her in a store downtown.

Also note that in a sentence with an infinitive or a present participle, pronouns may be placed before conjugated verbs or attached to the infinitive or present participle.

Teresita quiere comprar**le** un sombrero a Humberto.

Teresita wants to buy Humberto a hat.

Se lo va a comprar hoy.
Va a comprár**selo** hoy.

She's going to buy it for him today.

Se lo está comprando ahora.
Está comprándo**selo** ahora.

She is buying it for him now.

In the case of affirmative commands, the pronouns must be attached to the command form. Note that when two pronouns are attached, an accent mark is written over the stressed vowel.

Teresita, cómpra**selo** en esa tienda.

Teresita, buy it for him in that store.

¿Recuerdas?

Heinle/Cengage Learning

28 de junio. Esta mañana visitamos muchas iglesias, como la Capilla de Nuestra Señora de los Remedios. ¡No deberíamos haber llevado ropa tan informal a las iglesias! Por la tarde, fuimos al mercado de artesanías, en el Parque Colón, para comprar algunos recuerdos. Yo compré un anillo y unos aretes, y **se los di a Kate.** Luego, ella me compró un sombrero y una camiseta muy bonita.

¡A practicar!

9-12 ¿Qué hicieron Manny y Teresita en Cuba? Lee las siguientes preguntas. Subraya *(underline)* el objeto directo y haz un círculo alrededor del objeto indirecto. En tu respuesta, sustitúyelos por los pronombres de objeto directo e indirecto necesarios para hacer la oración más corta.

> **Modelo** ¿Les venden los agentes de viaje los boletos a los turistas?
> Sí, __se__ __los__ venden.

1. ¿Le explicó Manny a Teresita los detalles del viaje?
   Sí, __se__ __los__ explicó.

2. ¿Le compró Teresita una guayabera cubana a Manny?
   Sí, __se__ __la__ compró.

3. ¿Teresita y Manny nos trajeron un recuerdo a nosotros?
   Sí, __nos__ __lo__ trajeron.

4. ¿Les trajo Manny dos botellas de ron a sus amigos?
   Sí, __se__ __las__ trajo.

5. ¿Manny va a prestarte a ti su nueva guayabera?
   No, no __te la__ va a prestar.

6. ¿Le envió Manny las fotos a su familia?
   Sí, __se__ __las__ envió.

9-13 La mandona *(bossy one)* Teresita se pone muy mandona con Manny. Para cada situación, cambia el verbo a un mandato *(command)* de **tú.** Sustituye los objetos directos e indirectos por los pronombres necesarios.

> **Modelo** mandar la carta a mi mamá ¡*Mándasela!*

1. plancharme la blusa
2. servirnos el desayuno
3. mandar el dinero a Visa
4. prepararte las maletas
5. darles la comida a los perros
6. comprar una maleta nueva para mí
7. prometerme un regalo
8. prestarle el sombrero al tío Daniel

¡A conversar!

9-14 Preguntas y preguntas... Lee las preguntas que la madre de Manny le hace sobre el viaje y contéstalas usando pronombres de objeto directo e indirecto. ¡Sé *(Be)* creativo(a) con las explicaciones!

> **Modelo** ¿Compraste un regalo para tu padre?
> *Sí, mamá, se lo compré porque...*
> o *No, mamá, no se lo compré porque...*

1. ¿Trajiste las fotos de La Habana para mí?
2. ¿Le diste las gracias al recepcionista del hotel?
3. ¿Le regalaste las guayaberas a la familia de Teresita?
4. ¿Me trajiste el sombrero que te pedí?
5. ¿Te trajo Teresita tu pasaporte?
6. ¿Le explicaste el problema al señor de la aduana?
7. ¿Nos compraste recuerdos a tu padre y a mí?

9-15 Entrevista Hazle las siguientes preguntas a un(a) compañero(a). Intenta usar pronombres de objeto directo e indirecto cuando sea posible.

1. Cuando necesitas dinero para un viaje, ¿a quiénes se lo pides? ¿Te lo dan? ¿Se lo pides con mucha o con poca frecuencia?
2. Cuando vas de viaje, ¿a quiénes les compras regalos? ¿Qué cosas les compras? ¿A quiénes les compraste regalos la última vez que viajaste?
3. ¿Se te olvidó algo importante en un viaje? ¿Se te perdieron unas cosas?
4. Cuando estás en el aeropuerto, ¿haces muchas preguntas? ¿A quién se las haces? ¿Te dan respuestas importantes? ¿Te las explican claramente?
5. Cuando un amigo o familiar viene a visitarte a tu ciudad, ¿le ofreces cosas de tu casa? ¿Le preguntas si quiere ir a lugares especiales? ¿Le recomiendas actividades? ¿Le escribes instrucciones para ir a lugares? ¿Le sirves comida en tu casa?

Workbook *9-7 – 9-10*
Lab Manual *9-7 – 9-9*

Cuba, Puerto Rico y la República Dominicana

▶ Veamos los videos de Cuba, Puerto Rico y la República Dominicana para luego comentarlos.

1. ¿Qué pueden visitar en La Habana Vieja, Cuba? Describan La Habana Vieja.

2. ¿Qué es y qué representa el Fuerte de San Felipe del Morro en San Juan de Puerto Rico?

3. ¿Qué son «bacalaítos» y «piraguas» en Puerto Rico?

4. ¿Cuáles fueron los primeros edificios que hicieron los españoles en Santo Domingo, República Dominicana?

Heinle/Cengage Learning

See the *Workbook*, **Capítulo 9, 9-19–9-21** for additional activities.

Cuba

Población: 11.477.459 habs.

Área: 110.992 km², casi el tamaño de Pennsylvania

Capital: La Habana (2.400.300 habs.)

Moneda: el peso cubano

Lengua: el español

Puerto Rico

Población: 3.977.663 habs.

Área: 8.897 km², casi tres veces el tamaño de Rhode Island

Capital: San Juan (2.221.616 habs.)

Moneda: el dólar estadounidense

Lenguas: el español y el inglés

República Dominicana

Población: 9.794.487 habs.

Área: 48.582.477 km², el tamaño de New Hampshire y Vermont juntos

Capital: Santo Domingo (2.252.400 habs.)

Moneda: el peso dominicano

Lengua: el español

© iStockphoto.com/TexPhoto

Capitolio Viejo en San Juan, Puerto Rico

Historia Desde 1952, Puerto Rico mantiene el estatus de estado libre asociado *(territory with commonwealth status)* con respecto a los Estados Unidos. Esto significa que los puertorriqueños son ciudadanos *(citizens)* de los Estados Unidos, con los mismos derechos y deberes que los ciudadanos estadounidenses, excepto que tienen que residir en los Estados Unidos para poder votar en las elecciones presidenciales. Los puertorriqueños que residen en la isla de Puerto Rico votan para elegir a su gobernador(a) cada cuatro años.

¿Qué piensas del estatus de la isla de Puerto Rico con respecto a los EE.UU.?

La jungla de Wifredo Lam

Artes plásticas Wifredo Lam (1902–1982), de padre chino y madre de origen africano, europeo e indígena, es el artista cubano más reconocido mundialmente. Visitó y vivió en España, Francia, Martinica, Haití y nuevamente Cuba, donde comenzó a incluir elementos africanos en sus pinturas y a mezclarlos de manera abstracta con figuras humanas, animales y vegetales. Lam ganó muchos premios y sus obras están expuestas en museos como el Instituto de Arte de Chicago, el Museo de Arte de San Francisco, el Museo Guggenheim de New York, entre otros. En esta obra, «La jungla», aparecen figuras cubistas con máscaras africanas que se mezclan con la caña de azúcar *(sugar cane)* y el bambú.

¿Qué elementos culturales identificas en esta pintura?

Lugares mágicos Santo Domingo fue fundada *(was founded)* entre 1494 y 1498 por Bartolomé Colón, hermano de Cristóbal Colón. En el sector colonial, los edificios *(buildings)* importantes son la fortaleza Ozama, que fue la primera *(first)* construcción militar del Nuevo Mundo; el hospital de San Nicolás de Bari, que fue el primer hospital; y el Monasterio de San Francisco. En 1521 se construyó la primera catedral, y en 1538 se fundó la primera universidad de las Américas, con el nombre de Santo Tomás de Aquino.

¿Cuando se fundó tu universidad?

Fortaleza Ozama

 Visit it live on **Google Earth!**

Ritmos y música Los ritmos caribeños de las islas de Cuba, Puerto Rico y la República Dominicana tienen influencias de los instrumentos de percusión de los indígenas, de los instumentos de los españoles, como la guitarra y el violín, y de los ritmos e instrumentos africanos. De ellos salen los ritmos caribeños y latinoamericanos como el merengue, la bachata, la rumba, el son y la samba.

Juan Luis Guerra es uno de los más famosos cantantes dominicanos de los últimos treinta años. Por medio de su música, los ritmos de la bachata y del merengue se hicieron famosos en todo el mundo. Ahora el Grupo Aventura de Nueva York, cuyos *(whose)* padres son de origen dominicano y puertorriqueño, los interpreta con mucho éxito. Escuchen su canción «Dile al amor», que es un ritmo de bachata romántico. *Access the iTunes playlist on the* **Plazas** *website.*

¿Cuál es el tema de esta canción? ¿Te gusta el ritmo del merengue?

¡Busquen en Internet!
1. Historia: Puerto Rico, «estado libre asociado»
2. Artes plásticas: Wifredo Lam, arte cubano
3. Lugares mágicos: Santo Domingo, República Dominicana
4. Ritmos y música: ritmos caribeños, Juan Luis Guerra, Grupo Aventura

En el Hotel Nacional de Cuba, La Habana

In this section, you will learn vocabulary and expressions associated with lodging by observing scenes from Teresita and Manny's honeymoon in La Habana. When you make hotel reservations, what questions do you ask?

Sustantivos

el aire acondicionado *air-conditioning*

el ascensor *elevator*

la cama sencilla (doble) *single (double) bed*

el hotel de cuatro estrellas *four-star hotel*

la llave *key*

la recepción *front desk*

el (la) recepcionista *receptionist*

la reserva *reservation*

Adjetivos

arreglado(a) *neat, tidy*

cómodo(a) *comfortable*

limpio(a) *clean*

lujoso *luxurious*

privado(a) *private*

sucio(a) *dirty*

Verbos

quedarse *to stay*

quejarse (de) *to complain (about)*

registrarse *to register*

reservar *to reserve*

subir(se) (a) *to go up, to climb, to get on*

Palabras útiles

la caja fuerte *security box*	**las comodidades** *amenities, features*
el centro de negocios *business center*	**el servicio de cuarto/ habitación** *room service*

Palabras útiles are presented to help you enrich your personal vocabulary. The words here will help you talk about visits to hotels.

Heinle/Cengage Learning

¡A practicar!

9-16 **¿Cierto o falso?** Según lo que aprendiste del viaje de Teresita y Manny, indica si las siguientes oraciones son **ciertas** o **falsas.** Si la oración es falsa, corrígela.

> **Modelo**   Teresita y Manny piden dos cuartos para dos personas.
> *Es falso. Piden un cuarto para dos personas.*

1. Teresita y Manny no necesitan un baño privado.
2. El cuarto tiene aire acondicionado porque es un hotel de cuatro estrellas.
3. El cuarto cuesta 100 dólares al día.
4. Hay otro cuarto con cama doble más barato en el hotel.
5. Para llegar a su cuarto, Teresita y Manny tienen que subir la escalera.
6. El cuarto no estaba arreglado cuando Teresita y Manny entraron.

9-17 **Definiciones** Busca las palabras del vocabulario que corresponden a las definiciones que están a continuación. Luego compara tu lista con la de un(a) compañero(a) de clase. ¿Están de acuerdo?

> **Modelo**   Nosotros dormimos en esta cosa.
> *la cama*

1. Es una cama para una persona.
2. Entramos en esto para subir o bajar.
3. En este lugar uno se registra.
4. Es un baño que no hay que compartir con otros.
5. Es un hotel muy lujoso.
6. Es un objeto de metal que abre la puerta.
7. Cuando nadie limpia el cuarto, el cuarto está...

9-18 **Una visita al Hotel Nacional de Cuba** Completa el párrafo con las palabras apropiadas.

arreglados	doble	recepcionista
ascensor	privados	reserva
cuartos	quedarse	sencilla

La familia Sanz llega al Hotel Nacional de Cuba. El padre habla con el _____ y le dice que tiene una _____. Van a _____ tres días. Pide dos _____, uno con cama _____ para los padres y uno con dos camas _____ para la abuela y el niño. Toman el _____ y llegan a sus cuartos. Los dos cuartos tienen baño _____. Cuando llegan a los cuartos, están _____ y toda la familia está contenta.

Hotel Nacional de Cuba

© Susana Ortega/Shutterstock.com

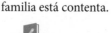

Workbook *9-11 – 9-12*
Lab Manual *9-10 – 9-12*

¡A conversar!

9-19 **¡Bienvenido a La Habana!** Habla con un(a) compañero(a) de clase. Imagínense que una persona es el (la) cliente(a) que busca una habitación en un hotel y la otra es el (la) recepcionista.

Cliente(a)
1. Greet the receptionist.
3. Ask for a single room with a private bath.
5. Find out how much the room costs.

7. Ask about the hotel amenities.
9. Describe the kind of room you want.

11. Express your appreciation.

Recepcionista
2. Return the greeting.
4. Ask how many days he/she is going to stay.
6. Inform your guest about your various room rates.
8. Answer your guest's questions.
10. Respond, then say the number and floor of the room.
12. Respond, then say something to make your guest feel welcome.

9-20 **Una visita al Apartahotel Morasol** Lee la información sobre el Apartahotel Morasol, y luego trabaja con un(a) compañero(a) para presentar una escena en el hotel. Una persona es el (la) recepcionista y la otra es el (la) cliente(a). La conversación debe tener de 8 a 10 preguntas con respuestas. Si prefieren trabajar en un grupo de tres, dos personas pueden ser los (las) clientes(as).

quenoteles.com) Hoteles **de calidad a buen precio**

Hoteles en Puerto Rico   Hoteles en Las Palmas

Apartahotel Morasol Suites

HOTEL:
Este complejo de apartamentos de primera categoría cuenta con cuatro plantas y un total de 88 viviendas, de ellas 65 apartamentos y 15 suites. El complejo también cuenta con cafetería, bar, sala de televisión y restaurante. A su disposición también estarán los servicios de habitaciones y de lavandería.

SITUACIÓN:
Este complejo de apartamentos está situado frente al puerto, en la zona turística y a sólo 300 metros de la playa. Muy cerca hay comercios, bares, restaurantes y discotecas, así como una parada de transporte público.

HABITACIÓN:
Los confortables apartamentos tienen salón-dormitorio, baño, secador de pelo, teléfono de línea directa, TV vía satélite o por cable, cocina, nevera, cama doble, calefacción central y caja fuerte.

DEPORTES:
En la parte exterior del hotel hay una piscina con bar. Este complejo pone a su disposición un jacuzzi y un solárium.

OTRAS:
El desayuno y el almuerzo se ofrecen en forma de bufet. A mediodía podrá elegir, además, entre menú o menú a la carta, y a la hora de la cena a la carta.

DIRECCIÓN:
Morasol Suites
Puerto Base s/n
35135 Puerto Rico

Heinle/Cengage Learning

Cultura

Un apartahotel is an accommodation that includes apartments rather than simple hotel rooms but rents by the night or week as a hotel room would. Many condominium rentals in the United States would be comparable to an **aparthotel**.

9-21 **Planes para un viaje** Basándote en la información sobre el Apartahotel Morasol, decide si quieres planear unas vacaciones allí. Explícale a un(a) compañero(a) por qué quieres quedarte allí o por qué no, y pregúntale a él/ella si quiere ir o no.

¡ASÍ SE DICE!

Prepositions of location, adverbs, and relevant expressions

In this section, you will learn how to ask for and give street directions. Look at the map below and read the accompanying description of El Viejo San Juan in Puerto Rico with the prepositions of place highlighted.

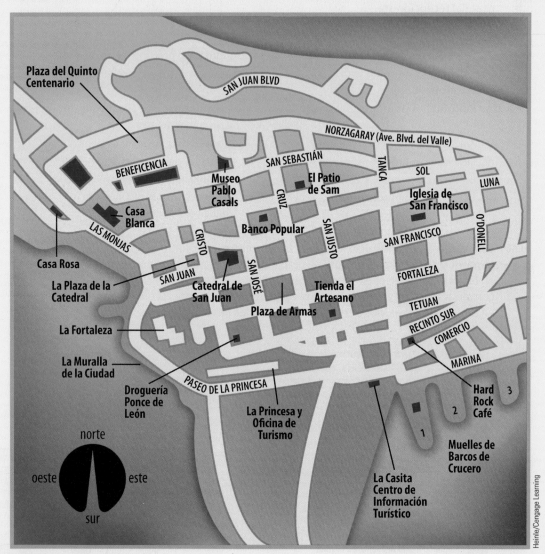

Heinle/Cengage Learning

El mapa

La Plaza de Armas está en el centro de la ciudad. **Hacia** *(Toward)* el **sur** *(south)* de la ciudad, el Paseo de la Princesa está **detrás de** *(behind)* la Muralla de la Ciudad *(City Wall)*. En el **norte** *(north)* de la ciudad, el restaurante el Patio de Sam está **entre** *(between)* las calles San Justo y Cruz. Los muelles de barcos de crucero están **enfrente de** *(across from)* la calle Marina. La Plaza de la Catedral está **a la izquierda de** *(to the left of)* la Catedral de San Juan. La Catedral de San Juan está **a la derecha de** *(to the right of)* la Plaza de la Catedral. El mar está **al lado de** *(next to)* los muelles de barcos de crucero. El Museo Pablo Casals está **cerca del** *(near the)* Patio de Sam. San Juan Bulevar está **delante de** *(in front of)* la calle Norzagaray. El aeropuerto está **lejos de** *(far from)* la ciudad.

Asking for directions

In the following dialogue, Manny asks for directions from the Plaza de Armas to the Casa Blanca.

Manny:	Perdón, ¿dónde está la Casa Blanca?
	Excuse me, where is the Casa Blanca?
Señor:	Está en la calle Monjas. **Suba tres cuadras** por la calle San José. **Doble** en la calle Sol, **cruce** la calle y **siga derecho.**
	It's on Monjas Street. Go up three blocks on San José Street. Turn on Sol Street, cross the street, and continue straight ahead.
Manny:	Eso es **hacia** el **este,** ¿verdad?
	That is going toward the east, right?
Señor:	No, es **hacia** el **oeste.**
	No, it's toward the west.
Manny:	Muchísimas gracias.
	Thank you very much.

Suba, doble, cruce, and **siga** are formal commands that you will be learning later in this chapter.

The following are additional words and phrases related to talking about location and giving directions:

Otros lugares

la estación de trenes	*train station*
el puerto	*port*
la terminal de autobuses	*bus station*

Verbos

cruzar	*to cross*
doblar	*to turn*
parar(se)	*to stop*
seguir (i, i)	*to continue*
subir(se) (a)	*to go up*

Medios de transporte

a pie	*on foot*
en autobús	*by bus*
en barco	*by boat*
en bicicleta	*by bike*
en coche	*by car*
en metro	*by subway*
en taxi	*by taxi*
en tren	*by train*

Nota lingüística

In Spain, it is more common to say **recto** *(straight ahead)*, whereas in Latin America, **derecho** is more commonly used. Likewise in Spain, it is more common to say **la manzana,** instead of **la cuadra,** for *block.*

Nota lingüística

In Puerto Rico, buses are called **las guaguas;** in Argentina and El Salvador, **los colectivos;** in Mexico, **los camiones;** and in other countries like Cuba, the terms **el ómnibus** and **el microbús** are common.

¡A practicar!

9-22 **¿Cierto o falso?** Mira el mapa de la página 302 y lee las oraciones para ver si son **ciertas** o **falsas.** Si una oración es falsa, corrígela.

1. La Plaza de la Catedral está a la derecha de la Catedral de San Juan.
2. Los muelles de barcos de crucero están lejos de la Casa Rosa.
3. El Banco Popular está al norte de la ciudad.
4. La casita centro de información turística está cerca de la Plaza del Quinto Centenario.
5. La calle San Justo está entre la calle Cruz y la calle Tanca.
6. La Plaza de la Catedral está al oeste de la Iglesia de San Francisco.

9-23 **Lugares y transporte** Usa una palabra del vocabulario para completar las siguientes oraciones. Luego compara tus respuestas con las de un(a) compañero(a). ¿Están de acuerdo?

1. Tengo mucha prisa; no quiero tomar el autobús y no tengo tiempo para ir a pie. Voy a pedir un _____.
2. Compré ayer un boleto para el tren que sale a las 5:00. ¿Dónde está la _____?
3. No sé dónde está la estación, pero tengo aquí un _____ de la ciudad. Podemos mirarlo, si quieres.
4. Voy de San Juan a Ponce en autobús. Pero no sé dónde está la _____.
5. Uy, hay mucho tráfico. Yo quiero cruzar la ciudad por debajo de la tierra. Voy _____.

> **Cultura**
> Ponce is the second-largest city in Puerto Rico and is a popular tourist destination.

9-24 **Opuestos (Opposites)** Dos amigos están hablando de dónde están varios lugares, pero uno está muy confundido. Busca la respuesta con la palabra opuesta para contestar cada pregunta.

_____ 1. ¿El hotel está cerca de la estación de trenes?
_____ 2. ¿El restaurante está a la izquierda del museo?
_____ 3. ¿Ponce está al norte de San Juan?
_____ 4. ¿Caminamos hacia el este?
_____ 5. ¿El banco está enfrente de la terminal de autobuses?
_____ 6. ¿Seguimos derecho para ir a la catedral?

a. No, hacia el oeste.
b. No, está lejos.
c. No, está detrás.
d. No, está al sur.
e. No, doblamos aquí.
f. No, a la derecha.

Calle del Viejo San Juan

Workbook *9-13 – 9-15*
Lab Manual *9-13 – 9-14*

¡A conversar!

9-25 **¿Dónde está?** Trabajas en una oficina de turismo en el Viejo San Juan y tienes que indicarle a un(a) compañero(a) de clase dónde están los siguientes lugares en el mapa de la página 302. Usa **al lado de, cerca de, delante de, detrás de, enfrente de, entre** y **lejos de.**

> **Modelo**   el aeropuerto
> *El aeropuerto está lejos del centro de la ciudad.*

1. la Plaza del Quinto Centenario
2. el Patio de Sam
3. el Banco Popular
4. la droguería Ponce

5. la Catedral de San Juan
6. la Calle San Francisco
7. el Museo Pablo Casals
8. la Fortaleza

9-26 **¿Te gusta el hotel?** Vas a hacer un viaje con un(a) amigo(a) y quieres recomendarle un hotel. Tienes una foto de un cuarto, pero hablas con tu amigo(a) por teléfono y él/ella no puede verla. Trabaja con un(a) compañero(a) para decidir si les gusta el cuarto o no. Una persona mira la foto del cuarto, pero la otra no la ve. La primera persona tiene que decirle a la otra dónde están las cosas y la segunda persona tiene que dibujar el cuarto. Al terminar la descripción, compara el dibujo con la foto. Indica dónde están las siguientes cosas e incluye tanta información como sea posible.

© Steve Rosset/Shutterstock.com

> **Modelo**   las lámparas
> *Una lámpara está entre las camas, la otra lámpara está cerca de la ventana y la otra está encima del escritorio.*

las camas	la mesa de noche
las mesa	el cuadro
el televisor	la cómoda

9-27 **Una comparación** Piensa en el cuarto de hotel ideal para ti y compáralo con el cuarto de la foto. Habla con un(a) compañero(a) e indica dónde están las cosas importantes en cada cuarto. Explícale dónde está tu hotel favorito diciendo, por ejemplo, si está cerca de la playa, lejos de la universidad, al norte o al sur de donde vives ahora, etcétera.

Formal commands and negative *tú* commands

In **Capítulo 4**, you learned how to form informal affirmative commands. In this section, you will learn how to form affirmative and negative formal commands and negative **tú** commands.

I. Formal commands

When we give advice to others or ask them to do something, we often use commands, such as *Take bus No. 25* and *Give me your address*. Spanish speakers use formal commands when they address people as **usted** or **ustedes**.

To form formal commands for most Spanish verbs, drop the **-o** ending from the present tense **yo** form and add the following endings to the verb stem:

  -e/-en for **-ar** verbs

  -a/-an for **-er** and **-ir** verbs

To form the negative, simply place **no** before the verb.

	Infinitive	Present-tense *yo* form	*usted*	*ustedes*
-ar verbs	hablar	hablo	(no) habl**e**	(no) habl**en**
-er verbs	volver	vuelvo	(no) vuelv**a**	(no) vuelv**an**
-ir verbs	venir	vengo	(no) veng**a**	(no) veng**an**

Vengan a San Juan a visitarme pronto.   *Come to San Juan to visit me soon.*

No olvide mi dirección.   *Don't forget my address.*

Note that verbs ending in **-car, -gar,** and **-zar** have a spelling change: the **c** changes to **qu, g** changes to **gu,** and **z** changes to **c,** respectively.

Infinitive	Present-tense *yo* form	*usted*	*ustedes*
sacar	saco	sa**que**	sa**quen**
llegar	llego	lle**gue**	lle**guen**
comenzar	comienzo	comien**ce**	comien**cen**

Saque una foto del parque.   *Take a picture of the park.*

Lleguen a tiempo, por favor.   *Arrive on time, please.*

No comience a caminar todavía.   *Don't start walking yet.*

There are several irregular verbs:

Infinitive	*usted*	*ustedes*
dar	**dé**	**den**
estar	**esté**	**estén**
ir	**vaya**	**vayan**
saber	**sepa**	**sepan**
ser	**sea**	**sean**

Sean buenos estudiantes.   *Be good students.*

Vaya al banco.   *Go to the bank.*

In affirmative commands, attach reflexive and object pronouns to the end of the command, thus forming one word. If the command has three or more syllables, write an accent mark over the stressed vowel. In negative commands, place the pronouns separately in front of the verb.

Póngase el abrigo.	***Put on** your overcoat.*
No se ponga el abrigo.	***Don't put on** your overcoat.*
Cómprelo ahora.	***Buy it** now.*
No lo compre mañana.	***Don't buy it** tomorrow.*

II. Negative *tú* commands

To form negative informal commands, you'll be using the same strategy as you would to form either affirmative or negative formal commands.

As you recall from the previous section, to form both affirmative and negative formal commands for most Spanish verbs, you drop the **-o** ending from the present-tense **yo** form and add the following endings to the verb stem: **-e/-en** for **-ar** verbs and **-a/-an** for **-er** and **-ir** verbs. Negative informal commands drop the **-o** ending from the present-tense **yo** form and add the following endings to the stem: **-es/-éis** for **-ar** verbs and **-as/-áis** for **-er** and **-ir** verbs. Remember that there are also spelling changes for verbs ending in **-car, -gar,** and **-zar** and that there are irregular verbs such as **dar, estar, ir, saber,** and **ser.**

The chart below, graphically illustrates the similarities among the negative informal command forms and all the formal command forms.

Infinitive	Informal command *(tú/vosotros)* (+)	(−)	Formal command *(usted/ ustedes)* (+)	(−)
hablar	habla	no hables	hable	no hable
	hablad	no habléis	hablen	no hablen
comer	come	no comas	coma	no coma
	comed	no comáis	coman	no coman
vivir	vive	no vivas	viva	no viva
	vivid	no viváis	vivan	no vivan
dormir	duerme	no duermas	duerma	no duerma
	dormid	no durmáis	duerman	no duerman
ir	ve	no vayas	vaya	no vaya
	id	no vayáis	vayan	no vayan

Nota lingüística

Remember that the **vosotros** form is generally used in Spain when addressing a group of friends. **Ustedes** is considered the more formal manner of address in Spain but is generally used when addressing groups in Latin America both formally and informally.

As you can see from the chart above, only the affirmative informal commands (**habla/hablad, come/comed, vive/vivid, duerme/dormid,** and **ve/id**) deviate from the endings used in the remaining command forms.

Note that, as with negative formal commands, we place reflexive or object pronouns before the negated verb.

—No **te** olvides de escribirme.	*Don't forget to write me.*
—No **le** hables.	*Don't talk to him.*
—¿Debo llamar**te**?	*Should I call you?*
—No, no **me** llames.	*No, don't call me.*

¡A practicar!

9-28 Consejos para el hermano de Manny El hermano de Manny va a San Juan para visitar a la pareja. Con el infinitivo, forma mandatos negativos informales que Manny le ofrece a su hermano.

1. No _____ (**decir**) tonterías (*silly things*) en la aduana.
2. No _____ (**hablar**) tanto con los asistentes de vuelo en el avión.
3. No _____ (**comer**) en el aeropuerto.
4. No _____ (**dormirte**) en el autobús.
5. No _____ (**contestar**) el teléfono en inglés.
6. No _____ (**hacer**) muchas preguntas sobre la habitación en el hotel.

9-29 Para llegar al laboratorio Acabas de llegar al aeropuerto de Mayagüez, Puerto Rico, con otro estudiante de tu universidad. Uds. van a reunirse con un profesor de la Universidad de Puerto Rico, para hablar sobre las investigaciones de su laboratorio. Encuentras un mensaje telefónico con direcciones al laboratorio. Escucha la información y dibuja un mapa de la ruta.

AUDIO CD
CD 3, TRACK 8

Universidad de Puerto Rico–Mayagüez

9-30 Consejos para turistas en Santo Domingo Completa los mandatos de un guía de turistas en la ciudad de Santo Domingo, usando mandatos formales o informales, según lo indicado.

Modelo (ustedes) caminar para ver todo lo que ofrece la ciudad
Caminen para ver todo lo que ofrece la ciudad.
(tú) caminar para ver todo lo que ofrece la ciudad
Camina para ver todo lo que ofrece la ciudad.

1. (tú) salir temprano del hotel
2. (usted) ir a un mercado
3. (tú) no sacar fotos sin pedir permiso
4. (tú) descansar un poco por la tarde
5. (ustedes) no subirse a un autobús sin saber la ruta
6. (usted) no andar en bicicleta; es muy peligroso
7. (tú) pararse si pasa una procesión
8. (usted) no cruzar las calles sin mirar en las dos direcciones
9. (ustedes) ser amables con la gente de la ciudad, y ellos los van a tratar bien a Uds.

Workbook *9-16 – 9-18*
Lab Manual *9-15 – 9-17*

¡A conversar!

9-31 **Sugerencias (Suggestions)** Manny y Teresita te explican cómo se sienten. Dales sugerencias en forma de mandatos. Primero haz el ejercicio con mandatos informales para cada situación. Luego compara tus sugerencias con las de un(a) compañero(a). ¿Tienen mucho en común? Luego, hazlo otra vez, usando las formas de **Ud.** o **Uds.**

Modelo Estoy cansado de caminar y tomar el autobús.
   a. *¡Toma un taxi entonces!*
   b. *¡Tome Ud. un taxi entonces!*

1. Tengo muchas ganas de comer comida china.
2. Queremos quedarnos en un hotel lujoso.
3. Necesito cambiar dinero. ¿Dónde está el banco?
4. Tengo ganas de beber algo.
5. Necesito comprar regalos para mi familia.
6. Necesitamos confirmar nuestro vuelo.

Nota lingüística

You can soften commands to make them sound more like requests than demands, by using **usted** or **ustedes** after the command form or by adding **por favor: Pasen ustedes por aquí,** or **Pasen por aquí, por favor.** *(Come this way, please.)* **No hable usted tan rápido.** or **No hable tan rápido, por favor.** *(Don't speak so fast, please.)*

9-32 **Un agente de turismo** Trabajen en grupos de tres personas. Una persona es un(a) agente de turismo. Los otros estudiantes van a presentarle una situación que contiene una necesidad o un problema que tienen. El (La) agente entonces va a ofrecerles consejos en forma de mandatos. Hagan el ejercicio usando primero mandatos formales y luego mandatos informales.

Modelo **E1:** *No puedo descansar en mi habitación.*
   E2: *Busque/Busca otro hotel.*
   E3: *Mi compañero de cuarto y yo nunca podemos desayunar antes de salir por la mañana.*
   E2: *Levántense más temprano.*

9-33 **En el balneario** Trabajen en grupos de 3 ó 4 personas. Una persona trabaja en un balneario en Puerto Rico, las otras son clientes(as) que necesitan ayuda. Un(a) cliente(a) es adulto(a) y la(s) otra(s) persona(s) es (son) jóvenes. Los (Las) clientes(as) le hacen preguntas al (a la) empleado(a) (*employee*) y él (ella) contesta con mandatos formales e informales apropiadamente. Después de hacer varias preguntas y respuestas, cambien papeles. Pueden usar la lista a continuación para formular sus preguntas.

bailar	escuchar música
beber algo	hacer ejercicio
comer	ir al museo
comprar regalos	llegar al restaurante
conseguir información turística	nadar
correr	tomar un taxi al centro

Modelo **E1:** *Señor, me llamo Paco. Quiero nadar.*
   E2: *Paco, nada en la piscina. Está al lado del gimnasio. No nades en el mar.*
   E3: *Señor, ¿cómo se llega a la estación de trenes?*
   E2: *Señora, siga derecho y doble a la izquierda en la calle Colón.*

¡A VER!

El Viejo San Juan En este segmento del video, Valeria, Antonio y Javier están en la ciudad de San Juan. Valeria va de compras mientras Javier y Antonio visitan una agencia de viajes.

Antes de ver

Expresiones útiles Las siguientes son expresiones nuevas que vas a escuchar en el video.

Me doy cuenta de	*I realize*
¿Te perdiste?	*Did you get lost?*
Será que le duele la mano	*Her hand probably hurts*
Algo no salió bien	*Something didn't go well*

Enfoque estructural The following are expressions in the video with indirect object pronouns:

Antonio: Javier está planeando ir a vivir a otro país. Todavía no sabe dónde. Estamos leyendo sobre diferentes lugares que **le** interesan para establecer su agencia de ecoturismo.

Javier: **Me** gustaría tomar un avión a Centroamérica.

Valeria: *Me duelen los brazos de tanto cargar bolsas.*

Antonio: ¡Será que **le** duele la mano de tanto usar la tarjeta de crédito!

1. **Recordemos** ¿Quieres visitar muchos lugares exóticos? Haz una lista de los lugares que quieres visitar en los próximos cinco años. Incluye el modo de transporte que vas a usar para esos viajes. Luego compara tu lista con la lista de un(a) compañero(a). ¿Tienen mucho en común?

2. **Practiquemos** Trabajando con un compañero de clase, explica los usos de los pronombres de objeto indirecto en las oraciones de **Enfoque estructural.** Por ejemplo, ¿por qué se necesita un pronombre de objeto indirecto con los verbos gustar y doler?, y en la última frase, ¿a quién se refiere **le**?

3. **Charlemos** Describe a un compañero(a) los preparativos que haces para viajar a algún destino exótico. ¿Les pides permiso, dinero o el uso del coche a tus padres? ¿Les dices a tus amigos tus planes, o no le dices nada a nadie? ¿Buscas la ayuda de una agencia de viajes o haces todo por Internet?

Después de ver

1. **Planes para un viaje** En el video, Javier habla de sus planes para un viaje. Lee las siguientes oraciones y pon el número apropiado en el espacio para indicar el orden cronológico de los planes de Javier.

_____ Pienso recorrer la costa pacífica de Costa Rica en bicicleta.

_____ Voy a visitar Belice, Honduras y Costa Rica.

_____ Voy a tomar un tren a Machu Picchu.

_____ Voy a tomar un avión a Centroamérica.

_____ Voy a tomar un avión a Cusco.

2. **¡Valeria está perdida!** En el video Valeria se perdió en San Juan mientras iba de compras y tuvo que pedirle ayuda a una señora. Ahora imagínate que tú eres la persona que la está ayudando. Completa tu conversación con Valeria poniendo los verbos en la forma correcta del mandato formal.

Heinle/Cengage Learning

Valeria: Señora, ¿cómo hago para llegar a la Plaza de la Rogativa?

Señora: No 1. _____ (preocuparse), es muy fácil. De esta esquina, 2. _____ (caminar) tres cuadras. De allí, 3. _____ (doblar) a la izquierda y 4. _____ (seguir) tres cuadras más.

Valeria: Gracias.

 Entre nosotros En el video, vemos como Valeria se perdió en San Juan. Explícale a un(a) compañero(a) sobre la última vez que te perdiste en una ciudad grande. ¿Buscaste ayuda cuando te diste cuenta de que estabas perdido(a)? ¿Llamaste a alguien por teléfono? ¿Pediste ayuda de alguien? ¿Estabas solo(a)? ¿Cómo pudiste resolver la situación? ¿Estabas muy preocupado(a), nervioso(a) o enojado(a)?

 Presentaciones Como ya sabes, no es nada agradable perderse en un lugar que no conoces. ¿Cómo puedes ayudar a los nuevos estudiantes para que ellos no se pierdan cuando llegan a tu universidad? Trabaja con dos compañeros(as) de clase y preparen una guía para que los nuevos estudiantes de tu universidad no se pierdan. Su guía debe incluir cinco mandatos sobre lo que uno debe hacer para no perderse.

 See the *Lab Manual,* **Capítulo 9, 9-21– 9-22** for additional activities.

Antes de leer

Strategy: Using format clues

Printed material often contains different kinds of cues that can help you skim, scan, and guess meaning. For example, some words and phrases appear in large, boldface, or italic print to attract the reader's attention; some words are repeated several times to persuade the reader; and other words appear together with a graphic design to help the reader remember a particular concept. Before reading the selection, consider and discuss the following:

1. What is the title of the selection? Which headings stand out the most?
2. What words are repeated?
3. What do the photographs show?
4. The selection presents information in various sections; what are these sections?

Ofertas de viaje

Cognados Escribe cinco cognados y sus significados.

Detalles A medida que lees las secciones, contesta las siguientes preguntas.

1. ¿Cuál es el país que se menciona en la lectura?
2. ¿Cuál es el tema principal de la lectura?
3. ¿A qué tipo de lectores (*readers*) está dirigida la lectura?

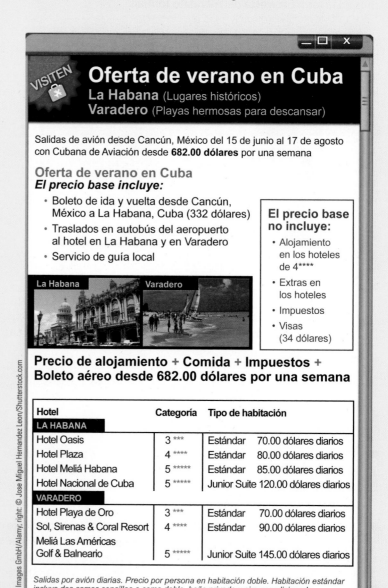

Left: © Arco Images GmbH/Alamy; right: © Jose Miguel Hernandez Leon/Shutterstock.com

VISITEN

Oferta de verano en Cuba
La Habana (Lugares históricos)
Varadero (Playas hermosas para descansar)

Salidas de avión desde Cancún, México del 15 de junio al 17 de agosto con Cubana de Aviación desde **682.00 dólares** por una semana

Oferta de verano en Cuba
El precio base incluye:

- Boleto de ida y vuelta desde Cancún, México a La Habana, Cuba (332 dólares)
- Traslados en autobús del aeropuerto al hotel en La Habana y en Varadero
- Servicio de guía local

El precio base no incluye:

- Alojamiento en los hoteles de 4****
- Extras en los hoteles
- Impuestos
- Visas (34 dólares)

La Habana   Varadero

Precio de alojamiento + Comida + Impuestos + Boleto aéreo desde 682.00 dólares por una semana

Hotel	Categoría	Tipo de habitación	
LA HABANA			
Hotel Oasis	3 ***	Estándar	70.00 dólares diarios
Hotel Plaza	4 ****	Estándar	80.00 dólares diarios
Hotel Meliá Habana	5 *****	Estándar	85.00 dólares diarios
Hotel Nacional de Cuba	5 *****	Junior Suite	120.00 dólares diarios
VARADERO			
Hotel Playa de Oro	3 ***	Estándar	70.00 dólares diarios
Sol, Sirenas & Coral Resort	4 ****	Estándar	90.00 dólares diarios
Meliá Las Américas Golf & Balneario	5 *****	Junior Suite	145.00 dólares diarios

Salidas por avión diarias. Precio por persona en habitación doble. Habitación estándar incluye dos camas sencillas o cama doble, baño privado y aire acondicionado. Habitación junior suite incluye cuatro camas sencillas o dos camas dobles, baño privado, refrigerador pequeño y aire acondicionado. (Para 4 personas)

Después de leer

A escoger. Después de leer el texto, contesta las siguientes preguntas.

1. En Cuba, ¿dónde están las playas hermosas?
    a. en Varadero
    b. en La Habana
    c. en La Habana Vieja

2. ¿Qué incluye el pago de 332.00 dólares?
    a. un hotel de tres estrellas en La Habana
    b. un hotel de tres estrellas en Varadero
    c. un boleto de ida y vuelta de México a La Habana

3. El precio base incluye:
    a. boleto, traslado al aeropuerto y visas
    b. boleto, traslado al aeropuerto y servicio de guía local
    c. boleto, traslado al aeropuerto y extras en el hotel

4. El precio base no incluye:
    a. las visas, los impuestos y los extras en los hoteles
    b. las visas, el servicio de guía local y los impuestos
    c. las visas, el traslado al aeropuerto y los impuestos

¿Cierto o falso? Indica si las siguientes oraciones son **ciertas** o **falsas**. Corrige las oraciones falsas.

1. _____ Usted puede visitar Cuba desde 682 dólares por una semana.

2. _____ El hotel Meliá Habana tiene 4 estrellas y cuesta 80.00 dólares.

3. _____ En Varadero, el hotel Playa de Oro tiene cinco estrellas y cuesta 90.00 dólares.

4. _____ La habitación estándar incluye dos camas sencillas o una cama doble, baño privado y aire acondicionado.

5. _____ La habitación Junior Suite incluye cinco camas sencillas o dos camas dobles, baño privado, refrigerador grande y aire acondicionado. (Para 6 personas).

 ¡A conversar! Con cuatro de sus compañeros de clase comenten y diseñen un anuncio para dar a conocer el próximo viaje que ofrece su universidad a los estudiantes de español. Comenten los siguientes puntos:

- Línea aérea
- Tipo y precio del boleto
- Tipo y cantidad de equipaje
- Tipo y precio del hotel
- Tipo de cuarto
- Atracciones turísticas y restaurantes

El anuncio debe atraer la atención de los estudiantes. ¡Usen su creatividad y sean orginales! Ustedes pueden mencionar que los precios del viaje son muy económicos, que los lugares que van a visitar son totalmente increíbles o que las clases de lenguas son las más dinámicas del país. Presenten el anuncio a toda la clase. Los estudiantes van a decidir el lugar que quieren visitar.

¡A ESCRIBIR!

Strategy: Using commands to give directions

If you're traveling in a Spanish-speaking country or city, chances are you might need to ask for directions. In addition, you might even have to give directions! The most important element of explaining to someone how to get from one place to another is accuracy. If you explain your directions clearly and concisely, people will be able to follow them easily.

Here are six basic requirements for giving directions to a place:

1. Choose the easiest route.
2. Be very clear in your directions.
3. Give the directions in chronological order.
4. Use linking expressions such as: **Primero..., Luego..., Después de eso..., Entonces..., Usted debe..., Después..., Finalmente...**
5. Identify clearly visible landmarks such as: **la avenida** *(avenue)*, **el bulevar** *(boulevard)*, **la calle** *(street)*, **el camino** *(road)*, **la colina** *(hill)*, **el cruce de caminos** *(intersection)*, **el edificio** *(building)*, **el letrero** *(sign)*, **el puente** *(bridge)*, **el semáforo** *(traffic light)*.
6. When possible, include a sketch of the route.

Task: Giving directions from the airport to your house or a hotel

Paso 1 Vas a escribir una composición en que le explicas a un viajero hispanohablante cómo ir del aeropuerto de tu ciudad hasta tu residencia o hasta un hotel de tu ciudad. Antes de empezar, vuelve a leer los seis puntos y el párrafo anterior.

Paso 2 Dibuja un mapa de la ruta a seguir, mientras escribes las direcciones.

Paso 3 Escribe un párrafo siguiendo el modelo anterior e incluyendo los seis puntos. Emplea mandatos formales.

_____

_____

_____

_____

_____

_____

_____

_____

_____

Paso 4 Repasa y corrige tu composición. Puedes consultar la siguiente lista:

_____ easiest route _____ chronological order

_____ correct punctuation _____ correct spelling

_____ linking expressions _____ clear directions

_____ visible landmarks _____ correct grammar

 Paso 5 Trabaja con un(a) compañero(a) de clase. Intercambien sus composiciones, pero no compartan los mapas que dibujaron. Cada persona debe leer la composición de la otra persona y dibujar un mapa de la ruta explicada. Si ustedes encuentran errores o problemas en las composiciones, hagan las correcciones y después hablen sobre los cambios.

¡A COMUNICARNOS!

Communicative Goals

- Communicate about transportation, lodging, and other aspects of travel
- Request and provide information about getting around a city or town
- Give instructions

Paso 1

Review the Communicative Goals for **Capítulo 9** and determine if you are able to accomplish the goals. If you are not certain that you have achieved all of the goals, review the pertinent portions of the chapter.

Paso 2

Look at the components of a conversation which addresses the communicative goals for this chapter. The percentages will help you evaluate your ability to successfully participate in the conversation that is featured below. Your instructor may use the same rubric to assess your oral performance.

Components of the conversation	%
☐ Questions and answers about a desired destination and the people traveling	20
☐ Information on flight schedule	10
☐ At least two questions and answers about preferences regarding airline travel	15
☐ At least two questions and answers about desires for hotel features	15
☐ Request for directions from airport to hotel and response which includes three or four pieces of information	15
☐ Instructions about at least three things the traveler must do to prepare for the trip	15
☐ Polite conclusion of the conversation	10

 En acción Think about a conversation in which a travel agent and a client discuss plans for a trip to a specific destination in the Spanish-speaking world. Note that the conversation takes place in a professional setting and therefore includes formal forms of address. Work with a partner. Be sure to include the steps below. When you finish, change roles.

1. The travel agent asks the client who plans to travel and what destination is desired.
2. The client specifies the destination, tells the travel agent that he/she and a friend plan to travel there, and indicates that he/she is going to make the plans, purchase both tickets, and give one to the friend.
3. The travel agent provides information on flight schedule then indicates the price of the tickets and the client agrees to purchase them.
4. The travel agent asks at least two questions about the client's preferences regarding travel by air and the client responds.
5. The travel agent asks at least two questions about the client's preferences regarding features in a hotel for the trip and the client responds.
6. The client asks for directions from the airport to the hotel and the travel agent gives directions, providing three or four pieces of information about how to get to the hotel.
7. The travel agent tells the client to do at least three things in order to prepare for the trip.
8. The travel agent and the client thank one another and conclude the conversation politely.

¡A REPASAR!

Indirect object pronouns

Indirect object pronouns replace indirect objects; they indicate *to whom* or *for whom* the action of the verb is performed.

me	nos
te	os
le	les

¡A recordar! 1 Where in relation to the verb are indirect object pronouns placed? Which verbs often require the use of indirect object pronouns?

Double object pronouns

Indirect object pronouns always precede direct object pronouns. The indirect object pronouns **le** and **les** change to **se** when they are used together with the direct object pronouns **lo, la, los,** and **las.**

me		
te		lo
le (se)		la
nos	+	los
os		las
les (se)		

¡A recordar! 2 Where are pronouns placed in relation to the verb of a sentence?

Expressions of location

a la derecha de	a la izquierda de	al lado de
cerca de	delante de	detrás de
enfrente de	entre	hacia
lejos de	el este	el norte
el oeste	el sur	

¡A recordar! 3 How many modes of transportation can you recall from the chapter?

Formal commands and negative *tú* commands

To form formal commands for most Spanish verbs, drop the **-o** ending from the present tense **yo** form and add the following endings to the verb stem: **-e/-en** for **-ar** verbs; **-a/-an** for **-er** and **-ir** verbs. The following have irregular formal command forms:

Infinitive	*usted*	*ustedes*
dar	**dé**	**den**
estar	**esté**	**estén**
ir	**vaya**	**vayan**
saber	**sepa**	**sepan**
ser	**sea**	**sean**

To form negative informal commands, use the same strategy as you would to form either affirmative or negative formal commands, but add **-es/-éis** for **-ar** verbs and **-as/-áis** for **-er** and **-ir** verbs. Remember that there are also spelling changes for verbs ending in **-car, -gar,** and **-zar** and that there are irregular verbs such as **dar, estar, ir, saber,** and **ser.**

¡A recordar! 4 Where are pronouns placed with affirmative commands? Where are pronouns placed with negative commands?

Actividad 1 Un viaje a San Juan Escribe el pronombre de objeto indirecto apropiado para completar cada oración.

1. El agente de viajes _____ recomendó un viaje a San Juan (a mí).

2. Yo _____ hice muchas preguntas (a él).

3. Yo _____ pedí a mis padres una maleta nueva como regalo de Navidad.

4. Salimos el 2 de enero. En el avión los asistentes de vuelo _____ sirvieron bebidas (a nosotros).

5. En San Juan fui de compras y _____ compré un regalito (a ti).

6. Luisa _____ escribió un mensaje de texto a su madre cada día.

7. Hacía mucho calor en San Juan. Una joven simpática _____ ofreció una botella de agua (a mí).

8. Ella _____ recomienda (a los visitantes) visitar El Morro dos o más veces.

Actividad 2 En un viaje Subraya la respuesta correcta para cada oración para indicar qué hacen varias personas en sus viajes.

1. Mi hermano me presta dinero a veces. → Mi hermano _____ presta.

   a. se lo   b. se la   c. me lo   d. me la

2. En una excursión, le hacemos preguntas al guía. → _____ hacemos.

   a. Nos las   b. Nos la   c. Se las   d. Se la

3. ¿Estás preparándonos el itinerario? → ¿Estás _____?

   a. preparándonoslos   c. preparándoselos

   b. preparándonoslo   d. preparándoselo

4. Te voy a dar la información pronto. → _____ voy a dar pronto.

   a. Te la   b. Te las   c. Se la   d. Se las

5. El agente de viajes le recomendó unos hoteles a Raúl. → El agente de viajes _____ recomendó.

   a. me los   b. me lo   c. se lo   d. se los

Actividad 3 ¿Dónde está? Completa cada oración con la palabra apropiada.

cerca	derecha	este	lejos	oeste
delante	entre	izquierda	norte	sur

1. Puerto Rico no está lejos de la República Dominicana, está _____.

2. La República Dominicana no está al oeste de Cuba, está al _____.

3. México no está al sur de Guatemala, está al _____.

4. Colombia no está al este de Venezuela, está al _____.

5. Argentina no está al norte de Bolivia, está al _____.

6. España no está cerca de Chile, está _____.

7. En el mapa, Portugal no está a la derecha de España, está a la _____.

8. El Océano Atlántico está _____ Europa y América.

9. En el mapa, Uruguay no está a la izquierda de Argentina, está a la _____.

10. Cuando nuestro(a) profesor(a) presenta la lección de geografía, no está detrás de la clase, está _____ de la clase.

Actividad 4 Instrucciones para los viajeros Llena los espacios en blanco con los mandatos formales plurales (la forma de **Uds.**). Escoge el verbo lógico de la lista y escribe el mandato apropiado.

comer	ir	ponerse	quitarse	subir
dormir	llegar	presentar	seguir	tener

1. Señores, _Vaya_ al aeropuerto dos horas antes del vuelo.

2. _presente_ el boleto y el pasaporte al agente.

3. _se quitan_ las instrucciones de los agentes.

4. _corran_ los zapatos antes de pasar por el control de seguridad.

5. _presenten_ los zapatos otra vez al salir del control de seguridad.

6. _llegue_ a la puerta de embarque de su vuelo.

7. _subacona_ algo, porque no sirven comida en el avión.

8. _sequia_ paciencia.

9. _se ponga_ al avión cuidadosamente (carefully).

10. _tenga_ la siesta en el avión si pueden.
duerma

Actividad 5 Consejos para todos Escribe los mandatos correctos para saber qué les dice la guía a los turistas. Escoge la forma correcta (singular o plural, formal o informal) para cada mandato.

1. Señorita Alonso, no _____ (acostarse) muy tarde.

2. Rique, no _____ (tocar) nada en el museo.

3. Señor Baez, no _____ (hacer) ejercicio en el calor tropical.

4. Mariana, no _____ (correr) en el centro comercial.

5. Señores Montoya, no _____ (ir) al restaurante sin hacer una reserva.

6. Susi, no _____ (cruzar) la calle sola.

7. Doctora Salgado, no _____ (conducir) muy rápido en la zona turística.

8. Señores Pino, no _____ (pedir) la llave en la recepción; yo la tengo.

9. Señorita Calderón, no _____ (salir) sola por la noche.

10. Pepe, no _____ (nadar) solo.

11. Señor Fernal, no _____ (quedarse) en el hotel todo el día. ¡Hay mucho que hacer!

12. Señores, no _____ (olvidar) los documentos importantes.

Refrán

«No _____ (leave) para mañana, lo que _____ (you can) hacer hoy».

VOCABULARIO ESENCIAL

Viajar en avión	Airplane travel
Sustantivos	
la aduana	customs
la aerolínea	airline
la agencia de viajes	travel agency
el (la) agente de la aerolínea	airline agent
el (la) agente de viajes	travel agent
el asiento	seat
el (la) asistente de vuelo	flight attendant
el avión	plane
el boleto (billete) de ida	one-way ticket
el boleto (billete) de ida y vuelta	round-trip ticket
el control de seguridad	security
el equipaje	luggage
el equipaje de mano	carry-on baggage
el horario	schedule
la llegada	arrival
la maleta	suitcase
la oficina de inmigración	immigration; passport control
el (la) pasajero(a)	passenger
el pasaporte	passport
el pasillo	aisle
la puerta (de embarque)	gate
la salida	departure
la tarjeta de embarque	boarding pass
la ventanilla	airplane window
el viaje	trip
el vuelo (sin escala)	(nonstop) flight
Verbos	
abordar	to board
bajar(se) (de)	to get off
facturar el equipaje	to check the luggage
hacer escala (en)	to make a stop (in) (on a flight)
hacer la(s) maleta(s)	to pack one's suitcase(s)
ir en avión	to go by plane
pasar por	to go through
recoger el equipaje	to pick up, to claim the luggage
viajar	to travel
Expresiones idiomáticas	
¡Bienvenido(a)!	Welcome!
¡Buen viaje!	Have a nice trip!
Perdón.	Excuse me.

El hotel	The hotel
Sustantivos	
el aire acondicionado	air-conditioning
el ascensor	elevator
la cama sencilla (doble)	single (double) bed
el hotel de cuatro estrellas	four-star hotel
la llave	key
la recepción	front desk
el (la) recepcionista	receptionist
la reserva	reservation
Adjetivos	
arreglado(a)	neat, tidy
cómodo(a)	comfortable
limpio(a)	clean
lujoso	luxurious
privado(a)	private
sucio(a)	dirty
Verbos	
quedarse	to stay
quejarse (de)	to complain (about)
registrarse	to register
reservar	to reserve
subir(se) (a)	to go up, to climb, to get on

Medios de transporte	Transportation
ir...	to go . . .
a pie	on foot
en autobús	by bus
en barco	by boat
en bicicleta	by bike
en coche	by car
en metro	by subway
en taxi	by taxi
en tren	by train

Cómo llegar a un lugar	Directions
Verbos	
bajar	to go down
cruzar	to cross
doblar	to turn
parar(se)	to stop
seguir (i, i)	to continue
subir	to go up
Expresiones de lugar	
a la derecha de	to the right of
a la izquierda de	to the left of
al lado de	next to
cerca de	near
delante de	in front of
detrás de	behind
enfrente de	across from
entre	between
hacia	toward
lejos de	far from
el este	east
el norte	north
el oeste	west
el sur	south

Otros verbos	
ofrecer	to offer
prestar	to lend
prometer	to promise
regalar	to give (as a gift)

Las relaciones sentimentales

Honduras y Nicaragua

© Stefano Paterna / Alamy

Plaza Central, León, Nicaragua

Chapter Objectives

Communicative Goals

In this chapter, you will learn how to . . .

- Communicate about personal relationships and marriage
- Indicate things that people do for one another
- Share information about events that have taken place
- Express frequency of actions and state how they are done

Structures

- The present perfect tense
- Reciprocal constructions with **se, nos,** and **os**
- Adverbs and adverbial expressions of time and sequencing of events
- Relative pronouns

▲ ¿Qué planes haces cuando sales con una persona por primera vez?

▲ ¿Te gusta salir solo(a) o con tus amigos en la primera cita (date)?

▲ ¿Crees en el amor a primera vista (love at first sight)?

▲ ¿Qué país quieres visitar en tu luna de miel (honeymoon)?

Visit it live on **Google Earth!**

319

El noviazgo de Francisco Morazán y Celia Herrera

In this section, you will learn vocabulary associated with courtship and marriage. You will then learn how to talk about romantic relationships by following an imagined version of the courtship of Francisco Morazán and his wife, Celia Herrera de Morazán. How would you describe the perfect relationship?

Cuando se conocieron, fue **un amor a primera vista.**

1

Un año después de **enamorarse,** decidieron **casarse.**

4

En **la boda los novios se besaban** mientras las madres **se abrazaban** y los padres **se daban la mano.**

5

Se llevaron bien durante **la primera cita.**

Se declararon **su amor.**

Te quiero.

Y yo a ti.

Los invitados **tiraron** arroz cuando **los recién casados** salieron de la iglesia para **su luna de miel.**

la relación

Sustantivos

la amistad *friendship*

el amor *love*

la boda *wedding*

el cariño *affection*

el compromiso *engagement*

el divorcio *divorce*

la flor *flower*

la luna de miel *honeymoon*

el matrimonio *marriage*

la novia *bride* *la enamorada*

el noviazgo *courtship*

el novio *groom* *el enamorado*

los novios *engaged couple, newlyweds*

la pareja *couple*

la primera cita *first date*

los recién casados *newlyweds*

la separación *separation*

la vida *life*

No Marriage plans & girlfriend boyfriend

Verbos

abrazar(se) *to hug (each other)*

amar(se) *to love (each other)*

besar(se) *to kiss (each other)*

casarse (con) *to get married, to marry*

darse la mano *to shake hands*

divorciarse (de) *to get divorced (from)*

enamorarse (de) *to fall in love (with)*

llevarse bien (mal) (con) *to get along well (poorly) (with)*

querer (ie) *to love*

romper (con) *to break up (with)*

salir (con) *to go out (with)*

separarse (de) *to separate (from)*

tirar *to throw*

Expresión idiomática

a primera vista *at first sight*

Heinle/Cengage Learning

¡A practicar!

10-1 **Definiciones** Busca las palabras de la lista de la derecha que vayan con la definición de la izquierda. Luego compara tus definiciones con las de un(a) compañero(a) de clase. ¿Están de acuerdo?

1. ___I___ cuando dos personas empiezan a quererse
2. ___A___ tener una boda
3. ___K___ hacer planes con otra persona para salir o hacer algo
4. ___J___ cuando dos personas se enamoran la primera vez que se ven
5. ___L___ tener mucho amor por alguien es como tenerle mucho...
6. ___g___ una muestra de amor con los labios
7. ___F___ una muestra de amor con los brazos
8. ___h___ cuando dos personas siempre se pelean y no les gusta estar juntas
9. ___D___ cuando una persona decide terminar una relación sentimental
10. ___e y c___ un verbo que indica amor
11. ___B___ una manera de saludar a una persona con la mano

a. casarse
b. darse la mano
c. amar
d. romper con alguien
e. querer
f. abrazarse
g. besarse
h. llevarse mal
i. enamorarse
j. el amor a primera vista
k. la cita
l. cariño

pelearse to fight

10-2 **Preparativos de una boda** Completa el párrafo con las palabras o las frases adecuadas de la lista. Luego compara tu párrafo con el de un(a) compañero(a). ¿Están de acuerdo?

boda   flores   luna de miel   novia   novio   recién casados

Normalmente, los preparativos de una 1. _____ consumen mucho tiempo y mucha energía. Primero, la 2. _____ tiene que comprar su vestido y también tiene que pedir las 3. _____ para la recepción. El 4. _____ compra un traje nuevo o puede alquilar un smoking (tuxedo). Finalmente, los novios planean la 5. _____, según el dinero que tengan (may have). A veces, los 6. _____ van a otro país, pero frecuentemente lo pasan muy cerca de su ciudad o pueblo.

10-3 **La pareja más romántica** Radio Honduras va a regalarle una boda y una luna de miel a la pareja considerada la más romántica de Honduras. Escucha las presentaciones de tres parejas, escribe dos datos importantes sobre cada pareja y decide qué pareja debe ganar. Después, habla con un(a) compañero(a) para ver si tiene la misma opinión sobre qué pareja debe ganar.

AUDIO CD
CD 3, TRACK 10

1. _____   _____
2. _____   _____
3. _____   _____

En mi opinión, _____ porque _____.

Workbook *10-1 – 10-3*
Lab Manual *10-1 – 10-3*

¡A conversar!

10-4 Entrevista Hazle a un(a) compañero(a) las siguientes preguntas sobre el matrimonio y comparen sus respuestas para ver si tienen mucho en común.

1. ¿Eres soltero(a) o casado(a)?
2. Si eres soltero(a), ¿tienes novio(a) ahora? Si estás casado(a), ¿cuándo y dónde te casaste?
3. Para ti, ¿es importante casarse? ¿Por qué?
4. Para ti, ¿qué es una familia? En tu opinión, ¿qué futuro tiene la familia en nuestra sociedad?
5. ¿Por qué hay tantos divorcios?
6. ¿Qué se puede hacer para tener éxito en el matrimonio?
7. Para ti, ¿cuál es el lugar ideal para casarse?
8. ¿Cuál es el lugar ideal para pasar una luna de miel?

10-5 ¿Parejas? En grupos de dos o tres, lean los anuncios de dos personas que deciden salir juntas. Preparen una narración breve (de cuatro a seis oraciones) sobre lo que hacen en la cita, cómo se sienten y por qué. Luego, indiquen qué pasa después de la cita: ¿Se enamoran? ¿Se llevan bien? ¿Se casan?

Categoría: Personales
Subcategoría: Mujer busca hombre
Tipo de Anuncio: Amistad
Título: Mujer romántica y sentimental
Contenido: Soy una chica de 29 años de edad, educada *(polite)*, romántica, sentimental, con buenos sentimientos. Busco un hombre sin importar la edad; romántico, sentimental y apasionado, para empezar a conocernos.

© Jenkedco/Shutterstock.com

Categoría: Personales
Subcategoría: Hombre busca mujer
Tipo de Anuncio: Amor
Título: En busca de mi alma gemela *(soulmate)*
Contenido: Busco a mi alma gemela. ¿Te gustan los niños, los animales y la vida en pareja? Sé que estás en algún lugar y deseo tenerte a mi lado. Si eres esa mujer dulce y alegre, escríbeme. Besos, Alex.

Heinle/Cengage Learning

10-6 Y tú, ¿qué buscas? Prepara un anuncio personal para expresar lo que tú buscas en una pareja o, si prefieres, prepara un anuncio para un personaje famoso. Sigue el modelo de los anuncios personales de la actividad anterior. Trabaja con un(a) compañero(a) para leer los anuncios y comentarlos. Después, compartan el anuncio con el resto de la clase.

EN CONTEXTO

El 14 de marzo, Claudia Ortega, la novia de Jorge Ramírez, recibió una invitación de su amigo Felipe. La invitación llegó a su casa, en Managua, Nicaragua. Claudia estaba muy emocionada y llamó por teléfono a Jorge para comunicarle las buenas noticias.

Escucha el diálogo y contesta las siguientes preguntas en oraciones completas.

1. ¿Cuál es el tema principal de este diálogo?
2. ¿Por qué llamó Claudia a su novio?
3. ¿Por qué conoce Jorge a Marisol?
4. ¿Por qué quieren casarse Felipe y Marisol?
5. ¿Piensas que Jorge quiere casarse ahora con Claudia?
6. ¿Cuál es un título adecuado para el diálogo?

Jorge: Aló.

Claudia: Hola, Jorge, ¿cómo estás?

Jorge: Bien, mi amor. ¿Qué tal?

Comentario cultural Aló Nicaragua is the country's largest wireless provider. Like for young people in the United States, communication via cell phone (including text messaging) is the preferred form of communication for young people in Nicaragua who can afford it. **Aló** is also used as an expression to answer the phone, favored slightly over other expressions, such as **sí, bueno,** and **diga,** used in other Spanish-speaking countries.

Claudia: Muy bien. Oye, Jorge, ¿sabes qué? **He recibido** muy buenas noticias de mi amigo Felipe Vega. Se casará el próximo mes con Marisol Flores.

Comentario cultural During the Sandinista regime, from 1979 until 1990, the communist doctrine of the party was at odds with the Catholic Church. During that time, civil ceremonies were common. Since the end of the regime in 1990, couples have returned to the Church in growing numbers for weddings.

Jorge: ¡No me digas! ¿Es la chica **con quien** estaba Felipe en la discoteca O.M. la semana pasada?

Comentario cultural Fancy nightclubs, such as O.M. in Managua, are becoming increasingly popular among Nicaraguans in big cities. These clubs, featuring European or American accents, such as red-carpet entrances, are relatively new to Nicaragua and are only affordable to the upper class or foreigners.

Heinle/Cengage Learning

Expresiones **en contexto**

con quien *with whom*	**locamente** *wildly*
felicitarlo *congratulate him*	**mi amor** *my love*
la misma *the same one*	**pasarlo bien** *have a good time*
llevan un año de novios *they have been engaged (in a serious relationship) for one year*	**Yo te lo explico todo** *I'll explain everything to you*

Claudia: Sí, la misma. Él me **ha hablado** mucho de ella. Parece muy simpática. Llevan un año de novios y, según él, están locamente enamorados.

Jorge: ¿Un año de novios? No es mucho tiempo. Para mí, dos años, como mínimo...

Claudia: Sí, mi amor, ya sabemos lo que piensas tú.

Comentario cultural Nicaraguans, like other people from Latin America, view marriage as a very serious commitment. When two Nicaraguans are identified as **novios—novio y novia** *(fiancé and fiancée)*—, they intend to marry. Typically, couples will declare themselves **novios** for at least a year, often longer, before they are married. Despite the longer engagement period, the divorce rate in Nicaragua continues to rise. By the end of the 1980s, when unilateral divorce was legalized, 20 percent of marriages ended in divorce; that said, this percentage still remains lower than that in the United States.

Jorge: ¿Cuándo es la boda?

Claudia: **Han decidido** casarse el 16 de abril en la Catedral de Managua. La recepción será en el Hotel Crowne Plaza. Los padres de ella deben de ser muy ricos. ¿Quieres ir a la boda conmigo?

Comentario cultural After the end of the Sandinista period in Nicaragua in 1990, the Catholic Church reaffirmed its position in Nicaragua by building a massive modern cathedral with money donated by the United States. To be married in this cathedral is a sign of wealth and status in Managua.

Jorge: Pues, claro que sí, Claudia. ¡Muchas gracias! Pero, ¿sabes qué? Nunca **he asistido** a una boda.

Claudia: No importa. Yo te lo explico todo. Vamos a pasarlo bien. Bueno, ahora voy a llamar a Felipe para felicitarlo. Chao, Jorge.

Jorge: Chao, Claudia.

Heinle/Cengage Learning

Nota lingüística

In addition to **mi amor,** Spanish speakers use many terms of endearment, for example, **mi amorcito, mi vida, cariño, mi negrito(a), viejo(a), querido(a), cielo, corazón, corazoncito.**

 Diálogo entre dos novios de distintos países
Trabaja con un(a) compañero(a) de clase y túrnense para practicar el diálogo que acaban de estudiar en **En contexto.** Una persona debe ser norteamericana y la otra nicaragüense. Usen expresiones de **En contexto** como modelo para su diálogo, pero traten de representar de una manera realista las actitudes de cada uno.

The present perfect tense

Spanish speakers use the present perfect indicative tense to describe what has and has not happened recently. Unlike the preterite tense, which is used to make time-specific references to either the beginning or end of an action or event in the past, the present perfect merely establishes the fact that an action has taken place sometime in the past before the present. The emphasis is placed on the fact that the action took place, not *when* it took place. Consider the following examples:

Present perfect	Yo **he comido.**	***I have eaten.*** (past action with no specific reference to time)
Preterite	Yo **comí** a las 7:00.	***I ate at 7:00.*** (past action with specific reference to time)

How to form the present perfect

Use the present-tense forms of the auxiliary verb **haber** *(to have)* with the past participle of a verb.

	Present of **haber**	+	Past participle
yo	**he** *I have*		
tú	**has** *you* (informal) *have*		**hablado** *spoken*
Ud., él/ella	**ha** *you* (formal) *have, he/she has*		**comido** *eaten*
nosotros(as)	**hemos** *we have*		**vivido** *lived*
vosotros(as)	**habéis** *you* (informal: Spain) *have*		
Uds., ellos(as)	**han** *you have, they have*		

Regular past participles

Add **-ado** to the stem of **-ar** verbs, and **-ido** to the stem of **-er** and **-ir** verbs.

-ar verb	stem + -ado	-er/-ir verb	stem + -ido
habl-	habl**ado**	com-	com**ido**

—¿**Has hablado** con el novio de Ana?   *Have you spoken to Ana's boyfriend?*

—No, pero ellos **han ido** a la casa de mi hermano antes.   *No, but they have come to my brother's house before.*

Note that **-er** and **-ir** verbs have an accent mark on the **í** of their past participles when the ending is preceded by **a, e,** or **o.**

leer	→	leído *read*	traer	→	traído *brought*
creer	→	creído *believed*	reír	→	reído *laughed*

—Te **he traído** un regalo, Celia.   *I've brought a gift for you, Celia.*

—¿Qué me **has traído,** mi amor?   *What have you brought me, my love?*

Irregular past participles

Some verbs have irregular past participles. Here are some of the most common ones.

abrir	→	**abierto**	*opened*
decir	→	**dicho**	*said; told*
escribir	→	**escrito**	*written*
hacer	→	**hecho**	*done; made*
morir	→	**muerto**	*died*
poner	→	**puesto**	*put*
ver	→	**visto**	*seen*
volver	→	**vuelto**	*returned*

[handwritten: descubrir → descubierto]
[handwritten: Romper → roto]

—¿Qué **han hecho** ustedes hoy?   *What **have you done** today?*

—**Hemos visto** una película.   *We **have seen** a movie.*

Past participles used as adjectives

The past participle can be used as an adjective to modify a noun. When used as an adjective, the past participle must agree in number and in gender with the noun that it modifies.

Voy a escuchar **canciones escritas** en español.
*I'm going to listen to **songs written** in Spanish.*

Ramón tiene dos **cuadros pintados** en Nicaragua.
*Ramón has two **paintings painted** in Nicaragua.*

The past participle is also frequently used with the verbs **estar** and **ser.** When used with the verb **estar,** the emphasis is placed on the result of an action of the verb, as opposed to the action itself. When a past participle is used with the verb **ser,** the emphasis is placed on the action rather than the result of the action; Spanish speakers often use the preposition **por** with this agent of the action.

Compare the following examples:

Result of an action

La puerta **está cerrada.**   *The door **is closed.***

Emphasis on the action itself

La puerta **fue cerrada por el dueño** de la casa.   *The door **was closed by the owner** of the house.*

¿Recuerdas?

Heinle/Cengage Learning

Claudia: Muy bien. Oye, Jorge, ¿sabes qué? **He recibido** muy buenas noticias de mi amigo Felipe Vega. Se casará el próximo mes con Marisol Flores.

¡A practicar!

10-7 **En una terraza en las Islas de la Bahía, Honduras** Completa la siguiente conversación durante la luna de miel de Francisco y Celia con la forma correcta de **haber: he, has, ha, hemos** o **han.**

Camarero: ¿1. _____ estado Uds. en estas islas antes?

Celia: Sí, señor. Nosotros 2. _____ venido aquí antes.

Camarero: Oiga, señora, ¿3. _____ visto nuestras flores en la terraza?

Celia: Sí, sí. Yo las 4. _____ visto. Y nosotros 5. _____ decidido pasar la tarde entre las flores.

Francisco: Mejor dicho, tú 6. _____ decidido venir aquí, Celia.

Arrecife de coral cerca de las Islas de la Bahía

10-8 **Mis queridos amigos...** Celia está escribiéndoles a sus amigos sobre algunas actividades que Francisco y ella han hecho en las Islas de la Bahía. ¿Qué les dice en su carta?

Modelo Yo ___*he hecho*___ (hacer) mucho ejercicio aquí.

Yo _____ (1. nadar) en la piscina del hotel y _____ (2. jugar) al tenis con Francisco. Él _____ (3. montar) en bicicleta dos veces esta semana. Francisco y yo _____ (4. divertirse) mucho. Esta tarde _____ (5. almorzar) en un buen restaurante y _____ (6. pasar) toda la tarde en una terraza magnífica. El camarero nos _____ (7. traer) mucha comida. Pienso que él _____ (8. creer) que teníamos mucha hambre. Nosotros _____ (9. reírse) mucho. En total, lo _____ (10. pasar) muy bien aquí en esta isla maravillosa. Nosotros _____ (11. hacer) muchas actividades diferentes y _____ (12. ver) unos paisajes (landscapes) muy bonitos.

10-9 **¿Cómo está todo?** Completa la siguiente descripción que Celia preparó sobre su luna de miel en las Islas de la Bahía escribiendo los participios pasados apropiados.

Ahora Francisco y yo estamos un poco _____ (1. cansar) pero muy contentos. La puerta al balcón está _____ (2. abrir) y podemos ver el mar. Las luces están _____ (3. apagar) porque una vela está _____ (4. encender). ¡Qué romántico! Estoy leyendo un libro _____ (5. escribir) por un hombre que conoce esta región muy bien. Es fascinante y he aprendido mucho. Estamos _____ (6. sentar) en unas sillas _____ (7. hacer) aquí en Honduras. Mañana voy a comprar un cuadro (painting) _____ (8. pintar) por un artista local. Siempre voy a recordar este lugar.

Workbook *10-4 – 10-9*
Lab Manual *10-4 – 10-6*

¡A conversar!

10-10 ¿Cómo está la clase? Indica si las siguientes oraciones son **ciertas** o **falsas** para tu clase en este momento.

1. Las ventanas están abiertas.
2. Todos los libros de los estudiantes están cerrados.
3. Las luces están apagadas.
4. El (La) profesor(a) está sentado(a).
5. Hay algunas palabras escritas en la pizarra.
6. Todos los estudiantes tienen los zapatos puestos.
7. Algo en la clase está roto.
8. Las persianas *(blinds)* están cerradas.
9. Los estudiantes están muertos de hambre.
10. Mi tarea para hoy ya está hecha.

10-11 La luna de miel José Luis y Raquel están en Roatán, las Islas de la Bahía, Honduras, para su luna de miel. Es el cuarto día de su viaje y han hecho muchas actividades, pero hay varias cosas que todavía no han hecho. Con un(a) compañero(a), formen oraciones para expresar lo que han hecho y lo que no han hecho hasta ahora.

Lo que han hecho:	**Lo que no han hecho:**
nadar mucho	correr las olas
practicar el buceo	hacer una parrillada
tomar el sol	pescar
comer mucho pescado	escribir muchas cartas
bailar todas las noches	hacer camping
caminar en la playa	correr en la playa
hablar con su familia por teléfono	comprar regalos para todos sus parientes
ir de compras	pasear en canoa
¿ … ?	¿ … ?

10-12 ¿Qué has hecho? Trabajen en parejas para hacer y contestar las siguientes preguntas. Comparen sus respuestas y compartan *(share)* la información que ya saben sobre los temas.

1. ¿Has visto fotos de Managua, la capital de Nicaragua? ¿Has visto fotos de Tegucigalpa, la capital hondureña? ¿Has visto fotos de las capitales de otros países hispanos? ¿Has visitado la capital de un país hispano?
2. ¿Has leído la poesía de Rubén Darío, Ernesto Cardenal, Gioconda Belli o de otro poeta nicaragüense? ¿Has escrito poesía?
3. ¿Has comido muchas bananas de Honduras y Nicaragua? ¿Has bebido mucho café?
4. ¿Qué has aprendido sobre la civilización maya? ¿Qué has aprendido sobre las Islas de la Bahía?

Reciprocal constructions with *se, nos,* and *os*

Spanish speakers express the idea of *each other* or *one another* with the plural reflexive pronouns **se, nos,** and **os.** Verbs that are not normally reflexive are frequently used to express reciprocal actions. Consider the following examples:

Osvaldo y Lola **se miran** el uno al otro.

Osvaldo and Lola look at each other.

Mi novio y yo **nos besamos.**

My boyfriend and I kiss each other.

¿**Os habláis** mucho por teléfono?

Do you all talk to each other on the phone a lot?

The phrase **el uno al otro** (*each other*) is sometimes added to reciprocal actions for clarification.

Verbs that are often reflexive can also be used in this way, but only in the plural form and with the meaning of *each other* or *one another* rather than *oneself, yourselves, themselves, ourselves,* and the like. Note the following example:

Los esposos **se cuidan el uno al otro** cuando están enfermos.

The husband and wife take care of each other when they are sick.

Context will usually allow you to determine if a sentence that includes **se, nos,** or **os** and a plural verb is reflexive or reciprocal. You can see the differences in these examples:

Los niños **se miran** en el espejo cuando se peinan.

The children look at themselves in the mirror when they comb their hair.

Los novios **se miran** cariñosamente cuando hablan de su amor.

The sweethearts look at one another affectionately when they talk about their love.

¡A practicar!

10-13 Amor a primera vista Forma oraciones para saber la historia de amor entre Alicia y Emilio. Ojo con el uso del pretérito.

> **Modelo** Alicia y Emilio / conocerse / en un café
> *Alicia y Emilio se conocieron en un café.*

1. Alicia y Emilio / verse / una tarde de julio en un café

2. no hablarse / pero / ellos mirarse profundamente

3. inmediatamente / la muchacha y el muchacho / enamorarse

4. ellos / abrazarse / y / besarse / aquella tarde

5. Pronto Alicia explicó a sus padres: «Emilio y yo / enamorarse / Fue un amor a primera vista.»

6. Los padres / mirarse / sorprendidos

7. No se preocupen; Emilio y yo ya / sentarse / a hablar: ¡Todavía no nos vamos casar!

10-14 ¿La pareja ideal? Indica si estás de acuerdo con las siguientes cualidades de la pareja ideal. Si no estás de acuerdo, explica por qué. Luego compara tu razonamiento *(reasoning)* con el de un(a) compañero(a) de clase. ¿Piensan igual?

> **Modelo** Ellos nunca se miran a los ojos cuando se hablan.
> *No es una cualidad de la pareja ideal, porque dos personas de una pareja ideal siempre se miran cuando se hablan.*

1. Ellos se comunican todas sus ideas y opiniones.

2. Ellos se ayudan con problemas difíciles.

3. Ellos siempre se dicen la verdad.

4. Ellos no se contradicen *(contradict one another)* con frecuencia.

5. A veces se besan en público.

6. Se enamoraron a primera vista.

7. Nunca se separan cuando van juntos a una fiesta.

8. Se casan después de un noviazgo largo.

9. Ellos se sientan a charlar cuando tienen opiniones diferentes.

10. Ellos siempre se van de vacaciones juntos.

Workbook *10-10 – 10-11*
Lab Manual *10-7 – 10-9*

¡A conversar!

10-15 Mis relaciones sentimentales Forma preguntas con los siguientes elementos para hacérselas a un(a) compañero(a) de clase sobre sus relaciones sentimentales.

> **Modelo** tú y tus amigos / verse frecuentemente
> **E1:** *¿Se ven tú y tus amigos frecuentemente?*
> **E2:** *Sí, nos vemos frecuentemente los fines de semana.*

1. tú y tus padres / hablarse por teléfono una vez a la semana

2. tú y tu mejor amigo(a) / escribirse durante las vacaciones

3. tú y tus abuelos / conocerse muy bien; respetarse

4. tú y tus hermanos / ayudarse con problemas económicos

5. tú y tu compañero(a) de cuarto / hablarse sinceramente

6. tú y tu novio(a) / mirarse cariñosamente; quererse

7. tú y tus compañeros de clase / darse la mano en clase

8. ¿...?

10-16 ¿Qué hacen? Trabaja con un(a) compañero(a) para describir las siguientes relaciones familiares y sociales. Hablen de las actividades que las personas hacen y de las que no hacen.

> **Modelo** *Los buenos amigos se hablan mucho por teléfono.*

Relaciones: los buenos amigos, los parientes, los esposos, los padres y los niños, los profesores y los estudiantes, los estudiantes de una clase, los jefes *(bosses)* y los empleados, los(las) compañeros(as) de cuarto o de casa, los(las) atletas en un equipo de deportes

Actividades: (no) escribirse, (no) hablarse (por teléfono), (no) verse, (no) darse regalos, (no)ayudarse, (no) abrazarse, (no) besarse, (no) decirse la verdad, (no) gritarse

Honduras y Nicaragua

▶ Veamos los videos de Honduras y Nicaragua para luego comentarlos.

1. Describan algunos ejemplos de arquitectura colonial en Tegucigalpa, la capital de Honduras.

2. ¿Qué pueden comprar en el Mercado la Isla en Tegucigalpa?

3. ¿Por qué se conoce Nicaragua?

4. ¿Cómo es el ambiente de Managua? ¿Qué pueden ver y visitar en Managua, la capital de Nicaragua?

✎ See the *Workbook,* **Capítulo 10, 10-20–10-22** for additional activities.

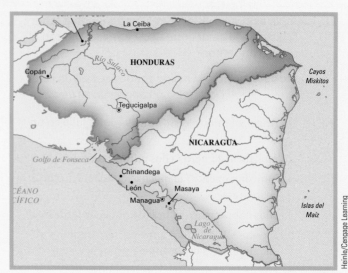

Heinle/Cengage Learning

Honduras

Población: 7.989.414 de habitantes

Área: 112.090 km², un poco más grande que el estado de Tennessee

Capital: Tegucigalpa (1.300.000 habs.)

Ciudades principales: San Pedro de Sula (638.259 habs.); Choloma (228.828 habs.); La Ceiba (174.006 habs.)

Moneda: la lempira

Lenguas: el español y varias lenguas indígenas

Nicaragua

Población: 5.995.928 de habitantes

Área: 129.494 km², un poco más pequeño que el estado de Nueva York

Capital: Managua (1.098.000 habs.)

Ciudades principales: León (139.433 habs.); Chinandega (95.614 habs.); Masaya (92.598 habs.)

Moneda: el córdoba

Lenguas: el español y varias lenguas indígenas

© Hulton Archive/Getty Images

Poeta nicaragüense Rubén Darío

Personas notables El poeta Rubén Darío (1867–1916) nació en Metapa, Nicaragua y es conocido como el «Príncipe de las letras hispanas» de Latinoamérica. Darío es considerado como el máximo representante del modernismo literario en español y uno de los poetas más influyentes de su generación. El tema principal en sus poemas es el amor, el cual describe por medio de símbolos y metáforas. La siguiente es una estrofa (*stanza*) de uno de los poemas de Darío titulado «Amo, amas».

> Amar, amar, amar, amar siempre, con todo
> el ser y con la tierra y con el cielo,
> con lo claro del sol y lo oscuro del lodo (*mud*):
> amar por toda ciencia y amar por todo anhelo (*wish, desire*).

¿Qué piensas de esta estrofa? ¿Qué significa el símbolo del lodo? ¿Qué es el amor para ti?

Pintura sin título de Benigno Gómez López

© Da Vinci Gallery of Art

Artes plásticas El pintor hondureño Benigno Gómez López nació en la ciudad de Naranjito en 1934. Estudió arte en la Escuela Nacional de Bellas Artes en Tegucigalpa y diez años más tarde continuó sus estudios en la Academia de Bellas Artes de Roma, Italia, por medio de una beca *(scholarship)*. En 1977, la Organización de las Naciones Unidas *(United Nations)* escogió una de sus obras, "Las Palomas", como imagen para una estampilla *(stamp)* conmemorativa de esa organización. En su obra *(work)*, normalmente usa tonos azules, grises y amarillos, y representa la realidad por medio de símbolos.

¿Puedes distinguir qué hacen las personas en la pintura? ¿Dónde están? Crea un título apropiado para esta pintura.

Escultura en Copán, Honduras

© J. Marshall/Tribaleye Images/Alamy

Historia Las ruinas mayas de Copán, en Honduras, son de gran importancia histórica para toda la región. La ciudad de Copán era el centro de la civilización maya. Ellos usaban la escritura jeroglífica, un calendario avanzado y una astronomía compleja. La división social era muy definida; la mujer tenía un puesto inferior al hombre. La mujer hacía los trabajos de la casa, como la limpieza, el cuidado de los hijos y de los animales; además, estaba encargada de *(in charge of)* cultivar y hacer la comida. La civilización desapareció debido a la sobrepoblación, a la contaminación del agua, a las luchas políticas y a la guerra *(war)*. Hoy en día, se puede visitar el Museo de Escultura de Copán, construido por el gobierno de Honduras en 1996. El museo está dentro del Parque Nacional de Copán. En el parque hay también vegetación original de la zona, y así los visitantes pueden experimentar cómo vivían los mayas.

¿Has visitado ruinas o sitios arqueológicos en los Estados Unidos o en otros países? ¿Qué te parece la idea de construir un museo dentro de la zona arqueológica?

Visit it live on **Google Earth!**

Ritmos y música La música y la danza nicaragüenses son una mezcla de elementos españoles, africanos e indígenas de la región. La música es una parte muy importante de las celebraciones nicaragüenses. Los instrumentos que se usan son la marimba, la guitarra, la flauta y las maracas.

 Uno de los grupos folclóricos de Nicaragua es el grupo Nicaragua Libre, que en esta oportunidad presenta una selección instrumental, usando la marimba como instrumento principal. La canción se llama «La danza del cielo». *Access the iTunes playlist on the **Plazas** website.*

¿Crees que el sonido de la marimba es similar a algún otro instrumento? ¿A cuál?

Músicos nicaragüenses con marimba y guitarra

© James Davis Photography/Alamy

¡Busquen en Internet!
1. Personas notables: Rubén Darío
2. Artes plásticas: Benigno Gómez López
3. Historia: Copán, Honduras
4. Ritmos y música: marimba, Nicaragua Libre

La recepción de Rubén y Rafaela

In this section, you will practice vocabulary used to describe receptions and banquets by observing Carolina's memories of her best friend's wedding reception. Have you ever attended a banquet or a wedding reception? What was it like?

Todas las personas importantes de Managua **asistieron a la recepción** de Rubén y Rafaela.

Los invitados **felicitaron** a los recién casados cuando llegaron a la recepción.

El banquete fue **elegante** y los invitados estaban **vestidos de gala. La orquesta** de la ciudad tocó para la celebración.

Rafaela tiró **el ramo** de flores y una chica lo **agarró**. ¡Todos **aplaudieron**!

La recepción de la pareja **tuvo lugar** en el hotel InterContinental Metrocentro de Managua.

El padre de Rafaela la **acompañó** al coche que esperaba afuera del hotel. Así **terminó** una celebración perfecta.

Sustantivos

el banquete *banquet*
el champán *champagne*
los detalles *details*
la orquesta *band*
el pastel de boda(s) *wedding cake*
el primer baile *first dance*
el ramo *bouquet*
la recepción *reception*
los recuerdos *(wedding) favors*

Adjetivos

clásico(a) *classic*
elegante *elegant*
moderno(a) *modern*
sencillo(a) *simple*

Verbos

acompañar *to accompany*
agarrar *to catch*
aplaudir *to applaud*
asistir (a) *to attend (a function)*
felicitar *to congratulate*
partir *to cut*
tener lugar *to take place*
terminar *to end*

Expresión idiomática

vestido(a) de gala *dressed elegantly*

Heinle/Cengage Learning

¡A practicar!

10-17 ¿Qué palabra no pertenece aquí? Identifica la palabra o expresión de cada grupo que no pertenezca y explica por qué.

1. agarrar, el ramo, tirar, tener lugar
2. felicitar, vestirse de gala, hacer un brindis, aplaudir
3. la pareja, terminar, los invitados, la orquesta
4. asistir, ir, acompañar, recepción
5. detalles, banquete, champán, pastel de bodas
6. terminar, partir, acompañar, el primer baile
7. clásico, elegante, champán, sencillo

10-18 ¿En qué palabra estoy pensando? Busca la palabra adecuada del nuevo vocabulario que defina cada oración.

1. dos palabras que se refieren a la fiesta que se da después de una boda _____
2. un grupo de dos personas _____
3. el grupo musical que toca en fiestas o en conciertos _____
4. con ropa elegante _____
5. Los _____ son la gente que va a una boda o a otro evento.
6. levantar las copas en honor a una persona _____
7. objetos que se guardan para acordarse de un evento _____
8. que tiene elementos comunes, que no es ni moderno, ni antiguo, ni extraordinario _____
9. postre principal que se come en una boda y se corta en porciones _____

10-19 La perspectiva de un músico Félix, un miembro de la orquesta que tocó para los recién casados, narra la historia de la recepción. Usa los siguientes verbos para completar su historia, escogiendo entre el pretérito o el imperfecto.

acompañar	aplaudir	felicitar	terminar
agarrar	asistir a	tener lugar	

Más de 300 personas 1. _____ la recepción de Rubén y Rafaela. La celebración 2. _____ en el elegante Hotel InterContinental Metrocentro de Managua. Nosotros, los músicos, 3. _____ a un cantante en una canción de amor cuando los novios entraron. Todos los invitados 4. _____ con alegría. El padre de la novia los 5. _____ con un brindis. Una chica joven 6. _____ el ramo de flores que Rafaela tiró. La fiesta 7. _____ cuando Rubén y Rafaela se fueron de la recepción.

Workbook *10-12 – 10-13*
Lab Manual *10-10 – 10-12*

¡A conversar!

10-20 Planes, planes y planes Felipe y Gabriela están organizando la recepción de su boda y siempre hay un poquitín de desacuerdo. Con un(a) compañero(a), hagan los papeles de Felipe y Gabriela y hablen de los planes para la fiesta. Hagan preguntas con la información dada. ¡Sean creativos!

Modelo Fecha

Felipe: *¿Cuándo quieres tener la recepción?*

Gabriela: *Yo quiero tener la recepción el día de la boda por la noche.*

Felipe: *¡Ay que no, mi amor! Yo prefiero tenerla por la tarde.*

Preguntas de Felipe	Respuestas de Gabriela	Desacuerdo de Felipe
el lugar	sala de baile, Palacio Nacional	....
el número de invitados	50 personas	....
la cena	cena de cinco platos	....
el tipo de ropa	ropa muy formal	....
el tipo de música	merengue	....
tirar arroz	no tirar arroz	....

10-21 Entrevista Con un(a) compañero(a) de clase, contesta las siguientes preguntas sobre bodas para ver si tienen mucho en común.

1. ¿Estás casado(a)? Si no, ¿piensas casarte algún día? ¿Cómo vas a celebrar? Si estás casado(a), ¿cómo celebraste la boda? ¿Hubo una fiesta grande? ¿Quiénes asistieron a tu boda? ¿Cómo te vestiste tú? ¿Cómo se vistieron los invitados?

2. ¿Fuiste a una boda alguna vez? ¿De quién? ¿Lo pasaste bien? ¿Hubo mucha gente? ¿Qué tipo de ropa llevaban los invitados? ¿Dónde se celebró la boda?

3. ¿Fuiste alguna vez a una recepción o un banquete para celebrar una boda? ¿Había una orquesta? ¿Bailaron juntos los novios? ¿Cómo trataron los invitados a los novios? ¿Les tiraron mucho arroz?

10-22 ¿Qué deben hacer? Trabajen en grupos para leer y considerar las siguientes situaciones. Discutan lo que Uds. creen que las personas deben hacer.

Pareja 1:
Están muy enamorados, pero son estudiantes y no tienen dinero. Quieren una boda memorable, pero simplemente no pueden pagarla. ¿Deben casarse ahora sin tener la boda y la recepción que quieren, o deben esperar varios años para tener la boda de sus sueños?

Pareja 2:
También están muy enamorados y quieren casarse. Viven lejos de sus familias y no pueden decidir dónde celebrar la boda. Si la celebran donde viven sus familias, muchos de sus amigos no van a poder asistir porque no tienen dinero para viajar muy lejos. Si la celebran donde viven sus padres van a poder venir, pero otros parientes y amigos de su pueblo no van a poder asistir. ¿Qué lugar deben escoger para la boda y recepción, o deben celebrar dos bodas y dos recepciones?

Pareja 3:
Esta pareja también está enamorada y quiere casarse, pero tiene ideas muy diferentes a las de sus padres sobre la boda ideal. Los padres desean una boda tradicional para sus hijos, pero la pareja prefiere una ceremonia muy moderna. Los padres van a pagar la boda y la recepción y por eso piensan que los novios deben respetar sus preferencias. ¿Qué deben hacer los novios?

Adverbs and adverbial expressions of time and sequencing of events

Adverbs

An adverb is a word that modifies a verb, an adjective, or another adverb. It may describe *how, when, where, why,* or *how much.* You already know many adverbs such as **muy, poco, siempre, después, mucho, bien, mal, tarde, temprano, mejor,** and **peor.**

- To form most other Spanish adverbs, add **-mente** *(-ly)* to an adjective.

natural	**naturalmente**	*naturally*
frecuente	**frecuentemente**	*frequently*

Mi amiga habla de su novio **constantemente**.
My friend talks about her boyfriend constantly.

Los estudiantes llegan a clase **puntualmente**.
*The students arrive to class **on time (in a timely manner)**.*

- If an adjective ends in **-o,** change the **-o** to **-a,** then add **-mente.**

perfecto	**perfectamente**	*perfectly*

Todos deben hacer la tarea **cuidadosamente**.
*Everyone must do the homework **carefully**.*

Cuando estoy cansado, camino **lentamente**.
*When I am tired, I walk **slowly**.*

- If an adjective has an accent mark, the adverb retains it.

fácil	**fácilmente**	*easily*
rápido	**rápidamente**	*rapidly*

Mis compañeros de cuarto corren **rápidamente**.
*My classmates run **rapidly (quickly)**.*

La profesora contesta las preguntas **honestamente**.
*The teacher responds to the questions **honestly**.*

Note that adverbs modifying a verb are generally placed immediately after the verb, whereas adverbs modifying adjectives or other adverbs are placed directly before them.

Ellos salieron **rápidamente** de la sala.
*They left the room **quickly**.*

Rubén estaba **muy** enojado.
*Rubén was **very** mad.*

¿Recuerdas?

Heinle/Cengage Learning

Claudia: Sí, la misma. Él me ha hablado mucho de ella. Parece muy simpática. Llevan un año de novios y, según él, ellos están **locamente** enamorados.

Adverbial expressions of time and sequencing of events

In previous chapters, you learned many of the following adverbs and adverbial expressions with their English equivalents.

- Use the following adverbs to express how often something is done.

cada día (semana, mes, etc.)	*each day (week, month, etc.)*
todos los años (días, meses, etc.)	*every year (day, month, etc.)*
dos (tres, etc.) veces	*twice (three times, etc.)*
nunca	*never*
otra vez	*again*
(casi) siempre	*(almost) always*
solamente	*only, just*
a veces	*sometimes*
una vez	*once*
muchas veces	*many times, very often*

—Hablo con mi novio **todos los días.**
 *I talk to my boyfriend **every day.***

—**Siempre** voy con él al cine los fines de semana.
 *I **always** go to the movies with him on the weekend.*

—También hablo con mis padres **cada día.**
 *I also speak to my parents **every day.***

—**Casi siempre** voy al gimnasio después de clase.
 *I **almost always** go to the gym after class.*

—He esquiado en el agua **tres veces,** pero mis amigos lo han hecho **muchas veces.**
 *I've water skied **three times,** but my friends have done it **many times.***

—He esquiado en la nieve **solamente una vez** y **nunca** he practicado *snowboarding.*
 *I've skied on snow **only once** and I've **never** practiced snowboarding.*

- Use the following adverbs to express the order of events.

primero	*first*
entonces	*then; so*
luego	*then*
después	*afterward*
finalmente	*finally*
por fin	*at last, finally*

—¿Adónde vamos **primero,** mi amor?
 *Where are we going **first,** my love?*

—Al cine. **Luego** a la discoteca.
 *To the movies. **Then** to the disco.*

—¿Y **después?**
 *And **afterward?***

—Volvemos a casa.
 We're going back home.

¡A practicar!

10-23 **Impresiones de una boda** Vas a describir lo que pasó en la boda de Francisco Morazán y Celia Herrera. Para darle más énfasis, convierte el adjetivo en adverbio y luego incorpóralo en la oración.

> **Modelo** fabuloso / Celia se vestía
> *fabulosamente / Celia se vestía fabulosamente.*

1. puntual / Francisco llegó a la iglesia
2. elegante / Celia caminó
3. constante / Las dos madres lloraban *(cried)*
4. sincero / Francisco y Celia hablaron
5. perfecto / Ellos dijeron sus votos *(vows)*
6. alegre / Todos salieron de la iglesia

10-24 **Los preparativos de Paulina** Tu amiga Paulina va a casarse y tú vas a ayudarla con los preparativos. Ella te deja un mensaje telefónico para decirte varias cosas que ya ha hecho. En la lista de preparativos, marca con una X las cosas que Paulina dice que ha hecho.

AUDIO CD
CD 3, TRACK 12

_____ hablar con la organizadora de la boda

_____ pedir el pastel

_____ pedir las invitaciones

_____ pedir las flores

_____ hablar con el director de la orquesta

_____ asistir a un concierto de la orquesta

_____ escuchar unas canciones de la orquesta

_____ ver fotos de la boda de su prima

_____ hablar con su tío

_____ planear todo el menú para el banquete

10-25 **Un fracaso amoroso** Luis Eduardo nos cuenta de una relación amorosa que terminó mal para él. Pon el relato en orden. Después, vuelve a contar la historia y añade palabras como **primero, un día, entonces, luego, después, finalmente** y **por fin** para hacerla más completa.

_____ Me fui corriendo de su casa. Me puse muy triste. ¡Yo quería casarme con esta chica!

_____ ¡La encontré en los brazos de mi hermano, Raúl!

_____ La invité a cenar conmigo.

_____ Después de salir con ella por algunas semanas, yo me enamoré perdidamente de ella.

_____ Un día, salí temprano del trabajo y pasé por su casa para sorprenderla *(surprise her)*.

_____ Conocí a Raquel, la mujer más guapa del mundo, el año pasado.

_____ Después de comer, fuimos a tomar un café y hablamos toda la noche.

_____ Decidí romper con ella para siempre.

_____ Empezamos a salir todas las noches.

Workbook *10-14 – 10-16*
Lab Manual *10-13 – 10-15*

¡A conversar!

10-26 ¿Cómo haces esas cosas? Con un(a) compañero(a), busca el adverbio que corresponda con las siguientes palabras para describir cómo hacen Uds. las siguientes cosas. **¡Ojo!** Algunas de las palabras no requieren cambios: ya son adverbios.

Modelo jugar con los niños pequeños
E1: *¿Cómo juegas con los niños pequeños?*
E2: *Juego pacientemente con los niños pequeños. ¿Y tú?*
E1: *Yo juego mal con los niños pequeños; no me gustan los niños.*

bien	fácil	frecuente	mal	mejor	natural
paciente	peor	perfecto	rápido	tarde	

1. hablar español
2. conducir
3. hablar con gente del sexo opuesto
4. estudiar para mis clases
5. tocar el piano
6. bailar

10-27 Un día perfecto ¿Cómo es un día perfecto para ti? Prepara una lista con las actividades necesarias para tener un día absolutamente perfecto. Empieza con la primera actividad del día y prepara una lista cronológica con un mínimo de seis actividades. Utiliza las expresiones **primero, después, por fin, entonces, luego** y **finalmente**, y explícale a tu compañero(a) tu día perfecto. Puedes usar esas expresiones más de una vez si lo necesitas. Después de presentar sus listas, comparen Uds. sus opiniones sobre lo que constituye un día perfecto.

10-28 La boda de Ana Eres reportero(a) y tu reportaje para el programa *¡Hoy!* en la tele es sobre la boda de Ana Mendoza, hija de una familia prominente de su pueblo. Refiérete a la foto de la boda, y empezando desde ese momento cuando la novia y su familia caminan a la iglesia, prepara un reportaje de siete a diez oraciones sobre la boda y la recepción. Explica cronológicamente qué hacen la novia y el novio, sus parientes y los invitados e incluye tantos elementos de las listas como sea posible.

© Steve Dunwell/Photolibrary

¿Qué hacen?		¿Cómo lo hacen?	
abrazar(se)	felicitar	cariñosamente	perfectamente
bailar	hablar	constantemente	puntualmente
caminar	llegar	elegantemente	rápidamente
casarse	mirar(se)	inmediatamente	sinceramente
comer	salir	pacientemente	totalmente
entrar	tirar		

Relative pronouns

Relative pronouns are used in joining two clauses together. There are four primary relative pronouns in English: *who, whom, that,* and *which.* Their Spanish equivalents are words you already know.

que	refers to people and things
quien(es)	refers only to people
lo que	refers to an entire idea, concept, or situation

¿Quién es el hombre **que** hablaba contigo?
↑ (first clause)　↑ (second clause)

Who is the man who was talking with you?

Ella es la mujer **con quien** yo bailaba.
↑ (first clause)　↑ (second clause)

She is the woman with whom I was dancing.

No sabemos **lo que** él hizo en la fiesta.
↑ (first clause)　↑ (second clause)

We don't know what he did at the party.

- Note that in distinguishing between the use of the relative pronouns **que** or **quien,** both of which can be used to refer to people, Spanish speakers use **quien** *(who/whom)* only when it is preceded by a preposition. Compare the following examples:

  Es una mujer **que** tiene muchos amigos.　　*She is a woman who has many friends.*

  Es la mujer **con quien** yo bailaba.　　*She is the woman with whom I was dancing.*
  (**quien** preceded by the preposition **con**)

- **Lo que** at the beginning of a sentence translates into English as *what* or *the thing that.*

  Lo que me gusta de la clase es la cultura.　　*What (The thing that) I like about the class is the culture.*

¿Recuerdas?

Heinle/Cengage Learning

Jorge: ¡No me digas! ¿Es la chica **con quien** estaba Felipe en la discoteca O.M. la semana pasada?

¡A practicar!

10-29 Una mujer misteriosa Usa el pronombre relativo adecuado para completar las siguientes oraciones.

1. ¿Quién es la mujer _____ lleva el vestido azul?

2. Creo que es la mujer con _____ Ramón hablaba el otro día.

3. Dicen que es la mujer _____ se divorció de Juan Medellín porque él no era muy fiel. (*faithful*)

4. No debes creer _____ dice la gente. Otras personas dicen que Juan salía con una chica _____ era la amiga de esa mujer.

5. La persona con _____ bailaba Cecilia era su ex novio. Él me dijo que siempre le fue fiel a la mujer con _____ se casó.

6. No creas todo _____ Juan dice.

7. Juan es una persona _____ nunca miente.

8. Cristina y Mabel son _____ almuerzan con Juan todos los días.

9. ¡No importa! Juan solamente se sienta a comer. ¡_____ hace no está mal!

10. No te enojes. La gente es _____ dice que Juan es infiel; no yo.

10-30 La civilización maya Usa el pronombre relativo adecuado para completar el siguiente párrafo que describe la civilización de los mayas.

La civilización maya, _____ se desarrolló en México, Guatemala, Belice y Honduras, era una civilización muy avanzada. Esta civilización tuvo su mayor desarrollo en los años 300 a 900 después de Cristo. _____ distinguió a esta civilización fue su arquitectura. Construyeron pirámides de piedra _____ servían para celebraciones religiosas, templos y esculturas. Además, los mayas fueron grandes matemáticos y astrólogos _____ explicaron sus descubrimientos con su escritura de símbolos o jeroglíficos. En el siglo XVI, los españoles conquistaron esta civilización y, hoy en día, los descendientes (descendants) de los mayas _____ viven en estos países todavía conservan algunas de sus tradiciones culturales.

¡A conversar!

10-31 Lo que necesitamos es amor Completa las siguientes preguntas con **que, lo que** o **quien**. Después, contéstalas con un(a) compañero(a) de clase para expresar sus opiniones personales. ¿Tienen mucho en común?

Modelo E1: ¿Tu mejor amiga es la persona _que_ sabe más de ti?
E2: *Sí, mi mejor amiga sabe todos mis secretos.*
o E2: *No, yo le cuento más a mi mamá que a mi mejor amiga.*

1. ¿Es el amor _____ da felicidad en la vida?

2. ¿Es el divorcio _____ está destruyendo nuestra sociedad?

3. ¿Piensas casarte con una persona _____ tenga los mismos gustos que tú?

4. ¿Es tu novio(a) _____ te conoce mejor?

5. ¿Son tus padres las personas en _____ más confías (*trust*)?

6. ¿Te parece que el dinero es _____ debe tener una pareja para ser feliz?

7. Si tienes un problema de pareja, ¿son tus padres con _____ debes hablar primero?

8. ¿Quiénes son las personas _____ pueden vivir con una pareja?

10-32 La pareja ideal ¿Cómo es la pareja ideal? Con un(a) compañero(a) de clase, completen las siguientes oraciones para describir la pareja ideal.

Modelo Dos personas que...
Dos personas que se comunican mucho son la pareja ideal.

1. El amor que...

2. El matrimonio es lo que...

3. La persona con quien...

4. El amor a primera vista es lo que...

5. La amistad que...

6. La pareja ideal que...

7. La comunicación es lo que...

8. Los amigos son quienes...

Workbook *10-17 – 10-19*
Lab Manual *10-16 – 10-18*

¡A VER!

¿Algo más que amigos? En este segmento del video, Valeria y Antonio hablan sobre las relaciones sentimentales. Los dos han tenido malas experiencias amorosas y parece *(it seems)* que se sienten mejor al compartir esta información. A ver si los buenos amigos pueden llegar a ser algo más…

Heinle/Cengage Learning

Antes de ver

Expresiones útiles Las siguientes son expresiones nuevas que vas a escuchar en el video.

Es el colmo	*It's an outrage*
Puedo hacerte compañía	*I can keep you company*

Enfoque estructural The following are expressions in the video with adverbial expressions of time:

Valeria: Ya mira, a veces quisiera largarme de esta casa. Y **ahora**, ni siquiera puedo hablar por teléfono.

Antonio: Los tres éramos bien unidos, **siempre** estábamos juntos.

Antonio: ¿Quieres hacer algo **esta noche?**

 1. **Recordemos** Las relaciones sentimentales no son fáciles y a veces no terminan bien. Haz una lista de posibles causas del fracaso *(failure)* de una relación sentimental y comparte tu lista con un(a) compañero(a). ¿Hay causas comunes en sus listas?

 2. **Practiquemos** Con un compañero de clase, inventen una historia de amor entre Valeria y Antonio con expresiones adverbiales de tiempo. Por ejemplo: *Primero Valeria y Antonio decidieron ir juntos a una película. Luego,… Entonces,…*

 3. **Charlemos** Describe a un compañero(a) tu cita ideal. Explica la secuencia de todos los sucesos de la cita. Luego tu compañero(a) debe aclarar detalles de los sucesos usando el tiempo verbal perfecto.

> Modelo E1: Primero, paso por la casa de Natasha.
> E2: ¿Vas en coche o a pie?
> E1: Voy en coche. Luego,…

Después de ver

1. Valeria y Antonio En el video, viste los comienzos de una relación sentimental entre Valeria y Antonio. Pon las siguientes oraciones en orden cronológico para contar exactamente lo que pasó. Luego, no te olvides de añadir *(add)* en los espacios en blanco las expresiones adverbiales apropiadas: **después, entonces, finalmente, luego, primero.**

_____, los dos decidieron cenar juntos y pasear por la playa.

_____, Antonio le preguntó si se sentía bien y Valeria explicó por qué la relación con César había terminado.

_____, Valeria dijo que se sentía muy sola y Antonio respondió que no debía sentirse así y ofreció acompañarla esa noche.

_____, Valeria estaba hablando con su ex-novio César por teléfono cuando descubrió que Antonio estaba escuchando la conversación. Colgó con César y empezó a gritarle a Antonio.

_____, Antonio contó lo que pasó con su ex-novia Raquel y cómo ella se enamoró de su mejor amigo Rubén. A pesar de eso *(in spite of that)*, Antonio perdonó a los dos.

2. Acciones y reacciones Piensa en el comportamiento *(behavior)* de Antonio y Valeria durante este segmento del video e indica si las siguientes oraciones son **ciertas** o **falsas.** No te olvides de corregir las oraciones falsas.

Heinle/Cengage Learning

- Antonio y Valeria se miran mientras hablan sobre sus ex novios.

  _____

- Antonio besa a Valeria.

  _____

- Ellos caminan en la playa.

  _____

- Valeria abraza a Antonio.

  _____

 Entre nosotros Escoge uno de los temas presentados a continuación y explícale a un(a) compañero(a) lo que pasó primero, segundo, luego, etc., a lo largo de *(throughout)* esa relación personal. ¿Han tenido experiencias similares? ¿Sus experiencias siguieron el mismo orden? ¿Por qué crees que hay diferencias?

- Cuando conocí a mi mejor amigo(a)
- Cuando conocí a mi novio(a) / esposo(a)

 Presentaciones Con un grupo de tres personas, hagan una historia de amor ficticia, o básenla en algunos detalles cómicos/interesantes de **Entre nosotros** o invéntenla totalmente. Los miembros de cada grupo deben turnarse para describir cada suceso de la situación. Al terminar, compartan su historia con la clase para ver qué grupo tiene la historia más interesante. No se olviden de dar nombres a las personas en la historia e incluir muchos detalles.

 See the *Lab Manual,* **Capítulo 10, 10-21– 10-22** for additional activities.

Antes de leer

Strategy: Summarizing a reading passage

Summarizing in English a reading passage that you have read in Spanish can help you synthesize its most important ideas. Here are some guidelines you can follow:

- Underline the main ideas.
- Circle the key words and expressions.
- Write the summary of the passage in your own words.
- Do not include your personal reactions to the selection.

In addition, the summary should not be longer than the original passage so you should not include too many details. Finally, verify that the key terms and expressions are included in your summary.

Use this strategy to summarize the reading passage about Ernesto Cardenal's life.

Ernesto Cardenal (1925–) Nació en Granada, Nicaragua, y es uno de los poetas más reconocidos y más importantes del siglo xx. Al terminar sus estudios de secundaria viajó a México, donde estudió en la Facultad de Filosofía y Letras de la Universidad Nacional Autónoma de México. De 1947 a 1949 estudió en la Universidad de Columbia en Nueva York. Entre 1949 y 1950 viajó por España, París e Italia, y en 1950, cuando regresó a Nicaragua, comenzó a escribir poemas históricos, poemas amorosos y poemas políticos en contra de la dictadura de la familia Somoza que gobernó al país por cuarenta y tres años. En 1956 decidió hacerse sacerdote *(to become a priest)* y así comenzó a escribir poemas religiosos. En 1966 fundó una comunidad política, social y religiosa para los campesinos nicaragüenses en una de las islas de Solentiname en el Lago de Nicaragua. En 1979, cuando triunfó la Revolución Sandinista en contra de Somoza, Cardenal fue nombrado ministro de Cultura. Ernesto Cardenal continua siendo una figura muy importante y polémica de Nicaragua, y ha recibido premios y reconocimientos de distintas partes del mundo.

Epigrama V

© AP Photo/Esteban Felix

Poeta nicaragüense Ernesto Cardenal

La selección de Ernesto Cardenal es un poema en forma de epigrama. Un epigrama es una composición poética corta que expresa con precisión un solo pensamiento principal, que puede ser un pensamiento alegre o satírico. Ahora lee el poema y emplea las estrategias que están a continuación.

1. Lee el poema y subraya la idea principal.
2. Lee el poema una vez más y haz un círculo alrededor de las palabras claves.
3. Escribe en tus propias palabras la idea principal.

> Al perderte yo a ti tú y yo hemos perdido:
> yo porque tú eras lo que yo más amaba
> y tú porque yo era el que te amaba más.
> Pero de nosotros dos tú pierdes más que yo:
> porque yo podré amar a otras como te amaba a ti
> pero a ti no te amarán como te amaba yo.

Reprinted by kind permission of the author.

Después de leer

A escoger Después de leer el epigrama, contesta las siguientes preguntas.

1. ¿Qué tipo de epigrama es?
   a. alegre y satírico
   b. triste y satírico
   c. pesimista y satírico

2. ¿Quién(es) perdió/perdieron en esta relación que se termina?
   a. el poeta
   b. la mujer
   c. el poeta y la mujer

3. ¿Quién(es) tiene(n) la esperanza *(hope)* de volver a amar?
   a. el poeta
   b. la mujer
   c. el poeta y la mujer

4. ¿Quién(es) en esta relación pierde más, según el autor?
   a. el poeta
   b. la mujer
   c. el poeta y la mujer

¿Cierto o falso? Indica si las siguientes oraciones son **ciertas** o **falsas.** Corrige las oraciones falsas.

1. _____ Al terminar esta relación, el hombre y la mujer no van a perder nada en el amor.

2. _____ El hombre y la mujer se amaban mucho.

3. _____ El hombre va a amar a otras mujeres como amaba a esta mujer.

4. _____ La mujer va a encontrar a otra persona que la ame como este hombre la amó.

¡A conversar! Con sus compañeros(as) de clase, conversen sobre los siguientes temas.

Las diferencias entre lo que piensa el poeta sobre la mujer (que no va a encontrar a nadie que la ame tanto como él) y lo que ustedes piensan que ella cree. ¿Qué nos indica la actitud del poeta sobre su personalidad? ¿Cómo es el poeta? ¿Es una persona sencilla, arrogante, confiada, etcétera?

¡A escribir! Después de conversar con sus compañeros(as) de clase, escriban:

1. **La respuesta de la mujer** Escriban otro epigrama contestándole al poeta lo que ustedes piensan que la mujer le va a contestar al poeta.

2. **El amor ideal** Escriban un anuncio romántico para buscar el amor ideal. Preséntenle el anuncio a toda la clase. ¿Están de acuerdo todos con la descripción del amor ideal? ¿Cuál es el mejor anuncio y por qué?

¡A ESCRIBIR!

Strategy: Using expressions of frequency in descriptions of activities

Descriptive paragraphs occur in many contexts. They are often found in works of fiction such as novels and short stories, but they also appear in newspaper articles, advertising materials, educational publications, and personal letters. A descriptive paragraph contains sentences that describe people, places, things, and/or events. In this chapter, we will focus on describing events. To express how often events take place or how often you or others do something, you can use adverbs of frequency such as the following:

a veces	*sometimes*	raras veces	*rarely, infrequently*
cada año	*each year*	siempre	*always*
dos veces a la semana	*twice a week*	todos los días	*every day*
muchas veces	*often*	una vez al mes	*once a month*
nunca	*never*		

Remember that you can also modify these expressions to describe a wide variety of time frames: **dos veces al mes, tres veces a la semana, cada mes,** and so on.

Task: Writing a descriptive paragraph

Paso 1 Ahora, vas a escribir un párrafo para describir unas actividades que tú haces con tu familia o con otras personas importantes de tu vida. Para empezar, identifica a las personas que vas a incluir en la composición. Después, escribe una lista de actividades que tú haces con esas personas. Incluye un mínimo de ocho actividades.

Paso 2 Indica con qué frecuencia haces cada actividad de la lista. Puedes referirte a la lista de palabras y expresiones de arriba.

Paso 3 Escribe un párrafo bien planeado en el cual describas las actividades que haces, las personas con quienes las haces y la frecuencia de cada actividad. Puedes organizar el párrafo basándote en las actividades o en las personas que hacen las actividades contigo.

 Paso 4 Intercambia papeles con un(a) compañero(a) de clase. Lee el párrafo de la otra persona para ver si ha incluido la información necesaria en su composición. Si es necesario hacer algunos cambios, hazlos.

 Paso 5 Habla con tu compañero(a) sobre las actividades que cada persona ha incluido en su composición y la frecuencia identificada para cada actividad. Comparen y contrasten las actividades que hacen y la frecuencia con que las hacen.

Communicative Goals

- Communicate about personal relationships and marriage
- Indicate things that people do for one another
- Share information about events that have taken place
- Express frequency of actions and state how they are done

Paso 1
Review the Communicative Goals for **Capítulo 10** and determine if you are able to accomplish the goals. If you are not certain that you have achieved all of the goals, review the pertinent portions of the chapter.

Paso 2
Look at the components of a conversation which addresses the communicative goals for this chapter. The percentages will help you evaluate your ability to successfully participate in the conversation that is featured below. Your instructor may use the same rubric to assess your oral performance.

Components of the conversation	%
☐ Questions and answers about when, where and how you met someone who is very important to you	20
☐ Information about at least three things you do for one another and the frequency with which you do them	20
☐ Questions and answers about at least three things the two of you have done recently and information about how you have done them	20
☐ Questions and answers about a special event you have attended or in which you have participated, including at least three details	20
☐ Information about at least two other people who are important to you, who they are, what they are like, and why they are important	20

 En acción Think about a conversation in which two friends (A and B) tell one another about people who are very important to them. Consider the sort of information that might be presented and how the speakers ask and answer questions to share information. Work with a partner to carry out the conversation, being sure to include the steps below. When you have concluded your conversation, change roles and carry out the conversation again.

1. A asks B about one individual who is very important to him/her and B responds with information about the person and tells how, where and when they met.

2. B shares information about at least three things that he/she and the important person do for one another and indicates how often they do them.

3. A asks what B and his/her important person have done recently and B responds with information about at least three activities they have done and about how they have done them.

4. A asks about a special event that B and his/her special person have attended or in which they have participated and B responds with at least three details about the event and their involvement.

5. A asks B about other people who are important to him/her and B provides information about at least two other people, explaining who each is and telling why he/she is important.

6. The friends conclude the conversation in an appropriate manner.

Present perfect tense

Use the present-tense forms of the auxiliary verb **haber** *(to have)* with the past participle of a verb.

yo	**he**			
tú	**has**			
Ud., él, ella	**ha**		**hablado**	
nosotros(as)	**hemos**	**+**	**comido**	
vosotros(as)	**habéis**		**vivido**	
Uds., ellos(as)	**han**			

¡A recordar! 1 Which **-er** and **-ir** verbs have an accent mark on the **i** of their past participles? What are eight common irregular past participles?

Reciprocal constructions with *se, nos* and *os*

Spanish speakers express the idea of *each other* or *one another* with the plural reflexive pronouns **se, nos,** and **os.** Verbs that are not normally reflexive are frequently used to express reciprocal actions.

¡A recordar! 2 Why is the phrase **el uno al otro** sometimes added to reciprocal expressions?

Adverbial expressions of time and sequencing of events

To form most Spanish adverbs, add **-mente** to an adjective.

    frecuente   **frecuentemente**

If an adjective ends in **-o,** change the **-o** to **-a,** then add **-mente.**

    perfecto   **perfectamente**

If an adjective has an accent mark, the adverb retains it.

    fácil   **fácilmente**

Use the following adverbs to express how often something is done.

a veces	**una vez**
dos (tres, etc.) veces	**muchas veces**
solamente	**otra vez**
(casi) siempre	**nunca**
cada día (semana, mes, etc.)	
todos los años (días, meses, etc.)	

Use the following adverbs to express the order of events.

primero	**entonces**	**finalmente**
luego	**después**	**por fin**

¡A recordar! 3 What determines where an adverb is placed in a sentence?

Relative pronouns

Relative pronouns are used to join two clauses together. There are four primary relative pronouns in English: *who, whom, that,* and *which.* Their Spanish equivalents are words you already know: **que** refers to people and things; **quien** refers only to people; and **lo que** refers to an entire idea, concept or situation.

¡A recordar! 4 How do you distinguish between the use of **que** or **quien**? How do you express the idea of *What* or *The thing that* at the beginning of a sentence in Spanish?

Actividad 1 **La luna de miel** Completa la tarjeta postal que Ceci les escribe a sus padres durante su luna de miel en Roatán, Honduras. Emplea el presente perfecto.

¡Hola, papis!

Nuestra luna de miel 1. _____ (ser) estupenda. Fernando y yo 2. _____ (divertirse) mucho. Nosotros 3. _____ (jugar) al tenis y también 4. _____ (nadar) cada día. Yo 5. _____ (caminar) en la playa mucho y Fernando 6. _____ (correr) varias veces. Nuestros amigos nuevos Gerardo y Carolina nos 7. _____ (enseñar) a hacer esnórquel. Nosotros 8. _____ (ver) peces bonitos y otras cosas increíbles. Estoy cansada porque 9. _____ (acostarse) tarde, pero estoy contenta porque Fernando y yo 10. _____ (bailar) cada noche. ¿Qué 11. _____ (hacer) Uds. esta semana? Papi, ¿12. _____ (trabajar) en tu jardín? Mami, ¿13. _____ (terminar) el libro que leías? Estamos en un café y el mesero nos 14. _____ (traer) la comida. ¡Hasta pronto!

Actividad 2 **¿Qué hacen estas personas?** Forma oraciones con los elementos dados, incluyendo la forma recíproca de los verbos.

1. Ana y Sole / decirse / secretos

2. Mi primo y yo / escribirse / correos electrónicos

3. Mis padres / besarse / cada día

4. Muchos amigos / ayudarse / con los problemas

5. Mi esposa y yo / llamarse / mucho por teléfono

6. Mis amigos y yo / verse / en la biblioteca

Actividad 3 **El día de la boda** Completa cada frase con la forma apropiada de **estar** en el primer espacio y la forma correcta del participio pasado en el segundo blanco.

1. La novia _____ un poco _____ (preocupar) por su vestido.

2. Las puertas de la iglesia _____ _____ (abrir).

3. Las luces _____ _____ (apagar) porque hay muchas velas.

4. El pobre novio _____ _____ (morir) de hambre porque no ha comido nada en todo el día.

5. Yo _____ _____ (cansar) después de tantas horas de preparativos.

Actividad 4 ¿Cómo lo hacen? Cambia los adjetivos a adverbios y escribe el adverbio apropiado para completar cada oración.

alegre	inmediato	perfecto	rápido
fácil	paciente	puntual	regular

1. Estela corre una milla en menos de seis minutos.
   Corre ＿＿＿＿＿＿＿.

2. Nosotros siempre llegamos a clase a tiempo.
   Llegamos＿＿＿＿＿＿.

3. David estudia español todos los días a la misma hora.
   Estudia ＿＿＿＿＿＿＿.

4. La clase no es difícil para Horacio.
   Hace la tarea ＿＿＿＿＿＿＿.

5. Ana María vuelve a casa a las tres y empieza la tarea a las tres y un minuto. Empieza la tarea
   ＿＿＿＿＿＿＿.

6. Luis siempre recibe 100% en su examen. Completa los exámenes ＿＿＿＿＿＿＿.

7. Estoy contento en la clase y me gusta participar.
   Participo ＿＿＿＿＿＿＿.

8. La profesora tiene mucha paciencia. Contesta nuestras preguntas ＿＿＿＿＿＿＿.

Actividad 5 Hagamos planes Escoge la(s) palabra(s) correcta(s) para completar cada oración.

＿＿＿＿ 1. Conozco un lugar ＿＿＿＿ es perfecto para la luna de miel.
   a. que
   b. quien
   c. quienes
   d. lo que

＿＿＿＿ 2. Mi amigo Carlos, ＿＿＿＿ viaja conmigo, lo recomienda también.
   a. quienes
   b. quién
   c. quien
   d. quiénes

＿＿＿＿ 3. La boda de Felipe y Andrea es un evento ＿＿＿＿ no quiero perder.
   a. quien
   b. que
   c. lo que
   d. con quien

＿＿＿＿ 4. ＿＿＿＿ más me gusta del lugar es la tranquilidad.
   a. Que
   b. quien
   c. Lo que
   d. Quienes

＿＿＿＿ 5. Ramón es la persona ＿＿＿＿ le recomendé el lugar el año pasado. Le gustó mucho.
   a. quién
   b. quien
   c. de quien
   d. a quien

＿＿＿＿ 6. La persona ＿＿＿＿ hablaba la novia de Raúl era su tío.
   a. quién
   b. quien
   c. con quién
   d. con quien

Refrán

Los ＿＿＿＿＿＿＿ (newlyweds) casa quieren.

VOCABULARIO ESENCIAL

Las relaciones sentimentales — *Relationships*

Sustantivos

la amistad	friendship
el amor	love
la boda	wedding
el cariño	affection
la cita	date (social)
el compromiso	engagement
el divorcio	divorce
la flor	flower
la luna de miel	honeymoon
el matrimonio	marriage
la novia	bride
el noviazgo	courtship
el novio	groom
los novios	engaged couple, newlyweds
la pareja	couple
los recién casados	newlyweds
la separación	separation
la vida	life

Verbos

abrazar(se)	to hug (each other)
amar(se)	to love (each other)
besar(se)	to kiss (each other)
casarse (con)	to get married, marry
darse la mano	to shake hands
divorciarse (de)	to get divorced (from)
enamorarse (de)	to fall in love (with)
llevarse bien (con)	to get along well (with)
llevarse mal (con)	to get along poorly (with)
querer (ie)	to love
romper (con)	to break up (with)
salir (con)	to go out (with)
separarse (de)	to separate (from)
tirar	to throw

Expresión idiomática

a primera vista	at first sight

En la recepción — *At the reception*

Sustantivos

el banquete	banquet
el champán	champagne
los detalles	details
la orquesta	band
el pastel de boda(s)	wedding cake
el primer baile	first dance
el ramo	bouquet
la recepción	reception
los recuerdos	(wedding) favors

Adjetivos

clásico(a)	classic
elegante	elegant
moderno(a)	modern
sencillo(a)	simple

Verbos

acompañar	to accompany
agarrar	to catch
aplaudir	to applaud
asistir (a)	to attend (a function)
felicitar	to congratulate
interrumpir	to interrupt
partir	to take place
tener lugar	
terminar	to end

Expresión idiomática

vestido(a) de gala	dressed elegantly

Expresiones adverbiales de tiempo

a veces	sometimes
cada día	each day
después	afterward
dos veces	twice
entonces	then; so
luego	then
muchas veces	very often
nunca	never
otra vez	again
por fin	at last, finally
primero	first
(casi) siempre	(almost) always
solamente	only, just
todos los años	every year
una vez	once

El mundo del trabajo

© Christian Science Monitor/Getty Images

Plaza de la Catedral, Panamá, Panamá

Chapter Objectives

Communicative Goals

In this chapter, you will learn how to . . .

- Communicate about occupations and professions, job responsibilities, and the search for employment
- Share information about personal finances
- Make recommendations and attempt to exert influence on others

Structures

- **Por** vs. **para**
- The subjunctive mood
- The present subjunctive with statements of volition

▲ ¿Dónde trabajas ahora? ¿Qué haces en ese trabajo?

▲ ¿Deseas trabajar en otro lugar? ¿Dónde?

▲ En el futuro, ¿deseas tener un negocio? ¿Por qué?

 Visit it live on **Google Earth!**

En unas oficinas de Panamá

In this section, you will learn to talk about professions in the working world. What career are you planning to pursue after graduating?

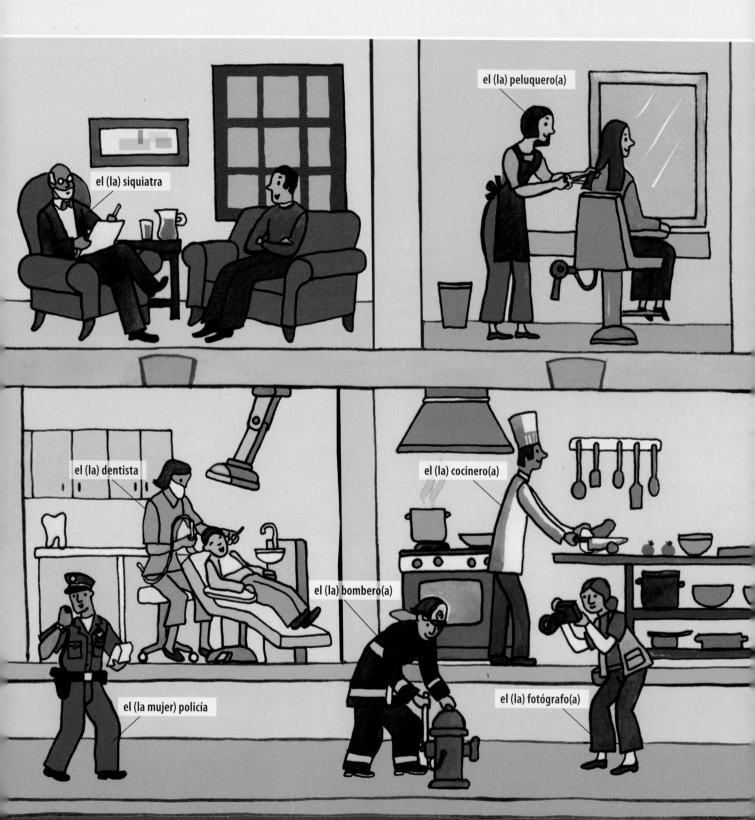

el (la) siquiatra

el (la) peluquero(a)

el (la) dentista

el (la) cocinero(a)

el (la) bombero(a)

el (la) mujer) policía

el (la) fotógrafo(a)

Nota lingüística

The Spanish language is constantly changing to accommodate the entrance of women into professions previously dominated by men. Some job titles are modified by **la mujer;** for example, **la mujer policía.**

el (la) banquero(a)

el (la) arquitecto(a)

el (la) carpintero(a)

el hombre (la mujer) de negocios

el (la) plomero(a)

Más profesiones y oficios

el (la) abogado(a) *lawyer*
el (la) contador(a) *accountant*
el (la) empleado(a) *employee*
el (la) gerente *manager*
el (la) ingeniero(a) *engineer*
el (la) jefe(a) *boss*
el (la) maestro(a) *teacher*
el (la) obrero(a) *worker, laborer*
el (la) periodista *journalist*
el (la) programador(a) *programmer*
el (la) sicólogo(a) *psychologist*
el (la) traductor(a) *translator*
el (la) vendedor(a) *salesperson*

Palabras útiles

el (la) accionista *stockbroker*

el (la) analista de sistemas *systems analyst*

el (la) bibliotecario(a) *librarian*

el (la) cajero(a) *cashier*

el (la) comerciante *merchant*

el (la) criado(a) *servant; maid*

el (la) intérprete *interpreter*

el (la) mecánico(a) *mechanic*

el (la) niñero(a) *nanny, babysitter*

el (la) secretario(a) *secretary*

el (la) socio(a) *business partner*

el (la) mujer) soldado *soldier*

el (la) técnico *technician*

el (la) veterinario(a) *veterinarian*

Palabras útiles are presented to help you enrich your personal vocabulary. The words here will help you talk about jobs and professions.

Heinle/Cengage Learning

¡A practicar!

11-1 **¿A quién vas a llamar?** Tú trabajas en una agencia de empleos en la ciudad de Panamá y tienes que identificar las profesiones que tus clientes buscan. Lee las siguientes descripciones y decide cuál de las profesiones corresponde mejor a cada situación.

Modelo hombre / preparar comida en el restaurante Las Palmas
un cocinero

1. mujer / enseñar a chicas del Colegio Nuestra Señora de Lourdes
2. mujer / sacar fotos de la boda de nuestra hija Alejandra
3. hombre o mujer / escribir documentos legales
4. mujer / recibir y contar dinero de nuestros clientes en el Banco Central
5. hombre / ayudar en el diseño de un nuevo centro comercial
6. mujer / ayudar a nuestros clientes con problemas emocionales
7. mujer / escribir artículos cortos sobre la casa y la decoración para el periódico *La Prensa*
8. mujer / supervisar un departamento de una compañía
9. hombre / ayudar con las finanzas de una gran corporación
10. mujer / construir un nuevo cuarto en una residencia personal

Distrito financiero de la ciudad de Panamá

© Russell Kord / Alamy

11-2 **¡Una niñera desesperada!** Tu amiga Dora está cuidando a Miguelito y Tomás, los dos hijos de su hermana Susana. Te llama para pedirte consejos *(advice)* sobre las siguientes situaciones. ¿A quién debe llamar Dora?

1. ¡El lavabo de la cocina está atascado *(clogged)* y hay agua por todos lados!
2. ¡Miguelito acaba de romperse dos dientes!
3. ¡Tomás me cortó el pelo cuando me dormí en el sofá!
4. ¡Miguelito le dio una patada *(kicked)* a la computadora y ahora no funciona!
5. ¡Tomás se robó unos juguetes de una tienda y el gerente está aquí y está muy enojado!
6. ¡Las instrucciones del televisor solamente están en francés!
7. ¡Miguelito rompió una silla!
8. Tomás no quiere ir a la escuela y Dora no sabe por qué.

Workbook *11-1 – 11-2*
Lab Manual *11-1 – 11-3*

¡A conversar!

11-3 ¿Buscas trabajo? Trabaja Con un(a) compañero(a), lee y comenta los anuncios clasificados y los puestos ofrecidos. Para cada puesto, comenten lo siguiente:

- ¿Te interesa? ¿Por qué?
- ¿Eres buen(a) candidato(a) para el puesto? ¿Por qué?
- ¿Conoces a otra persona que puedas *(you can)* recomendar para el puesto? Explica por qué es buen(a) candidato(a).

SE NECESITA ingeniero civil con mínimo de 3 años de experiencia en construcción. Debe tener carro, hablar inglés, leer planos y saber usar programas de computadora.

CONTADOR: Experiencia 2 años, dominio del ciclo completo de contabilidad, computadora, buena presencia. Enviar currículum reciente.

EMPRESA de Letreros y Publicidad necesita traductor. Enviar currículum.

AGENCIA de promociones solicita demostradoras para supermercados. Buena presencia, estudios secundarios.

VENDEDOR: Experiencia en ventas de plomería. Honradez, excelentes relaciones públicas. Para hacer rutas de venta. Enviar currículum con foto.

SE BUSCA gerente de tienda para perfumería, buena presencia, manejo de personal, salario + comisiones, enviar c.v.

CÍA automotriz requiere mecánicos automotores, con experiencia.

Nota lingüística

Note that **currículum** or **CV** means *résumé*. It is presented with other words and phrases related to a job search on pages 366–367.

Cultura

Notice that in most Hispanic countries it is legal to request a CV with a picture, birthday, and marital status.

11-4 Entrevista Trabaja con dos compañeros(as) de clase. Háganse las siguientes preguntas sobre las profesiones.

1. ¿Tienes un trabajo ahora? ¿Qué haces? ¿Cuántas horas a la semana trabajas?
2. Cuando te gradúes de la universidad, ¿qué quieres hacer? ¿Por qué? ¿Qué clases te preparan para tus planes en el futuro?
3. ¿Cuáles son las profesiones más comunes entre tus amigos?
4. ¿Cuáles son las profesiones u oficios de mayor prestigio en nuestra sociedad? ¿de menor prestigio? ¿Te gusta alguna profesión no prestigiosa?
5. Piensa en tus compañeros de clase, ¿cuáles son las profesiones más adecuadas para algunos de ellos?

AUDIO CD
CD 3, TRACK 14

Julián Darío está solicitando un puesto *(is applying for a job)* en un bufete de abogados en la ciudad de Panamá. Julián estudió derecho internacional en la Universidad de Florida, en los Estados Unidos. Desde niño, siempre ha querido trabajar en un ambiente internacional. Lo que sigue es parte de la entrevista con el socio presidente del bufete, Carlos Infante Garrido.

Escucha la conversación y contesta las siguientes preguntas con oraciones completas.

1. ¿Por qué está tan impresionado el Sr. Garrido con Julián?
2. ¿Por qué piensa el Sr. Garrido que Julián es modesto?
3. ¿Hay otros candidatos que el Sr. Garrido está considerando?
4. Para el Sr. Garrido, ¿qué cualidades son importantes para los abogados que trabajan en su bufete de abogados?
5. ¿Cómo termina la entrevista? ¿Obtiene Julián el puesto?
6. ¿Qué otras preguntas debe hacerle el Sr. Garrido a Julián? ¿Y Julián al Sr. Garrido?

Sr. Garrido: Buenos días, Julián. Siéntate.

Julián: Gracias, Sr. Garrido. Es Ud. muy amable.

Comentario cultural The Panama Canal, an 82-kilometer-long (51 miles) shipping channel that connects the Caribbean Sea and the Pacific Ocean, was begun under French direction in 1881 and completed by the United States in 1914. The control of the canal was handed over to Panama on December 31, 1999.

Sr. Garrido: Gracias a ti, Julián, por interesarte en nuestra empresa. Tienes un currículum fabuloso **para un hombre tan joven.** Veo que estudiaste en los Estados Unidos, en la Universidad de Florida.

Comentario cultural The canal, by virtue of connecting the Caribbean Sea to the Pacific Ocean, has great economic and military value. As a result of Panama's long history with the United States, Panamanian legal firms and other businesses place a premium on job applicants who have had either an education or work experience in the United States.

Julián: Pues, no me puedo quejar, la verdad es que me ha ido bien.

Sr. Garrido: No seas tan modesto. Tienes todas las cualidades que esperamos de un abogado que trabaje con nosotros. ¿Te gustaría trabajar en nuestra empresa?

Expresiones **en contexto**

bufete de abogados *law office*	**no tendrá quejas** *you won't have complaints*
con respecto a *with regard to*	
cumplo con *I meet/complete*	**puede contar conmigo** *you can count on me*
Gracias por venir. *Thanks for coming.*	
¡No me digas más! *Say no more!*	**puedo aportar mucho** *I can contribute a lot*
no me puedo quejar *I can't complain*	
¡No te preocupes! *Don't worry!*	

Heinle/Cengage Learning

Julián: ¡Sí, señor! **Espero que Uds. me ofrezcan** el puesto, ya que soy bilingüe y puedo aportar mucho a la empresa con mi experiencia de trabajo en el exterior.

Sr. Garrido: ¡No te preocupes, Julián! La verdad es que todavía no hemos encontrado a la persona adecuada. **Queremos que nuestros abogados tengan** suficientes responsabilidades y **que sean** dedicados, honestos y, sobre todo, muy profesionales con los clientes. Como sabes, la mayoría de nuestros clientes son de los Estados Unidos.

· ·

Comentario cultural Panama has a U.S. dollar-based economy, which ensures that no currency devaluation affects business. U.S. investment in Panama is high and will likely increase in the future, as 75 percent of Panama's economy is based on service industries.

Julián: Soy muy trabajador y cumplo con mis obligaciones lo mejor que puedo. Soy puntual y sigo indicaciones muy bien. Ud. no tendrá quejas de mí.

· ·

Comentario cultural Panama's labor force of 1.4 million is attractive to international businesses, which tend to characterize Panamanians as possessing a strong work ethic and high technical capabilities while maintaining low absenteeism.

Heinle/Cengage Learning

Sr. Garrido: Ya lo sé, Julián. Tu currículum lo dice todo. ¡No me digas más! El puesto es tuyo. ¿Aceptas?

Julián: Claro que acepto la oferta con mucho entusiasmo. Gracias, Sr. Garrido. Usted puede contar conmigo.

 Entrevista de trabajo Trabaja con un(a) compañero(a) de clase. Túrnense para practicar el diálogo que acaban de estudiar en **En contexto.** Deben cambiar las nacionalidades y las situaciones de los hablantes. Usen expresiones de **En contexto** como modelo para su diálogo.

Por vs. para

Uses of por *— Time of day*

You may have noticed that the prepositions **por** and **para** have different uses and meanings. The preposition **por** has a wider range of uses than **para.** In general, **por** conveys the underlying idea of a cause, reason, or source behind an action.

1. **Duration of time** *(for, in, during)*

   —¿**Por** cuánto tiempo viviste en Panamá?   **(For)** *How long did you live in Panama?*

   —Viví allí **por** más de tres años.   *I lived there **for** more than three years.*

   —¿Trabajas en el banco todo el día?   *Do you work in the bank all day?*

   —Sí, **por** la mañana y **por** la tarde.   *Yes, **during** the morning and **during** the afternoon.*

2. **Motion** *(through, along)* — *Pasar*

   —¿Quieres caminar conmigo **por** la oficina para conocer a la gente?   *Would you like to walk **through** the office with me to meet the people?*

3. **General area** *(around)*

   —Perdón, ¿hay una fotocopiadora **por** aquí?   *Excuse me, is there a copy machine **around** here?*

   —Sí, señora. Hay una **por** allí.   *Yes, ma'am. There is one **over there.***

4. **In exchange** *(for)*

   —¿Desea cambiar esta computadora personal?   *Would you like to exchange this computer?*

   —Sí, **por** una computadora portátil, por favor.   *Yes, **for** a laptop, please.*

5. **Value or cost** *(for)*

   —¿Cuánto pagaste **por** los servicios del abogado?   *How much did you pay **for** the lawyer's services?*

   —Le pagué $500 **por** su tiempo.   *I paid him $500 **for** his time.*

6. **In place of** *(for)*

   —Yo no sabía que trabajabas aquí, Tomás.   *I didn't know you worked here, Tomás.*

   —Trabajo **por** Juan, que está muy enfermo.   *I'm working **for** (substituting for) Juan, who is very ill.*

7. **Gratitude** *(for)*

   —Gracias **por** su ayuda, Sr. Navarro.   *Thanks **for** your help, Mr. Navarro.*

   —De nada. ¡Buena suerte con el proyecto!   *You're welcome. Good luck with the project!*

8. **On behalf of** *(for)* — *Employment w/out money*

   —Hola, Miguel. Vengo a verte **por** mis hijos.   *Hello, Miguel. I've come to see you **on behalf of** my kids.*

9. **Mistaken identity** *(for)*

   —En Panamá me tomaron **por** canadiense.   *In Panama, they took me **for** a Canadian.*

   —¿Sabes qué? ¡A mí me tomaron **por** mexicana!   *You know what? They took me **for** a Mexican!*

Making statements about motives, intentions, and periods of time

10. **Unit of measurement** *(by, per)*

    La secretaria escribe más de sesenta palabras **por** minuto.

    The secretary writes more than sixty words **per** minute.

11. **Reason** *(because of)*

    —¡Hombre, viniste muy tarde a la oficina!

    Wow, you arrived late at the office!

    —Llegué tarde **por** el tráfico tan tremendo.

    I arrived late **because of** all the terrible traffic.

12. **Purpose or object of an errand** *(for, after)* followed by noun

    —¿Vas a la oficina **por** tu cheque?

    Are you going to the office **for** your check?

    —Sí, y después voy a la tienda **por** comida.

    Yes, and afterward I'm going to the store **for** some food.

13. **Idiomatic expressions**

Por casualidad...	*By the way . . . / By chance . . .*	**Por eso...**	*That's why . . .*
¡Por Dios!	*¡Oh my God!*	**Por favor**	*Please*
Por ejemplo	*For example*	**¡Por supuesto!**	*Of course!*

Por lo menos: at least
Por fin: finalmente

Uses of *para*

In general, **para** conveys the underlying idea of purpose (goal), use, and destination.

1. **Recipient** *(for)*

   Estos papeles son **para** el jefe.

   These papers are **for** the boss.

2. **Employment** *(for)*

   —¿**Para** quién trabajas ahora?

   For whom do you work now?

   —Trabajo **para** mi papá en su oficina.

   I work **for** my father in his office.

   —working to recieve money

3. **Specific time in the future** *(by, for)* *Deadline*

   —¿**Para** cuándo necesita el dinero, señora?

   (By) When do you need the money, ma'am?

   —Lo necesito **para** el próximo sábado.

   I need it **by (for)** next Saturday.

4. **Destination** *(to, for)* *: Salir*

   —¿**Para** dónde sales mañana por la tarde?

   (To) Where are you going tomorrow afternoon?

   —Salgo **para** la costa.

   I'm leaving **for** the coast.

5. **Purpose** *(in order to)* + infinitive

   —¿Por qué estudias español?

   Why do you study Spanish?

   —Lo estudio **para** poder hablar con mis clientes.

   I study it **in order to** speak with my clients.

6. **Member of a group** *(for)*

   Para ser un chico de diez años, él es muy responsable.

   For (being) a ten-year-old, he is very responsible.

7. **To show one's opinion** *(for)*

   Para Elena, es mejor trabajar por la mañana.

   For Elena, it is better to work in the morning.

   Para mí, el trabajo de peluquero es fascinante.

   For me (In my opinion), the hairstylist has a fascinating job.

¡A practicar!

11-5 Un puesto para Jaime Escuchas un anuncio en la radio sobre varios puestos. Tu amigo Jaime busca trabajo y por eso, decides escribir información sobre lo que oyes. Él estudia administración de empresas, habla español e inglés y quiere trabajar unas veinte horas por semana. Escribe tres datos sobre cada puesto y luego indica cuál es el mejor puesto para él.

AUDIO CD
CD 3, TRACK 15

1. _____ _____ _____

2. _____ _____ _____

3. _____ _____ _____

El mejor puesto: _____

11-6 ¿Qué sabes de los cunas? Escoge entre **por** o **para,** a fin de *(in order to)* completar la siguiente narración sobre un grupo indígena de Panamá.

1. Los cunas han vivido en la isla de San Blas por / para varios siglos.

2. Ellos hacen tapices llamados «molas» por / para vender. Estos tapices son hechos por las mujeres.

3. Los cunas tienen canciones por / para curar enfermedades de la mente.

4. Los cunas usan la naturaleza por / para explicar los fenómenos positivos o negativos relacionados con el ser humano.

11-7 Una encuesta Elena va al Banco Nacional. Una empleada le hace algunas preguntas. Completa la conversación con un(a) compañero(a), usando las preposiciones **por** o **para** en el diálogo. Luego, interpreten *(act out)* la escena para la clase.

Empleada

1. ¿_____ qué prefiere Ud. este banco, señora?

3. ¿_____ qué vino Ud. al banco hoy?

5. Generalmente, ¿cuándo viene al banco _____ usar nuestros servicios?

7. ¿Cuánto paga _____ los servicios de este banco?

9. ¿Le parece razonable?

11. _____ casualidad, ¿conoce Ud. a nuestra cajera, Susana?

13. ¡Ah! _____ eso se parecen tanto. Permítame una última pregunta, _____ favor: ¿Qué impresión tiene Ud. del Banco Nacional?

15. Gracias _____ su cooperación.

Elena

2. _____ su servicio rápido y porque es muy conveniente.

4. _____ depositar dinero.

6. Los sábados _____ la mañana.

8. Quince balboas _____ mes.

10. Sí, _____ mí está muy bien.

12. Sí, alguien me tomó _____ ella el otro día. ¡Ja, ja! Ella es mi hermana.

14. _____ mí, es un banco fabuloso.

16. De nada, señora.

Cultura

The balboa is the monetary unit of Panama, but it exists only as coins. The U.S. dollar is used for larger amounts. The value of the balboa is tied directly to the U.S. dollar, demonstrating the close economic ties between the nations.

Workbook *11-3 – 11-5*
Lab Manual *11-4 – 11-6*

¡A conversar!

11-8 Datos y opiniones. Con un(a) compañero(a), túrnense para hacerse las siguientes preguntas con **por** y **para**. El (La) compañero(a) debe utilizar la preposición correspondiente en su respuesta.

Modelo E1: *¿Por cuánto tiempo viviste en esta ciudad?*
E2: *Viví en esta ciudad por tres años.*

1. ¿Por dónde pasa el autobús que va al centro?
2. ¿Por qué calle queda tu casa?
3. ¿Para dónde vas después de la universidad?
4. ¿Para cuándo te piensas graduar?
5. ¿Por qué elegiste esta carrera?
6. ¿Para quién trabajas?
7. ¿Qué significa para ti ser el jefe de una oficina?
8. ¿Qué crees que es necesario para ser traductor(a)?
9. ¿Qué debes hacer para solicitar un puesto de trabajo?
10. ¿Por cuántos años estudiaste una lengua extranjera en la escuela?

11-9 Entrevista de trabajo. Con un(a) compañero(a), representen una entrevista de trabajo. El (La) entrevistador(a) le hace preguntas con **por** y **para** a la persona que quiere el trabajo. Usen la lista a continuación como referencia para hacer las preguntas. ¡Sean creativos en sus respuestas!

años de estudio	razón de elegir ese trabajo
experiencia de trabajo	tiempo de vacaciones
horas disponibles para trabajar	dinero que quiere ganar
lugar donde vive	opinión sobre esa compañía
palabras por minuto para escribir en la computadora	mes para empezar a trabajar

Modelo E1: *¿Para cuándo puede empezar a trabajar aquí?*
E2: *Para el mes de febrero porque ahora estoy con exámenes en la universidad.*

©Stephen Coburn / Shutterstock.com

A Daniel le fue muy bien en la entrevista de trabajo. ¿Te pones tú nervioso(a) en las entrevistas de trabajo?

ENCUENTRO CULTURAL

Panamá

▶ Veamos el video de Panamá para luego comentarlo.
1. ¿Dónde está el Canal de Panamá y qué océanos une el Canal de Panamá?
2. ¿Cuál es el origen de la población panameña?
3. Describan Panamá Viejo.

See the *Workbook,* **Capítulo 11, 11-17–11-20** for additional activities.

Población: 3.410.676 de habitantes

Área: 41.283.560 km², más o menos el tamaño de Nevada

Capital: Panamá (1.490.700 habs.)

Ciudades principales: San Miguelito (309.500 habs.); Colón (44.400 habs.)

Moneda: el balboa y el dólar estadounidense

Lenguas: el español

Lugares mágicos El Archipiélago de Bocas del Toro está localizado en la costa noroeste de Panamá, cerca de Costa Rica. Consiste en un gran número de cayos *(keys),* arrecifes de corales *(coral reefs),* playas blancas y aguas color turquesa. Una de sus atracciones es el Parque Nacional Marino en Bastimentos, que es uno de los hábitats marinos más importantes que existen hoy en día. Esta es una zona protegida *(protected)* para los manatíes *(manatees),* que son una especie marina en peligro de extinción *(endangered).* Además, se puede bucear, hacer esnórquel, pescar, correr las olas o simplemente descansar cerca del mar.

¿Cerca de tu ciudad o pueblo hay parques nacionales? ¿Qué actividades puedes hacer?

🌐 Visit it live on **Google Earth!**

Vista aérea del Archipiélago de Bocas del Toro

Esclusa *(Lock)* en el Canal de Panamá

Oficios y ocupaciones La primera persona que pensó en abrir un paso por el Istmo de Panamá para unir el océano Atlántico con el océano Pacífico fue Vasco Núñez de Balboa en 1513. Cuatro siglos más tarde, en 1914, el primer barco de carga estadounidense, el *SS Ancon,* cruzó el canal. En 1977, el presidente de los Estados Unidos, Jimmy Carter, y el presidente de Panamá, Omar Torrijos, firmaron el Acuerdo Torrijos-Carter, donde el gobierno de los Estados Unidos le daba los derechos de administración del canal al gobierno panameño en diciembre de 1999. En la actualidad, el canal de Panamá es la fuente más importante de trabajo para el país. Desde el año 2007, está en proceso de ampliación para permitir el paso de buques *(vessels)* más grandes.

¿Has viajado a Panamá o algún otro país centroamericano? ¿Te parece buena idea que Panamá controle su propio canal? ¿Por qué?

Inocencia **de Olga Sinclair**

Artes plásticas Olga Sinclair comenzó su carrera artística como pintora cuando tenía 14 años. Su padre, el reconocido pintor panameño Alfredo Sinclair, fue su maestro. En 1976, asistió a la Escuela de Artes Aplicadas y Oficios Artísticos de Madrid, España, y a los 18 años tuvo su primera exposición individual en Panamá. De regreso de España, obtuvo la licenciatura en Diseño de Interiores en la Universidad Santa María la Antigua en la ciudad de Panamá, y también realizó investigaciones en Londres, Inglaterra. Tiene cuadros en exhibición permanente en museos de todo el mundo y ha recibido muchos premios y reconocimientos por su obra artística y su trabajo social. Fue nombrada Mujer del Año por la Revista Glamour de Miami en el año 2004. En el año 2007 comenzó los talleres infantiles donde más de cien niños de pocos recursos económicos se reúnen con ella para pintar y dibujar.

¿Crees que es importante para un(a) artista estudiar por un tiempo fuera de su país? Describe el cuadro de la artista. ¿Qué aspectos te gustan o no te gustan?

Ritmos y música La música panameña es una combinación de elementos indígenas, españoles y africanos que hacen de este ritmo un ejemplo de música mestiza. Los instrumentos musicales más importantes son la mejorana (una guitarra de cinco cuerdas), el rabel (un violín de tres cuerdas), el güiro, la conga y el acordeón. En la música panameña, hay influencia del calipso jamaiquino, de la cumbia colombiana y del punto puertorriqueño.

 Uno de los personajes más importantes del mundo artístico y político panameño es Rubén Blades. Es una persona muy admirada y respetada por toda América Latina. Entre los años 2004 y 2008, Blades fue el Ministro de Turismo de Panamá. En Hollywood, él ha actuado en más de 35 películas como: *Spoken Word* (2009), *Once Upon a Time in Mexico* (2003), *All the Pretty Horses* (2000), *Color of Night* (1994), entre otras. Aquí, tenemos de su último álbum *Cantares del subdesarrollo* (2009) la canción «País portátil». *Access the iTunes playlist on the* **Plazas** *website.*

¿Qué tipo de música folclórica te gusta escuchar? ¿Te gusta ver bailar bailes típicos?

Rubén Blades

¡Busquen en Internet!
1. Lugares mágicos: Bocas del Toro
2. Oficios y ocupaciones: Canal de Panamá
3. Artes plásticas: Olga Sinclair
4. Ritmos y música: Rubén Blades

Un puesto en el bufete de Infante Garrido y Garrido

In this section, you will learn how to talk about a typical office environment and work-related activities. You will also learn words and expressions related to the job search. Have you ever worked in an office? What did you do there?

Nota lingüística

The following words can be useful when filling out a job application in Spanish: **la letra de molde** or **letra de imprenta** (print), **el estado civil** (marital status) **actual** (current, present), **el sueldo mensual** (monthly salary).

la reunión

la sala de conferencias

imprimir

Otros sustantivos

los beneficios benefits
el bufete law office
la búsqueda de trabajo job search
la empresa corporation; business
la entrevista interview
el informe report
la oferta (de trabajo) (job) offer
el proyecto project
el puesto job, position
el salario wage
la solicitud application (form)
el sueldo salary

Otros verbos

contratar a to hire someone
dejar to quit
despedir (i, i) to fire
firmar to sign
jubilarse to retire
llenar to fill out (a form)
pedir un aumento to ask for a raise
renunciar to resign
reunirse to meet
solicitar un puesto to apply for a job

Expresiones

de tiempo completo/parcial
  full-time/part-time

Palabras útiles

la capacitación training	**archivar** to file
el plan de retiro/ jubilación retirement plan	**dejar un mensaje** to leave a message
el seguro médico medical insurance	**sacar fotocopias** to photocopy

Heinle/Cengage Learning

Palabras útiles are presented to help you enrich your personal vocabulary. The words here will help you talk about a job search.

¡A practicar!

11-10 Emparejar Empareja la definición con la palabra o frase que mejor corresponda a cada una de las palabras o frases de la izquierda.

1. _____D_____ jubilarse
2. _____A_____ de tiempo completo
3. _____e_____ la solicitud
4. _____g_____ solicitar un puesto
5. _____c_____ la impresora
6. _____b_____ imprimir
7. _____f_____ despedir

a. trabajar desde las 8:00 hasta las 5:00 todos los días

b. producir un documento escrito de una computadora

c. algo que se conecta con la computadora

d. dejar de trabajar después de muchos años

e. el documento que das con el currículum

f. eliminar a una persona de la empresa

g. buscar un trabajo nuevo

11-11 Una entrevista de trabajo Recibes una llamada telefónica informándote que tienes una entrevista para un trabajo excelente. Escucha la información y escribe cinco datos de información que debes recordar.

AUDIO CD
CD 3, TRACK 16

1. _____.
2. _____.
3. _____.
4. _____.
5. _____.

11-12 Un día en la vida de Sofía Sofía es la secretaria del bufete de Infante Garrido y Garrido. Completa la siguiente historia con las palabras de la lista para describir un día en su trabajo. En algunos casos vas a tener que conjugar los verbos.

beneficios	llamar por teléfono	reunirse
candidato	llenar	renunciar
fax	pedir un aumento	sala de conferencias
imprimir	puesto	tiempo parcial

Yo tengo un 1. _____ en el bufete de Infante Garrido y Garrido. El sueldo no es muy alto, pero los 2. _____ que me dan son buenos. ¡El problema es que me dan demasiado que hacer! Tengo que contestar cuando alguien 3. _____. Paso mucho tiempo trabajando con el 4. _____ cuando la gente manda documentos urgentes. También, tengo que contestar los mensajes que vienen en la computadora por correo electrónico. A veces necesito 5. _____ los mensajes para mi jefe porque él no sabe usar la computadora. A veces, me hacen 6. _____ documentos muy importantes, y me pongo nerviosa. Estoy cansada de trabajar tanto; estoy pensando en 7. _____ si no encuentran a alguien para ayudarme. Ellos buscan un 8. _____ para un puesto de 9. _____ para ayudarme por la mañana. Además, los jefes de la oficina van a 10. _____ en la 11. _____ para hablar de mí esta tarde. Yo les acabo de 12. _____. ¡A ver qué pasa!

Workbook *11-6 – 11-7*
Lab Manual *11-7 – 11-9*

¡A conversar!

11-13 Adivinanzas (Riddles) Trabaja con un(a) compañero(a) para definir las palabras de la lista. Tu compañero(a) tiene que adivinar la palabra que estás describiendo.

Modelo el currículum

E1: *Es un documento importante para un(a) candidato. Tiene todos los trabajos que él o ella ha tenido. Un(a) candidato(a) les da este papel a las compañías donde quiere trabajar.*
E2: *¿Es el currículum?*
E1: *¡Sí!*

E1: los beneficios, la fotocopiadora, el fax, la sala de conferencias

E2: despedir, un trabajo de tiempo completo, pedir un aumento, la entrevista

11-14 Para solicitar un puesto Con un(a) compañero(a) de clase habla de lo que se necesita para conseguir un trabajo. Usando las actividades asociadas con las ilustraciones, narren las actividades de este candidato para un puesto. Empiecen con las actividades a continuación y añadan otras para cada ilustración. Después de preparar y practicar su narración, preséntenla a los otros miembros de la clase.

Modelo *1. Es necesario preparar un currículum para describir tu experiencia previa de trabajo.*

2. Hay que buscar una compañía interesante para ti.

3. Tienes que escribirle una carta al (a la) jefe(a) de la compañía, etc.

1.

leer el periódico o usar el Internet para buscar puestos

preparar el currículum

pedir cartas de recomendación y referencias

contestar un anuncio que le interesa

2.

ir a la oficina que tiene un puesto

llenar una solicitud

pedir una entrevista

hablar con unos empleados de la empresa

3.

comprar un traje o un vestido nuevo

levantarse temprano el día de la entrevista

presentarse en la oficina

hacer preguntas sobre la empresa, el puesto y el sueldo

4.

negociar las condiciones de la oferta

aceptar la oferta

firmar el contrato

conocer a los otros empleados

The subjunctive mood

Thus far in *Plazas,* you have been learning the indicative mood of the present and past tenses. The indicative mood is used to state facts and ask questions objectively. A second mood exists in Spanish called the subjunctive mood.

The subjunctive is used to express more subjective concepts as well as to make statements about wishes, wants, and emotions. The subjunctive is also used to express doubt, uncertainty, or negation. You will learn more about the subjunctive mood in **Estructura 3** of this chapter.

The formation of the subjunctive follows the same procedure as that of formal commands. For now, you should at least be able to recognize the subjunctive mood and have a basic understanding of why the subjunctive is used.

Here are a few examples of the subjunctive mood and the contexts that require it:

(handwritten: desear, querer, recomendar } voluntad)

volition/influence	Yo quiero que tú **vayas** a la reunión.
	I want you to go to the meeting.
emotion	Siento que el empleado no **reciba** un aumento.
	I'm sorry the employee does not receive a raise.
doubt	Ella duda que Ramón **termine** el proyecto hoy.
	She doubts that Ramon will finish the project today.
negation/denial	No es cierto que Pedro **sepa** usar el fax.
	It's not certain that Pedro knows how to use the fax.

¿Recuerdas?

Heinle/Cengage Learning

Sr. Garrido: ¡No te preocupes, Julián! La verdad es que todavía no hemos encontrado a la persona adecuada. **Queremos que nuestros abogados tengan suficientes responsabilidades y que sean dedicados, honestos y sobre todo, muy profesionales con los clientes.** Como sabes, la mayoría de nuestros clientes son de los Estados Unidos.

¡A practicar!

11-15 Reconocer el subjuntivo Mira las siguientes oraciones y explica por qué usan el subjuntivo *(volition, emotion, doubt, or negation)*. Subraya el verbo en subjuntivo en cada oración.

1. Estoy contento de que tengamos que vivir en Panamá.

2. Me alegro *(I am glad)* de que hagamos muchos viajes por el país.

3. Quiero que tú y yo vayamos a las playas del Mar Caribe y del Océano Pacífico.

4. Dudo *(I doubt)* que en la ciudad de Darién haga más fresco que en la ciudad de Panamá.

5. No es que la ciudad de Colón no me guste, sino que prefiero las montañas en Bambito.

6. No creo que los turistas no quieran pasear por el canal.

7. Mis padres desean que nosotros visitemos las esclusas *(locks)* del Canal de Panamá.

8. El gobierno estadounidense desea que el gobierno panameño administre muy bien el canal.

11-16 Recomendaciones para una candidata Escoge la forma correcta del verbo para completar cada oración e indica por qué la escogiste.

Modelo Recomiendo que llegas / llegues a tiempo a la entrevista.
Recomiendo que llegues a tiempo a la entrevista.
The sentence expresses volition or influence.

1. Estoy triste de que no encuentras / encuentres muchos puestos en el periódico ni por Internet.

2. Quiero que hablas / hables con muchas personas.

3. No es cierto que el proceso es / sea fácil.

4. Muchos jefes desean que los candidatos obtienen / obtengan información sobre la compañía antes de la entrevista.

5. Los jefes también quieren que un candidato o una candidata siempre dice / diga la verdad.

6. No me gusta que otros candidatos están / estén más entusiasmados que tú.

¡A conversar!

11-17 Consejos para Javier Javier ha aceptado un nuevo puesto y sus amigos le ofrecen muchos consejos *(advice)*. Con un(a) compañero(a), lean las siguientes oraciones e indiquen si están de acuerdo *(you agree)* o no con los consejos.

Modelo Es importante que un(a) nuevo(a) empleado(a) llegue a la oficina temprano.
Estoy de acuerdo. Es importante que un(a) nuevo(a) empleado(a) llegue a la oficina temprano.
o *No estoy de acuerdo. No es importante que un(a) nuevo(a) empleado(a) llegue a la oficina temprano. Es importante que llegue a tiempo.*

1. Recomiendo que un(a) nuevo(a) empleado(a) conozca a muchas personas en el lugar donde trabaja.

2. Es necesario que todas las personas sepan usar la computadora.

3. No es probable que una persona reciba un aumento después de sólo un mes.

4. Insisto en que un(a) jefe(a) hable con sus empleados regularmente.

5. No creo que el (la) jefe(a) recuerde los nombres de todos los empleados. Debes presentarte más de una vez.

6. No es cierto que los empleados puedan hacer llamadas telefónicas personales en el trabajo.

11-18 La entrevista En parejas, presenten una entrevista entre un(a) candidato(a) para un puesto y un(a) jefe(a). Una persona lee las preguntas del (de la) jefe(a) y la otra persona contesta. Luego, cambien de papel.

1. ¿Puedes empezar inmediatamente o es necesario que dejes otro puesto?

2. ¿Necesitas entrenamiento *(training)* formal? Dudo que aprendas en el trabajo.

3. ¿Quieres que tu supervisor(a) hable contigo frecuentemente o prefieres comunicarte por correo electrónico?

4. Estoy contento de que te guste trabajar solo(a). También quiero que participes en proyectos con otros empleados.

5. ¿Es probable que aceptes el puesto si te lo ofrezco?

¡ASÍ SE DICE!

Las finanzas personales

In this section you will learn how to talk about personal finances.

En el banco

Cajero: Buenos días. ¿En qué puedo servirle?

Cliente: Necesito abrir una **cuenta corriente** para poder pagar mis **facturas**. También quiero una tarjeta de crédito para **sacar dinero del cajero automático.**

Cajero: ¿Quiere también abrir **una cuenta de ahorros?**

Cliente: No, en este momento no la necesito.

Cajero: Bien, necesita mantener un mínimo de 200 Balboas en la cuenta corriente para evitar **cargos** extras. ¿Puede mostrarme su pasaporte e indicar su dirección?

Cliente: ¡Claro que sí! Voy a depositar 300 Balboas hoy.

Sustantivos	Verbos
el cajero automático *ATM*	**ahorrar** *to save*
el cargo *charge*	**depositar** *to deposit (money)*
el cheque *check*	**pagar a plazos** *to pay in installments*
la cuenta corriente *checking account*	**pedir prestado** *to borrow*
la cuenta de ahorros *savings account*	**prestar** *to loan*
la factura *bill; invoice*	**rebotar** *to bounce (a check)*
el préstamo *loan*	**sacar** *withdraw (money)*
el presupuesto *budget*	

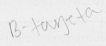

¡A practicar!

11-19 Definiciones Empareja cada una de las palabras a continuación con su definición.

a. pagar en efectivo

b. pagar a plazos

c. depositar

d. pedir dinero prestado

e. el cajero automático

f. pagar las cuentas

g. el cheque

h. ahorrar

i. préstamo

j. la tarjeta de crédito

1. _____ Es un papel pequeño que usas para pagar algo. No es dinero, pero representa dinero de tu cuenta.

2. _____ Es cuando tú no gastas tu dinero, sino que *(but rather)* lo pones en el banco para usar otro día.

3. _____ Es algo plástico que usas para pagar en tiendas y restaurantes. Si no pagas la cuenta cada mes, tienes que pagar mucho interés.

4. _____ Es el acto de poner dinero en el banco.

5. _____ Cada mes mandas cheques por correo para pagar la electricidad, tus tarjetas de crédito, el gas, etc.

6. _____ Eso es lo que haces si pagas poco a poco por algo, por ejemplo, si compras una bicicleta y pagas $50 por mes durante seis meses en vez de pagar $300 inmediatamente.

7. _____ Es una máquina del banco que puedes usar para sacar dinero de tu cuenta las veinticuatro horas del día.

8. _____ Muchos estudiantes tienen que pedir uno para estudiar.

9. _____ Eso es cuando no usas crédito o un cheque para pagar, sino dólares, balboas, pesetas, etc.

10. _____ Si tienes una deuda y no tienes como pagarla, puedes hacer esto.

Workbook *11-10 – 11-11*
Lab Manual *11-13 – 11-15*

¡A conversar!

11-20 Entrevista Habla con un(a) compañero(a) de clase sobre las siguientes preguntas.

1. ¿Quién en tu familia tiene más éxito con las finanzas personales?

2. ¿Les prestas dinero a tus amigos? ¿Te devuelven el dinero? Cuando sales con tus amigos(as), ¿quién paga la cuenta generalmente?

3. ¿Tienes un presupuesto mensual *(monthly)*? ¿Tienes dinero suficiente al final del mes? ¿Cuánto dinero necesitas para diversiones todas las semanas?

4. ¿Tienes un trabajo? ¿Quieren tus padres que pagues parte de la matrícula para la universidad?

5. ¿Tienes algunas tarjetas de crédito? ¿Usas las tarjetas solamente para urgencias o con más frecuencia? ¿Cuándo fue la última vez que pagaste con tarjeta de crédito?

11-21 Situaciones en el banco Con un(a) compañero(a) de clase, inventen un diálogo para una de las siguientes situaciones. Usen el nuevo vocabulario de este capítulo. ¡Sean creativos!

1. Quieres abrir una cuenta corriente en el banco, pero solamente tienes $20 para abrirla.

2. Según el banco, tienes $100 menos de lo que tú pensabas en tu cuenta de ahorros. Crees que es un error por parte del banco.

3. Perdiste tu tarjeta de cajero automático. Quieres saber si alguien la usó para sacar dinero de tu cuenta.

4. Quieres comprar un auto para ir al trabajo. Necesitas un préstamo. Sólo tienes un trabajo de tiempo parcial. El gerente del banco te ayuda y te da consejos, te explica si te van a dar el crédito, por cuánto tiempo y qué interés te van a cobrar.

5. Piensas viajar a Panamá en el verano. Deseas una tarjeta de crédito y en el banco haces preguntas para conseguirla. Pregunta por cuánto tiempo puedes usarla en otro país, cuánto vale un dólar en Panamá, y los números de información en caso de emergencia.

The present subjunctive with statements of volition

In **Estructura 2,** you learned that the present tense has both an indicative mood and a subjunctive mood. Thus far, you have used the present indicative to state facts, describe conditions, express actions, and ask questions. In this section, you will learn more about the subjunctive mood and how Spanish speakers use it to express what they want others to do.

As you recall, the most common use of the subjunctive mood is for influence—in the form of wanting, hoping, demanding, preferring, recommending, and prohibiting: the first subject/verb combination (clause) of a sentence influences the second subject/verb combination. Note that, with few exceptions, the subjunctive appears only in dependent clauses.

Carlos **quiere que José trabaje** más.   *Carlos wants José to work more.*

In the example above, the first clause (**Carlos quiere...**) causes the subjunctive in the second (dependent) clause (**...que José trabaje**) because the first clause is a statement of *causing* or *volition.* This is the type of subjunctive situation you'll be practicing later in this section.

The present subjunctive verb forms

To form the present subjunctive of most verbs, drop the **-o** from the present indicative **yo** form, then add the endings shown. Note that it is the same process as that which you follow to form formal and negative informal commands.

	-ar lavarse	-er hacer	-ir escribir
yo	me lav**e**	hag**a**	escrib**a**
tú	te lav**es**	hag**as**	escrib**as**
Ud., él, ella	se lav**e**	hag**a**	escrib**a**
nosotros(as)	nos lav**emos**	hag**amos**	escrib**amos**
vosotros(as)	os lav**éis**	hag**áis**	escrib**áis**
Uds., ellos(as)	se lav**en**	hag**an**	escrib**an**

Note that the stem of verbs that end in **-car, -gar,** and **-zar** have a spelling change to maintain pronunciation.

sacar (c → qu)	llegar (g → gu)	comenzar (z → c)
sa**que**	lle**gue**	comien**ce**
sa**ques**	lle**gues**	comien**ces**
sa**que**	lle**gue**	comien**ce**
sa**quemos**	lle**guemos**	comen**cemos**
sa**quéis**	lle**guéis**	comen**céis**
sa**quen**	lle**guen**	comien**cen**

—¿Quieres que yo **saque** los documentos?   *Do you want me to take out the documents?*
—Sí, recomiendo que **comencemos** ahora.   *Yes, I recommend that we begin now.*

Also note that stem-changing verbs that end in **-ar** and **-er** have the same stem changes (**ie, ue**) in the present indicative and in the present subjunctive. Pay special attention to the **nosotros** and **vosotros** forms.

pensar (e → ie)		poder (o → ue)	
Indicative	**Subjunctive**	**Indicative**	**Subjunctive**
pienso	piense	puedo	pueda
piensas	pienses	puedes	puedas
piensa	piense	puede	pueda
pensamos	pensemos	podemos	podamos
pensáis	penséis	podéis	podáis
piensan	piensen	pueden	puedan

—¿Qué te dijo la jefa?   *What did the boss tell you?*

—Ella insiste en que yo **piense** en el proyecto.   *She insists that I think about the project.*

Stem-changing verbs that end in **-ir** have the same stem changes (**ie, ue**) in the present indicative and in the present subjunctive. However, the **nosotros** and **vosotros** forms have a stem change (**e to i, o to u**) in the present subjunctive.

divertirse (ie)		dormir (ue)	
Indicative	**Subjunctive**	**Indicative**	**Subjunctive**
me divierto	me divierta	duermo	duerma
te diviertes	te diviertas	duermes	duermas
se divierte	se divierta	duerme	duerma
nos divertimos	nos divirtamos	dormimos	durmamos
os divertís	os divirtáis	dormís	durmáis
se divierten	se diviertan	duermen	duerman

—Espero que **te diviertas** en la Isla de Taboga.   *I hope you have fun on Taboga Island.*

The verbs **pedir** and **servir** have the same stem change (**e to i**) in the present indicative and in the present subjunctive. The **nosotros** and **vosotros** forms have an additional stem change (**e to i**) in the present subjunctive.

pedir (i)		servir (i)	
Indicative	**Subjunctive**	**Indicative**	**Subjunctive**
pido	pida	sirvo	sirva
pides	pidas	sirves	sirvas
pide	pida	sirve	sirva
pedimos	pidamos	servimos	sirvamos
pedís	pidáis	servís	sirváis
piden	pidan	sirven	sirvan

—Deseo que **sirvamos** a los clientes con respeto.   *I want us to serve the clients with respect.*

—¿Quieres que yo **pida** una reunión con los empleados?   *Do you want me to request a meeting with the employees?*

Some verbs have irregular forms in the present subjunctive because their stems are not based on the **yo** form of the present indicative.

Note that **dé** has an accent to distinguish it from the preposition **de**.

dar	estar	ir	saber	ser
dé	esté	vaya	sepa	sea
des	estés	vayas	sepas	seas
dé	esté	vaya	sepa	sea
demos	estemos	vayamos	sepamos	seamos
deis	estéis	vayáis	sepáis	seáis
den	estén	vayan	sepan	sean

—¿Permites que le **dé** yo el número de la oficina en Panamá?

Do you permit me to give him the number of the office in Panama?

—Sí. Y quiero que él **sepa** el número en Colón también.

Yes. And I want him to know the number in Colon also.

The subjunctive form of **hay** is **haya,** which is invariable.

Espero que **haya** muchos candidatos para el puesto.

I hope that there are many candidates for the position.

The use of the present subjunctive with verbs of volition

The examples given in the previous section demonstrate several common verbs of volition that cause the subjunctive to be used in the dependent clause. These verbs include the following:

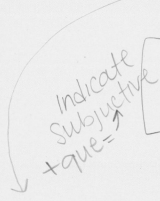

Indicate subjunctive +que=

desear	to wish; to want	**preferir (ie, i)**	to prefer
insistir en	to insist	**prohibir**	to prohibit, forbid
mandar	to command	**querer (ie)**	to want
pedir (i, i)	to request	**recomendar (ie)**	to recommend
permitir	to permit		

A verb of volition is followed by a verb in the subjunctive when the subject of the dependent clause is different from that of the independent clause. The two clauses are linked together by the word **que** *(that).*

In sentences that have no change of subject, an infinitive—not the subjunctive—follows the verb of volition. Compare the following sentences.

No change of subject	Change of subject
José prefiere trabajar ahora.	Carlos prefiere que José **trabaje** ahora.
José prefers to work now.	*Carlos prefers that José work now.*

Place pronouns before conjugated verbs in the present subjunctive.

—Deseamos que **te diviertas.**

We want you to have fun.

—Y yo insisto en que **me escribas.**

And I insist that you write to me.

—¿Quieres mi dirección?

Do you want my address?

—Sí, recomiendo que **me la des** ahora.

Yes, I recommend that you give it to me now.

¡A practicar!

11-22 **En el banco** Marcos y Silvia quieren arreglar sus finanzas personales y consultan con su banquero. Completa cada oración con la forma correcta del verbo para saber qué recomienda el banquero.

1. Primero, quiero que Uds. _____ (depositar) más dinero en la cuenta de ahorros y menos en la cuenta corriente.

2. Marcos, recomiendo que tú no _____ (escribir) tantos cheques.

3. Silvia, insisto en que tú no _____ (sacar) dinero del cajero automático tan frecuentemente.

4. Recomiendo que todos mis clientes _____ (hacer) un presupuesto porque es importante que todos _____ (saber) qué hacen con su dinero.

5. También prefiero que mis clientes no _____ (pedir) ningún dinero prestado y no _____ (pagar) nada a plazos.

6. Prohíbo que sus padres les _____ (dar) dinero con frecuencia. Prefiero que Uds. _____ (ser) independientes en el futuro.

7. Espero que Uds. _____ (empezar) el proceso de independencia ahora.

8. Marcos, recomiendo que tú _____ (devolver) la nueva tarjeta de crédito que tienes.

9. Quiero que Uds. _____ (tener) solamente dos tarjetas de crédito, una principal y otra en caso de emergencia.

10. Este mes prefiero que Uds. no _____ (ir) al centro comercial y no _____ (usar) el Internet para hacer compras.

11. Espero que Uds. _____ (poder) hacer los cambios necesarios.

12. Pido que Uds. compren solamente las cosas necesarias, porque quiero que _____ (sentirse) más tranquilos y que _____ (dormir) bien.

11-23 **¿Qué quiere mi jefe?** ¿Qué dice José sobre lo que quiere el jefe de él y de los otros empleados? Termina cada oración con un verbo adecuado de la lista.

llegue   conteste   dé

Mi jefe quiere que yo...

1. _____ informes mensuales *(monthly)*.

2. _____ a tiempo a la oficina.

3. _____ el correo electrónico.

nos comuniquemos   no hablemos   tengamos   nos vistamos

Mi jefe prefiere que nosotros...

4. _____ reuniones cortas.

5. _____ de una manera profesional.

6. _____ de nuestros proyectos fuera de la oficina.

imprima   no trabaje   haga

Mi jefe recomienda que Sofía...

7. _____ las fotocopias.

8. _____ todos los documentos antes de las reuniones.

9. _____ durante los fines de semana.

11-24 **Consejos para Dora** Dora tiene una hermana, Susana, que trabaja en un banco. Susana le da consejos a su hermana sobre las finanzas personales. Completa los consejos con la forma correcta del verbo entre paréntesis.

Dora, yo quiero que tú 1. _____ (abrir) una cuenta de ahorros. No quiero que tú y tu esposo 2. _____ (seguir) con tantos problemas económicos. Insisto en que tú 3. _____ (dejar) de pagar a plazos cuando compras cosas. Prefiero que tú me 4. _____ (pedir) prestado el dinero, o sugiero que no 5. _____ (comprar) cosas tan caras. Te recomiendo que tú 6. _____ (enseñar) a tu hijo a ahorrar más dinero. No queremos que él 7. _____ (tener) problemas luego con el dinero. Espero que todos Uds. 8. _____ (saber) que estas ideas son buenas para Uds.

11-25 **Mi trabajo en la universidad** Forma oraciones completas con las siguientes palabras. Nota que a veces tienes que usar el infinitivo en la segunda cláusula.

Modelo mis padres / prohibir / yo / trabajar / la semana
Mis padres prohíben que yo trabaje durante la semana.

1. el consejero / recomendar / los estudiantes / no hablar por teléfono / sus amigos
2. mi jefe / pedir / yo / no usar / la fotocopiadora / asuntos personales
3. los profesores / esperar / los gerentes / dar / a nosotros / un sueldo bueno
4. yo / querer / aprender / mis experiencias
5. nosotros / preferir / no trabajar / los sábados
6. yo / desear / encontrar / trabajo / tiempo completo
7. mis padres / querer / yo / pedir / préstamo / seguir / estudiando
8. mi compañero y yo / esperar / cafetería / estar / abierta

11-26 **La vida estudiantil** Los estudiantes reciben muchos consejos: de sus padres, sus profesores y sus amigos. Para expresar los consejos que recibe un(a) estudiante típico(a), forma oraciones usando un elemento de cada columna. Ten cuidado con la selección del subjuntivo o indicativo en la segunda parte de cada oración.

Los padres	recomendar	sus hijos	ahorrar su dinero
Todos los profesores	esperar	yo	pagar las facturas
Algunos profesores	insistir (en)	mis compañeros(as) de clase y yo	asistir a clase
Mi profesor(a) de ___	preferir	mis amigos y yo	hacer la tarea
Mi mejor amigo(a)	querer	los estudiantes	mantenerse en contacto
El jefe del departamento de estudios	desear	yo	participar en el programa de honor
El profesor de cálculo	permitir	los estudiantes	aclarar sus dudas antes del examen

Workbook *11-12 – 11-15*
Lab Manual *11-16 – 11-18*

¡A conversar!

11-27 **Mamá siempre sabe más** Tu mamá te quiere dar muchos consejos sobre tus finanzas personales. Explícale a un(a) compañero(a) lo que tu mamá quiere que hagas, según la siguiente información. Usa los verbos de voluntad para comenzar las oraciones: **desear, insistir en, mandar, pedir, permitir, preferir, prohibir, querer, recomendar.**

1. ahorrar más dinero
2. pagar las cuentas a tiempo
3. dejar de comprar a plazos
4. pedir préstamos para la universidad
5. llegar temprano a mi trabajo
6. dar un poco de dinero a la caridad *(charity)* todas las semanas
7. ir a los cajeros automáticos para sacar dinero
8. saber usar la tarjeta de crédito de una manera responsable
9. ser inteligente con los asuntos de las finanzas personales

11-28 **Aspiraciones** ¿Qué aspiraciones tienes en cuanto al dinero? Contesta las siguientes preguntas y después compara tus respuestas con las de un(a) compañero(a) de clase. ¿Tienen mucho en común? Noten que pueden usar las sugerencias que están a continuación o usar otros verbos de voluntad.

1. ¿Quieres mejorar tu posición económica? ¿Cómo quieres hacerlo?
   Yo quiero…
   Espero…
2. ¿Qué consejos les da tu madre a ti y a tus hermanos sobre el dinero?
   Mi mamá quiere que nosotros…
   Ella desea que nosotros…
   Ella no quiere que nosotros…
3. ¿Qué le dices tú a tu novio(a) o esposo(a) sobre el dinero?
   Yo le mando que él/ella…
   Yo le recomiendo que él/ella…
   Yo le prohíbo que él/ella…
4. ¿Qué le dices tú a tu compañero(a) de clase en cuanto a sus finanzas personales?
   Yo deseo que él/ella…
   Yo recomiendo que él/ella…
5. ¿Qué les dice un contador a sus clientes sobre las finanzas personales?
   Él recomienda que ellos…
   Él insiste en que ellos…

11-29 **¿Qué dices tú?** Habla con un(a) compañero(a) de lo que les gusta y de lo que es importante para Uds. en cuanto a *(in terms of)* un puesto de trabajo. Túrnense, recomendando profesiones y explicando por qué.

Modelo **E1:** *Me gustan las matemáticas y quiero trabajar con el dinero.*
E2: *Te recomiendo que seas contador(a) porque los contadores tienen que entender mucho de matemáticas.*

Heinle/Cengage Learning

¿Qué planes tienes para el futuro? En este segmento del video, Sofía y Javier hablan sobre sus carreras futuras. Sofía tiene un secreto que comparte con *(shares with)* Javier que lo inspira a realizar sus propios planes.

Antes de ver

Expresiones útiles Las siguientes son expresiones nuevas que vas a escuchar en el video.

se me ocurrió	*it occurred to me*
vida cotidiana	*daily life*
no me atrevo	*I don't dare*
ya veremos	*we'll see*
tomar mate	*to drink* mate *(an infusion)*

Enfoque estructural The following are expressions in the video with the subjunctive mood:

Sofia: Está bien, pero acércate, no quiero que nadie me escuche...

Javier: Él tiene un plan para mí. Quiere que sea el mejor médico de Buenos Aires.

1. **Recordemos** Con un compañero(a), expresen sus opiniones sobre sus aspiraciones profesionales. ¿Quieres que tu vida tenga un plan o es mejor ser espontáneo? ¿Creen que las cosas buenas pasan sin ningún esfuerzo o hay que intervenir? Justifiquen sus respuestas. ¿Tienen mucho en común?

2. **Practiquemos** Con un compañero de clase, formen 5 oraciones cada uno en las que expresen el lugar de trabajo ideal para cada persona. Luego comparen sus preferencias.

   Modelo   Quiero que mi oficina tenga muchas ventanas.

3. **Charlemos** Descríbele a un compañero(a) aspectos de tu profesión ideal, sin decirle cúal es. Una vez que tu compañero(a) haya adivinado tu profesión, cambien de papel.

Después de ver

1. Planes para el futuro Para contar lo que pasa en la vida de Sofía y de Javier y para hablar de sus planes, completa el siguiente párrafo con la forma apropiada de los verbos entre paréntesis. ¡Ojo con el uso del presente del subjuntivo!

Sofía busca un apartamento porque desea ——————— (quedarse) en Puerto Rico más tiempo. Quiere ——————— (escribir) un libro sobre la cultura, el arte, la historia y la vida cotidiana en Puerto Rico. Le pide a Javier que no le ——————— (decir) su secreto a nadie. Javier también tiene un sueño para su futuro. Él quiere ——————— (tener) su propia agencia de ecoturismo y deportes de aventura, pero su padre quiere que él ——————— (ser) médico. Sofía le recomienda que no ——————— (abandonar) su deseo. Le sugiere que ——————— (hacer) un plan muy preciso y que se lo ——————— (presentar) a su padre.

2. Más planes para el futuro Completa el siguiente párrafo con **por** o **para** para contar qué piensan hacer Sofía y Javier en el futuro.

Heinle/Cengage Learning

Sofía quiere vivir en Puerto Rico ——————— un año. Si quiere pagar un apartamento, necesita encontrar un trabajo muy pronto. ——————— eso, piensa que puede trabajar en la universidad y dar clases de literatura o de gramática. Javier no quiere estudiar medicina y lo hace solamente ——————— su padre. Después de hablar con Sofía, decide luchar ——————— su propio sueño de tener una agencia de deportes de aventura ——————— los turistas. ——————— lograr esa meta, tiene que decidir adónde quiere ir y lo que va a hacer exactamente. Después de saber todos los detalles, ——————— supuesto, tiene que hablar con su padre ——————— explicarle la situación.

Entre nosotros Sofía tiene un plan muy difícil, pero decide luchar por ello. Javier tiene un sueño, pero está en conflicto con el de su padre. ¿Con quién te identificas más: con Javier, con Sofía o con ninguno de los dos? Explica tus razones a un(a) compañero(a) y luego escribe una lista de lo que necesitas hacer o no hacer para realizar tus sueños. Justifiquen sus planes e ideas.

Presentaciones Con un grupo de tres personas, escriban una lista de cinco principios para tener una vida profesional feliz. Por ejemplo, ¿Necesitas que tu profesión te pague bien? ¿Es importante hacer algo que te inspire mucha pasión? Cuando tengan la lista, pongan los principios en orden de importancia y luego compartan sus ideas con la clase.

See the *Lab Manual*, **Capítulo 11, 11-19 – 11-20** for additional activities.

Antes de leer

Strategy: Guessing unfamiliar words and phrases

When you read a passage in English and come to an unfamiliar word or phrase, you probably try to guess its meaning from context or skip over it and continue reading. As a learner of Spanish, when you read literature in Spanish, you will likely encounter a number of unfamiliar vocabulary items. If you can replicate the aforementioned ability to guess meaning from context when reading texts in Spanish, your reading comprehension will improve significantly, as will your reading speed.

Before doing a close read, take a few moments to peruse the passage. In doing so, try to incorporate the reading strategies that you have learned up to this point, such as:

- identifying cognates, skimming, and scanning
- relying on background knowledge
- clustering words to get the gist of a sentence
- looking at images and headlines
- looking for affixes (**mono**polio, respet**uoso**)
- guessing meaning from word roots (**financiar, el centro financiero, finanzas**)
- using format clues (underlined words and phrases).

Use these questions to guide your work with the selection:

1. What is the title of the selection?
2. What is the main topic?
3. What do you see in the photo?
4. What rules do you associate with business in the United States?
5. What does the term "etiquette" mean? What does it mean in a social setting, in an academic setting, and in a business setting?

Los negocios y la etiqueta

Cognados Identifica cinco cognados y escribe sus significados.

Adivina Lee las reglas de etiqueta mencionadas en el artículo y adivina lo que significan las siguientes palabras y oraciones, según el contexto:

1. En los Estados Unidos, la gente llama a sus clientes por el primer nombre; esto no pasa en el mundo hispano porque se puede interpretar como **una falta de respeto.**

2. Si alguien no se toma el tiempo suficiente para hacer preguntas sobre la salud de la persona con quien habla, sobre su familia, sus viajes y sus amigos, y comienza a hablar de negocios rápidamente, se le considera como una persona **ruda** y de mala educación.

3. Muchas veces en una conversación una persona le puede tocar **levemente** el brazo a la otra persona mientras conversan. Esto no se considera **un abuso** o un mal gesto.

4. **La puntualidad** es muy importante en **las reuniones de negocios** especialmente si uno(a) es **extranjero(a)** o está de visita en el país.

Después de leer

A escoger Después de leer el texto, contesta las siguientes preguntas.

1. Al comienzo de una conversación, la gente debe...
   a. hablar sobre su trabajo y sus negocios.
   b. hablar sobre su salud y la familia.

2. ¿Cómo es la distancia entre los hispanos al hablar?
   a. Es menor que la distancia entre los estadounidenses.
   b. Es igual que la distancia entre los estadounidenses.

3. En Panamá, ¿cómo se refieren a una persona de Estados Unidos?
   a. americano
   b. estadounidense

La etiqueta de los negocios en el mundo hispanoamericano

• Las interacciones personales entre los hispanos en los negocios son más formales que las interacciones en los Estados Unidos. Muchas veces en los Estados Unidos, la gente llama a sus clientes por el primer nombre; esto no pasa en el mundo hispano porque se puede interpretar como una falta de respeto. Es más común llamar a los colegas y clientes por su título (señor, señora, doctor, doctora, licenciado[a], profesor[a]) y apellido, como por ejemplo: doctor Peraza, licenciado Torrijos, profesora Luna.

• Generalmente los saludos al comienzo de una conversación son largos y la gente se pregunta cómo está, cómo están la familia y los amigos, etc. Si alguien no se toma el tiempo suficiente para hacer estas preguntas y comienza a hablar de negocios rápidamente, se le considera como una persona ruda y de mala educación.

• La distancia al hablar que la gente hispana mantiene entre sí *(between themselves)* es menor que la distancia que se mantiene entre la gente de los Estados Unidos. Muchas veces una persona le puede tocar levemente el brazo a la otra persona mientras conversan. Esto no se considera un abuso o un mal gesto.

• La puntualidad es muy importante en las reuniones de negocios, especialmente si uno(a) es extranjero(a) o está de visita en el país. Por el contrario, si lo (la) invitan a una fiesta o a una cena, no tiene que llegar a tiempo, puede llegar de media hora a una hora más tarde. Siempre lléveles a los anfitriones algo como un ramo de flores, chocolates, una buena botella de vino o un libro de su país si usted es extranjero(a).

• Si visita Panamá, por ejemplo, estudie la cultura, la historia del país y la historia del Canal de Panamá. Y no se refiera a los estadounidenses como americanos(as) ya que todos los (las) ciudadanos(as) de América del Norte, del Centro y del Sur son americanos(as).

¡Esperamos que sus viajes a los países hispanos sean muy provechosos y divertidos!

¿Cierto o falso? Indica si las siguientes oraciones son **ciertas** o **falsas.** Corrige las oraciones falsas.

1. _____ Generalmente, los hispanos no preguntan sobre la salud, la familia o los amigos cuando comienzan una conversación de negocios.

2. _____ Muchas veces en una conversación una persona le puede tocar levemente el brazo a la otra persona.

3. _____ La puntualidad en las reuniones de negocios no es importante o requerida en el mundo hispano.

4. _____ Es bueno llevarles algún regalo a los anfitriones cuando lo (la) invitan a su casa a cenar.

¡A conversar! Comenta con tres de tus compañeros los siguientes temas.

Las semejanzas y diferencias entre la etiqueta de los negocios en los Estados Unidos y en el mundo hispanoamericano con relación a:

• la puntualidad
• los temas de conversación
• la distancia física entre la gente

Strategy: Writing from an idea map

An idea map is a tool for organizing your ideas before you begin developing them in a composition. You are going to write a job description with the aid of an idea map. You may write a description of your dream job or you may write a job description such as the ones that appear in newspapers or on job search websites.

Paso 1 Escribe el nombre de la profesión o del oficio que vas a describir. Dibuja un círculo alrededor de esa(s) palabra(s).

Paso 2 Escribe unas palabras o ideas relacionadas con el tema. Estas ideas son los detalles que apoyan *(support)* la idea principal, en este caso la profesión que vas a describir. Dibuja unos círculos alrededor de estas ideas y escribe líneas para conectar los círculos de una manera que te parezca lógica. Puedes seguir el siguiente modelo:

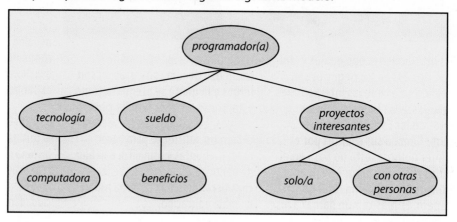

Paso 3 Basándote en el mapa que has dibujado, haz una lista de oraciones sobre el tema principal que puedas incluir en un párrafo. Al escribir las frases, debes considerar las siguientes preguntas.

1. ¿Le va a interesar al lector la información?

2. ¿Tienes bastante información para un párrafo?

3. ¿Puedes limitar la información a sólo un párrafo?

Task: Writing a job description

Paso 1 Ahora vas a escribir una descripción de un puesto. Tienes que decidir si quieres describir el empleo de tus sueños o si quieres hacer una descripción de un puesto para publicar en un periódico o en Internet. Después de tomar una decisión, escribe la primera oración de tu descripción.

Paso 2 Refiérete al mapa que has dibujado para desarrollar las ideas necesarias para el resto de tu descripción. Escribe unas siete u ocho oraciones en que describas claramente las responsabilidades del puesto y el salario que la persona que hace el trabajo va a recibir. Usa el tiempo presente para describir el empleo.

 Paso 3 Intercambia papeles con un(a) compañero(a) de clase. Lee su párrafo para ver si ha incluido la información necesaria. Si ha omitido algo, infórmaselo. Entonces, habla con él/ella sobre el puesto que ha descrito. Indica si te interesa o no te interesa y explica por qué.

Communicative objectives

- Communicate about occupations and professions, job responsibilities, and the search for employment
- Share information about personal finances
- Make recommendations and attempt to exert influence on others

Paso 1

Review the Communicative Goals for **Capítulo 11** and determine if you are able to accomplish the goals. If you are not certain that you have achieved all of the goals, review the pertinent portions of the chapter.

Paso 2

Look at the components of a conversation which addresses the communicative goals for this chapter. The percentages will help you evaluate your ability to successfully participate in the conversation that is featured below. Your instructor may use the same rubric to assess your oral performance.

Components of the conversation	%
☐ Greeting, introduction of self, and information about preferred jobs and why	20
☐ At least two questions and answers about information on résumé	20
☐ At least two questions and answers about job responsibilities	20
☐ At least two pieces of information on personal finances and banking	20
☐ Questions and answers about future contact and polite conclusion of the interview	20

 En acción Think about a conversation that might take place between the director of an employment agency (A) and a young person (B) who is seeking employment. The conversation takes place in a professional setting and therefore includes formal forms of address. Work with a partner to carry out the conversation, being sure to include the steps below. When you have concluded your conversation, change roles and carry out the conversation again.

1. A greets B, asks his/her name, and asks what jobs are interesting to him/her and why; B responds including information about at least two jobs.
2. A asks to see the B's résumé and asks two questions about information on it.
3. B responds to the questions and A and B discuss responsibilities of at least two jobs.
4. A tells B that there is a very good job in a bank and asks what B knows about banking and personal finance; B responds with at least two pieces of information.
5. A indicates that B is going to receive a call or an e-mail about an interview and offers at least two recommendations to B regarding preparation or participation in an interview.
6. B thanks A and both conclude the interview in a professional manner.

¡A REPASAR!

Por vs. para

Uses of por

In general, **por** conveys the underlying idea of a cause, reason, or source behind an action.

1. Duration of time
2. Motion
3. General area
4. In exchange
5. Value or cost
6. In place of
7. Gratitude
8. On behalf of
9. Mistaken identity
10. Unit of measurement
11. Reason
12. Purpose (noun)
13. Idiomatic expressions

Uses of para

In general, **para** conveys the underlying idea of purpose (goal), use, and destination.

1. Recipient
2. Employment
3. Specific time
4. Destination
5. Purpose (+ infinitive)
6. Member of a group
7. To show one's opinion

¡A recordar! 1 List all of the idiomatic expressions with **por** that you can remember from the chapter.

Present subjunctive

Formation

To form the present subjunctive of most verbs, drop the **-o** from the present indicative **yo** form, then add the endings shown.

	-ar verbs	-er verbs	-ir verbs
yo	me lav**e**	hag**a**	escrib**a**
tú	te lav**es**	hag**as**	escrib**as**
Ud., él, ella	se lav**e**	hag**a**	escrib**a**
nosotros(as)	nos lav**emos**	hag**amos**	escrib**amos**
vosotros(as)	os lav**éis**	hag**áis**	escrib**áis**
Uds., ellos(as)	se lav**en**	hag**an**	escrib**an**

The stems of verbs that end in **-car**, **-gar**, and **-zar** have a spelling change to maintain pronunciation: sacar (c → qu); llegar (g → gu); comenzar (z → c). Stem-changing verbs that end in **-ar** and **-er** have the same stem changes **(ie, ue)** in the present indicative and the present subjunctive. Stem-changing verbs that end in **-ir** have the same stem changes **(ie, ue)** in the present indicative and the present subjunctive, except for the **nosotros** and **vosotros** forms, which have a stem change **(e to i, o to u)** in the present subjunctive.
The verbs **pedir** and **servir** have the same stem change **(e to i)** in the present indicative and the present subjunctive. The **nosotros** and **vosotros** forms have an additional stem change **(e to i)** in the present subjunctive.

Subjunctive with verbs of volition

The following verbs of volition require the use of the subjunctive in the dependent clause:

desear	pedir (i, i)	prohibir
insistir en	permitir	querer (ie)
mandar	preferir (ie, i)	recomendar (ie)

¡A recordar! 2 Which five verbs from the chapter have irregular subjunctive forms? What is the subjunctive form of **hay**? In sentences that have no change of subject between the main and the subordinate clause, is the subjunctive used following the verb of volition? Where are pronouns placed in relation to a conjugated verb in the subjunctive?

Actividad 1   El trabajo Escoge **por** o **para** según el contexto para completar cada oración.

1. Mi amigo Jaime vive _para_ trabajar.
2. Trabaja todo el día y frecuentemente _por_ la noche también.
3. El puesto es perfecto _para_ él.
4. Muchas empresas pagan mucho dinero a la compañía de Jaime _por_ sus servicios.
5. El único problema es que si él está enfermo, nadie puede trabajar _por_ él.
6. Jaime viaja mucho _para_ Centroamérica.
7. Mañana él sale _para_ la ciudad de Panamá.
8. Va a trabajar allí _por_ tres semanas.
9. Tiene que terminar un proyecto grande _para_ el próximo mes.
10. Jaime tiene mucho éxito _para_ ser un hombre tan joven.
11. Es de Panamá, pero habla inglés tan bien que muchas personas en Nueva York lo toman _por_ estadounidense.

Actividad 2   La búsqueda de trabajo Escribe la forma correcta de cada verbo en el presente del subjuntivo para saber qué recomienda esta consejera.

1. Recomiendo que todos los candidatos _____ (preparar) su currículum.
2. Es necesario que tú _____ (llenar) muchas solicitudes.
3. Espero que tú _____ (tener) muchas entrevistas.
4. Insisto en que Uds. _____ (llegar) temprano a sus entrevistas.
5. En la entrevista, es importante que el jefe _____ (explicar) las responsabilidades del trabajo.
6. Recomiendo que un(a) candidato(a) no _____ (ser) arrogante.
7. Espero que Uds. no _____ (estar) nerviosos.
8. Es bueno que algunas empresas _____ (ofrecer) beneficios.
9. Es posible que no _____ (haber) suficiente trabajo para todos.
10. Sugiero que tú _____ (vestirse) apropiadamente para la entrevista.

11. Los expertos sugieren que nosotros _____ (saber) usar muchas formas de tecnología.

12. Recomiendo que ustedes no _____ (usar) el teléfono celular durante la entrevista.

13. Mi padre siempre recomienda que yo _____ (dormir) un mínimo de ocho horas la noche antes de una entrevista.

14. Insisto en que ustedes _____ (mirar) a los ojos de la persona que los entrevista.

15. Espero que mis consejos les _____ (servir) en su búsqueda de trabajo.

16. Les permito que me _____ (escribir) si necesitan ayuda.

Actividad 3   Un viaje a Panamá Lee cada oración y decide si se debe usar el subjuntivo o no. Escoge la letra de la razón apropiada para cada una.

a. Volition/influence

b. Emotion

c. Doubt/uncertainty

d. Negation/denial

e. No subjunctive

_____ 1. Me alegro de que mi familia y yo vayamos a Panamá.

_____ 2. Es necesario que yo aprenda mucho sobre el país.

_____ 3. Espero que haga buen tiempo.

_____ 4. Es probable que veamos animales y plantas diferentes.

_____ 5. Es cierto que el Canal de Panamá es impresionante.

_____ 6. Mi madre duda que yo comprenda la ingeniería del canal.

_____ 7. Es imposible que mi hermano menor viaje con nosotros.

_____ 8. Espero divertirme mucho.

Actividad 4   Recomendaciones Completa el párrafo con la forma correcta de cada verbo. Escoge el subjuntivo, el indicativo o el infinitivo según el contexto.

Los expertos recomiendan que los estudiantes de la universidad _____ (1. trabajar) en el verano porque es necesario que _____ (2. tener) experiencia antes de graduarse. Mis padres insisten en que mi hermano y yo _____ (3. buscar) trabajo y es necesario que _____ (4. hablar) con muchas personas. Mi hermano necesita _____ (5. preparar) su currículum. Es importante que él _____ (6. usar) la computadora y que _____ (7. imprimir) muchas copias. Voy a pedir que mi profesor de sociología me _____ (8. permitir) ir a una entrevista en vez de (*instead of*) asistir a clase el viernes. Unos profesores permiten que sus estudiantes _____ (9. asistir) a entrevistas los días de clase pero otros profesores prohíben que un estudiante _____ (10. salir) de la universidad cuando debe estar en clase. Mi madre me pide que yo _____ (11. escribir) una carta después de cada entrevista para darle las gracias a la persona que ha hablado conmigo. _____ (12. Ser) una buena idea. Quiero _____ (13. encontrar) un puesto interesante y espero que muchos otros estudiantes _____ (14. recibir) ofertas buenas. Prefiero _____ (15. viajar) en el verano pero no es posible este año.

Refrán

El _____ (*study*) y la _____ (*experience*) son los padres de la _____ (*science*).

VOCABULARIO ESENCIAL

 AUDIO CD
CD 3, TRACK 17

 PERSONAL TUTOR

Las profesiones y los oficios — *Professions and jobs*

el (la) abogado(a)	lawyer
el (la) arquitecto(a)	architect
el (la) banquero(a)	banker
el (la) bombero(a)	firefighter
el (la) carpintero(a)	carpenter
el (la) cocinero(a)	cook, chef
el (la) contador(a)	accountant
el (la) dentista	dentist
el (la) empleado(a)	employee
el (la) fotógrafo(a)	photographer
el (la) gerente	manager
el hombre (la mujer) de negocios	businessperson
el (la) ingeniero(a)	engineer
el (la) jefe(a)	boss
el (la) maestro(a)	teacher
el (la) obrero(a)	worker; laborer
el (la) peluquero(a)	hairstylist
el (la) periodista	journalist
el (la) plomero(a)	plumber
el (la) (mujer) policía	police officer
el (la) programador(a)	programmer
el (la) sicólogo(a)	psychologist
el (la) siquiatra	psychiatrist
el (la) traductor(a)	translator
el (la) vendedor(a)	salesperson

La oficina y la búsqueda de trabajo — *The office and the job hunt*

Sustantivos

el archivo	file
los beneficios	benefits
el bufete	law office
la búsqueda de trabajo	job search/hunt
el (la) candidato(a)	candidate, applicant
el correo electrónico	e-mail
el currículum	résumé
la empresa	corporation; business
la entrevista	interview
el fax	fax machine
el fichero	filing cabinet
la fotocopiadora	photocopier
el informe	report
la oferta (de trabajo)	(job) offer
la papelera	wastepaper basket
el proyecto	project
el puesto	job, position
la reunión	meeting
la sala de conferencias	conference room
el salario	wage
la solicitud	application (form)
el sueldo	salary

Verbos

contratar	to hire
dejar	to quit
despedir (i, i)	to fire
firmar	to sign
imprimir (documentos)	to print (documents)
jubilarse	to retire
llamar por teléfono	to make a phone call
llenar	to fill out (a form)
pedir un aumento	to ask for a raise
renunciar	to resign
reunirse	to meet
solicitar un puesto	to apply for a job

Expresiones

de tiempo completo	full-time
de tiempo parcial	part-time

Las finanzas personales — *Personal finances*

Sustantivos

el cajero automático	ATM
el cargo	charge
el cheque	check
la cuenta corriente	checking account
la cuenta de ahorros	savings account
la factura	bill; invoice
el préstamo	loan
el presupuesto	budget

Verbos

ahorrar	to save
depositar	to deposit (money)
pagar a plazos	to pay in installments
pedir prestado	to borrow
prestar	to loan
rebotar	to bounce (a check)
sacar	to withdraw (money)

Expresiones idiomáticas

Por casualidad...	By the way . . .
¡Por Dios!	¡Oh my God!
Por eso...	That's why . . .
Por favor	Please
Por ejemplo	For example
¡Por supuesto!	Of course!

Otros verbos

mandar	to command
permitir	to permit
prohibir	to prohibit, forbid

El medio ambiente

Costa Rica

©Nordic Photos/Photolibrary

Plaza de la Cultura, San José, Costa Rica

Chapter Objectives

Communicative Goals

In this chapter, you will learn how to . . .

- Communicate about urban and rural life
- Express emotional reactions and opinions
- Share information about conservation and exploitation of natural resources
- Express doubt and uncertainty

Structures

- Subjunctive following verbs of emotion, impersonal expressions, and **ojalá**
- Subjunctive with verbs or expressions of doubt and uncertainty and adjective clauses

▲ ¿Sabes cómo es la naturaleza en Costa Rica? ¿Has visitado ese país?

▲ ¿Prefieres vivir en la ciudad o en campo?

▲ ¿Estás preocupado(a) por el futuro del medio ambiente?

🌐 Visit it live on **Google Earth!**

Golfito y San José, Costa Rica

In this section, you will learn how to talk about rural and urban areas and their associated activities and problems. What are the advantages and disadvantages of living in an urban area?

el volcán

la colina

la catarata

el árbol

el bosque

la tierra

el arroyo

el (la) agricultor(a)

Cultura

San Jose, the capital of Costa Rica, lies in the mountainous center of the country. Golfito, a smaller city in Costa Rica, is famous for its natural beauty and sportfishing.

las afueras = suburbs

el rascacielos

la fábrica

la congestión (de tráfico)

el transporte público

la carretera

el tráfico

el ruido

la basura

Otros sustantivos

el (la) campesino(a) *farm worker*
la finca *farm*
la metrópolis *metropolis*
la naturaleza *nature*
la selva *jungle*
la sobrepoblación *overpopulation*

Adjetivos

acelerado(a) *accelerated*
bello(a) *beautiful*
denso(a) *dense*
tranquilo(a) *tranquil, peaceful*

Verbos

cultivar *to cultivate, grow (plants)*
llevar una vida tranquila
 to lead a peaceful life
regar (ie) *to irrigate; to water*
sembrar (ie) *to plant*

Palabras útiles

la frontera *border*
el llano *plain*
el paisaje *landscape*
el valle *valley*

Palabras útiles are presented to help you enrich your personal vocabulary. The words here will help you talk about rural geography.

Heinle/Cengage Learning

¡A practicar!

12-1 **Asociaciones** ¿Con qué se asocian las siguientes palabras? Empareja cada palabra o frase de la primera columna con la palabra o frase más lógica de la segunda columna.

1. _____ el bosque
2. _____ las cataratas
3. _____ denso
4. _____ sembrar, cultivar
5. _____ el transporte público
6. _____ la selva
7. _____ tranquilo

a. con muchas plantas y vegetación
b. Johnny Appleseed
c. pacífico, sin ruido
d. Caperucita Roja (*Little Red Riding Hood*)
e. el autobús, el tren, el metro
f. Niágara, Iguazú, el Salto Ángel
g. Tarzán

12-2 **Correo sobre Costa Rica** Mario está de visita en San José y le escribe un correo electrónico a su hermana contándole lo que vio. Completa la carta con la palabra del vocabulario apropiada.

DE: costaricacho@bb.123

¡Hola, hermana!

San José es muy bello. Estuve dos días en el campo y fue muy interesante. Todos los _____ que trabajaban en la finca fueron muy amables. Esas personas trabajan muy duro y muchas horas bajo el sol. Por muchas horas, ellos _____ y _____ plantas. Solamente descansan unos minutos debajo de la sombra de los _____.

Otro día fui a un parque nacional con una montaña impresionante. Yo no sabía que era la más famosa de Costa Rica. Después me dijeron que era un _____.

El campo me gustó pero, entre tú y yo, prefiero la _____. Yo soy un chico de ciudad. Aunque haya mucho _____ y ruido de vehículos, me gustan los autobuses, los taxis y los coches. En San José hay edificios y algunos _____, pero estos no son tan altos como el Empire State Building de Nueva York.

San José es una ciudad bastante limpia y no hay mucha _____ en las calles. Si quieres viajar a otras ciudades, puedes tomar el autobús. Los viajes por las _____ son muy tranquilos porque estas están en buen estado y no hay muchos vehículos.

12-3 **Vacaciones en Costa Rica** Acabas de recibir un mensaje telefónico de una amiga que está de vacaciones en Costa Rica. Como tú piensas pasar tus próximas vacaciones allá, ya tienes una lista de lugares que te interesan. Escucha el mensaje de tu amiga y marca con una X los lugares de tu lista que ella menciona y para cada uno, escribe una breve descripción.

AUDIO CD
CD 4, TRACK 2

_____ San José: _____

_____ Parque Nacional Volcán Irazú: _____

_____ Parque Nacional Volcán Poás: _____

_____ Parque Nacional Tortuguero: _____

_____ Volcán Arenal: _____

_____ Bosque Nuboso Monteverde: _____

_____ Parque Nacional Santa Rosa: _____

_____ Parque Nacional Guanacaste: _____

_____ Parque Nacional Isla del Coco: _____

_____ Parque Nacional Corcovado: _____

Workbook *12-1 – 12-3*
Lab Manual *12-1 – 12-3*

¡A conversar!

12-4 Los problemas de mi pueblo/ciudad Trabaja con un(a) compañero(a) de clase. Pongan los temas en orden de mayor a menor importancia con referencia al área donde Uds. viven. Después de establecer los problemas más importantes, indiquen lo que recomiendan para resolver tres de ellos. ¿Cuáles son los temas que no son problemáticos en su área?

Nota lingüística

Note that in English, the word *people* is plural, while its Spanish equivalent, **la gente,** is singular. When you want to express *people* in the sense of *nation* or *national group*, use the term **el pueblo.**

Modelo   el tráfico
El tráfico en nuestra ciudad es un problema muy grande. Recomendamos que más gente camine o ande en bicicleta en vez de ir en carro. También sugerimos que las personas vayan juntas (together) al trabajo en vez de una sola persona en cada carro.

1. el transporte público
2. el ruido
3. la basura
4. la sobrepoblación
5. las fábricas
6. la congestión
7. los rascacielos
8. la vida acelerada

12-5 La ciudad y el campo Usa la información de la tabla para hacerles preguntas a varias personas de la clase. Cuando alguien conteste afirmativamente, debes escribir el nombre de esta persona en el espacio. Cuando tengas cuatro nombres distintos en una línea (horizontal, vertical o diagonal), di **¡BINGO!** Luego, comparte la información que tienes con la clase.

preferir vivir en una metrópolis	preferir vivir en un lugar rural	querer trabajar en una finca	usar el transporte público
querer vivir o trabajar en un rascacielos	pensar que el ruido de la ciudad molesta	desear llevar una vida acelerada	preferir llevar una vida tranquila
conocer una catarata bella	pasar mucho tiempo en tráfico	cultivar plantas	querer ser agricultor(a)
caminar en el bosque a veces	vivir cerca de una carretera	querer visitar una selva	vivir cerca de un arroyo

Cultura

To reduce traffic and conserve fuel, driving in downtown San José during rush hour is restricted based on vehicle license plate numbers. For example, vehicles with license plate numbers ending in 1 or 2 are prohibited from driving on Mondays, and other numbers are prevented from driving on other weekdays. This type of restriction also exists in Mexico City with the goal of reducing air pollution.

12-6 Entrevista Trabaja con un(a) compañero(a) de clase. Háganse preguntas sobre los siguientes temas. Luego, compartan su información con la clase. ¿Tienen Uds. mucho en común?

1. ¿Has pasado tiempo en una ciudad grande? ¿Cuándo? ¿Qué ciudad? ¿Te gustó? ¿Qué hiciste allá? ¿Es similar o diferente esa ciudad a la ciudad donde vives?

2. ¿Has pasado tiempo en el campo? ¿Cuándo? ¿Con quién? ¿Te gustó? ¿Es muy diferente del lugar donde vives? ¿Qué hiciste allá?

3. ¿Cómo es el lugar donde vives tú? ¿Es rural o urbano? ¿Quieres vivir en una ciudad grande algún día? ¿O prefieres el campo o un pueblo pequeño? ¿Cuáles son las ventajas (advantages) de vivir en una ciudad grande? ¿Cuáles son las ventajas de vivir en el campo?

4. Piensa en otras ciudades adonde hayas viajado. ¿Cómo eran las carreteras? ¿Qué veías desde tu vehículo? ¿Se veía parte de la ciudad, del campo o de una montaña? ¿Viste gente trabajando cerca de la carretera? ¿Qué hacía? ¿En qué lugar de la carretera paraste? ¿Qué hiciste allí? ¿Hablaste con alguien? ¿Encontraste diferencias entre la gente de la metrópolis y la gente que vive fuera de la ciudad?

Rona y Luis Grandinetti son hermanos, pero tienen ideas muy diferentes sobre el lugar ideal donde quieren vivir en el futuro. Rona tiene veintiún años y su hermano, veintidós. Los dos son de San José, Costa Rica.

AUDIO CD
CD 4, TRACK 3

Escucha la conversación entre los hermanos y contesta las siguientes preguntas en oraciones completas.

1. ¿Por qué no está contenta Rona?
2. Según Luis, ¿cuáles son algunas ventajas de vivir en la ciudad?
3. ¿Por qué no sabe Luis mucho de la vida rural?
4. Según Rona, ¿cuál es el lugar ideal para ella?
5. ¿Por qué sospechamos *(do we suspect)* que Rona es un poco indecisa?

Rona: Luis, ¿no te molesta el tráfico de San José? No entiendo por qué te gusta tanto esta ciudad.

Comentario cultural Although Costa Rica is often viewed as the last frontier in a world facing a growing environmental crisis, the capital city of San José is not a model for environmental conservation. The city is often choked with heavy traffic and a heavy brown cloud hangs over it, resulting from old diesel buses that lack emission controls.

Luis: No me molesta para nada. **Me gusta que las calles estén llenas** de gente y de actividad.

Rona: Pues, te digo que prefiero que vivamos en otro lugar. Quiero vivir en un pueblo pequeño cerca del mar, **un lugar que tenga aire puro** y un medio ambiente sano.

Comentario cultural Golfito is a pristine gateway to the country's booming ecotourism industry, providing access to several nature reserves. The town itself is environmentally friendly. It boasts the newly constructed Eco-Lodges, which blend into the natural surroundings and strive to minimize the negative impact on the environment.

Heinle/Cengage Learning

Luis: La vida del campo es bella, pero no tiene ni las oportunidades ni los servicios de una ciudad grande. Con tu afán de ir al cine todos los fines de semana, **yo dudo que la vida rural sea tan atractiva** como piensas tú.

Rona: ¿Y cómo sabes tú? No has pasado mucho tiempo en el campo. Hiciste camping una vez, ¿y ya eres experto? Y no tengo que ir al cine todos los fines de semana.

Expresiones **en contexto**

afán *desire*	**No me molesta para nada.** *It doesn't bother me in the least.*
así que... *so...*	
estabas convencida de que... *you were convinced that...*	**Tú no puedes imaginarte...** *You can't imagine...*
fuera de... *outside of...*	**razonable** *sensible*

Luis: Así que, ¿quieres vivir con los monos y los insectos? ¿Y si ves una culebra?

Comentario cultural Costa Rica is a snake-lover's paradise, hosting over 130 different species. Some of these are among the world's deadliest, such as the coral snake or the even more lethal fer-de-lance, known to Costa Ricans as **el terciopelo.** Effective antidotes exist to treat bites from both of these species.

Rona: ¡Ay! **Ojalá fueras más razonable.** No quiero vivir en la selva. Solamente quiero llevar una vida tranquila. Necesito vivir en **un sitio donde no haya tanto ruido, ni contaminación, ni rascacielos, ni carreteras.**

Comentario cultural Costa Rica holds a unique position in the world as over 28 percent of its national territory is designated as national parks, wildlife refuges, and forest reserves. According to some estimates, Costa Rica hosts over 5 percent of the world's species. A growing sense of pride is developing among young Costa Ricans who hope to preserve the country's potential to be a model for environmental preservation.

Heinle/Cengage Learning

Luis: Pues, **es importante que decidas** de una vez. El mes pasado querías vivir en Tokio, y ahora empiezas con estas fantasías de la vida rural.

Rona: **Es mejor tener ilusiones.** Tú no puedes imaginarte la vida fuera de tu cuarto.

 Debate: la vida rural Con un(a) compañero(a) de clase, habla sobre los aspectos positivos y negativos de vivir en un lugar rural. Un(a) estudiante puede tener ideas más progresistas sobre el medio ambiente (como Rona) y el (la) otro(a) más conservadoras (como Luis). Usen expresiones de **En contexto** como modelo para su diálogo.

Subjunctive following verbs of emotion, impersonal expressions, and *ojalá*

haya 3 haber always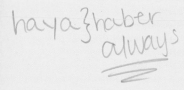

In the previous chapter, you learned how to use the present subjunctive to express wishes, intentions, preferences, advice, suggestions, and recommendations. Spanish speakers also use verbs of emotion with the subjunctive to express their emotions and opinions.

Verbs of emotion and impersonal expressions

The lists below contain verbs of emotion for conveying feelings and impersonal expressions for conveying opinions.

Verbs of emotion	Impersonal expressions
alegrarse (de) to be glad	**es bueno (malo)** it's good (bad)
esperar to hope	**es importante** it's important
gustar to like	**es (im)posible** it's (im)possible
molestar to bother	**es lógico** it's logical
preocuparse de/por to worry about	**es mejor** it's better
quejarse (de) to complain (about)	**es necesario** it's necessary
sentir (ie) to be sorry	**es ridículo** it's ridiculous
sorprender to surprise	**es una lástima** it's a shame
tener miedo de to be afraid of	

The impersonal expressions **es obvio que, es cierto que, es seguro que,** and **es verdad que** do not require the subjunctive in the dependent clause because of their strong affirmative meanings:

Es obvio que Teresa **tiene** mejores oportunidades en San José.

It's obvious that Teresa has better opportunities in San José.

Es cierto que Costa Rica no tiene ejército.

It's true that Costa Rica doesn't have an army.

Es seguro que ese arroyo **está** contaminado.

It's certain that stream is contaminated.

Es verdad que la vida en las grandes ciudades **es** muy acelerada.

It's true that life in the big cities is very accelerated.

Ojalá
- strong hope
- que is optional (implied)

verbs do not mean subjunctive
- es verdad 3
to think 5- pensar { true statements
or believe 3- creer
- Es cierto }

Use the verbs and impersonal expressions listed on the previous page exactly as you used the verb **querer** and other verbs of volition. Remember the requisite change of subject.

One subject	Change of subject
Mario **espera encontrar** una vida mejor. *Mario hopes to find a better life.*	Mario **espera que la ciudad ofrezca** una vida mejor. *Mario hopes that the city offers a better life.*
Es importante tener un buen trabajo. *It's important to have a good job.*	**Es importante que Mario tenga** un buen trabajo. *It's important that Mario have a good job.*
A Mario le gusta la vida de la metrópolis. *Mario likes city life.*	**A Mario le gusta que la vida** de la metrópolis **sea** acelerada. *Mario likes that life is fast-paced in the city.*
Es bueno tener muchas oportunidades. *It's good to have many opportunities.*	**Es bueno que Mario tenga** muchas oportunidades. *It's good that Mario has many opportunities.*

Ojalá

You have learned that one way to express your desires and hopes is to use verbs like **querer, desear,** and **esperar.** Another way to express those feelings is to use the expression **ojalá (que)** with the subjunctive. This expression has several English equivalents including *let's hope that, I hope that,* and *if only,* all of which refer to some pending, unrealized action in the future.

Note that **ojalá (que)** is always followed by the subjunctive, whether there is a change of subject or only one subject. The word **que** is often used after **ojalá** in writing, but it is usually omitted in conversation.

Ojalá que lo pases bien en Costa Rica.	*I hope you have a good time in Costa Rica.*
Ojalá haga buen tiempo allá.	*Let's hope the weather is good there.*
Ojalá que recibas esta carta.	*I hope you receive this letter.*

¿Recuerdas?

Heinle/LCengage Learning

Rona: ¡Ay! **Ojalá fueras más razonable.** No quiero vivir en la selva. Solamente quiero llevar una vida tranquila. Necesito vivir en un sitio donde no haya tanto ruido, ni contaminación, ni rascacielos, ni carreteras.

¡A practicar!

12-7 **Entre hermanos** Completa la siguiente conversación entre Rona y Luis Grandinetti, dos jóvenes de la ciudad, usando la forma correcta del verbo entre paréntesis.

Rona: Es una lástima que no te 1. (gustar / guste) pasar más tiempo al aire libre.

Luis: No me gusta que 2. (hablar / hables) de lo que prefiero hacer en mi tiempo libre. ¿Necesito 3. (decirte / te diga) lo que tú debes hacer? Lamento que no me 4. (comprender / comprendas), Rona.

Rona: Te comprendo perfectamente. Es lógico que no te 5. (gustar / guste) la naturaleza. Siempre estás mirando la tele.

12-8 **Combinaciones** Escoge una terminación lógica para cada frase.

_____ 1. Es importante que todos nosotros...   a. es muy bella.

_____ 2. Es cierto que muchas personas...   b. respetemos la naturaleza.

_____ 3. Es lógico que algunas personas...   c. admiran la naturaleza de Costa Rica.

_____ 4. Es obvio que la naturaleza de Costa Rica...   d. prefieran la vida de la metrópolis.

12-9 **Dos hermanos** Completa las siguientes oraciones con todas las posibilidades para conocer un poco mejor a Rona y a Luis.

1. A Rona no le gusta ver los programas deportivos. Es posible que ella _____ (no ser deportista / no practicar ningún deporte / preferir escuchar discos compactos).

2. Rona es una estudiante excelente en la universidad, donde tiene muchos amigos. Es bueno que ella _____ (estudiar todos los días / tener muchos amigos).

3. A veces, Luis y su hermana Rona tienen conflictos. Es lógico que ellos _____ (no siempre estar de acuerdo / discutir mucho en casa / darse consejos con cariño).

12-10 **Ojalá que en Costa Rica...** Haz oraciones completas usando la información sobre Costa Rica y la forma correcta del verbo en el subjuntivo. Empieza las oraciones con la expresión **Ojalá que**.

1. el volcán activo Irazú / nunca entrar en erupción
2. el río San Juan en Costa Rica / no estar contaminado
3. llover mucho en la estación de lluvias de mayo a noviembre
4. la gente / poder ver las tortugas en la playa Parismina
5. el gobierno costarricense / cuidar la fauna y la flora por medio de reservas y parques naturales

Workbook *12-4 – 12-7*
Lab Manual *12-4 – 12-6*

¡A conversar!

12-11 ¡Ojalá! Escribe una lista de diez deseos que quieras realizar dentro de cinco años, usando las categorías como una guía. Dile tus deseos a un(a) compañero(a) usando la expresión **ojalá**. Luego, cambien de papel.

> **Modelo** E1 *Ojalá que yo encuentre trabajo.*
> E2 *Ojalá que yo pueda vivir en Costa Rica.*

amigos	diversión	trabajo
ayudar al mundo	estudios	salud
dinero	familia	viajes

12-12 ¿Qué te parece? Primero, escribe tus opiniones positivas y negativas sobre la posibilidad de vivir en una ciudad grande. Luego léele tus opiniones a un(a) compañero(a), que debe reaccionar positiva o negativamente.

> **Modelo** E1 *Es mejor que vivas en la ciudad porque hay más oportunidades culturales.*
> E2 *No creo que haya más oportunidades. La vida en la ciudad es cara y muchas personas no pueden participar en las actividades culturales.*

Opiniones positivas
1. Me alegro de (que)...
2. Es bueno (que)...
3. Es mejor (que)...
4. No es malo (que)...
5. Me gusta (que)...
6. Es importante (que)...
7. Espero (que)...

Opiniones negativas
8. No me gusta (que)...
9. Me molesta (que)...
10. Es malo (que)...
11. Es imposible (que)...
12. Es una lástima (que)...

12-13 Tus opiniones Escribe tus reacciones sobre los siguientes temas. Luego forma un grupo con dos o tres compañeros y comparte tus opiniones con ellos.

> **Modelo** En la ciudad: la sobrepoblación
> E1 *Es necesario que tengamos familias más pequeñas.*
> E2 *No estoy de acuerdo. Ojalá que los padres siempre tengan la libertad de tener familias grandes.*

1. En la ciudad: el tráfico
2. En el campo: las tierras para cultivar
3. En la ciudad: las oportunidades
4. En el campo: la tranquilidad
5. En la ciudad: muchos servicios
6. En el campo: poca gente, nada que hacer como diversión
7. En la ciudad: eventos culturales
8. En el campo: la naturaleza, los animales y las plantas
9. En la ciudad: la basura
10. En el campo: tradiciones y vida en familia

> **Cultura**
>
> Throughout the late nineteenth and the entire twentieth centuries, there has been mass movement in Latin America from the countryside to urban centers. This population shift is due in part to industrialization in the cities, where many jobs have become available, as well as to a decline in the world market for small-scale production of farm produce.

Costa Rica

▶ Veamos el video sobre Costa Rica y respondamos las siguientes preguntas.

1. ¿Cuál es el porcentaje (%) de biodiversidad en animales y plantas de Costa Rica?
2. ¿Qué lugares pueden visitar en San José, la capital de Costa Rica?
3. ¿A qué lugar deben ir si quieren hacer ejercicio o descansar?

See the *Workbook*, **Capítulo 12, 12-14 – 12-17** for additional activities.

Heinle/Cengage Learning

Población: 4.516.220 de habitantes

Área: 51.000 km², un poco más pequeña que el estado de West Virginia

Capital: San José (350.535 habs.)

Ciudades principales: Alajuela (173.000 habs.); Puntarenas (102.000 habs.); Limón (389.600 habs.)

Moneda: el colón costarricense

Lenguas: el español

Personas notables Óscar Arias Sánchez fue presidente de Costa Rica por dos períodos (1986–1990 y 2006–2010). En el primer período, la región centroamericana vivía un tiempo de conflicto armado, guerra civil y tensiones en las fronteras de Nicaragua, Guatemala, El Salvador y Honduras. Arias decidió trabajar por la paz en Centroamérica y por este trabajo recibió el Premio Nobel de la Paz en 1987. Con este premio, el presidente Arias creó la Fundación Arias para la Paz y el Progreso Humano para ayudar a las mujeres centroamericanas, para distribuir la asistencia económica que recibe la región y para trabajar por la unión centroamericana. Hoy, la primera mujer presidente de Costa Rica es Laura Chinchilla (2010–2014), quien fue una de los dos vicepresidentes de Arias. En su campaña política, prometió continuar con las políticas del mercado libre y liberalizar las empresas estatales de electricidad y de telecomunicaciones.

©LatinContent/Getty Images

Laura Chinchilla y Óscar Arias Sánchez

¿Quieres trabajar para una fundación benéfica en tu país o en el mundo? ¿Cuál? ¿Qué te parece la idea de tener una mujer como presidente del país?

© Central America / Alamy

Garza (heron) azul en Parque Nacional Tortuguero

Historia En la historia de Costa Rica del siglo XX, hay dos grandes eventos, uno político y otro ambiental. El primer suceso fue un golpe militar dirigido por José Figueres Ferrer en 1948. Figueres Ferrer formó un gobierno provisional que al final disolvió (disolved, abolished) el ejército. Debido a esto, Costa Rica se convirtió en el primer país del mundo en disolver las fuerzas militares. El segundo evento fue en 1970, cuando el gobierno costarricense estableció el Servicio de Parques Nacionales. Gracias al trabajo del Servicio de Parques Nacionales, hoy en día el 28% del país se encuentra protegido contra la destrucción de los ecosistemas. Los esfuerzos del gobierno han logrado que el ecoturismo sea ahora una fuente de ingreso muy importante para el país.

¿Cuál de estos dos eventos, disolver la fuerza militar o establecer el Servicio de Parques Nacionales, te parece más importante? ¿Por qué?

Fotografía de José Campos Rojas

Artes plásticas José Campos Rojas nació en San José de Costa Rica en 1974. Fue fundador, director y editor de la revista de arte **ARTSTUDIO Magazine.com,** reconocida como uno de los mejores lugares de arte en los sitios de Internet. Cuando era niño le gustaba pintar y dibujar y cuando llegó a la universidad comenzó a experimentar con la fotografía. Ahora usa la fotografía para describir la vida diaria costarricense por medio de retratos de personas *(human portraits)*, fotos de eventos o fotos de elementos urbanos o publicitarios.

¿Qué tipo de fotografía te interesa más (retratos, eventos sociales o políticos, elementos de arquitectura urbana)? ¿Por qué?

Ritmos y música En el campo de la música, Costa Rica se reconoce en las Américas por las interpretaciones de la Orquesta Sinfónica Nacional de Costa Rica, fundada hace más de 60 años. A los ticos también les gustan los ritmos del Caribe como la salsa, el merengue y el *reggae*. Es interesante notar que hay músicos de la Orquesta Sinfónica Nacional de Costa Rica que también tocan diferentes tipos de música moderna o tropical.

Grupo Malpaís

 El grupo Malpaís está integrado por seis músicos con mucha experiencia con la música clásica, además del jazz y del rock. Malpaís se formó en 1999 y dio sus primeros conciertos en 2001. Del álbum Guanacaste al atardecer (2008), disfruten del grupo Malpaís con Martha Fonseca en «Cómo fue…» *Access the iTunes playlist on the* **Plazas** *website.*

¿Has escuchado alguna vez a la Orquesta Sinfónica de tu ciudad o de otra ciudad? ¿Tocas algún instrumento en algún grupo musical?

¡Busquen en Internet!
1. Personas notables: Óscar Arias Sánchez, Laura Chinchilla
2. Historia: Servicio de Parques Nacionales de Costa Rica
3. Artes plásticas: José Campos Rojas
4. Ritmos y música: Grupo Malpaís

La destrucción y la conservación del medio ambiente

In this section, you will learn how to talk about the destruction and the conservation of the environment. What do you do to help the environment?

la contaminación

construir

el desperdicio

el cocodrilo

la rana

el jaguar

la destrucción

el mono

la tortuga

la culebra

el aire

el pájaro

la energía solar

reciclar

la mariposa

conservar

Otros sustantivos

la capa de ozono *ozone layer*
el desarrollo *development*
la ecología *ecology*
la escasez *lack, shortage*
las especies *species*
el (la) guardaparques *park ranger*
el medio ambiente *environment*
la naturaleza *nature*
el (la) naturalista *naturalist*
el petróleo *petroleum* oil
los recursos naturales *natural resources*

Adjetivos

contaminado(a) *polluted*
destruido(a) *destroyed*
puro(a) *pure*

Otros verbos

acabar *to run out*
contaminar *to pollute*
desarrollar *to develop*
destruir *to destroy*
explotar *to exploit*
proteger *to protect*
recoger *to pick up*
reforestar *to reforest*
resolver (ue) *to solve, resolve*

Expresiones

estar en peligro de extinción *to be endangered*
¡No arroje basura! *Don't litter!*

Heinle/Cengage Learning

¡A practicar!

12-14 Definiciones Empareja cada palabra o frase con su definición.

1. ___d___ acabar
2. ___a___ resolver
3. ___f___ el aire
4. ___e___ la capa de ozono
5. ___c___ el desarrollo
6. ___b___ puro

a. encontrar la solución a un problema
b. no contaminado
c. construcción de nuevos edificios
d. usar todo lo que hay de algo
e. una parte de la atmósfera
f. lo que respiramos (*breathe*)

12-15 Un chico muy malcriado (*spoiled*) Jorge, un niño muy malcriado, no entiende nada de la preocupación por el medio ambiente. Él habla de sus opiniones sobre la ecología. Escoge palabras de la lista para completar sus pensamientos.

arrojar	contaminación	ecología	naturaleza	reciclar
conservar	destruir	energía solar	petróleo	recursos naturales

Yo no comprendo nada de las preocupaciones sobre la 1. _____. Yo sé que yo no debo 2. _____ basura en el suelo, pero a veces no hay dónde ponerla. No veo por qué necesitamos 3. _____ el papel y otras cosas. Tampoco me gusta la idea de usar la 4. _____ para las casas. Yo no creo que vayamos a 5. _____ el medio ambiente. La 6. _____ siempre ha existido. Tenemos muchos 7. _____ como el aire, el agua y el 8. _____. No tengo ganas de 9. _____ nada. Yo sé que el mundo puede sobrevivir. ¿Para qué preocuparme por la 10. _____?

12-16 Consejos... Termina los siguientes consejos que tus padres o familiares te dan con respecto a los problemas del medio ambiente. Luego compara tus respuestas con las de tu compañero(a). ¿Tienen mucho en común?

Modelo la naturaleza: Es recomendable que...
Es recomendable que conservemos la naturaleza.

1. el agua: Es necesario que...
2. las latas (*cans*) de aluminio: Es mejor que...
3. la basura: Es importante que...
4. los periódicos (*newspapers*): Es lógico que...
5. la capa de ozono: Es importante que...
6. los animales: Es necesario que...

> **Nota lingüística**
>
> Verbs that end –**ger,** like **proteger** and **recoger,** have the g change to j in the first person (**protejo, recojo**) in order to preserve the original sound of the ending. This change also affects the subjunctive endings (**proteja, protejas,** etc.).

12-17 ¡Costa Rica recicla! Oyes un anuncio en la radio y como el anuncio pide que compartas la información con otras personas, decides escribir varias ideas para comunicárselas después a tus amigos. Escribe la información que se pide.

🔊 **AUDIO CD**
CD 4, TRACK 4

Cosas para reciclar: _____

Adónde llevarlas: _____

Por qué:
_____

Workbook *12-8 – 12-9*
Lab Manual *12-7 – 12-10*

¡A conversar!

12-18 Entrevista Hazle las siguientes preguntas a un(a) compañero(a) de clase y después comparen sus respuestas. ¿Tienen mucho en común?

1. En tu opinión, ¿cuál es el problema ecológico más grave que tenemos ahora? ¿Es posible que encontremos una solución para este problema? ¿Haces algo para aliviar este problema?

2. ¿Qué haces para conservar nuestros recursos naturales? ¿Reciclas? ¿Andas en bicicleta o vas a pie para gastar menos petróleo? ¿Bajas el termostato en el invierno o usas menos el aire acondicionado en el verano?

3. ¿Piensas que nuestra sociedad depende demasiado del petróleo? ¿Es posible tener desarrollo económico y conservar energía a la vez? ¿Piensas que la crisis ecológica es un problema de dimensiones internacionales? ¿Qué debemos enseñarles a nuestros hijos para que no tengan los mismos problemas que nosotros?

12-19 Yo estoy pensando en un animal... Un miembro de la clase va a escoger un animal de la lista de vocabulario. Los otros estudiantes solamente pueden hacer preguntas de tipo **sí** o **no** para identificar el animal. La persona que adivine *(guesses)* toma el siguiente turno.

Modelo   **E1:** *¿Vive en el agua?*
E2: *No. Pero a veces se encuentra en el agua.*
E1: *¿Es un animal peligroso?*
E2: *Sí. Puede ser muy peligroso.*
E1: *¿Es una culebra?*
E2: *¡Sí!*

12-20 Ecoturistas Trabaja con un(a) compañero(a) para comentar la siguiente información sobre el ecoturismo. Hablen de los aspectos importantes de esta forma de turismo y las experiencias que Uds. han tenido o que quieren tener como ecoturistas. Intercambien ideas sobre el valor de este tipo de turismo.

> ▶ **Ecotur.com:**
>
> Aquí tienes una guía de ecoturismo en Áreas Naturales Protegidas (ANP) de varias partes de Latinoamérica. Al participar en el ecoturismo, puedes ayudar a la conservación de estas áreas y contribuir al desarrollo de las comunidades locales. Promovemos un turismo responsable, incluyendo:
>
> ▶ Minimización del impacto del turista, con control de la basura, reciclaje de tantos productos como nos es posible y respeto a la naturaleza
>
> ▶ Fomentación del medio ambiente puro al evitar el uso de petróleo
>
> ▶ Protección de la flora y la fauna, en particular las especies en peligro de extinción
>
> ▶ Conservación de los recursos naturales con el uso de la energía solar
>
> ▶ Promoción de programas de reforestación
>
> Nuestra organización hace conexiones entre las organizaciones que ofrecen servicios de ecoturismo y personas por todo el mundo que quieren explorar el planeta sin destruirlo. Contáctanos en nuestro sitio web o en nuestras oficinas en el centro de San José. Con la ayuda de los ciudadanos responsables, podemos preservar el medio ambiente para las generaciones futuras.

Nota lingüística

The verb **reciclar** means to *recycle;* the noun **el reciclaje** is *recycling.* Although recycling is not as widespread a practice in the Spanish-speaking world as in other countries, awareness and participation are growing. Costa Rica leads Latin America in its recycling efforts.

Heinle/Cengage Learning

The subjunctive with verbs or expressions of doubt and uncertainty and adjective clauses

Present subjunctive following verbs and expressions of doubt or uncertainty

Spanish speakers also use the subjunctive mood to express doubt, uncertainty, disbelief, nonexistence, and indefiniteness. You can use the following verbs and expressions to communicate uncertainty; they are used like those shown in **Estructura 1** (page 396).

dudar *to doubt*	**Dudo** que Rona **conserve** energía. *I doubt that Rona conserves energy.*
es dudoso *it's doubtful*	**Es dudoso** que **haya** mucha agua pura. *It's doubtful that there is much pure water.*
no creer *not to believe*	**No creo** que **salvemos** el planeta. *I don't believe that we will save the planet.*
no es cierto *it's uncertain/it's not true*	**No es cierto** que **tengamos** suficientes recursos naturales. *It's not true that we have enough natural resources.*
no estar seguro(a) (de) *to be uncertain*	**No estoy seguro(a) de** que el reciclaje **ayude**. *I'm not sure that recycling helps.*
no pensar *to not think*	**No pienso** que **debamos seguir** así. *I don't think that we should continue like this.*

The subjunctive is not used in sentences that express certainty nor is it used when the speaker believes that he/she is stating the truth. For this reason, the verbs **creer** and **pensar** do not require subjunctive when they are used in the affirmative. The same remains true of certain impersonal expressions. Consider the following examples.

> **Es cierto** que muchas especies **están** en peligro de extinción.
> *It is certain/true that many species are in danger of extinction.*

> **No es dudoso** que los naturalistas **trabajan** para proteger estas especies.
> *It is not doubtful that the naturalists are working to protect these species.*

> **Creo** que **podemos** hacer los cambios necesarios para mejorar la situación.
> *I believe we can make the necessary changes to improve the situation.*

> **Pienso** que todos **tenemos** que participar en la conservación.
> *I think we all have to participate in conservation.*

¿Recuerdas?

Heinle/Cengage Learning

Luis: La vida del campo es bella, pero no tiene ni las oportunidades ni los servicios de una ciudad grande. Con tu afán de ir al cine todos los fines de semana, **yo dudo que la vida rural sea tan atractiva** como piensas tú.

Present subjuntive following adjective clauses that express hypothetical situations

Spanish speakers use the indicative mood after **que** to refer to people and things they are *certain about* and *believe to be true*. Consider the following example.

> Me llamo Rona Grandinetti. Vivo en San José, una ciudad grande. **Sé** que el aire **está** contaminado aquí. **Creo** que **hay** demasiados autos que contaminan el aire. **No dudo** que **necesitamos** más transporte público.

Rona tells us that she lives in San Jose, a large city. She also knows that the air is polluted there, caused by too many cars in the city. She has no doubt that San José needs more public transportation. Since Rona knows these facts or feels certain about them, she uses verbs in the indicative after **que**.

Spanish speakers use the *subjunctive mood* after **que** when they describe hypothetical people, places, things, or conditions, or when they do not believe that they exist at all. These types of structures are called *adjective clauses* because they qualify the preceding noun. In the following example, **una ciudad** is qualified by the clause **que sea tan bonita como Golfito.** Note that this particular use of the indicative or the subjunctive does not depend on the concept conveyed by the verb in the independent clause.

> Quiero vivir en una ciudad **que sea** tan bonita como Golfito. **Busco una ciudad que no tenga** mucha gente y **que esté** cerca del mar.

Now Rona tells us about an idealized city that she is searching for. The city must have certain qualifications such as being in a beautiful location, not having a lot of people, and being near the sea. Since it is indefinite or uncertain that Rona will find such a city, she uses the subjunctive after **que**.

Note that the **a personal** is used before a direct object that refers to a specific person (when the indicative is used). If the person referred to is not specified, however, the **a personal** is not used, except before **alguien, nadie, alguno,** and **ninguno.** Consider the following examples.

¿Conoces **a alguien** que trabaje en la reserva?
   (a + alguien)

Conozco **a una estudiante, María Cristina Reyes,** que trabaja allí en los veranos.
   (a + *specific person*)

Buscan **un naturalista** que pueda trabajar todo el año.
   (omit **a** with a *nonspecific person*)

¿Recuerdas?

Rona: Pues, te digo que prefiero que vivamos en otro lugar. Quiero vivir en un pueblo pequeño cerca del mar, **un lugar que tenga aire puro** y un medio ambiente sano.

¡A practicar!

12-21 Una conversación entre Luis y Rona Luis y Rona quieren ir con su familia a un parque nacional durante sus vacaciones. Usando el verbo adecuado entre paréntesis, completa la siguiente conversación para saber qué parque escogen.

Rona: Creo que 1. (debemos / debamos) visitar el Parque Nacional Tortuguero.

Luis: Pues, sé que 2. (se encuentra / se encuentre) en la costa caribeña al norte de nuestro país, pero no quiero ir allí a menos que 3. (tiene / tenga) flora y fauna especialmente interesantes.

Rona: ¿Dudas que las tortugas verdes 4. (son / sean) interesantes? Seis de las ocho especies marinas de tortugas del mundo viven en Tortuguero.

Luis: ¿De veras? Me alegro de que 5. (podemos / podamos) ver las tortugas. ¿Cuándo salimos para ese parque?

Rona: Espera un momentito. Mi profesor de biología piensa que la Reserva Biológica Bosque Nuboso Monteverde 6. (es / sea) el lugar natural más interesante de Costa Rica. Él dice que las orquídeas son bellísimas y los jaguares son muy impresionantes. ¿Crees que este parque 7. (merece / merezca) consideración?

Luis: Pues, claro que sí. Pero dudo que 8. (podemos / podamos) visitar dos parques este año. Debemos ir a Monteverde este año y a Tortuguero en uno o dos años, cuando 9. (tenemos / tengamos) tiempo y dinero.

12-22 Unas vacaciones ecológicas El año pasado Rona y Luis fueron a Golfito para participar en un proyecto de conservación ecológica en el Parque Nacional Piedras Blancas. Se quedaron en un hotel donde encontraron algunas cosas que no les gustaron. ¿Qué le dijeron al recepcionista? Trabaja con un(a) compañero(a) para completar las conversaciones.

Modelos ¿hay un cuarto / tener dos camas?
E1 ¿Hay un cuarto que tenga dos camas?
E2 Sí, hay un cuarto que tiene dos camas.
No, no hay un cuarto que tenga dos camas.

Antes de ver el cuarto

1. ¿no tiene Ud. otros cuartos / costar un poco menos?
2. ¿puede Ud. darnos un cuarto / estar en el tercer piso?
3. ¿Es posible que el cuarto / tener / una ventana al parque nacional?
4. ¿hay alguien / poder ayudarnos con las maletas?

Después de ver el cuarto

5. deseamos un cuarto / no estar tan desordenado como ese
6. buscamos un empleado / poder darnos información sobre Costa Rica
7. queremos otro cuarto con una ducha / funcionar mejor
8. Esperamos que el autobús / llegar a tiempo para ir al volcán

Workbook *12-10 – 12-13*
Lab Manual *12-11 – 12-13*

¡A conversar!

12-23 **Dos amigos** Trabaja con un(a) compañero(a). Completen las siguientes conversaciones entre Luis y su amigo Jorge. Sigan el modelo.

Modelo **Luis:** mis padres creen / (yo) reciclar mucho
Jorge: ¿Cómo? no creo / (tú) reciclar mucho porque...
Luis: *Mis padres creen que reciclo mucho.*
Jorge: *¿Cómo? No creo que recicles mucho porque eres perezoso.*

1. **Jorge:** creo / (yo) ir a participar en el proyecto de conservación
Luis: dudo / (tú) participar porque...
Jorge: no creo / (tú) tienes razón porque...

2. **Jorge:** quiero / tú y yo volver a Golfito en mayo
Luis: es dudoso / (nosotros) volver porque...

3. **Jorge:** mis padres creen / (yo) ser perezoso
Luis: no dudo / (tú) ser perezoso porque...

4. **Luis:** Rona no está segura / sus amigos querer participar en el proyecto
Jorge: no hay duda / ellos querer participar porque...

12-24 **¿Qué crees tú?** Descríbele tus ideas sobre los siguientes temas a un(a) compañero(a) y hablen de sus respuestas. Expresen sus creencias con las siguientes frases: **Creo que... Dudo que... No creo que... Es dudoso que... Estoy seguro(a) de que... Es obvio que...,** etcétera.

Modelo la ecología
E1 *Creo que la ecología es muy importante.*
o
E2 *No creo que la ecología sea importante.*

1. el aire y el agua
2. el reciclaje
3. los recursos naturales
4. la deforestación
5. la capa de ozono
6. el universo
7. el medio ambiente
8. la construcción de carreteras grandes
9. ¿ ?

12-25 **El futuro incierto** No hay nada más incierto que el futuro, pero es importante hacer planes. Habla con un(a) compañero(a) de clase sobre tus ambiciones. ¿Tienen mucho en común?

Modelo Algún día quiero vivir en un lugar que *esté cerca del mar.*

1. Algún día quiero vivir en un lugar que...
2. Para vivir allí sé que..., pero dudo que...
3. No estoy seguro(a) de que... en ese lugar, pero creo que...
4. En ese lugar, hay...
5. Por eso, estoy seguro(a) de que...

¡A VER!

¡Bienvenidos a bordo! En este segmento del video, el grupo participa en una actividad en el mar que es muy popular para los turistas. Sin embargo, a pesar de su popularidad, no todos los compañeros disfrutan *(enjoy)* de esta actividad.

Heinle/Cengage Learning

Antes de ver

Expresiones útiles Las siguientes son expresiones nuevas que vas a escuchar en el video.

zarpar	*to cast off*
chiquilla	*little one*
brincar de cabeza	*to dive head first*

Enfoque estructural The following is an expression from the video in which a formal command is contrasted with the subjunctive mood:

Guía: **No brinquen** *(jump)* de cabeza porque se pueden romper sus máscaras y no queremos que sucedan accidentes.

1. **Recordemos** Haz con un(a) compañero(a) una lista de actividades que los turistas puedan hacer en Puerto Rico. Luego decidan si las actividades son típicas del ecoturismo o son más tradicionales. ¿Cuáles son las actividades que les gustan más y por qué?

2. **Practiquemos** Con un(a) compañero(a) de clase, expliquen las diferencias entre mandatos y el modo subjuntivo. ¿Es posible reemplazar el mandato "no brinquen" con una oración en la que se utilice una expresión impersonal (o un verbo de emoción) y el verbo en subjuntivo? Den un ejemplo para ambos casos.

3. **Charlemos** Responde con un(a) compañero(a) las siguientes preguntas, para ver quién de Uds. conoce más gente que disfruta de las actividades del mar.

   - ¿Quién conoce a alguien que sepa nadar?
   - ¿Quién conoce a alguien que haga esnórquel con frecuencia?
   - ¿Quién conoce a alguien que sepa bucear?
   - ¿Quién conoce a alguien a quien le guste pescar en el mar?

Después de ver

1. Hacer esnórquel En el video, viste que los compañeros hicieron esnórquel. Completa el siguiente párrafo con la forma apropiada del presente del indicativo o del subjuntivo de los verbos que están entre paréntesis para contar algunos de los detalles de esta experiencia de los compañeros de casa.

En general, Javier se alegra de que todos los compañeros _____ (hacer) esnórquel en Puerto Rico. Cuando llegan a la marina, todos abordan el barco y se preparan para la actividad. El guía les da el equipo e insiste en que _____ (agarrar) las máscaras cuando brinquen del barco. Valeria no participa porque no sabe nadar y le tiene miedo al agua. Alejandra se preocupa porque no _____ (poder) respirar bien con la máscara al principio. Sin embargo, luego se acostumbra. Sofía no vive cerca del mar, y por eso es lógico que no _____ (estar) acostumbrada a estar en un barco. Antonio dice que el esnórquel _____ (ser) una experiencia que nunca va a olvidar y los otros compañeros están de acuerdo.

Heinle/Cengage Learning

2. ¿Cierto o falso? Ahora, piensa en los compañeros y en sus actividades en este segmento del video. Completa las siguientes oraciones con la forma apropiada del presente del indicativo o del subjuntivo de los verbos entre paréntesis. Luego decide si las oraciones son **ciertas** o **falsas**. Corrige las oraciones falsas.

- Hay una persona en el grupo que no _____ (saber) nadar. _____
- No hay nadie que no _____ (hacer) esnórquel. _____
- Hay dos personas que _____ (brincar) de cabeza del barco. _____
- Hay cuatro personas que _____ (divertirse) mucho en la playa. _____

 Entre nosotros A Valeria no le gustó la idea de hacer esnórquel en el segmento del video porque no sabe nadar y le tiene miedo al agua. Trabaja con dos compañeros(as) y planea otra actividad al aire libre en Puerto Rico que todos los compañeros (incluso Valeria) puedan disfrutar. Justifiquen la selección de la actividad que proponen a la clase.

 Presentaciones Quieres saber qué tipo de actividades acuáticas son muy populares en tu clase. Haz las siguientes preguntas a tus compañeros de clase y luego presenta los resultados de tu encuesta a la clase.

¿Hay alguien en la clase que...

- sepa bucear?
- no sepa nadar?
- haga esnórquel con frecuencia?
- practique la pesca en el mar?
- ¿ ?

 See the *Lab Manual,* **Capítulo 12, 12-14 – 12-15** for additional activities.

Antes de leer

Strategy: Understanding the writer's perspective

In many cases, you can use information you know about the author—his/her professional affiliations, his/her personal background, or his/her previous work—to provide some perspective on the reading. This information can often be useful in interpreting themes or teasing out the underlying messages in a political, economic, or social essay or in a literary work, such as a novel or a collection of short stories or poems. Fortunately, many newspapers and literary works offer an introduction that reveals some or all of this information about the author; you can gain some insight into the author's piece by reading the introduction.

> **Ecología** Ciencia que estudia las relaciones de los seres vivos y el ambiente. Además es la ciencia que protege la naturaleza y el medio ambiente.

Having read the above introduction, think about the following:

- ¿Qué tipo de periódico es *The Costa Rica News*?
- ¿Por qué Elizabeth está encargada de escribir las noticias ecológicas?
- ¿Qué ideas asocias con el título del artículo *"El jardín secreto de Elizabeth está en una comunidad ecológica en la selva de Costa Rica".*

El jardín de Elizabeth

Cognados Escribe cinco cognados y sus significados.

Discusión Antes de leer el texto, observa y comenta lo siguiente.

1. ¿Cuál crees que sea el tema principal de la lectura en relación al título?
2. ¿Qué sabes de Costa Rica, de sus selvas, de sus parques y de su ecología?

El jardín secreto de Elizabeth está en una comunidad ecológica en la selva de Costa Rica

por Elizabeth Mann

Durante mi primera semana en Costa Rica, me quedé *(stayed)* en una comunidad ecológica en la selva costarricense. Esta comunidad se llama VerdEnergía y su objetivo principal es crear y mantener un ambiente limpio y verde. Por ejemplo, en sus casas no hay aire acondicionado porque las casas son abiertas. Las mariposas, los pájaros y los insectos pueden volar a través de las habitaciones de la casa. El agua de la piscina viene de un arroyo *(creek)* local y el agua se recicla después de varios días, por eso no se usan sustancias químicas para limpiar el agua de la piscina. "La piscina es el lugar perfecto para refrescarse después de un día largo de trabajo".

La comunidad produce y consume sus propios vegetales y frutas y si no tiene los productos necesarios se los compra a los agricultores de la zona. La comunidad también tiene un programa de reforestación llamado "Adoptar un árbol." VerdEnergía compra árboles a los estudiantes de la región y de esta forma el dinero regresa a las escuelas para ayudar a los estudiantes a comprar sus útiles escolares.

¡Todos podemos ser parte de la ecología al usar y comprar productos orgánicos de la región!

¡Si quieren seguir mi viaje por Costa Rica, visiten mi bitácora *(blog)* de viaje!

http://elizabethssecretgarden.blogspot.com/

Elizabeth Mann, "El Jardín Secreto de Elizabeth está en una comunidad ecológica en las selvas de Costa Rica," www.thecostaricanews.com Used with permission.

Después de leer

A escoger Después de leer el artículo, contesta las siguientes preguntas.

1. En la comunidad ecológica VerdEnergía...
    a. no hay aire acondicionado en las casas pero usan sustancias químicas para limpiar el agua de la piscina.
    b. hay aire acondicionado en las casas y no usan sustancias químicas para limpiar el agua de la piscina.
    c. no hay aire acondicionado en las casas y no usan sustancias químicas para limpiar el agua de la piscina.

2. La comunidad tiene un programa llamado "adoptar un árbol"...
    a. para poder cortar más árboles en la selva.
    b. para reforestar y plantar nuevos árboles en la selva.
    c. para reforestar y cortar nuevos árboles en la selva.

3. La comunidad compra los árboles a...
    a. los agricultores locales.
    b. los agricultores locales y a los estudiantes de las escuelas.
    c. los estudiantes de las escuelas locales.

¿Cierto o falso? Indica si las siguientes oraciones son **ciertas** o **falsas.** Corrige las oraciones falsas.

1. _____ El objetivo de esta comunidad es mantener el ambiente limpio.

2. _____ La piscina es el lugar perfecto para refrescarse después de un largo día de trabajo.

3. _____ La comunidad no produce su propia comida y tiene que comprar en los supermercados.

4. _____ La comunidad compra árboles a los agricultores locales para ayudarlos con sus granjas.

Perspectivas Después de leer el artículo nuevamente, contesta las siguientes preguntas.

1. ¿Cuál es la opinión de la escritora? ¿Está a favor o en contra de la ecología o de cuidar la naturaleza?

2. Según la escritora, ¿qué podemos hacer para ser parte de la ecología?

 ¡A conversar! Con sus compañeros(as) de clase comenten e investiguen los siguientes temas.

1. La idea de apoyar la ecología comprando productos orgánicos y reciclando. ¿Qué pueden hacer ustedes en sus universidades?

2. Comunidades ecológicas cerca de tu ciudad. ¿Por qué son ecológicas? ¿Qué medidas toman para producir productos orgánicos? ¿Les gustaría o no vivir en una comunidad ecológica? ¿Por qué?

Strategy: Making your writing persuasive

Writers often try to convince readers to understand or adopt particular points of view. Persuasive writing is used by writers of editorials, by political figures, and often by professionals such as attorneys, medical personnel, educators, and reviewers or critics. In this section, you will write an essay in which you try to convince your reader of your point of view regarding a particular environmental issue. The following words and phrases will allow you to connect your ideas in this type of composition.

To express opinions . . .
creo que *I believe*
pienso que *I think*
en mi opinión *in my opinion*

To support opinions . . .
primero *first*
una razón *one reason*
por ejemplo *for example*

To show contrast . . .
pero *but*
aunque *although*
por otro lado *on the other hand*

To summarize . . .
por eso *therefore*
finalmente *finally*
en conclusión *in conclusion*

Task: Writing a persuasive essay

Paso 1 Formula tu opinión sobre uno de los siguientes temas.

- El mejor lugar para vivir (en el campo, en la ciudad, etcétera)
- El mejor medio de transporte (el coche, la bicicleta, el autobús, el tren, etcétera)
- El problema global más grave (la contaminación del aire, la sobrepoblación, la destrucción de las selvas tropicales, etcétera)
- La mejor manera de resolver los problemas del medio ambiente (controlar la contaminación de los ríos, reciclar, desarrollar energía solar, etcétera)
- El mejor lugar para los animales (en estado silvestre *(in the wild)* o en un refugio natural)

Paso 2 Escribe un ensayo en el cual das tu opinión sobre el tema que has escogido. Debes mencionar dos razones con detalles que apoyan tu posición. Al final, escribe una conclusión. Tu ensayo debe tener cuatro párrafos. Puedes seguir el esbozo *(outline)* que sigue.

El mejor medio de transporte

    I. Introducción (tu opinión sobre el tema)
       El mejor medio de transporte es el autobús.

    II. Primera razón a favor de tu opinión
       Hay menos coches en la carretera cuando la gente viaja en autobús.
       Viajar en autobús ayuda a reducir la contaminación del aire.

    III. Segunda razón a favor de tu opinión
       Una persona puede leer y descansar mientras viaja en autobús.
       El autobús reduce el estrés de los pasajeros.

    IV. Conclusión
       Todos deben viajar en autobús.

 Paso 3 Intercambia papeles con un(a) compañero(a) de clase. Lee su ensayo para ver si tiene los elementos necesarios y para ver si presenta la opinión claramente. Si tu compañero(a) necesita hacer algunos cambios, habla con él/ella sobre los cambios que recomiendas. También dile si estás de acuerdo o no con su opinión.

Communicative Goals

- Communicate about urban and rural life
- Express emotional reactions and opinions
- Share information about conservation and exploitation of natural resources
- Express doubt and uncertainty

Paso 1
Review the Communicative Goals for **Capítulo 12** and determine if you are able to accomplish the goals. If you are not certain that you have achieved all of the goals, review the pertinent portions of the chapter.

Paso 2
Look at the components of a conversation which addresses the communicative goals for this chapter. The percentages will help you evaluate your ability to successfully participate in the conversation that is featured below. Your instructor may use the same rubric to assess your oral performance.

Components of the conversation	%
☐ Questions and answers about plans to live and study in Costa Rica	25
☐ Questions and answers about characteristics that are sought when seeking a place to live	25
☐ Expression of beliefs and opinions about ecological issues and ideas for addressing concerns	25
☐ Beliefs and doubts about the experience of living in Costa Rica and conclusion of conversation	25

 En acción Think about a conversation in which one friend (A) shares information with another (B) about plans to spend a semester in Costa Rica studying environmental issues. Consider the sort of information that might be included in the conversation and how the speakers discuss the topic. Work with a partner to carry out the conversation, being sure to include the steps below.

1. A tells B that he/she plans to spend a semester in Costa Rica. A and B discuss preferences about city life vs. rural life and explain them.

2. A and B discuss what they look for when choosing a place to live, including at least three ideas.

3. A and B express beliefs and opinions about life in Costa Rica and ecological issues that affect modern life, including at least two concerns and suggestions for addressing the issues or improving the situation.

4. A and B state at least two things they believe and at least two things they doubt about life in Costa Rica.

5. A and B politely conclude the conversation.

¡A REPASAR!

Subjunctive following verbs of emotion, impersonal expressions, and *ojalá*

Spanish speakers often use the subjunctive mood when expressing emotion or an opinion. The following verbs convey emotions and the expressions offer an opinion.

Verbs of emotion	Impersonal expressions
alegrarse (de)	es bueno (malo)
esperar	es importante
gustar	es (im)posible
molestar	es lógico
preocuparse de/por	es mejor
quejarse (de)	es necesario
sentir (ie)	es ridículo
sorprender	es una lástima
tener miedo de	

Ojalá (que) is always followed by the subjunctive, whether there is a change of subject or only one subject. The word **que** is often used after **ojalá** in writing, but it is usually omitted in conversation.

¡A recordar! 1 Which impersonal expressions, due to their strong affirmative meanings, do not require the subjunctive?

Subjunctive following verbs and expressions of uncertainty

Spanish speakers also use the subjunctive mood to express doubt, uncertainty, disbelief, nonexistence, and indefiniteness. The following verbs and expressions communicate these sentiments.

dudar	no es cierto
es dudoso	no estar seguro(a) (de)
no creer	no pensar

¡A recordar! 2 Which of the above listed verbs and impersonal expressions do not require the subjunctive when used in the affirmative?

Subjunctive following adjective clauses that express hypothetical situations

Spanish speakers use the subjunctive mood in adjective clauses when they describe hypothetical or non-existent people, places, things, or conditions.

¡A recordar! 3 When is the **a personal** used in an adjective clause?

Actividad 1 La vida en la metrópolis Escoge la respuesta correcta para cada oración.

_____ 1. Me alegro de que mis amigos y yo _____ usar el transporte público en la metrópolis.

   a. podamos   c. puedo
   b. podemos   d. pueda

_____ 2. Esperamos que muchas personas _____ plantas.

   a. cultiven   c. cultivemos
   b. cultivan   d. cultivamos

_____ 3. Es bueno que las personas no _____ basura en la calle.

   a. arroje   c. arrojen
   b. arroja   d. arrojan

_____ 4. Tenemos miedo de que las fábricas _____ contaminación.

   a. producen   c. producimos
   b. produzcan   d. produzcamos

_____ 5. ¿Te molesta que _____ mucho tráfico en la carretera?

   a. hay   c. ha
   b. haya   d. hayas

_____ 6. Creo que el rascacielos _____ bonito.

   a. es   c. sea
   b. son   d. sean

Actividad 2 El parque nacional Escribe oraciones usando los elementos dados. Ten cuidado con el uso del subjuntivo, del indicativo y del infinitivo.

1. Todos nosotros / alegrarse de / que / el gobierno / proteger / el medio ambiente

2. Los turistas / esperar / que / la naturaleza / ser / bello

3. Yo / preocuparse de / que / algunos animales / estar / en peligro de extinción

4. Mi amigo / querer / trabajar en una reserva biológica

5. Algunas personas / quejarse de / que / el parque / ser / pequeño

Actividad 3 ¡Vamos a reciclar! Escribe la forma correcta de cada verbo. Escoge el subjuntivo, el indicativo o el infinitivo según el contexto.

1. Es bueno que nosotros _____ (reciclar) el papel y otras cosas.

2. Es lógico que las compañías _____ (hacer) productos nuevos con cosas viejas.

3. Es importante que yo _____ (participar) en el reciclaje.

4. Es malo que ciertas personas no _____ (comprender) la importancia del reciclaje.

5. Es cierto que el futuro del planeta _____ (depender) de la conservación de los recursos naturales.

6. Es necesario que tú _____ (empezar) a reciclar.

7. Es probable que nosotros _____ (conservar) los recursos naturales.

8. Es imposible que nosotros _____ (seguir) con la destrucción del medio ambiente.

9. Es una lástima que los bosques _____ (estar) en peligro.

10. Es mejor que tú les _____ (explicar) esto a tus amigos.

11. Es ridículo que _____ (ser) necesario explicárselo.

12. Es evidente que muchas personas _____ (necesitar) oírlo.

13. Ojalá que todo el mundo _____ (escuchar) bien.

14. Es verdad que nosotros _____ (poder) cambiar el mundo.

Actividad 4 ¿Qué buscas? Empareja cada elemento de la primera columna con el elemento apropiado de la segunda columna.

_____ 1. Busco un lugar que...

_____ 2. Conozco un parque que...

_____ 3. Visito muchos lugares que...

_____ 4. Prefiero visitar ciudades que...

a. tiene cataratas bellas.

b. tengan transporte público.

c. tenga una naturaleza impresionante.

d. tienen flora y fauna interesantes.

Actividad 5 Un viaje a Costa Rica Completa la selección con la forma correcta de cada verbo. Escoge el subjuntivo, el indicativo o el infinitivo según el contexto.

¡Me alegro de que mis amigos y yo _____ (1. ir) a Costa Rica! Espero que _____ (2. hacer) buen tiempo porque quiero _____ (3. visitar) muchas partes del país. Me sorprende que _____ (4. haber) tanta tierra protegida allí, pero me gusta que el gobierno _____ (5. proteger) la flora y la fauna. Es posible que nosotros _____ (6. ver) mariposas bellísimas. Prefiero _____ (7. visitar) un lugar que _____ (8. tener) vegetación densa y es cierto que Costa Rica la _____ (9. tener). Y tú, ¿buscas un sitio que _____ (10. ofrecer) naturaleza bella o prefieres _____ (11. ir) a una metrópolis? Siento que tú no _____ (12. poder) ir a Costa Rica con nosotros. Es una lástima que tú _____ (13. trabajar) tanto. Ojalá que tú _____ (14. viajar) a Costa Rica algún día.

Refrán

"Dios perdona (forgives) siempre, los humanos a veces, _____ (nature) nunca."

Heinle/Cengage Learning

VOCABULARIO ESENCIAL

  AUDIO CD CD 4, TRACK 5   **PERSONAL TUTOR**

La geografía rural y urbana — *Rural and urban geography*

Sustantivos

el (la) agricultor(a)	farmer
el árbol	tree
el arroyo	stream
la basura	trash
el bosque	forest
el (la) campesino(a)	farm worker
la carretera	highway
la catarata	waterfall
la colina	hill
la congestión (de tráfico)	traffic jam
la fábrica	factory
la finca	farm
la metrópolis	metropolis
la naturaleza	nature
el rascacielos	skyscraper
el ruido	noise
la selva	jungle
la sobrepoblación	overpopulation
la tierra	land, earth
el tráfico	traffic
el transporte público	public transportation
el volcán	volcano

Adjetivos

acelerado(a)	accelerated
bello(a)	beautiful
denso(a)	dense
tranquilo(a)	tranquil, peaceful

Verbos

cultivar	to cultivate; to grow (plants)
llevar una vida tranquila	to lead a peaceful life
regar (ie)	to irrigate; to water
sembrar (ie)	to plant

La conservación y la explotación — *Conservation and exploitation*

Sustantivos

el aire	air
la capa de ozono	ozone layer
la contaminación	pollution
el desarrollo	development
el desperdicio	waste
la destrucción	destruction
la ecología	ecology
la energía solar	solar energy
la escasez	lack, shortage
las especies	species
el (la) guardaparques	park ranger
el medio ambiente	environment
la naturaleza	nature
el (la) naturalista	naturalist
el petróleo	petroleum
los recursos naturales	natural resources

Adjetivos

contaminado(a)	polluted
destruido(a)	destroyed
puro(a)	pure

Verbos

acabar	to run out
conservar	to conserve
construir	to construct
contaminar	to pollute
desarrollar	to develop
destruir	to destroy
explotar	to exploit
proteger	to protect
reciclar	to recycle
recoger	to pick up
reforestar	to reforest
resolver (ue)	to solve, resolve

Expresiones

estar en peligro de extinción	to be endangered
¡No arroje basura!	Don't litter!

Los animales — *Animals*

el cocodrilo	crocodile
la culebra	snake
el jaguar	jaguar
la mariposa	butterfly
el mono	monkey
el pájaro	bird
la rana	frog
la tortuga	turtle

Otros verbos

alegrarse (de)	to be glad
dudar	to doubt
estar seguro (de)	to be certain
molestar	to bother
preocuparse de/por	to worry about
sentir (ie)	to be sorry
sorprender	to surprise

Otras expresiones

ojalá	I wish that
es bueno	it's good
es cierto que	it's certain/true that
es dudoso	it's doubtful
es importante	it's important
es (im)posible	it's (im)possible
es lógico	it's logical
es malo	it's bad
es mejor	it's better
es necesario	it's necessary
es obvio que	it's obvious that
es seguro que	it's certain that
es ridículo	it's ridiculous
es una lástima	it's a shame
es verdad que	it's true that

El mundo del espectáculo

Perú y Ecuador

© GDA/El Comercio/Newscom

Plaza del Teatro, Quito, Ecuador

Chapter Objectives

Communicative Goals

In this chapter, you will learn how to . . .

- Communicate about television programs and cinema
- Distinguish between habitual actions, completed actions, and anticipated actions
- Share information about the arts and artists
- Express unplanned and accidental occurrences

Structures

- Subjunctive with purpose and time clauses
- **Se** for unplanned occurrences (No-fault **se**)

▲ ¿Te gusta ir al cine? ¿Qué tipo de películas te gusta ver: documentales, románticas, de terror o de aventura?

▲ ¿Cuál es tu programa favorito de televisión?

▲ ¿Te gusta visitar museos? ¿Prefieres el arte clásico o el arte moderno? ¿Por qué?

 Visit it live on **Google Earth!**

419

La programación del día

In this section, you will learn to talk about television and movies.

PROGRAMACIÓN DE TELEVISIÓN

ESTA SEMANA

el programa de entrevistas

el programa deportivo

el programa de realidad

el pronóstico del tiempo

27° 26° 20°

SUGERENCIAS PARA ESTA NOCHE

la (tele)serie season drama

el documental

el programa de concursos

75 100 20

las noticias

los dibujos animados

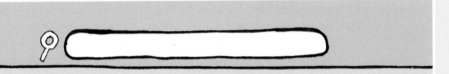

MIRA LAS SIGUIENTES PELÍCULAS

la película de ciencia ficción

la película de acción

la película de terror

la película romántica

Otros sustantivos

el anuncio *commercial*
el canal *(TV) channel*
el capítulo *episode*
el cine *movies; movie theater*
la comedia *comedy*
el drama *drama*
el musical *musical*
la película *movie, film*
  clásica *classic film*
  de suspenso (misterio) *mystery film*
  extranjera *foreign film*
  fantástica *fantasy film*
la telenovela *soap opera*

Verbos

aburrir *to bore*
apreciar *to appreciate*
dejar *to leave; to let, allow*
poner *to turn on (TV); to show (a movie)*

apagar: to turn off

Palabras útiles

el (la) anfitrión (-ona) *(talk show) host*
el (la) invitado(a) *guest on a talk show*
el (la) panelista *panelist*
el (la) televidente *television viewer*

Palabras útiles are presented to help you enrich your personal vocabulary. The words here will help you talk about television viewing.

Heinle/Cengage Learning

Nota lingüística

El musical may also be referred to as **la función musical** or **la obra musical.**

¡A practicar!

13-1 **Películas y programas** La siguiente lista contiene títulos de películas y programas producidos en los Estados Unidos que ahora pasan en la televisión. Clasifica cada película o programa y luego, di si te gusta o no te gusta. Sigue el modelo.

Modelo *Big Brother*
Es un programa de realidad pero tiene también elementos de telenovela. ¡Siempre alguien se enamora!

Título de programa o película:

1. *Glee*
2. *30 Rock*
3. *Scooby-Doo*
4. *House*
5. *Dr. Phil*
6. *Days of Our Lives*
7. *SportsCenter*
8. *The Bachelor*
9. *The Weather Update*
10. *Mamma Mia!*
11. *Avatar*
12. *An Inconvenient Truth*
13. *A Nightmare on Elm Street*

13-2 **¡Adivina!** Estos son los títulos de algunos programas y películas estadounidenses traducidos al español. Adivina qué programas son en inglés. Si no sabes, pregúntaselo a tu profesor(a). Después, decide qué tipo de película o programa es y compara tus respuestas con las de un(a) compañero(a) de clase. ¿Están de acuerdo?

Películas

1. Lo que el viento se llevó
2. El mago de Oz
3. Hércules
4. La guerra de las galaxias
5. Un tranvía llamado deseo

Programas de televisión

6. Buffy la cazavampiros
7. La rueda de la fortuna
8. Bob Esponja
9. Dos hombres y medio
10. Mujeres desesperadas

13-3 **¿Qué vamos a mirar?** Tú y tus amigos han decidido cenar en casa y mirar la tele esta noche. Escuchas un anuncio en la radio sobre los programas que se presentan en ATV, Andina Televisión. Uds. prefieren mirar programas deportivos y comedias, y no les gustan las telenovelas, los programas de entrevistas ni los programas de realidad. Escribe qué programas van a ver y a qué hora.

AUDIO CD
CD 4, TRACK 6

_____

_____

_____

_____

Workbook *13-1 – 13-2*
Lab Manual *13-1 – 13-3*

¡A conversar!

13-4 **Los premios** Uds. son críticos que van a escoger los mejores programas y películas para un premio. Trabajen en grupos y decidan cuál es el mejor ejemplo de cada categoría. Después, den los resultados a la clase y justifiquen sus selecciones.

Modelo programa de entrevistas
En la categoría de mejor programa de entrevistas, le damos el premio a «El Show de Laura Bozo» porque Laura tiene mucho talento y los invitados siempre son interesantes.

Categorías

dibujos animados	película de terror	programa de entrevistas
telenovela	documental	película de acción

13-5 **Entrevista** Hazle las siguientes preguntas sobre la televisión y el cine a tu compañero(a). Prepárate para compartir esta información con la clase.

La televisión

1. ¿Cuántos televisores tienes en casa? ¿Con qué frecuencia ves la televisión?
2. ¿Cuál es tu programa favorito? ¿Por qué te gusta tanto?
3. Para ti, ¿qué programa de televisión es ridículo? ¿Por qué crees eso?
4. ¿Te gustan los anuncios? ¿Qué opinas del número de anuncios que ponen: hay demasiados?

El cine

1. ¿Con qué frecuencia vas al cine?
2. Normalmente, ¿con quién vas al cine?
3. ¿Quién es tu actor favorito y por qué? ¿Quién es tu actriz favorita y por qué?
4. ¿Has visto una película buena recientemente? ¿Cuál?

Nota lingüística

Some Spanish speakers use **el televisor** for television set and **la televisión** for television programming. The same applies to **el radio** (the radio itself) and **la radio** (what you listen to), which is short for **la radiodifusión.**

13-6 **Encuentra a alguien que...** Encuentra a alguien para quien sean *(are)* ciertas las siguientes oraciones. Después de encontrar a cada persona, pídele que firme tu cuaderno (o papel). Al final, cuéntale a la clase lo que has aprendido.

Modelo Veo la tele más de dos horas al día.
E1: *¿Tameka, ves la televisión más de dos horas al día?*
E2: *¡Dios mío! ¡No tengo tanto tiempo libre! (Look for someone else.)*
o **E2:** *Sí, veo tres telenovelas al día. (Ask Tameka to sign your notebook.)*
Al final **E1:** *Tameka ve más de dos horas de televisión al día. Jason nunca va al cine. Michelle prefiere la radio a la tele...*

Nombres

1. Veo la tele más de dos horas al día. _____
2. No tengo televisor. _____
3. Nunca voy al cine. _____
4. Voy al cine todas las semanas. _____
5. Sigo una telenovela. Se llama… _____
6. Prefiero la radio a la tele. _____
7. Siempre veo las noticias. _____
8. A mí me gusta mucho escuchar la radio pública (NPR). _____

Nota lingüística

You will notice in everyday speech that it is common to use **la tele** when talking about watching TV. For example, **Voy a ver la tele** is similar to an English speaker saying *I'm going to watch TV* as opposed to saying *I'm going to watch television*, which sounds a little more formal.

EN CONTEXTO

AUDIO CD
CD 4, TRACK 7

Lima, Perú. Son las 9:30 de una noche de febrero. Un grupo de artistas limeños está esperando el anuncio del ganador de la exposición de arte en la Galería Miraflores. Rosario María Ramos, una artista limeña, espera con ansiedad las noticias. El canal Frecuencia Latina de Perú va a transmitir el programa por televisión.

Escucha la conversación e indica si las siguientes oraciones son **ciertas** o **falsas**. Si una es falsa, corrígela.

1. La exposición solamente incluye a pintores.
2. Son artistas de todo el mundo.
3. Rosario pinta solamente obras «accidentales».
4. Algunos de los cuadros de Rosario requieren la participación del espectador.

El comentarista: Señoras y señores, soy Pablo Rivas de Frecuencia Latina, y ahora hemos llegado al momento culminante de esta magnífica exposición de arte limeño. Les pido unos segundos de silencio **para que todos podamos** celebrar este momento triunfante para uno o una de nuestros artistas. En este sobre que tengo en la mano está el nombre del ganador o la ganadora de esta exposición. Señoras y señores... este año la ganadora es una pintora. Se llama... ¡Rosario María Ramos!

Rosario: Muchas gracias. Quiero darles las gracias a todos los organizadores de la exposición, al público, a mis amigos y especialmente a mi familia. No puedo pintar **a menos que tenga** el apoyo y la inspiración de mis padres, mis hermanos y de mis colegas internacionales. Este es un gran honor para mí y para mi familia. Muchas gracias a todos.

Heinle/Cengage Learning

El comentarista: Rosario, ¿nos puede explicar algo sobre su estilo? En su obra a veces notamos una organización muy abierta, muy espontánea, con mucha luz. En otros cuadros, las imágenes están más cerradas, más controladas, más oscuras. En estas obras veo el influjo de Fernando de Szyszlo.

Comentario cultural Fernando de Szyszlo, an internationally recognized Peruvian painter, is often credited with introducing abstract art in Latin America. The hallmark of his style is the representation of ancient cultural motifs in a modern, abstract style with intentional contrasts of light and shadows.

Expresiones **en contexto**

el apoyo *support*	**el (la) ganador(a)** *winner*
cotidiana *daily*	**inesperadas** *unexpected*
darles las gracias *to thank them*	**justo lo que buscaba** *exactly what I*
dejarla *leave it*	*was looking for*
diría *would tell*	**limeño(a)** *from Lima*
en cuanto a *in regard to*	**el sobre** *envelope*
el espectador *viewer*	

Rosario: Sí, soy una gran admiradora de Szyszlo y mis obras más formales se parecen mucho a los cuadros de él. Y en cuanto a las obras más espontáneas, confieso que a veces ocurren cosas inesperadas, aun accidentales. Por ejemplo, en mi obra *Manchas de café inspiradas por quenas,* yo tomaba un café antes de empezar un cuadro y de repente, porque me distraía con un poco de música, **se me cayó la taza.** Y *¡voilá!,* tenía justo lo que buscaba para crear una escena de la vida cotidiana.

Comentario cultural Quenas and **zampoñas,** flutes and panpipes made of cane tubes, are used to produce the beautiful, sometimes haunting music of the Andean corridor of Peru. These instruments date back to the pre-Columbian period of Peru's history.

El comentarista: Antes de que revele todos sus secretos, Rosario, ¿nos diría cuál es su obra favorita?

Rosario: Pues sí, es otro de mis cuadros «accidentales». El cuadro se llama *Espacio en blanco.* Es una obra posmodernista que invita al espectador a terminar la obra. Después de pintarla media hora, **se me acabó la pintura,** y decidí dejarla como estaba. Requiere la colaboración del espectador para completarla.

Comentario cultural Although post-modernism is still gaining acceptance in artistic circles in Peru, artists such as Paul Cabezas, born in the city of Puno, Peru, have produced several works that blend abstract and postmodern motifs. The association between postmodernism and kitsch, an inferior and massed-produced imitation of an existing style, has made the acceptance of postmodernism as art problematic.

Heinle/Cengage Learning

El comentarista: ¡Gracias a Rosario María Ramos por compartir con nosotros y con la ciudad de Lima su obra tan espléndida! Es un honor para nosotros tener tanto talento artístico aquí en la Galería de la Municipalidad de Miraflores esta noche. Soy Pablo Rivas de Frecuencia Latina y les deseo muy buenas noches a todos los espectadores.

Comentario cultural Television stations, such as the Peru-based Frecuencia Latina, are now available via Internet by sponsors such as Jumptv.com (https://www.jumptv.com/en/channel/trtve/)

 Entrevista con un(a) artista Túrnense en parejas para entrevistarse. Una persona es periodista y le hace preguntas a la otra persona, que es el (la) artista. El (la) artista debe explicar algo de su inspiración artística en las respuestas que le da al (a la) periodista. Pueden investigar artistas como Fernando de Szyszlo o Paul Cabezas en Internet antes de hacer esta actividad.

Subjunctive with purpose and time clauses

In this section, you will learn about using the present subjunctive with purpose and time clauses. Up until now, you have been focusing on the word **que** to link the main and dependent clauses. In this section you will be introduced to other conjunctions that have the same function. Although most of the verbs in the dependent clauses will be in the present subjunctive, you will learn about cases in which the present indicative must be used.

Conjunctions of purpose

a fin de que *so that*	**a menos que** *unless*	**para que** *so (that)*
sin que *without*	**con tal (de) que** *provided (that)*	**en caso (de) que** *in case*

Always use the subjunctive after the six conjunctions listed above.

Independent clause	Conjunction	Dependent clause
Voy al cine	con tal (de) que	vayas conmigo.
I'm going to the cinema	*provided (that)*	*you go with me.*

Note that when expressing an idea with the conjunction **aunque** (*although, even though*), you can follow it with the indicative to state certainty or with the subjunctive to imply uncertainty.

- **certainty (indicative)**

  Aunque el concierto **es** en abril, no puedo ir.   *Although the concert is in April, I can't go.*

- **uncertainty (subjunctive)**

  Aunque el concierto **sea** en abril, no puedo ir.   *Although the concert may be in April, I can't go.*

Conjunctions of time

antes (de) que *before*	**tan pronto como** *as soon as*	**en cuanto** *as soon as*
después (de) que *after*	**cuando** *when*	**hasta que** *until*

With one exception, the conjunctions listed above may be followed by a verb in either the subjunctive or the indicative mood (see the note below for information on the exception). When an action, condition, or event has not yet taken place, use the subjunctive in the dependent clause. But when referring to habitual or completed actions, use the indicative in the dependent clause.

- **pending action (subjunctive)**

  Los músicos van a aplaudir **cuando llegue** el director.   *The musicians are going to applaud when the conductor arrives.*

- **habitual action (indicative)**

  Los músicos siempre aplauden **cuando llega** el director.   *The musicians always applaud when the conductor arrives.*

- **completed action (indicative)**

  Los músicos aplaudieron **cuando llegó** el director.   *The musicians applauded when the conductor arrived.*

Note that there is one exception: Always use the subjunctive after **antes (de) que.**

Los invitados van a la recepción **antes de que lleguen** los artistas.   *The guests go to the reception before the artists arrive.*

¡A practicar!

13-7 **El documental** Completa la siguiente información presentada por el director de un documental sobre la civilización de los incas, subrayando la forma correcta de cada verbo.

Vamos a hacer un documental sobre los incas, la civilización que controló gran parte de Sudamérica hasta la conquista española. Pienso empezar muy pronto, con tal de que los fotógrafos no 1. (tienen / **tengan**) otro proyecto. Comenzamos el documental en Machu Picchu, a menos que 2. (hace / **haga**) mal tiempo. Es importante que no llueva durante la filmación para que 3. (podemos / **podamos**) ver bien la ciudad escondida *(hidden)* de Machu Picchu. Vamos a sacar muchas fotos allí para que las personas que miren el documental 4. (pueden / **puedan**) ver su esplendor. En realidad, es tan hermosa *(beautiful)* que nadie puede apreciarla a menos que 5. (viaja / **viaje**) allí. Hasta que todos la 6. (ven / **vean**) en persona es importante documentarla. Siempre quiero conocer el lugar muy bien cuando 7. (**hago** / haga) un documental, y por eso he pasado mucho tiempo en Machu Picchu. Pensamos pasar tiempo en Cusco después de que el equipo 8. (termina / **termine**) su trabajo en Machu Picchu. Tan pronto como 9. (llegamos / **lleguemos**) a Cusco, vamos a sacar fotos de Sacsayhuamán, una fortaleza enorme que ha durado más de quinientos años. Los espectadores van a comprender el talento de los constructores incaicos tan pronto como 10. (miran / **miren**) las fotos de esta estructura. Tenemos que trabajar con mucha dedicación y terminar el documental antes de que 11. (empieza / **empiece**) el invierno porque hace mucho frío en las montañas de Perú durante esa estación.

13-8 **Malas noticias para Mateo** Completa la siguiente conversación entre dos actores de la telenovela «¡No puedo más!». Usa las conjunciones adecuadas de la página anterior. Cada una se usa una sola vez.

Laura: Oye, Mateo. Tengo malas noticias, 1. _____ no vas a creerme.

Mateo: ¿Malas noticias? Por Dios, ¿qué pasó, Laura?

Laura: 2._____ te lo diga, tienes que prometerme que no vas a enojarte conmigo.

Mateo: No, mujer. Dime, ¿qué pasó?

Laura: ¿Recuerdas a María Cristina, la cantante peruana?

Mateo: Claro. La conocí en Lima, 3. _____ llegamos al hotel Bolívar.

Laura: Sí, sí. Pues, ella se va a casar el próximo mes.

Mateo: No me digas! Pero... ¿con quién?

Laura: Te lo digo 4. _____ te calmes, Mateo.

Mateo: Estoy calmado. Dime más.

Laura: Bueno, María Cristina va a casarse con Gregorio Vega, su novio, el que viste en Lima. Le dije a mi amiga Clara: 5. _____ le diga que María Cristina se casa en abril, Mateo va a estar triste.

Mateo: Pues sí, pero no puedo hacer nada 6. _____ los novios decidan no casarse.

¡A conversar!

13-9 Un secreto de Mateo Mateo está secretamente enamorado de María Cristina, la novia de Gregorio. Él no quiere que ellos se casen. ¿Qué le dice a María Cristina para que no se case con Gregorio?

1. Voy a hablar con María Cristina inmediatamente para que...
2. Ella siempre quiere saber la verdad cuando...
3. Tengo que verla antes de que...
4. Debo buscarla ahora en caso de que...
5. No puedo permitir que se case sin que...
6. Tengo que decirle la verdad aunque...
7. Es posible que no se case cuando...
8. No puedo estar tranquilo hasta que...

13-10 Planes para el fin de semana Trabaja con un(a) compañero(a) de clase. Terminen las siguientes oraciones de una manera relevante para Uds.

Modelo No voy al cine a menos que...
No voy al cine a menos que *tú me pagues la entrada.*
o No voy al cine a menos que *haya alguna película interesante.*

1. Voy a ver una película este fin de semana con tal de que...
2. (No) Voy a mirar un programa deportivo a menos que...
3. Espero ver _____ con tal de que...
4. Mis amigos y yo no podemos ver _____ sin que...
5. Quiero ver _____ después de que...
6. Tengo que llegar a la exposición de artes antes de que...
7. Voy a ver la película de terror aunque...
8. Después de que... sentémonos a ver la tele.

13-11 Entrevista Primero hazle a otro(a) compañero(a) las siguientes preguntas sobre el futuro. Luego comparte la información con la clase para ver cuáles son las respuestas más populares entre tus compañeros.

1. ¿Qué vas a hacer cuando termines tus estudios?
2. ¿Qué tienes que hacer antes de terminarlos?
3. ¿Piensas casarte algún día? (¿Sí? ¿Cuándo piensas casarte? ¿Con quién?) (¿No? ¿Prefieres vivir solo[a] o con otra persona?)
4. ¿Qué vas a hacer tan pronto como consigas un buen trabajo?
5. ¿Cómo tiene que ser tu trabajo para que estés contento?
6. ¿Vas a tener una familia grande, con tal de que la puedas mantener?
7. ¿Hasta qué edad piensas trabajar? ¿Qué vas a hacer cuando te jubiles?

13-12 Mis preferencias Trabaja con un(a) compañero(a) para expresar tus preferencias sobre los programas de la tele. Escojan un elemento de cada categoría para formar una oración. ¿Tienen Uds. preferencias semejantes o muy diferentes? ¡OJO! Presten atención al subjuntivo y el indicativo en la segunda cláusula de cada oración.

Modelo *No miro una telenovela, a menos que mi compañero(a) de cuarto la mire conmigo.*

(No)	mirar una telenovela ver las noticias escuchar el pronóstico del tiempo preferir una comedia gustar los dibujos animados mirar un documental	a menos que con tal (de) que sin que cuando después (de) que	mi compañero(a) de cuarto mi(s) hermano(a)(s) mi(s) padre(s) mi madre mi profesor(a)	mirarlo (a)(s) querer verlo(a)(s) desear escucharlo (a)(s) recomendarlo(a)(s) insistir en mirarlo(a)(s) ponerlo(a)(s)

13-13 Un programa de entrevistas Dos personas trabajan para presentarle un programa de entrevistas a la clase. Una persona hace el papel de un personaje de la tele o del cine, la otra persona es el (la) entrevistador(a). Empiecen con las preguntas que están a continuación y hagan por lo menos dos preguntas más. Cuando presenten la entrevista a la clase, no deben revelar la identidad de la persona famosa. ¡Los estudiantes de la clase tienen que adivinar *(figure out)* quién es!

1. ¿Cómo está Ud. hoy? ¿Por qué?
2. ¿En qué proyecto trabaja ahora y con quién(es)?
3. ¿Qué piensa hacer cuando este proyecto se acabe *(is over)*?
4. ¿Tiene otras ideas en caso de que el próximo proyecto no sea posible?
5. En general, ¿qué hace Ud. cuando termina un proyecto largo? ¿Toma vacaciones o prefiere volver a trabajar tan pronto como sea posible?
6. En su opinión, ¿qué características son necesarias para que un actor o una actriz tenga éxito?
7. ¿Con qué otros actores quiere trabajar Ud. antes de que le llegue el momento de jubilarse?
8. ¿?

13-14 Reto *(Challenge)* Prepara ocho preguntas para hacérselas a un compañero. Las preguntas deben ser difíciles *(challenging)*. Sigue las preguntas a continuación y agrega cuatro más. Las respuestas deben dar explicaciones lógicas.

1. ¿Te animas a viajar a Ecuador aunque no hables bien el español?
2. ¿Qué piensas hacer cuando te gradúes de la universidad hasta que consigas trabajo?
3. ¿Qué cosas puedes hacer para que tu mejor amigo no se enoje contigo?
4. ¿Eres capaz de mentir *(ie)* con tal de que te den lo que quieres?

ENCUENTRO CULTURAL

Perú y Ecuador

▶ Veamos los videos de Perú y Ecuador para luego comentarlos.

1. ¿Qué lugares puedes visitar en el distrito de Miraflores en Lima, Perú?
2. ¿Qué hay en la Plaza San Martín?
3. ¿Qué rodea la ciudad de Quito, Ecuador, y cómo es su temperatura?
4. ¿Qué construyeron los incas hace 1.500 años?
5. ¿Por qué es Quito el segundo centro histórico más grande de América, después de La Habana?

✏️ See the *Workbook,* **Capítulo 13, 13-22 – 13-25** for additional activities.

Heinle/Cengage Learning

Perú

Población: 29.907.003 de habitantes

Área: 1.285.215 km², casi el tamaño de Alaska

Capital: Lima (7.605.742 habs.)

Moneda: el nuevo sol

Lenguas: el español, el quechua y el aimara (oficiales), y otras lenguas amazónicas

Ecuador

Población: 14.790.608 de habitantes

Área: 283.560 km², más o menos el tamaño de Nevada

Capital: Quito (1.619.800 habs.)

Moneda: el dólar estadounidense

Lenguas: el español, el quichua y otras lenguas indígenas

Ruinas de Machu Picchu

© Shirley Vanderbilt/Photolibrary

Historia Las ruinas de la ciudad incaica de Machu Picchu están situadas en las montañas de los Andes, cerca de Cusco, Perú. Estas ruinas permanecieron abandonadas por más de tres siglos, hasta que el explorador y educador estadounidense Hiram Bingham (1875–1956) las descubrió en 1911. La ciudad no aparece descrita en ninguno de los documentos españoles, por lo que Bingham concluyó que Machu Picchu fue el último lugar hacia donde escaparon los incas de Cusco a la llegada de los españoles. La ciudad estaba compuesta de 140 estructuras, como templos, santuarios, parques, fuentes de agua y casas con techos de palmas. Las ruinas de Machu Picchu han inspirado tanto a famosos directores de cine, como Walter Salles Jr., el director brasileño de la película *Diarios de motocicleta,* como a directores aspirantes de cine cuyos cortos podemos ver en YouTube.

¿Por qué crees que los incas construyeron la ciudad de Machu Picchu? ¿Has visto fotografías del lugar? ¿Conoces la película *Diarios de motocicleta*?

Lugares mágicos Las islas Galápagos se encuentran en el océano Pacífico, a 1.050 kilómetros (650 millas) de la costa de Ecuador. El archipiélago está compuesto de trece islas principales y muchas islas pequeñas situadas cerca de la línea ecuatorial, en donde habitan cerca de 9.000 especies. Entre estas especies se encuentran unas tortugas gigantes, llamadas galápagos, de donde proviene el nombre de las islas. La Organización de las Naciones Unidas para la Educación, la Ciencia y la Cultura (UNESCO, por sus siglas en inglés) declaró las islas Galápagos «Patrimonio de la Humanidad» en 1978. En junio del 2007, UNESCO las declaró Patrimonio en Peligro debido al aumento del turismo, la pesca y la amenaza *(threat)* de especies foráneas *(foreign, non-native).*

©Fotos and Photos/Photolibrary

Tortuga galápago

¿Crees que el ser humano debe intervenir en la conservación de todas las especies en peligro de extinción o la naturaleza debe seguir su curso?

🌐 Visit it live on **Google Earth!**

El descubrimiento del río Amazonas de Oswaldo Guayasamín

Artes plásticas El pintor y escultor ecuatoriano Oswaldo Guayasamín (1919–1999) comenzó a dibujar y a pintar a los siete años. Guayasamín se dedicó a buscar la identidad del ser humano en el continente americano. Su obra está dividida en tres etapas: 1. El camino del llanto *(crying)*, donde los personajes de sus cuadros sufren. 2. La edad de la ira *(anger)*, donde los personajes muestran su desilusión ante la vida. 3. La edad de la esperanza, donde la obra del pintor trata de reconciliar el sufrimiento con los sueños y la esperanza. En sus últimos años, Guayasamín pintó retratos de figuras públicas como Rigoberta Menchú, líder indígena guatemalteca, y Mercedes Sosa, cantautora argentina.

¿Conoces la obra de Oswaldo Guayasamín? ¿A qué etapa de su obra crees que pertenece el mural *El descubrimiento del río Amazonas*? ¿Crees que las obras de arte deben usarse para denunciar la realidad social de los pueblos? ¿Por qué?

Ritmos y música La música peruana es muy diversa, ya que tiene influencias de la música de los Andes, de la música española y de la música africana. Los instrumentos musicales andinos son la quena, que es una flauta, la zampoña, otro instrumento de viento que se parece a varias flautas juntas, y la tinya, una especie de tambor de mano.

Uno de los ritmos peruanos más importantes es el cashua. Es música tradicional que cuenta historias populares de la región de los Andes. Una de las canciones más populares es «El cóndor pasa», que Simon y Garfunkel pusieron de moda en 1970. Esta pieza musical ha sido interpretada por muchos artistas importantes, como Plácido Domingo, Celia Cruz y Tito Puente, José Feliciano, Shakira y el Mariachi Vargas, entre otros. Pueden escuchar la interpretación de Simon y Garfunkel y el grupo Inca (The Peruvian Ensemble) para que disfruten los instrumentos musicales tradicionales. *Access the iTunes playlist on the* **Plazas** *website.*

¿Cuáles son las diferencias musicales que notas entre la versión de Simon y Garfunkel y la versión del grupo Inca (The Peruvian Ensemble)?

Músico tocando la quena

🌐 **¡Busquen en Internet!**

1. Historia: Machu Picchu, Cusco, Perú
2. Lugares mágicos: islas Galápagos, tortugas galápagos
3. Artes plásticas: Oswaldo Guayasamín
4. Ritmos y música: música andina, Inca (the Peruvian Ensemble)

Escenas del Festival de Arte de Guayaquil

In this section, you will learn how to talk about performing and visual arts and literature.

LA MÚSICA

la música

el músico

el (la) cantante

el concierto

LA DANZA

el ballet

el bailarín

la bailarina

EL TEATRO

el (la) director (a)

el actor

la actriz

el retrato

LA PINTURA

LA ESCULTURA

LA FOTOGRAFÍA

el (la) poeta

LA POESÍA

Otros sustantivos

la arquitectura *architecture*
el (la) artista *artist*
el (la) autor(a) *author*
el (la) compositor(a) *composer*
el (la) dramaturgo(a) *playwright*
el (la) escritor(a) *writer*
el (la) escultor(a) *sculptor*
la obra (de arte) *work (of art)*
la obra de teatro *play*
la ópera *opera*
el papel *role*
el (la) pintor(a) *painter*

Adjetivos

clásico(a) *classical*
folclórico(a) *folkloric*
moderno(a) *modern*
popular *popular*

Verbos

dirigir *to direct*
esculpir / hacer escultura *to sculpt*
interpretar *to play a role*

Palabras útiles

el escenario	**el (la) guionista**
stage	*scriptwriter*
el guión	**la obra maestra**
script	*masterpiece*

Palabras útiles are presented to help you enrich your personal vocabulary. The words here will help you talk about performing and visual arts and literature.

Heinle/Cengage Learning

¡A practicar!

13-15 Asociaciones Identifica una o dos palabras de la lista del vocabulario que se relacione(n) con las siguientes vocaciones. Luego intenta formar una oración con las palabras.

Modelo el dramaturgo
la obra de teatro, el director, dirigir
El dramaturgo escribió la obra de teatro que
el director está dirigiendo.

1. el poeta
2. la bailarina
3. el pintor
4. la cantante
5. el compositor
6. el músico
7. la actriz
8. el escultor

13-16 Mis sueños En los cuatro párrafos que están a continuación, cuatro jóvenes hablan de sus esperanzas profesionales y artísticas. Completa las historias con las siguientes palabras.

ballet	escritora	poesía	papel	pintura
cuadros	concierto	escultura	clásica	músico
director	danza	teatro	ópera	obra de arte

Carlos: Yo soy Carlos y quiero ser 1. _____ en una orquesta grande algún día. Me fascina la idea de tocar en un 2. _____ importante. Prefiero la música moderna, pero también me gusta la música 3. _____ , sobre todo la 4. _____.

Lola: A mí me gusta el teatro. El 5. _____ para mí es el arte que mejor explora la condición humana. El 6. _____ de la nueva obra teatral *Arte* va a darme el 7. _____ principal. ¡Estoy muy contenta! La 8. _____ de *Arte* es una mujer muy talentosa. Ella también es poeta. Escribe 9. _____ en su tiempo libre.

José: Hola, yo soy José y me encanta pintar. Tengo una colección de 10. _____ que pinté yo mismo. Como no soy muy buen escultor, no quiero hacer 11. _____. Mi medio preferido es la 12. _____ . Mi 13. _____ favorita es *La jungla* de Wilfredo Lam.

Tere: Yo me llamo Tere y me encanta bailar. Yo creo que la 14. _____ es la mejor manera de expresar las emociones con el cuerpo. Aunque me gusta la danza moderna, prefiero el 15. _____, porque requiere mucha disciplina.

13-17 En el Centro de Artes de Lima Estás en Lima durante tus vacaciones de verano y tienes mucho interés en las artes. Por eso, vas a llamar al Centro de Artes de Lima para saber qué clases van a ofrecer. Escribe información de cinco clases que te interesen, incluyendo el tipo de clase y cuándo se ofrece cada una.

AUDIO CD
CD 4, TRACK 8

Workbook *13-7 – 13-8*
Lab Manual *13-7 – 13-9*

¡A conversar!

13-18 Actividades artísticas Escoge cuatro de las siguientes actividades artísticas que sean importantes para ti y luego explícaselas a un(a) compañero(a) de clase. Debes mencionar con qué frecuencia las haces y si tienes un papel en la producción de un proyecto específico. Luego comparte esta información con la clase. ¿Qué actividades son las más populares entre los estudiantes de tu clase?

Modelo la poesía

Me gusta la poesía. Escribo poemas de vez en cuando. El semestre pasado escribí cinco poemas sobre mis experiencias en Bolivia. Voy a publicarlos en la revista estudiantil.

1. el teatro
2. el baile
3. la pintura
4. la música
5. la escultura
6. la fotografía
7. la televisión
8. la arquitectura
9. ¿ ?

13-19 ¿Qué ven Trabajen en parejas para discutir el cuadro *El día es un atenuado* de Roberto Matta, un pintor chileno. Empiecen por hacer y contestar las siguientes preguntas; después ofrezcan sus propias ideas sobre el cuadro.

1. ¿Cuáles son los colores principales del cuadro?
2. ¿Qué emociones evocan los colores?
3. ¿Ven algunos animales en el cuadro? Expliquen.
4. ¿Qué otras figuras ven?
5. Describan el movimiento que ven en el cuadro.
6. ¿Qué hace el artista para dar la impresión de movimiento?
7. ¿Qué mensaje quiere comunicar el artista?
8. ¿Pueden comparar este cuadro con otro que conozcan?
9. En general, ¿qué piensan del cuadro?

© 2008 Artists Rights Society (ARS), New York/ADAGP, Paris

El día es un atenuado, **Roberto Matta**

13-20 «Picassitos» El famoso artista Pablo Picasso (1881–1973) se conoce, junto con Georges Braque, como el co-fundador del cubismo. Una forma sencilla del cubismo incluye la representación de personas y objetos por medio de figuras geométricas: un círculo es la cabeza de una persona, un triángulo es el cuerpo y unos rectángulos son los brazos y las piernas. Trabaja con un(a) compañero(a) para dibujar y explicar unos cuadros cubistas que representen elementos de su vida. Dibujen, por ejemplo, a los miembros de su familia y a sus amigos, a sus mascotas, su casa, su bicicleta o coche, y otras cosas que consideren importantes. Pueden usar una variedad de colores o pueden usar solamente el blanco, el negro y el gris, como lo ha hecho Picasso en el cuadro *Guernica*.

No-fault *se* construction

In addition to using **se** for reflexive constructions, impersonal expressions, and reciprocal actions, Spanish speakers also use **se** to mark events in which a person is subjected to an occurrence outside of his/her control. Rather than accepting responsibility for, say, losing one's keys, Spanish speakers have the option of portraying themselves as "unwitting victims" of the action. Consider the following:

Responsible for action
Yo perdí las llaves de mi casa.   *I lost the keys to my house.*

Victim of action
Se me perdieron las llaves de mi casa.   *The keys to my house were (got) lost.*

Forming the no-fault *se* construction

In order to portray someone as a victim of circumstance, an indirect object (**me, te, le, nos, os, les**) is used to identify the person(s) to whom the event occurred. The indirect object pronoun immediately follows the **se** that begins all constructions of this type.

a + *noun* or *pronoun*	*se*	*indirect object pronoun*	*verb*	*subject*
A mí	se	me	olvidaron	las gafas.
A Juan	se	le	cayó	el vaso.
A nosotros	se	nos	acabó	el tiempo.

Note that the verb is always conjugated in either the third-person singular or third-person plural and normally in the preterite tense, although the verb can occur in other tenses as well. In the examples above, **el vaso, las gafas,** and **el tiempo** serve as the grammatical subjects of the sentences and require third-person conjugations of the verbs.

Verbs used in no-fault *se* constructions

Some commonly used verbs in the no-fault **se** constructions are:

acabar	to finish; run out
caer	to fall (to drop)
escapar	to escape
olvidar	to forget
perder (ie)	to lose
quedar	to remain, be left
romper	to break

It may be helpful to think of these verbs as functioning like the verbs **gustar, molestar,** and **encantar.** The only difference is that an extra **se** is added before the indirect object pronoun to stress the accidental or unintentional nature of the event. In effect, **se** makes the verb passive.

¿Recuerdas?

Rosario: Pues sí, es otro de mis cuadros «accidentales». El cuadro se llama Espacio en blanco. Es una obra posmodernista que invita al espectador a terminar la obra. Después de pintarla media hora, **se me acabó la pintura,** y decidí dejarla como estaba. Requiere la colaboración del espectador para completarla.

Heinle/Cengage Learning

¡A practicar!

13-21 En el taller del pintor Imagínate que Beto es un asistente incompetente que trabaja en el taller *(workshop)* de un artista famoso de Quito. Convierte las siguientes oraciones a construcciones con el *no-fault* **se,** según el modelo.

Modelo   Beto perdió las llaves del taller. (perder)
A Beto se le perdieron las llaves del taller.

1. Beto no llamó a los clientes. (olvidar)
2. Beto no compró pintura suficiente para el proyecto. (olvidar)
3. Beto dejó caer los pinceles *(brushes)*. (caer)
4. Beto rompió los jarrones *(jars)* que pintaba el maestro. (romper)
5. Beto no puede encontrar los atriles *(easels)*. (perder)
6. Beto dejó escapar al gato favorito del pintor. (escapar)

13-22 ¡Yo también quiero ser asistente! Ahora imagínate que Carmela busca un nuevo trabajo. Ella también quiere trabajar en el taller del pintor famoso. Ella sabe que el asistente actual, Beto, tiene muchos problemas en el taller y que ella podría *(she could)* hacer el trabajo mejor que él. Termina su historia con el *no-fault* **se**. ¡Ojo! Es necesario usar verbos en el presente y en el pasado.

Yo soy Carmela, y quiero ser asistente del gran pintor. A mí nunca 1. _____ (caer) la pintura al suelo y nunca 2. _____ (romper) las cosas frágiles; yo siempre tengo mucho cuidado. Cuando era niña, yo tenía un gato que 3. _____ (escapar) de la casa, pero ahora soy más responsable que antes. Tengo muy buena memoria. A mí nunca 4. _____ (olvidar) las fechas importantes. Siempre sé dónde está todo: tampoco 5. _____ (perder) las cosas importantes, como las llaves del taller. Ay, ¡caramba! Quería dejarle al pintor mi currículum, pero 6. _____ (quedar) en casa. Tengo que irme, porque tengo una cita en cinco minutos; 7. _____ (acabar) el tiempo. ¡Hasta luego!

13-23 Pasaron cosas inesperadas En el espacio en blanco, escribe la forma apropiada del pretérito del verbo, usando el *no-fault* **se** y, luego, subraya la palabra que complete mejor cada oración.

1. _____ (olvidar) la letra de la (canción / danza) preferida de mi novia cuando iba a cantársela.
2. A Irma y a mí _____ (perder) las entradas para el (retrato / concierto) y ya no quedan más.
3. _____ (romper) el vestido a una (bailarina / obra de teatro) ayer en el ballet. ¿Puedes creerlo?
4. A María Julia _____ (quedar) la cartera en el (teatro / papel). Tiene que llamar mañana para saber si la encontraron.
5. ¿_____ (acabar) la batería de la cámara? ¡Qué pena! *(What a shame!)* Ya no vas a poder tomar más (pinturas / fotografías).
6. Al señor Pasco _____ (caer) la (danza / escultura). Ojalá que no tenga que pagarla. ¡Es carísima!

13-24 No es culpa mía Siguiendo el modelo, trabaja con un(a) compañero(a) para completar el cuadro de acuerdo con cada dibujo. Después, conversen Uds. sobre las situaciones ilustradas, indicando si estas situaciones u otras semejantes les han pasado a Uds. o a otras personas que conocen.

	A + pronombre o nombre	**se**	pronombre de objeto indirecto	verbo	sujeto
Patricia	A Patricia	se	le	acabó	la gasolina.
1. Paloma					
2. Yo					
3. Nosotros					
4. Ellos					
5. El músico					

Workbook *13-9 – 13-10*
Lab Manual *13-10 – 13-12*

¡A conversar!

13-25 Un día desastroso para el pintor Un pintor muy conocido acaba de tener un día difícil. Primero, forma una oración de tipo *no-fault* **se** para explicar los eventos desafortunados que les ocurrieron a él y a su asistente. Segundo, incorpora otros detalles del día antes de narrarle toda la historia a un(a) compañero(a) de clase.

Heinle/Cengage Learning

13-26 ¡A mí nunca! Tú quieres convencer a tu compañero(a) de clase de que eres una persona muy responsable, pero claro, ¡todos somos humanos y cometemos errores de vez en cuando! Habla con él/ella sobre las siguientes preguntas, contestándolas de una manera honesta.

1. ¿Se te perdió algo alguna vez?
2. ¿Se te olvidó alguna vez una cita importante?
3. ¿A ti nunca se te rompió un objeto de cerámica o algo frágil?
4. ¿Se te perdió alguna vez algo de mucho valor?
5. ¿Nunca se te cayó un florero *(vase)* o algo parecido?
6. ¿Se te acabó alguna vez el dinero en una situación importante?

13-27 Qué hacer en situaciones inesperadas Con un(a) compañero, túrnense para hacer estas preguntas. La persona que responde debe usar la misma estructura gramatical de la pregunta.

Modelo E1: ¿Qué haces cuando se te escapa tu mascota?
E2: Cuando se me escapa mi mascota, ...

1. ¿Qué haces cuando se te rompe un objeto de valor de otra persona?
2. ¿Qué haces cuando se te acaba la batería de la computadora en un avión?
3. ¿Qué haces cuando se te quedan las llaves dentro del carro?
4. ¿Qué haces cuando se te caen monedas *(coins)* en medio de una obra de teatro?
5. ¿Qué haces cuando se te pierde la tarea antes de dársela a tu profesor?
6. ¿Qué haces cuando se te olvida la cartera en casa?

La música folclórica En este segmento del video, Sofía y Valeria hablan de la música folclórica. La conversación ocurre el día del cumpleaños de Valeria cuando ella está un poco deprimida. Sin embargo, al final Valeria cambia de opinión sobre el baile folclórico.

Heinle/Cengage Learning

Antes de ver

Expresiones útiles Las siguientes son expresiones nuevas que vas a escuchar en el video.

el folclor	*folklore*
la cátedra de música	*the music lecture*
Me pasé	*I went too far*

Enfoque estructural The following is an expression from the video, which can be modified to form a no-fault *se* construction.

Alejandra: Es el cumpleaños de Valeria **y sus amigos lo olvidaron.**

1. **Recordemos** Con un compañero, decide qué tipo de talento artístico cada uno prefiere tener. Luego decidan qué tipo de obra les gusta producir e identifiquen el estilo de tal obra.

2. **Practiquemos** Ahora piensen en cómo se puede cambiar la expresión del video para que sea una construcción de tipo *no-fault* **se.**

A los amigos de Valeria se…

3. **Charlemos** Con el talento artístico que escogiste anteriormente, representa esta habilidad a un grupo de tus compañeros para que adivinen lo que es. ¡Utiliza tu imaginación!

Después de ver

1. ¿Cierto o falso? Completa las siguientes oraciones con el infinitivo o con la forma correcta del presente del indicativo o del subjuntivo del verbo entre paréntesis. Luego indica si las oraciones son ciertas o falsas según el video y corrige las oraciones falsas.

1. Aunque Sofía no _____ (saber) bailar, está muy emocionada con las noticias de que el grupo va a aprender un baile típico puertorriqueño.

2. Sofía quiere aprender el baile tan pronto como _____ (poder) porque no sabe bailar.

3. Alejandra dice que puede ayudar a Sofía con el baile, con tal de que no _____ (ser) un baile muy difícil.

4. Valeria no escucha música folclórica, a menos que _____ (venir) de los Estados Unidos.

5. Valeria cambia su opinión sobre el baile folclórico después de _____ (aprender) cómo bailarlo.

Heinle/Cengage Learning

2. Perspectivas diferentes Según el video, Alejandra, Sofía y Valeria tienen opiniones distintas al principio del video. Describe la actitud de cada compañera hacia el baile folclórico.

Alejandra: _____

_____.

Sofía: _____

_____.

Valeria: _____

_____.

Entre nosotros Con un(a) compañero(a) planeen un baile para su clase de español. Deben incluir en sus planes el tipo de música que van a tocar, el tipo de comida que van a servir, etc. Tienen que justificar sus selecciones.

Presentaciones Con un grupo de compañeros, vas a planear un espectáculo de música para un canal local de televisión. Cada miembro del grupo debe sugerir un evento para incluir en el programa. Deben decidir la secuencia de eventos para que el espectáculo tenga éxito. Cuando terminen, compartan su programa con la clase. ¿Qué grupo tiene el programa más interesante?

See the *Lab Manual,* **Capítulo 13, 13-13 – 13-14** for additional activities.

Antes de leer

Strategy: Following a chronology

Diaries, travelogues, novels, short stories, and epic poems usually contain a series of interrelated actions and events, along with the writer's opinions. These kinds of narrative descriptions require the reader to follow a chronology. The central questions implicit in most selections are:

- What happened/will happen?
- Where, when, and how did it/will it happen?
- To whom did it/will it occur, why, and for how long?

Before reading this selection, consider the following questions:

1. What is the title of the selection?
2. Who is writing the letters? Why?

Mario Vargas Llosa (1936, Arequipa, Perú)
Es uno de los grandes intelectuales latinoamericanos de la actualidad. Es admirado por su literatura y por su preocupación social y política hacia Perú y los pueblos americanos. Vargas Llosa ha escrito cuentos, novelas, ensayos, crítica literaria y artículos periodísticos. En 1990 fue candidato a la presidencia de su país, elecciones que no ganó. Todas sus experiencias durante la campaña electoral fueron descritas en su novela *El pez en el agua* (1993). En 2010, a los 74 años, recibió el Premio Nobel de Literatura por su contribución a este campo. La siguiente selección pertenece *(belongs)* a uno de los tres volúmenes del estudio literario que Vargas Llosa hizo sobre Gustave Flaubert (1821-1880): *Contra viento y marea* (1986-1990), *La verdad de las mentiras* (1990) y *Cartas a un joven novelista* (1997).

Cartas a un joven novelista

© Jam Media/LatinContent/GettyImages

Mario Vargas Llosa

Cognados Escribe cinco cognados y sus significados.

Discusión Antes de leer el texto detenidamente *(thoroughly)*, piensa en lo siguiente: ¿quién crees que escriba cartas a los novelistas y por qué?

> Querido amigo:
>
> El trabajo excesivo de estos últimos días me ha impedido contestarle con la celeridad *(velocity)* debida, pero su carta ha estado rondándome *(fig. has been on my mind)* desde que la recibí [...] [E]l asunto sobre el que me interroga, "¿De dónde salen las historias que cuentan las novelas?", "¿Cómo se le ocurren los temas a un novelista?", a mí me siguen intrigando, después de haber escrito buen número de ficciones [...]
>
> Tengo una respuesta... La raíz de todas las historias es la experiencia de quien las inventa, lo vivido es la fuente que irriga las ficciones literarias. Esto no significa, desde luego, que una novela sea siempre una biografía disimulada del autor; más bien, que en toda ficción [...] es posible rastrear un punto de partida, una semilla íntima [...] ligada a una suma de vivencias *(experiences)* de quien la fraguó *(to think up, to forge)*. Me atrevo *(I dare)* a sostener que no hay excepciones a esta regla y que por lo tanto, la invención químicamente pura no existe en el dominio literario [...]
>
> Un abrazo.

Después de leer

A escoger Después de leer la selección de la carta, contesta las siguientes preguntas.

1. Según la selección, el autor no ha podido contestar la carta de su amigo porque…
   a. se le olvidó contestarla
   b. se le perdió la carta
   c. se le acabó el tiempo para hacerlo

2. El origen de la novela está…
   a. en la biografía del/de la autor/a
   b. en los cuentos de otros autores
   c. en las biografías de otros autores

3. Antes de escribir un cuento o una novela, el/la autor/a debe…
   a. analizar su futuro
   b. pensar en sus experiencias
   c. escuchar las experiencias de otros autores

¿Cierto o falso? Indica si las siguientes oraciones son **ciertas** o **falsas.** Busca las líneas en la carta que prueban que algunas de las siguientes oraciones son falsas.

1. Al autor no le interesa y no le intriga el origen de la novela.

2. El origen de las historias está en las experiencias del que las inventa o vive.

3. El autor piensa que es posible inventar cuentos.

Cronología Después de leer la carta, coloca en orden las ideas del autor con respecto al origen de las historias en la novela…

_____ el origen de las historias está en las experiencias de los escritores

_____ el autor se pregunta sobre el origen de los temas para las novelas

_____ la biografía del/de la autor/a es solo el punto de partida para sus cuentos

_____ el autor piensa en el origen de los temas para las novelas y lo analiza

_____ en la ficción no hay nada totalmente nuevo

 ¡A conversar! Con sus compañeros de clase hablen de los siguientes temas.

1. Comenten la idea de escribir un cuento. ¿Han escrito un cuento, un ensayo o un artículo periodístico alguna vez? ¿Cuál fue el tema? ¿Cómo se les ocurrió el tema? ¿Fue una experiencia personal? ¿Creen que los temas de sus cuentos o ensayos describen sus propias experiencias?

2. Escriban un mensaje para hacerle preguntas al escritor Vargas Llosa. ¿Qué quieren saber sobre él? ¿Qué consejo le piden a Vargas Llosa o a otros escritores para llegar a ser unos buenos narradores?

¡A ESCRIBIR!

Strategy: Identifying elements of a critical essay

Every day we evaluate many conditions, situations, and people. Sometimes, for personal or professional reasons, we write down our comments and opinions about them. Critical essays often appear in newspapers, magazines, and other similar publications and frequently deal with topics discussed in this chapter such as art, literature, film, and television. When beginning to write a critical essay, the following guidelines will help you get started.

1. Choose a subject or topic that interests you.

2. Write a brief introduction about the subject you choose.

3. List three or four things that you like about your subject.

4. Think of one or two things that could be done realistically to improve your subject and write these ideas down.

5. Come to a conclusion about your subject.

Task: Writing a critical essay

Paso 1 Vas a escribir un ensayo crítico teniendo en cuenta las ideas descritas en la sección anterior. Elige un tema para tu ensayo de la siguiente lista de ideas:

- un cuadro
- un poema
- un cuento corto
- una novela
- una obra de teatro
- una película
- un programa de televisión
- un museo de arte en tu ciudad

Paso 2 Escribe el ensayo, incluyendo todos los elementos necesarios. Si necesitas ayuda con la inclusión de detalles adecuados, puedes referirte a la sección **¡A escribir!** del **Capítulo 6,** *Adding details to a paragraph*.

 Paso 3 Intercambia papeles con un(a) compañero(a) de clase. Lee su ensayo y trata de averiguar si tiene todos los elementos necesarios. Si le falta algún elemento, infórmale a tu compañero(a).

 Paso 4 Si conoces el lugar o la obra tratados *(treated)* en el ensayo de tu compañero(a), presenta tu opinión sobre ellos. Si no los conoces, hazle algunas preguntas a tu compañero(a) de clase para saber más sobre ellos.

Communicative Goals

- Communicate about television programs and cinema
- Distinguish among habitual actions, completed actions, and anticipated actions
- Share information about the arts and artists
- Express unplanned and accidental occurrences

Paso 1

Review the Communicative Goals for **Capítulo 13** and determine if you are able to accomplish the goals. If you are not certain that you have achieved all of the goals, review the pertinent portions of the chapter.

Paso 2

Look at the components of a conversation which addresses the communicative goals for this chapter. The percentages will help you evaluate your ability to successfully participate in the conversation below. Your instructor may use the same rubric to assess your oral performance.

Components of the conversation	%
☐ Questions and answers about television viewing habits	15
☐ Questions and answers about the viewing of films and preferences regarding cinema	15
☐ Information about circumstances under which television or film watching takes place	20
☐ Information about experiences with performing arts	15
☐ Explanation of at least one accidental or unplanned occurrence related to the arts	10
☐ Questions and answers about plans for taking a class or classes in performing arts	20
☐ Polite conclusion of the conversation	5

 En acción Think about an interview that might take place between a person (A) who is conducting a survey on experiences and preferences regarding forms of entertainment and an individual (B) who has agreed to be interviewed. Consider the sort of information that might be included in the conversation. Work with a partner to carry out the conversation, being sure to include the steps below.

1. A asks B what types of television programs he (she) prefers as well as general information about viewing habits, and B responds.
2. A asks similar questions about film preferences and viewing habits and B responds.
3. A asks about circumstances in which viewing takes place or does not take place (such as, provided that friends view also or not unless homework is complete, etc.) and B replies.
4. A asks B about experiences he (she) has had with performing arts, as a performer or as a spectator, and B shares information.
5. A asks about an unexpected occurrence related to the arts that B has experienced or has witnessed (such as, forgetting/losing something, etc.) and B relates at least one experience.
6. A asks B about plans for taking a class in performing arts, including what kind, when and under what circumstances.
7. B provides information about plans to take a class, specifying the type of class and explaining when and under what circumstances (such as, when something comes to pass, as soon as something happens, etc.).
8. A thanks B and they politely conclude the conversation.

¡A REPASAR!

Subjunctive with purpose and time clauses

A conjunction links groups of words: for example, an independent clause and a dependent clause. Always use the subjunctive after the following six conjunctions:

Conjunctions of purpose

a fin de que	a menos que
sin que	con tal (de) que
para que	en caso (de) que

When expressing an idea with the conjunction **aunque** follow it with the indicative to state certainty, and the subjunctive to imply uncertainty.

The six conjunctions listed below may be followed by a verb in either the subjunctive or the indicative mood.

Conjunctions of time

antes (de) que	tan pronto como
después (de) que	cuando
en cuanto	hasta que

¡A recordar! 1 When do you use the subjunctive mood with conjunctions of time? When do you use the indicative mood? What is the one exception to the optional use of subjunctive or indicative after conjunctions of time?

No-fault *se*

In order to mark events in which a person is subjected to an occurrence outside of his/her control, an indirect object pronoun (**me, te, le, nos, os, les**) is used to identify the person(s) to whom the event occurred. The indirect object pronoun immediately follows the *se* that begins all constructions of this type. The verb is always conjugated in either the third-person singular or third-person plural and normally in the preterite tense, although the verb can occur in other tenses as well.

¡A recordar! 2 Which verbs from the chapter are commonly used with no-fault *se* constructions?

Actividad 1 Las artes Escoge la palabra correcta para completar cada oración.

1. Podemos ir al museo mañana con tal de que tú no tienes / tengas que trabajar.
2. Los guías explican las obras para que las comprendemos / comprendamos mejor.
3. Siempre voy a las exposiciones especiales cuando el museo las presenta / presente.
4. Me gusta ir con mi tío, quien es artista, a fin de que él me puede / pueda explicar las técnicas.
5. Quiero tomar una clase de arte después de que termina / termine mi clase de baile.
6. En general, me gusta empezar una clase nueva tan pronto como yo termino / termine algo.
7. Debemos comprar entradas para el concierto en cuanto ellos empiezan / empiecen a venderlas.
8. No quiero ir al concierto sin que tú y otros amigos me acompañan / acompañen.
9. Podemos ir juntos en autobús a menos que algunas personas prefieren / prefieran conducir sus coches.
10. Pienso comprar dos entradas en caso de que mi hermana decide / decida ir con nosotros.

Actividad 2 Un programa de tele Completa la historia con la forma correcta de cada verbo. Escoge el subjuntivo, el indicativo o el infinitivo según el contexto.

Elena no ve la tele a menos que su compañera de cuarto la 1. _ponga_ (poner). Pero hoy en la noche, después de que 2. _termine_ (terminar) su tarea, Elena quiere ver «Misterios sin resolver». El detective del programa dice que no puede resolver un misterio sin que el público lo 3. _ayude_ (ayudar). En general, Elena no presta mucha atención cuando 4. _ve_ (ver) este tipo de programa pero esta noche es diferente. Ella escucha bien la introducción en caso de que 5. _haya_ (haber) algo interesante y resulta que oye algo increíble. Antes de que el detective 6. _presente_ (presentar) el caso, muestra fotos de un pueblo. ¡Es el pueblo de los abuelos de Elena! Cada año, Elena visita ese pueblo tan pronto como 7. _termina_ (terminar) sus clases y exámenes y siempre se queda hasta que 8. _tiene_ (tener) que empezar el nuevo semestre. El detective muestra fotos de la casa de los abuelos de Elena. Elena llama a sus abuelos por teléfono para que ellos 9. _sepan_ (saber) qué pasa. Ellos ponen el programa. En cuanto 10. _termina_ (terminar) el programa, la abuela llama el número indicado por el detective y decide revelar el gran secreto de la familia…

Homework

Actividad 3 **Un día muy malo** Empareja cada elemento de la primera columna con el elemento apropiado de la segunda columna.

___C___ 1. A Tomás _____ el gato.

___A___ 2. A mí _____ las llaves.

___F___ 3. A ti _____ los platos

___e___ 4. A mis amigos _____ la gasolina.

___b___ 5. A mi hermano y a mí _____ la fiesta.

___d___ 6. A Ud. _____ los libros.

___j___ 7. A ellos _____ su hijo en el teatro.

___g___ 8. A nosotros _____ las monedas para viajar en autobús.

___h___ 9. A ella _____ el dinero en su casa.

___i___ 10. A Marianela _____ que hoy tiene clase de música.

a. se me perdieron

b. se nos olvidó

c. se le escapó

d. se le cayeron

e. se les acabó —

f. se te rompieron

g. se nos acabaron

h. se le olvidó

i. se le quedó

j. se les escapó —

....

Actividad 4 **Antes de la función.** Completa el diálogo entre Julieta y Damián con la forma correcta de los verbos entre paréntesis.

—¿Qué te parece, Julieta? En veinte minutos abren las puertas del teatro.

—Sí pero... ¿sabes una cosa? _____ (perderse) las entradas.

—¡No te puedo creer! ¿_____ (perderse) o _____ (olvidarse)?

—¡No sé, Damián! Yo salí muy rápido de mi dormitorio y _____ (caerse) todas las cosas. Quizás _____ (quedarse) en el piso de casa.

—Espera, _____ (ocurrirse) una idea. Las puertas del teatro _____ (abrir) en veinte minutos. Tu casa está a cinco minutos en taxi.

—Pero yo compré refrescos para los dos y _____ (acabarse) el dinero.

—No te preocupes. Yo tengo dinero para ir en taxi y volver al teatro. Pero... dime una cosa. ¿No _____ (quedarse) las llaves en tu casa, verdad?

—Vamos, gracioso, se _____ (acabarse) el tiempo.

Refrán

Heinle/Cengage Learning

"De _____ (musician), _____ (poet) y _____ (fool), todos tenemos un poco."

¡A repasar! cuatrocientos cuarenta y siete **447**

VOCABULARIO ESENCIAL

AUDIO CD
CD 4, TRACK 9

PERSONAL TUTOR

Programas y películas	Programs and movies
Sustantivos	
el anuncio	commercial
el canal	(TV) channel
el capítulo	episode
el cine	movies; movie theater
la comedia	comedy
los dibujos animados	cartoon
el documental	documentary
el drama	drama
el musical	musical (play)
las noticias	news
la película	movie, film
...clásica	classic film
...de acción	action film
...de ciencia ficción	science-fiction film
...de suspenso (misterio)	mystery film
...de terror	horror film
...extranjera	foreign film
...fantástica	fantasy film
...romántica	romantic film
el programa de concursos	game show
el programa de entrevistas	talk show
el programa deportivo	sports program
el programa de realidad	reality (TV) show
el pronóstico del tiempo	weather report (forecast)
la telenovela	soap opera
la (tele)serie	TV series
Verbos	
aburrir	to bore
apreciar	to appreciate
dejar	to leave; to let, allow
poner	to turn on (TV); to show (a movie)

Las artes	The arts
Sustantivos	
la arquitectura	architecture
el ballet	ballet
el concierto	concert
la danza	dance
la escultura	sculpture
la fotografía	photography
la música	music
la obra	work
...de arte	work of art
...de teatro	play
la ópera	opera
el papel	role
la pintura	painting
la poesía	poetry
el retrato	portrait
el teatro	theater
Adjetivos	
clásico(a)	classical
folclórico(a)	folkloric
moderno(a)	modern
popular	popular

Los artistas	Artists
Sustantivos	
el actor	actor
la actriz	actress
el (la) artista	artist
el (la) autor(a)	author
el (la) bailarín(-a)	dancer
el (la) cantante	singer
el (la) compositor(a)	composer
el (la) director(a)	director
el (la) dramaturgo(a)	playwright
el (la) escritor(a)	writer
el (la) escultor(a)	sculptor
el (la) músico(a)	musician
el (la) pintor(a)	painter
el (la) poeta	poet
Verbos	
dirigir	to direct
esculpir	to sculpt
hacer escultura	to sculpt
interpretar	to play a role

Conjunciones	
a fin de que	so that
a menos que	unless
antes (de) que	before
aunque	although, even though
con tal (de) que	provided (that)
cuando	when
después (de) que	after
en caso (de) que	in case
en cuanto	as soon as
hasta que	until
para que	so (that)
tan pronto como	as soon as
sin que	without

La vida pública

© John Warburton-Lee/DanitaDelimont.com

Plaza de la Constitución, Santiago, Chile

Chapter Objectives

Communicative goals

In this chapter, you will learn how to . . .

- Share information about forms of government, politics, political issues and the media
- Communicate about future events
- Express conjecture and probability about present and past events, conditions and situations

Structures

- The future tense
- The conditional tense
- Present perfect subjunctive

▲ "¿Quieres trabajar como político(a)?" ¿Por qué?

▲ ¿Has trabajado para alguna campaña política, ambiental o social en tu estado? Describe el trabajo.

▲ ¿Conoces el Capitolio de tu estado? Descríbelo.

 Visit it live on **Google Earth!**

El proceso político en la Plaza de Armas

In this section, you will learn how to talk about politics and elections.

el Congreso

EL GOBIERNO

el (la) presidente

la oposición

LA CAMPAÑA

el discurso

el (la) político(a)

EL DEBATE

el candidato

la candidata

los partidos políticos

1   2

LA DEMOCRACIA

ELECCIONES 2

el ejército

el (la) ciudadano(a)

el voto

army / military

Heinle/Cengage Learning

Otros sustantivos

el deber *duty*
el (la) dictador(a) *dictator*
la dictadura *dictatorship*
la ley *law*
el poder *power*
la reforma *reform*

Verbos

apoyar *to support*
aprobar (ue) *to approve; to pass*
defender (ie) *to defend*
discutir *to argue, to discuss*
elegir (i, i) *to elect*
gobernar (ie) *to govern*
oponer *to oppose*
participar *to take part, to participate*
votar *to vote*

Adjetivos

Moderado
– Moderite

conservador(a) *conservative*
demócrata *democratic*
liberal *liberal*
republicano(a) *republican*

Palabras útiles

el (la) alcalde(sa)
mayor

la cámara de representantes (diputados)
house of representatives

el (la) diputado(a)
representative

el (la) gobernador(a)
governor

los guerrilleros
guerrillas

la ideología
ideology

la monarquía
monarchy

el senado
senate

el (la) senador(a)
senator

Palabras útiles are presented to help you enrich your personal vocabulary. The terms provided here will help you talk about politics and politicians.

¡A practicar!

Cultura

Salvador Allende was the first Socialist Chilean president elected by free elections in 1970. He was the president until the *coup d'état* in 1973 by Augusto Pinochet. Pinochet's dictatorship lasted 17 years, and many of Allende's followers were persecuted during this period. In January 2000, Ricardo Lagos was elected the first Socialist president since Salvador Allende was overthrown some 27 years earlier. In 2006, another member of the Socialist party, Michelle Bachelet, was the first woman to be elected president in the country's history. Current president Sebastián Piñera was elected in 2010.

14-1 La vida de Salvador Allende Gossens Pon los siguientes eventos en un orden lógico para organizar la historia de este líder chileno.

_____ Dio algunos discursos radicales mientras asistía a la facultad de medicina de la Universidad de Chile.

_____ Organizó el partido socialista de Chile y recibió el apoyo del proletariado de Chile.

_____ Los ciudadanos que lo apoyaban dijeron que fue asesinado.

_____ Firmó varias leyes para la reforma agraria.

_____ Nació el 26 de julio de 1908.

_____ El gobierno de Allende defendió los derechos *(rights)* de los mineros del cobre *(copper miners)*.

_____ En 1973 perdió el control del gobierno a manos de Augusto Pinochet, un general conservador que tenía el apoyo del ejército.

_____ Fue elegido presidente de Chile en 1970.

14-2 Definiciones Empareja las palabras de la primera columna con la definición correcta de la segunda columna.

can use these for test definitions

1. _**g**_ aprobar
2. _**e**_ el congreso
3. _**B**_ la dictadura
4. _**A**_ el gobierno
5. _**h**_ los políticos
6. _**C**_ el ejército
7. _**D**_ las elecciones
8. _**F**_ democrático

a. el cuerpo político que gobierna un país o un estado
b. un tipo de gobierno conservador que cuenta con el apoyo del ejército
c. un cuerpo armado que defiende el país
d. el proceso en que se determina quién va a gobernar en el futuro
e. una división del gobierno
f. una orientación política que refleja el apoyo y los intereses de los ciudadanos *citizens*
g. permitir que algo se realice
h. las personas que gobiernan el país

14-3 Oraciones Forma seis oraciones completas, combinando los elementos de las tres columnas.

Modelo *El dictador aprobó el uso del poder militar para controlar el país.*

los partidos políticos	apoyar	el candidato
el presidente	elegir	el poder
el ejército	participar	las leyes
el ciudadano	votar	las elecciones
los candidatos	gobernar	la reforma
el dictador	defender	el debate
el grupo conservador	aprobar	la dictadura

Nota lingüística

The verb *to support* in English translates into several different meanings in Spanish. To indicate the idea of economic, moral, or ideological support, Spanish speakers use the verb **apoyar**. The verb **soportar** in Spanish means *to tolerate, put up with*. The idea of supporting someone physically is conveyed with the verb **sostener**.

Workbook *14-1 – 14-2*
Lab Manual *14-1 – 14-3*

¡A conversar!

14-4 **Ideas y reacciones** Después de leer las siguientes opiniones, usa las frases que están a continuación para formular una respuesta. ¡Ten cuidado con el subjuntivo! Luego compara tus reacciones con las de un(a) compañero(a) de clase. ¿Tienen mucho en común?

Modelo Sin un ejército, un país no puede tener poder internacional.
No es evidente que sin un ejército un país no pueda tener poder internacional.
Costa Rica tiene mucho poder internacional sin tener ejército.

(No) Estoy de acuerdo en que...   Es una lástima que...

(No) Dudo que...   Es (im)posible que...

(No) Es evidente que...   Es bueno (malo) que...

1. Los ciudadanos generalmente no apoyan las dictaduras.
2. Nuestro gobierno es demasiado conservador.
3. Nuestros partidos políticos representan las opiniones de todos los ciudadanos.
4. La mayoría de los ciudadanos participa en las elecciones.
5. No hay corrupción en la política.
6. Los jóvenes son muy activos políticamente.

14-5 **El voto en Chile y los Estados Unidos** Trabaja con un(a) compañero(a) para leer y comentar la información sobre el voto en Chile. Pueden usar Internet para buscar información sobre las leyes de los Estados Unidos si es necesario.

1. ¿Cuántos años debe tener una persona para votar en Chile? ¿Es igual o diferente en los Estados Unidos?
2. ¿Pueden votar las personas encarceladas *(in prison)* en Chile? ¿Y en los Estados Unidos?
3. ¿Cuáles son los requisitos para votar en Chile? ¿Y en los Estados Unidos?
4. ¿En cuál de los dos países es obligatorio participar en las elecciones, si la persona se ha inscrito en el registro electoral? ¿Dónde no es obligatorio?
5. ¿Qué opinan de las leyes electorales de Chile y de los Estados Unidos?

> **Cultura**
> **La cédula de identidad** is a national identity card used in Chile and many other countries. The size and format are similar to a driver's license in the United States. Each card has a number that identifies the citizen on a national registry.

¡SU VOTO CUENTA!

¿Quién puede votar? Tienen el derecho a votar los chilenos que:

- han cumplido dieciocho años de edad
- no han sido condenados a una pena superior a tres años de cárcel y
- tienen nacionalidad chilena o han sido extranjeros residentes por más de cinco años

Para participar en las elecciones se requiere:

- estar previamente inscrito en los registros electorales y
- presentar la cédula de identidad.

El proceso de inscripción en los registros electorales es voluntario, pero después de haberse inscrito, el elector está obligado a votar en todas las elecciones. Sólo puede excusarse por:

- razones de salud o
- estar ubicado a más de 300 kilómetros de distancia del local de votación.

Son las tres de la tarde en la Plaza de Armas de Santiago, Chile. Allí, Marina, una estudiante ecuatoriana, reconoce a un chico que vio en la recepción del hotel por la mañana.

AUDIO CD
CD 4, TRACK 10

Escucha la conversación y contesta las siguientes preguntas con oraciones completas.

1. ¿Por qué fue Marina a la Plaza de Armas?
2. ¿Por qué está Óscar en la plaza?
3. ¿Por qué se enoja Óscar?
4. ¿Hay alguna relación entre la política y la filosofía?
5. ¿De dónde son ellos dos y qué planean hacer juntos?

Marina: Perdona. Creo que te vi esta mañana en el hotel.

Óscar: ¡Sí, es cierto! Soy Óscar.

Marina: Mucho gusto, Óscar. Soy Marina.

*Comentario cultural** In the heart of Chile's capital city, the **Plaza de Armas** is a frequent location for student protests. In July of 2006, thousands of students and teachers filled the plaza during French President Jacques Chirac's visit. Many of the protesters were urging action from Chile's then newly-elected president, Michelle Bachelet, to bring needed reforms to an educational system that has not seen change since the time of Augusto Pinochet's regime, a dictatorship that ended in 1990.

Óscar: Encantado. Espero que **hayas venido** para la manifestación.

Marina: ¡Ah! Por eso hay tanta gente aquí. Bueno, la verdad es que quería sacar unas fotos de la plaza, pero **aprovecharé** la ocasión y **sacaré** unas fotos de la manifestación.

*Comentario cultural** Throughout Latin America human rights organizations, such as **El Centro de Derechos Humanos** (CDH) of the University of Chile, are appealing to international volunteers to come join their causes as they work to achieve justice. Human rights observers help considerably in leveraging local authorities and large, multinational organizations to respect human rights. They are also central to documenting abuses of human rights through photo journalism.

Heinle/Cengage Learning

Óscar: Mira, no es un espectáculo. **Protestaremos** contra la violación de los derechos humanos en nuestro país. Estamos aquí por razones bien serias.

Marina: Lo siento, Óscar. No sabía que **sería** algo tan importante.

Óscar: Está bien. No eres de aquí, ¿verdad?

*Comentario cultural** Chileans are very invested in remembering the human rights violations suffered by nearly every Chilean during Augusto Pinochet's dictatorship from 1973 to 1990. It is estimated that over 3,000 people were executed for political reasons during Pinochet's regime. As Chile has experienced a period of economic boom since Pinochet's fall, citizens are careful to remember the horrors of human rights violations, so as to not repeat past mistakes.

Expresiones **en contexto**

actuales *current*	**si no estuviera tan metido** *if I weren't so involved*
al día *up to date*	
¿Qué te parece? *What do you think?*	**tiene mucho que ver con** *it has a lot to do with*
si la estudiaras *if you were to study it*	**¡Trato hecho!** *It's a deal!*

Marina: Soy de Quito, Ecuador. Vine aquí para una conferencia sobre filosofía y para hacer algo de turismo.

Óscar: ¿Filosofía? Me **interesaría** si no estuviera tan metido en los asuntos actuales de nuestro país.

*Comentario cultural The relatively strong and stable economy of Chile has been regarded as an economic miracle, given the economic hardships of neighboring countries in South America. Although Chile nationalized its copper industry in 1971, large multinational corporations still receive approximately 70% of the profit. Critics of this situation insist that this money, which likely exceeds 10 billion dollars annually, should be helping Chile's poor and middle class.

Marina: Si la estudiaras, **entenderías** que tiene mucho que ver con la política. Pero, yo tengo que confesarte que no estoy muy al día con lo que **pasará** aquí, por ejemplo, con el transporte público, pero sí sé lo que **pasará** en Quito y en mi propio país.

Óscar: Si quieres yo te informo de lo que **pasará** aquí y tú me informas de lo que **pasará** en Ecuador. ¿Qué te parece?

*Comentario cultural The popularity and support of Chile's former president, Michelle Bachelet, was tested by delays and malfunctions of the city's new urban transportation network, Transantiago. Citizens were angered by the delays and problems because Santiago has an acute air pollution problem caused by vehicular emissions. The new president, Sebastián Piñera (2010-2014) promised to focus on creating more jobs, while at the same time giving the private sector more involvement in stimulating the economy.

Marina: ¡Trato hecho!

Óscar: Es bueno que nosotros nos **hayamos conocido.** ¡Así los dos **aprenderemos** algo nuevo!

*Comentario cultural Ernesto Guevara de la Serna, more commonly known as Che Guevara, was an Argentine Marxist revolutionary leader, who also was a doctor. As a leader of Cuban guerrillas, Che's image is popular among young student activists around the globe. Che Guevara's life was recently documented in the film *Motorcycle Diaries*.

 Debate sobre asuntos políticos Trabaja con un(a) compañero(a) de clase. Túrnense para practicar un debate entre dos personas con ideas diferentes sobre una cuestión política. Deben investigar manifestaciones (*demonstrations*) estudiantiles en Internet para buscar ideas. Usen expresiones de **En contexto** como modelo para su diálogo.

The future tense

In **Capítulo 3,** you learned to use the present indicative forms of **ir a** + *infinitive* to express actions, conditions, and events that are going to take place, for example, **Voy a viajar a Chile este verano.** *(I'm going to travel to Chile this summer.)* Spanish speakers use this construction frequently in everyday conversation. Another way to express these ideas in Spanish is to use the future tense.

Formation of the future tense

To form the future tense of regular verbs, add these personal endings to the infinitive:

é, ás, á, emos, éis, án.

Some verbs have irregular future stems.

viajar	volver	vivir	irse
viajar**é**	volver**é**	vivir**é**	me ir**é**
viajar**ás**	volver**ás**	vivir**ás**	te ir**ás**
viajar**á**	volver**á**	vivir**á**	se ir**á**
viajar**emos**	volver**emos**	vivir**emos**	nos ir**emos**
viajar**éis**	volver**éis**	vivir**éis**	os ir**éis**
viajar**án**	volver**án**	vivir**án**	se ir**án**

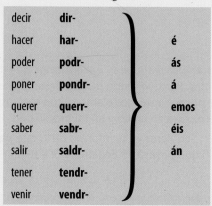

decir	**dir-**	
hacer	**har-**	é
poder	**podr-**	ás
poner	**pondr-**	á
querer	**querr-**	emos
saber	**sabr-**	éis
salir	**saldr-**	án
tener	**tendr-**	
venir	**vendr-**	

Note that the future tense of **hay** is **habrá** *(there will be).*

—¿**Habrá** unas elecciones este año? / *Will there be an election this year?*

—Sí. **Tendremos** unas para nuestro club de estudiantes internacionales en marzo. / *Yes. We'll have one for our international students' club in March.*

—¿Qué **harán** los candidatos? / *What will the candidates do?*

—**Darán** un discurso de diez minutos. / *They'll give a ten-minute speech.*

Uses of the future tense

Spanish speakers use the future tense to express actions, conditions, and events that will take place in the future.

Los candidatos **llegarán** a Santiago el 24 de julio a las 11:00 de la mañana. Al día siguiente, **se subirán** al autobús y **saldrán** para las demás ciudades. / *The candidates will arrive in Santiago at 11:00 in the morning on July 24. The next day, they will get on the bus and they will leave for the other cities.*

Spanish speakers also use the future tense to speculate about actions, conditions, and events that are probably taking place at the moment or will most likely occur sometime in the future. If the future of probability is expressed in a question, it carries the meaning of *I wonder* in English; if it is expressed in a statement, it means *probably.*

—¿Qué tiempo **hará** en Santiago? / *I wonder how the weather is in Santiago.*

—**Estará** a 35 grados. / *It's probably 35 degrees (centigrade).*

—Siempre hace calor allí. / *It's always hot there.*

—**Será** por la humedad. / *It's probably due to the humidity.*

¡A practicar!

14-6 **¿Qué pasará?** ¿Qué hará Óscar después de participar en la manifestación en Santiago? Completa las siguientes oraciones usando los verbos indicados.

Él 1. _____ (viajar) por Chile para conocer mejor su país. En la zona central 2. _____ (ver) el río Bío-Bío y el área donde vivían los mapuches, un grupo indígena de Chile. De norte a sur 3. _____ (admirar) los Andes, las montañas que definen su país. No 4. _____ (poder) subir al Aconcagua, el pico más alto del hemisferio, pero 5. _____ (tener) la oportunidad de hablar con varias personas que lo han hecho. Óscar 6. _____ (reunirse) con su amigo Gabriel y los dos 7. _____ (pescar) en uno de los muchos lagos de Chile. Ellos también 8. _____ (bañarse) en las aguas termales que son abundantes en la región de los lagos. Óscar 9. _____ (leer) poesía de Pablo Neruda y Gabriela Mistral, dos poetas chilenos que han ganado el Premio Nobel de Literatura.

14-7 **Las elecciones** Es la primera vez que tú y varios amigos tuyos pueden votar en las elecciones presidenciales y las elecciones han sido tema *(topic)* de mucha discusión entre Uds. Escuchas un anuncio en la radio sobre unos discursos y debates y decides escribir la información para compartirla con tus amigos. Escribe cuatro datos importantes.

AUDIO CD
CD 4, TRACK 11

1. _____
2. _____
3. _____
4. _____

14-8 **Planes para el futuro** ¿Qué harán las siguientes personas el próximo año? Forma oraciones usando la información indicada. Conjuga los verbos en el futuro.

1. Marina: terminar sus estudios universitarios / poder encontrar un buen trabajo / vivir en un apartamento en Quito / estar muy contenta / mirar sus fotos de Chile / recordar sus experiencias con Óscar

2. Óscar y su novia: casarse en Santiago / vivir en Valparaíso / hacer muchos amigos / visitar a sus amigos en Tierra del Fuego / pescar en el mar

3. nosotros: poder ir a Santiago / visitar la Chascona / viajar a Punta Arenas / ver una manifestación *(demonstration)* política en la Plaza Italia de Santiago

4. tú: terminar los estudios / salir del país / conocer al jefe del grupo ecologista *Greenpeace* / participar en una campaña mundial para mejorar el medio ambiente

14-9 **Cinco predicciones** Escribe cinco acciones, condiciones o eventos interesantes que pasarán en tu vida dentro de los próximos cinco años. Luego comparte tus predicciones con un(a) compañero(a). ¿Tienen mucho en común?

> **Cultura**
> **La Chascona,** a Chilean word meaning *messy-haired woman,* is also the name of a famous house in the artsy neighborhood of Bella Vista. The house La Chascona was built by Pablo Neruda, the 1973 winner of the Nobel Prize for Literature.

> **Cultura**
> **Punta Arenas** is located in the far south of Chile. Its economy is based principally on agricultural production and fisheries, but tourism is steadily increasing.

Workbook *14-3 – 14-6*
Lab Manual *14-4 – 14-6*

¡A conversar!

14-10 ¿Qué serán? Mira las fotos e inventa respuestas para contestar las preguntas. Después, con un(a) compañero(a) de clase hagan sus propias preguntas.

¿Quiénes serán estas personas?

¿Dónde estarán?

¿Cómo estarán? ¿Por qué?

¿Qué querrán?

¿Qué harán después?

¿Quién será este hombre?

¿A quiénes les estará hablando?

¿Cuál será el tema del discurso?

¿Qué pensarán estas personas?

¿Qué pasará después?

14-11 Plan de vacaciones Usando las preguntas que están a continuación, piensa en un plan para tus próximas vacaciones. Trabaja con un(a) compañero(a) de clase. Háganse preguntas sobre sus planes.

Modelo **E1:** ¿Adónde vas a ir para tus vacaciones?
E2: *Iré a Valparaíso. Y tú, ¿adónde irás?*
E1: *Mi esposa y yo iremos a Viña del Mar.*

1. ¿Adónde vas a ir?
2. ¿Por qué quieres ir allá?
3. ¿Cuánto tiempo vas a estar allá?
4. ¿Quién va a ir contigo?
5. ¿Qué día vas a irte?
6. ¿A qué hora vas a salir?
7. ¿Dónde vas a quedarte?
8. ¿Qué vas a hacer allá?
9. ¿Cuánto va a costar el viaje?
10. ¿Qué vas a comprar en el viaje?
11. ¿Cómo vas a pagarlo?
12. ¿Cuándo vas a volver?

14-12 **¿Qué haremos?** Forma un grupo pequeño con tres o cuatro compañeros. Una persona comienza diciendo una actividad que hará en el futuro. Entonces, otro(a) compañero(a) repite lo que dijo la primera persona y luego dice lo que él/ella hará en el futuro. Continúen de la misma forma.

> Modelo
> **E1:** *Buscaré otro trabajo.*
> **E2:** *Pete buscará otro trabajo y yo daré una fiesta.*
> **E3:** *Pete buscará otro trabajo, Camila dará una fiesta y yo haré un viaje.*

14-13 **¡Advinar el futuro!** Los estudiantes de la clase harán cosas muy interesantes en el futuro. Sin embargo, solamente el (la) profesor(a) sabe lo que hará cada estudiante y se lo revelará a cada uno(a) individualmente. Para saberlo tú, habla con tantas personas como sea posible, haciéndoles preguntas sobre las actividades de la lista, para determinar quién(es) hará(n) cada actividad. Escribe los nombres de los estudiantes apropiados al lado de las actividades y, al terminar, repórtale la información a la clase.

> Modelo
> dirigir una película
> **E1:** *Mark, ¿dirigirás una película?*
> **E2:** *No, no dirigiré una película pero sé que Suzanne dirigirá una.*
> (**E1** writes Suzanne's name next to **dirigir una película**.)

1. ser actor (actriz)
2. hacer esculturas
3. tocar en una orquesta
4. ser candidato(a) para presidente
5. participar en una campaña
6. llevar una vida tranquila
7. cultivar plantas
8. conservar los recursos naturales
9. ser abogado(a)
10. trabajar como fotógrafo(a)
11. ser maestro(a)
12. aparecer en un programa de entrevistas
13. ganar mucho dinero en un programa de concursos
14. tener una familia muy grande
15. enamorarse muchas veces

14-14 **Ping-pong de preguntas** Con un(a) compañero(a), háganse preguntas sobre el futuro. El estudiante 1 pregunta con el primer verbo y el estudiante 2 contesta. Luego el estudiante pregunta con el verbo siguiente, y así sucesivamente.

> Modelo
> **E1:** ¿Cuándo viajarás a Chile?
> **E2:** Viajaré a Chile en marzo.

vivir	estudiar
volver	tener
ir	decir
hacer	poner
salir	venir

Chile

▶ Veamos el video de Chile para luego comentarlo.

1. ¿Qué tipo de edificios se pueden ver en Santiago, la capital de Chile?
2. ¿Quién vive en el Palacio de La Moneda?
3. ¿Qué hay en la Plaza de Armas?
4. ¿Qué se puede hacer en el Mercado Central?

✎ *See the* Workbook, **Capítulo 14, 14-16–14-19** *for additional activities.*

Población: 16.747.491 de habitantes

Área: 756.102 km², casi dos veces el tamaño de Montana

Capital: Santiago (5.333.100 habs.)

Ciudades principales: Viña del Mar (303.100 habs.); Valparaíso (274.100 habs.); Talcahuano (252.800 habs.); Temuco (247.200 habs.); Concepción (217.600 habs.)

Moneda: el peso chileno

Lenguas: el español y lenguas indígenas como aymara, mapuche, rapa nui y quechua

Mujer araucana

Historia Cuando los conquistadores se encontraron con los indígenas del centro y sur de Chile por primera vez, estos vivían en pequeños pueblos donde cultivaban, principalmente maíz y papas, pescaban y cazaban. Estos indígenas, a diferencia de otros pueblos indígenas de América del Sur, resistieron la dominación española en la época de la conquista. La guerra *(war)* contra los españoles fue inmortalizada en un famoso poema épico llamado *La Araucana* (1569–1589), escrito por un soldado español, Alonso de Ercilla y Zúñiga. Hoy en día, muchos de los indígenas son dueños de sus propias tierras y se ocupan de cultivar la tierra y de cuidar el ganado *(cattle)*.

¿Conoces algún grupo indígena que haya sido tan fuerte políticamente en tu país como los araucanos han sido en Chile? ¿Qué han hecho estos grupos?

Lugares mágicos La región más famosa de Chile es la región de la Patagonia porque ofrece los paisajes más dramáticos, desde islas de hielo y glaciares hasta montañas y valles. La Patagonia chilena está compuesta de dos regiones: Aisén, en el norte y Magallanes en el sur. En Aisén se encuentra el Parque Nacional Laguna San Rafael y en Magallanes se encuentra el incomparable Parque Nacional Torres del Paine. Aquí se encuentra la ciudad chilena que está más al sur del país, Punta Arenas. Esta ciudad ha sido muy importante para la economía chilena debido a *(due to)* que durante los siglos XIX y XX los barcos de carga *(cargo)* paraban allí cuando cruzaban el estrecho de Magallanes, y más tarde debido a su producción de lana.

Punta Arenas

¿Cómo te imaginas la geografía y el clima de la Patagonia? ¿Qué te parece la idea de cruzar el estrecho de Magallanes?

🌐 Visit it live on **Google Earth!**

Silvia Gleisner, "Los Palafitos" Oil on canvas. Represented by Montecatini.cl Art Gallery.

Palafitos de Silvia Gleisner

Artes plásticas En la obra de Silvia Gleisner están presentes el cielo, el agua, el campo y el paisaje del sur de Chile donde nació y creció. En sus cuadros no está presente la figura humana pero sí están presentes las estructuras y los edificios donde las personas viven. Gleisner ha trabajado como profesora en la Universidad Técnica Federico Santa María y la Universidad de Chile, Valparaíso. Además, ha vivido en Italia y Alemania, donde estudió pintura y cerámica. "Palafitos" son las estructuras sobre el agua donde vivían los indígenas cuando llegaron los conquistadores y donde viven ahora sus descendientes. Hay ejemplos de palafitos al sur de Chile en la ciudad de Castro, donde se les considera un elemento típico dentro de la arquitectura del Archipiélago de Chiloé.

¿Qué te parece el arte que no incluye la representación de personas?

Ritmos y música La Nueva Canción Chilena aparece en Chile con el fenómeno de Violeta Parra (1917–1967). Los temas de la Nueva Canción Chilena pretendían cambiar la estructura social, política y económica que existía en Chile antes de la elección popular en 1970.

La próxima selección musical, "Me gustan los estudiantes", escrita por Violeta e interpretada por su hijo Ángel Parra, está dedicada a los estudiantes universitarios por ser la semilla (*seed*) de todo cambio social. *Access the iTunes playlist on the* **Plazas** *website.*

¿Conoces algún grupo musical que use su música para denunciar los problemas de la sociedad? ¿Cuál es tu misión en la sociedad? ¿Crees que puedes fomentar (promote) un cambio para una sociedad mejor?

©ZUMA/Newscom

Ángel Parra

¡Busquen en Internet!
1. Historia: indígenas chilenos, auraucanos
2. Lugares mágicos: Patagonia de Chile
3. Artes plásticas: Silvia Gleisner
4. Ritmos y música: Nueva Canción Chilena, Violeta Parra, Ángel Parra

Una manifestación en la Plaza Italia

In this section, you will learn how to talk about political topics and civic concerns, such as those expressed in protests that have taken place in the **Plaza Italia** in Santiago, Chile.

¡NO AL **CRIMEN**!

¡NO A LA **CORRUPCIÓN**!

¡NO AL **TERRORISMO**!

¡NO A LA **DROGADICCIÓN**!

¡NO A LA **INSEGURIDAD EN LAS CALLES**!

¡NO AL **DESEMPLEO**! ¡TRABAJO PARA TODOS!

¡EDUCACIÓN PARA TODOS!

¡JUSTICIA PARA TODOS!

protestar

informar

el reportaje

la prensa

el noticiero

el periódico

la revista

Más preocupaciones cívicas

el aborto abortion

el (an)alfabetismo (il)literacy

la defensa defense

los derechos humanos (civiles) human (civil) rights

la (des)igualdad (in)equality

la guerra war

la huelga strike

los impuestos taxes

la inflación inflation

la inmigración immigration

la libertad de prensa freedom of the press

la manifestación demonstration

la paz peace

la política internacional international policy

la vivienda housing

Otros verbos

aumentar to increase

eliminar to eliminate

informar to inform

luchar (contra/por) to fight (against/ for)

investigar to investigate

protestar to protest

reducir to reduce

Cultura
. . . .
In this section, you will learn how to talk about political topics and civic concerns, such as those expressed in protests that have taken place in the **Plaza Italia** (also known as **Plaza Baquedano**) in Santiago, Chile.

Heinle/Cengage Learning

¡A practicar!

14-15 **Definiciones** Empareja las palabras que están a continuación con su definición.

1. ___d___ el terrorismo
2. ___e___ la desigualdad
3. ___B___ el aborto
4. ___F___ el desempleo
5. ___A___ la guerra
6. ___C___ la huelga

a. un conflicto entre dos fuerzas armadas

b. el término de un embarazo *(pregnancy)*

c. una protesta de los trabajadores

d. actos violentos de protesta

e. injusticias entre gente o grupos de gente

f. la falta de trabajo para todos

14-16 **AUDIO CD** CD 4, TRACK 12 **Una candidata** Recibes un mensaje telefónico de una amiga que escuchó el discurso de una candidata y quiere que votes por ella. Ya que tu amiga pide que compartas la información con otras personas, decides escribirla. Escribe cinco cosas que te parezcan interesantes e importantes.

1. _____

2. _____

3. _____

4. _____

5. _____

14-17 **¿Qué hará esta gente para mejorar *(to improve)* el mundo?** Las siguientes personas harán su parte para mejorar el mundo. Completa las oraciones con la forma correcta del verbo en el futuro para especular *(to speculate)* sobre sus posibles planes.

1. los periodistas / investigar / la corrupción en el gobierno

2. ellos / informar / al público sobre los problemas de la política internacional

3. el ministro de Defensa / aumentar / el presupuesto de la defensa nacional

4. nosotros, los estudiantes, / protestar en contra del alto costo de la vivienda / en una manifestación en la Plaza Italia

5. el grupo Amnistía Internacional / proteger / los derechos humanos en todo el mundo

6. la guardia civil / reducir / el crimen

7. la educación sobre la salud / reducir / la drogadicción entre los jóvenes del país

8. el ministro del Interior / crear nuevas leyes / de inmigración para el país

Workbook *14-7 – 14-8*
Lab Manual *14-7 – 14-9*

¡A conversar!

14-18 **¿Cuestión nacional o internacional?** Imagínate que eres consejero(a) del presidente y que tienes que decidir si las preocupaciones cívicas mencionadas en las páginas 462-463 tienen más relevancia al nivel *(level)* nacional o internacional. Para cada tema, explica tu decisión. En grupos de tres, comparen sus respuestas.

> **Modelo** los derechos humanos
> *Es un asunto internacional. Ahora no tenemos problemas con esta*
> *cuestión en los Estados Unidos, pero sí es un problema en otros países.*

14-19 **¡Vamos a la manifestación!** Trabajen en grupos de cuatro o cinco. Dramaticen una escena de la manifestación. Cada estudiante debe escoger uno o dos de los temas que aparecen en el folleto que más le importen a él/ella. Debe explicarles a los demás por qué sus temas preferidos merecen *(deserve)* más atención que los otros.

¡MANIFESTACIÓN!

CONTRA LA CORRUPCIÓN, LA INFLACIÓN Y EL AUMENTO DE IMPUESTOS

NO A LA REPRESIÓN DE LOS DERECHOS HUMANOS
NO A LA DESIGUALDAD Y AL ANALFABETISMO
MÁS DINERO PARA LA EDUCACIÓN, LA VIVIENDA
Y LA INVESTIGACIÓN DE CRÍMENES

MÁS DINERO PARA PROGRAMAS CONTRA
LA DROGADICCIÓN

¡AHORA Y SIEMPRE RESISTENCIA A LOS ABUSOS!

Sábado, 3 de marzo, 12 horas
PLAZA DE ARMAS

Heinle/Cengage Learning

14-20 **Únase a nosotros** Trabaja con un(a) compañero(a) para planear una manifestación y escribir un cartel para anunciarla. Escoge un tema y prepara un cartel para presentárselo a la clase, explicando los detalles más importantes. Cuando cada pareja le presente su cartel a la clase, los demás estudiantes deben hacer preguntas sobre el contenido. Después de las presentaciones, todos pueden comentar las manifestaciones que más les interesen.

The conditional tense

In English, we express hypothetical ideas using the word *would* with a verb (e.g., *I would travel if I had the time and money*). Spanish speakers also express these ideas by using the conditional, which you have already seen in the expression **me gustaría: Me gustaría viajar a Latinoamérica.** *(I would like to travel to Latin America.)*

Forming the conditional

For most verbs, add these personal endings to the infinitive: **ía, ías, ía, íamos, íais, ían.**

viajar	volver	vivir	irse
viajar**ía**	volver**ía**	vivir**ía**	me ir**ía**
viajar**ías**	volver**ías**	vivir**ías**	te ir**ías**
viajar**ía**	volver**ía**	vivir**ía**	se ir**ía**
viajar**íamos**	volver**íamos**	vivir**íamos**	nos ir**íamos**
viajar**íais**	volver**íais**	vivir**íais**	os ir**íais**
viajar**ían**	volver**ían**	vivir**ían**	se ir**ían**

Add the conditional endings to the irregular stems of these verbs. They are identical to the stems you used to form the future tense.

decir	**dir-**		
hacer	**har-**	}	ía
poder	**podr-**		ías
poner	**pondr-**		ía
querer	**querr-**		íamos
saber	**sabr-**		íais
salir	**saldr-**		ían
tener	**tendr-**		
venir	**vendr-**		

Note that the conditional of **hay** is **habría** *(there would be).*

—¿A qué hora dijo Marina que **saldría** para Quito?

At what time did Marina say she would leave for Quito?

—Dijo que lo **sabría** después de llamar al aeropuerto.

She said that she would know after calling the airport.

Uses of the conditional

Spanish speakers use the conditional to express what would happen in a particular situation, given a particular set of circumstances.

—¿Qué **harías** con $1.000?	*What would you do with $1,000?*
—Yo **viajaría** a Latinoamérica.	*I would travel to Latin America.*

Spanish speakers use the conditional with the past subjunctive *(presented in the next chapter)* to express hypothetical or contrary-to-fact statements about what would happen in a particular circumstance or under certain conditions.

Si tuviéramos el dinero, **iríamos** a Santiago.	*If we had the money, we would go to Santiago.*

The conditional is also used to soften a request or to express politeness and/or respect.

¿Podrías ayudarme con la lectura para mañana?	*Could you help me with the reading for tomorrow?*
¿Querría Ud. ir con nosotros al museo del gobierno?	*Would you like to go to the government museum with us?*
Ud. **debería** votar en las próximas elecciones.	*You should vote in the next elections.*

Similar to what you just learned about the future tense, Spanish speakers also use the conditional to speculate about actions, conditions, and events that probably took place *in the past*. As with the usage of the future for speculation about the present, the conditional of probability, when used in a question, also carries the meaning of *I wonder* in English; if it is expressed in a statement, it means *probably*.

—¿Qué tiempo **haría** en Santiago ayer?	*I wonder how the weather was in Santiago yesterday.*
—**Estaría** a 35 grados.	*It was probably 35 degrees (centigrade).*
—Siempre hacía calor allí.	*It was always hot there.*
—**Sería** por la humedad.	*It was probably due to the humidity.*

¿Recuerdas?

Heinle/Cengage Learning

Marina: Soy de Quito, Ecuador. Vine aquí para una conferencia sobre filosofía y para hacer algo de turismo.

Óscar: ¿Filosofía? Me **interesaría** si no estuviera tan metido en los asuntos actuales de nuestro país.

¡A practicar!

14-21 **¡Señora candidata, por favor!** Tú y tus amigos están asistiendo a un discurso de Ángela Montero. Ustedes quieren hacerle preguntas, pero con amabilidad. Usa **el condicional** para formular tus preguntas.

Modelo decir a la gente que es necesario respetar a los jóvenes
¿Le diría Ud. a la gente que es necesario respetar a los jóvenes?

1. decir a la policía que necesitamos más libertad en las manifestaciones
2. poner más énfasis en la educación pública
3. haber la posibilidad de darnos mejor empleo después de la universidad
4. salir a los pueblos para animar a la gente a participar en las elecciones
5. eliminar el crimen en las ciudades

14-22 **¿Qué haría esa gente anoche?** Tú no sabes qué hacía esa gente anoche. Un amigo te pregunta, y tú tienes que contestar con **el condicional** del verbo que está entre paréntesis para especular sobre qué hacían.

Modelo ¿Qué haría Ángela Montero anoche? (trabajar en su campaña para la presidencia)
Ángela Montero trabajaría en su campaña para la presidencia anoche.

1. ¿Qué haría el presidente anoche? (prepararse para un debate contra [against] Ángela Montero)
2. ¿Qué harían los estudiantes anoche? (hacer una manifestación en la Plaza Italia)
3. ¿Qué harían los senadores anoche? (ponerse ropa elegante para una cena del congreso)
4. ¿Qué harían los estudiantes anoche? (decir a sus amigos que es necesario votar en las próximas elecciones)

14-23 **Promesas de una candidata** Termina las oraciones de Ángela Montero, una mujer que quiere ser la próxima presidente de Chile, conjugando los infinitivos en **el condicional.**

Modelo como presidente del país / pagarles más a los profesores
Como presidente del país, yo les pagaría más a los profesores.

1. en época de clases / los maestros / tener los materiales educativos necesarios
2. en todos los pueblos / haber una clínica regional
3. con una mujer como presidente / haber menos guerras
4. con un dictador en el poder / los ciudadanos protestar
5. sin tanta violencia en las ciudades / venir más turistas
6. como presidente / yo saber reducir la inflación

Workbook *14-9 – 14-11*
Lab Manual *14-10 – 14-12*

¡A conversar!

14-24 **El Plan Chile Compite** *("Chile Competes" Plan)* En el año 2006, se presentó el Plan Chile Compite. Forma oraciones para comprender lo que la presidente dijo que pasaría con el plan. Emplea el condicional y no te olvides de hacer los cambios necesarios y de incluir elementos nuevos apropiadamente.

Modelo   el Plan / estimular / la competitividad / la economía / chileno
El Plan estimularía la competitividad de la economía chilena.

1. el Plan / tener / cuatro pilares: emprendimiento, tecnología y competitividad, mercado de capitales e institucionalidad para el crecimiento
2. las empresas / aumentar / su productividad / y / haber / más empleos
3. las empresas con deudas *(debts)* / poder / reducir / el interés / pagado
4. algunas empresas / recibir / nuevo / créditos
5. el gobierno / promover / el conocimiento / y la transferencia / tecnológico

14-25 **¿Qué harías tú?** ¿Qué harías durante una visita de un mes a Chile? Trabaja con un(a) compañero(a) de clase. Hablen de las siguientes ideas y respondan, según sus gustos. ¿Tienen mucho en común?

Modelo   **E1:** ¿Irías a Santiago o a una ciudad más pequeña?
E2: *Iría a Santiago.*
o   **E2:** *Iría a una ciudad pequeña en la costa.*

1. ¿Viajarías por avión o en barco?
2. ¿Comprarías muchos recuerdos?
3. ¿Participarías en una manifestación política?
4. ¿Escucharías los discursos de los candidatos?
5. ¿Qué ropa llevarías?

14-26 **Decisiones políticas** Con un(a) compañero, túrnense para hacer estas preguntas.

1. ¿Qué harías como gobernador de tu estado?
2. ¿A qué partido votarías en las próximas elecciones?
3. ¿Qué debate propondrías en tu comunidad?
4. ¿Podrías vivir en un país sin ejército? ¿Por qué?
5. ¿Qué tipo de ley firmarías para ayudar a las minorías?
6. ¿Qué ley de nuestro país debería cambiarse?
7. ¿Crees que deberíamos evitar la guerra siempre?
8. ¿Podrías formar parte del congreso? ¿Por qué?
9. ¿Quién debería decirle al presidente que su gobierno no es bueno?
10. ¿Qué reforma debería hacer el presidente actual de tu país?

The present perfect subjunctive

The present perfect subjunctive is formed with the present subjunctive of the verb **haber** + *past participle*. The present perfect subjunctive is used in the same environments that require the use of the present subjunctive. However, the present perfect subjunctive generally expresses the idea of *having done* something, and it can also mean *did* something.

The conjugation of the verb **haber** in the present subjunctive is:

yo haya
tú hayas
él, ella, Ud. haya
nosotros hayamos
vosotros hayáis
ellos, ellas, Uds. hayan

You may remember from **Capítulo 12** that the invariable form **hay** *(there is, there are)* of the present indicative becomes **haya** in the present subjunctive.

Consider the usage of the present perfect subjunctive in the examples on the next page.

Volition:

Es importante que los ciudadanos **hayan apoyado** a la candidata.

It is important that the citizens have supported the candidate.

Emotion:

Me alegro de que **hayas votado** en las elecciones.

I am glad you have voted in the elections.

Doubt:

El presidente duda que nos **hayamos opuesto** a la reforma.

The president doubts that we have opposed the reform.

Denial:

La política niega que el presidente **haya aprobado** el aumento de impuestos.

The politician denies that the president has approved the tax increase.

Anticipated action:

Deben llamarme con los resultados del voto, en caso de que yo no **haya tenido** acceso a Internet.

You must call me with the results of the election in case I have not had Internet access.

¿Recuerdas?

Heinle/Cengage Learning

Marina: ¡Trato hecho!

Óscar: Es bueno que nosotros nos **hayamos conocido.** ¡Así los dos aprenderemos algo nuevo!

¡A practicar!

14-27 **En otras palabras** Convierte los verbos subrayados al presente perfecto del subjuntivo.

> **Modelo** Tulia está contenta de que <u>vengas</u> con nosotros.
> *Tulia está contenta de que hayas venido con nosotros.*

1. Óscar se alegra de que Marina <u>estudie</u> ciencias políticas.
2. No creo que todos <u>digan</u> la verdad.
3. Es bueno que <u>tengan</u> la oportunidad de informarles a los ciudadanos sobre sus ideas.
4. Es mejor que <u>votemos</u> temprano.
5. Dudo que el presidente <u>pueda</u> gobernar bien.
6. Es interesante que el senador <u>asista</u> a esta conferencia.
7. Me encanta que tú <u>vayas</u> con nosotros a la manifestación.
8. Es imposible que la candidata <u>tenga</u> suficiente dinero para la campaña.

14-28 **Apoyar a una candidata** Claudia está trabajando en la campaña de Ángela Montero. Ella habla de la campaña con su amiga Pía que ha venido para escuchar un discurso de Montero. Completa el párrafo con **el presente perfecto del subjuntivo.**

> *¡Hola, Pía! Me alegro mucho de que tú 1. _____ (venir). Es una lástima que las otras chicas no 2. _____ (poder) asistir al discurso con nosotras. Es una lástima que yo no las 3. _____ (convencer) de la importancia de esta reunión. Estoy buscando a Ángela Montero ahora; espero que ella 4. _____ (llegar). Muchas veces ella llega tarde a estos eventos. Es bueno que nosotros 5. _____ (empezar) a ayudarla con la campaña porque ahora está más organizada. ¡Ven! Tenemos que buscar dónde sentarnos. ¡Ojalá el discurso no 6. _____ (comenzar) sin que llegáramos nosotras!*

Ahora, Pía y Claudia están escuchando el discurso de Ángela Montero. Completa el párrafo con el **presente perfecto del indicativo o del subjuntivo.**

> *Yo 7. <u>he conocido</u> (conocer) a todos los demás candidatos y no hay ninguno que 8. <u>haya tenido</u> (tener) tanta experiencia como yo. Mis asistentes y yo 9. <u>hemos contestado</u> (contestar) francamente a todas las preguntas. Nadie duda que nosotros 10. <u>hemos sido</u> (ser) honestos con la gente. Yo espero que 11. <u>haya podido</u> (poder) comunicar claramente mis ideas. Los discursos que nosotros 12. <u>hemos escuchado</u> (escuchar) en los últimos días fueron muy ambiguos. Mi padre siempre 13. <u>ha dicho</u> (decir) «vamos al grano» (let's get to the point). Creo que estas palabras me 14. <u>ha servido</u> (servir) bastante bien durante estas elecciones. Si la gente me 15. <u>haya elegido</u> (elegir), es porque yo les 16. <u>he dicho</u> (decir) la verdad.*

(handwritten annotations: nobody; homework; no one doubts)

Workbook *14-12 – 14-15*
Lab Manual *14-13 – 14-15*

¡A conversar!

14-29 **¿Será cierto?** Trabaja con un(a) compañero(a) y determinen si las siguientes afirmaciones son dudosas o ciertas. Túrnense para leer las afirmaciones y utilicen las expresiones de duda y certeza para expresar su opinión sobre las afirmaciones.

Modelo Yo he hablado con el presidente de los Estados Unidos.
Es dudoso que hayas hablado con el presidente de los Estados Unidos.

No creo que...
Es imposible...
Dudo que...
Es dudoso que...
Es improbable...

No niego *(deny)* que...
Estoy seguro(a) (de) que...
Es verdad...
No hay duda...

1. Mis padres me han comprado una bicicleta nueva.
2. He visto una película de terror.
3. Mis amigos y yo hemos conocido a un extraterrestre *(alien)*.
4. Mi hermano ha bailado con Shakira.
5. Yo he jugado en un partido profesional de baloncesto.
6. Mi padre ha corrido un maratón.
7. Mi hermano ha comprado un coche nuevo.
8. He estado en el Caribe cinco veces este año.
9. He comido pizza esta tarde.
10. Mis amigos me han dicho que soy mentiroso.

14-30 **Los eventos políticos en tu vida** Con un(a) compañero(a) piensen en la política y cómo esta ha afectado sus vidas últimamente. Formen oraciones para expresar sus opiniones sobre lo que ha pasado usando un elemento de cada una de las siguientes columnas. Usen el presente perfecto del subjuntivo cuando sea necesario.

Modelo *Pienso que el nuevo presidente ha ayudado a los pobres porque ahora hay menos gente viviendo en la calle.*

o *Dudo que los ciudadanos de mi país hayan participado en la política. Sólo un 40 por ciento de mi ciudad votó el mes pasado.*

¡Qué lástima!

Me alegro (de) que...	el presidente	luchar por los derechos humanos
Estoy triste/contento(a) que...	el ejército	intervenir en guerras de otros países
Pienso que...	los bancos	
Dudo que...	el congreso	aprobar la ley antiinmigrante
Es probable que...	los partidos independientes	dar más créditos a la gente trabajadora
Es una lástima que...		
Es bueno/malo que...	los políticos	ofrecer un mejor seguro de salud
Es posible que...	la oposición	
	el gobernador	ganar las próximas elecciones
		promover la diversidad
		luchar contra el narcotráfico

14-31 **Manifestación** Lee el cartel sobre la manifestación en contra de la corrupción y trabaja con un(a) compañero(a) para completar las oraciones de una manera lógica. Usen el subjuntivo cuando sea necesario. Pueden utilizar los siguientes verbos: lista: **asegurar / discutir / firmar / ganar / intervenir / lograr / mantener / marchar / observar / oponer / organizar / querer / participar / pensar / perder / preparar / protestar / tener / triunfar / votar.**

Nota lingüística

Remember that the verb **discutir** has two slightly different meanings in Spanish. In addition to meaning *to discuss, talk about*, it can also mean *to argue*.

MANIFESTACIÓN CONTRA LA CORRUPCIÓN

EL GOBIERNO HA LOGRADO MUCHO PERO... TAMBIÉN HA HECHO MUY POCO.

Los políticos no han demostrado determinación.
Hasta ahora no han actuado como esperábamos.

LOS CHILENOS HEMOS ESPERADO.
¡NOS HEMOS CANSADO!

Pedimos que el Estado no gaste nuestro dinero en cosas innecesarias.

QUEREMOS TRANSPARENCIA.

¡Únanse a nosotros!
Palacio de La Moneda, 20 de agosto, 5 p.m.
¡Los chilenos no queremos más fraudes!

Heinle/Cengage Learning

Modelo Es posible que...
Es posible que muchas personas hayan participado en la huelga.

1. Es probable que...
2. Es bueno que...
3. Es importante que...
4. Es preferible que...
5. Muchas personas se alegran de que...
6. Otras personas lamentan que...
7. Quizás, algunos partidos políticos hayan...
8. Es posible que los políticos hayan...
9. No es cierto que todos los participantes...
10. Los organizadores de la manifestación niegan que hayan..

Heinle/Cengage Learning

El futuro En este segmento del video, los compañeros se preparan para despedirse. Planean una última actividad juntos y también empiezan a hablar sobre sus planes para el futuro después de la vida en la Hacienda Vista Alegre.

Antes de ver

Expresiones útiles Las siguientes son expresiones nuevas que vas a escuchar en el video.

el folleto	*the pamphlet*
la portada	*the cover (of a book)*
la contraportada	*the back cover (of a book)*

Enfoque estructural The following are expressions from the video featuring the construction of **ir a** + infinitive.

Javier: Más o menos. Estoy listo para irme de viaje. Pero **voy a extrañar** esta casa, y a ustedes.

Alejandra: No importa. No somos pintores, pero **vamos a intentar.** Creo que debemos pensar en algún tema… ¡y que Vale nos haga el diseño!

Sofía: Tus fotos son muy bonitas, Ale. ¿Qué **vas a hacer** con ellas?

 1. **Recordemos** En base a lo que ya sabes de los habitantes de la Hacienda Vista Alegre, ¿Qué piensas que cada compañero(a) hará después de salir de la Hacienda? Trabaja con un(a) compañero(a) para generar una lista de sus planes futuros.

 2. **Practiquemos** Con un(a) compañero(a) de clase, modifiquen las expresiones de Javier, Alejandra y Sofía para que sean expresiones con el futuro simple.

 3. **Charlemos** Trabaja con un compañero y con la lista de planes futuros que hicieron antes, escojan a un miembro de la casa y describan cómo será la vida de él o ella en cinco años. Luego presenten esta vida en el futuro a la clase. Si un grupo ha escogido al mismo personaje que otro, ¿cuál de los grupos tiene la visión más realista?

Después de ver

1. Planes para el futuro En las actividades anteriores tu compañero(a) y tú adivinaron lo que los compañeros harán al salir de la Hacienda Vista Alegre. ¿Adivinaron bien? Ahora empareja a cada compañero con lo que piensa hacer o no hacer según lo que viste en el video. No te olvides de conjugar los verbos en el futuro.

- montar una exposición de fotos de Puerto Rico en el Museo de Arte
- quedarse en Puerto Rico para escribir un libro sobre sus tradiciones
- no volver con su ex-novio César y tal vez visitar a Antonio en Texas
- regresar a la universidad para terminar los estudios
- ir de viaje por Latinoamérica

Valeria ————————————————————

Antonio ————————————————————

Alejandra ————————————————————

Sofía ————————————————————

Javier ————————————————————

2. Reacciones emocionales Completa las siguientes oraciones según lo que viste en el video con el presente perfecto del subjuntivo para indicar por qué cada uno de los compañeros se siente feliz o triste.

- Alejandra está contenta de que ——————— **(poder)** tomar tantas fotos de Puerto Rico para su exposición.
- Valeria está triste de que ——————— **(conocer)** a Antonio y que ahora lo tenga que dejar.
- Javier se alegra de que ——————— **(aprender)** tanto de los demás compañeros de casa.
- A Antonio le molesta que no ——————— **(descubrirse)** una manera de quedarse con Valeria.
- Sofía se alegra de que ——————— **(encontrar)** tanto anto apoyo en sus amigos.

Entre nosotros ¿Cuáles son tus planes para el futuro al terminar tu programa en la universidad? ¿Tienes algo en común con un(a) de los compañeros de La Hacienda Vista Alegre? ¿Quién es? Comparte tus planes con la clase. ¿Tienes planes similares a los de tus compañeros de clase?

Presentaciones Basándote en tu ideas en **Entre nosotros,** escribe un párrafo corto en el que identifiques por lo menos cinco detalles de tu vida en el futuro. Al terminar, presenta tus planes a la clase. ¿Quién de la clase tiene los planes más ambiciosos?

See the *Lab Manual,* **Capítulo 14, 14-16 – 14-17** for additional activities.

Antes de leer

Strategy: Reading complex sentences

Determining what is essential and what is nonessential in complex sentences will help you read Spanish more efficiently and effectively. As you have learned in previous reading strategies, it is not essential to understand the meaning of every single word you come across when reading in Spanish; in fact, as a learner of Spanish such an expectation would be unrealistic. Instead, you should try to focus on understanding the overall meaning of a sentence, which will lead you to a general understanding of the passage as a whole. When dealing with a complex sentence, the core of its meaning will come from its subject and its main verb.

Before doing a close read, take a few moments to peruse the selection. In doing so, try to incorporate the reading strategies that you have learned up to this point.

Use these questions to guide your work with the selection:

1. What is the title of the selection?

2. What type of literary composition is this selection?

3. Who is the author of the composition?

La tierra se llama Juan

Cognados Escribe cinco cognados y sus significados.

Discusión Antes de leer un fragmento *(extract)* del poema, observa y comenta lo siguiente.

1. ¿Es Juan un nombre especial o común en Latinoamérica?
2. ¿Cuál crees que sea el tema principal del poema en relación con el título?

1　Detrás de los libertadores estaba Juan
　　trabajando, pescando y combatiendo *(fighting)*,
　　en su trabajo de carpintería o en su mina mojada *(wet mine)*.
　　Sus manos han arado *(have ploughed)* la tierra y han medido
5　*(have measured)* los caminos.
　　Sus huesos *(bones)* están en todas las partes.
　　Pero vive. Regresó de la tierra. Ha nacido *(has been born)*.

　　Ha nacido de nuevo como una planta eterna.
　　Toda la noche impura trató de sumergirlo *(to submerge him)*.
10　Y hoy afirma en la aurora sus labios indomables.
　　Lo ataron *(tied)*, y es ahora decidido soldado.
　　Lo hirieron *(wounded)*, y mantiene su salud de manzana.

　　Le cortaron *(cut)* las manos, y hoy golpea *(hit)* con ellas.
　　Lo enterraron *(buried)*, y viene cantando con nosotros.
15　Juan, es tuya la puerta y el camino.
　　La tierra
　　es tuya, pueblo, la verdad *(the truth)* ha nacido
　　contigo, de tu sangre.

© AP Photo/Michael Lipchitz

Pablo Neruda (1904–1973) es uno de los poetas más importantes de la literatura chilena y del mundo hispano. Además de escribir poemas románticos, escribió poesía política y de denuncia. Neruda vivió en España durante la Guerra Civil Española (1936–1939) y describió estas experiencias en sus obras *Residencia en la Tierra* (1933, 1935) y *Canto General* (1950). Igualmente, en esta obra, Neruda exalta a todas las personas que han hecho de América Latina lo que es hoy en día, desde los conquistadores, los pueblos indígenas, los libertadores que lucharon por independizarla de España, hasta los trabajadores tradicionales. El poema anterior pertenece a *Canto General VIII.*

Después de leer

A escoger Después de leer el poema, contesta las siguientes preguntas.

1. ¿Quién es Juan?

    a. Es un trabajador.   b. Es un libertador.   c. Es un político.

2. La gente que Juan representa trabaja...

    a. en la tierra, en el campo.

    b. en una oficina de gobierno.

    c. en una oficina como militar.

3. La gente que Juan representa...

    a. está muerta.   b. está callada sin voz.   c. está viva y lucha.

4. ¿De quién es la tierra y la verdad?

    a. de los militares y de los políticos

    b. de Juan y de todo el pueblo

    c. de los libertadores y presidentes

¿Cierto o falso? Indica si las siguientes oraciones son **ciertas** o **falsas.** Busca los versos *(lines)* en el poema que prueban que algunas de las siguientes oraciones son falsas.

1. _____ Los libertadores abrieron el camino para que Juan y todo el pueblo fueran libres.

2. _____ La gente que Juan representa nunca ha trabajado con sus manos.

3. _____ A Juan y al pueblo los mataron y sus ideas ya no están vivas.

4. _____ La nueva tierra y la verdad han nacido con la sangre del pueblo.

A interpretar Lee el poema una vez más y haz lo siguiente.

1. Subraya las ideas principales.

2. Haz un círculo alrededor de los verbos.

3. ¿Qué idea da el uso de los verbos?

4. ¿Por qué crees que lucha la gente a la que Juan representa?

A conversar Con tus compañeros de clase habla de los siguientes temas.

1. ¿Existe la violencia en Chile o en algún otro país de América Latina? ¿Existe violencia en los Estados Unidos? ¿De qué manera?

2. ¿Conoces a personas como Juan que han luchado o luchan por una sociedad más justa?

3. El pensamiento político de Pablo Neruda. Organicen una presentación de cinco minutos. Prepárense para discutir las ideas de Neruda en la próxima clase.

Strategy: Writing from diagrams

In this section, you will write a brief report based on information in diagrams. Diagrams present in charts, tables, and graphs specific information that can be readily understood and remembered. Written reports prepared by individuals in business, industry, government and education often include information from diagrams. It is important to learn to interpret diagrams and to express the information they contain in a succinct and clear fashion.

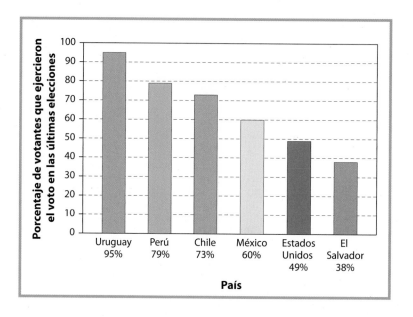

Task: Writing a report based on information from diagrams

Paso 1 Refiriéndote a la gráfica, considera las siguientes preguntas:

- ¿Hay variedad en el porcentaje de votantes que ejercieron el voto en las últimas elecciones de los seis países representados?

- ¿Cómo puedes caracterizar el porcentaje de los Estados Unidos en comparación con el porcentaje de los países hispanos incluidos en la gráfica?

Paso 2 Escribe un informe de un párrafo en el cual explicas la información presentada en la gráfica. Presta atención a las preguntas presentadas en el Paso 1.

 Paso 3 Intercambia papeles con un(a) compañero(a) de clase. Lee su informe para ver si Uds. han presentado la misma información y la misma conclusión. Si hay alguna diferencia, discútela con tu compañero(a).

Communicative Objectives

- Share information about forms of government, politics, political issues, and the media
- Communicate about future events
- Express conjecture and probability about present and past events, conditions, and situations

Paso 1

Review the Communicative Goals for **Capítulo 14** and determine if you are able to accomplish the goals. If you are not certain that you have achieved all of the goals, review the pertinent portions of the chapter.

Paso 2

Look at the components of a conversation that address the communicative goals for this chapter. The percentages will help you evaluate your ability to successfully participate in the conversation featured below. Your instructor may use the same rubric to assess your oral performance.

Components of the conversation	%
☐ Questions and answers about at least three activities that take place in a democracy	15
☐ Questions, answers, and opinions about three or more political issues	15
☐ Information and opinions about at least three forms of media	15
☐ Information about three things related to politics that will happen in the future	20
☐ At least three questions and answers about what a person would do as a political leader	20
☐ Statement that it is good that the friends have spoken and an additional reaction	15

 En acción Think about a conversation between two friends (A and B), one who is familiar with a democratic system of government and one who is not. Work with a partner to carry out the conversation, being sure to include the steps below. When you have finished, switch roles and converse again.

1. A asks B about what takes place in a democracy and how he (she) participates. B replies with at least three pieces of information.
2. A asks B what political issues are important to him (her). B replies, citing at least three issues and explaining why they are important.
3. A asks B his (her) opinion of several forms of media and B responds, discussing three or more forms and giving opinions.
4. A asks B what will happen in the future and B replies with at least three statements.
5. A asks B what he (she) would do as a political leader and B responds.
6. A states that it is good that they have spoken and B replies with an additional reaction to the fact that they have spoken.

¡A REPASAR!

The Future Tense

To form the future tense for most verbs, add the following personal endings to the infinitive: **é, ás, á, emos, éis, án.**

viajar	volver	vivir	irse
viajar**é**	volver**é**	vivir**é**	me ir**é**
viajar**ás**	volver**ás**	vivir**ás**	te ir**ás**
viajar**á**	volver**á**	vivir**á**	se ir**á**
viajar**emos**	volver**emos**	vivir**emos**	nos ir**emos**
viajar**éis**	volver**éis**	vivir**éis**	os ir**éis**
viajar**án**	volver**án**	vivir**án**	se ir**án**

Certain verbs use a stem that differs from the infinitive in the formation of the future tense. Although the stem is different, the personal endings remain the same.

Infinitive	Stem		Ending
decir	**dir-**		
hacer	**har-**		
poder	**podr-**		é
poner	**pondr-**		ás
querer	**querr-**		á
saber	**sabr-**		emos
salir	**saldr-**		éis
tener	**tendr-**		án
venir	**vendr-**		

¡A recordar! 1 What is the future tense of **hay**? How does one convey the idea of *I wonder* in Spanish?

Conditional

For most verbs, add these personal endings to the infinitive: **ía, ías, ía, íamos, íais, ían.**

viajar	volver	vivir	irse
viajar**ía**	volver**ía**	vivir**ía**	me ir**ía**
viajar**ías**	volver**ías**	vivir**ías**	te ir**ías**
viajar**ía**	volver**ía**	vivir**ía**	se ir**ía**
viajar**íamos**	volver**íamos**	vivir**íamos**	nos ir**íamos**
viajar**íais**	volver**íais**	vivir**íais**	os ir**íais**
viajar**ían**	volver**ían**	vivir**ían**	se ir**ían**

¡A recordar! 2 Which verbs have irregular conditional stems? In which instances would you use the conditional tense?

The Present Perfect in the Subjunctive Mood

The present perfect subjunctive is formed with the present subjunctive of the verb **haber** plus the past participle. The present perfect subjunctive is used in every situation in which the present subjunctive is used. Although it generally expresses the idea of *having done* something, it can also mean *did* something.

¡A recordar! 3 How do you say *I'm glad that you have come* in Spanish?

Actividad 1   Los planes de una candidata Completa el párrafo sobre la candidata chilena Emilia Salinas escribiendo la forma correcta de cada verbo en el futuro.

La candidata Emilia Salinas 1. _____ (salir) para Concepción mañana y allí ella 2. _____ (dar) un discurso. 3. _____ (Hablar) en la Plaza Central y 4. _____ (tener) que explicar sus ideas sobre la economía. Muchas personas 5. _____ (venir) a oír el discurso y muchos de ellos 6. _____ (querer) hacer preguntas después. Veinte ciudadanos 7. _____ (poder) cenar con la candidata y yo 8. _____ (ser) uno de ellos. Yo 9. _____ (estar) nervioso pero emocionado. Yo le 10. _____ (hacer) una pregunta sobre la inflación. Mi amiga Lidia 11. _____ (ir) también y sé que nosotros 12. _____ (saber) mucho más sobre la candidata después de la cena.

Actividad 2   Un mundo perfecto Escoge el verbo lógico para completar cada oración sobre un mundo perfecto. Asegúrate de escribir la forma correcta del verbo en el condicional.

aprobar	ayudar	dar	decir	eliminar
haber	saber	ser	tener	votar

1. Todos los ciudadanos _____ en las elecciones.

2. Nadie _____ hambre.

3. El Congreso _____ leyes justas.

4. No _____ crimen.

5. La prensa siempre nos _____ información correcta.

6. El ejército no _____ necesario.

7. El gobierno _____ a las personas desafortunadas.

8. Todas las personas _____ leer y escribir.

9. La policía _____ el crimen.

10. Nosotros siempre _____ la verdad.

Actividad 3   La política de Chile Escoge la respuesta correcta para cada oración.

_____ 1. Es bueno que muchos chilenos _____ participado en las últimas elecciones presidenciales.

    a. han   b. hayan   c. hay   d. hayas

_____ 2. Es cierto que el presidente Piñera _____ sido un empresario exitoso.

    a. ha   b. hayas   c. haya   d. has

_____ 3. Es una lástima que muchas personas _____ sufrido bajo una dictadura.

   a. has   b. hayas   c. hayan   d. ha

_____ 4. Los chilenos saben que el presidente Piñera _____ fundado varias organizaciones no gubernamentales de ayuda social.

   a. haya   b. ha   c. han   d. hayan

_____ 5. La economía chilena _____ sido un modelo desde 1990, pero las condiciones de trabajo no son excelentes para todos.

   a. hay   b. haya   c. ha   d. he

_____ 6. Es bueno que el presidente Piñera _____ prometido mejorar las condiciones de trabajo para muchas personas.

   a. hay   b. ha   c. haya   d. he

_____ 7. Es verdad que Chile _____ exportado productos agrícolas y minerales por muchos años.

   a. ha   b. han   c. hayan   d. haya

_____ 8. En Chile se cultiva la uva, y es lógico que el vino _____ llegado a ser un producto importante para el país.

   a. ha   b. hayas   c. hayan   d. haya

_____ 9. Por muchos años los Estados Unidos _____ sido un buen mercado para muchos productos de Chile.

   a. has   b. hayas   c. han   d. hayan

_____ 10. No dudo que el presidente Piñera y su gobierno _____ recibido atención internacional.

   a. ha   b. haya   c. han   d. hayan

Actividad 4   ¿Qué piensas? Forma oraciones con los elementos dados. Presta atención al contexto de cada oración para decidir si se requiere el futuro, el condicional, el presente perfecto del indicativo o el presente perfecto del subjuntivo.

1. En veinte años / el periódico / no existir
2. En un mundo perfecto / no haber / corrupción
3. Es posible que / la policía / haber / reducir / el crimen
4. En las próximas elecciones / muchos ciudadanos / votar
5. Es cierto que / el presidente / haber / firmar / muchos documentos
6. En diez años / el ejército / tener / más tecnología
7. Es bueno que / los políticos / haber / aprobar / muchas leyes

Actividad 5   ¿Lógico o no? Lee las oraciones y decide si cada una es lógica o no. Escribe **sí** o **no** para indicar si cada oración es o no es lógica.

_____ 1. Los empleados declararán una huelga para protestar por los sueldos bajos y las malas condiciones en la fábrica.

_____ 2. Es probable que los liberales del congreso estadounidense hayan aprobado más dinero para la defensa.

_____ 3. En un mundo perfecto, aumentaríamos el crimen, la corrupción y la inflación.

_____ 4. Es cierto que los políticos han dado muchos discursos y han discutido muchos temas.

_____ 5. En el futuro los políticos usarán más Internet y YouTube para informar a los ciudadanos.

Refrán

«La _____ (politics) es el arte de obtener el dinero de los ricos y el _____ (vote) de los pobres con el pretexto de proteger a los unos de los otros.»

Heinle/Cengage Learning

VOCABULARIO ESENCIAL

La política y el voto
Politics and voting

Sustantivos

la campaña	campaign
el (la) candidato(a)	candidate
el (la) ciudadano(a)	citizen
el Congreso	congress
el debate	debate
el deber	duty
la democracia	democracy
el (la) dictador(a)	dictator
la dictadura	dictatorship
el discurso	speech
el ejército	army
las elecciones	elections
las fuerzas armadas	armed forces
el gobierno	government
la ley	law
la oposición	opposition
el partido político	political party
el poder	power
el (la) político(a)	politician
el (la) presidente	president
la reforma	reform
el voto	vote

Adjetivos

conservador(-a)	conservative
demócrata	democratic
liberal	liberal
republicano(a)	republican

Verbos

apoyar	to support
aprobar (ue)	to approve; to pass
defender (ie)	to defend
discutir	to argue, to discuss
elegir (i, i)	to elect
gobernar (ie)	to govern
oponer	to oppose
participar	to take part, to participate
votar	to vote

Las preocupaciones cívicas
Civic concerns

Sustantivos

el aborto	abortion
el (an)alfabetismo	(il)literacy
la corrupción	corruption
el crimen	crime
la defensa	defense
los derechos	rights
... civiles	civil rights
... humanos	human rights
el (des)empleo	(un)employment
la (des)igualdad	(in)equality
la drogadicción	drug addiction
la educación	education
la guerra	war
la huelga	strike
los impuestos	taxes
la inflación	inflation
la (in)justicia	(in)justice
la inmigración	immigration
la (in)seguridad	(in)security, (lack of) safety
la libertad de prensa	freedom of the press
la manifestación	demonstration
la paz	peace
la política internacional	international policy
el terrorismo	terrorism
la vivienda	housing

Verbos

aumentar	to increase
eliminar	to eliminate
luchar (contra/por)	to fight (against/for)
protestar	to protest
reducir	to reduce

Los medios de comunicación
The mass media

Sustantivos

el noticiero	newscast
el periódico	newspaper
la prensa	the press
el reportaje	journalistic report
la revista	magazine

Verbos

informar	to inform
investigar	to investigate

Los avances tecnológicos

El mundo hispano

©Dan Kenyon/Taxi/Getty Image

Plaza del Triunfo, Sevilla, España

Chapter Objectives

Communicative Goals

In this chapter, you will learn how to . . .

- Share information about computers and other electronic devices

- Communicate about emotions, influence, doubt, and denial in the past

- Express hypothetical situations

Structures

- Past (imperfect) subjunctive

- *If* clauses

▲ ¿Qué tipo de tecnología usas para comunicarte con tu familia y amigos?

▲ ¿Qué importancia tienen las redes sociales (*social networks*) en nuestra sociedad?

 Visit it live on **Google Earth!**

Una casa del siglo XXI

In this section, you will learn about technological innovations that we use in our homes. How many of the items pictured below are in your house?

el satélite

la antena parabólica

el televisor (de pantalla plana)

los auriculares

el teléfono inteligente

el teléfono celular

el mensaje de texto

el videojuego

el reproductor de DVD

el DVD

la cámara (digital)

el reproductor de MP3

la alarma

el control remoto

el disco compacto

la videocasetera

el (equipo) estéreo

el videocasete

el contestador automático

la videocámara digital

Adjetivos

apagado(a) *off*
encendido(a) *on*
enchufado(a) *plugged in*
prendido(a) *on*

Verbos

apagar *to turn off*
(des)conectar *to (dis)connect*
(des)enchufar *to plug in (to unplug)*
encender *to turn on (TV, stereo)*
funcionar *to function, work*
grabar *to record*
prender *to turn on (TV, stereo)*

Palabras útiles

la batería / las pilas *battery*
la garantía *warranty*
el proyector *projector*
el sonido envolvente *surround sound*
la videoconsola *games console*

Palabras útiles are presented to help you enrich your personal vocabulary. The terms provided here will help you talk about electronics.

Heinle/Cengage Learning

Nota lingüística

English terms are often heard in Spanish-speaking countries for vocabulary associated with technology. Terms such as *text message* (for **el mensaje de texto**), *voice message* (for **el mensaje de voz**), *voice mailbox* (for **el buzón de voz**), and *CD* (for **el disco compacto**) are common. *Cable television* is most often translated as **la televisión por cable** or just **el cable**.

VOCABULARIO 1

¡A practicar!

15-1 Una vida tecnológica La abuela Adelaida habla de la vida de su nieta Minia. Minia es joven y goza de *(enjoys)* las últimas invenciones tecnológicas. Su abuela comenta sobre la vida tan fácil que tiene su nieta. Completa su historia, usando palabras de la siguiente lista y conjugando los verbos en la forma correcta.

Nota lingüística

El **control remoto** is often called **el telecomando** or **el comando**. In Spain, the term **el mando (a distancia)** is most frequently used.

prender	apagado(a)	equipo
desenchufar	funcionar	alarma
apagar	desconectar	prendido(a)
encendido(a)	control remoto	enchufado(a)

Mi nieta tiene una vida tan fácil, que a veces no me lo creo. Le encanta ver la tele. Todos los días, cuando se levanta, la 1. _____ y la deja 2. _____ todo el día. A veces yo la 3. _____, pero después de unos minutos está de nuevo 4. _____. Cuando ve la tele, se sienta en el sillón con el 5. _____ en las manos. Un día, yo quiero 6. _____ todo. Voy a 7. _____ todas sus máquinas. Ojalá que deje todo 8. _____ para tener un poco de silencio. Pero nunca va a pasar. Ahora, toda su tecnología 9. _____ muy bien y yo tengo que aguantármela (to put up with it).

15-2 Liquidación en Tecnomundo Escuchas un anuncio en la radio sobre una liquidación en tu tienda favorita, Tecnomundo. Tienes una lista de equipo electrónico que quieres comprar, si lo encuentras a un buen precio. Marca con una X el nombre de cada cosa de la lista mencionada en el anuncio.

AUDIO CD
CD 4, TRACK 14

_____ televisor

_____ reproductor de DVD

_____ teléfono inteligente

_____ reproductor de MP3

_____ cámara digital

_____ videocámara digital

_____ computadora

_____ antena parabólica

15-3 Tipos de tecnología Indica dos o tres aparatos domésticos que correspondan a cada una de las siguientes categorías.

Modelo las comunicaciones
el teléfono celular, el teléfono inteligente, la antena parabólica, el satélite

1. la diversión
2. la música
3. el trabajo profesional
4. los recuerdos

Workbook *15-1 – 15-2*
Lab Manual *15-1 – 15-3*

¡A conversar!

15-4 **¿Para qué se usa?** Imagínate que tienes que describir la función de los siguientes elementos a una persona del pasado que no conoce la tecnología (un[a] compañero[a] de clase). Explica para qué se usa cada cosa y luego cómo usarla. En algunos casos, tendrás mucho que explicarle a tu compañero(a).

1. la cámara digital
2. el disco compacto
3. la antena parabólica
4. el estéreo
5. el reproductor de MP3
6. el control remoto
7. el satélite
8. el teléfono celular

15-5 **Antes de que salgas de la casa** Trabajando con otro(a) compañero(a) de clase, forma siete oraciones con las palabras que están a continuación para hacer algunas sugerencias que le darás a una persona que va a cuidar de tu casa cuando estés de vacaciones. Usa mandatos formales para tus sugerencias. La otra persona debe responder de una manera lógica.

Modelo el televisor
E1: *Si prende el televisor, apáguelo antes de salir.*
E2: *Muy bien, pero no miro mucho la tele.*

Verbos	**Sustantivos**	**Adjetivos**
(des)conectar	el estéreo	apagado(a)
prender	el contestador	encendido(a)
apagar	automático	enchufado(a)
grabar	el teléfono celular	abierto(a)
(des)enchufar	el control remoto	
llamar	el reproductor de DVD	
usar	el televisor	
asegurarse		

15-6 **Tecnología moderna** Con un(a) compañero(a), túrnense para hacer las siguientes preguntas. Contesten con honestidad y den explicaciones interesantes.

1. ¿Qué haces si no funciona tu teléfono celular?
2. ¿Cuántos mensajes de texto envías por tu teléfono celular cada día?
3. ¿Crees que apagar las luces cuando no las usas es útil? ¿Por qué?
4. ¿Prefieres el reproductor de DVD o la televisión? ¿Por qué?
5. Dime un mensaje típico para el contestador automático.
6. ¿Te gusta más la televisión por cable o por satélite? ¿Por qué?
7. ¿Prefieres los MP3 o los discos compactos? ¿Por qué?
8. ¿Qué ventajas tienen las cámaras digitales?

EN CONTEXTO

Federico y Alejandra, una pareja uruguaya, están abriendo una tienda de computadoras en Montevideo, Uruguay, donde viven los padres de Alejandra. Ahora están hablando de sus planes para la gran apertura de su nuevo negocio.

Escucha la conversación e indica si las siguientes oraciones son **ciertas** o **falsas**. Si la oración es **falsa**, ¡corrígela!

1. Alejandra tiene miedo de que la tienda no vaya a tener éxito.
2. Federico ha investigado la demanda para computadoras en Montevideo.
3. La pareja tiene todos los productos que pidieron para la tienda.
4. Federico es un poco pesimista.
5. Alejandra es más realista que Federico.

Alejandra: ¡Ay! No sé, Federico. ¿Y si no viene mucha gente?

Federico: No te preocupes, mi amor. **No habríamos abierto** la tienda **si no hubiera habido** tanta demanda. La gente vendrá.

*Comentario cultural   Uruguay's economy has been growing about 7% over the past five years. The country has managed to improve its business environment and reduce poverty by opening its markets to exports (beef, wool, and software) and by restoring its monetary stability.

Alejandra: ¿Y si no podemos pagarles a mis padres el dinero que nos prestaron?

Federico: Tranquila. Estoy seguro de que podremos pagarles dentro de dos meses. No hay problema.

*Comentario cultural   In January of 2007, the Inter-American Development Bank (IDB) approved a loan of U.S.$75 million to promote a new technological development program for Uruguay that is expected to place special emphasis on incentives for business innovation in the field of technology.

Heinle/Cengage Learning

Alejandra: Pero Federico, solamente tenemos la mitad de las computadoras que pedimos. Y las impresoras no han llegado todavía.

*Comentario cultural   The U.S. dominated as a supplier of technology to Latin America in the 1960s and 70s. Though it is still the most important supplier to this region, the U.S. is now challenged by Japan, particularly in the area of microelectronics.

Expresiones **en contexto**

dentro de dos meses *within two months*	**Tenemos que arriesgarnos.** *We need to take a risk.*
la gran apertura *grand opening*	**Tranquilo(a).** *Don't worry.*
la mitad *half*	
lo sabremos muy pronto *we'll soon find out*	

Federico: Espero que no sigas así, mi amor. Tenemos que ser optimistas. **Si tuviéramos** todo en orden, **no habría** aventura. Tenemos que arriesgarnos un poco.

Alejandra: Para ti es fácil decir eso. No piensas en los detalles.

*Comentario cultural In Uruguay, 85% of the land is dedicated to the raising of livestock. Investing in technology, therefore, is still somewhat of a risky proposition.

Federico: Al contrario. Según mi amigo Paco, no hay mejor momento para nuestra tienda. Con tantas personas navegando la Red, con los nuevos negocios electrónicos, con la tecnología digital...

*Comentario cultural Since the field of technology is forever changing, the lexicon of technology is often populated with words and expressions derived from English. For example, "to blog" has been adapted by some Spanish speakers as **bloggear**. In response, the Real Academia Española has partnered with numerous Latin American language committees in an effort to revise the *Diccionario panhispánico de dudas* to include correct terminology for such terms. A "blog," according to this dictionary, is **ciberbitácora** or **ciberdiario**.

Alejandra: Tu amigo vive en los Estados Unidos. No creo que sea exactamente lo mismo aquí.

Federico: Bueno, lo sabremos muy pronto, ¿eh?

*Comentario cultural According to Thomas Friedman in his study of globalization, *The World Is Flat: A Brief History of the Twenty-First Century*, the slow adoption of technological innovation—specifically a convergence of the Internet, fiberoptics, and the PC—in many Latin American countries is becoming an increasing liability for their competitiveness in a global economy. Uruguay, however, thanks to a recent revision of budget allocations, leads Latin America in its level of investment in technology.

Heinle/Cengage Learning

Exploraciones lingüísticas

Similar to Argentina, **vos** is typically used in lieu of **tú** in Uruguay. It is common in spoken Spanish as well as in the media. It should be noted that some Uruguayan speakers combine the pronoun **tú** with the **vos** conjugation (for example, **tú sabés**).

 Debate sobre la tecnología Trabaja con un(a) compañero(a) de clase. Túrnense para practicar un debate entre dos personas. Una persona va a ser optimista en cuanto a la posibilidad de vender artículos tecnológicos en un país latinoamericano. La otra persona será más pesimista. Usen expresiones de **En contexto** como modelo para su diálogo.

Past (imperfect) subjunctive

Spanish speakers use the past (imperfect) subjunctive to express wishes, emotions, opinions, and uncertainty about the past.

Forming the past subjunctive

For all Spanish verbs, drop the **-ron** ending from the **Uds./ellos(as)** form of the preterite tense, then add the personal endings shown in boldface below.

hablar	venir	irse
habla**ron**	vinie**ron**	se fue**ron**
habla**ra**	vinie**ra**	me fue**ra**
habla**ras**	vinie**ras**	te fue**ras**
habla**ra**	vinie**ra**	se fue**ra**
hablá**ramos**	vinié**ramos**	nos fué**ramos**
habla**rais**	vinie**rais**	os fue**rais**
habla**ran**	vinie**ran**	se fue**ran**

The **nosotros(as)** form always has an accent mark because it is the only form in which the stress falls on the third-from-the-last syllable. Any irregularities in the third-person plural of the preterite will be maintained in the imperfect subjunctive (as demonstrated with the verbs **venir** and **irse**).

The past subjunctive has alternate forms that use **-se** instead of **-ra** endings. For example: **hablase, hablases, hablase, hablásemos, hablaseis, hablasen** and **fuese, fueses, fuese, fuésemos, fueseis, fuesen.** These forms are sometimes used in Spain and in literary works or legal documents.

Uses of the past subjunctive

You have learned to use the present subjunctive to express actions, conditions, and situations that take place in the present or the future. Spanish speakers use the past subjunctive to communicate the same information about the past.

In noun clauses

- To express desires, preferences, suggestions, requests, and recommendations

Federico quería que Alejandra **apoyara** la idea de abrir una tienda de computadoras.

Federico wanted that Alejandra would support the idea of opening a computer store.

- To express happiness, hope, likes, complaints, sorrow, worries, regret, surprise, fear, and other emotions

Federico y Alejandra se alegraron de que su nueva tienda de computadoras **comenzara** bien.

Federico and Alejandra were glad that their new computer store was having a good start.

Federico esperaba que **hubiera** muchos clientes el primer día, pero Alejandra tenía miedo de que nadie **viniera** a la tienda.

Federico hoped that there would be lots of customers the first day, but Alejandra was afraid that no one would come to the store.

- To make impersonal statements

Era bueno que **estuvieran** los padres de la pareja para la inauguración de la tienda.

It was good that the couple's parents were there for the opening of the store.

- To express doubt and uncertainty

Alejandra dudó que ellos **pudieran** pagarles a muchos empleados al principio.

Alejandra doubted that they could pay many employees at first.

In adjective clauses

- To express unknown and/or nonexistent conditions

Para la tienda, Federico buscaba un sitio que **tuviera** mucho espacio.

For the store, Federico looked for a site that had lots of space.

In adverbial clauses

- To express purpose and future contingency

Los padres de Federico y Alejandra les prestaron el dinero con tal de que **pudieran** devolvérselo dentro de un año.

Federico and Alejandra's parents lent them the money provided that they could pay it back within a year.

In making polite requests or suggestions

- In addition to the conditional tense, Spanish speakers also use the past subjunctive of verbs such as **querer, deber,** and **poder** to soften requests, to make polite suggestions, and to persuade gently in the present.

—¿**Quisieran** Uds. acompañarnos?
Would you like to accompany us?
—Gracias, pero **debiéramos** volver.
Thank you, but we should return.
—Quizás **pudiéramos** ir otra noche.
Maybe we could go another night.

¡A practicar!

15-7 Los recuerdos del abuelo Ayúdale al abuelo de Federico a contar sus recuerdos al conjugar los verbos entre paréntesis en la forma correcta del imperfecto del subjuntivo.

1. Cuando yo era niño, no teníamos computadoras. Mis padres insistían en que yo _____ (estudiar) mucho.

2. Ellos querían que mi hermano y yo _____ (sacar) buenas notas para asistir a la Universidad de la República en Montevideo.

3. Mi padre trabajaba mucho para que la familia _____ (tener) las cosas básicas.

4. En aquella época no era común que la esposa _____ (trabajar) fuera de la casa.

5. Por esa razón yo empecé a trabajar cuando tenía quince años, en caso de que no _____ (ingresar) a la Universidad.

6. Yo quería trabajar en la librería de mi tío. Más gente leía libros entonces, como no existía la televisión o Internet. Le pedí que él me _____ (dar) un trabajo durante los fines de semana.

7. Mi madre no quería que nosotros _____ (estar) fuera de la casa los domingos, pero era el día más ocupado en la tienda.

8. En aquella época no teníamos Internet, y era importante que los estudiantes _____ (tener) y _____ (leer) todos los libros para las clases.

15-8 Recuerdos de mi juventud Forma oraciones sobre tu juventud, usando los siguientes elementos.

Cuando yo era joven...

1. mis padres insistían en que yo...	aprender a usar la computadora
2. yo quería vivir en una casa que...	estar cerca del mar / de las montañas
3. mi abuela me pedía que yo...	estudiar mucho
4. mi madre se alegraba de que la familia...	portarse *(to behave)* bien en la clase
	no pasar demasiado tiempo al teléfono
	ir de vacaciones juntos
	ser honesto(a)
	estar en la ciudad / en el campo

15-9 Páginas de mi diario Completa las siguientes oraciones y luego comparte tus experiencias con un(a) compañero(a) de clase. ¿Tienen mucho en común?

MI NIÑEZ

1. Cuando era niño(a), era importante que yo...

2. Mi(s) (papá/mamá/padres) me prohibía(n) que...

3. No me gustaba que mi (papá/mamá/hermano[a])..., pero sí me gustaba que (él/ella)

MI ADOLESCENCIA

4. De adolescente, no estaba seguro(a) de que...

5. Por ejemplo, dudaba que...

6. A veces, sentía que...; en otras ocasiones me alegraba de que...

Workbook *15-3 – 15-5*
Lab Manual *15-4 – 15-6*

¡A conversar!

15-10 **Entrevista** Hazle las siguientes preguntas a un(a) compañero(a) de clase para saber un poco sobre su niñez.

1. **La familia:** ¿Qué te gustaba que hicieran tus padres cuando eras niño(a)?
2. **La escuela:** ¿Qué te prohibían tus profesores en la escuela primaria? ¿Y en la secundaria?
3. **Los pasatiempos:** ¿Qué deportes practicabas cuando eras niño(a)? ¿En qué deportes te prohibían tus padres que participaras? ¿Por qué?
4. **La tecnología:** ¿Tenías televisor en casa cuando eras niño(a)? ¿Qué programas permitían tus padres que vieras? ¿Qué programas te prohibían que vieras? ¿Por qué? ¿Tenías computadora e Internet en casa? ¿Qué te dejaban hacer en la computadora? ¿Qué te decían que no hicieras en la computadora?

15-11 **Es mejor ser cortés** Imagínate que tú y un(a) compañero(a) de clase están de vacaciones en República Dominicana, en uno de los lugares turísticos más famosos, Punta Cana.

© donaldiuo /Shutterstock.com

Uds. desean ser corteses con los domincanos y, por eso, usan el imperfecto del subjuntivo de los verbos **querer, deber** y **poder.** ¿Qué les dirían a las siguientes personas?

Modelo Pides que alguien te saque una foto.
¿Pudiera sacarnos una foto?

1. Quieres que un amigo te muestre cómo usar la cámara digital.
2. Un amigo dominicano usa una palabra que no entiendes. Pídele que te la explique.
3. Llamas a un amigo por teléfono para persuadirlo de que vaya contigo a nadar con los delfines.
4. No entiendes a un muchacho que trabaja en los campos de golf del hotel porque habla demasiado rápido.
5. Estás de paseo en Santo Domingo cuando tú conoces a unos muchachos y los invitas a cenar al centro.
6. Después de la cena, pides permiso para volver al hotel.

El mundo hispano

Población total: 420 millones

Número de teléfonos celulares: 323 millones

Número de usuarios de Internet: 230 millones

Número de usuarios de Facebook: 55 millones

IBERDROLA producción de energia eólica 2008 –2009

7,4%
6,3%
33,6%
49,2%

España Estados Unidos Reino Unido Otros lugares

Compañías notables La compañía energética española IBERDROLA es una de las cinco empresas más importantes del mundo. El período 2001–2009 ha sido para IBERDROLA una década de crecimiento *(growth)* y expansión internacional. La compañía ha desarrollado la energía eólica *(wind energy)* que ha contribuido a la producción de 96,4 % del total de la electricidad producida por la corporación en el año 2008. Las granjas *(farms)* españolas han producido un 49,2 % de electricidad, las granjas de energía eólica estadounidenses han producido 33,6 %, las del Reino Unido *(United Kingdom)* han producido 6,3 % y las de otras partes del mundo (Grecia, Francia, Polonia, Alemania y Portugal) un 7,4 % de electricidad. IBERDROLA está presente en los Estados Unidos, México, Brasil y tiene negocios en Guatemala, Bolivia y Chile. El objetivo de la empresa es producir energía limpia y respetar el medio ambiente.

¿Qué te parece la idea de producir energía eólica? ¿Qué te parece la idea de producir energía limpia para el medio ambiente?

Oficios y ocupaciones Recientemente Uruguay ha remplazado a Chile como el país con la tecnología más avanzada; mientras que Panamá ha remplazado a Uruguay en su segundo lugar, en lo que se refiere a penetración inalámbrica *(wireless)*. En relación a Internet, banda ancha *(broadband)*, computadoras personales y líneas telefónicas, Panamá es el país que más mejoró el uso de estos recursos mientras que Ecuador fue el que menos lo hizo. En Centroamérica, El Salvador superó a Costa Rica en tecnología, mientras que Cuba fue el país que menos desarrolló su tecnología, seguido de Haití y Nicaragua.

Parque Provincial Aconcagua, Argentina

- Con respecto a la tecnología inalámbrica, Argentina es el país líder y Cuba es el país que menos ha desarrollado esta tecnología.
- Con relación a las telecomunicaciones, Costa Rica es el país líder y Haití es el país con menos acceso a este tipo de tecnología.
- Con respecto a las computadoras personales, Uruguay es el país líder y la República Dominicana es el país con menos acceso a este tipo de tecnología.
- Con respecto a Internet, Chile es el país líder y Nicaragua es el país que menos acceso tiene a Internet.
- Con respecto a la banda ancha, Uruguay es el país líder y Haití es el país que menos acceso tiene a esta tecnología.

¿Por qué crees que países como Costa Rica, Panamá, Argentina, Uruguay y Chile han avanzado en el uso de la tecnología mucho más que países como Cuba, Haití, República Dominicana y Nicaragua?

494 cuatrocientos noventa y cuatro **Capítulo 15**

Exposición virtual de Lacy Duarte en el MUVA

Artes plásticas El MUVA, Museo Virtual de Arte Uruguayo es un museo dinámico e interactivo que presenta las obras más importantes del arte uruguayo contemporáneo. El MUVA permite al internauta ver y familiarizarse con dibujos, pinturas y esculturas que se encuentran en colecciones privadas o en talleres de difícil acceso y pone todas las obras en un solo espacio. Por medio de este museo virtual, se puede conocer a artistas jóvenes que comienzan su carrera hasta los grandes maestros uruguayos. El MUVA ofrece además una biblioteca y archivo con toda la bibliografía sobre el arte uruguayo, para las personas que quieran aprender más sobre el arte uruguayo y latinoamericano.

¿Has visitado algún museo virtual? ¿Qué te parece la idea de los museos virtuales?

Ritmos y música La música y la publicidad de los músicos latinos ha cambiado últimamente gracias a la presencia de Internet y de la industria digital. Por ejemplo, el nuevo cantautor latino Crisantes, de Tucson, Arizona, lanzó su nuevo álbum en 2006 pero no fue hasta que su música apareció en iTunes Latino y su página en MySpace que llegó a la posición No. 14 de los álbumes latinos en iTunes.

Alejandra Alberti

Otro ejemplo de música y publicidad digital es el caso del famoso cantante mexicano Vicente Fernández, quien vendió más de 350.000 copias de su álbum *Para siempre*. En el año 2007, como parte de la celebración del mes de la hispanidad, iTunes Latino puso el álbum de Fernández como anuncio principal en su página de Internet, y en una semana vendió más de 1.000 copias digitales, convirtiendo este álbum en el más vendido en una semana.

Otro ejemplo de éxito digital es la cantautora Alejandra Alberti, de padre cubano y madre mexicana, que nació en Nashville, Tennessee. La artista fue nominada mejor artista de los premios Grammy 2007, pero solo se hizo famosa cuando su video "Blanco fatal" apareció en Terra.com. En 2008, 243.000 admiradores visitaron su página en MySpace. De su último álbum *Vueltas,* vamos a escuchar la canción del mismo nombre. *Access the iTunes playlist on the **Plazas** website.*

¿Conoces el caso de un(a) artista que hayas conocido por medio de su página y videos digitales? ¿Te parece buena la idea de la publicidad digital? ¿Por qué?

....

🌐 **¡Busquen en Internet!**
1. Compañías notables: IBERDROLA
2. Oficios y ocupaciones: tecnología en Latinoamérica
3. Artes plásticas: Museo Virtual de Arte Uruguayo
4. Ritmos y música: Crisantes, Vicente Fernández, Alejandra Alberti

En la tienda de Federico y Alejandra
In this section, you will learn how to talk about computers and their functions.

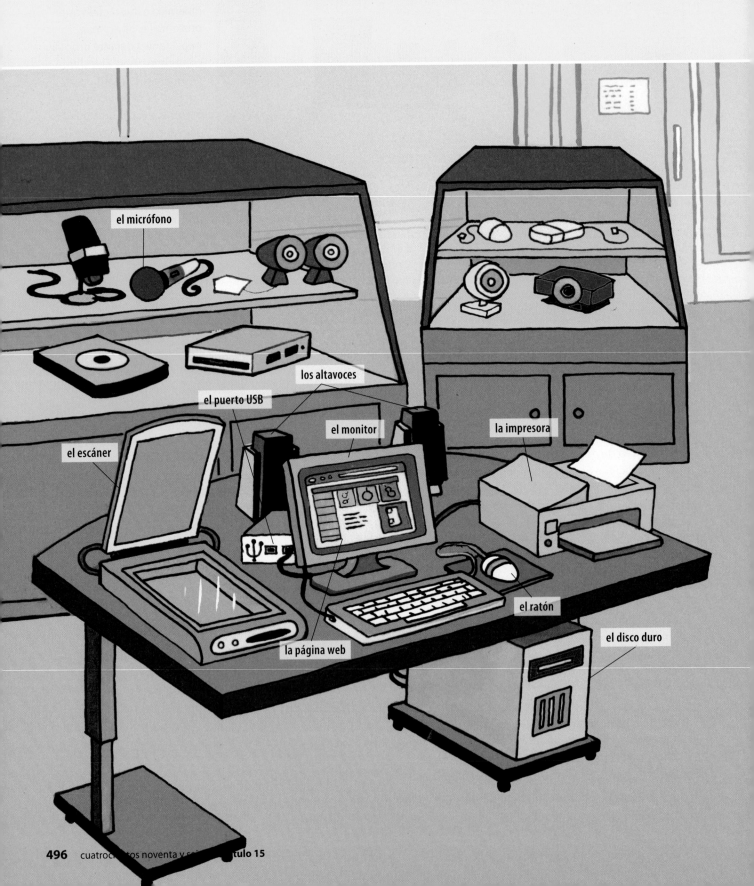

el micrófono

los altavoces

el puerto USB

el monitor

la impresora

el escáner

la página web

el ratón

el disco duro

Nota lingüística

It is common to encounter computer terms from English used in Spanish, such as **el floppy, el laptop, el notebook, el mouse, el scanner,** and **el software. La unidad flash** is a combination of Spanish and English.

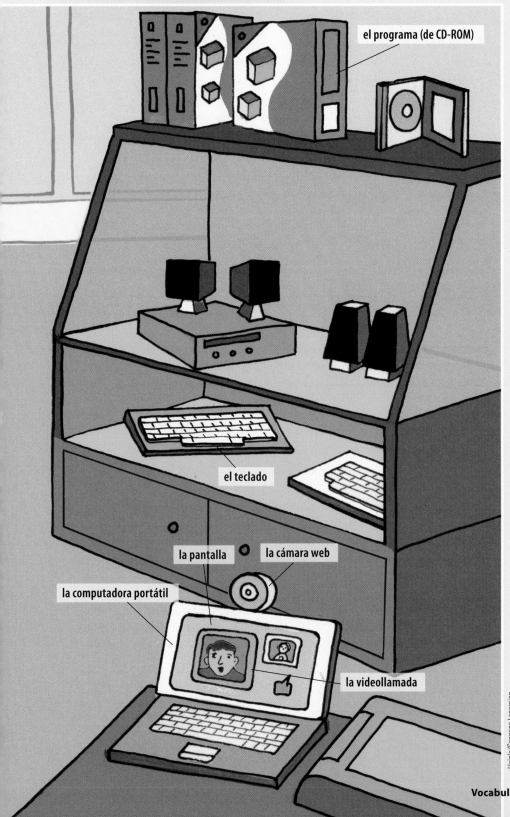

el programa (de CD-ROM)

el teclado

la pantalla

la cámara web

la computadora portátil

la videollamada

Heinle/Cengage Leaerning

Otros sustantivos

el ciberespacio / el espacio cibernético *cyberspace*

la conexión... *connection*

  de alta velocidad *high-speed connection*

  inalámbrica *wireless connection*

la red social *social network*

el salón de charla *chat room*

Verbos

abrir un documento (un programa) *to open a document (program)*

archivar/guardar *to save*

cargar (un archivo) *to upload (a file)*

cerrar un documento (un programa) *to close a document (program)*

descargar (un archivo) *to download (a file)*

estar conectado(a)/(en línea) *to be online*

hacer clic (sobre) *to click (on)*

navegar la Red *to surf the net*

programar *to program*

salir del programa *to quit the program*

teletrabajar *to telecommute*

Palabras útiles

el módem *modem*

la página de bienvenida (de entrada, inicial, principal) *home page*

el proveedor de servicios Internet *Internet service provider*

el servidor *server*

Palabras útiles are presented to help you enrich your personal vocabulary. The words here will help you talk about computers and the Internet.

¡A practicar!

15-12 **¡Socorro!** Es la segunda semana en la tienda de Federico y Alejandra. Hoy llaman muchos clientes con problemas. Completa las oraciones con la palabra necesaria de la lista para indicar los problemas y las recomendaciones.

computadora portátil	escáner	hacer clic	abrir
conexión de alta velocidad	Internet	altavoces	página web

1. **El Sr. Ramírez:** Buenos días, señorita. Necesito una computadora que pueda llevar de viaje. ¿Qué me recomienda Ud.?

   Alejandra: Cómprese esta 1. _____. Es muy ligera.

2. **Juan Pablo:** Como no tengo un buen estéreo, quisiera poder escuchar música en mi computadora cuando esté en casa.

   Alejandra: Le recomiendo estos 2. _____. ¡Son muy buenos!

3. **José Eduardo:** Hola, Alejandra. Quisiera diseñar una 3. _____ usando mis fotos. ¿Qué tengo que hacer?

   Alejandra: Hola, José Eduardo. Para poner tus fotos en 4. _____, vas a necesitar un 5. _____, si no tienes una cámara digital. Además es recomendable tener una 6. _____.

4. **Maruja:** Yo sé cerrar mis documentos, pero no sé cómo 7. _____ los. ¿Qué tengo que hacer?

   Alejandra: Es muy simple. Para abrir sus documentos, solo necesita 8. _____ con el ratón en el ícono.

15-13 **¿Qué busca esta gente?** Ahora Federico tiene descripciones de lo que sus clientes necesitan. Ayúdale a encontrar las cosas que necesitan.

1. _____ algo para imprimir documentos

2. _____ algo con muchas teclas y letras para escribir en la computadora

3. _____ el objeto que se usa para hacer clic

4. _____ la parte de la computadora que tiene memoria

5. _____ el objeto que se usa para que otra persona pueda verte a la distancia a través de la computadora

6. _____ el objeto que se usa para hablar a través de la computadora

a. el disco duro

b. el teclado

c. la impresora

d. el ratón

e. el micrófono

f. la cámara web

15-14 **El teléfono nuevo** Recibes un mensaje telefónico de una amiga que acaba de comprar un teléfono nuevo. Ya que tú piensas comprar un teléfono pronto, escucha con cuidado y escribe cinco cosas que ella menciona que te interesen.

AUDIO CD
CD 4, TRACK 16

1. _____

2. _____

3. _____

4. _____

5. _____

Workbook *15-6 – 15-7*
Lab Manual *15-7 – 15-9*

¡A conversar!

15-15 **¿Qué vamos a comprar?** Tú y un(a) compañero(a) piensan empezar su propia empresa y necesitan comprar una computadora y otra tecnología para su oficina. Prefieren comprar tantos artículos y servicios como sea posible en la tienda Tecnimundo. Lean la información sobre Tecnimundo y discutan qué quieren comprar. Si necesitan cosas que Tecnimundo no ofrece, hablen de ellas también e indiquen dónde pueden comprarlas.

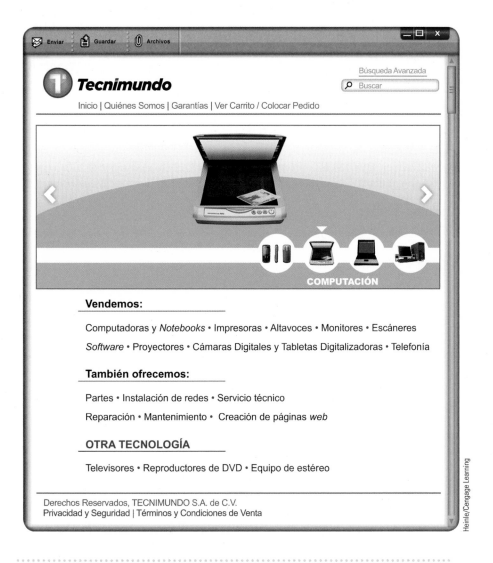

Enviar Guardar Archivos

Tecnimundo

Búsqueda Avanzada

Buscar

Inicio | Quiénes Somos | Garantías | Ver Carrito / Colocar Pedido

COMPUTACIÓN

Vendemos:

Computadoras y *Notebooks* • Impresoras • Altavoces • Monitores • Escáneres

Software • Proyectores • Cámaras Digitales y Tabletas Digitalizadoras • Telefonía

También ofrecemos:

Partes • Instalación de redes • Servicio técnico

Reparación • Mantenimiento • Creación de páginas *web*

OTRA TECNOLOGÍA

Televisores • Reproductores de DVD • Equipo de estéreo

Derechos Reservados, TECNIMUNDO S.A. de C.V.
Privacidad y Seguridad | Términos y Condiciones de Venta

Heinle/Cengage Learning

15-16 **Una escena en Tecnimundo** Trabajen en grupos de tres o cuatro personas para preparar y presentar una escena que podría ocurrir en la tienda Tecnimundo. Los miembros del grupo desempeñan los papeles de los dueños de la tienda y unos clientes. Los clientes piden ayuda e información, los dueños contestan las preguntas y tratan de convencer a los clientes de que compren muchas cosas. Después de preparar y practicar la escena, preséntenla a la clase.

If clauses

You have seen the conditional tense used with the past subjunctive to speculate about what would happen under certain conditions (**Si tuviéramos el dinero, iríamos al Ecuador**). Now you will see how to form and use these and other hypothetical statements that are often called *if* clauses.

To imply that a situation is a fact or is likely to occur, however, use **si** *(if)* with a verb form in the indicative in both the *if* (dependent) clause and the conclusion (independent clause).

Factual situation

—Ya he ahorrado más de 2.000 dólares para mis vacaciones.

I've already saved more than $2,000 for my vacation.

—**Si tienes** tanto dinero, **puedes** viajar a Uruguay.

If you have so much money, you can travel to Uruguay.

Likely to occur

Si ahorro 200 dólares más, **viajaré** a ese país.

If I save 200 dollars more, I will travel to that country.

To imply that a situation is contrary to fact or is unlikely to occur, use **si** with a past subjunctive verb in the *if* (dependent) clause, and a conditional verb in the conclusion (independent clause).

Contrary to fact

Si tuvieras el dinero, **¿irías** a Uruguay?

If you had the money, would you go to Uruguay?

Unlikely to occur

Si yo **pagara** tu boleto, **¿irías** conmigo?

If I paid for your ticket, would you go with me?

¿Recuerdas?

Heinle/Cengage Learning

Federico: Espero que no sigas así, mi amor. Tenemos que ser optimistas. **Si tuviéramos** todo en orden, no **habría** aventura. Tenemos que arriesgarnos un poco.

Alejandra: Para ti es fácil decir eso. No piensas en los detalles.

¡A practicar!

15-17 **Si viajara a Latinoamérica** Siempre has querido viajar a varios países de Latinoamérica. Escribe oraciones completas siguiendo el modelo para expresar tus ideas.

Modelo si / viajar / Latinoamérica / ir con...
Si viajara a Latinoamérica, iría con mi amigo Beto.

1. si / viajar / avión / comprar / boleto / barato
2. si / comunicarme / con gente / hablar / en español
3. si / querer / comida típica / ir / restaurantes familiares
4. si / conocer / muchas personas / aprender / la cultura
5. si / poder / trabajar / lo / hace/ en la playa
6. si / tener / dinero / visitar / todos los países

15-18 **Internet en casa** Mario es un estudiante universitario que vive en un apartamento en Buenos Aires con tres amigos. Completa las oraciones para saber lo que dice sobre su conexión a Internet. Escoge el presente del indicativo o el imperfecto del subjuntivo para cada verbo indicado.

1. Si yo ——— (poder) escoger el servicio de Internet para nuestro apartamento, voy a escoger Telecom con acceso dedicado.
2. Si una persona ——— (tener) el acceso dedicado, el servicio no ocupa su línea telefónica.
3. Mis compañeros y yo no podríamos sobrevivir si la computadora y el teléfono ——— (ocupar) la misma línea.
4. Con Telefónica, si nosotros pagamos 10 pesos por mes, ——— (recibir) tres casillas de correo electrónico.
5. Si nosotros ——— (querer) más servicios, tendríamos que pagar más.
6. Si alguien ——— (trabajar) en casa, puede necesitar más servicios pero nosotros no los necesitamos.
7. Pues, claro que si el dinero no ——— un problema para nosotros, escogeríamos el plan con todos los servicios.

¡A conversar!

15-19 **Oportunidades y decisiones** Pregúntale a otro(a) compañero(a) de clase sobre estas posibilidades fantásticas y las decisiones que él/ella tomaría para ver si tienen mucho en común.

1. Si tuvieras el dinero y el tiempo, ¿te gustaría comprar una computadora mejor? ¿Qué tipo comprarías? ¿Para qué la usarías?
2. ¿Harías una página web en Internet si tuvieras la oportunidad? ¿Qué información pondrías? ¿Pondrías una foto tuya en esa página?
3. Si pudieras inventar una máquina, ¿qué inventarías? ¿Por qué inventarías eso?
4. Si vivieras en otro siglo, ¿en qué época querrías vivir y por qué? ¿Qué tecnología echarías de menos *(would you miss)*?
5. Si conocieras una persona en Internet, ¿qué le preguntarías?
6. Si tú y tus amigos descubrieran el secreto de la vida eterna, ¿qué harían con esta información?
7. ¿Querrías saber algo de tu vida si pudieras visitar el futuro?
8. ¿Qué haría tu mejor amigo(a) si se ganara la lotería? ¿Compartiría el dinero contigo? ¿Te compraría él/ella un nuevo estéreo u otra cosa parecida?

15-20 **¿Un mundo ideal?** Con un(a) compañero(a) de clase, habla de las consecuencias de las siguientes situaciones y decidan si el mundo realmente sería mejor.

¿Qué pasaría si...

1. todos se cuidaran bien?
2. no hubiera guerras?
3. nadie tuviera problemas emocionales?
4. fuera posible vivir por 200 años?
5. no existieran diferencias de opinión?
6. toda la gente se vistiera de la misma manera?
7. todos hablaran inglés y español?
8. el precio de la gasolina no subiera?
9. la conexión a Internet fuera gratis?
10. todos en el mundo tuvieran una computadora?

Heinle/Cengage Learning

¡Adiós, Hacienda Vista Alegre!

El momento de despedirse está cerca para todos los compañeros de la casa. En este segmento del video, ellos trabajan juntos para pintar un cuadro. Mientras pintan, piensan en las experiencias que han tenido juntos en la Hacienda Vista Alegre.

Antes de ver

Expresiones útiles Las siguientes son expresiones nuevas que vas a escuchar en el video.

Un momento clave	*A key moment*
Fue como un reto	*It was a challenge.*

 1. **Recordemos** ¿Cómo te sientes a la hora de tener que despedirte de alguien? Recuerda la última vez tuviste que hacer esto y explica la situación y tus sentimientos a un compañero. ¿Tuvieron reacciones parecidas o muy diferentes?

2. **Practiquemos** Con un(a) compañero(a) de clase, decidan que pasaría si los habitantes de Vista Alegre pudieran seguir viviendo allí un mes más. ¿Se enamorarían Valeria y Antonio? ¿Trabajaría Sofía como mesera en San Juan?

3. **Charlemos** ¿Cuáles son algunas de las cosas que aprendiste de tus amigos? ¿Has tenido amigos que han tenido mucha influencia en tu vida? ¿Por qué han tenido tanto valor algunas amistades? Comparte tus experiencias con un(a) compañero(a). ¿Han tenido experiencias similares?

Después de ver

1. Reacciones emocionales En el video, viste cómo se sienten los compañeros. Para dar más detalles sobre los últimos momentos que los compañeros tenían juntos, completa el párrafo con el infinitivo o la forma apropiada del imperfecto de subjuntivo o del pretérito de los verbos entre paréntesis.

- Sofía estaba un poco triste de que —————— (**terminar**) el mes de vivir juntos en la Hacienda Vista Alegre. Era obvio para ella que el mes ———————(**ser**) un momento clave para todo el grupo.

- Por ejemplo, era bueno que Javier —————— (**venir**) a Puerto Rico y que —————————— (**escuchar**) a Sofía cuando planeaba su futuro.

- Alejandra dudaba que vivir con cuatro personas ————————— (**poder**) convertirse en una diversión, pero así pasó.

- Antonio no esperaba —————————— (**olvidar**) la experiencia nunca y Valeria se alegraba de que todos los compañeros ——————— (**llegar**) a ser amigos.

2. Si no fuera así En la Hacienda Vista Alegre, los compañeros experimentaron una amistad fuerte. Si no fuera por esta amistad e influencia, el futuro de cada uno sería bien diferente. Para explicar un poco la influencia que tenían uno sobre el otro, completa las siguientes oraciones con el imperfecto del subjuntivo o el condicional de los verbos entre paréntesis.

- Si Javier no ————— (**escuchar**) a Sofía, todavía seguiría su carrera de medicina.

- Si no fuera por Sofía, Valeria no —————— (**apreciar**) la música folclórica.

- Si Valeria no ————— (**conocer**) a Antonio, volvería con su ex novio César en Venezuela.

- Si no fuera por Alejandra, Sofía no —————— (**tener**) una fotografía para la contraportada de su libro.

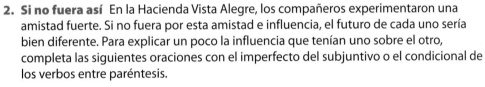

Entre nosotros ¿Es esto lo que esperabas que les pasara a los compañeros? ¿Por qué? ¿Crees que se escribirán? ¿Se hablarán por teléfono? ¿Quiénes se escribirán por correo electrónico? ¿Quiénes viajarán para visitarse? Compara tus respuestas con las de un(a) compañero(a). ¿Tienen las mismas opiniones?

Presentaciones ¿Qué harías si tú fueras uno de los compañeros? Imagínate que eres uno de los compañeros de Vista Alegre y describe en un párrafo por lo menos cinco cosas que harías si fueras esta persona. Después presenta tus ideas a la clase.

See the *Lab Manual,* **Capítulo 15, 15-13 – 15-14** for additional activities.

Heinle/Cengage Learning

¡A LEER!

Antes de leer

Strategy: Integrating your reading strategies

In previous lessons, you have learned many strategies for becoming a more proficient reader of Spanish. In this section, you will practice integrating several of these reading strategies.

Before reading the article, consider the title and its implications. You should rely on your personal knowledge on what you read previously in the *Encuentro cultural* to assist you in formulating an educated guess as to the article's topic. Then, take few moments to skim and identify cognates. Also, look for affixes (**Inter**americano, regional) and root words (**evaluar, evaluación, estado, estatal**) to aid in demystifying unknown terms. As you begin to read the selection, be sure to use format clues (underlined words and phrases) and to actively cluster words to get the gist of a sentence. Use these questions to guide your work with the selection:

1. Read the titles of the selection. Do you have a better idea of the theme of the selection? What is the theme?

2. Basing your prediction on the knowledge that you may have of this topic, what information is likely to be found in this selection?

Banco Interamericano de Desarrollo (BID) anuncia estudios sobre efectividad de la computación en las aulas

Países latinoamericanos lideran en uso de tecnologías de la información y la comunicación en la educación

El Banco Interamericano de Desarrollo (BID) ha encargado estudios para evaluar el impacto del uso de las computadoras en las salas de clases en siete países latinoamericanos, incluido Uruguay, única nación en el mundo donde cada niño en el sistema escolar estatal tiene acceso a una computadora.

Los estudios de evaluación desean medir los resultados del uso de las computadoras en las salas de clase, para encontrar un modelo exitoso que pueda ser replicado a escala regional. Según estimaciones del BID, a fines del año 2015, unos 30 millones de escolares latinoamericanos podrían tener en sus aulas una computadora personal o un teléfono inteligente para ayudarles a aprender.

Aparte de Uruguay, hay programas de uso de computadoras en las salas de clases en Brasil, México, Argentina, Perú, Colombia, Paraguay y Haití. En Haití, una donación de $3 millones de dólares del BID financió en 2008 un plan piloto para dar computadoras a 13.200 niños y 500 profesores en 60 escuelas primarias, por medio de la Fundación *One Laptop Per Child* (OLPC).

El Plan Ceibal, que permitió a Uruguay ser el primer país del mundo que da una computadora a todos los escolares en las salas de clase, ha convertido a la nación sudamericana en foco de atención mundial. Se trata de "una experiencia pionera para América Latina y el mundo", dijo el presidente del BID, Luis Alberto Moreno. El BID podría dar un impulso adicional al programa uruguayo después de conocer los resultados del estudio de evaluación de impacto.

Además de la experiencia de Uruguay, otros esfuerzos nacionales por incorporar las Tecnologías de Información y Comunicación en los sistemas educativos se analizan en Portugal, Argentina y Brasil. Se espera que para finales de 2015, la mitad de los niños en edad escolar de América Latina tengan una computadora para ayudarlos en su aprendizaje.

2010, Inter-American Development Bank, www.iadb.org http://www.iadb.org. Used with permission.

Después de leer

A escoger Después de leer el texto, contesta las siguientes preguntas.

1. ¿Por qué es importante para el BID evaluar el programa del uso de las computadoras en los salones de clase de los países latinoamericanos?
   a. Para dar más dinero a los países latinoamericanos
   b. Para crear un modelo que pueda ser copiado en otros países
   c. Para evaluar los programas educativos en Latinoamérica

2. El BID ha trabajado con la organización OLPC en Uruguay para…
   a. dar computadoras a todos los niños en edad escolar.
   b. dar computadoras a los estudiantes en edad universitaria.
   c. dar computadoras a los profesores y estudiantes universitarios.

3. El Plan Ceibal se lleva a cabo en…
   a. Paraguay
   b. Brasil
   c. Uruguay

4. Para finales del año 2015, se espera que en Latinoamérica…
   a. todos los niños en edad escolar tengan una computadora.
   b. la mitad de los niños en edad escolar tengan una computadora.
   c. todos los niños y estudiantes universitarios tengan una computadora.

¿Cierto o falso? Indica si las siguientes oraciones son **ciertas** o **falsas**. Corrige las oraciones falsas

1. Uruguay es el único país del mundo donde cada niño en el sistema escolar estatal tiene acceso a una computadora.

2. En Haití, una donación de $3 millones de dólares del BID financió computadoras para 13.200 niños y 500 profesores en conjunto con la Fundación *One Laptop Per Child* (OLPC).

3. El Plan Ceibal permitió a Uruguay ser uno de los varios países del mundo que da una computadora a todos los escolares en las salas de clase y por eso Uruguay se ha convertido en foco de la atención mundial.

 A conversar Con tres de sus compañeros de clase comenten los siguientes temas.

1. ¿Para qué utilizan ustedes Internet? ¿Usan Internet para comunicarse o para buscar información? ¿Hay diferencias o semejanzas entre el uso que ustedes le dan y el uso que le dan los estudiantes uruguayos?

2. ¿Cómo se comunicarían con sus amigos si no tuvieran ni correo electrónico, ni mensajes de texto por teléfono?

3. Hagan una encuesta a toda la clase para saber quién usa Facebook.com o MySpace.com y pregunten para qué lo usan (comunicar vs. buscar información) y en qué tipo de *blog* o bitácora intervienen.

¡A ESCRIBIR!

Strategy: Speculating and hypothesizing

In this section, you are going to use what you have learned to write about a hypothetical situation and make a projection about what might occur under particular circumstances. Individuals in many professions prepare projections based on hypothetical situations. For example, marketing and advertising managers speculate about the success of their products, and individuals in government make projections about the effects of projects and programs. Consider the situation of a university student:

Ojalá yo tuviera una computadora portátil. De momento, no poseo ninguna computadora, y estoy harto de hacer cola (stand in line) en los laboratorios de computadoras de la universidad. Si tuviera mi propia computadora portátil, podría navegar la Red o mirar mi correo electrónico en cualquier momento. Tendría más tiempo para estudiar o pasear con mis amigos porque no tendría que hacer cola en la universidad para usar una computadora. No importaría si estuviera en casa, en la universidad o en la casa de un amigo: siempre la tendría a mi lado. Sería mucho más fácil conectarme a Internet. También la podría llevar conmigo cuando estuviera de vacaciones en casa de mis padres o en otro sitio.

Task: Preparing a projection

Paso 1 Piensa en las siguientes situaciones hipotéticas. Luego, escoge una de ellas o inventa tu propia situación.

- Si tuviera toda la tecnología nueva en mi casa...
- Si viajara por el mundo hispano...
- Si pudiera cambiar el mundo...

Paso 2 Ahora que has escogido una situación hipotética, piensa en lo que pasaría en el contexto que has seleccionado. Piensa en las siguientes preguntas y escribe tus ideas.

- ¿Qué harías tú?
- Qué reacción tendrían otras personas, como tus amigos, tu familia, etc.
- ¿Qué ventajas tendría esta situación? ¿Qué desventajas tendría?

Paso 3 Ahora, escribe una composición acerca de lo que pasaría en la situación hipotética que has escogido. Debes incluir la información que has usado en los Pasos 1 y 2.

 Paso 4 Intercambia papeles con un(a) compañero(a) de clase. Lee su composición y decide si toda la información ha sido presentada de una manera clara. También decide si todo sería igual si tú te encontraras en la situación descrita o si algunas cosas serían diferentes. Habla sobre tus reacciones con tu compañero(a).

Communicative Objectives

- Share information about computers and other electronic devices
- Communicate about emotions, influence, doubt, and denial in the past
- Express hypothetical situations

Paso 1

Review the Communicative Goals for **Capítulo 15** and determine if you are able to accomplish the goals. If you are not certain that you have achieved all of the goals, review the pertinent portions of the chapter.

Paso 2

Look at the components of a conversation that address the communicative goals for this chapter. The percentages will help you evaluate your ability to successfully participate in the conversation featured below. Your instructor may use the same rubric to assess your oral performance.

Components of the conversation	%
☐ Greeting, questions, and answers about three forms of technology and changes from past to present	20
☐ Expression of what parents or other people permitted and prohibited regarding technology	15
☐ At least two pieces of information about what parents and teachers recommended, demanded, hoped, etc., regarding technology	15
☐ Two or more pieces of information about what the speakers liked, disliked, etc.	15
☐ Statement about what the speakers wished for or hoped for regarding technology	10
☐ Two or more statements about what the speakers would do if they could or how they would feel if particular conditions existed	20
☐ Polite conclusion of the conversation	5

 En acción Think about a conversation between friends (A and B) who are discussing their lives in the past, comparing aspects of technology with those of today, and speculating about what they would do in particular situations. Work with a partner to carry out the conversation, being sure to include the steps below.

1. A and B greet each other and discuss at least three forms of technology they use today and how they differ from the past.

2. A tells B what his (her) parents permitted and prohibited regarding technology when he (she) was young.

3. A and B discuss what their parents and teachers recommended, demanded, insisted, and desired that they do or not do.

4. A tells B what he (she) hoped for or wished for regarding technology and B responds.

5. A expresses what he (she) would do if the technology existed and B tells what he (she) would do or how he (she) would feel if technology could make something possible. Each speaker addresses two or more situations.

6. The speakers politely conclude the conversation.

¡A REPASAR!

Past (imperfect) subjunctive

Spanish speakers use the past (imperfect) subjunctive to express wishes, emotions, opinions, uncertainty, and indefiniteness about the past. For all Spanish verbs, drop the **-ron** ending from the **Uds./ellos(as)** form of the preterite tense, then add the personal endings shown in boldface below. Any irregularities in the third-person plural of the preterite will be maintained in the imperfect subjunctive.

yo	habla**ra**	vinie**ra**	me fue**ra**
tú	habla**ras**	vinie**ras**	te fue**ras**
él/ella	habla**ra**	vinie**ra**	se fue**ra**
nosotros(as)	hablá**ramos**	vinié**ramos**	nos fué**ramos**
vosotros(as)	habla**rais**	vinie**rais**	os fue**rais**
Uds., ellos(as)	habla**ran**	vinie**ran**	se fue**ran**

¡A recordar! 1 Why does the **nosotros(as)** form always have an accent mark? What are the alternate past subjunctive forms and when and where are they used? In which instances is the past subjunctive used to show courtesy?

Forming and using *if* clauses

To imply that a situation is contrary-to-fact or is unlikely to occur, use **si** *(if)* with a past subjunctive verb in the dependent clause (*if* clause), and a conditional verb in the independent clause. To imply that a situation is a fact or is likely to occur, however, use **si** with an indicative verb form in both the *if* clause and the independent clause.

¡A recordar! 2 How would you say *If we had the money, we would go to South America* in Spanish?

Actividad 1   Mi niñez Completa el párrafo usando la forma correcta de cada verbo en el imperfecto (pasado) del subjuntivo.

Mis padres querían que mis hermanos y yo 1. _____ (sacar) buenas notas y que 2. _____ (tener) éxito en la escuela. Nos compraron computadoras para que nosotros 3. _____ (poder) hacer la tarea y aprender a usar la tecnología. No permitían que yo 4. _____ (ver) la tele mucho pero les gustaba que mis hermanos 5. _____ (jugar) al fútbol y que yo 6. _____ (correr) mucho. Era bueno que mis padres 7. _____ (hacer) ejercicio también y me alegraba que todos nosotros 8. _____ (ir) al parque los sábados. Trabajábamos mucho pero era importante que nosotros 9. _____ (divertirse). Recientemente mi padre me dijo «Siempre quise que mis hijos 10. _____ (estar) contentos.»

Actividad 2   La universidad ahora y en el pasado Cambia cada verbo en negrilla *(boldface)* del presente del subjuntivo al imperfecto (pasado) del subjuntivo.

1. Recomiendo que **estudies.** Recomendaba que _____.

2. Dudo que mis amigos **duerman** suficientes horas. Dudaba que _____ suficientes horas.

3. Los profesores esperan que **comprendamos** las lecciones. Esperaban que las _____.

4. Los médicos sugieren que Ud. **coma** bien. Los médicos sugerían que Ud. _____ bien.

5. Es posible que algunas personas no **lean** los libros. Era posible que algunas personas no los _____.

6. Es lógico que **usemos** la computadora. Era lógico que la _____.

7. Me alegro de que las clases **sean** interesantes. Me alegraba de que las clases _____ interesantes.

Actividad 3   Una tienda nueva Escoge la respuesta correcta para cada oración para saber más sobre la tienda de Federico y Alejandra.

_____ 1. Espero que los clientes _____ lo que buscan en nuestra tienda.

     a. encuentran   c. encontraron
     b. encuentren   d. encontraran

_____ 2. Es importante que yo _____ documentación de nuestras ventas.

     a. mantengo   c. mantuve
     b. mantenga   d. mantuviera

_____ 3. Cuando planeábamos la tienda, mi padre recomendó que _____ cuidado.

    a. tenemos   b. tengamos

    c. teníamos   d. tuviéramos

_____ 4. Era necesario que él nos _____ dinero.

    a. presta   b. preste

    c. prestó   d. prestara

_____ 5. Él estaba seguro de que _____ a tener éxito.

    a. vamos   b. vayamos

    c. íbamos   d. fuéramos

_____ 6. Si vendemos los productos más deseados, _____ ganar dinero.

    a. podemos   b. podamos

    c. pudimos   d. pudiéramos

_____ 7. Si mis padres no nos _____, sería mucho más difícil.

    a. ayudan   b. ayuden

    c. ayudaron   d. ayudaran

_____ 8. Es increíble que tú _____ tantas cosas aquí. ¡Mil gracias!

    a. compras   b. compres

    c. comprabas   d. compraras

Actividad 4 Tecnología para mi casa Escoge el verbo lógico para completar cada oración y escribe la forma correcta. Escoge el imperfecto (pasado) del subjuntivo o el condicional según el contexto.

estar	navegar	poder
sacar	ser	tener

1. Si yo _____ mucho dinero, compraría mucha tecnología para mi casa.

2. Tendría un televisor enorme si _____ posible.

3. Mis amigos vendrían a mi casa si ellos _____ mirar los deportes en una pantalla grande.

4. Si supiera usar la cámara digital, yo _____ fotos de mis amigos.

5. Yo aprendería mucho si _____ Internet todo el día.

6. _____ muy alegre si toda mi tecnología funcionara bien.

Actividad 5 Si así fuera... Forma oraciones con los siguientes elementos. Completa cada oración con tu propia opinión.

1. Si yo / viajar / un país de Latinoamérica / elegir...

2. Si tú / tener / que comer comida típica de Latinoamérica / pedir....

3. Si Carlos / querer / un CD de música en español / comprar...

4. Si Flavia y yo / trabajar una agencia de viajes / tener / pasajes con descuento.

5. Si Cora / ir / a Sudamérica / tardar / muchas horas en avión.

6. Si mis padres / ganar / la lotería / venir / conmigo a Latinoamérica.

Cita

"¿Por qué esta magnífica _____ (technology) científica, que ahorra trabajo y nos hace la vida más fácil, nos da tan poca felicidad? La repuesta es simplemente porque aún no hemos aprendido a usarla con tino (good sense or aim)."

-Albert Einstein

VOCABULARIO ESENCIAL

Los avances tecnológicos	Technological innovations
Sustantivos	
la alarma	alarm
la antena parabólica	satellite dish
los auriculares	headphones
la cámara (digital)	(digital) camera
el contestador automático	answering machine
el control remoto	remote control
el disco compacto	compact disc (CD)
el DVD	DVD
el equipo electrónico	electronic equipment
el (equipo) estéreo	stereo
el mensaje (de texto)	(text) message
el reproductor de DVD	DVD player
el reproductor de MP3	MP3 player
el satélite	satellite
el teléfono celular	cellular phone
el teléfono inteligente	smartphone
el televisor (de pantalla plana)	(flat-screen) TV
la videocámara digital	digital video camera
el videocasete	videotape
la videocasetera	VCR
el videojuego	video game
Adjetivos	
apagado(a)	off
encendido(a)	on
enchufado(a)	plugged in
prendido(a)	on
Verbos	
apagar	to turn off
(des)conectar	to (dis)connect
(des)enchufar	to plug in (to unplug)
encender	to turn on (TV, stereo, etc.)
funcionar	to function, work
grabar	to record
prender	to turn on (TV, stereo, etc.)

La computadora	Computer
Sustantivos	
los altavoces	speakers
la cámara web	web camera
el ciberespacio	cyberspace
la computadora portátil	laptop computer
la conexión	connection
... de alta velocidad	high speed connection
... inalámbrica	wireless connection
el disco duro	hard drive
el escáner	scanner
el espacio cibernético	printer
la impresora	cyberspace
el micrófono	microphone
el monitor	monitor
la página web	web page
la pantalla	screen
el programa (de CD-ROM)	(CD-ROM) program
el puerto USB	USB port
el ratón	mouse (of a computer)
la red social	social network
el salón de charla	chat room
el teclado	keyboard
la videollamada	video call
Verbos	
abrir un documento (un programa)	to open a document (program)
archivar	to save
cargar (un archivo)	to upload (a file)
cerrar un documento (un programa)	to close a document (program)
descargar (un archivo)	to download (a file)
estar conectado(a)	to be online
estar en línea	to be online
guardar	to save
hacer clic (sobre)	to click (on)
navegar la Red	to surf the net
programar	to program
salir del programa	to quit the program
teletrabajar	to telecommute

For more detailed explanations of these grammar points, consult the Index to find the pages where they are explained fully in the body of the textbook.

ACTIVE VOICE (**La voz activa**) A sentence written in the active voice identifies a subject that performs the action of the verb.

Juan	cantó	la canción.
Juan	*sang*	*the song.*
subject	**verb**	**direct object**

In the sentence above Juan is the performer of the verb **cantar**.
(*See also* **Passive voice.**)

ADJECTIVES (**Los adjetivos**) are words that modify or describe **nouns** or **pronouns** and agree in **number** and generally in **gender** with the nouns they modify.

Las casas **azules** son **bonitas.**
*The **blue** houses are **pretty.***

Esas mujeres **mexicanas** son mis amigas **nuevas.**
*Those **Mexican** women are my **new** friends.*

Plazas es un libro **interesante** y **divertido.**
*Plazas is an **interesting** and **fun** book.*

- **Demonstrative adjectives** (**Los adjetivos demostrativos**) point out persons, places, or things relative to the position of the speaker. They always agree in **number** and **gender** with the **noun** they modify. The forms are: **este, esta, estos, estas / ese, esa, esos, esas / aquel, aquella, aquellos, aquellas.** There are also neuter forms that refer to generic ideas or things, and hence have no gender: **esto, eso, aquello.**

Este libro es fácil.	*This book is easy.*
Esos libros son difíciles.	*Those books are hard.*
Aquellos libros son pesados.	*Those books (**over there**) are boring.*

Demonstratives may also function as **pronouns**, replacing the **noun** but still agreeing with it in **number** and **gender**. **Demonstrative pronouns** once carried accents to distinguish them from the demonstrative adjectives, but in 2005, the **Real Academia Española** ruled that accents are not necessary unless there is room for confusion.

Me gustan esas blusas verdes.	*I like those green blouses.*
¿Cuáles, **estas?**	*Which ones, **these?***
No. Me gustan **esas.**	*No. I like **those.***

- **Stressed possessive adjectives** (**Los adjetivos posesivos acentuados**) are used for emphasis and follow the noun that they modifiy. These adjectives may also function as pronouns and always agree in **number** and in **gender**. The forms are: **mío, tuyo, suyo, nuestro, vuestro, suyo.** Unless they are directly preceded by the verb **ser,** stressed possessives must be preceded by the **definite article.**

Ese perro pequeño es **mío.**	*That little dog is **mine.***
Dame el **tuyo;** el **nuestro** no funciona.	*Give me **yours; ours** doesn't work.*

- **Unstressed possessive adjectives** (**Los adjetivos posesivos no acentuados**) demonstrate ownership and always precede the **noun** that they modify.

La señora Elman es **mi** profesora.	*Mrs. Elman is **my** professor.*
Debemos llevar **nuestros** libros a clase.	*We should take **our** books to class.*

ADVERBS (**Los adverbios**) are words that modify **verbs, adjectives,** or other adverbs and, unlike **adjectives,** do not have **gender** or **number.** Here are examples of different classes of adverbs:

Practicamos **diariamente.**	*We practice **daily**.* (adverb of manner)
Ellos van a salir **pronto.**	*They will leave **soon**.* (adverb of time)
Jennifer está **afuera.**	*Jennifer is **outside**.* (adverb of place)
No quiero ir **tampoco.**	*I don't want to go **either**.* (adverb of negation)
Paco habla **demasiado.**	*Paco talks **too much**.* (adverb of quantity)

AGREEMENT (**La concordancia**) refers to the correspondence between parts of speech in terms of **number, gender,** and **person.** Subjects agree with their verbs; articles and adjectives agree with the nouns they modify, etc.

Todas las lenguas son interesant**es.**	*All languages are interesting.* (number)
Ella es bonit**a.**	*She is pretty.* (gender)
Nosotros somos de España.	*We are from Spain.* (person)

ARTICLES (**Los artículos**) precede nouns and indicate whether they are definite or indefinite persons, places, or things.

- **Definite articles** (**Los artículos definidos**) refer to particular members of a group and are the equivalent of *the* in English. The definite articles are: **el, la, los, las.**

El hombre guapo es mi padre.	***The** handsome man is my father.*
Las mujeres de esta clase son inteligentes.	***The** women in this class are intelligent.*

- **Indefinite articles** (**Los artículos indefinidos**) refer to any unspecified member(s) of a group and are the equivalent of *a(n)* and *some.* The indefinite articles are: **un, una, unos, unas.**

Un hombre vino a nuestra casa anoche.	*A man came to our house last night.*
Unas niñas jugaban en el parque.	***Some** girls were playing in the park.*

CLAUSES (**Las cláusulas**) are subject and verb combinations; for a sentence to be complete it must have at least one main clause.

- **Main clauses** (Independent clauses) (**Las cláusulas principales**) communicate a complete idea or thought.

Mi hermana va al hospital.	*My sister goes to the hospital.*

- **Subordinate clauses** (Dependent clauses) (**Las cláusulas subordinadas**) depend upon a main clause for their meaning to be complete.

Mi hermana va al hospital	con tal que no llueva.
My sister goes to the hospital	*provided that it's not raining.*
main clause	**subordinate clause**

In the sentence above, *provided that it's not raining* is not a complete idea without the information supplied by the main clause.

COMMANDS (**Los mandatos**) (*See* **Imperatives.**)

COMPARISONS (**Las formas comparativas**) are statements that describe one person, place, or thing relative to another in terms of quantity, quality, or manner.

- **Comparisons of equality** (**Las formas comparativas de igualdad**) demonstrate an equal share of a quantity or degree of a particular characteristic. These statements use a form of **tan(to)(ta)(s)** and **como.**

Ella tiene **tanto** dinero **como** Elena.	*She has **as much** money **as** Elena.*
Fernando trabaja **tanto como** Felipe.	*Fernando works **as much as** Felipe.*
Jim baila **tan** bien **como** Anne.	*Jim dances **as well as** Anne.*

- **Comparisons of inequality** (**Las formas comparativas de desigualdad**) indicate a difference in quantity, quality, or manner between the compared subjects. These statements use **más/menos... que** or comparative **adjectives** such as **mejor/peor, mayor/menor.**

España tiene **más** playas que México.	*Spain has **more** beaches **than** Mexico.*
Tú hablas español **mejor que** yo.	*You speak Spanish **better than** I.*

(*See also* **Superlatives.**)

CONJUGATIONS (**Las conjugaciones**) represent the inflected form of the verb as it is used with a particular subject or **person.**

Yo bailo los sábados.	*I dance on Saturdays.* (1st-person singular)
Tú bailas los sábados.	*You dance on Saturdays.* (2nd-person singular)
Ella baila los sábados.	*She dances on Saturdays.* (3rd-person singular)
Nosotros bailamos los sábados.	*We dance on Saturdays.* (1st-person plural)
Vosotros bailáis los sábados.	*You dance on Saturdays.* (2nd-person plural)
Ellos bailan los sábados.	*They dance on Saturdays.* (3rd-person plural)

CONJUNCTIONS (**Las conjunciones**) are linking words that join two independent **clauses** together.

Fuimos al centro **y** mis amigos compraron muchas cosas.
*We went downtown **and** my friends bought a lot of things.*

Yo quiero ir a la fiesta, **pero** tengo que estudiar.
*I want to go to the party, **but** I have to study.*

CONTRACTIONS (**Las contracciones**) in Spanish are limited to preposition/article combinations, such as **de + el = del** and **a + el = al,** or preposition/pronoun combinations such as **con + mí = conmigo** and **con + ti = contigo.**

DIRECT OBJECTS (**Los objetos directos**) in sentences are the direct recipients of the action of the verb. Direct objects answer the questions *What?* or *Whom?*

¿Qué hizo?	*What did she do?*
Ella hizo **la tarea.**	*She did her **homework.***
Y luego llamó a **su amiga.**	*And then called **her friend.***

(*See also* **Pronouns, Indirect object, Personal a.**)

EXCLAMATION WORDS (**Las palabras exclamativas**) communicate surprise or strong emotion. Like interrogative words, exclamatives also carry accents.

¡Qué sorpresa!	***What** a surprise!*
¡Cómo canta Miguel!	***How well** Miguel sings!*

(*See also* **Interrogatives.**)

GENDER (**El género**) is a grammatical feature of Romance languages that classifies words as either masculine or feminine. The gender of the word is sometimes used to distinguish meaning (**la papa** = *the potato,* but **el Papa** = *the Pope;* **la policía** = *the police force,* but **el policía** = *the policeman*). It is important to memorize the gender of nouns when you learn the nouns.

GERUNDS (**Los gerundios**) are the Spanish equivalent of the *-ing* verb form in English. Regular gerunds are created by replacing the **infinitive** endings (**-ar, -er/-ir**) with **-ando** or **-iendo.** Gerunds are often used with the verb **estar** to form the present progressive tense. The present progressive tense places emphasis on the continuing or progressive nature of an action.

Miguel está **cantando** en la ducha.	*Miguel is **singing** in the shower.*

(*See also* **Present participle.**)

IDIOMATIC EXPRESSIONS (**Las frases idiomáticas**) are phrases in Spanish that do not have a literal English equivalent.

Hace mucho frío.　　　　　　　　　　*It is very cold.* (Literally, *It makes a lot of cold.*)

IMPERATIVES (**Los imperativos**) represent the mood used to express requests or commands. It is more direct than the **subjunctive** mood. Imperatives are commonly called commands and fall into two categories: affirmative and negative. Spanish speakers must also choose between using formal commands and informal commands based upon whether one is addressed as **usted** (formal) or **tú** (informal).

Habla conmigo.	**Talk** to me. (informal, affirmative)
No me hables.	**Don't talk to me.** (informal, negative)
Hable con la policía.	**Talk** to the police. (formal, singular, affirmative)
No hable con la policía.	**Don't talk** to the police. (formal, singular, negative)
Hablen con la policía.	**Talk** to the police. (formal, plural, affirmative)
No hablen con la policía.	**Don't talk** to the police. (formal, plural, negative)

(*See also* **Mood.**)

IMPERFECT (**El imperfecto**) The imperfect tense is used to make statements about the past when the speaker wants to convey the idea of 1) habitual or repeated action, 2) two actions in progress simultaneously, or 3) an event that was in progress when another action interrupted. The imperfect tense is also used to emphasize the ongoing nature of the middle of the event, as opposed to its beginning or end. Age and clock time are always expressed using the imperfect.

Cuando María **era** joven, ella **cantaba** en el coro.
*When María **was young**, she **used to sing** in the choir.*

Aquel día **llovía** mucho y el cielo **estaba** oscuro.
*That day **it was raining** a lot and the sky **was dark.***

Juan **dormía** cuando sonó el teléfono.
*Juan **was sleeping** when the phone rang.*

(*See also* **Preterite.**)

IMPERSONAL EXPRESSIONS (**Las expresiones impersonales**) are statements that contain the impersonal subjects of *it* or *one*.

Es necesario estudiar.	**It is necessary** to study.
Se necesita estudiar.	**One needs to** study.

(*See also* **Passive voice.**)

INDEFINITE WORDS (**Las palabras indefinidas**) are **articles**, **adjectives**, **nouns** or **pronouns** that refer to unspecified members of a group.

Un hombre vino.	*A* man came. (indefinite article)
Alguien vino.	*Someone* came. (indefinite noun)
Algunas personas vinieron.	*Some people came.* (indefinite adjective)
Algunas vinieron.	*Some came.* (indefinite pronoun)

(*See also* **Articles.**)

INDICATIVE (**El indicativo**) The indicative is a mood, rather than a tense. The indicative is used to express ideas that are considered factual or certain and, therefore, not subject to speculation, doubt, or negation.

Josefina **es** española.　　　　　　　　*Josefina **is** Spanish.*
(present indicative)

(*See also* **Mood.**)

INDIRECT OBJECTS (**Los objetos indirectos**) are the indirect recipients of an action in a sentence and answer the questions *To whom?* or *For whom?* In Spanish it is common to include an indirect object **pronoun** along with the indirect object.

Yo **le** di el libro a **Sofía.** *I gave the book **to Sofía.***
Sofía **les** guardó el libro **a sus padres.** *Sofía kept the book **for her parents.***

(*See also* **Direct objects** and **Pronouns.**)

INFINITIVES (**Los infinitivos**) are verb forms that are uninflected or not **conjugated** according to a specific **person.** In English, infinitives are preceded by *to: to talk, to eat, to live.* Infinitives in Spanish end in **-ar (hablar),** **-er (comer),** and **-ir (vivir).**

INTERROGATIVES (**Las formas interrogativas**) are used to pose questions and carry accent marks to distinguish them from other uses. Basic interrogative words include: **quién(es), qué, cómo, cuánto(a)(s), cuándo, por qué, dónde.**

¿**Qué** quieres? ***What** do you want?*
¿**Cuándo** llegó ella? ***When** did she arrive?*
¿De **dónde** eres? ***Where** are you from?*

(*See also* **Exclamatives.**)

MOOD (**El modo**) is like the word *mode,* meaning *manner* or *way.* It indicates the way in which the speaker views an action, or his/her attitude toward the action. Besides the **imperative** mood, which is simply giving commands, you learn two basic moods in Spanish: the **subjunctive** and the **indicative.** Basically, the subjunctive mood communicates an attitude of uncertainty or negation toward the action, while the indicative indicates that the action is certain or factual. Within each of these moods there are many **tenses.** Hence you have the present indicative and the present subjunctive, the present perfect indicative and the present perfect subjunctive, etc.

• **Indicative mood** (**El indicativo**) implies that what is stated or questioned is regarded as true.

Yo **quiero** ir a la fiesta. ***I want** to go to the party.*
¿**Quieres** ir conmigo? ***Do you want** to go with me?*

• **Subjunctive mood** (**El subjuntivo**) indicates a recommendation, a statement of doubt or negation, or a hypothetical situation.

Yo recomiendo que tú **vayas** a la fiesta. *I recommend **that you go** to the party.*
Dudo que **vayas** a la fiesta. *I doubt that **you'll go** to the party.*
No creo que **vayas** a la fiesta. *I don't believe that **you'll go** to the party.*
Si **fueras** a la fiesta, te divertirías. *If **you were to go** to the party, you would have a good time.*

• **Imperative mood** (**El imperativo**) is used to make a command or request.

¡**Ven** conmigo a la fiesta! ***Come** with me to the party!*

(*See also* **Indicative, Imperative,** and **Subjunctive.**)

NEGATION (**La negación**) takes place when a negative word, such as **no,** is placed before an affirmative sentence. In Spanish, double negatives are common.

Yolanda va a cantar esta noche. *Yolanda will sing tonight.* (affirmative)
Yolanda **no** va a cantar esta noche. *Yolanda will **not** sing tonight.* (negative)

Ramón quiere algo. *Ramón wants something.* (affirmative)
Ramón **no** quiere **nada.** *Ramón **doesn't** want **anything.*** (negative)

NOUNS (**Los sustantivos**) are persons, places, things, or ideas. Names of people, countries, and cities are proper nouns and are capitalized.

Alberto	*Albert* (person)
el pueblo	*town* (place)
el diccionario	*dictionary* (thing)

ORTHOGRAPHY (**La ortografía**) refers to the spelling of a word or anything related to spelling such as accentuation.

PASSIVE VOICE (**La voz pasiva**), as compared to **active voice (la voz activa)**, places emphasis on the action itself rather than the agent of the action (the person or thing that is indirectly responsible for committing the action). The passive **se** is used when there is no apparent agent of the action.

Luis vende los coches.	*Luis sells the cars.* (active voice)
Los coches **son vendidos por** Luis.	*The cars **are sold by** Luis.* (passive voice)
Se **venden** los coches.	*The cars **are sold.*** (passive voice)

(*See also* **Active voice.**)

PAST PARTICIPLES (**Los participios pasados**) are verb forms used in compound tenses such as the **present perfect.** Regular past participles are formed by dropping the **-ar** or **-er/-ir** from the **infinitive** and adding **-ado** or **-ido.** Past participles are the equivalent of verbs ending in *-ed* in English. They may also be used as **adjectives,** in which case they agree in **number** and **gender** with their nouns. Irregular past participles include: **escrito, roto, dicho, hecho, puesto, vuelto, muerto, cubierto.**

Marta ha **subido** la montaña.	*Marta has **climbed** the mountain.*
Hemos **hablado** mucho por teléfono.	*We have **talked** a lot on the phone.*
La novela **publicada** en 1995 es su mejor novela.	*The novel **published** in 1995 is her best novel.*

PERFECT TENSES (**Los tiempos perfectos**) communicate the idea that an action has taken place before now (present perfect) or before a moment in the past (past perfect). The perfect tenses are compound tenses consisting of the verb **haber** plus the **past participle** of a second verb.

Yo **he comido.**	*I **have eaten.*** (present perfect indicative)
Antes de la fiesta, yo **había comido.**	*Before the party I **had eaten.*** (past perfect indicative)
Yo espero que **hayas comido.**	*I hope that **you have eaten.*** (present perfect subjunctive)
Yo esperaba que **hubieras comido.**	*I hoped that **you had eaten.*** (past perfect subjunctive)

PERSON (**La persona**) refers to changes in the subject pronouns that indicate if one is speaking (first person), if one is spoken to (second person), or if one is spoken about (third person).

Yo hablo.	*I speak.* (1st-person singular)
Tú hablas.	*You speak.* (2nd-person singular)
Ud./Él/Ella habla.	*You/He/She speak(s).* (3rd-person singular)
Nosotros(as) hablamos.	*We speak.* (1st-person plural)
Vosotros(as) habláis.	*You speak.* (2nd-person plural)
Uds./Ellos/Ellas hablan.	*They speak.* (3rd-person plural)

PREPOSITIONS (**Las preposiciones**) are linking words indicating spatial or temporal relations between two words.

Ella nadaba **en** la piscina.	*She was swimming **in** the pool.*
Yo llamé **antes de** las nueve.	*I called **before** nine o'clock.*
El libro es **para** ti.	*The book is **for** you.*
Voy **a** la oficina.	*I'm going **to** the office.*
Jorge es **de** Paraguay.	*Jorge is **from** Paraguay.*

PRESENT PARTICIPLE (*See* **Gerunds.**)

PRETERITE (**El pretérito**) The preterite tense, as compared to the **imperfect tense,** is used to talk about past events with specific emphasis on the beginning or the end of the action, or emphasis on the completed nature of the action as a whole.

> Anoche yo **empecé** a estudiar a las once y **terminé** a la una.
> *Last night I **began** to study at eleven o'clock and **finished** at one o'clock.*

> Esta mañana **me desperté** a las siete, **desayuné, me duché** y **vine** al campus para las ocho.
> *This morning **I woke up** at seven, **I ate** breakfast, **I showered,** and **I came** to campus by eight.*

PERSONAL A (**La *a* personal**) The personal **a** refers to the placement of the preposition **a** before the name of a person when that person is the **direct object** of the sentence.

> Voy a llamar **a** María.   *I'm going to call María.*

PRONOUNS (**Los pronombres**) are words that substitute for **nouns** in a sentence.

> Yo quiero **este.**   *I want **this one.*** (demonstrative—points out a specific person, place or thing)

> **¿Quién** es tu amigo?   ***Who** is your friend?* (interrogative—used to ask questions)

> Yo voy a llamar**la.**   *I'm going to call **her.*** (direct object—replaces the direct object of the sentence)

> Ella va a dar**le** el reloj.   *She is going to give **him** the watch.* (indirect object—replaces the indirect object of the sentence)

> Juan **se** baña por la mañana.   *Juan bathes **himself** in the morning.* (reflexive—used with reflexive verbs to show that the agent of the action is also the recipient)

> Es la mujer **que** conozco.   *She is the woman **that** I know.* (relative—used to introduce a clause that describes a noun)

> **Nosotros** somos listos.   ***We** are clever.* (subject—replaces the noun that performs the action or state of a verb)

SUBJECTS (**Los sujetos**) are the persons, places, or things that perform the action or state of being of a verb. The **conjugated** verb always agrees with its subject.

> **Carlos** siempre baila solo.   ***Carlos** always dances alone.*
> **Colorado** y **California** son mis   ***Colorado** and **California** are my*
>   estados preferidos.   *favorite states.*
> **La cafetera** produce el café.   *The **coffee pot** makes the coffee.*

(*See also* **Active voice.**)

SUBJUNCTIVE (**El subjuntivo**) The subjunctive mood is used to express speculative, doubtful, or hypothetical situations. It also communicates a degree of subjectivity or influence of the main clause over the subordinate clause.

> No creo que **tengas** razón.   *I don't think that **you're** right.*
> Si yo **fuera** el jefe, pagaría más a mis   *If I **were** the boss, I would pay my*
>   empleados.   *employees more.*
> Quiero que **estudies** más.   *I want **you to study** more.*

(*See also* **Mood, Indicative.**)

Apéndice A: Grammar Guide

SUPERLATIVE STATEMENTS (**Las frases superlativas**) are formed by adjectives or adverbs to make comparisons among three or more members of a group. To form superlatives, add a definite article (**el, la, los, las**) before the comparative form.

Juan es **el más alto** de los tres.
*Juan is **the tallest** of the three.*
Este coche es **el más rápido** de todos.
*This car is **the fastest** of them all.*

(*See also* **Comparisons.**)

TENSES (**Los tiempos**) refer to the manner in which time is expressed through the **verb** of a sentence.

Yo estudio.	*I study.* (present tense)
Yo estoy estudiando.	*I am studying.* (present progressive)
Yo he estudiado.	*I have studied.* (present perfect)
Yo había estudiado.	*I had studied.* (past perfect)
Yo estudié.	*I studied.* (preterite tense)
Yo estudiaba.	*I was studying.* (imperfect tense)
Yo estudiaré.	*I will study.* (future tense)
Yo estudiaría.	*I would study.* (conditional tense)

VERBS (**Los verbos**) are the words in a sentence that communicate an action or state of being.

Helen **es** mi amiga y ella **lee** muchas novelas.
*Helen **is** my friend and she **reads** a lot of novels.*

AUXILIARY VERBS (**Los verbos auxiliares**) or helping verbs are verbs such as **estar** and **haber** used to form the present progressive and the present perfect, respectively.

Estamos estudiando mucho para el examen mañana.
***We are** studying a lot for the exam tomorrow.*

Helen **ha** trabajado mucho en este proyecto.
*Helen **has** worked a lot on this project.*

REFLEXIVE VERBS (**Los verbos reflexivos**) use reflexive **pronouns** to indicate that the person initiating the action is also the recipient of the action.

Yo **me afeito** por la mañana.
*I **shave (myself)** in the morning.*

STEM-CHANGING VERBS (**Los verbos con cambios de raíz**) undergo a change in the main part of the verb when conjugated. To find the stem, drop the -**ar**, -**er**, or -**ir** from the **infinitive: dorm-, empez-, ped-**. There are three types of stem-changing verbs: **o** to **ue, e** to **ie** and **e** to **i**.

dormir: Yo d**ue**rmo en el parque.
I sleep in the park. (**o** to **ue**)
empezar: Ella siempre emp**ie**za su trabajo temprano.
She always starts her work early. (**e** to **ie**)
pedir: ¿Por qué no p**i**des ayuda?
Why don't you ask for help? (**e** to **i**)

Infinitive	Present indicative	Imperfect	Preterite	Future	Conditional	Present subjunctive	Past subjunctive	Commands
hablar *to speak*	hablo	hablaba	hablé	hablaré	hablaría	hable	hablara	habla (no hables)
	hablas	hablabas	hablaste	hablarás	hablarías	hables	hablaras	hable
	habla	hablaba	habló	hablará	hablaría	hable	hablara	hablad (no habléis)
	hablamos	hablábamos	hablamos	hablaremos	hablaríamos	hablemos	habláramos	hablen
	habláis	hablabais	hablasteis	hablaréis	hablaríais	habléis	hablarais	
	hablan	hablaban	hablaron	hablarán	hablarían	hablen	hablaran	
aprender *to learn*	aprendo	aprendía	aprendí	aprenderé	aprendería	aprenda	aprendiera	aprende (no aprendas)
	aprendes	aprendías	aprendiste	aprenderás	aprenderías	aprendas	aprendieras	aprenda
	aprende	aprendía	aprendió	aprenderá	aprendería	aprenda	aprendiera	aprended (no aprendáis)
	aprendemos	aprendíamos	aprendimos	aprenderemos	aprenderíamos	aprendamos	aprendiéramos	aprendan
	aprendéis	aprendíais	aprendisteis	aprenderéis	aprenderíais	aprendáis	aprendierais	
	aprenden	aprendían	aprendieron	aprenderán	aprenderían	aprendan	aprendieran	
vivir *to live*	vivo	vivía	viví	viviré	viviría	viva	viviera	vive (no vivas)
	vives	vivías	viviste	vivirás	vivirías	vivas	vivieras	viva
	vive	vivía	vivió	vivirá	viviría	viva	viviera	vivid (no viváis)
	vivimos	vivíamos	vivimos	viviremos	viviríamos	vivamos	viviéramos	vivan
	vivís	vivíais	vivisteis	viviréis	viviríais	viváis	vivierais	
	viven	vivían	vivieron	vivirán	vivirían	vivan	vivieran	

Compound Tenses

Present progressive	estoy estás está estamos estáis están	hablando	aprendiendo	viviendo
Present perfect indicative	he has ha hemos habéis han	hablado	aprendido	vivido
Present perfect subjunctive	haya hayas haya hayamos hayáis hayan	hablado	aprendido	vivido
Past perfect indicative	había habías había habíamos habíais habían	hablado	aprendido	vivido

Infinitive / Present participle / Past participle	Present indicative	Imperfect	Preterite	Future	Conditional	Present subjunctive	Past subjunctive	Commands
pensar *to think* e → ie pensando pensado	pienso piensas piensa pensamos pensáis piensan	pensaba pensabas pensaba pensábamos pensabais pensaban	pensé pensaste pensó pensamos pensasteis pensaron	pensaré pensarás pensará pensaremos pensaréis pensarán	pensaría pensarías pensaría pensaríamos pensaríais pensarían	piense pienses piense pensemos penséis piensen	pensara pensaras pensara pensáramos pensarais pensaran	piensa (no pienses) piense pensad (no penséis) piensen
acostarse *to go to bed* o → ue acostándose acostado	me acuesto te acuestas se acuesta nos acostamos os acostáis se acuestan	me acostaba te acostabas se acostaba nos acostábamos os acostabais se acostaban	me acosté te acostaste se acostó nos acostamos os acostasteis se acostaron	me acostaré te acostarás se acostará nos acostaremos os acostaréis se acostarán	me acostaría te acostarías se acostaría nos acostaríamos os acostaríais se acostarían	me acueste te acuestes se acueste nos acostemos os acostéis se acuesten	me acostara te acostaras se acostara nos acostáramos os acostarais se acostaran	acuéstate (no te acuestes) acuéstese acostaos (no os acostéis) acuéstense
sentir *to feel* e → ie, i sintiendo sentido	siento sientes siente sentimos sentís sienten	sentía sentías sentía sentíamos sentíais sentían	sentí sentiste sintió sentimos sentisteis sintieron	sentiré sentirás sentirá sentiremos sentiréis sentirán	sentiría sentirías sentiría sentiríamos sentiríais sentirían	sienta sientas sienta sintamos sintáis sientan	sintiera sintieras sintiera sintiéramos sintierais sintieran	siente (no sientas) sienta sentaos (no sintáis) sientan
pedir *to ask for* e → i, i pidiendo pedido	pido pides pide pedimos pedís piden	pedía pedías pedía pedíamos pedíais pedían	pedí pediste pidió pedimos pedisteis pidieron	pediré pedirás pedirá pediremos pediréis pedirán	pediría pedirías pediría pediríamos pediríais pedirían	pida pidas pida pidamos pidáis pidan	pidiera pidieras pidiera pidiéramos pidierais pidieran	pide (no pidas) pida pedid (no pidáis) pidan
dormir *to sleep* o → ue, u durmiendo dormido	duermo duermes duerme dormimos dormís duermen	dormía dormías dormía dormíamos dormíais dormían	dormí dormiste durmió dormimos dormisteis durmieron	dormiré dormirás dormirá dormiremos dormiréis dormirán	dormiría dormirías dormiría dormiríamos dormiríais dormirían	duerma duermas duerma durmamos durmáis duerman	durmiera durmieras durmiera durmiéramos durmierais durmieran	duerme (no duermas) duerma dormid (no durmáis) duerman

Infinitive / Present participle / Past participle	Present indicative	Imperfect	Preterite	Future	Conditional	Present subjunctive	Past subjunctive	Commands
comenzar (e → ie) to begin **z → c before e** comenzando comenzado	comienzo	comenzaba	**comencé**	comenzaré	comenzaría	**comience**	comenzara	
	comienzas	comenzabas	comenzaste	comenzarás	comenzarías	**comiences**	comenzaras	comienza (**no comiences**)
	comienza	comenzaba	comenzó	comenzará	comenzaría	**comience**	comenzara	**comience**
	comenzamos	comenzábamos	comenzamos	comenzaremos	comenzaríamos	**comencemos**	comenzáramos	
	comenzáis	comenzabais	comenzasteis	comenzaréis	comenzaríais	**comencéis**	comenzarais	comenzad (**no comencéis**)
	comienzan	comenzaban	comenzaron	comenzarán	comenzarían	**comiencen**	comenzaran	**comiencen**
conocer to know **c → zc before a, o** conociendo conocido	**conozco**	conocía	conocí	conoceré	conocería	**conozca**	conociera	
	conoces	conocías	conociste	conocerás	conocerías	**conozcas**	conocieras	conoce (**no conozcas**)
	conoce	conocía	conoció	conocerá	conocería	**conozca**	conociera	**conozca**
	conocemos	conocíamos	conocimos	conoceremos	conoceríamos	**conozcamos**	conociéramos	
	conocéis	conocíais	conocisteis	conoceréis	conoceríais	**conozcáis**	conocierais	conoced (**no conozcáis**)
	conocen	conocían	conocieron	conocerán	conocerían	**conozcan**	conocieran	**conozcan**
construir to build **i → y, y inserted before a, e, o** construyendo construido	**construyo**	construía	construí	construiré	construiría	**construya**	**construyera**	
	construyes	construías	construiste	construirás	construirías	**construyas**	**construyeras**	**construye (no construyas)**
	construye	construía	**construyó**	construirá	construiría	**construya**	**construyera**	**construya**
	construimos	construíamos	construimos	construiremos	construiríamos	**construyamos**	**construyéramos**	
	construís	construíais	construisteis	construiréis	construiríais	**construyáis**	**construyerais**	construid (**no construyáis**)
	construyen	construían	**construyeron**	construirán	construirían	**construyan**	**construyeran**	**construyan**
leer to read **i → y; stressed i → í** leyendo leído	leo	leía	leí	leeré	leería	lea	**leyera**	lee (no leas)
	lees	leías	leíste	leerás	leerías	leas	**leyeras**	lea
	lee	leía	**leyó**	leerá	leería	lea	**leyera**	leed (no leáis)
	leemos	leíamos	leímos	leeremos	leeríamos	leamos	**leyéramos**	lean
	leéis	leíais	leísteis	leeréis	leeríais	leáis	**leyerais**	
	leen	leían	**leyeron**	leerán	leerían	lean	**leyeran**	

Infinitive Present participle Past participle	Present indicative	Imperfect	Preterite	Future	Conditional	Present subjunctive	Past subjunctive	Commands
pagar *to pay* **g → gu** **before e** pagando pagado	pago pagas paga pagamos pagáis pagan	pagaba pagabas pagaba pagábamos pagabais pagaban	**pagué** pagaste pagó pagamos pagasteis pagaron	pagaré pagarás pagará pagaremos pagaréis pagarán	pagaría pagarías pagaría pagaríamos pagaríais pagarían	**pague** **pagues** **pague** **paguemos** **paguéis** **paguen**	pagara pagaras pagara pagáramos pagarais pagaran	paga (**no pagues**) **pague** pagad (**no paguéis**) **paguen**
seguir *to follow* (e → i, i) **gu → g** **before a, o** siguiendo seguido	**sigo** **sigues** **sigue** seguimos seguís **siguen**	seguía seguías seguía seguíamos seguíais seguían	seguí seguiste **siguió** seguimos seguisteis **siguieron**	seguiré seguirás seguirá seguiremos seguiréis seguirán	seguiría seguirías seguiría seguiríamos seguiríais seguirían	**siga** **sigas** **siga** **sigamos** **sigáis** **sigan**	**siguiera** **siguieras** **siguiera** **siguiéramos** **siguierais** **siguieran**	sigue (**no sigas**) **siga** seguid (**no sigáis**) **sigan**
tocar *to play; to touch* **c → qu** **before e** tocando tocado	toco tocas toca tocamos tocáis tocan	tocaba tocabas tocaba tocábamos tocabais tocaban	**toqué** tocaste tocó tocamos tocasteis tocaron	tocaré tocará tocarás tocaremos tocaréis tocarán	tocaría tocarías tocaría tocaríamos tocaríais tocarían	**toque** **toques** **toque** **toquemos** **toquéis** **toquen**	tocara tocaras tocara tocáramos tocarais tocaran	toca (**no toques**) **toque** tocad (**no toquéis**) **toquen**

Infinitive / Present participle / Past participle	Present indicative	Imperfect	Preterite	Future	Conditional	Present subjunctive	Past subjunctive	Commands
andar (to walk) / andando / andado	ando	andaba	anduve	andaré	andaría	ande	anduviera	anda (no andes)
	andas	andabas	anduviste	andarás	andarías	andes	anduvieras	ande
	anda	andaba	anduvo	andará	andaría	ande	anduviera	andad (no andéis)
	andamos	andábamos	anduvimos	andaremos	andaríamos	andemos	anduviéramos	anden
	andáis	andabais	anduvisteis	andaréis	andaríais	andéis	anduvierais	
	andan	andaban	anduvieron	andarán	andarían	anden	anduvieran	
*caer (to fall) / cayendo / caído	**caigo**	caía	caí	caeré	caería	**caiga**	**cayera**	cae (**no caigas**)
	caes	caías	caíste	caerás	caerías	**caigas**	**cayeras**	**caiga**
	cae	caía	**cayó**	caerá	caería	**caiga**	**cayera**	caed (**no caigáis**)
	caemos	caíamos	caímos	caeremos	caeríamos	**caigamos**	**cayéramos**	**caigan**
	caéis	caíais	caísteis	caeréis	caeríais	**caigáis**	cayerais	
	caen	caían	**cayeron**	caerán	caerían	**caigan**	cayeran	
*dar (to give) / dando / dado	**doy**	daba	**di**	daré	daría	**dé**	diera	da (no des)
	das	dabas	diste	darás	darías	des	dieras	**dé**
	da	daba	**dio**	dará	daría	**dé**	diera	dad (**no deis**)
	damos	dábamos	dimos	daremos	daríamos	demos	diéramos	den
	dais	dabais	disteis	daréis	daríais	deis	dierais	
	dan	daban	dieron	darán	darían	den	dieran	
*decir (to say, tell) / **diciendo** / **dicho**	**digo**	decía	**dije**	**diré**	**diría**	diga	dijera	di (**no digas**)
	dices	decías	**dijiste**	**dirás**	**dirías**	digas	dijeras	diga
	dice	decía	**dijo**	**dirá**	**diría**	diga	dijera	decid (**no digáis**)
	decimos	decíamos	**dijimos**	**diremos**	**diríamos**	digamos	dijéramos	digan
	decís	decíais	**dijisteis**	**diréis**	**diríais**	digáis	dijerais	
	dicen	decían	**dijeron**	**dirán**	**dirían**	digan	dijeran	
*estar (to be) / **estando** / estado	**estoy**	estaba	estuve	estaré	estaría	esté	estuviera	está (no estés)
	estás	estabas	estuviste	estarás	estarías	estés	estuvieras	esté
	está	estaba	estuvo	estará	estaría	esté	estuviera	estad (no estéis)
	estamos	estábamos	estuvimos	estaremos	estaríamos	estemos	estuviéramos	estén
	estáis	estabais	estuvisteis	estaréis	estaríais	estéis	estuvierais	
	están	estaban	estuvieron	estarán	estarían	estén	estuvieran	

*Verbs with irregular **yo** forms in the present indicative

Infinitive / Present participle / Past participle	Present indicative	Imperfect	Preterite	Future	Conditional	Present subjunctive	Past subjunctive	Commands
haber *to have* habiendo habido	he has ha [hay] hemos habéis han	había habías había habíamos habíais habían	hube hubiste hubo hubimos hubisteis hubieron	habré habrás habrá habremos habréis habrán	habría habrías habría habríamos habríais habrían	haya hayas haya hayamos hayáis hayan	hubiera hubieras hubiera hubiéramos hubierais hubieran	
*hacer *to make; to do* haciendo **hecho**	hago haces hace hacemos hacéis hacen	hacía hacías hacía hacíamos hacíais hacían	hice hiciste hizo hicimos hicisteis hicieron	haré harás hará haremos haréis harán	haría harías haría haríamos haríais harían	haga hagas haga hagamos hagáis hagan	hiciera hicieras hiciera hiciéramos hicierais hicieran	haz (no hagas) haga haced (no hagáis) hagan
ir *to go* **yendo** ido	voy vas va vamos vais van	iba ibas iba íbamos ibais iban	fui fuiste fue fuimos fuisteis fueron	iré irás irá iremos iréis irán	iría irías iría iríamos iríais irían	vaya vayas vaya vayamos vayáis vayan	fuera fueras fuera fuéramos fuerais fueran	ve (no vayas) vaya id (no vayáis) vayan
*oír *to hear* **oyendo** oído	oigo oyes oye oímos oís oyen	oía oías oía oíamos oíais oían	oí oíste oyó oímos oísteis oyeron	oiré oirás oirá oiremos oiréis oirán	oiría oirías oiría oiríamos oiríais oirían	oiga oigas oiga oigamos oigáis oigan	oyera oyeras oyera oyéramos oyerais oyeran	oye (no oigas) oiga oíd (no oigáis) oigan

*Verbs with irregular yo forms in the present indicative

Infinitive Present participle Past participle	Present indicative	Imperfect	Preterite	Future	Conditional	Present subjunctive	Past subjunctive	Commands
poder (o → ue) *can, to be able* **pudiendo** podido	**puedo** **puedes** **puede** podemos podéis **pueden**	podía podías podía podíamos podíais podían	**pude** **pudiste** **pudo** **pudimos** **pudisteis** **pudieron**	**podré** **podrás** **podrá** **podremos** **podréis** **podrán**	**podría** **podrías** **podría** **podríamos** **podríais** **podrían**	**pueda** **puedas** **pueda** podamos podáis **puedan**	**pudiera** **pudieras** **pudiera** **pudiéramos** **pudierais** **pudieran**	
*poner *to put, place* poniendo **puesto**	**pongo** pones pone ponemos ponéis ponen	ponía ponías ponía poníamos poníais ponían	**puse** **pusiste** **puso** **pusimos** **pusisteis** **pusieron**	**pondré** **pondrás** **pondrá** **pondremos** **pondréis** **pondrán**	**pondría** **pondrías** **pondría** **pondríamos** **pondríais** **pondrían**	**ponga** **pongas** **ponga** **pongamos** **pongáis** **pongan**	**pusiera** **pusieras** **pusiera** **pusiéramos** **pusierais** **pusieran**	**pon** (no **pongas**) **ponga** poned (no **pongáis**) **pongan**
querer (e → ie) *to want, to wish* queriendo querido	**quiero** **quieres** **quiere** queremos queréis **quieren**	quería querías quería queríamos queríais querían	**quise** **quisiste** **quiso** **quisimos** **quisisteis** **quisieron**	**querré** **querrás** **querrá** **querremos** **querréis** **querrán**	**querría** **querrías** **querría** **querríamos** **querríais** **querrían**	**quiera** **quieras** **quiera** queramos queráis **quieran**	**quisiera** **quisieras** **quisiera** **quisiéramos** **quisierais** **quisieran**	**quiere** (no **quieras**) **quiera** quered (no queráis) **quieran**
reír (e → i) *to laugh* **riendo** **reído**	**río** **ríes** **ríe** **reímos** reís **ríen**	reía reías reía reíamos reíais reían	**reí** **reíste** **rió** **reímos** **reísteis** **rieron**	reiré reirás reirá reiremos reiréis reirán	reiría reirías reiría reiríamos reiríais reirían	**ría** **rías** **ría** **riamos** **riáis** **rían**	**riera** **rieras** **riera** **riéramos** **rierais** **rieran**	**ríe** (no **rías**) **ría** **reíd** (no **riáis**) **rían**

*Verbs with irregular **yo** forms in the present indicative

Infinitive / Present participle / Past participle	Present indicative	Imperfect	Preterite	Future	Conditional	Present subjunctive	Past subjunctive	Commands
saber to know sabiendo sabido	**sé** sabes sabe sabemos sabéis saben	sabía sabías sabía sabíamos sabíais sabían	supe supiste supo supimos supisteis supieron	sabré sabrás sabrá sabremos sabréis sabrán	sabría sabrías sabría sabríamos sabríais sabrían	sepa sepas sepa sepamos sepáis sepan	supiera supieras supiera supiéramos supierais supieran	sabe (no sepas) sepa sabed (no sepáis) sepan
salir to go out saliendo salido	**salgo** sales sale salimos salís salen	salía salías salía salíamos salíais salían	salí saliste salió salimos salisteis salieron	saldré saldrás saldrá saldremos saldréis saldrán	saldría saldrías saldría saldríamos saldríais saldrían	salga salgas salga salgamos salgáis salgan	saliera salieras saliera saliéramos salierais salieran	sal (no salgas) salga salid (no salgáis) salgan
ser to be siendo sido	**soy** eres es somos sois son	era eras era éramos erais eran	fui fuiste fue fuimos fuisteis fueron	seré serás será seremos seréis serán	sería serías sería seríamos seríais serían	sea seas sea seamos seáis sean	fuera fueras fuera fuéramos fuerais fueran	sé (no seas) sea sed (no seáis) sean
tener to have teniendo tenido	**tengo** tienes tiene tenemos tenéis tienen	tenía tenías tenía teníamos teníais tenían	tuve tuviste tuvo tuvimos tuvisteis tuvieron	tendré tendrás tendrá tendremos tendréis tendrán	tendría tendrías tendría tendríamos tendríais tendrían	tenga tengas tenga tengamos tengáis tengan	tuviera tuvieras tuviera tuviéramos tuvierais tuvieran	ten (no tengas) tenga tened (no tengáis) tengan

*Verbs with irregular yo forms in the present indicative

Infinitive Present participle Past participle	Present indicative	Imperfect	Preterite	Future	Conditional	Present subjunctive	Past subjunctive	Commands
*traer	**traigo**	traía	**traje**	traeré	traería	**traiga**	**trajera**	trae (no traigas)
to bring	traes	traías	**trajiste**	traerás	traerías	**traigas**	**trajeras**	**traiga**
trayendo	trae	traía	**trajo**	traerá	traería	**traiga**	**trajera**	traed (no traigáis)
traído	traemos	traíamos	**trajimos**	traeremos	traeríamos	**traigamos**	**trajéramos**	**traigan**
	traéis	traíais	**trajisteis**	traeréis	traeríais	**traigáis**	**trajerais**	
	traen	traían	**trajeron**	traerán	traerían	**traigan**	**trajeran**	
*venir	**vengo**	venía	**vine**	**vendré**	**vendría**	**venga**	**viniera**	**ven (no vengas)**
to come	**vienes**	venías	**viniste**	**vendrás**	**vendrías**	**vengas**	**vinieras**	venga
viniendo	**viene**	venía	**vino**	**vendrá**	**vendría**	**venga**	**viniera**	venid (no vengáis)
venido	venimos	veníamos	**vinimos**	**vendremos**	**vendríamos**	**vengamos**	**viniéramos**	**vengan**
	venís	veníais	**vinisteis**	**vendréis**	**vendríais**	**vengáis**	**vinierais**	
	vienen	venían	**vinieron**	**vendrán**	**vendrían**	**vengan**	**vinieran**	
ver	**veo**	**veía**	**vi**	veré	vería	**vea**	viera	ve (no veas)
to see	ves	**veías**	**viste**	verás	verías	**veas**	vieras	**vea**
viendo	ve	**veía**	**vio**	verá	vería	**vea**	viera	ved (no veáis)
visto	vemos	**veíamos**	**vimos**	veremos	veríamos	**veamos**	**viéramos**	**vean**
	veis	**veíais**	**visteis**	veréis	veríais	**veáis**	vierais	
	ven	**veían**	**vieron**	verán	verían	**vean**	vieran	

*Verbs with irregular **yo** forms in the present indicative

This Spanish-English Glossary includes all the words and expressions that appear in the text except verb forms, regular superlatives and diminutives, and most adverbs ending in -**mente**. Only meanings used in the text are given. Gender of nouns is indicated except for masculine nouns ending in -**o** and feminine nouns ending in -**a**. Feminine forms of adjectives are shown except for regular adjectives with masculine forms ending in -**o**. Verbs appear in the infinitive form. Stem changes and spelling changes are indicated in parentheses: e.g., **divertirse (ie, i); buscar (qu)**. The number following each entry indicates the chapter in which the word with that particular meaning first appears. The following abbreviations are used:

adj.	adjective	*m.*	masculine	*prep.*	preposition
adv.	adverb	*f.*	feminine	*pron.*	pronoun
conj.	conjunction	*pl.*	plural	*s.*	singular
def. art.	definite article	*p.p.*	past participle		
indef. art.	indefinite article				

A

a *prep.* at; to
  a cambio de in exchange for
  a cuadros plaid, 7
  a fin de que *conj.* so that, 13
  a la derecha de *prep.* to the right of, 9
  a la izquierda de *prep.* to the left of, 9
  a lunares polka-dotted, 7
  a menos que *conj.* unless, 13
  a menudo frequently
  a primera vista at first sight, 10
  ¿A qué hora? At what time?, 1
  a rayas striped, 7
  a tiempo on time, 1
  a última hora at the last minute, 8
  a veces *adv.* sometimes, 3
abajo *adv.* below
abierto *p.p.* opened
abogado(a) lawyer, 11
abordar to board, 9
aborto abortion, 14
abrazar(se) to hug (each other), 10
abrigo overcoat, 7
abril April, 3
abrir to open
abrir un documento (un programa) to open a document (program), 15
abrochar el cinturón de seguridad to buckle the seat belt, 9
abuela grandmother, 2
abuelo grandfather, 2
aburrido *adj.* bored, 2
aburrir to bore, 13
acabar to run out, 12
  acabar de + *infinitive* to have just (done something)
accesorio accessory, 7
acción *f.* action
accionista *m./f.* stockbroker, 11
aceite *m.* oil, 6
acelerado *adj.* accelerated, 12
acercar (qu) to approach, move closer
acompañar to accompany, 10

acostarse (ue) to go to bed, 5
acostumbrarse to get used to
actividad *f.* activity, 3
actor *m.* actor, 13
actriz *f.* actress, 13
actual *adj.* current, 14
actuar to act
además de in addition to
Adiós. Good-bye., P
adivinanza riddle, 2
administración *(f.)* **de empresas** business administration, 1
¿Adónde? Where (to)?, 8
aduana customs, 9
aerolínea airline, 9
aeropuerto airport, 9
afán *m.* desire, 12
afeitarse to shave, 5
aficionado(a) fan (sports), 3
agarrar to catch, 10
agencia de viajes travel agency, 9
agente *(m./f.)* **de la aerolínea** airline agent, 9
  agente de viajes travel agent, 9
agosto August, 3
agricultor(a) farmer, 12
agua *f.* **mineral con/sin gas** carbonated/noncarbonated mineral water, 6
aguacate *m.* avocado, 6
ahijado(a) godchild, 2
ahora *adv.* now, 1
ahorrar to save, 11
aire *m.* air, 12
  aire acondicionado air conditioning, 9
ajo garlic, 6
al aire libre outdoors, 4
  al día up to date, 14
  al lado de *prep.* next to, beside, 4
alarma alarm, 15
alcalde(sa) mayor, 14
alegrarse (de) to be glad, 12
alemán *m.* German (language), 1
alemán(ana) *adj.* German, 2
alergia allergy, 5

alfabetismo literacy, 14
alfombra carpet, 4; rug, floor covering, 8
algo something, anything, 8
algodón *m.* cotton, 7
alguien somebody, someone, anybody, anyone, 8
algún, alguno(a/os/as) some, any, 8
alianza alliance
allí *adv.* there, 1
alma soul
almacén store, 7
almorzar (ue) to have (eat) lunch, 6
almuerzo lunch, 6
alrededor de around
altavoces *m.* speakers, 15
alto(a) *adj.* tall, 2
amable *adj.* friendly, 2
amar(se) to love (each other), 10
amarillo *adj.* yellow, 1
ambulancia ambulance, 5
amigo(a) friend, 1
amistad *f.* friendship, 10
amor *m.* love, 10
analfabetismo illiteracy, 14
analista de sistemas *m./f.* systems analyst, 11
anaranjado *adj.* orange, 1
andar en bicicleta to ride a bike, 3
anfitrión *m.* host, 8
anfitriona hostess, 8
anillo ring, 7
animal *m.* animal, 12
anoche *adv.* last night, 6
anteayer *adv.* the day before yesterday, 6
antena parabólica satellite dish, 15
antes (de) que *conj.* before
antiácido antacid, 5
antibiótico antibiotic, 5
antigüedad *f.* antique, 7
antipático *adj.* unpleasant, 2
anuncio commercial, 13
año year, 3
  Año Nuevo New Year, 8

apagado *adj.* off, 15
apagar (ue) to turn off, 15
apartamento apartment, 1
apellido last name, 2
aplaudir to applaud, 10
apoyar to support, 14
apoyo support, 13
apreciar to appreciate, 13
aprender to learn, 2
apretón *(m.)* **de manos** handshake
aprobar (ue) to approve; to pass, 14
aprovechar to take advantage, 14
apuntes *m.* notes
aquél (aquélla) *adj.* that (over there), 5
aquel (aquella) *pron.* that (over there), 5
aquí *adv.* here, P
árabe *adj.* Arab, 2
árbol *m.* tree, 12
archivar to file, 11; to save, 15
archivo file, 11
arena sand, 6
arepas cornmeal pockets, 6
arete *m.* earring, 7
argentino *adj.* Argentine, 2
armario wardrobe, armoire, closet, 4
arquitecto(a) architect, 11
arquitectura architecture, 13
arreglado *adj.* neat, tidy, 9
arrogante *adj.* arrogant, 2
arroyo stream, 12
arroz *m.* rice, 6
arte *m./f.* art, 1
artista *m./f.* artist, 13
artístico *adj.* artistic, 2
ascensor *m.* elevator, 9
Así así. So-so., P
  así como just like
  Así que... So . . . , 2
asiento seat, 9
asistente de vuelo *m./f.* flight attendant, 9

asistir a to attend, 2
aspiradora vacuum cleaner, 4
aspirina aspirin, 5
asustarse to be frightened, 8
aterrizar to land, 9
atlético *adj.* athletic, 2
aumentar to increase, 14
aún *adv.* still
aunque *conj.* although, even though, 13
auriculares *m.* headphones, 15
autobús *m.* bus (Spain),
automóvil *m.* car
autor(a) author, 13
avance *m.* advance, 15
avergonzado: Me pongo avergonzado. I get embarrassed., 8
avión *m.* plane, 9
avisar to warn
ayer *adv.* yesterday, 6
ayudante *m./f.* assistant
ayudar(se) to help (each other), 1
azúcar *m.* sugar, 6
azul *adj.* blue, 1

B

babear to spew
bailar to dance, 3
bailarín *m.* dancer, 13
bailarina dancer, 13
baile *m.* dance, 3
bajar(se) (de) to get off, 9
bajo *adj.* short (height), 2
balcón *m.* balcony, 4
ballet *m.* ballet, 13
balneario beach resort, 8
baloncesto basketball, 3
banana/banano banana, 6
banco bank, 3
banquero(a) banker, 11
banquete *m.* banquet, 10
bañarse (en la tina) to take a bath, 5
bañera bathtub, 4
barato *adj.* inexpensive, cheap, 7
barrer el piso to sweep the floor, 4
barrio neighborhood, P
Bastante bien. Rather well., P
basura trash, 12
beber to drink, 2
bebida beverage, 6
béisbol *m.* baseball, 3
bello *adj.* beautiful, 12
beneficios benefits, 11
besar(se) to kiss (each other), 10
biblioteca library, 1
bibliotecario(a) librarian, 11
bicicleta bicycle, 3
bien *adv.* well, fine
  Bastante bien. Rather well., P
  bien cocido well done, 6
  Bien, gracias. Fine, thanks., P
  Muy bien. Very well., P
¡Bienvenido! Welcome!, 9
bilingüe *adj.* bilingual, 2
billete *m.* ticket, 9
  billete de ida one-way ticket, 9
  billete de ida y vuelta round-trip ticket, 9

biología biology, 1
bistec *m.* steak, 6
blanco *adj.* white, 1
bloqueador solar *m.* sunblock, 8
blusa blouse, 7
boca mouth, 5
boda wedding, 10
boleto ticket, 3
  boleto de ida one-way ticket, 9
  boleto de ida y vuelta round-trip ticket, 9
bolígrafo ballpoint pen, 1
boliviano *adj.* Bolivian, 2
bolsa purse, bag, 7
bolsillo pocket, 7
bombero(a) firefighter, 11
bonito *adj.* pretty, 2
borrador *m.* eraser, 1
bosque *m.* forest, 12
bota boot, 7
botella bottle, 6
botón *m.* button, 7
brasileño *adj.* Brazilian, 2
brazo arm, 5
brindis *m.* toast, 8
broma *joke*, 1
broncearse to get a suntan, 8
bucear to scuba dive, 8
¡Buen provecho! Enjoy your meal!, 6
¡Buen viaje! Have a nice trip!, 9
Buenas noches. Good evening/night., P
Buenas tardes. Good afternoon., P
bueno *adj.* good, 2
Buenos días. Good morning., P
bufanda scarf, 7
bufete *m.* law office, 11
buscar (qu) to look for, 1
búsqueda de trabajo job hunt, 11

C

cabello hair, 5
cabeza head, 5
cabina cabin, 9
cada *adv.* each
  cada día (semana, etc.) every day (week, etc.), 10
cadera hip, 5
café *m.* café, 3; coffee, 6
cafetería cafeteria, 1
caja box, 6
  caja fuerte security box, 9
cajero automático ATM, 11
cajero(a) cashier, 11
calamares (fritos) *m.* (fried) squid, 6
calcetines *m. pl.* socks, 7
calculadora calculator, 1
calendario calendar, 1
caliente *adj.* hot (temperature), 6
callarse to quiet
calle *f.* street, 3
cama bed, 4
  cama sencilla (doble) single (double) bed, 9

cámara camera, 3
  cámara digital digital camera, 15
  cámara web web camera, 15
camarero(a) waiter (waitress), 6
camarones (fritos) *m.* (fried) shrimp, 6
cambiar to change, 7
camello camel, R3
cámara de representantes (diputados) house of representatives, 14
caminar to walk, 1
  caminar por las montañas to hike/walk in the mountains, 3
caminata walk
camión *m.* bus (Mexico)
camisa shirt, 7
camiseta T-shirt, 7
campaña campaign, 14
campesino(a) farm worker, peasant, 12
campo country, 8
  campo de fútbol (de golf) football field (golf course), 3
campus *m.* campus
canadiense *adj.* Canadian, 2
canal *m.* channel (TV), 13
cancha (de tenis) (tennis) court, 3
canción *f.* song
candidato(a) candidate, applicant, 11
cansado *adj.* tired, 4
cantante *m./f.* singer, 13
cantar to sing, 1
capa de ozono ozone layer, 12
capítulo episode, 13
cara face, 5
cargar (un archivo) to upload a file, 15
cargo charge, 11
cariño affection, 10
carne (de res) *f.* meat (beef), 6
carnicería butcher shop, 3
caro *adj.* expensive, 7
carpintero(a) carpenter, 11
carrera major, field of study
carretera highway, 12
carro car, P
carta letter (correspondence), 2
cartera wallet, 7
cartón *m.* cardboard
casa house, 4
  casa de ancianos nursing home
casado *adj.* married, 2
casarse (con) to get married, to marry, 10
casi (siempre) *adv.* almost (always), 10
catarata waterfall, 12
catarro cold, 5
catorce fourteen, P
cebolla onion, 6
cebra zebra
cejas eyebrows, 5
celebración *f.* celebration, 8
celebrar to celebrate, 8
cena dinner, supper, 6
cenar to have (eat) supper (dinner), 6

centro downtown, 3
  centro comercial mall, 3
  centro de negocios business center, 9
  centro estudiantil student center, 1
cepillarse los dientes to brush one's teeth, 5
cerca de *prep.* near, 4
cerebro brain
cero zero, P
cerrar (ie) to close
cerveza beer, 6
chaleco vest, 7
champán *m.* champagne, 10
champiñón *m.* mushroom, 6
chaqueta jacket, 7
Chao. (informal) Bye., P
cheque *m.* check, 7
  cheque de viajero traveler's check, 11
¡Chévere! Cool!, 3
chico(a) boy (girl), 1
chileno *adj.* Chilean, 2
chimenea fireplace, chimney, 4
chino Chinese (language), 1; *adj.* Chinese, 2
chuleta (de cerdo) (pork) chop, 6
ciberespacio cyberspace, 15
ciclismo cycling, 3
ciencia (la) science, 1
cien/ciento one hundred, 2
cierre *m.* zipper, 7
ciervo deer
cinco five, P
Cinco de Mayo Cinco de Mayo, 8
cincuenta fifty, 2
cine *m.* movie theater, 3; movies, 13
cinturón *m.* belt, 7
cita date (social), 10
  cita de negocios job appointment, 1
ciudadano(a) citizen, 14
clásico *adj.*, classical, 10
cobarde *adj.* cowardly
coche *m.* car, 4
cocina kitchen, 4
cocinar to cook, 6
cocinero(a) cook, chef, 11
cocodrilo crocodile, 12
codo elbow, 5
cognado falso false cognate, 1
cohete *m.* rocket, 8
colina hill, 12
collar *m.* necklace, 7
colombiano *adj.* Colombian, 2
color *m.* color, 1
comedia comedy, 13
comedor *m.* dining room, 4
comenzar (ie) to start, begin, 4
comer to eat, 2
  No puedo (comer) más. I can't (eat) any more, 6
comerciante *m./f.* merchant, 11
cómico *adj.* humorous, 2
comida food, meal, 6

¿**Cómo?** How? P

¿Cómo está usted? How are you? (formal), P

¿Cómo estás? How are you? (informal), P

¿Cómo me queda? How does it look/ fit me?, 7

¡Cómo no! Of course!, 6

¿Cómo se llama usted? What's your name? (formal), P

¿Cómo te llamas? What's your name? (informal), P

¿Cómo te va? How's it going? (informal), P

cómoda dresser, 4

comodidad *f.* comfort *pl.* ammenities, features, 9

cómodo *adj.* comfortable, 9

compañero(a) de clase classmate, 1

compañero(a) de cuarto roommate, 1

compositor(a) composer, 13

comprar to buy, 1

compras: de compras shopping, 7

comprender to understand, 2

comprometido *adj.* engaged, 10

compromiso engagement, 10

computación *f.* computer science, 1

computadora computer, 1

computadora portátil laptop computer, 15

con *prep.* with, 4

con destino a departing for, 9

con permiso pardon me, excuse me, P

con respecto a with regard to, 11

con tal (de) que *conj.* provided (that), 13

concierto concert, 13

condimento condiment, 6

condominio condominium, 4

conectar to connect, 15

conexión *f.* connection, 15

conexión de alta velocidad high-speed connection, 15

conexión inalámbrica wireless connection, 15

congestión (de tráfico) *f.* (traffic) congestion

congestionado *adj.* congested, 5

Congreso congress, 14

conocer(se) to know (each other); to meet, 3

conseguir (i) to get, to obtain, 6

consejero(a) advisor, 1

conservación *f.* conservation, 12

conservador(a) *adj.* conservative, 14

conservar to conserve, 12

constitución *f.* constitution, 14

construir to construct, 12

contabilidad *f.* accounting, 1

contador(a) accountant, 11

contaminación *f.* pollution, 12

contaminado *adj.* polluted, 12

contaminar to pollute, 12

contar (ue) to count; to tell

contar con to count on

contento *adj.* happy, 4

Me pongo contento. I get happy., 8

contestador automático *m.* answering machine, 15

contestar to answer, 1

contra *prep.* against, 1

contratar to hire, 11

control (m.) remoto remote control, 15

control (m.) de seguridad security, 9

copa goblet, wine glass, 6

corazón *m.* heart, 5

corbata necktie, 7

coreano *adj.* Korean, 2

correo electrónico email, 11

correr to run, 3

correr las olas to surf, 8

corrupción *f.* corruption, 14

cortar el césped to mow the lawn, 4

corto *adj.* short (length), 2

costa coast, 8

costar (ue) to cost, 4

costarricense *adj.* Costa Rican, 2

costo expense

cotidiano *adj.* daily, 13

crecer to grow up

crecimiento growth

creer to believe, 2

crema bronceadora suntan lotion, 8

cremallera zipper, 7

criado(a) servant; maid, 11

crimen *m.* crime, 14

cruzar to cross, 9

cuaderno notebook, 1

cuadra city block, 9

cuadro painting, 4

¿Cuál(es)? Which?, P

¿Cuál es tu dirección? (informal) What's your address? (informal), P

¿Cuál es tu nombre? What's your name? (informal), P

¿Cuál es tu número de teléfono? What's your telephone number? (informal), P

cuando *conj.* when, 13

¿Cuándo? When?, P

¿Cuánto(a)? How much?, P

¿Cuántos(as)? How many?, P

¿Cuánto le debo? How much do I owe you?, 7

¿Cuántos años tienes tú? How old are you?, P

cuarenta forty, 2

cuarto room, 4

cuarto de baño bathroom, 4

cuatro four, P

cuatrocientos four hundred, 4

cubano *adj.* Cuban, 2

cuchara spoon, 6

cucharada tablespoon, 6

cucharadita teaspoon, 6

cuchillo knife, 6

cuello neck, 5

cuenta check, bill, 6; account, 11

cuenta corriente checking account, 11

cuenta de ahorros savings account, 11

La cuenta, por favor. The check, please., 6

cuento story

cuero leather, 7

cuerpo humano body, 5

cuidar(se) to take care (of oneself), 5

culebra snake, 12

cultivar to plant, 5; to cultivate; to grow (plants), 12

cumpleaños *m.* birthday, 8

cumplir años to have a birthday, 8

cumplir con to honor

cuñada sister-in-law, 2

cuñado brother-in-law, 2

currículum *m.* résumé, 11

curso course, 1

D

danza dance, 13

dar to give, 3

dar una fiesta to give a party, 8

dar un paseo to go for a walk, 3

darse cuenta to realize

darse la mano to shake hands, 10

de from, of

de cuadros plaid, 7

¿De dónde? From where?, P

¿De dónde eres tú? Where are you from? (informal), P

¿De dónde es usted? Where are you from? (formal), P

de la (mañana, tarde, noche) in the (morning, afternoon/evening), 1

de lunares polka-dotted, 7

¿De quién(es)? Whose?, 8

de rayas striped, 7

de repente suddenly, 8

de tiempo completo full-time, 11

de tiempo parcial part-time, 11

de vez en cuando occasionally, 6

debajo de *prep.* under, below, 4

debate *m.* debate, 14

deber ought to, must, 2

deber *m.* noun duty, 14

debilidad *f.* weakness

decano(a) dean, 1

decir (i) to say; to tell, 4

¡No me digas más! Say no more!

dedo finger, 5

dedo del pie toe, 5

defender (ie) to defend, 14

defensa defense, 14

dejar to quit, 11; to leave; to let, to allow, 13

dejar una (buena) propina to leave a (good) tip, 6

delante de *prep.* in front of, 4

delgado *adj.* thin, 2

demandar to sue

demasiado *adv.* too much, 9

democracia democracy, 14

demócrata *adj.* democratic, 14

demora delay, 9

denso *adj.* dense, 12

dentista *m./f.* dentist, 11

departamento apartment, 4

dependiente *m./f.* salesclerk, 7

deporte *m.* sport, 3

deportiva *adj.* sports, 3

depositar to deposit (money), 11

derecha: a la derecha de *prep.* to the right of, 9

derecho law, 1; straight, 9

derechos humanos (civiles) human (civil) rights, 14

desafío challenge, 14

desarrollar to develop, 12

desarrollo development, 12

desayunar to have (eat) breakfast, 6

desayuno breakfast, 6

descansar to rest, 1

descargar (un archivo) to download (a file), 15

desconectar to disconnect, 15

desconocido *adj.* unknown

descuento discount, 7

desde *prep.* from, 1

desear to want, to wish, 1

desempleo unemployment, 14

desenchufar to unplug, 15

desigualdad *f.* inequality, 14

desmedro impairment

desordenado *adj.* messy, 4

despedir (i) to fire, 11

despegar to take off, 9

desperdicio waste, 12

despertador *m.* alarm clock, 4

despertarse (ie) to wake up, 5

después *adv.* afterward, 10

después (de) (que) *conj.* after, 13

destrucción *f.* destruction, 12

destruido *adj.* destroyed, 12

destruir to destroy, 12

desventaja disadvantage, 15

detalle *m.* detail, 10

detrás de *prep.* behind, 4

día *m.* day, 1

al día up to date, 14

Día de la Independencia Independence Day, 8

Día de la Raza Columbus Day, 8

Día de las Madres Mother's Day, 8

Día de los Muertos Day of the Dead, 8

Día de los Reyes Magos Day of the Magi (Three Kings), 8

Día de Todos los Santos All Saints' Day, 8

Día del Padre Father's Day, 8

Día del santo saint's day, 8

día feriado *m.* holiday, 8

diagnóstico diagnosis, 5
diariamente daily, 3
dibujar to draw, 1
dibujo animado cartoon, 13
diccionario dictionary, 1
dicho *p.p.* said; told, 10
diciembre December, 3
dictador(a) dictator, 14
dictadura dictatorship, 14
diecinueve nineteen, P
dieciocho eighteen, P
dieciséis sixteen, P
diecisiete seventeen, P
diente *m.* tooth, 5
dieta diet, 5
diez ten P
dinero money, 1
¡Dios mío! My god!
    My goodness!, P
diputado(a) representative, 14
director(a) director, 13
dirigir to direct, 13
disco compacto compact disc (CD), 15
    disco duro hard drive, 15
disculpe pardon me, P
discurso speech, 14
discutir to argue, to discuss, 14
disfraz *m.* costume, 8
disfrazarse to wear a costume, 8
disfrutar to enjoy, 9
divertido *adj.* fun, 2
divertirse to have fun, 6
divorciado *adj.* divorced, 2
divorciarse (de) to get divorced
    (from), 10
divorcio divorce, 10
doblar to turn, 9
doce twelve, P
documental *m.* documentary, 13
dolerle (ue) (a alguien) to be painful
    (to someone), 5
dolor (de oídos, de cabeza) *m.* ache,
    pain (earache, headache), 5
domingo Sunday, 1
dominicano *adj.* Dominican (from the
    Dominican
    Republic), 2
¿Dónde? Where?, P
dormir (ue) to sleep, 6
dormirse (ue) to fall asleep, 5
dormitorio bedroom, 4
dos two, P
doscientos(as) two hundred, 4
drama *m.* drama, play, 13
dramático(a) *adj.* dramatic, 2
dramaturgo *m./f.* playwright, 13
drogadicción *f.* drug
    addiction, 14
ducha shower, 4
ducharse to take a shower, 5
dulce *adj.* sweet
durante *prep.* throughout

E

ecología ecology, 12
economía economics, 1

económico *adj.* economic, 5
ecuatoriano Ecuadorian, 2
edad *f.* age, 2
edificio building, 1
educación *f.* education, 1
efectivo cash, 7
egipcio *adj.* Egyptian, 2
ejército army, 14
el, la, los, las *def. art.* the
él *pron.* he, P
elecciones *f.* elections, 14
electricista *m./f.* electrician, 11
electrodomésticos electric
    appliance, 4
elefante *m.* elephant, 12
elegante *adj.* elegant, 10
elegir (i, i) to elect, 14
El gusto es mío. The pleasure is
    mine., P
eliminar to eliminate, 14
ella *pron.* she, P
ellos(as) *pron.* they, P
emocionado *adj.* excited, 4
empezar (ie) to begin, 4
empleado(a) employee, 11
empleo employment, 14
empresa corporation; business, 11
en in; on, 4
    en caso (de) que *conj.* in case (of), 13
    en contra against
    en cuanto a in regard to, 13
    en frente de in front of, 9
    en punto on time, 1
    ¿En qué puedo servirle? How can I
        help you?, 7
enamorarse (de) to fall in love
    (with), 10
Encantado(a). Nice to meet you. P
encarcelamiento imprisonment, 14
encender to turn on, 15
encendido *adj.* on, 15
enchufado *adj.* plugged in, 15
enchufar to plug in, 15
encima de *prep.* on top of, 4
encontrar to find, 4
energía solar solar energy, 12
enero January, 3
enfermarse to get sick, 5
enfermedad *f.* illness, 5
enfermería infirmary, 9
enfermero(a) nurse, 5
enfermo *adj.* sick, 4
enfrentar to face
enfrente de *prep.* across
    from, 9
enmendar (ie) to amend, 14
enmienda amendment, 14
enojado *adj.* angry, 4
ensalada salad, 6
enseguida right away, 6
enseñar to teach, 1
entender (ie) to understand, 4
entonces *adv.* then; so, 10
entrar to enter, 1
entre *prep.* between, among, 4
entremés *m.* hors d'oeuvre, 8

entrevista interview, 11
equilibrio balance, 12
equipaje (de mano) *m.* (carry-on)
    baggage, luggage, 9
equipo equipment, 15
escalar to climb, 8
escalera stairs, 4
escáner *m.* scanner, 15
escasez *f.* lack, shortage, 12
escenario stage, 13
escoger to choose, 9
escribir to write, 2
escrito *p.p.* written, 10
escritor(a) writer, 13
escritorio desk, 4
escuchar (música) to listen
    (to music), 1
escuela school, 1
    escuela politécnica
        technical school
esculpir to sculpt, 13
escultor(a) sculptor, 13
escultura sculpture, 13
    hacer escultura to sculpt, 13
ese(a) *adj.* that, 5
ése(a) *pron.* that, 5
espacio space, 4
espacio cibernético
    cyberspace, 15
espalda back, 5
español *m.* Spanish (language), 1
español *adj.* Spanish, 2
especialidad (f.) de la casa house
    specialty, 6
especialización *f.* major, 1
especies *f.* species, 12
espectáculo show
espectador(a) viewer, 13
espejo mirror, 4
esperar to hope; to wait
espiritualmente spiritually, 2
esposa wife, 2
esposo husband, 2
esquiar (en el agua) to (water) ski, 3
está despejado/nublado it's clear/
    cloudy, 3
estación *f.* season, 3
estación de trenes *f.* train
    station, 9
estadio stadium, 3
estadounidense *adj.* from the United
    States, 2
estante *m.* bookshelf, 4
estar to be, 3
    estar conectado(a) (en línea) to be
        online, 15
    estar de acuerdo to agree, 10
    estar congestionado to be con-
        gested, 5
    estar enfermo(a) to be sick, 5
    estar resfriado(a) to have a cold, 5
    estar sano(a) to be healthy, 5
este *m.* east, 9
éste *pron.* this one, 5
este(a) *adj.* this, 5
estéreo stereo, 15

estilo style, 7
estómago stomach, 5
estornudar to sneeze, 5
Estoy a dieta. I'm on a diet., 6
    Estoy satisfecho(a).
        I'm satisfied. I'm full., 6
estudiante *m./f.* student, 1
estudiar to study, 1
estudio study, 1
estufa stove, 4
examen *m.* test, 1
examinar to examine, 5
explicar (qu) to explain, 9
explotar to exploit, 12
**extinción: en peligro de
    extinción** in danger
    of extinction, 12
extrovertido(a) *adj.* outgoing, 2

F

fábrica factory, 12
factura bill, 11
facturar el equipaje to check the
    luggage, 9
facultad *f.* department, school, 2
falda skirt, 7
falta lack
familia family
farmacia pharmacy, 5
fáx *m.* fax machine, 11
febrero February, 3
¡Felicitaciones! Congratulations!, 8
felicitar to congratulate, 10
feo *adj.* ugly, 2
ferretería hardware store, 3
fiebre fever, 5
fiesta (de sorpresa) (surprise) party;
    holiday, 8
filosofía philosophy, 1
fin (m.) de semana weekend, 1
finalmente *adv.* at last, finally, 10
finanzas personales personal
    finances, 11
finca farm, 12
firmar to sign, 11
física physics, 1
flan (casero) *m.* (homemade) caramel
    custard, 6
flor *f.* flower, 10
folclórico *adj.* folkloric, 13
fotocopiadora photocopier, 11
fotografía photography, 13
fotógrafo(a) photographer, 11
francés *m.* French (language), 1
francés(esa) *adj.* French, 2
frasco jar, pot, jug, 6
fresco *adj.* fresh, 6
frontera border, 12
fruta fruit, 6
frutería fruit store, 3
fuente *f.* source, 12; fountain, 4
funcionar to function (to work), 15
furioso *adj.* furious, 4
fútbol (americano) *m.* soccer
    (football), 3

G

gafas de sol sunglasses, 7
galón *m.* gallon, 6
ganador(a) winner, 13
ganar to win, 3
ganga: ¡Es una ganga!
  It's a bargain!, 7
garaje *m.* garage, 4
garganta throat, 5
gasolinera gas station, 3
gastar to spend (money), 7
gasto expense, 11
gato cat, 2
gemelo cufflink, 7
generoso(a) *adj.* generous, 2
gente *f.* people, P
geografía geography, 1
gerente *m./f.* manager, 11
gimnasio gymnasium, 1
gobernador(a) governor, 14
gobernar (ie) to govern, 14
gobierno government, 14
golf *m.* golf, 3
gordo *adj.* fat, 2
gorila *m.* gorilla, 12
gorra de béisbol baseball cap, 7
grabar to word record, 15
gramo gram, 6
grande *adj.* big, large, 2
gratis *adj.* free, 1
gritar to shout, 8
grupo paramilitar paramilitary
  group, 14
guagua bus *(Puerto Rico)*, P
guante *m.* glove, 7
guapo *adj.* good-looking, 2
guardaparques *m./f.* park ranger, 12
guardar to save, 15
guardar cama to stay in bed, 5
guatemalteco *adj.* Guatemalan, 2
guerra war, 14
guerrillero *m./f.* guerrilla, 14
guineano(a) guinean, 2
guión *m.* script, 13
guitarra guitar, 3
  tocar la guitarra to play the guitar, 3
gustar to be pleasing
  (to someone), 3
  (no) me gusta + *infinitive* I (don't)
  like + infinitive, 3
gusto: El gusto es mío. The pleasure
  is mine, P

H

haber to have (auxillary verb), 10
habitación (bed) room, 4
hablar(se) to speak, to talk (with each
  other), 9
habla tan bien speak so well, P
hace buen tiempo it's nice, 3
  hace calor it's hot, 3
  hace fresco it's cool, 3
  hace frío it's cold, 3
  hace sol it's sunny, 3
  hace viento it's windy, 3

hacer to do; to make, 3
  hacer (un picnic, planes, ejercicio)
    to go on a picnic, to make plans, to
    exercise, 3
  hacer camping to go camping, 8
  hacer clic (sobre) to click (on), 15
  hacer escala (en) to make a stop (on
    a flight) (in), 9
  hacer esnórquel to snorkel, 8
  hacer juego con to match, 7
  hacer la cama to make one's bed, 4
  hacer la(s) maleta(s) to pack one's
    suitcase(s), 9
  hacer un brindis to make a toast, 8
  hacer una fiesta to give a party, 8
  hacer una parrillada to have a
    cookout, 8
hacia *adv.* toward, 9
haitiano *adj.* Haitian, 2
hamburguesa hamburger, 6
hambre *f.* hunger, 5
harina de maíz corn flour
hasta *adv.* up to, until
  Hasta luego. See you later, P
  Hasta mañana. See you tomorrow, P
  Hasta pronto. See you
    soon, P
  hasta que *conj.* until, 13
hay there is, there are, P
hecho *p.p.* done; made, 10
helado ice cream, 6
hermana sister, 2
hermanastra stepsister, 2
hermanastro stepbrother, 2
hermano brother, 2
hierba herb, 5;
hija daughter, 2
hijo son, 2
hipopótamo hippopotamus, 12
hipoteca mortgage, 11
hispanohablante *m./f.* native Spanish
  speaker
historia history, 1; story, 4
historial clínica *f.* medical history, 5
hogar *m.* home, 4
hoja leaf, 5
¡Hola! Hi! (informal), P
hombre *m.* man, 1
hombre de negocios businessman, 11
hondureño *adj.* Honduran, 2
honesto(a) *adj.* honest, 2
hora hour, time
  ¿A qué hora? At what time?, 1
  ¿Qué hora es? What time
    is it?, 1
horario schedule, 9
horno (microondas)
  (microwave) oven, 4
hotel de cuatro estrellas *m.* four-star
  hotel, 9
hoy *adv.* today, 1
huelga strike, 14
hueso bone, 5
huevo duro hard-boiled egg, 6
humanidades *f. pl.* humanities, 1
humilde *adj.* humble, 2

I

ideología ideology, 14
iglesia church, 3
igualdad *f.* equality, 14
impermeable *m.* raincoat, 7
importante *adj.* important, 12
imposible *adj.* impossible, 12
impresora printer, 15
imprimir to print, 11
impuestos taxes, 14
imunidad *f.* immunity
incluir to include, 2
indeciso(a) *adj.* indecisive, 2
indio *adj.* Indian, 2
inflación *f.* inflation, 14
informar to inform, 14
informe *m.* report, 11
ingeniería engineering, 1
ingeniero(a) engineer, 11
inglés *m.* English (language), 1
inglés(esa) *adj.* English, 2
ingreso income, 12
injusticia injustice, 14
inmigración *f.* passport control,
  immigration, 14
inodoro toilet, 4
inseguridad *f.* insecurity, lack of
  safety, 14
intelectual *adj.* intellectual, 2
inteligente *adj.* intelligent, 2
interesante *adj.* interesting, 2
Internet *m.* Internet
interpelar to question
interpretar to play a role, 13
intérprete *m./f.* interpreter, 11
introvertido(a) introverted, 2
intuitivo *adj.* intuitive, 2
inventar to invent, 14
investigar to investigate, 14
invierno winter, 3
invitado *m./f.* guest, 8
invitar: Te invito. It's on me
  (my treat)., 6
inyección *f.* shot (injection), 5
ir to go, 3
  ir al cine to go to the
    movies, 3
  ir a pie to go on foot, 9
  ir a tomar un café to drink coffee, 3
  ir a un bar to go to a bar, 3
  ir a un club to go to a club, 3
  ir a un concierto to go to a concert, 3
  ir a una discoteca to go to a disco, 3
  ir a una fiesta to go to a party, 3
  ir (bien) con to go well with, 7
  ir de compras to go
    shopping, 3
  ir en autobús to go by bus, 9
  ir en avión to go by plane, 9
  ir en barco to go by boat, 9
  ir en bicicleta to go by bike, 9
  ir en coche to go by car, 9
  ir en metro to go by subway, 9
  ir en taxi to go by taxi, 9
  ir en tren to go by train, 9
irresponsable *adj.* irresponsible, 2

isla island, 9
italiano Italian (language), 1; *adj.*
  Italian, 2
izquierda: a la izquierda de *prep.* to the
  left of, 9

J

jaguar *m.* jaguar, 12
jamón *m.* ham, 6
Jánuca *m.* Hanukkah, 8
japonés *m.* Japanese (language), 1
japonés(esa) *adj.* Japanese, 2
jarabe *m.* cough syrup, 5
jardín *m.* garden, 4
jeans *m. pl.* blue jeans, 7
jefe *m./f.* boss, 11
jerarquía hierarchy, 11
joven *adj.* young, 2
joya gem
joyas jewelry, 7
joyería jewelry store, 3
jubilarse to retire, 11
juego game, 3
jueves *m.* Thursday, 1
juez *m./f.* judge, 10
jugador(a) player, 3
jugar (ue) to play, 4
  jugar al baloncesto to play
    basketball, 3
  jugar al béisbol to play baseball, 3
  jugar al fútbol to play soccer, 3
  jugar al fútbol americano to play
    football, 3
  jugar al golf to play golf, 3
  jugar al tenis to play tennis, 3
  jugar al voleibol to play volleyball, 3
jugo de fruta fruit juice, 6
julio July, 3
junio June, 3
justicia justice, 14

K

kilo(gramo) kilogram, 6

L

labios lips, 5
lado: al lado de *prep.* next to, 9
lago lake, 8
lámpara lamp, 4
lana wool, 7
langosta lobster, 6
lápiz *m.* pencil, 1
largo *adj.* long, 2
lástima: es una lástima it's a shame
lata can, 6
lavabo bathroom sink, 4
lavadora washing machine, 4
lavaplatos *m.* dishwasher, 4
lavar (los platos, la ropa, las ventanas)
  to wash (dishes, clothes, windows), 4
lavarse to wash up, 5
lección *f.* lesson, 1
leche *f.* milk, 6
lechuga lettuce, 6
leer to read, 2

lejos (de) *prep.* far (away) (from), 4
lengua language, 1; tongue, 5
   lenguas extranjeras foreign
     languages, 1
lentillas/lentes *(m.)* **de**
   contacto contact lenses, 5
león *m.* lion
levantar pesas to lift weights, 3
levantarse to get up, 5
levemente lightly, 11
ley *f.* law, 14
liberal *adj.* liberal, 15
libertad *f.* **de la prensa**
   freedom of the press, 14
libra pound, 6
librería bookstore, 1
libro (de texto) (text)book, 1
ligero *adj.* light (meal, food), 6
limosna charity
limpiar la casa to clean the house, 4
limpio *adj.* clean, 4
liquidación *f.* sale *(Lat. Am.)*,
   reduction (in price), 7
listo *adj.* smart; ready, 2
literatura literature, 1
litro liter, 6
llamar to call, to phone, 1
   Me llamo... My name is . . . , P
   llamar por teléfono to make a phone
     call, 11
llano plain, 12
llave *f.* key, 9
llegada arrival, 9
llegar to arrive, 1
llenar to fulfill, 7; to fill out
   (a form), 11
llevar to wear, to carry, 7
llevar a cabo to take place, 8
llevar una vida tranquila
   to lead a peaceful life, 12
llevarse bien (mal) (con)
   to get along well (poorly) (with) each
   other, 10
llorar to cry, 8
llover (ue) to rain, 4
lluvia rain, 3
lo que *pron.* what, 10
lobo wolf
Localizador Uniforme de
   Recursos *m.* URL, 15
lógico *adj.* logical, 12
lograr to succeed
luchar (contra/por) to fight (against/
   for), 14
luego *adv.* then, 10
lugar *m.* place, 3
lujoso *adj.* luxurious, 7
luna de miel honeymoon, 10
lunes *m.* Monday, 1
luz *f.* light, 1

M

madrastra stepmother, 2
madre *f.* mother, 2
madrina godmother, 2
maestro(a) teacher, 1

maleta suitcase, 9
malo *adj.* bad, 2
mamá mother, 2
mamífero mammal
mandar to command, 11
mandar (cartas) to send (letters), 1
manifestación *f.*
   demonstration, 14
mano *f.* hand, 5
manta blanket, 8
mantel *m.* tablecloth, 6
mantequilla butter, 6
manzana apple, 6
mañana *adv.* tomorrow, 1
mapa *m.* map, 1
maquillarse to put on makeup, 5
mar *m.* sea, 8
marcador *m.* marker, 1
mareado *adj.* dizzy, 5
mareo dizziness, 5
mariposa butterfly, 12
mariscos shellfish, seafood, 6
marrón *adj.* brown, 1
martes *m.* Tuesday, 1
marzo March, 3
Más o menos. So-so., P
   más... que more . . . than, 6
máscara mask, 8
mascota pet
masticar (qu) to chew, 5
matemáticas math, 1
materias subject, courses, 1
matrícula tuition, 1
matrimonio marriage, 10
mayo May, 3
mayor older, 6
   el mayor oldest, 6
mayoría majority, 1
mecánico(a) mechanic, 11
medianoche *f.* midnight, 1
medias stockings, 7
medicina medicine, 1
médico *m./f.* physician, doctor, 5; *adj.*
   medical, 5
   seguro médico medical insurance, 11
medio ambiente environment, 12
mediodía *m.* noon, 1
medio(a) hermano(a) half brother
   (sister), 2
medios de comunicación means of
   communication, 14
mejillas cheeks, 5
mejor better, 6
   el mejor best, 6
menor younger, 6
   el menor youngest, 6
menos... que less . . . than, 6
mensaje *m.* message, 15
   mensaje de texto text
     message, 15
menú *m.* menu, 6
mercado (al aire libre)
   (outdoor) market, 3
merienda snack time, 3
mes *m.* month, 3

el mes pasado last month, 6
mesa table, 4
mesero(a) waiter (waitress), 6
mesita coffee (side) table, 4
metrópolis *f.* metropolis, 12
mexicano *adj.* Mexican, 2
mi *adj.* my, 2
micrófono microphone, 15
miércoles *m.* Wednesday, 1
mil one thousand, 4
millón million, 4
ministro(a) minister, 14
mío *adj.* my, mine, 7
mirar to watch, 1
mirarse to look at each other, 10
mismo *adj.* same, 10
mitad *f.* half, 15
mochila backpack, 1
moda: ¡Está de última moda! It's the
   latest style!, 7
módem *m.* modem, 15
moderno(a) *adj.* modern, 10
molestar to bother, 12
molesto: Me pongo molesto. I get
   annoyed., 8
monarquía monarchy, 14
monitor *m.* monitor, 15
mono monkey, 12
montañas mountains, 8
montar a caballo to go
   horseback riding, 3
morado *adj.* purple, 1
moreno(a) *adj.* dark-haired, 2
morir (ue) to die, 6
mostrar (ue) to show, 7
mover (ue) to move, 3
muchacho(a) boy (girl), 1
Mucho gusto. Nice to meet
   you, P
muebles *m.* furniture, 4
muerte *f.* death
muerto *adj.* dead, 4; *p.p.* died, 10
mujer *f.* woman, 1
   mujer de negocios
     businesswoman, 11
mundo world, 9
murciélago bat
músculo muscle, 5
museo museum, 3
música music, 1
musical *m.* musical (play), 13
músico *m./f.* musician, 13
muslo thigh, 5
muy *adv.* very, P

N

nacer to be born, 2
nacionalidad *f.* nationality, 2
nada nothing, not anything,
   at all, 8
nadar to swim, 3
nadie nobody, no one, 8
naranja orange, 6
nariz *f.* nose, 5

natación *f.* swimming, 3
naturaleza nature, 12
naturalista *m./f.* naturalist, 12
navegar la Red to surf the Net, 15
Navidad *f.* Christmas, 8
necesario *adj.* necessary, 12
necesitar to need, 1
negocios business, 1
negro *adj.* black, 1
nevera refrigerator, 4
ni... ni neither . . . nor, 8
   ni siquiera not even, 4
nicaragüense *adj.* Nicaraguan, 2
nieta granddaughter, 2
nieto grandson, 2
nieva it's snowing, 3
nieve *f.* snow, 3
niñero nanny, 11
ningún, ninguno(a) none,
   not any, 8
niño(a) boy (girl), child, 2
Noche Vieja *f.* New Year's Eve, 8
Nochebuena Christmas Eve, 8
nombre *m.* first name, 2
norte *m.* north, 9
norteamericano *adj.* North American,
   American, 2
nosotros(as) *pron.* we, P
noticias news, 13
noticiero newscast, 14
novecientos nine hundred, 4
noventa ninety, 2
novia girlfriend, 1; bride, 10
noviazgo courtship, 10
noviembre November, 3
novio boyfriend, 1; groom, 10
nublado cloudy, 3
nuera daughter-in-law, 2
nuestro *adj.* our, 2
nueve nine, P
nuevo *adj.* new, 2
número number, P; shoe size, 7
nunca *adv.* never, 8
   nunca más *adv.* never
     again, 3

O

o *conj.* or, 3
   o... o either . . . or, 8
objeto object, 1
obra (de arte) work (of art), 13
   obra maestra masterpiece, 13
obrero(a) worker; laborer, 11
océano ocean, 8
ochenta eighty, 2
ocho eight, P
ochocientos eight hundred, 4
octubre October, 3
ocupado *adj.* busy, 4
oeste *m.* west, 9
oferta sale *(Lat. Am.)*, 7
oferta de trabajo job offer, 11
oficina office, 1
   oficina de correos post
     office, 3
ofrecer (zc) to offer, 9

oído inner ear, 5
ojalá que I wish that, 12
ojo eye, 5
oler to smell, 4
olvidar to forget, 8
once eleven, P
onza ounce, 6
ópera opera, 13
oponer to oppose, 14
oposición *f.* opposition, 14
orar to pray, 8
ordenado *adj.* neat, 4
oreja (outer) ear, 5
órgano organ, 5
orgulloso *adj.* proud
orquesta band, 10
orquídea orchid, 12
oso bear
otoño fall, 3
otra vez *adv.* again, 10

P

paciente *adj.* patient, 2; noun *m./f.* patient, 5
padrastro stepfather, 2
padre *m.* father, 2
padres parents, 2
padrino(a) godfather (godmother), 2
pagar to pay, 1
  pagar a plazos to pay in installments, 11
página de bienvenida (de entrada, de presentación, inicial, principal, de la Red) home page, 15
  página web web page, 15
paisaje *m.* landscape, 12
pájaro bird, 12
palabra word, 1
pan (tostado) *m.* bread (toast), 6
panameño *adj.* Panamanian, 2
panelista *m./f.* guest on a talk show, 13
pantalla screen, 15
pantalones (cortos) *m.* pants (shorts), 7
pantera panther
pantorrilla calf (of leg), 5
papá *m.* father, 2
papas (fritas) (french fried) potatoes, 6
papel *m.* paper, 1; role, 13
papelería stationery store, 3
par *m.* pair, 7
para *prep.* for
  para colmo on top of that, 4
  para disculparse to excuse yourself, P
  para que *conj.* so that, 13
  ¿Para qué? For what purpose?, 8
paraguas *m.* umbrella, 7
paraguayo *adj.* Paraguayan, 2
parar(se) to stop, 9
parecer to appear, 1
parecido *adj.* similar
pared *f.* wall, 4

pareja couple, 10
pariente *m./f.* relative, 2
parque *m.* park, 3
participar to take part, to participate, 14
partido game, 3
  partido político political party, 14
partir to cut, 10
pasado: (la semana, el mes, el año) pasado(a) last (week, month, year), 6
pasajero(a) passenger, 9
pasaporte *m.* passport, 9
pasar to spend (time); to pass, 1
  pasar la aspiradora to vacuum, 4
  pasar por to go through, 9
  pasarlo bien (mal) to have a good (bad) time, 8
pasatiempo pastime, 3
Pascua Easter, Passover, Christmas, 8
pasear en canoa/velero to go canoeing/sailing, 8
paseo stroll, 7
pasillo aisle, 9
paso step, 7
pastel *m.* cake, 8
  pastel de boda(s) *m.* wedding cake, 10
pastilla pill, 5
patinar (en línea) to (in-line) skate, 3
patrón *m.* pattern, 7
pavo turkey, 6
paz *f.* peace, 14
pecho chest, 5
pedir (i, i) to ask for, 4; to order (food), 6; to request, 9
  pedir prestado to borrow, 11
  pedir un aumento to ask for a raise, 11
peinarse to comb one's hair, 5
película movie, film, 13
  película clásica classic film, 13
  película de acción action film, 13
  película de ciencia ficción science fiction film, 13
  película de terror horror film, 13
  película de intriga (misterio) mystery film, 13
  película fantástica fantasy film, 13
  película extranjera foreign film, 13
  película romántica romantic film, 13
peligro: en peligro de extinción in danger of extinction, 12
peligroso *adj.* dangerous
pelo hair, 5
peluquería hair salon, 3
peluquero(a) hairstylist, 11
pensar (ie) to think, 4
peor worse, 6
  el peor worst, 6
pequeño *adj.* small, 2
  ¡Me quedan muy pequeños! They're too small!

perder (ie) to lose; to miss (a function), 4
perdón pardon me, excuse me, P
perezoso(a) *adj.* lazy, 2
periódico newspaper, 14
periodismo journalism, 1
periodista *m./f.* journalist, 11
período de sequía dry season, 5
pero *conj.* but, 3
perro dog, 2
peruano *adj.* Peruvian, 2
pesado *adj.* heavy (meal, food), 6
pescado fish (when caught), 6
pescar (qu) to fish, 3
pestañas eyelashes, 5
petróleo petroleum, 12
pez *m.* fish (alive), 2
picar (qu) to eat appetizers; to nibble, 6; to bite, 12
pie *m.* foot, 5
piedra stone, 4
piel *f.* skin, 5
pierna leg, 5
piloto *m./f.* pilot, 9
pimentero pepper shaker, 6
pimienta pepper, 6
pintarse to put on makeup, 5
pintor(a) painter, 13
pintura painting, 1
piscina pool, 3
piso floor, 4
pizarra chalkboard, 1
plancha iron, 4
planchar (la ropa) to iron (clothes), 4
plan de retiro retirement plan, 11
plataforma de operación operating platform (system), 15
plato plate, 6
  plato principal main dish, 6
playa beach, 8
plaza plaza, 3
plomero(a) plumber, 11
pluma fountain pen, 1
pobre *adj.* poor, 2
poder (ue) to be able, 4
  No puedo (comer) más. I can't (eat) any more., 6
poder *m.* power, 14
poesía poetry, 13
poeta *m./f.* poet, 13
policía *m.* (mujer *f.* policía) police officer, 11
política politics, 14
  política internacional international policy, 14
político *m./f.* politician, 14
pollo (asado) (roast) chicken, 6
poner to put (on), 3; to turn on (TV); to show (a movie), 13
  poner la mesa to set the table, 4
ponerse + *adjective* to become, to get + adjective, 8
  ponerse (la ropa) to put on (one's clothes), 5

popular *adj.* popular, 13
por *prep.* for
  por ciento percent, 7
  por ejemplo for example, 11
  por eso that's why, 11
  por favor please, P
  por fin *adv.* finally, 10
  por la (mañana, tarde, noche) in the (morning, afternoon/evening), 1
  por otro lado on the other hand
  ¿Por qué? Why?, P
  porque because, 3
  por supuesto of course, 2
portarse bien (mal) to behave well (poorly), 8
portugués *m.* Portuguese (language), 1
postal *m.* postcard, 2
postre *m.* dessert, 6
practicar (qu) to practice, 1
practicar deportes to play sports, 3
precio price, 7
preferir (ie) to prefer, 6
pregunta question, P
preguntar to ask (a question), 1
prenda article of clothing, 7
prender to turn on, 15
prendido *adj.* on, 15
prensa press, 14
preocuparse to worry, 11
preocupado *adj.* worried, 4
preparar to prepare, 6
presidente *m./f.* president, 14
  de la universidad of the university, 1
préstamo loan, 11
prestar to loan, 11
presupuesto budget, 11
primavera spring, 3
primero first, 10
  a primera vista at first sight, 10
  primer baile first dance, 10
  primera vez first time, 5
primo(a) cousin, 2
privado *adj.* private, 9
probarse (ue) to try on, 7
problema *m.* problem, 5
procedente de arriving from, 9
procesión *f.* parade, 8
profesión *f.* profession, 11
profesor(a) professor, 1
programa (de CD-ROM) *m.* (CD-ROM) program, 15
  programa de concursos game show, 13
  programa de entrevistas talk show, 13
  programa deportivo sports program, 13
  programa de realidad reality (TV) show, 13
programador(a) programmer, 11
programar to program, 15
progresista *adj.* progressive
prometer to promise, 10
pronóstico del tiempo weather report (forecast), 13

propina: dejar una (buena) propina to leave a (good) tip, 6
propósito purpose, 2
proteger to protect, 12
protestar to protest, 14
proveedor *m.* **de servicios Internet** Internet service provider, 15
proyecto project, 11
pueblo town, 3
puerta door, 4; gate, 9
puerto port, 9
  puerto USB USB port, 15
puertorriqueño *adj.* Puerto Rican, 2
puesto stand, 7; job, position, 11; *p.p.* put, 10
pulmones *m.* lungs, 5
pulsera bracelet, 7
pupitre *m.* student desk, 1
puro *adj.* pure, 12

Q

que *pron.* that, which, who, 3
¿Qué? What? Which?, P
  ¡Qué bueno! Wonderful!, 2
  ¡Qué casualidad! What a coincidence!, P
  ¿Qué hay? What's new? (informal), P
  ¿Qué hora es? What time is it?, 1
  ¡Qué padre! Cool!, 2
  ¿Qué tal? What's up? (informal), P
quedarle (a uno) to fit (someone), 7
  ¿Cómo me queda? How does it look?, 7
quedarse to stay, 9
quehacer doméstico *m.* chore, 4
quejarse de to complain about, 9
quemar to burn, 8
querer (ie) to want; to love, 4
  Yo quisiera... I would like . . ., 6
queso cheese, 6
quien *pron.* who, 10
  ¿Quién(es)? Who?, P
química chemistry, 1
quince fifteen, P
quinientos five hundred, 4
quitar el programa to quit the program, 15
quitar la mesa to clear the table, 4
quitarse (la ropa) to take off (one's clothes), 5

R

radiografía X-ray, 5
raíz *f.* root
Ramadán *m.* Ramadan, 8
ramo bouquet, 10
rana frog, 12
ranchero(a) rancher, 11
rascacielos *m.* skyscraper, 12
rato: un buen rato a good time, 3

ratón *m.* mouse (of computer), 15
razón *f.* reason, 12
reaccionar to react, 8
rebaja sale *(Spain)*, reduction (in price), 7
rebajar to reduce (in price), 7
rebelde *adj.* rebellious
rebotar to bounce (a check), 11
recepción *f.* front desk, 9; reception, 10
recepcionista *m./f.* receptionist, 9
receta prescription, 5
recibir to receive, 2
recibo receipt, 5
reciclar to recycle, 12
recién casados *m.* newlyweds, 10
recoger (j) to pick up; to claim, 12
recomendar (ie) to recommend, 6
recordar (ue) to remember, 8
rector(a) de la universidad president of the university, 1
recuerdo souvenir, wedding favor, 10
recursos naturales natural resources, 12
red social *f.* social network, 15
reducir to reduce, 14
reforestar to reforest, 12
reforma reform, 14
refresco soft drink, 6
refrigerador *m.* refrigerator, 4
refugio natural wildlife preserve, 12
regalar to give (as a gift), 9
regalo gift, 8
regar (ie) las plantas to water the plants, 4; to irrigate, 12
registrarse to register, 9
regresar (a casa) to return (home), 1
reinar to rule
reírse to laugh, 6
relaciones sentimentales *f.* relationships, 10
rellenar to stuff, 6
reloj *m.* clock, 1; watch, 7
remar to row, 8
renunciar to resign, 11
reportaje *m.* report, 14
reportero(a) reporter, 11
reproductor de DVD DVD player, 15
reproductor de MP3 MP3 player, 15
republicano *adj.* republican, 14
reserva reservation, 9
reservado(a) *adj.* reserved, 2
resfriarse to catch a cold, 5
resfrío cold, 5
residencia dormitory, 1
resolver (ue) to solve, resolve, 12
respeto respect, 11
responsable *adj.* responsible, 2
restaurante *m.* restaurant, 3
restaurar to refresh, 5
retrato portrait, 13
  retrato al óleo oil painting, 13
reunión *f.* meeting, 11

reunirse con to get together with, 8; to meet, 11
revista magazine, 14
rico *adj.* rich, 2; delicious, 6
ridículo *adj.* ridiculous, 6
rinoceronte *m.* rhinoceros, 12
río river, 8
rodeado *adj.* surrounded, 11
rodear to surround, 11
rodilla knee, 5
rojo *adj.* red, 1
romper (con) to break up (with), 10
ropa clothes, 5
rubio(a) *adj.* blond(e), 2
ruido noise, 12
ruso Russian (language), 1; *adj.* Russian, 2

S

sábado Saturday, 1
saber to know (how), 3
sabor *m.* flavor, 5
sabroso *adj.* tasty, 6
sacar (qu) to withdraw (money), 11
  sacar fotos to take pictures, 3
  sacar la basura to take out the garbage, 4
sagrado *adj.* sacred, 8
sal *f.* salt, 6
sala living room, 4
  sala de clase classroom, 1
  sala de conferencias / para banquetes conference / banquet room, 9
  sala de espera waiting room, 5
  sala de emergencia emergency room, 5
salario salary, 11
salero salt shaker, 6
salida departure, 9
  salida de emergencia emergency exit, 9
salir (con) to leave, to go out (with), 3
  salir del programa to quit the program, 15
salón (la sala) de charla *m.* chat room, 15
salsa sauce, 6
salud *f.* health, 5
  ¡Salud! Cheers!, 6
saludar(se) to greet (each other), P
salvadoreño *adj.* Salvadorean, 2
sandalia sandal, 7
sándwich *m.* sandwich, 6
sano *adj.* healthy, 5
santo(a) *adj.* saint, 2
sapo toad, 12
satélite *m.* satellite, 15
sciencias science, 1
secadora clothes dryer, 4
secarse (qu) to dry off, 5
sección *f.* **de (no) fumar** *f.* (non)smoking section, 9
secretario(a) secretary, 11
seda silk, 7

segundo *adj.* second, 2
seguir (i) to follow, to continue, 4
seguridad *f.* security, safety, 14
seguro surely, 4
seis six, P
seiscientos six hundred, 4
selva jungle, 12
  selva nubosa tropical rain forest, 12
semana week, 1
  Semana Santa Holy Week, 8
sembrar (ie) to plant, 12
senado senate, 14
senador(a) senator, 14
sencillez *f.* simplicity
sencillo *adj.* simple, 10
sensible sensitive, 3
sentir (ie) to be sorry, 6
  sentirse (bien/mal) to feel (good/bad), 5
señor (Sr.) Mr., sir, P
señora (Sra.) Mrs., ma'am, P
señorita (Srta.) Miss, P
separación *f.* separation, 10
separado *adj.* separated, 2
separarse (de) to separate (from), 10
septiembre September, 3
ser to be, P
servicio de habitación (cuarto) room service, 9
servidor *m.* server, 15
servilleta napkin, 6
servir (i) to serve, 6
sesenta sixty, 2
setecientos seven hundred, 4
setenta seventy, 2
si if, 15
sí yes, P
sicología psychology, 1
sicólogo psychologist, 11
siempre always, 8
siete seven, P
silla chair, 4
sillón *m.* easy chair, arm chair, 4
simpático *adj.* nice, 2
sin *prep.* without, 8
  sin esfuerzo alguno effortless
  sin que *conj.* without, 13
sincero(a) *adj.* sincere, 2
sino *conj.* rather, 4
síntoma *m.* symptom, 5
sinvergüenza *m./f.* shameless person, 4
siquiatra *m./f.* psychiatrist, 11
sistema (*m.*) nervioso nervous system, 5
sobre *prep.* about, on; over
sobrepoblación *f.* overpopulation, 12
sobrina niece, 2
sobrino nephew, 2
sociología sociology, 1
sofá *m.* sofa, couch, 4
soldado (la mujer soldado) soldier, 11
solicitar un puesto to apply for a job, 11

Glosario español-inglés

solicitud *f.* application (form), 11
solo *adj.* alone, 5
sólo only, P
soltero *adj.* single, 2
sombrero hat, 7
sonreír to smile, 6
sopa soup, 6
sorprender to surprise, 12
sorteo raffle, 7
sótano basement, 4
(Yo) Soy de... I'm from..., P
su *adj.* his, her, its, their, your (formal), 2
suavidad *f.* smoothness, 3
subida climb, 5
subir to climb, to go up, 9
sugerir to suggest, 6
sucio *adj.* dirty, 4
suegra mother-in-law, 2
suegro father-in-law, 2
sueldo salary, 11
suelo floor, 4
suéter *m.* sweater, 7
sufrir to suffer, 9
supermercado supermarket, 3
suplir to supply
sur *m.* south, 9
suyo *adj.* your, yours, his, her, hers, its, 7

T

tabla de planchar ironing board, 4
tacaño *adj.* stingy, 2
tajada slice, 6
talar to cut down (trees), 12
talla size (clothing), 7
también *adv.* also, too, 8
tampoco *adv.* neither, not either, 8
tan pronto como *conj.* as soon as, 13
tan... como as . . . as, 6
tanto(a)... como as much . . . as, 6
tantos(as)... como as many . . . as, 6
tarde *adv.* late, 1
tarea homework, 1
tarjeta card
   tarjeta de cajero automático ATM card, 11
   tarjeta de crédito credit card, 7
   tarjeta de cheque check card, 11
   tarjeta de presentación business card, 2
taza cup, 6
té (helado) *m.* (iced) tea, 6
teatro theater, 13
techo roof, 4
teclado keyboard, 15
técnico *m./f.* technician, 11
tecnológico technological, 15
tela fabric, 7
teléfono phone
   teléfono celular cellular phone, 15
   teléfono inteligente smartphone, 15

telenovela soap opera, 13
teleserie *f.* TV series, 13
teletrabajar to telecommute, 15
televidente *m./f.* television viewer, 13
televisor (de pantalla plana) *m.* (flat-screen) TV, 15
temprano *adv.* early, 1
tenedor *m.* fork, 6
tener (ie) to have, 2
   tener calor to be hot, 4
   tener celos to be jealous, 4
   tener dolor de cabeza to have a headache, 5
   tener escalofríos to have chills, 5
   tener éxito to be successful, 2
   tener fiebre to have a fever, 5
   tener frío to be cold, 2
   tener ganas de to feel like (doing something), 4
   tener gripe to have a cold, 5
   tener hambre to be hungry, 2
   tener lugar to take place, 10
   tener miedo (de) to be afraid (of something), 4
   tener náuseas to be nauseous, 5
   tener paciencia to be patient, 4
   tener prisa to be in a hurry, 2
   tener que to have to (do something), 3
   tener razón to be right, 2
   tener sed to be thirsty, 2
   tener sueño to be tired, sleepy, 2
   tener tos to have a cough, 5
tercero *adj.* third, 2
terminal de autobuses *f.* bus station, 9
terminar to finish, end, 1
terraza terrace, 4
terrorismo terrorism, 14
testigo *m./f.* witness, 10
tía aunt, 2
tiempo weather, 3
tienda store, 3
tienda de antigüedades (de música [de discos], de ropa) antique (music, clothing) store, 3
tienda de campaña tent, 8
tierra land, earth, 12
tigre *m.* tiger, 12
tímido(a) *adj.* shy, timid, 2
tío uncle, 2
tirar to throw, 10
tiza chalk, 1
tobillo ankle, 5
tocador *m.* dresser, 4
tocar (qu) to touch; to play an instrument, 1
tocar la guitarra to *play the guitar*, 3
todos all
   todos los años (días, meses, etc.) every year (day, month, etc.), 10
tolerante *adj.* tolerant, 2

tomar (clases/exámenes) to take (classes/tests); to drink, 1
tomar el sol to sunbathe, 3
tomarle la temperatura (a alguien) to take (someone's) temperature, 5
tomate *m.* tomato, 6
tonto(a) *adj.* silly, foolish, 2
tortuga turtle, 12
tos *f.* cough, 5
toser to cough, 5
tostadora toaster, 4
trabajador *adj.* hardworking, 2
trabajar to work, 1
trabajo work, 11
traductor(a) translator, 11
traer to bring, 3
tráfico traffic, 12
traje *m.* suit, 7
   traje de baño bathing suit, 7
   traje típico traditional outfit, 7
tranquilo *adj.* tranquil, peaceful, 12
transferir (ie, i) (fondos) to transfer (funds), 11
transporte *m.* **público** public transportation, 12
tratamiento treatment, 5
trece thirteen, P
treinta thirty, P
tres three, P
trescientos three hundred, 4
triste *adj.* sad, 4
tu *adj.* your (informal), 2
tú *pron.* you, P
tumba tomb, 7
turismo tourism, 1
tuyo *adj.* your, yours, 7

U

un(a) *indef. art.* a, an
universidad *f.* university, 1
uno one, P
unos(as) *indef. art.* some
uña fingernail, 5
uruguayo *adj.* Uruguayan, 2
usar to use, 1; to wear, 7
usted(es) *pron.* you, P

V

vago *lazy*
valiente *adj.* brave
valle *m.* valley, 12
vamos a ver let's see, 7
various several, 1
vaqueros jeans, 7
vaso glass, 6
vegetal *m.* vegetable, 6
veinte twenty, P
veinticuatro twenty-four, P
veinticinco twenty-five, P
veintidós twenty-two, P
veintinueve twenty-nine, P
veintiocho twenty-eight, P

veintiséis twenty-six, P
veintisiete twenty-seven, P
veintitrés twenty-three, P
veintiuno twenty-one, P
vela candle, 8
vendedor(a) salesperson, 11
vender to sell, 2
venezolano(a) *adj.* Venezuelan, 2
venir (ie) to come, 4
   ¡Venga! Come on!, 3
ventaja advantage, 7
ventana window, 4
ventanilla window, 9
ver to see, 3
   Nos vemos. See you later., P
   ver la tele to watch television, 3
verano summer, 3
verdad *f.* truth, 1
verde *adj.* green, 1
verdura vegetable, 6
vestido dress, 7
vestido de gala dressed elegantly, 10
vestirse (i) to get dressed, 5
veterinario *m./f.* veterinarian, 11
vez time
   a la vez at the same time
   a veces sometimes, 10
   de vez en cuando occasionally, 6
   dos (tres, etc.) veces twice (three times, etc.), 10
   muchas veces often, 10
   otra vez *adv.* again
   raras veces rarely, infrequently, 10
   una vez *adv.* once, 10
viajar to travel, 1
viaje *m.* trip, 9
vida life, 10
videocámara digital digital video camera, 15
videocasete *m.* videotape, 15
videocasetera VCR, 15
videojuego video game, 15
videollamada video call, 15
viejo(a) *adj.* old, 2
viernes *m.* Friday, 1
vigente *adj.* existing, 14
vinagre *m.* vinegar, 6
vino (blanco, tinto) (white, red) wine, 6
visitar to visit, 1
   visitar un museo to visit a museum, 3
visto *p.p.* seen, 10
   a primera vista at first sight, 10
viuda widow
viudo *adj.* widowed, 2; *noun* widower
vivienda housing, 4
vivir to live, 2
volcán *m.* volcano, 12
vólibol *m.* volleyball, 3
volver (ue) to return, 4
vosotros(as) *pron.* you, P
votar to vote, 14

voto vote, 14
vuelo (sin escala) (nonstop) flight, 9
vuelto *p.p.* returned, 10
vuestro *adj.* your, yours, 2

Y

y and, 3
ya *adv.* already, 9

y usted and you (formal) P
yerno son-in-law, 2
yo *pron.* I, P
yunta cufflink, 7

Z

zapatería shoe store, 7
zapato shoe, 7

zapato de tacón (alto) high heels, 7
zapato de tenis (deportivo) tennis
  shoe (sneaker), 7
zoología zoology, 1
zorro fox

Glosario inglés-español

A

a, an un(a) *indef. art.*
abortion aborto, 14
about sobre *prep.*
accelerated acelerado *adj.*, 12
accessory accesorio, 7
accompany acompañar, 10
account cuenta, 11
accountant contador(a), 11
accounting contabilidad *f.*, 1
ache dolor *m.*, 5
across from enfrente de *prep.*, 9
act actuar; interpretar, 13
action acción *f.*
activity actividad *f.*, 3
actor actor *m.*, 13
actress actriz *f.*, 13
advance avance *m.*, 15
advantage ventaja, 7
advisor consejero(a), 1
affection cariño, 10
after después (de) (que) *conj.*, 13
afterward después *adv.*, 10
again otra vez *adv.*, 10
against contra *prep.*, 1
age edad *f.*, 2
agree estar de acuerdo, 10
air aire *m.*, 12
air conditioning aire acondicionado, 9
airline aerolínea, 9
airline agent agente *m.f.* de la aerolínea, 9
airport aeropuerto, 9
aisle pasillo, 9
alarm alarma, 15
alarm clock despertador *m.*, 4
all todos
    All Saints' Day Día de Todos los Santos, 8
allergy alergia, 5
alliance alianza
alligator caimán *m.*, 12
allow dejar, 13
almost (always) casi (siempre) *adv.*, 10
alone solo *adj.*, 5
already ya *adv.*, 9
also también *adv.*, 8
although aunque *conj.*, 13
always siempre, 8
ambulance ambulancia, 5
amend enmendar (ie), 14
amendment enmienda, 14
ammenities comodidades *f.*, 9
among entre *prep.*, 4
and y, 3
angry enojado *adj.*, 4
animal animal *m.*, 12
ankle tobillo, 5
annoyed: I get annoyed. Me pongo molesto., 8
answer contestar, 1
answering machine contestador automático *m.*, 15
antacid antiácido, 5

antibiotic antibiótico, 5
antique antigüedad *f.*, 7
antique store tienda de antigüedades, 3
any algún, alguno(a/os/as), 8
anybody, anyone alguien, 8
anything algo, 8
apartment apartamento, departamento 1
appear parecer, 1
applaud aplaudir, 10
apple manzana, 6
applicant candidato(a), 11
application (form) solicitud *f.*, 11
apply for a job solicitar un puesto, 11
appreciate apreciar, 13
approach acercar (qu)
approve aprobar (ue), 14
April abril, 3
Arab árabe *adj.*, 2
architect arquitecto(a), 11
architecture arquitectura, 13
Argentine argentino *adj.*, 2
argue discutir, 14
arm brazo, 5
arm chair sillón *m.*, 4
armoire armario, 4
army ejército, 14
around alrededor de
arrival llegada, 9
arrive llegar, 1
arriving from procedente de, 9
arrogant arrogante *adj.*, 2
art arte *m./f.*, 1
article of clothing prenda, 7
artist artista *m./f.*, 13
artistic artístico(a) *adj.*, 2
as . . . as tan... como, 6
as many . . . as tantos(as)... como, 6
as much . . . as tanto(a)... como, 6
as soon as tan pronto como *conj.*, 13
ask (a question) preguntar, 1
ask for pedir (i, i), 4
    ask for a raise pedir un aumento, 11
aspirin aspirina, 5
assistant ayudante *m./f.*
at a *prep.*
    at first sight a primera vista, 10
    at last finalmente *adv.*, 10
    at the last minute a última hora, 8
    at the same time a la vez
    At what time? ¿A qué hora?, 1
athletic atlético *adj.*, 2
ATM cajero automático, 11
    ATM card tarjeta de cajero automático, 11
attend asistir a, 2
August agosto, 3
aunt tía, 2
author autor(a), 13
avocado aguacate *m.*, 6

B

back espalda, 5
backpack mochila, 1
bad malo *adj.*, 2
bag bolsa, 7
baggage (carry-on) equipaje (de mano) *m.*, 9
balance equilibrio, 12
balcony balcón *m.*, 4
ballet ballet *m.*, 13
ballpoint pen bolígrafo, 1
banana banana/banano, 6
band orquesta, 10
bank banco, 3
banker banquero(a), 11
banquet banquete *m.*, 10
    banquet room sala para banquetes, 9
bargain: It's a bargain! ¡Es una ganga!, 7
baseball béisbol *m.*, 3
baseball cap gorra de béisbol, 7
basement sótano, 4
basketball baloncesto, 3
bat murciélago
bathing suit traje de baño, 7
bathroom cuarto de baño, 4
bathroom sink lavabo, 4
bathtub bañera, 4
be ser, P; estar, 3
    be able poder (ue), 4
    be afraid (of something) tener miedo (de), 4
    be born nacer, 2
    be cold tener frío, 2
    be delayed demorarse, 13
    be frightened asustarse, 8
    be glad alegrarse (de), 12
    be healthy estar sano(a), 5
    be hot tener calor, 4
    be hungry tener hambre, 2
    be in a hurry tener prisa, 2
    be jealous tener celos, 4
    be nauseous tener náuseas, 5
    be online estar conectado(a) (en línea), 15
    be painful (to someone) dolerle (ue) (a alguien), 5
    be patient tener paciencia, 4
    be pleasing (to someone) gustar, 3
    be right tener razón, 2
    be sick estar enfermo(a), 5
    be sleepy tener sueño, 2
    be sorry sentir (ie), 6
    be successful tener éxito, 2
    be thirsty tener sed, 2
    be tired tener sueño, 2
beach playa, 8
beach resort balneario, 8
bear oso
beautiful bello *adj.*, 12
because porque, 3
become + adjective ponerse + *adjective*, 8
bed cama, 4

bedroom dormitorio, 4
    habitación , 4
beer cerveza, 6
before antes (de) que *conj.*
begin comenzar (ie), empezar (ie), 4
behave well (poorly) portarse bien (mal), 8
behind detrás de *prep.*, 4
believe creer, 2
below abajo *adv.*; debajo de *prep.*, 4
belt cinturón *m.*, 7
benefits beneficios, 11
beside al lado de *prep.*, 4
best el mejor, 6
better mejor, 6
between entre *prep.*, 4
beverage bebida, 6
bicycle bicicleta, 3
big grande *adj.*, 2
bilingual bilingüe *adj.*, 2
bill cuenta, 6; factura, 11
biology biología, 1
bird pájaro, *m.*, 12
birthday cumpleaños *m.*, 8
bite picar (qu), 12
black negro *adj.*, 1
blanket manta, 8
blond(e) rubio *adj.*, 2
blouse blusa, 7
blue azul *adj.*, 1
blue jeans jeans *m. pl.*, 7
board abordar, 9
boardinghouse pensión *f.*, 1
body cuerpo humano, 5
Bolivian boliviano *adj.*, 2
bone hueso, 5
book (text) libro (de texto), 1
bookshelf estante *m.*, 4
bookstore librería, 1
boot bota, 7
border frontera, 12
bore aburrir, 13
bored aburrido *adj.*, 2
borrow pedir prestado, 11
boss jefe *m./f.*, 11
bottle botella, 6
bother molestar, 12
bounce (a check) rebotar, 11
bouquet ramo, 10
box caja, 6
boy chico, muchacho, 1; niño, 2
boyfriend novio, 1
bracelet pulsera, 7
brain cerebro
brave valiente *adj.*
Brazilian brasileño *adj.*, 2
bread (toast) pan (tostado) *m.*, 6
break up (with) romper (con), 10
breakfast desayuno, 6
bride novia, 10
bring traer, 3
brother hermano, 2
brother-in-law cuñado, 2
brown marrón *adj.*, 1

brush one's teeth cepillarse los dientes, 5
buckle the seat belt abrochar el cinturón de seguridad, 9
budget presupuesto, 11
building edificio, 1
burn quemar, 8
bus autobús *m. (Spain)*, P; camión *m. (Mexico)*, P; guagua *(Puerto Rico)*, P
bus station terminal de autobuses *f.*, 9
business negocios, 1; empresa, 11
business administration administración *f.* de empresas, 1
business card tarjeta de presentación, 2
business center centro de negocios, 9
businessman hombre de negocios, 11
businesswoman mujer de negocios, 11
busy ocupado *adj.*, 4
but pero *conj.*, 3
butcher shop carnicería, 3
butter mantequilla, 6
butterfly mariposa, 12
button botón *m.*, 7
buy comprar, 1
Bye. Chao. *(informal)*, P

C

cabin cabina, 9
café café *m.*, 3
cafeteria cafetería, 1
cake pastel *m.*, 8
calculator calculadora, 1
calendar calendario, 1
calf (of leg) pantorrilla, 5
call llamar, 1
camera cámara, 3
campaign campaña, 14
campus campus *m.*
can lata, 6
Canadian canadiense *adj.*, 2
candidate candidato(a), 11
candle vela, 8
car automóvil *m.*; carro; coche *m.*
caramel custard (homemade) flan (casero) *m.*, 6
card tarjeta
cardboard cartón *m.*
carpet alfombra, 4
carpenter carpintero(a), 11
carry llevar, 7
cartoon dibujo animado, 13
cash efectivo, 7
cashier cajero(a), 11
cat gato, 2
catch a cold resfriarse, 5
catch agarrar, 10
celebrate celebrar, 8
celebration celebración *f.*, 8
cellular phone teléfono celular, 15

chair silla, 4
chalk tiza, 1
chalkboard pizarra, 1
challenge desafío, 14
champagne champán *m.*, 10
change cambiar, 7
channel (TV) canal *m.*, 13
charge cargo, 11
charity limosna
chat room salón (la sala) de charla *m.*, 15
cheap barato *adj.*, 7
check cuenta, 6; cheque *m.*, 7
check card tarjeta de cheque, 11
The check, please. La cuenta, por favor., 6
check the luggage facturar el equipaje, 9
checking account cuenta corriente, 11
cheeks mejillas, 5
Cheers! ¡Salud!, 6
cheese queso, 6
chemistry química, 1
chest pecho, 5
chew masticar (qu), 5
chicken (roast) pollo (asado), 6
Chilean chileno *adj.*, 2
chimney chimenea, 4
Chinese chino *adj.*, 2; (language) chino, 1
choose escoger, 9
chore quehacer doméstico *m.*, 4
Christmas Eve Nochebuena, 8
Christmas Pascua, Navidad *f.*, 8
church iglesia, 3
citizen ciudadano(a), 14
city block cuadra, 9
claim recoger (j), 12
classical clásico *adj.*, 10
classmate compañero(a) de clase, 1
classroom sala de clase, 1
clean limpio *adj.*, 4
clean the house limpiar la casa, 4
clear the table quitar la mesa, 4
clear: it's clear está despejado, 3
click (on) hacer clic (sobre), 15
climb subida, 5
climb escalar, 8; subir, 9
clock reloj *m.*, 1
close cerrar (ie)
closet armario, 4
clothes dryer secadora, 4
clothes ropa, 5
clothing store tienda de ropa, 3
cloudy: it's cloudy está nublado, 3
coast costa, 8
coffee café *m.*, 6
coincidence: What a coincidence! ¡Qué casualidad!, P
cold resfrío, catarro, 5
it's cold hace frío, 3
Colombian colombiano *adj.*, 2
color color *m.*, 1
Columbus Day Día de la Raza, 8

comb one's hair peinarse, 5
come venir (ie), 4
Come on! ¡Venga!, 3
comedy comedia, 13
comfort comodidad *f.*
comfortable cómodo *adj.*, 9
command mandar, 11
commercial anuncio, 13
compact disc (CD) disco compacto, 15
complain about quejarse de, 9
composer compositor(a), 13
computer computadora, 11
computer science computación *f.*, 1
concert concierto, 13
condiment condimento, 6
condominium condominio, 4
conference room sala de conferencias, 9
congested congestionado *adj.*, 5
congestion (traffic) congestión (de tráfico) *f.*, 12
congratulate felicitar, 10
Congratulations! ¡Felicitaciones!, 8
Congress congreso, 14
connect conectar, 15
connection conexión *f.*, 15
conservation conservación *f.*, 12
conservative conservador(a) *adj.*, 14
conserve conservar, 12
constitution constitución *f.*, 14
construct construir, 12
contact lenses lentillas/lentes *m.* de contacto, 5
continue seguir (i), 4
cook cocinar, 6
cook, chef cocinero(a), 11
Cool! ¡Chévere!, 3
¡Que padre!, 2
cool: it's cool hace fresco, 3
corn flour harina de maíz
cornmeal pockets arepas, 6
corporation empresa, 11
corruption corrupción *f.*, 14
cost costar (ue), 4
Costa Rican costarricense *adj.*, 2
costume disfraz *m.*, 8
cotton algodón *m.*, 7
couch sofá *m.*, 4
cough syrup jarabe *m.*, 5
cough tos *f.*, 5
cough toser, 5
count contar (ue)
count on contar con
country campo, 8
couple pareja, 10
course curso, 1
court (tennis) cancha (de tenis), 3
courtship noviazgo, 10
cousin primo(a), 2
cowardly cobarde *adj.*
credit card tarjeta de crédito, 7
crime crimen *m.*, 14
crocodile cocodrilo, 12

cross cruzar, 9
cry llorar, 8
Cuban cubano *adj.*, 2
cufflink gemelo, yunta, 7
cultivate cultivar, 12
cup taza, 6
current actual *adj.*, 14
customs aduana, 9
cut cortar, partir 10
cut down (trees) talar, 12
cyberspace espacio cibernético, ciberespacio, 15
cycling ciclismo, 3

D

daily cotidiano *adj.*, 13; *adv.* diariamente, 3
dance bailar, 3
dance baile *m.*, 3; danza, 13
dancer bailarín *m.*, bailarina, 13
dangerous peligroso *adj.*
dark-haired moreno *adj.*, 2
date (social) cita, 10
daughter hija, 2
daughter-in-law nuera, 2
day before yesterday anteayer *adv.*, 6
day día *m.*, 1
Day of the Dead Día de los Muertos, 8
Day of the Magi (Three Kings) Día de los Reyes Magos, 8
dead muerto *adj.*, 4
dean decano(a), 1
death muerte *f.*
debate debate *m.*, 14
December diciembre, 3
deer ciervo
defend defender (ie), 14
defense defensa, 14
delicious rico *adj.*, 6
democracy democracia, 14
democratic demócrata *adj.*, 14
demonstration manifestación *f.*, 14
dense denso *adj.*, 12
dentist dentista *m./f.*, 11
departing for con destino a, 9
department facultad *f.*
departure salida, 9
deposit (money) depositar, 11
desire afán *m.*, 12
desk escritorio, 1
student desk pupitre *m.*, 1
dessert postre *m.*, 6
destroy destruir, 12
destroyed destruido *adj.*, 12
destruction destrucción *f.*, 12
detail detalle *m.*, 10
develop desarrollar, 12
development desarrollo, 12
diagnosis diagnóstico, 5
dictator dictador(a), 14
dictatorship dictadura, 14
dictionary diccionario, 1
die morir (ue), 6
died *p.p.* muerto, 10

diet dieta, 5
digital camera cámara digital, 15
dining room comedor m., 4
dinner cena, 6
direct dirigir, 13
director director(a), 13
dirty sucio adj., 4
disadvantage desventaja, 15
disconnect desconectar, 15
discount descuento, 7
discuss discutir, 14
dishwasher lavaplatos m., 4
divorce divorcio, 10
divorced divorciado adj., 2
dizziness mareo, 5
dizzy mareado adj., 5
do hacer, 3
doctor médico m./f., 5
documentary documental m., 13
dog perro, 2
Dominican (from the
    Dominican Republic)
    dominicano adj., 2
done hecho p.p., 10
door puerta, 4
dormitory residencia, 1
double bed cama doble, 9
download (a file) descargar
    (un archivo), 15
downtown centro, 3
drama drama m., 13
dramatic dramático(a) adj., 2
draw dibujar, 1
dress vestido, 7
    dressed elegantly vestido de gala, 10
dresser cómoda, tocador m., 4
drink tomar, 1; beber, 2
    drink coffee ir a tomar un café, 3
drug addiction drogadicción f., 14
dry off secarse (qu), 5
dry season período de sequía, 5
duty deber m. noun, 14
DVD player reproductor de DVD, 15

E

each cada adv.
ear (outer) oreja, 5; (inner) oído, 5
earache dolor de oídos m., 5
early temprano adv., 1
earring arete m., 7
earth tierra, 12
east este m., 9
Easter Pascua, 8
easy chair sillón m., 4
eat comer, 2
    eat appetizers picar (qu), 6
    eat breakfast desayunar, 6
    eat lunch almorzar (ue), 6
    eat supper (dinner) cenar, 6
    I can't (eat) any more. No puedo
        (comer) más., 6
ecology ecología, 12
economic económico adj., 5
economics economía, 1
Ecuadorian ecuatoriano, 2
education educación f., 1

effortless sin esfuerzo alguno
egg: hard-boiled egg huevo duro, 6
Egyptian egipcio adj., 2
eight hundred ochocientos, 4
eight ocho, P
eighteen dieciocho, P
eighty ochenta, 2
either . . . or o... o, 8
elbow codo, 5
elect elegir (i, i), 14
elections elecciones f., 14
electric appliance
    electrodomésticos, 4
electrician electricista m./f., 11
elegant elegante adj., 10
elephant elefante m., 12
elevator ascensor m., 9
eleven once, P
eliminate eliminar, 14
email correo electrónico, 11
embarrassed: I get
    embarrassed. Me pongo
    avergonzado., 8
emergency exit salida de
    emergencia, 9
emergency room sala de
    emergencia, 5
employee empleado(a), 11
employment empleo, 14
end terminar, 1
engaged comprometido adj., 10
engagement compromiso, 10
engineer ingeniero(a), 11
engineering ingeniería, 1
English (language) inglés m., 1;
    inglés(esa) adj., 2
enjoy disfrutar, 9
    Enjoy your meal! ¡Buen provecho!, 6
enter entrar, 1
environment medio ambiente, 12
episode capítulo, 13
equality igualdad f., 14
equipment equipo, 15
eraser borrador m., 1
even though aunque conj., 13
every day (week, etc.) cada día
    (semana, etc.), 10
    every year (day, month, etc.) todos
        los años (días, meses, etc.), 10
examine examinar, 5
excited emocionado adj., 4
excuse me perdón, con permiso, P
exercise hacer ejercicio, 3
existing vigente adj., 14
expense gasto; costo, 11
expensive caro adj., 7
explain explicar (qu), 9
exploit explotar, 12
extinction: in danger of
    extinction en peligro de
    extinción, 12
eye ojo, 5
eyebrows cejas, 5
eyelashes pestañas, 5

F

fabric tela, 7
face enfrentar
    cara, 5
factory fábrica, 12
fall otoño, 3
fall asleep dormirse (ue), 5
fall in love (with) enamorarse
    (de), 10
false cognate cognado falso, 1
family familia
fan (sports) aficionado(a), 3
far (away) (from) lejos (de) prep., 4
farm finca, 12
farm worker campesino(a), 12
farmer agricultor(a), 12
fat gordo adj., 2
father papá, padre, m., 2
    Father's Day Día del Padre, 8
father-in-law suegro, 2
fax machine fax m., 11
features comodidades f., 9
February febrero, 3
feel (good/bad) sentirse (bien/mal), 5
feel like (doing something) tener ganas
    de, 4
fever fiebre, 5
fifteen quince, P
fifty cincuenta, 2
fight luchar, 14
file archivar, 11
    archivo, 11
fill out (a form) llenar, 11
film película, 13
    action film película de
        acción, 13
    classic film película clásica, 13
    fantasy film película
        fantástica, 13
    foreign film película
        extranjera, 13
    horror film película de
        terror, 13
    mystery film película de
        intriga (misterio), 13
    romantic film película romántica, 13
    science fiction film película de
        ciencia ficción, 13
finally por fin, finalmente adv., 10
find encontrar, 5
fine bien adv.
    Fine, thanks. Bien, gracias., P
finger dedo, 5
fingernail uña, 5
finish terminar, 1
fire despedir(i), 11
firefighter bombero(a), 11
fireplace chimenea, 4
first primero, 10
    first dance primer baile, 10
    first time primera vez, 5
first name nombre m., 2
fish pescar (qu), 3
    (alive) pez m., 2
    (when caught) pescado, 6

fit (someone) quedarle (a uno), 7
five cinco, P
five hundred quinientos, 4
flavor sabor m., 5
flight (nonstop) vuelo (sin
    escala), 9
flight attendant asistente de vuelo
    m./f., 9
floor piso, 4/suelo, 4
floor covering alfombra, 8
flower flor f., 10
folkloric folclórico adj., 13
follow seguir (i), 4
food comida, 6
foolish tonto adj., 2
foot pie m., 5
football field campo
    de fútbol, 3
for para, por, prep.
    for example por ejemplo, 11
    For what purpose? ¿Para qué?, 8
foreign languages lenguas
    extranjeras, 1
forest bosque m., 12
forget olvidar, 8
fork tenedor m., 6
forty cuarenta, 2
fountain fuente f., 4
fountain pen pluma, 1
four cuatro, P
four hundred cuatrocientos, 4
fourteen catorce, P
fox zorro
free gratis adj., 1
freedom of the press libertad f. de la
    prensa, 14
French (language) francés m., 1;
    francés(esa) adj., 2
frequently a menudo
fresh fresco adj., 6
Friday viernes m., 1
friend amigo(a), 1
friendly amable adj., 2
friendship amistad f., 10
frog rana, 12
from de, desde prep., 1
    I'm from... Soy de..., P,
    From where? ¿De dónde?, P
front desk recepción f., 9
fruit fruta, 6
fruit juice jugo de fruta, 6
fruit store frutería, 3
fulfill llenar, 7
full-time de tiempo completo, 11
fun divertido adj., 2
function (to work) funcionar, 15
furious furioso adj., 4
furniture muebles m., 4

G

gallon galón m., 6
game juego, partido, 3
game show programa de concursos, 13
garage garaje m., 4
garden jardín m., 4

garlic ajo, 6
gas station gasolinera, 3
gate puerta, 9
gem joya
generous generoso(a) *adj.*, 2
geography geografía, 1
German (language) alemán *m.*, 1; alemán(ana) *adj.*, 2
get conseguir (i), 4; + *adjective* ponerse + *adjective*, 8
get a suntan broncearse, 8
get along well (poorly) (with) each other llevarse bien (mal) (con), 10
get divorced (from) divorciarse (de), 10
get dressed vestirse (i), 5
get married casarse (con), 10
get off bajar(se) (de), 9
get sick enfermarse, 5
get together with reunirse con, 8
get up levantarse, 5
get used to acostumbrarse
gift regalo, 8
girl chica, muchacha, 1; niña, 2
girlfriend novia, 1
give dar, 3
give (as a gift) regalar, 9
give a party dar/hacer una fiesta, 8
glass vaso, 6
glove guante *m.*, 7
go ir, 3
go by bike (boat, bus, car, plane, subway, taxi, train) ir en bicicleta (barco, autobús, coche/carro, avión, metro, taxi, tren), 9
go camping hacer camping, 8
go canoeing/sailing pasear en canoa/velero, 8
go for a walk dar un paseo, 3
go horseback riding montar a caballo, 3
go on a picnic hacer un picnic, 3
go on foot ir a pie, 9
go out (with) salir (con), 3
go shopping ir de compras, 3
go through pasar por, 9
go to a bar (club, concert, disco, party) ir a un bar (club, concierto, discoteca, party), 3
go to bed acostarse (ue), 5
go to the movies ir al cine, 3
go up subir, 9
go well with ir (bien) con, 7
goblet copa, 6
godchild ahijado(a), 2
godfather padrino, 2
godmother madrina, padrina, 2
golf golf *m.*, 3
golf club palo de golf, 3
golf course campo de golf, 3
good bueno *adj.*, 2
Good afternoon. Buenas tardes., P
Good evening (night). Buenas noches., P
Good morning. Buenos días., P

Good-bye. Adiós., P
good-looking guapo *adj.*, 2
gorilla gorila *m.*, 12
govern gobernar (ie), 14
government gobierno, 14
governor gobernador(a), 14
gram gramo, 6
granddaughter nieta, 2
grandfather abuelo, 2
grandmother abuela, 2
grandson nieto, 2
green verde *adj.*, 1
greet (each other) saludar(se), P
groom novio, 10
grow (plants) cultivar, 12
grow up crecer
growth crecimiento
Guatemalan guatemalteco *adj.*, 2
guerrilla guerrillero *m./f.*, 14
guest invitado *m./f.*, 8
guest on a talk show panelista *m./f.*, 13
Guinean Guineano(a), 2
guitar guitarra, 3
gymnasium gimnasio, 1

H

hair cabello, pelo, 5
hair salon peluquería, 3
hairstylist peluquero(a), 11
Haitian haitiano *adj.*, 2
half brother (sister) medio(a) hermano(a), 2
half mitad *f.*, 15
ham jamón *m.*, 6
hamburger hamburguesa, 6
hand mano *f.*, 5
handshake apretón *m.* de manos
Hanukkah Jánuca *m.*, 8
happy contento *adj.*, 4
I get happy. Me pongo contento., 8
hard drive disco duro, 15
hardware store ferretería, 3
hardworking trabajador(a) *adj.*, 2
hat sombrero, 7
have tener (ie), 3; *(auxiliary verb)* haber, 10
have a birthday cumplir años, 8
have a cold estar resfriado, tener gripe, 5
have a cough tener tos, 5
have a fever tener fiebre, 5
to have fun divertirse, 6
have a good (bad) time pasarlo bien (mal), 8
have a headache tener dolor de cabeza, 5
Have a nice trip! ¡Buen viaje!, 9
have chills tener escalofríos, 5
have just (done something) acabar de + *infinitive*
have to (do something) tener que, 3
he él *pron.*, P
head cabeza, 5

headache dolor de cabeza *m.*, 5
headphones auriculares *m.*, 15
health salud *f.*, 5
healthy sano *adj.*, 5
heart corazón *m.*, 5
heavy (meal, food) pesado *adj.*, 6
help (each other) ayudar(se), 1
her su *adj.*, 2
herb hierba, 5
here aquí *adv.*, P
hers suyo *adj.*, 7
Hi! ¡Hola!, P
hierarchy jerarquía, 11
high heels zapato de tacón (alto), 7
high-speed connection conexión de alta velocidad *f.*, 15
highway carretera, 12
hike in the mountains caminar por las montañas, 3
hill colina, 12
hip cadera, 5
hippopotamus hipopótamo, 12
hire contratar, 11
his su *adj.*, 2; suyo *adj.*, 7
history historia, 1
holiday fiesta, día feriado *m.*, 8
Holy Week Semana Santa, 8
home hogar *m.*, 4
home page página de bienvenida (de entrada, de presentación, inicial, principal, de la Red), 15
homework tarea, 1
Honduran hondureño *adj.*, 2
honest honesto(a) *adj.*, 2
honeymoon luna de miel, 10
honor cumplir con, 10
hope esperar
hors d'oeuvre entremés *m.*, 8
host anfitrión *m.*, 8
hostess anfitriona, 8
hot (temperature) caliente *adj.*, 6
it's hot hace calor, 3
hotel: four-star hotel hotel de cuatro estrellas *m.*, 9
hour hora, 1
house casa, 4
house of representatives cámara de representantes (diputados), 14
house specialty especialidad *f.* de la casa, 6
housing vivienda, 4
How ¿Cómo?, P
How are you? ¿Cómo está usted?, ¿Cómo estás?, P
How can I help you? ¿En qué puedo servirle?, 7
How does it look? ¿Cómo me queda?, 7
How many? ¿Cuántos(as)?, P
How much do I owe you? ¿Cuánto le debo?, 7
How much? ¿Cuánto(a)?, 8
How old are you? ¿Cuántos años tienes tú?, P
How's it going? ¿Cómo te va?, P

hug (each other) abrazar(se), 10
human (civil) rights derechos humanos (civiles), 14
humanities humanidades *f. pl.*, 1
humble humilde *adj.*, 2
humorous cómico *adj.*, 2
hunger hambre *f.*, 5
husband esposo, 2

I

I yo *pron.*, P
ice cream helado, 6
ideology ideología, 14
if si, 15
illiteracy analfabetismo, 14
illness enfermedad *f.*, 5
immigration inmigración *f.*, 14
immunity inmunidad *f.*
impairment desmedro
important importante *adj.*, 12
impossible imposible *adj.*, 12
imprisonment encarcelamiento, 14
in en, 4
in addition to además de
in case (of) en caso (de) que *conj.*, 13
in exchange for a cambio de
in front of delante de / enfrente de *prep.*, 4
in regard to en cuanto a, 13
in the (morning, afternoon/ evening) de/por la (mañana, tarde, noche), 1
include incluir, 2
income ingreso, 12
increase aumentar, 14
indecisive indeciso *adj.*, 2
Independence Day from Spain Día de la Independencia de España, 8
Indian indio *adj.*, 2
inequality desigualdad *f.*, 14
inexpensive barato *adj.*, 7
infirmary enfermería, 9
inflation inflación *f.*, 14
inform informar, 14
injustice injusticia, 14
insecurity inseguridad *f.*, 14
intellectual intelectual *adj.*, 2
intelligent inteligente *adj.*, 2
interesting interesante *adj.*, 2
international policy política internacional, 14
Internet Internet *m.*
Internet service provider proveedor *m.* de servicios Internet, 15
interpreter intérprete *m./f.*, 11
interview entrevista, 11
introverted introvertido, 2
intuitive intuitivo *adj.*, 2
invent inventar, 3
investigate investigar, 14
iron plancha, 4
iron (clothes) planchar (la ropa), 4

Glosario inglés-español

ironing board tabla de planchar, 4
irresponsible irresponsable *adj.*, 2
irrigate regar (ie) las plantas, 12
island isla, 9
Italian (language), italiano, 1; italiano, *adj.*, 2
its su *adj.*, 2; suyo *adj.*, 7

J

jacket chaqueta, 7
jaguar jaguar *m.*, 12
January enero, 3
Japanese (language) japonés *m.*, 1; japonés(esa) *adj.*, 2
jar frasco, 6
jeans vaqueros, 7
jewelry joyas, 7
jewelry store joyería, 3
job puesto, 11
  job appointment cita de negocios, 1
  job hunt búsqueda de trabajo, 11
job offer oferta de trabajo, 11
joke broma, 1
journalism periodismo, 1
journalist periodista *m./f.*, 11
judge juez *m./f.*, 10
July julio, 3
June junio, 3
jungle selva, 12
just like así como
justice justicia, 14

K

key llave *f.*, 9
keyboard teclado, 15
kilogram kilo(gramo), 6
kiss (each other) besar(se), 10
kitchen cocina, 4
knee rodilla, 5
knife cuchillo, 6
know (each other) conocer(se), 3
  know (how) saber, 3
Korean coreano *adj.*, 2

L

laborer obrero(a), 11
lack falta
lake lago, 8
lamp lámpara, 4
land aterrizar, 9
  tierra, 12
landscape paisaje *m.*, 12
language lengua, 1
laptop computer computadora portátil, 15
large grande *adj.*, 2
last (week, month, year) (la semana, el mes, el año) pasado(a), 6
last name apellido, 2
last night anoche *adv.*, 6
late tarde *adv.*, 1
laugh reírse, 6

law derecho, 1; ley *f.*, 14
law office bufete *m.*, 11
lawyer abogado(a), 11
lazy perezoso *adj.*, 2 vago
lead a peaceful life llevar una vida tranquila, 12
leaf hoja, 5
learn aprender, 2
leather cuero, 7
leave salir, 3; dejar, 13
  leave a (good) tip dejar una (buena) propina, 6
left: to the left of a la izquierda de *prep.*, 9
leg pierna, 5
less . . . than menos... que, 6
lesson lección *f.*, 1
let dejar, 13
let's see vamos a ver, 7
letter (correspondence) carta, 2
lettuce lechuga, 6
liberal liberal *adj.*, 15
librarian bibliotecario(a), 11
library biblioteca, 1
life vida, 10
lift weights levantar pesas, 3
light (meal, food) ligero *adj.*, 6
light luz *f.*, 1
lightly levemente, 11
like: I (don't) like + infinitive (no) me gusta + *infinitive*, 1
  I would like... yo quisiera..., 6
lion león *m.*
lips labios, 5
listen (to music) escuchar (música), 1
liter litro, 6
literacy alfabetismo, 14
literature literatura, 1
live vivir, 2
living room sala, 4
loan préstamo, 11 prestar, 11
lobster langosta, 6
logical lógico *adj.*, 12
long largo *adj.*, 2
look for buscar (qu), 1
  look at each other mirarse, 10
lose perder (ie), 4
love querer (ie), 4; amar, 10 amor *m.*, 10
lunch almuerzo, 6
lungs pulmones *m.*, 5
luxurious lujoso *adj.*, 7

M

made hecho *p.p.*, 10
magazine revista, 14
main dish plato principal, 6
major especialización *f.*, 1
  major, field of study carrera
majority mayoría, 1

make hacer, 3
  make a phone call llamar por teléfono, 11
  make a stop (on a flight) (in) hacer escala (en), 9
  make a toast hacer un brindis, 8
  make one's bed hacer la cama, 4
  make plans hacer planes, 3
mall centro comercial, 3
mammal mamífero
man hombre *m.*, 1
manager gerente *m./f.*, 11
map mapa *m.*, 1
March marzo, 3
marker marcador *m.*, 1
market (outdoor) mercado (al aire libre), 3
marriage matrimonio, 10
married casado *adj.*, 2
marry casarse (con), 10
mask máscara, 8
masterpiece obra maestra, 13
match hacer juego con, 7
math matemáticas, 1
May mayo, 3
mayor alcalde(sa), 14
meal comida, 6
means of communication medios de comunicación, 14
meat (beef) carne (de res) *f.*, 6
mechanic mecánico(a), 11
medical médico *adj.*, 5
  medical history historial clínica *f.*, 5
  medical insurance seguro médico, 11
medicine medicina, 1
meet conocer(se), 3; reunirse con, 11
meeting reunión *f.*, 11
menu menú *m.*, 6
merchant comerciante *m./f.*, 11
message mensaje *m.*, 15
messy desordenado *adj.*, 4
metropolis metrópolis *f.*, 12
Mexican mexicano *adj.*, 2
microphone micrófono, 15
midnight medianoche *f.*, 1
milk leche *f.*, 6
million millón, 4
mine mío *adj.*, 7
minister ministro *m./f.*, 14
mirror espejo, 4
miss (a function) perder (ie), 4
Miss señorita (Srta.), P
modem módem *m.*, 15
modern moderno(a) *adj.*, 10
monarchy monarquía, 14
Monday lunes *m.*, 1
money dinero, 1
monkey mono, 12
monitor monitor *m.*, 15
month mes *m.*, 3
more . . . than más... que, 6
mortgage hipoteca, 11
mother mamá, madre, *f.*, 2
  Mother's Day Día de las Madres, 8
mother-in-law suegra, 2

mountains montañas, 8
mouse (of computer) ratón *m.*, 15
mouth boca, 5
move mover (ue), 3
movie película, 13
  movie theater cine *m.*, 3
  movies cine *m.*, 13
mow the lawn cortar el césped, 4
MP3 player reproductor de MP3, 15
Mr., sir señor (Sr.), P
Mrs, ma'am señora (Sra.), P
muscle músculo, 5
museum museo, 3
mushroom champiñón *m.*, 6
music música, 1
  music store tienda de música (de discos), 3
musical (play) musical *m.*,13
musician músico *m./f.*, 13
must deber, 2
my mi *adj.*, 2; mío, 7
My God! My goodness! ¡Dios Mío!, P

N

name: My name is . . . Me llamo..., P
nanny niñero, 11
napkin servilleta, 6
nationality nacionalidad *f.*, 2
native Spanish speaker hispanohablante *m./f.*
natural resources recursos naturales, 12
naturalist naturalista *m./f.*, 12
nature naturaleza, 12
near cerca de *prep.*, 4
neat ordenado *adj.*, 4; arreglado *adj.*, 9
necessary necesario *adj.*, 12
neck cuello, 5
necklace collar *m.*, 7
necktie corbata, 7
need necesitar, 1
neighborhood barrio, P
neither . . . nor ni... ni, 8
  neither, not either, 8 tampoco *adv.*, 8
nephew sobrino, 2
nervous system sistema *m.* nervioso, 5
never nunca *adv.*, 4
  never again nunca más *adv.*, 3
new nuevo *adj.*, 2
  New Year Año Nuevo, 8
  New Year's Eve Noche Vieja *f.*, 8
newlyweds recién casados *m.*, 10
news noticias, 13
newscast noticiero, 14
newspaper periódico, 14
next to al lado de *prep.*, 9
nibble picar (qu), 6
Nicaraguan nicaragüense *adj.*, 2
nice simpático *adj.*, 2
  it's nice hace buen tiempo, 3
  Nice to meet you. Encantado(a)., Mucho gusto., P
niece sobrina, 2
nine hundred novecientos, 4

nine nueve, P
nineteen diecinueve, P
ninety noventa, 2
nobody, no one nadie, 8
noise ruido, 12
none, not any ningún, ninguno(a), 8
nonsmoking section sección *f.* de no fumar *f.,* 9
noon mediodía *m.,* 1
North American norteamericano *adj.,* 2
north norte *m.,* 9
nose nariz *f.,* 5
not even ni siquiera, 4
notebook cuaderno, 1
notes apuntes *m.*
nothing, not anything, at all nada, 8
November noviembre, 3
now ahora *adv.,* 1
number número, P
nurse enfermero(a), 5
nursing home casa de ancianos, 2

O

object objeto, 1
obtain conseguir (i), 6
occasionally de vez en cuando, 6
ocean océano, 8
October octubre, 3
of de
   of course por supuesto, 2; ¡Cómo no!, 6
off apagado *adj.,* 15
offer ofrecer (zc), 9
office oficina, 1
often muchas veces, 10
oil aceite *m.,* 6
oil painting retrato al óleo, 13
old viejo(a) *adj.,* 2
older mayor, 6
oldest el mayor, 6
on en, 4; encendido *adj.,* prendido *adj.,* 15; sobre *prep.*
   on the other hand por otro lado
   on time a tiempo, 1; en punto, 1
   on top of encima de *prep.,* 4
   on top of that para colmo, 4
once una vez *adv.,* 10
one hundred cien/ciento, 2
one thousand mil, 4
one uno, P
one-way ticket billete/boleto de ida, 9
onion cebolla, 6
only sólo, P
open abrir
   open a document (program) abrir un documento (un programa), 15
opened abierto *p.p.*
opera ópera, 13
operating platform (system) plataforma de operación, 15
oppose oponer, 14
opposition oposición *f.,* 14
or o *conj.,* 3
orange anaranjado *adj.,* 1
orange naranja, 6

orchid orquídea, 12
order (food) pedir (i, i), 6
organ órgano, 5
ought to deber, 2
ounce onza, 6
our nuestro *adj.,* 2
outdoors al aire libre, 4
outgoing extrovertido *adj.,* 2
oven (microwave) horno (microondas), 4
over sobre *prep.*
overcoat abrigo, 7
overpopulation sobrepoblación *f.,* 12
owl búho, 12
ozone layer capa de ozono, 12

P

pack one's suitcase(s) hacer la(s) maleta(s), 9
pain dolor *m.,* 5
painter pintor(a), 13
painting pintura, 1; cuadro, 4
pair par *m.,* 7
Panamanian panameño *adj.,* 2
panther pantera
pants (shorts) pantalones (cortos) *m.,* 7
paper papel *m.,* 1
Paraguayan paraguayo *adj.,* 2
paramilitary group grupo paramilitar, 14
pardon me disculpe, con permiso, perdón, P
parents padres, 2
park parque *m.,* 3
park ranger guardaparques *m./f.,*12
part-time de tiempo parcial, 11
participate participar, 14
party (surprise) fiesta (de sorpresa), 8
pass pasar, 1; aprobar (ue), 14
passenger pasajero(a), 9
Passover Pascua, 8
passport pasaporte *m.,* 9
   passport control inmigración *f.,* 9
pastime pasatiempo, 3
patient paciente *adj.,* 2; paciente *m./f.,* 5
pattern patrón *m.,* 7
pay pagar, 1
   pay in installments pagar a plazos, 11
peace paz *f.,* 14
peaceful tranquilo *adj.,* 12
peasant campesino(a), 12
pencil lápiz *m.,* 1
people gente *f.,* P
pepper pimienta, 6
pepper shaker pimentero, 6
percent por ciento, 7
personal finances finanzas personales, 11
Peruvian peruano *adj.,* 2
pet mascota
petroleum petróleo, 12

pharmacy farmacia, 5
philosophy filosofía, 1
phone llamar, 1
photocopier fotocopiadora, 11
photographer fotógrafo(a), 11
photography fotografía, 13
physician médico *m./f.,* 5
physics física, 1
pick up recoger (j), 12
pill pastilla, 5
pilot piloto *m./f.,* 9
place lugar *m.,* 3
plaid a/de cuadros, 7
plain llano, 12
plane avión *m.,* 9
plant cultivar, 5; sembrar (ie), 12
plate plato, 6
play drama *m.,* 13
play jugar (ue), 4
   play a role interpretar, 13
   play an instrument tocar (qu), 1
   play basketball jugar al baloncesto, 3
   play baseball jugar al béisbol, 3
   play football (soccer) jugar al fútbol (americano), 3
   play golf jugar al golf, 3
   play tennis jugar al tenis, 3
   play volleyball jugar al voleibol, 3
   play the guitar tocar la guitarra, 3
   play sports practical deportes, 3
player jugador(a), 3
playwright dramaturgo *m./f.,* 13
plaza plaza, 3
please por favor, P
pleasure: The pleasure is mine. El gusto es mío., P
plug in enchufar, 15
   plugged in enchufado *adj.,* 15
plumber plomero(a), 11
pocket bolsillo, 7
poet poeta *m./f.,* 13
poetry poesía, 13
police officer policía *m.* (mujer *f.* policía), 11
political party partido político, 14
politician político *m./f.,* 14
politics política, 14
polka-dotted a/de lunares, 7
pollute contaminar, 12
polluted contaminado *adj.,* 12
pollution contaminación *f.,* 12
pool piscina, 3
poor pobre *adj.,* 2
popular popular *adj.,* 13
pork chop chuleta de cerdo, 6
port puerto, 9
portrait retrato, 13
Portuguese (language) portugués *m.,* 1
position puesto, 11
post office oficina de correos, 3
postcard postal *m.,* 2
potatoes (french fried) papas (fritas), 6
pound libra, 6
power poder *m.,* 14
practice practicar (qu), 1

pray orar, 8
prefer preferir (ie), 6
prepare preparar, 6
prescription receta, 5
President president, 14
president of the university presidente *m./f.* de la universidad, 1
press prensa, 14
pretty bonito(a) *adj.,* 2
price precio, 7
print imprimir, 11
printer impresora, 15
private privado *adj.,* 9
problem problema *m.,* 5
profession profesión *f.,* 11
professor profesor(a), 1
program programar, 15
   (CD-ROM) programa (de CD-ROM) *m.,* 15
programmer programador(a),11
progressive progresista *adj.*
project proyecto, 11
promise prometer, 10
protect proteger, 12
protest protestar, 14
proud orgulloso *adj.*
provided (that) con tal (de) que *conj.,* 13
psychiatrist siquiatra *m./f.,* 11
psychologist sícologo, 11
psychology sicología, 1
public transportation transporte público *m.,* 12
Puerto Rican puertorriqueño *adj.,* 2
pure puro *adj.,* 12
purple morado *adj.,* 1
purpose propósito, 2
purse bolsa, 7
put puesto *p.p.,* 10
put (on) poner, 3
   put on (one's clothes) ponerse (la ropa), 5
   put on makeup pintarse, maquillarse, 5

Q

question interpelar; pregunta, P
quiet callarse
quit dejar, 11
   quit the program quitar el programa, 15

R

raffle sorteo, 7
rain llover (ue), 4
rain lluvia, 3
   rain forest selva nubosa tropical, 12
raincoat impermeable *m.,* 7
Ramadan Ramadán *m.,* 8
rancher ranchero(a), 11
rarely raras veces, 10

rather sino *conj.,* 5
  Rather well. Bastante bien., P
react reaccionar, 8
read leer, 2
ready listo(a) *adj.,* 2
reality (TV) show programa de realidad, 13
realize darse cuenta
reason razón *f.,* 12
rebellious rebelde *adj.*
receipt recibo, 11
receive recibir, 2
reception recepción *f.,* 10
receptionist recepcionista *m./f.,* 9
recommend recomendar (ie), 6
record grabar, 15
recycle reciclar, 12
red rojo *adj.,* 1
reduce reducir, 14
  reduce (in price) rebajar, 7
reforest reforestar, 12
reform reforma, 14
refresh restaurar, 5
refrigerator refrigerador *m.,* 4 nevera, 4
register registrarse, 9
relationships relaciones sentimentales *f.,* 10
relative pariente *m./f.,* 2
remember recordar (ue), 8
remote control control *m.* remoto, 15
report informe *m.,* 11; reportaje *m.,* 14
reporter reportero(a), 11
representative diputado(a), 14
republican republicano *adj.,* 14
request pedir (i, i), 9
reservation reserva, 9
reserved reservado(a) *adj.,* 2
resign renunciar, 11
respect respeto, 11
responsible responsable *adj.,* 2
rest descansar, 1
restaurant restaurante *m.,* 3
résumé currículum *m.,* 11
retire jubilarse, 11
retirement plan plan de retiro, 11
return volver (ue), 4
  return (home) regresar (a casa), 1
returned vuelto *p.p.,* 10
rhinoceros rinoceronte *m.,* 12
rice arroz *m.,* 6
rich rico(a) *adj.,* 2
riddle adivinanza, 2
ride a bike andar en bicicleta, 3
ridiculous ridículo *adj.,* 12
right: to the right of a la derecha de *prep.,* 9
right away enseguida, 6
ring anillo, 7
river río, 8
rocket cohete *m.,* 8
role papel *m.,* 13
roof techo, 4

room cuarto, 1
  room service servicio de habitación (cuarto), 9
roommate compañero(a) de cuarto, 1
root raíz *f.*
round-trip ticket billete/ boleto de ida y vuelta, 9
row remar, 8
rug alfombra, 8
rule reinar
run correr, 3
  run out acabar, 12
Russian (language), ruso, 1; ruso *adj.,* 2

S

sacred sagrado *adj.,* 8
sad triste *adj.,* 4
said dicho *p.p.,* 10
saint santo(a), 2
  saint's day Día del santo, 8
salad ensalada, 6
salary salario, sueldo, 11
sale oferta, liquidación *f. (Lat. Am.);* rebaja *(Spain),* 7
salesclerk/person dependiente *m./f.,* 7; vendedor(a), 11
salt sal *f.,* 6
salt shaker salero, 6
Salvadorean salvadoreño *adj.,* 2
same mismo *adj.,* 10
sand arena, 6
sandal sandalia, 7
sandwich sándwich *m.,* 6
satellite satélite *m.,* 15
satellite dish antena parabólica, 15
satisfied: I'm satisfied. I'm full. Estoy satisfecho(a)., 6
Saturday sábado, 1
sauce salsa, 6
save ahorrar, 11; archivar, 15; guardar, 15
savings account cuenta de ahorros, 11
say decir (i), 4
  Say no more! ¡No me digas más!
scanner escáner *m.,* 15
scarf bufanda, 7
schedule horario, 9
school escuela, 1
science ciencias, 1
screen pantalla, 15
  flat screen pantalla plana, 15
script guión *m.,* 13
scuba dive bucear, 8
sculpt esculpir, hacer escultura, 13
sculptor escultor(a), 13
sculpture escultura, 13
sea mar *m.,* 8
seafood mariscos, 6
season estación *f.,* 3
seat asiento, 9
second segundo *adj.,* 2
secretary secretario(a), 11

security control *m.* de seguridad, 9
  security box caja fuerte, 9
see ver, 3
  See you later. Hasta luego., Nos vemos., P
  See you soon. Hasta pronto., P
  See you tomorrow. Hasta mañana., P
seen visto *p.p.,* 10
sell vender, 2
senate senado, 14
senator senador(a), 14
send (letters) mandar (cartas), 1
sensitive sensible, 3
separate (from) separarse (de), 10
separated separado *adj.,* 2
separation separación *f.,* 10
September septiembre, 3
servant criado(a), 11
series (TV) (tele)serie *f.,* 13
serve servir (i), 6
server servidor *m.,* 15
set the table poner la mesa, 4
seven hundred setecientos, 4
seven siete, P
seventeen diecisiete, P
seventy setenta, 2
several varios, 1
shake hands darse la mano, 10
shame: it's a shame es una lástima
shameless person sinvergüenza *m./f.,* 4
shave afeitarse, 5
she ella *pron.,* P
shellfish mariscos, 6
shirt camisa, 7
shoe zapato, 7
  shoe size número, 7
  shoe store zapatería, 7
shopping de compras, 7
short (height) bajo(a) *adj.,* 2; **(length)** corto(a) *adj.,* 2
shortage escasez *f.,* 12
shot (injection) inyección *f.,* 5
shout gritar, 8
show espectáculo, 14
show mostrar (ue), 7
  show (a movie) poner, 13
shower ducha, 4
shrimp (fried) camarones (fritos) *m.,* 6
shy tímido(a) *adj.,* 2
sick enfermo *adj.,* 4
sign firmar, 11
silk seda, 7
silly tonto(a) *adj.,* 2
similar parecido *adj.*
simple sencillo *adj.,* 10
simplicity sencillez *f.*
sincere sincero *adj.,* 2
sing cantar, 1

singer cantante *m./f.,* 13
single soltero *adj.,* 2
  single bed cama sencilla, 9
sister hermana, 2
sister-in-law cuñada, 2
six hundred seiscientos, 4
six seis, P
sixteen dieciséis, P
sixty sesenta, 2
size (clothing) talla, 7
skate (in-line) patinar (en línea), 3
ski (water) esquiar (en el agua), 3
skin piel *f.,* 5
skirt falda, 7
skyscraper rascacielos *m.,* 12
sleep dormir (ue), 4
slice tajada, 6
small pequeño *adj.,* 2
smart listo(a) *adj.,* 2
smell oler, 4
smile sonreír, 6
smoking section sección *f.* de fumar *f.,* 9
smoothness suavidad *f.,* 3
snack time merienda, 3
snake culebra, 12
sneeze estornudar, 5
snorkel hacer esnórquel, 8
snow nieve *f.,* 3
  it's snowing nieva, 3
so entonces *adv.,* 10
  So . . . Así que..., 2
  So-so. Así así., Más o menos., P
  so that a fin de que, para que *conj.,* 13
soap opera telenovela, 13
soccer (football) fútbol (americano) *m.,* 3
social network red social *f.,* 15
sociology sociología, 1
socks calcetines *m. pl.,* 7
sofa sofá *m.,* 4
soft drink refresco, 6
solar energy energía solar, 12
soldier soldado (la mujer soldado), 11
solve, resolve resolver (ue), 12
some unos(as) *indef. art.;* algún, alguno(a/os/as), 8
somebody, someone alguien, 8
something algo, 8
sometimes a veces *adv.,* 10
son hijo, 2
song canción *f.,* 13
son-in-law yerno, 2
soul alma
soup sopa, 6
source fuente *f.,* 12
south sur *m.,* 9
space espacio, 4
Spanish (language) español *m.,* 1; español(a) *adj.,* 2
speak (with each other) hablar(se), 9
speak so well habla tan bien, P
speakers altavoces *m.,* 15

species especies *f.*, 12
speech discurso, 14
spend (money) gastar, 7
spend (time) pasar, 1
spiritually espiritualmente, 2
spoon cuchara, 6
sport deporte *m.*, 3
sports deportiva *adj.*, 3
   sports program programa
     deportivo, 13
spring primavera, 3
squid (fried) calamares (fritos) *m.*, 6
stadium estadio, 3
stage escenario
stairs escalera, 4
stand puesto, 7
start comenzar (ie), 4
stationery store papelería, 3
stay quedarse, 9
   stay in bed guardar cama, 5
steak bistec *m.*, 6
step paso, 7
stepbrother hermanastro, 2
stepfather padrastro, 2
stepmother madrastra, 2
stepsister hermanastra, 2
stereo estéreo, 15
still aún *adv.*
stingy tacaño(a) *adj.*, 2
stockbroker accionista *m./f.*, 11
stockings medias, 7
stomach estómago, 5
stone piedra, 4
stop parar(se), 9
store tienda, 3; almacén, 7
story cuento; historia
stove estufa, 4
straight derecho, 9
stream arroyo, 12
street calle *f.*, 3
strike huelga, 14
striped a/de rayas, 7
stroll paseo, 7
student estudiante *m./f.*, 1
   student center centro
     estudiantil, 1
study estudiar, 1
   study estudio, 1
stuff rellenar, 6
style estilo, 7
   It's the latest style! ¡Está de última moda!, 7
subjects (courses) materias, 1
succeed lograr
suddenly de repente, 8
sue demandar
suffer sufrir, 9
sugar azúcar *m.*, 6
suggest sugerir, 6
suit traje *m.*, 7
suitcase maleta, 9
summer verano, 3
sunbathe tomar el sol, 3
sunblock bloqueador solar *m.*, 8

Sunday domingo, 1
sunglasses gafas de sol, 7
sunny: it's sunny hace sol, 3
suntan lotion crema bronceadora, 8
supermarket supermercado, 3
supper cena, 6
supply suplir
support apoyar, 14
   support apoyo, 13
surf correr las olas, 8
   surf the Net navegar la Red, 15
surprise sorprender, 12
surround rodear
surrounded rodeado *adj.*, 9
sweater suéter *m.*, 7
sweep the floor barrer el piso, 4
sweet dulce *adj.*
swim nadar, 3
swimming natación *f.*, 3
symptom síntoma *m.*, 5
systems analyst analista de sistemas *m./f.*, 11

T

table mesa, 4
   table (side, cofee) mesita, 4
tablecloth mantel *m.*, 6
tablespoon cucharada, 6
take (classes/tests) tomar (clases/exámenes), 1
   take (someone's) temperature tomarle la temperatura (a alguien), 5
   take a bath bañarse (en la tina), 5
   take a shower ducharse, 5
   take advantage aprovechar, 14
   take care (of oneself) cuidar(se), 5
   take off (one's clothes) quitarse (la ropa), 5; despegar, 9
   take out the garbage sacar la basura, 4
   take part participar, 14
   take pictures sacar fotos, 3
   take place tener lugar, 10; llevar a cabo, 8
talk (with each other) hablar(se), 9
talk show programa de entrevistas, 13
tall alto *adj.*, 2
tasty sabroso *adj.*, 6
taxes impuestos, 14
tea (iced) té (helado) *m.*, 6
teach enseñar, 1
teacher maestro(a), 1
teaspoon cucharadita, 6
technical school escuela politécnica
technician técnico *m./f.*, 11
technological tecnológico, 15
telecommute teletrabajar, 15
television viewer televidente *m./f.*, 13
tell contar (ue), 4; decir (i), 4
ten diez, P
tennis shoe (sneaker) zapato de tenis (deportivo), 7

tent tienda de campaña, 8
terrace terraza, 4
terrorism terrorismo, 14
test examen *m.*, 1
text message mensaje de texto, 15
that ese(a) *adj.*, 5; (over there) aquel (aquella) *adj.*, 5
that que *pron.*, 3; ése(a) *pron.*, 5; (over there) aquél (aquélla) *pron.*, 5
   that's why por eso, 11
the el, la, los, las *def. art.*
The pleasure is mine. El gusto es mío., P
theater teatro, 13
their su *adj.*
then luego, entonces *adv.*, 10
there allí *adv.*, P
there is, there are hay, P
they ellos(as) *pron.*, P
thigh muslo, 5
thin delgado *adj.*, 2
think pensar (ie), 4
third tercero *adj.*, 2
thirteen trece, P
thirty treinta, P
this este(a) *adj.*, 5
   this one éste *pron.*, 5
three tres, P
three hundred trescientos, 4
throat garganta, 5
throughout durante *prep.*
throw tirar, 10
Thursday jueves *m.*, 1
ticket boleto, 3; billete *m.*, 9
tidy arreglado *adj.*, 9
tiger tigre *m.*, 12
time hora; vez
   a good time un buen rato, 3
timid tímido *adj.*, 2
to a *prep.*
toad sapo, 12
toast brindis *m.*, 8
toaster tostadora, 4
today hoy *adv.*, 1
toe dedo del pie, 5
toilet inodoro, 4
told dicho *p.p.*, 10
tolerant tolerante *adj.*, 2
tomato tomate *m.*, 6
tomb tumba, 7
tomorrow mañana *adv.*, 1
tongue lengua, 5
too también *adv.*, 8
   too much demasiado *adv.*, 9
tooth diente *m.*, 5
touch tocar (qu), 1
tourism turismo, 1
toward hacia *adv.*, 9
town pueblo, 3
traditional outfit traje típico, 7
traffic tráfico, 12
train station estación de trenes *f.*, 9
tranquil tranquilo *adj.*, 12
transfer (funds) transferir (ie, i) (fondos), 11

translator traductor(a), 11
trash basura, 12
travel viajar, 1
   travel agency agencia de viajes, 9
   travel agent agente de viajes, 9
traveler's check cheque de viajero, 11
treatment tratamiento, 5
tree árbol *m.*, 12
trip viaje *m.*, 9
truth verdad *f.*, 1
try on probarse (ue), 7
T-shirt camiseta, 7
Tuesday martes *m.*, 1
tuition matrícula, 1
turkey pavo, 6
turn doblar, 9
   turn off apagar (ue), 15
   turn on encender, prender, 15; (TV) poner, 13
turtle tortuga, 12
tuxedo esmoquin *m.*
twelve doce, P
twenty veinte, P
twenty-eight veintiocho, P
twenty-five veinticinco, P
twenty-four veinticuatro, P
twenty-nine veintinueve, P
twenty-seven veintisiete, P
twenty-one veintiuno, P
twenty-six veintiséis, P
twenty-three veintitrés, P
twenty-two veintidós, P
twice (three times, etc.) dos (tres, etc.) veces, 10
two dos, P
two hundred doscientos(as), 4

U

ugly feo *adj.*, 2
umbrella paraguas *m.*, 7
uncle tío, 2
under debajo de *prep.*, 4
understand comprender, 2; entender (ie), 4
unemployment desempleo, 14
United States: from the United States estadounidense *adj.*, 2
university universidad *f.*, 1
unknown desconocido *adj.*
unless a menos que *conj.*, 13
unpleasant antipático *adj.*, 2
unplug desenchufar, 15
until hasta *adv.*; hasta que *conj.*
up to hasta *adv.*, 9
   up to date al día, 14
upload (a file) cargar un archivo, 15
URL Localizador Uniforme de Recursos *m.*, 15
Uruguayan uruguayo *adj.*, 2
USB port puerto USB, 15
use usar, 1

Glosario inglés-español

V

vacuum pasar la aspiradora, 4
   vacuum cleaner aspiradora, 4
valley valle *m.*, 12
VCR videocasetera, 15
vegetable verdura, vegetal *m.*, 6
Venezuelan venezolano *adj.*, 2
very muy *adv.*, P
   Very well. Muy bien., P
vest chaleco, 7
veterinarian veterinario *m./f.*, 11
video call videollamada, 15
video camera (digital) videocámara (digital), 15
video game videojuego, 15
videotape videocasete *m.*, 15
viewer espectador(a), 13
vinegar vinagre *m.*, 6
visit visitar, 1
   visit a museum visitar un museo, 3
volcano volcán *m.*, 12
volleyball vólibol *m.*, 3
vote votar, 14
   vote voto, 14

W

wait esperar
waiter (waitress) camarero(a), 6
waiting room sala de espera, 5
wake up despertarse (ie), 5
walk caminar, 1
   walk caminata, 7
   walk in the mountains caminar por las montañas, 3
wall pared *f.*, 4
wallet cartera, 7
want desear, 1; querer (ie), 4
war guerra, 14
wardrobe armario, 4
warn avisar
wash (dishes, clothes, windows) lavar (los platos, la ropa, las ventanas), 4
   wash up lavarse, 5

washing machine lavadora, 4
waste desperdicio, 12
watch mirar, 1
   watch reloj *m.*, 7
   watch television ver la tele, 3
water the plants regar (ie) las plantas, 4
water: carbonated/noncarbonated mineral water agua *f.* mineral con/sin gas, 6
waterfall catarata, 12
we nosotros(as) *pron.*, P
weakness debilidad *f.*
wear llevar, usar, 7
   wear a costume disfrazarse, 8
weather tiempo, 3
   weather report (forecast) pronóstico del tiempo, 13
web camera cámara web, 15
web page página web, 15
wedding boda, 10 **wedding cake** pastel de boda(s) *m.*, 10 **wedding favor** recuerdo, 10
Wednesday miércoles *m.*, 1
week semana, 1
weekend fin *m.* de semana, 1
Welcome! ¡Bienvenido!, 9
well bien *adv.*
   well done bien cocido, 6
west oeste *m.*, 9
what lo que *pron.*, 10
   What time is it? ¿Qué hora es?, 1
   What? Which? ¿Qué?, P
   What's new? (informal) ¿Qué hay?, P
   What's up? (informal) ¿Qué tal?, P
   What's your address? (informal) ¿Cuál es tu dirección? (informal), P
   What's your name? ¿Cómo se llama usted?, ¿Cuál es tu nombre?, ¿Cómo te llamas?, P
   What's your telephone number? (informal) ¿Cuál es tu número de teléfono?, P
when cuando *conj.*, 13
   When? ¿Cuándo?, P

Where? ¿Dónde?, P
   Where (to)? ¿Adónde?, 8
   Where are you from? ¿De dónde es usted?, ¿De dónde eres tú?, P
which que *pron.*, 3
   Which? ¿Cuál(es)?, P
white blanco *adj.*, 1
who que *pron.*, 3; quien *pron.*, 10
   Who? ¿Quién(es)?, P
Whose? ¿De quién(es)?, 8
Why? ¿Por qué?, P
widow viuda
widowed viudo *adj.*, 2
widower viudo
wife esposa, 2
wildlife preserve refugio natural, 12
win ganar, 3
window ventana, 4; ventanilla, 9
windy: it's windy hace viento, 3
wine (white, red) vino (blanco, tinto), 6
wine glass copa, 6
winner ganador(a), 13
winter invierno, 3
wireless connection conexión inalámbrica *f.*, 15
wish desear, 1
   I wish that ojalá que, 12
with con *prep.*, 4
   with regard to con respecto a, 11
withdraw (money) sacar (qu), 11
without sin *prep.*, 8; sin que *conj.*, 13
witness testigo *m./f.*, 10
wolf lobo
woman mujer *f.*, 1
Wonderful! ¡Qué bueno!, 2
wool lana, 7
word palabra, 1
work trabajar, 1
   work trabajo, 11
   work (of art) obra (de arte), 13
worker obrero(a), 11
world mundo, 9
worried preocupado *adj.*, 4
worry preocuparse, 11

worse peor, 6
worst el peor, 6
write escribir, 2
writer escritor(a), 13
written escrito *p.p.*, 10

X

X-ray radiografía, 5

Y

year año, 3; **year before** el año pasado, 15
yellow amarillo *adj.*, 1
yes sí, P
yesterday ayer *adv.*, 6
you tú, usted(es), vosotros(as) *pron.*, P
   and you? ¿y usted? (formal), P
young joven *adj.*, 2
younger menor, 6
youngest el menor, 6
your (formal) su *adj.*, 2; vuestro *adj.*, 2; tuyo, suyo *adj.*, 7
yours vuestro *adj.*, 2; tuyo, suyo *adj.*, 7

Z

zebra cebra
zero cero, P
zipper cremallera, cierre *m.*, 7
zoology zoología, 1